U0142099

新白話六法系列 003

民事訴訟法

增訂第11版

林家祺、劉俊麟・著

THE LAW

書泉出版社 印行

出版緣起

　　談到法律，會給您什麼樣的聯想？是厚厚一本《六法全書》，或是莊嚴肅穆的法庭？是「洛城法網」式的腦力激盪，或是「法外情」般的感人熱淚？是權利義務的準繩，或是善惡是非的分界？是公平正義、弱勢者的保障，或是知法玩法、強權者的工具？其實，法律儘管只是文字、條文的組合，卻是有法律學說思想作為基礎架構。法律的制定是人為的，法律的執行也是人為的，或許有人會因而認為法律是一種工具，但是卻忽略了：法律事實上是人心與現實的反映。

　　翻閱任何一本標題為《法學緒論》的著作，對於法律的概念、共同的法學原理原則及其應用，現行法律體系的概述，以及法學發展、法學思想的介紹……等等，一定會說明清楚。然而在我國，有多少人唸過《法學概論》？有識之士感歎：我國國民缺乏法治精神、守法觀念。問題就出在：法治教育的貧乏。試看九年國民義務教育的教材，在「生活與倫理」、「公民與道德」之中，又有多少是教導未來的主人翁們對於「法律」的了解與認識？除了大學法律系的培育以外，各級中學、專科與大學教育中，又有多少法律的課程？回想起自己的求學過程，或許您也會驚覺：關於法律的知識，似乎是從報章雜誌上得知的占大多數。另一方面，即使是與您生活上切身相關的「民法」、「刑法」等等，其中的權利是否也常因您所謂的「不懂法律」而睡著了？

　　當您想多充實法律方面的知識時，可能會有些失望的。因為《六法全書》太厚重，而一般法律教科書又太艱深，大多數案例

式法律常識介紹，又顯得割裂不夠完整⋯⋯

有鑑於此，本公司特別邀請法律專業人士編寫「白話六法」叢書，針對常用的法律，作一完整的介紹。對於撰文我們要求：使用淺顯的白話文體解說條文，用字遣詞不能艱深難懂，除非必要，儘量避免使用法律專有名詞。對於內容我們強調：除了對法條作字面上的解釋外，還要進一步分析、解釋、闡述，對於法律專有名詞務必加以說明；不同法規或特別法的相關規定，必須特別標明；似是而非的概念或容易混淆的觀念，一定舉例闡明。縱使您沒有受過法律專業教育，也一定看得懂。

希望這一套叢書，對普及法律知識以及使社會大眾深入了解法律條文的意義與內容等方面都有貢獻。

林序

　　本書自初版迄今已歷二十六年，仍持續有白話六法之需求，足見法律文獻之普及化於現今社會有其需求與必要性，近年來甚至部分法院亦在鼓勵司法判決書體例採用白話語體。過去這二十餘年來，民事訴訟法經過多次修正，修正條文經過二十餘年累積已達數百條之多，與當年本書出版時之舊法相比，實質上現行法已相當於一部新的民事訴訟法，本書此次改版修訂之內容已將2021年之修法納入，今年修法較重要之部分乃是關於濫訴之罰責予以加重，並將處罰對象擴大適用，以避免司法資源遭濫用。此外，現今視訊系統於民間業已成熟發達，因此新修法亦增訂關於視訊審理之規定，原先之舊法僅就法院使用傳送聲音及影像之科技設備訊問證人、鑑定人及當事人本人或其法定代理人設有規定（第324條、第367條之3準用第305條第5項），此後視訊審理取得法源基礎，未來可予期將於訴訟中應用更加廣泛，但就正當法律程序仍應兼顧，因此法院須進行該程序之前予以當事人陳述意見之機會。民事訴訟法向來被認為艱澀難懂之科目，本書二十餘年來以白話式之闡述對於初習者或法律推廣具有重要意義，乃將本書隨法律之修正而修訂改版，並期各界不吝惠賜卓見，也感謝書泉出版社長期對本書之大力支持。

林家祺

2021年3月序於理學堂大書院

劉序

　　轉眼間已進入耳順之年，還記得二十八年前書泉出版社王翠華經理提議，撰寫法律白話的可行性，並與我討論有關白話六法系列出版時，仿佛還是昨天的事，誰知本書一晃眼也歷經快二十多個年頭，這些年來王經理也一路爬升到五南總編輯，並在前兩年退休，最近接到編輯通知本書將進行十一版的修訂，回想著這些年來法律的變革及更替的速度，似乎讓許多人感到有些措手不及與無法適應，畢竟時代變遷總會有所改變，然而就像這些年教改一樣，是好是壞均見仁見智，很難妄下定論，但是有一點就是當一些裁定由法官變成司法事務官時，竟然將一些如債務人有隱匿逃亡之虞，卻要求債權人舉證的論點時讓人困惑，難道債務人有這些欠債不還的行為而無法聯繫時，必須債權人像偵探或徵信社般去調查舉證嗎？凡此種種現行奇怪的法律實務論點，究竟是保障人權隱私，還是製造無法解決的紛爭呢？我只是一介學法的凡夫俗子，只能略盡法律人少許振聲發聵的舉措，希望能夠集思廣益地讓問題能夠藉由法律簡單易懂化，並真正解決問題，於願足以。

劉俊麟

2021年2月16日序於五峰草堂

初版序

　　在現今法治社會中，由於人民自主意識抬頭，對於個人權利之保護均有相當的認識與了解，此一現象反映在訴訟上即是各級法院訴訟案件呈現大幅成長，其中尤以民事訴訟案件為最。惟筆者執業律師多年發現，由於民事訴訟係採辯論主義與當事人進行主義，又不採律師強制主義，當事人如無律師代理訴訟時，往往因不諳訴訟程序，不知如何正確地在訴訟上主張自己之權利，因而產生諸多違背一般人正義情感之判決，造成當事人誤認審判不公，影響司法之公信力甚鉅。

　　因此，筆者認為推廣法律知識之平民化、普及化實有其必要性，坊間雖有諸多法律參考書籍，惟或為內容過於深奧專供法律系學生研讀，或者僅屬重點性之敘述，缺乏對民事訴訟法全文之章節作系統性說明，一般國民往往難以理解，書泉出版社有鑑於此，擬推出一系列適於一般國民閱讀之「白話六法」叢書，是以該社王翠華經理邀筆者參與本書之出版計畫時，筆者即欣然應允，惟筆者平日業務繁忙，撰寫本書純係利用下班餘暇，撰寫之際甚為匆促，疏漏之處，所在多有，尚祈各方賢達不吝指正。

得耀法律事務所所長

林家祺

凡例

（一）本書之法規條例，依循下列方式輯印：

1. 法規條文，悉以總統府公報爲準，以免坊間版本登載歧異之缺點。

2. 法條分項，如遇滿行結束時，則在該項末加「。」符號，以與另項區別。

（二）本書體例如下：

1. 導讀：針對該法之立法理由、立法沿革、立法準則等逐一說明，並就該法之內容作扼要簡介。

2. 條文要旨：置於條次之下，以（　）表示。

3. 解說：於條文之後，以淺近白話解釋條文意義及相關規定。

4. 實例：於解說之後舉出實例，並就案例狀況與條文規定之牽涉性加以分析說明。

（三）參照之法規，以簡稱註明。條、項、款及判解之表示如下：

條：1、2、3……

項：Ⅰ、Ⅱ、Ⅲ……

款：①、②、③……

但書規定：但

前段：前、後段：後

司法院34年以前之解釋例：院……

司法院34年以後之解釋例：院解……

大法官會議解釋：釋……
最高法院判例：……台上……
行政法院判例：行……判……
最高法院裁判：……台上……裁判

沿革

民事訴訟法

1. 中華民國19年12月26日國民政府制定公布全文534條。
2. 中華民國20年2月13日國民政府制定公布第五編第四章第535～600條條文。
3. 中華民國24年2月1日國民政府修正公布名稱及全文636條；並自同年7月1日施行（原名稱：民事訴訟法）。
4. 中華民國34年12月26日國民政府修正公布第15、23、28、38、51、53、64、70、94、109、110、114、138、149、166、186、198、233、248、249、257、265、273、380、385、389、402、433、440、443、451、454、473、487、535、613條條文。
5. 中華民國57年2月1日總統令修正公布名稱及全文640條條文（原名稱：中華民國民事訴訟法）。
6. 中華民國60年11月17日總統令修正公布第32、104、181、262、374、399、443、466、478、492、514、518、519、521條條文；並刪除第517、520條條文。
7. 中華民國72年11月9日總統令修正公布第608、622、634、635條條文；並增訂第95-1條條文。
8. 中華民國73年6月18日總統令修正公布第466、471、472、478、484條條文；並增訂第477-1條條文。
9. 中華民國75年4月25日總統令修正公布第568、569、582、

590、596條條文；並增訂第598-1條條文。

10. 中華民國79年8月20日總統令修正公布第403、406、409、410、416～419、421、426、427、434、435條條文；並增訂第433-1條～433-3條、436-1條～436-7條條文。

11. 中華民國85年9月25日總統令修正公布第363條條文。

12. 中華民國88年2月3日總統令修正公布第223、228、403～414、416、417、419～424、426～429、433、433-2、434～436、436-1、436-2、466、470、471、572、574、579、596條條文；增訂第406-1、406-2、407-1、409-1、410-1、415-1、420-1、427-1、434-1、436-8～436-32、572-1、575-1、582-1條條文及第四章章名；並刪除第415條條文。

13. 中華民國89年2月9日總統令修正公布第83、84、107、116、195、196、199、222、244、246、247、250～252、254～256、258、259、262、265、266～277、279、280、283～285、287～291、293～295、297、298、301、303～306、311～313、316、319～323、326～328、330～335、337、340、342、344～354、356、358、359、363、365～368、370、373、376、433、441、442、446、447、466條條文；並增訂第109-1、153-1、199-1、268-1、268-2、270-1、271-1、282-1、296-1、313-1、357-1、第五目之一、367-1～367-3、375-1、376-1、376-2、444-1、466-1～466-3條條文；並刪除第362、436-13、436-17條條文。

14. 中華民國92年2月7日總統令修正公布第1、2、18、23、28、32～38、40、41、44、48～50、52、54、56、58、63、68、69、74～76、第三章章名、第三節節次、79、90～92、94、第四節節次、96、100、102～104、106、第五節節次、108～110、113～117、119、120、124、127、129、130、132、133、135、136、138、140、141、143、145、146、149、

151、152、162、164、167、171、172、180～182、188～
191、197、200～202、204～207、211、212、217、221、
223～227、231～233、335、238～240、242、243、249、
272、294、367-2、377、378～380、383、385、386、389、
392～394、396～400、402、406、416、419、420-1、436-11、
437、439、440、443、444、444-1、445～447、450、451、
454、456、458～460、466-3、467、469、470、474～476、
477-1、478、484～488、490～492、496、497、499～501、
506、508～511、514～516、519、521、522、524～531、
533、535、536、538、539、542、543、550、551、553、
559、562～564條條文；增訂第44-1～44-4、56-1、67-1、
70-1、第三章第一、二節節名、77-1～77-27、80-1、94-1、
182-1、182-2、195-1、213-1、240-1～240-4、377-1、377-2、
384-1、449-1、451-1、466-4、469-1、477-2、495-1、498-1、
505-1、第五編之一編名、507-1～507-5、537-1～537-4、538-
1～538-4、549-1條條文；並刪除第147、479、489、493、
494、534、537條條文。

15.中華民國92年6月25日總統令修正公布第53、59、81、203、
207、213、299、307、308、314、436-32、531、541、568、
576、602、628、638條條文。

16.中華民國96年3月21日總統令修正公布第83、84、403、406-
1、420-1、425、463條條文。

17.中華民國96年12月26日總統令修正公布第77-23條條文。

18.中華民國98年1月21日總統令修正公布第77-19、77-22、77-
26、174、182-1、249、486、515條條文；並增訂第31-1～31-3
條條文。

19.中華民國98年7月8日總統令修正公布第 50、56、69、77-19、
571、583、585、589～590、596～624條條文及第三章章名；

增訂第45-1、571-1、590-1、609-1、616-1、624-1～624-8條條文；除第583、585、589、589-1、590、590-1條條文於施行之日施行外，其餘自98年11月23日施行。

20. 中華民國102年5月8日總統令修正公布第18、39、69、77-19、240-4、380、389、416、420-1、427、431、526條條文；刪除第568～640條條文及第九編編名、第九編第一章～第四章章名；並自公布日施行。

21. 中華民國104年7月1日總統令修正公布第254、511、514、521條條文；並自公布日施行。

22. 中華民國106年6月14日總統令修正公布第254條條文；並自公布日施行。

23. 中華民國107年6月13日總統令修正公布第44-2、77-23、151、152、542、543、562條條文；並自公布日後六個月施行。

24. 中華民國107年11月28日總統令修正公布第223、224、235條條文；並自公布日施行。

25. 中華民國110年1月20日總統令修正公布第77-25、133、149、249、272、427、444、449-1條條文；增訂第211-1、249-1條條文；並自公布日施行。

目　錄
Contents

《民事訴訟法》導言及第1條至第243條是由林家祺所撰寫的，其餘則是由劉俊麟所撰寫。

導言

　　要了解民事訴訟法，須先知道什麼叫作「民事訴訟」。簡單的講，民事訴訟就是國家的司法機關（即法院）基於人民的請求，審查他的法律要件是不是具備，以確定私權為目的的法律上程序，就是「民事訴訟」。

一、為什麼要有「民事訴訟」制度

　　我國為民主法治的國家，所以大到國家與人民間的權利義務關係，小到私人相互間的權利義務關係均有法律加以規定，而私人間權利義務關係主要是規定在民法（其他法律如票據法、海商法等亦有規範私人間權利義務，只不過主要的私權關係規定在民法），例如：民法第348條規定買受人有請求出賣人交付買受物的權利，但是光有此權利還是不夠，必須有法定程序（即訴訟程序）來使買受人的此項權利獲得保障，以便在出賣人不交付出賣物時，買受人能有法定程序主張他在民法上的權利，此種程序就叫作「民事訴訟程序」（否則如果沒有民事訴訟程序，則在民法裡規定的各種權利、義務將無法獲得實現，而形同虛設了）。從而我們可知由「民事訴訟」制度可以發揮三大功能：1.解決私權的糾紛；2.使私法法規發生實效，不致形同具文；3.保護私權。

　　應嚴加區辨的是，民事訴訟法所規定之民事訴訟，並不包括強制實現私權之強制執行程序，而僅及於私權之確定；至於強制執行程序，另外規定於強制執行法。民事訴訟是權利救濟實現之必要準備程序，強制執行才是直接實現權利的手段，兩者互為依

存、相輔相成。

二、民事訴訟法的意義

關於「民事訴訟」的定義已在前面解說過了，而民事訴訟法就是規定民事訴訟進行的方式、時間、效力……等等一切事項的程序法。換句話說，民事訴訟法就是規定關於民事訴訟所有事項的法規，即規範法院如何進行審判之法。

三、我國民事訴訟法立法經過

我國的程序法部分非常不發達，歷朝歷代的法律絕大多數都是規定犯罪行為及其處罰（即刑律），很少有程序法的規定（即實體法與程序法不分），至於民事訴訟程序那就更少之又少了，所以我國現行的民事訴訟法幾乎全盤學習歐陸的法制。最早係於清光緒32年（西元1906年）由修律大臣伍廷芳提出民刑不分的訴訟法草案（「大清刑事民事訴訟法草案」，分總綱、刑事規則、民事規則、刑事民事通用規則等4章，共260條），至清宣統2年（西元1911年）民事訴訟法草案完成，由修訂法律大臣沈家本、俞廉三上奏，預訂於宣統4年施行，我國才有獨立的民事訴訟法規，但還來不及頒行，清廷即被革命軍推翻，一直到民國10年由北京政府及廣東政府先後頒行民事訴訟條例及民事訴訟律，是為我國首次施行的民事訴訟法規。民國19年國民政府公布統一的民事訴訟法，於民國21年5月20日正式施行，是為現行民事訴訟法的前身。現行民事訴訟法是在民國24年將民國21年施行的民事訴訟法重新修正後公布施行，至今已有50餘年，在這50餘年期間曾作過多次修正以因應社會實際之需要及配合民法等關係法規的修正，至於修正哪些條文本書將於逐條闡釋時加以說明。

四、民事訴訟法的立法準則

我國民事訴訟所採行的根本法則，約有下列數項，讀者如對基本法則先有所了解，對於之後逐條的了解必能有所幫助。

（一）採三級三審制

　　所謂「三級」是指法院分地方法院、高等法院、最高法院三級。所謂「三審」是指通常的民事事件，可以經由地方法院、高等法院、最高法院三審來審判。但必須注意，並不是所有的民事訴訟事件都有受到三審審判的機會與權利，有的事件經過第二審審判就告確定，不能上訴最高法院，例如：新臺幣150萬元以下的財產權訴訟不能上訴最高法院（民訴§466Ⅰ、Ⅲ、司法院(91)院台廳民一字第03075號函），只有受到二審審判的權利。還有另外一些較特殊的民事事件，一審就終結確定，例如除權判決（民訴§551）、簡易訴訟之飛越上訴制度（民訴§436-2）等。但這些畢竟都是例外的情形，原則上我國的民事訴訟制度，是採三級三審制度。

（二）採言詞審理主義

　　所謂「言詞審理主義」，也就是法院在進行民事訴訟的時候，必須根據當事人在法庭裡直接以言詞來陳述的資料，作為判決的基礎。其特質在於加深印象、易於明瞭；惟容易漏忘、不適於處理複雜之爭點。我國的民事訴訟法原則上也是採言詞審理主義，當事人所為陳述，原則上應以言詞為之（民訴§193Ⅱ），惟有時亦得利用書充之，如：1.提供關於審判基礎之訴訟行為（如起訴、上訴、再審、聲請發支付命令）；2.為使複雜之關係、數據或精緻之理論得以完整呈現（如準備書狀、第三審上訴理由書、答辯狀）；3.基於訴訟之連續性，為避免因時間經過而遺忘，所製作之言詞辯論及準備程序筆錄等書面。

　　又如第221條規定，判決除別有規定外，應本於當事人的言詞辯論為之。但是有些例外的情形，也有採部分的書狀審理，而不經過言詞辯論，例如：民事訴訟法第249條第2項，原告之訴，依其所訴之事實在法律上顯無理由者，法院得不經言詞辯論，逕

以判決駁回，這就是不經過言詞辯論而僅書狀審理就作出判決的情形。

（三）採公開審理主義

「公開審理主義」也就是在訴訟進行的過程中，法院定期日審理，進行調查證據或言詞辯論，都允許一般公眾到法院法庭內旁聽，這就是公開審理主義，讓一般人都隨時可以進入法院法庭的狀態，來觀看、監督訴訟進行的情形及審理的內容。我國民事訴訟法原則上，採取公開審理主義，以貫徹司法程序透明化，一般的案件採取公開之法庭審理，故原則上准許當事人以外的任何第三人去旁聽，如果法院違背了公開審理的原則，而進行秘密審理，其判決就當然違法，當事人可以依據第469條第5款的規定，上訴第三審。

至於是否公開審理之證明方法，民事訴訟法第212條（五、辯論之公開或不公開，如不公開者，其理由）。同法第219條規定，關於言詞辯論所定程式之遵守，專以筆錄證之。但是在例外的情形之下，也准許法院進行秘密審理，但是必須具備法院組織法第86條但書所規定的條件，如果公開審理會妨害國家安全、公共秩序或善良風俗的時候，才可以不公開的方式來審判。除此之外，調解程序依據第410條第2項的規定，不採開庭的形式時，可以不公開。這些不公開審理的例外情形，都是基於如果公開審理會妨害到公共秩序以及善良風俗的考量，因此才例外的准許法院進行秘密審理而不公開。讀者須特別注意的是，民國92年2月7日修正公布之民事訴訟法第195之1規定：「當事人提出之攻擊或防禦方法，涉及當事人或第三人隱私、業務秘密，經當事人聲請，法院認為適當者，得不公開審判；其經兩造合意不公開審判者，亦同。」亦即審判原則上應公開行之，惟當事人提出之攻擊或防禦方法，涉及當事人或第三人隱私或業務秘密時，如仍一律公開

審判，可能導致當事人或第三人蒙受重大損害，自有未宜。故規定如經當事人一方聲請，而法院認為適當者，得不公開審判。至於案件終結後，法院製作判決書時，亦應注意妥適記載，例如以代號代替或僅為必要之敘述，以避免當事人或第三人遭受損害。立法理由陳明如兩造合意不公開審判，即不虞因審判不公開致生影響公平審判之結果，自無不准之理，以亦屬公開審理主義之例外規定。

（四）採直接審理主義

所謂「直接審理主義」，也就是法院必須依直接認知的訴訟資料來作為判決的基礎，亦即要求法官親自直接聽取當事人之辯論及自行調查證據或受理當事人提出之書狀陳述。我國民事訴訟法原則上是採直接審理主義，法官非參與為判決基礎之辯論者，不得參予判決（民訴§221II），以與言詞審理主義互相配合，但特殊情形，基於訴訟經濟之要求，在調查證據程序的時候，准許由法院合議庭的一位受命法官來進行準備程序，以受命法官所調查的訴訟資料，作為法院合議庭判決的基礎，這是屬於例外採取間接審理主義的情形。

（五）採辯論主義

「辯論主義」，指提出判決基礎之訴訟資料及證據資料，乃當事人之責任及權限之法律原則就是法院的判決只能以當事人聲明的範圍以及所提供的訴訟資料為基礎，當事人沒有聲明的利益，不能歸當事人，當事人沒有提出來的事實和資料證據，法院都不能自行加以斟酌（具體而言，辯論主義之三大原則包括：1.法院不得就當事人未主張之事實，採用作為判決基礎之資料；2.法院就當事人之間無爭執之事實，不必調查事實之真偽，應採為判決基礎之資料；3.法院不得依職權調查證據）。我國民事訴訟法原則上採辯論主義，所以第388條規定，法院不得就當事人

未聲明的事項而爲裁判，就是基於辯論主義所作的規定。民事訴訟法第199條以及第199條之1條，亦屬辯論主義。原則上法院的裁判，仍然必須基於當事人的主張、陳述及聲明的範圍內，才可以作出裁判。但是在例外的情形下，也有少部分是採職權調查主義而不採辯論主義，例如：關於訴訟費用的裁判，以及假執行的裁判，在特定的情況下，法院都可以依職權來加以裁判，也就是不論當事人是不是有所聲明，法院都必須主動依職權作出裁判，不過這只是例外的情形，原則上法院的裁判，仍然必須基於當事人的主張、陳述及聲明的範圍內，才可以作出裁判。

（六）採當事人進行主義

所謂「當事人進行主義」，就是民事訴訟的開始進行或終結所必需的一切相關訴訟行爲，都依當事人自己的意思爲主，法院都不加以干涉。如：1.訴訟之發動由當事人（即原告）主導，法院不告不理，上訴、再審亦然；2.有關審判對象之決定，由原告主導（民訴§244I），法院不得就未起訴之人或標的予以裁判；3.除別有規定外，法院不得逾越當事人聲明範圍而爲判決（民訴§388）；4.於請求之態樣上，由原告決定提起何種訴訟（給付、確認或形成之訴）、合併之類型（單純合併、預備合併等）；5.在訴訟標的之處分上，如捨棄、認諾、訴訟上和解等，均由當事人決定；6.在訴訟之終結，亦係由當事人自行決定之〔如：訴之撤回，由原告爲之（民訴§262I前段）〕，是我國民事訴訟法原則上是採當事人進行主義，觀之甚明。但是在例外的情形下，也有採職權進行主義，例如：言詞辯論期日的指定，是由法院依職權來加以指定及進行。又如，在公益色彩較濃之家事訴訟，法律亦有明文排除部分處分權主義之適用（家事§46），甚至於法律未明文規定，但實務上鑑於訴訟之特性具有高度公益色彩，例如民法第64條規定，請求宣告董事行爲無效之訴，因而認爲當事

人不得認諾者（98台上583裁判參照）。

（七）採兩造審理主義

　　「兩造審理主義」主要係由聽審權而來，聽審權是指訴訟兩造當事人、到法院參與詰問證人、法官爭點、闡明等一連串程序上的權利，簡言之，法院在作出裁判的時候，必須要基於兩造當事人的言詞辯論爲基礎，因爲如此，裁判才比較客觀、公平。如果只採一造審理，僅憑一方當事人的辯論就作成裁判的話，比較容易發生不公平的情形，所以本法規定，原則上法院的判決都必須基於二造的言詞辯論才可以爲之。但是在例外的情形下，也有採一造審理主義。例如：第385條規定，如果一造的當事人在言詞辯論期日，沒有正當理由而不到場的時候，法院可以依到場當事的人聲請，以一造辯論爲裁判，這是例外採一造審理主義的情形。

　　然而民事訴訟法第402條亦規定，外國法院的確定判決如要在我國內能獲得承認，則被告的聽審權亦要獲得保障，才會認可。對於原告或被告一方或雙方於開庭期日不出庭情形，在立法例上，有對席判決主義與缺席判決主義之分。法院沒有強制當事人出庭的權力，只有對證人才有。對席判決主義是有一造經合法傳喚無正當理由不到庭，法院擬制該當事人有一定陳述，不一定會敗訴，只是敗訴機率高，我國係採對席判決主義。雖得僅由到庭之一造爲辯論而判決，但應斟酌未到庭之他造已提出之事實證據資料。因而未到庭者，亦未必敗訴。如原告若未具體化陳述或主張陳述欠缺一貫性，或所訴爲顯無理由者，即使被告不到庭，原告仍未必能取得勝訴判決。反之，若採缺席判決主義，法院即可就缺席之當事人爲全面不利益判決而終結訴訟之主義。換言之，採對席判決主義之原則者，法院尚須就缺席當事人所曾經提出之書狀及過去陳述過之資料爲斟酌參考，於缺席判決主義下即

即可全部不考慮缺席當事人之利益，為懈怠出席之一造當事人之敗訴判決。缺席裁判主義顯對於當事人之到場義務課予較強之法律效果，有較強之促進訴訟主義，但若於原告為濫訴之情形可能對被告造成不公平。

（八）採當事人平等主義

所謂「當事人平等主義」，就是當事人在訴訟上的權利義務完全相等，沒有差別。民事訴訟主要是為了求得公平的裁判，因此本法採取當事人平等主義為原則，但是在例外的情形下，也有一小部分採取當事人不平等主義，也就是說在訴訟法上的權利義務，在例外的情形下，原告和被告並沒有完全相等，例如：第96條訴訟費用的擔保，只有被告才可以提出聲請，原告不能提出聲請，這個時候，原告在訴訟法上的權利，顯然與被告有所差別，此即民事訴訟法中極少數採兩造不平等之立法規定。

（九）採自由心證主義

所謂「自由心證主義」，乃將事實之認定，委由法官根據審理時所呈現之一切資料與狀況，自由判斷以形成確信心證之謂，所謂「自由」乃指法律就認定某事實應使用某類證據、某一證據有較強或較弱之證明力或應占全部心證之比例如何，不予規定，完全授權法官依其學識、經驗、良知、自由判斷之義，乃法定證據主義相對應概念，是證據的調查以及證據的方法以及當事人所提出的證據證明力如何，都由法院的法官來自由判斷，本法原則上也是採自由心證主義。但必須注意法官的自由心證仍必須受經驗法則及論理法則的支配，是以，法院依自由心證判斷事實之真偽，不得違背論理及經驗法則，得心證之理由，應記明於判決，否則判決亦屬違背法令。採自由心證主義的優點是可以使法官本於他的智慧學識以及經驗，正確的判斷各種證據力，來認定事實。

而所謂法定證據主義係指，利用證據法則明定某一定事實必須以一定證據方法始得認定，證據之證據力亦以證據法則加以限制，即是對於待證事實的證據之證明力予以法律明文規定的程序並限定之，法官僅能依法定之證據法則判斷事實之真偽，不許法官自由判斷事實之真偽之主義。法定證據主義缺點即是法院於認定事實真偽時之審酌彈性空間較小，而且在立法上必須鉅細靡遺詳細規範。我國採自由心證主義為原則，法定證據主義為例外。例如：民事訴訟法第41條選定當事人之選定行為，依同法第42條規定，應以文書證之。民事訴訟法第279條規定：「當事人主張之事實，經他造於準備書狀內或言詞辯論時或在受命法官、受託法官前自認者，無庸舉證。（Ⅰ）當事人於自認有所附加或限制者，應否視有自認，由法院審酌情形斷定之。（Ⅱ）自認之撤銷，除別有規定外，以自認人能證明與事實不符或經他造同意者，始得為之。（Ⅲ）」當事人自認之事實無庸舉證法院應以該自認之事實為裁判之基礎，此時已不得再依自由心證來認定事實真偽，乃少數兼採法定證據主義之例外。又例如：民事訴訟法第219條：關於言詞辯論所定程式之遵守，專以筆錄證之。此時法官關於言詞辯論所定程式之遵守，即無自由心證之空間而必須「專以筆錄證之」亦屬自由心證之例外。

（十）採本人訴訟主義

所謂「本人訴訟主義」，就是當事人進行訴訟的時候，是由當事人本人或者是由當事人的法定代理人自行為訴訟行為的主義。與之相反，謂代理訴訟主義，當事人本人或其法定代理人不得自為訴訟行為，須由具有法定資格之人代為訴訟行為者。我國的民事訴訟法是採本人訴訟主義，因為民事訴訟是當事人本人要主張自己的私權，因此以本人訴訟為適宜。我國民事訴訟法第68條規定，訴訟代理人並非以律師為限，而且是否委任律師或者

是否委任訴訟代理人，都由當事人自由決定，因此從這些條文來看，我國民事訴訟法是採本人訴訟主義，因為本法不強迫當事人一定要以具有法定資格的人（律師）代理訴訟，而是任由當事人自由決定，但是這也往往導致一些缺點，因為當事人自己大部分都沒有受過法律的專門訓練，而本法原則上又是採取辯論主義及諸多技術性規範及原理原則，就當事人自己有利的情形，如果由當事人自己進行訴訟，往往不知道要主張或者是主張錯誤，容易導致損害自己的權益及訴訟進行的延誤，這是採本人訴訟主義的缺點。須特別注意，我國第三審係採律師強制代理主義，民事訴訟法第466條之1及第466條之3規定，原則上對於第二審判決上訴，上訴人應委任律師為訴訟代理人，第三審律師之酬金為訴訟費用之一部。

（十一）防止突襲性裁判原則

　　任何的裁判，都不應該被突襲，訴訟當事人為訴訟程序的主體，賦予充分參與該程序、攻擊、陳述或辯論的機會，如果法院在未給予這些機會下，所作出的判決就是突襲性裁判。例如：甲與乙於訴訟中不斷就爭點A、爭點B作攻防時，法院並未向當事人曉示其心證認為爭點C會關乎本件之勝敗之判斷，任令當事人就爭點A、爭點B作攻防，待審判結果逕以爭點C作為判決勝敗之關鍵爭點，此時爭點C很明顯並未經兩造雙方充分之攻擊防禦，即屬典型之突襲性裁判，因此在防止突襲性裁判原則之下，法官被要求必需要適當的公開其心證藉以避免發生突襲性裁判。

　　凡受某司法裁判影響所及之利害關係人，均應被尊重為程序主體，就關於涉及該人利益、地位、責任或權利義務之裁判，被賦予充分參與該裁判程序為攻擊、防禦、陳述意見或辯論之機會；如法院在未賦予此機會之之狀態下為裁判，則稱其為突襲性裁判。突襲性裁判之主要型態有：1.發現真實的突襲；2.促進訴

訟的突襲；3.法律適用的突襲。突襲防止論，在民事訴訟法第199條、第199條之1、第282條之1第2項、第288條第2項、第296條之1、第345條第2項等規定，民事訴訟法第270條之1第1項第3款整理並協議簡化爭點。

為使兩造當事人都有攻擊防禦的機會，法官應於適當有條件下公開心證，才能予以落實「防止突襲性裁判原則」，以達到眞正防止突襲性裁判。

（十二）適時提出主義

關於當事人之攻擊防禦方法應於何時提出？在我國舊民事訴訟法時期採「隨時提出」，即由當事人進行主義而來，容易造成當事人延滯訴訟，致使第一審虛級化。因而新修正民事訴訟法第196條第1項規定：「攻擊或防禦方法，除別有規定外，應依訴訟進行之程度，於言詞辯論終結前適當時期提出之。」同條第2項規定：「當事人意圖延滯訴訟，或因重大過失，逾時始行提出攻擊或防禦方法，有礙訴訟之終結者，法院得駁回之。攻擊或防禦方法之意旨不明瞭，經命其敘明而不爲必要之敘明者，亦同。」所謂「法院得駁回之」是指駁回那一個所提出的攻擊防禦方法，即是法院對於當事人未在適當時期（逾時）提出，得駁回其所提出的該攻擊防禦方法。易言之，當事人自起訴至辯論終結爲止，於此段時間內，得隨時提出訴訟之攻擊防禦方法之立法主義，稱爲自由順序主義，又稱爲隨時提出主義。現行法改採適時提出主義係要求當事人應將其攻擊、防禦方法於「適當時期」提出，強調當事人促進訴訟義務，而有失權之適用（民訴§196Ⅱ）。整體而言，民事訴訟法中有三大失權條款均在促使當事人要於適時提出攻擊防禦方法，包括：第196條遲誤時期提出攻擊或防禦方法之失權、第276條未於準備程序提出攻擊防禦方法之失權、第一審未提出攻擊防禦方法於第二審之失權（民事訴訟法第447條

明定第二審為第一審之續行，當事人於第二審原則上不得提出新的攻擊或防禦方法）。

五、民事訴訟法各編的簡介

民事訴訟法總共有八編：第一編總則；第二編第一審訴訟程序；第三編上訴審程序；第四編抗告程序；第五編再審程序；第五編之一第三人撤銷程序；第六編督促程序；第七編保全程序；第八編公示催告程序。原第九編人事訴訟程序已於民國102年6月修法刪除，蓋102年修法前之人事訴訟程序規定已由家事事件法取代之，因而予以刪除。以下即就各編作簡要的說明：

第一編總則規定的就是整個民事訴訟法所共通適用的原理、原則。因此總則編裡所規定的各個條文，在其他各編，除非性質不相容的以外，都可以在其他各編程序適用總則編的規定。例如：抗告程序雖然是規定在第四編中，但是如果提起抗告沒有繳納抗告裁判費用的時候，這是屬於抗告書狀不合程序，此時就必須依據總則編第121條的規定，命當事人補繳裁判費用。因此總則編簡單的來說，也就是民事訴訟法各編共通適用的原則。

第二編是第一審程序。我國的民事訴訟法原則上採取三級三審制度，因此原則上民事訴訟案件，都可以經由上訴的程序而受到第一審、第二審及第三審法院的判決。而第二編所規定的就是第一審訴訟程序如何進行。

第三編所規定的是上訴審程序，也就是第二審及第三審的訴訟程序。因為我國民事訴訟法採三級三審制度，如果對第一審法院的判決不服的時候，可以依上訴的程序來向第二審及第三審法院表示，第三編裡的上訴審程序所規定的就是第二審上訴和第三審上訴的各種程序以及原則。

第四編所規定的是抗告程序。所謂「抗告程序」就是當事人對於法院或審判長所作的裁定，有所不服而向上級法院聲明不

服，請求廢棄或變更原來的裁定，這就叫作「抗告」。法院所作的裁判，分成二大類，第一類是判決，第二類是裁定。對於判決有不服，必須依照第三編的規定，以上訴的程序來進行救濟，而對於裁定不服者，必須依據本法第四編的規定，以抗告的程序來聲明不服，加以救濟。

第五編是再審程序。當事人對於法院的終局確定判決聲明不服，請求法院再為審判的行為，就叫作「再審」。再審和上訴最大的區別在於再審一定要對於判決確定不能再上訴的事件，才能提出再審之訴，而且再審必須要有第496條所列舉的特別理由，才可以提出再審之訴；對於還沒有判決確定，還能再上訴的案件，只能依據第三編的規定，提起上訴加以救濟，不能提再審之訴。例如：判決所依據的證物已經證明是偽造或變造的時候，而上訴期間又已經經過，判決業已確定，不能再依上訴來救濟，只能依據再審程序，提起再審之訴。

第五編之一是第三人撤銷訴訟程序。本法於民國92年修正時，增設「第三人撤銷訴訟程序」制度，特許第三人在一定嚴格條件之限制下，對於他人間之確定判決，得提起類似再審之訴之撤銷之訴，賦予第三人以依舊制無法救濟之機會，以求實質公平。

第六編所規定的是督促程序。督促程序就是指債權人和債務人之間的債務，是以金錢或其他的代替物，或者是有價證券的給付為內容，法院只依據債權人單方面的聲請，而不加以訊問債務人，直接依債權人的聲請，就對債務人發支付命令，以督促債務人履行債務，如果債務人對於法院的支付命令，不在法定期間內提出異議，法院的支付命令就和確定判決有同樣的效力，這就叫作「督促程序」。督促程序是為了便利債權人而設的規定，因為很多訴訟債務人只是一時沒有資金，或者是有其他困難，對於債權人的債權（金錢或是其他有價證券或代替物）不加以爭執或否

認，這時就沒有進行訴訟的必要，而由債權人依督促程序來督促債務人履行就可以了，督促程序是規定在第508條到第521條。

　　第七編所規定的是保全程序。保全程序實際上就是假扣押、假處分的程序。這種程序是為了保障債權人，以免債權人在訴訟勝訴確定後，無法強制執行債務人的財產所設的制度。例如：債務人乙欠甲1,000萬元，而乙的唯一財產只有一棟房子，假設甲向乙提起訴訟之前，就發現乙正要將他唯一的一棟房子加以變賣花用，此時如果甲沒有依據本法第七編保全程序的規定，對乙的房子先實施假扣押，則待甲向乙提起民事訴訟，判決勝訴確定之後，乙的唯一財產（房子），早就變賣且花光了，就會造成甲縱使獲得勝訴判決，日後強制執行的時候，也會發生強制執行無效果的不利後果，因此為了保障債權人合法權益，本法特設有保全程序，來確保債權人在獲得勝訴判決之後，可以有效的對債務人的財產強制執行。

　　第八編所規定的是公示催告程序。所謂「公示催告程序」，就是法院依據當事人的聲請，以公告的方式來催告不明的利害關係人出面申報權利，如果不在法院所規定的期限內，出來申報權利，經過法院除權判決，就會使他發生失權效果的特別程序，這就叫作公示催告程序。例如：記名的股票因為某種原因遺失了之後，就可以依據本法第八編公示催告程序，向法院聲請公示催告之後，再聲請法院作除權判決，以保障股票遺失人的權利。

第一編

總　則

|第一章|

法 院

第1條（自然人之普通管轄法院）
訴訟，由被告住所地之法院管轄。被告住所地之法院不能行使職權者，由其居所地之法院管轄。訴之原因事實發生於被告居所地者，亦得由其居所地之法院管轄。

被告在中華民國現無住所或住所不明者，以其在中華民國之居所，視為其住所；無居所或居所不明者，以其在中華民國最後之住所，視為其住所。

在外國享有治外法權之中華民國人，不能依前二項規定定管轄法院者，以中央政府所在地視為其住所地。

解說

　　由於須透過審判解決民事事件眾多，法律乃設各種標準，將其分配予各法院處理，各法院依此對於具體事件有審判權限，即為管轄權。本法自本條至第31條均針對「訴訟管轄權」的相關性為例示規定，本條於民國92年2月7日修法，其主要原因就是在因應時代的趨勢，因此本條首先便必須針對管轄權加以清楚說明其適用的範圍，以杜爭議；而此所謂的「管轄」是將訴訟案件分配到各級法院的一項基本標準規範，目前以臺灣地區為例共有二十

個（105年9月1日新增橋頭地方法院）及福建省金門、連江地區二個等，共計二十二個地方法院；以及臺北高等法院及臺中、臺南、高雄及花蓮四個高分院及福建高等法院金門分院來區分全國各地區的管轄權。

　　本條係針對一般因出生而存在的自然人，因為私權發生爭執或糾紛時，所採行的一般性標準，且採用「以原就被」的法律訴訟原則，亦即訴訟事件之起訴者，稱為「原告」，相對於「原告」即稱「被告」（按：元・李行道《灰闌記・第二折》：「原告跪在這壁，被告跪在那壁去。」），原告之起訴須以被告之住所地為管轄法院，以便利被告應訴，防止原告濫訴。

　　然而本條所謂的「住所」，依民法第20條之規定是專指依一定之事實，而足認其有久住的意思而住於一定的地域範圍內，即由法律認定其住所為該地；另外未成年人則以其父母的住所為住所。至於居所則非久住而係臨時居住，例如：在外工作或求學所暫時租賃所在之處所即是。而本次修法特別加入訴訟發生的原因事實係在其居所地時，亦得由該居所地之法院管轄，且以中國人之鄉土觀念深厚，多不願廢止其祖籍所在地之住所，而事實上因社會結構之改變，又多離去其住所，在其就業所在地另設有居所，如關於其人之訴訟，而仍然必須於其住所地之法院起訴時，對於當事人反有諸多不便之處。所以此次修法為解決實際上運用的問題，爰於本條第1項後段增列「訴之原因事實發生於被告居所地者，亦得由其居所地之法院管轄」，以利適用。以避免工作在外而形成本籍及現籍間奔波之不便，此乃針對因應社會現況所做出的調整。又法律訴訟上所定的法院管轄，應以起訴時為準據。如被告於其居所地發生訴的原因事實後，在起訴前已離去並廢止該居所時，依法該原因事實發生地於起訴時便已非被告的居所地，因此該地的法院自無本項後段所擁有的訴訟管轄權限。

　　同時本條另外規定在外國享有治外法權的外交官員，因為享

有治外法權可不受駐在國法律（法院）的管轄權約束時，特別加以列入以我國中央政府所在地的法院，即臺北地方法院爲管轄法院，以使法律適用更加完備。

實例

　　陳兆雄原來家住在臺北市中正區，後來因爲工作關係必須搬遷到新竹市租屋而居。倘若此時陳兆雄在新竹因與李大同發生民事上的糾紛，試問此時李大同究竟該向何地方法院提起訴訟呢？

　　本案在過去李大同勢必要向臺北地方法院提起訴訟（因中正區係臺北地方法院管轄範圍），然新法特別因應現實的需要而補充，現在李大同則可在臺北地方法院及新竹地方法院擇一選擇起訴，如此將可避免雙方的因訴訟爭執而奔波之苦。

實例

　　王新原居住在臺北市中正區中華路，而向某銀行發生申請信用卡，後來因王新的信用卡使用超出預定額度，且一直無力償還，經銀行再三催討無結果後，而正向臺北地方法院遞出起訴狀前，王新早已因積欠所居住之中華路房屋的房租而被迫搬遷到新北市板橋區另行租屋居住，因此臺北地方法院的傳票根本無法送達王新。試問究竟此時臺北地方法院是否仍有管轄權呢？

　　依據王新的狀況來看，其原因事實發生時，雖然在臺北地方法院之管轄境內，但依新修正的民事訴訟法規定，管轄權則應屬於新北地方法院。

第2條（法人及其他團體之普通管轄法院）
對於公法人之訴訟，由其公務所所在地之法院管轄；其以中央或地方機關為被告時，由該機關所在地之法院管轄。

對於私法人或其他得為訴訟當事人之團體之訴訟，由其主事務所或主營業所所在地之法院管轄。

對於外國法人或其他得為訴訟當事人之團體之訴訟，由其在中華民國之主事務所或主營業所所在地之法院管轄。

解說

本條是規定向法人起訴時，應向何處之地方法院起訴。所謂「法人」是指自然人以外，依法律之規定享有權利能力之團體。因為法人並非自然人，法人沒有所謂的「住所」，如果依本法第1條規定，仍然無法判斷向法人提起訴訟究竟應向哪裡的法院提起，故本條特明定對公法人的訴訟，由公務所所在地之法院管轄，對於私法人的訴訟，由該私法人的主事務所或主營業所所在地之地方法院管轄，所謂總事務所，自係指定明章程業經註冊之合法總事務所而言，若事實上任意遷移未經變更章程依法註冊之總事務所，縱使實際上為辦理該法人事務之處所，要無拘束起訴之原告必應在該處所之法院起訴之理（18上1720）。

本條於民國92年2月7日修法特別將對於國家、直轄市、縣（市）、鄉、鎮的法律訴訟，依現行訴訟實務，均由管轄該項事務的中央或地方機關為當事人，而於有此項訴訟時，由該中央或地方機關所在地的地方法院管轄。然因原先本條第1項尚未規定及此，所以為因應事實上的需要，爰在本條第1項後段加入規定：其以中央或地方機關為訴訟案件的被告時，由該機關所在地之法院管轄。所謂中央或地方機關，不以一級機關為限，應包含中央或地方的各級機關在內，以避免因機關所屬單位的設置在不同區域，卻必須以該機關主體的一級機關所在地法院管轄的弊病，而改以機關登記的實際所在地為其管轄的適用範圍。

假如本法另有規定專屬管轄時，並無適用本條的餘地。至於

何謂「專屬管轄」，請參見第10條的解說。外國的公法人或經過我國認許的私法人為被告時，本法為了使在我國的原告訴訟方便起見，所以特別規定由其在中華民國之主事務所或主營業所所在地之法院為管轄（參民訴§2Ⅲ）。

此條與第1條，皆係依被告之個人因素（該自然人、法人所在地）為法院轄區之關聯，又稱「人籍審判籍」、「普通審判籍」，為我國「以原就被」原則之具體展現。

第3條（因財產權涉訟之特別管轄法院㈠）
對於在中華民國現無住所或住所不明之人，因財產權涉訟者，得由被告可扣押之財產或請求標的所在地之法院管轄。
被告之財產或請求標的如為債權，以債務人住所或該債權擔保之標的所在地，視為被告財產或請求標的之所在地。

解說

　　法院對於被告僅就某種內容之訴訟事件有管轄權，稱之為特別審判籍。除專屬管轄外，特別審判籍並不排除普通審判籍，以兼顧原被告之利益，並求訴訟便利所設之規定（參§22之解說）。

　　本條係對於現在在中華民國沒有住所的人，如果因財產糾紛而必須對他提起民事訴訟時，本法為原告的方便起見，規定可以向其可扣押之財產所在地或請求標的所在地的法院起訴。

　　依前述原則，倘被告的財產是物權或請求之物為特定物，則其特定物之所在地為被告的財產或請求物的所在地，固然很容易判斷，但是如果被告的財產或請求之物僅僅是債權，則何謂「財產或請求物的所在地」便有判斷上的困難，所以本條第2項特別明定被告的財產或請求標的如果是債權時，則以該債務人的住所（民訴§3）或該債權擔保的標的（質物或抵押物）所在地，視

為被告財產或請求標的的所在地。

　　本條第1項有「可扣押之財產」字樣，何以法條不直接定成「被告之財產」，而要規定「被告可扣押之財產」，這是因為依據強制執行法第53條規定，並不是所有的財產都可以加以扣押，例如：債務人所必需之衣服、寢具、餐具，及職業上或教育上必需之物品、遺像、牌位、墓碑、祭祀用的物品……等都不可以查封，再加上因財產權糾紛涉訟者，最後目的無非是希望以法院的強制力來保護並滿足原告的私權，倘若是依法不能扣押的財產（如前述遺像等物品），則根本沒有在該財產所在地的法院起訴的必要及利益。

實例

　　黃漢在臺灣沒有住所，但卻在臺灣向林芳借款50萬元，黃漢因手頭緊到了清償期仍未向林芳清償，林芳經過多次催討不成，乃決定上法院告黃漢，假設林芳住臺中，黃漢所在不明，黃漢對李文有20萬元之債權，李文且提供位於臺北市內湖區的套房一棟以擔保黃漢的債權，問林芳應向哪一個地方法院起訴才對？

　　應向士林地方法院起訴才對。本題黃漢的財產是債權，適用本條第2項，黃漢的債權是由位於內湖的房子為擔保，擔保標的所在地是在臺北市內湖區，其管轄法院為士林地方法院，故林芳應向士林地方法院起訴。

第4條（因財產權涉訟之特別管轄法院(二)）
對於生徒、受僱人或其他寄寓人，因財產權涉訟者，得由寄寓地之法院管轄。

解說

　　本條是特別對生徒、受僱人、寄寓人三類情形所規定的管轄權，因為這三類人士均長期居住在住所以外的地方，如果強制對上述類型之人提起訴訟，一定要依本法第1條的規定向住所起訴不可，不僅可能對原告會造成不便，亦可能對被告造成應訴之不便，因此本條特別明定對生徒、受僱人、寄寓人的訴訟可以由寄寓地的法院管轄，而使原告有起訴及被告應訴之便利。

　　所謂「寄寓地」是指不以設定住所的意思，而寄寓在他人的處所，歇宿停留較久的情形。寄寓地與住所容易區別，但是寄寓地與居所則較易混淆。寄寓地一般都有特定的原因，例如：生徒因學習特殊技藝而寄寓在師傅處，受僱人因受僱於僱主而寄寓在僱主的地方，國代、立委因出席會議而寄寓在宿舍；至於「居所」則不必有一定的附隨原因，因此居所的範圍比較廣，寄寓地的範圍比較小。

實例

　　某甲原居住在高雄市左營區左營大路，因高雄工作難覓，前往臺北市並受雇於萬能蔘藥行當學徒，期盼能早日習得一技之長，光榮返鄉，未料，某甲生性好賭，時常與同為萬能蔘藥行學徒之某乙借錢償還賭債，某乙多次催討仍拒不返還，試問某乙應向何法院起訴，以捍衛自己的權利？

　　依民事訴訟法第1條，某乙得向高雄地方法院提起民事訴訟，惟若某乙考量自己起訴之方便性，依同法第4條以被告某甲之寄寓地，即臺北地方法院為起訴法院，亦無不可，於此某甲亦得減省北高往返應訴之煩。

第5條（因財產權涉訟之特別管轄法院(三)）
對於現役軍人或海員因財產權涉訟者，得由其公務所，軍艦本籍或船籍所在地之法院管轄。

解說

　　現役軍人或海員因其職務特殊或須輪調駐防基地或為流動性極大的船舶，故如須向此類人起訴，倘僅以住居所定管轄法院（民訴§1），事實上常有困難，故本條規定因財產權涉訟者，得由其公務所、軍艦本籍地或船籍所在地的法院管轄。

　　本條所指的海員並非只要服務於船舶的人都屬之，必須其所服務的船舶是50噸以上的非動力船舶或20噸以上的動力船舶，才是本條所指的海員。前開所謂海員，解釋上應包含船長在內。而「船籍所在地」，係指由船籍所有人認定而辦理登記之船籍港所在地（船舶法§11、14）。除此之外，專用於內河航行的船舶及專用於公務的船舶上之服務人員，既非海商法所指之海員，故亦非本條所指的海員，並不適用本條的特別審判籍。

第6條（關於業務涉訟之特別管轄法院）
對於設有事務所或營業所之人，因關於其事務所或營業所之業務涉訟者，得由該事務所或營業所所在地之法院管轄。

解說

　　本條是規定對於設有事務所或營業所的人，因關於其業務涉訟時，由何法院管轄。

　　本條立法是慮及因業務涉訟者，如果僅限制一定要在住所地法院起訴（民訴§1），不但不便且調查證據亦較困難，因此許其向事務所或營業所所在地的法院起訴。本條所稱「事務所、營業所」，包括營利事業與非營利事業，營利事業如各獨資、合夥之商號、公司……等均屬之，如：醫師、律師、會計師……等專技人員執業者之場所當然亦屬本條所稱之事務所、營業所。

　　又所謂關於其事務所或營業所之業務涉訟，不限於財產訴訟，舉凡與自己從事業務有關之訴訟，不論因執行業務所生者

（例如請求給付委任報酬），或因執行業務而派生者（例如因委任契約不成立而依不當得利、無因管理爲請求，或因執行業務發生侵權行爲，而依侵權行爲之法律關係請求等），或爲執行業務而締結僱傭關係所生之內部關係訴訟（例如請求給付工資、確認僱傭關係存在、不存在之訴等），均屬之。

　　陳偉住臺南，高中畢業後北上創業，在新北市中和區開了一家平價商店，專售各種衛浴設備及家具，陳偉爲擴張業務據點，因此在基隆王大商行亦有寄放商品委託代銷，某日顧客黃鵬在基隆分銷處購買陳偉的產品發生糾紛，試問黃鵬可否向基隆地方法院起訴？若否，則黃鵬應向哪一個法院起訴才對？若可，理由何在？

　　本題黃鵬不可向基隆地方法院起訴，因基隆既非陳偉的住所地（陳偉住所爲臺南），且基隆也不是本條所指的營業所所在地，因爲依據司法院25年院字第1589號解釋，分銷處並不是本條所指的營業所，本題基隆僅是分銷處，並不是本條所指的營業所，眞正的營業所是在中和區，因此黃鵬應向中和的管轄法院新北地方法院起訴。須附帶說明者係，黃鵬如欲向陳偉的住所地法院臺南地方法院起訴，於法亦屬有據（民訴§1）。

> **第7條**（船舶或航行之特別管轄法院）
> 對於船舶所有人或利用船舶人，因船舶或航行涉訟者，得由船籍所在地之法院管轄。

解說

　　船舶的意義，請參見第5條的解說。本條立法是因船籍所在地，大多爲經營船舶者的業務中心所在地，爲該船與陸上發生關

係最密切的地方，故以船籍所在地為管轄法院。

所謂「船舶所有人」，包含單獨所有人與共有人。又「利用船舶人」，含蓋船舶承租人、傭船人、使用借貸人、甚至無權利但事實上使用船舶之人。

所謂「因船舶涉訟」，是指船舶本身為標的而發生之訴訟，例如：船舶取得、喪失之訴訟；所謂「因航行涉訟」，是指船舶航行時所發生的訴訟，例如：船舶在航行時撞壞他人遊艇，他人向船舶所有人起訴請求損害賠償的訴訟或請求給付運訟費用、賠償貨物滅失等。

第8條（船舶債權之特別管轄法院）
因船舶債權或以船舶擔保之債權涉訟者，得由船舶所在地之法院管轄。

解說

本條立法的目的是因船舶的所在地為法院強制執行時所得查封拍賣船舶之地方，如果准許原告向船舶所在地法院起訴，原告的私權可以迅速獲得求償。

所謂「船舶債權」（海商§25）包括：

一、訴訟費及為債權人之共同利益而保存船舶或標賣並分配賣價所支出之費用、船鈔、港埠建設費、引水費、拖船費、自船舶開入最後港後之看守費、保存費、檢查費。

二、船長、海員及其他服務船舶人員，本於僱傭契約所生之債權，其期間未滿1年者。

三、為救助及撈救所負之費用與報酬，及船舶對於共同海損之分擔額。

四、船舶所有人或船長、海員過失所致之船舶碰撞或其他航行事變，旅客及船長、海員之身體傷害，貨載之毀損或滅失，加

於港埠設施之損害賠償。

　　五、船長在船籍港外依其職權爲保存船舶或繼續航行之實在需要所爲之行爲或契約所生之債權。

　　所謂「以船舶擔保之債權」，是指海商法第33條以下所稱之船舶抵押權而言。

　　須特別注意的是，本條所謂「船舶所在地」，係指起訴時船舶現實所在地，與船籍港無關，蓋本條所規定之債權，均以船舶爲標地物，爲便利債權人就船舶進行扣押、強制執行程序，故以船舶實際所在地，定管轄法院。

第9條（公司團體關係之特別管轄法院）
公司或其他團體或其債權人，對於社員或社員對於社員，於其社員之資格有所請求而涉訟者，得由該團體主事務所或主營業所所在地之法院管轄。
前項規定，於團體或其債權人或社員，對於團體職員或已退社員有所請求而涉訟者，準用之。

解說

　　本條規定與團體有關之訴訟，爲求訴訟資料蒐集之便利，故以該團體之主事務所或主營業所所在地爲其特別審判籍。本條第1項僅適用於以社員爲被告之情形（即對設原有所請求），不包括社員對於團體有所請求（此部分應回歸民事訴訟法第2條，或其他相涉之特別審判籍），應予辨明，以下十一種情況，均可依本條定管轄法院：

　　一、公司對社員有所請求而涉訟時。

　　二、其他團體對於社員有所請求而涉訟時，例如：合作社請求社員繳納社股。

　　三、公司之債權人對於社員有所請求而涉訟者。

四、其他團體之債權人對社員有所請求而涉訟者。

五、社員對社員有所請求而涉訟者。

六、團體對團體之職員有所請求而涉訟者。

七、團體對已退股之社員有所請求而涉訟者。

八、團體之債權人對團體的職員有所請求而涉訟者。

九、團體之債權人對已退股之社員有所請求而涉訟者。

十、社員對團體之職員有所請求而涉訟者。

十一、社員對已退股之社員有所請求而涉訟者。

實例

　　李文與張彬為大學同學，合資設立眾仁無限公司，經營進出口貿易及國內玩具買賣，資本額500萬元，經營3年後經濟不景氣一直虧損，積欠合作金庫貸款800萬元亦無力清償，合庫準備訴請李文與張彬負連帶清償責任。假設公司位於臺北市寶慶路，請問合作金庫應向哪一法院起訴？理由何在？

　　應向李文或張彬的住所地法院起訴，或依本法第9條之規定向公司所在地之臺北地方法院起訴均可。因合作金庫是公司的債權人，而李文、張彬是公司股東（社員），依據公司法第60條之規定，無限公司之債權人，於公司資產不足清償債務時，可向股東請求連帶清償，因此符合本條所謂「基於社員而生之法律關係」，故可依本條第1項之規定向公司的主營業所所在地之臺北地方法院起訴。

第10條（不動產事件之特別管轄法院與專屬管轄）
因不動產之物權或其分割或經界涉訟者，專屬不動產所在地之法院管轄。
其他因不動產涉訟者，得由不動產所在地之法院管轄。

解說

本條第1項是規定不動產的特別訴訟，專屬於不動產所在地之法院，此種管轄學理上稱為「專屬管轄」，是指法律規定特定的訴訟事件，因特重正確、迅速之公益需求，故僅固定的法院有管轄權，不許原告依被告的普通審判籍法院（民訴§1）起訴，亦不容許法院或當事人任意加以變更，而僅能向法律所規定的各該固定法院起訴，否則即屬管轄錯誤。

又專屬管轄之事件不得以合意定管轄法院。且專屬於他法院管轄之事件，無管轄權之法院，並不因移轉管轄之裁定而取得管轄權，如：請求塗銷系爭土地之抵押權設定登記，顯在行使系爭土地所有人之除去妨害請求權，自係因不動產物權涉訟，應專屬該不動產所在地之地方法院管轄。若有違反，自屬民事訴訟法第469條第3款：「法院於權限之有無辨別不當或違背專屬管轄之規定者。」判決當然為違背法令之事由（86台上1421裁判）。

屬於本條第1項專屬管轄的事件，包括下列三種：

一、因不動產物權涉訟之事件：也就是因不動產之所有權、地上權、抵押權、農育權、不動產役權、典權等發生爭執而涉訟。至於如因不動產之「債權」涉訟者則不在本項之專屬管轄之內不可不察，例如：甲向乙購買A屋，事後賣方乙拒不移轉登記，甲訴請乙辦理該屋之移轉登記，此僅屬債權之請求權（移轉登記請求權而非本處所指之不動產物權涉訟，此應屬第10條第2項及第11條之範圍）。

二、不動產之分割事件：土地房屋由多人持分共有乃極常見之情形，如欲將共有不動產分割，可由各共有人協議分割，如協議不成則可提起「不動產分割之訴」（民§824），此即本條所指之不動產分割。

三、不動產經界之訴：是指對於不動產的所有權沒有爭執，而請求定不動產的界線或界標的訴訟而言。

　　所謂其他因不動產涉訟者，得由不動產所在地之法院管轄，係指因不動產之物權或其分割或經界以外，與不動產有關之一切事項涉訟者而言。例如：基於買賣契約請求交付或移轉不動產所有權，讀者須特別注意，此處法條用語爲「得」，故本條第2項係屬任意管轄，而非專屬管轄，最高法院71年台上字第4722號民事判例亦闡明：「因不動產物權而涉訟者，雖應專屬不動產所在地之法院管轄，然因買賣、贈與或其他關於不動產之債權契約，請求履行時，則屬債法上之關係，而非不動產物權之訟爭，應不在專屬管轄之列。」

　　專屬管轄之事件不得以合意定管轄法院。且專屬於他法院管轄之事件，無管轄權之法院，並不因移轉管轄之裁定而取得管轄權，請求塗銷系爭土地之抵押權設定登記，顯在行使系爭土地所有人之除去妨害請求權，自係因不動產物權涉訟，應專屬該不動產所在地之嘉義地方法院管轄。原審竟就違背專屬管轄規定之第一審高雄地方法院判決，予以維持，自有違法。

第11條（因債權及擔保物權涉訟之特別管轄法院）
對於同一被告因債權及擔保該債權之不動產物權涉訟者，得由不動產所在地之法院合併管轄。

解說

　　適用本條的要件除了因債權以及擔保該債權而涉及不動產以外，且須對同一被告所提起的訴訟，兩個要件均須具備才可以，例如：對同一被告，請求確認債權不存在，同時請求塗銷擔保此債權的抵押權，就是屬本條所規定的範圍。反過來說，如果僅請求確認債權不存在，而無同時提請塗銷抵押權登記之訴，或對不同被告合併提請之訴訟，如對於被告甲請求確認債權不存在，對

於被告乙則請求塗銷抵押權登記，則不能適用本條的特別審判籍。

　　本條規定的理由是因為債權涉訟及擔保此項債權的不動產物權涉訟，此兩者間有主從關係，所以應該使其向同一個法院提起訴訟，一併審理，節省當事人勞力、時間、金錢之負擔，以符合經濟原則。

實例

　　甲銀行位於臺中，趙雲住臺南，趙雲在臺北有一間不動產，趙雲就以臺北的不動產，向甲銀行設定了抵押權登記債權500萬，如果債務的清償日到了以後，趙雲不還甲銀行錢，甲銀行應向哪一個地方法院提起訴訟，才算合法？

　　甲銀行可向趙雲的住所地法院（民訴§1），即臺南地方法院起訴，但是如果甲銀行向臺北地方法院起訴，也是合法的，並沒有管轄錯誤。因為依據本法第11條的規定，對於同一被告因債權及擔保該債權的不動產物權涉訟時，可由該不動產所在地的法院合併管轄。本題的情形，趙雲的不動產擔保甲的500萬債權，而不動產所在地是臺北，所以可以由臺北地方法院合併管轄，並非一定要向趙雲的住所地法院提起民事訴訟。

第12條（契約事件之特別管轄法院）
因契約涉訟者，如經當事人定有債務履行地，得由該履行地之法院管轄。

解說

　　本條所稱的「契約」，包括財產權上的契約及非財產權上的契約，而且包括有名契約及無名契約。所以不論任何契約所生之爭議，均可適用本條的特別審判籍。

所謂「因契約涉訟」，包括確認契約所生的法律關係是否成立，或者契約之履行或者解除所生的爭執，或因為不履行契約所造成的損害賠償等等，跟契約有關所提起的訴訟都可以適用本條的規定，來定管轄法院。

本條所謂由契約的債務履行地法院起訴，所謂「債務履行地」是指當事人依據契約所訂立的債務履行地，並非指民法第314條所規定的法定履行地；換句話說，如果當事人沒有特別約定契約履行地的時候，則沒有適用本條的機會。若當事人定有契約履行地時，不能因為民法第314條有規定法定履行地，就向法定履行地的法院，提起民事訴訟。

再者，法條雖稱「債務」履行地，但解釋上不以關於債權契約訴訟為限，即便因其他契約而涉訟，經當事人約定有「義務」履行地者，不論基於物權契約，無體財產契約，或就人格權、身分權成立之契約，均包含在內（院906參照）。

本條的立法目的係因契約是雙方當事人間特別合意的一種行為，如果有契約關係的時候，使雙方當事人易於起訴，或易於立證，或最合乎實際情形的審判，以免實際上造成不便。所以本法規定，如果因契約而涉訟的時候，可以由當事人所約定的債務履行地法院起訴，而管轄權之有無，法院應依原告主張之事實為形式認定，蓋法律關於管轄之規定而為認定，與其請求之是否成立無涉，只要原告起訴主張，原告依法向契約履行地之法院起訴，依本條規定，該契約履行地之法院即有管轄權，簡言之，當事人主張之契約是否真正存在，為實體法上之問題，不能據為定管轄之標準（65台抗162）。

若契約約定之履行地有數個或跨連在數法院，則各該法院均有管轄權（參本書§21之解說），分期給付之各期給付定有不同履行地者，以請求履行給付之各期所定債務履行地，定其管轄法院。又若係雙務契約，對待給付所約定之履行地可能不同，應

依原告請求之債務爲準。如當事人於契約中雖訂有履行地，但於契約不履行後，就損害賠償或契約解除之回復原狀，另定履行地者，應以新約定之損害賠償或回復原狀之履行地爲準。

第13條（票據事件之特別管轄法院）
本於票據有所請求而涉訟者，得由票據付款地之法院管轄。

解說

　　本條所謂的「票據」，是指依據票據法第1條所規定的各種票據，包括匯票、本票以及支票。所謂「匯票」是指發票人簽發一定的金額委託付款人，在指定的到期日無條件支付給受款人或持票人的票據。而所謂「本票」是指發票人簽發一定的金額於指定的到期日，由自己無條件支付給受款人或持票人的票據。所謂「支票」是指發票人簽發一定的金額委託金融業者於見票時無條件支付給受款人或持票人的票據。

　　本條所稱因票據而涉訟者，例如：行使票據的追索權以及付款請求權等的訴訟，都是屬於票據訴訟。至於依票據法第22條第4項利益償還請求權，以及票據法第55條第2項、第83條第2項及第93條、第134條、第140條的請求損害賠償之訴，並非本條所指的票據訴訟，因爲前面所指各該法條之請求權，雖然規定在票據法，但因權利之行使不以持有票據爲必要，故並非票據訴訟，僅是因爲與票據有相當關係而作的便利規定。

　　本條的立法目的乃是因爲票據的功能著重在輾轉的流通、保障交易安全，所以因爲票據而發生訴訟，須設簡易的辦法來終結它，以便利當事人票據上的權利得以獲得保障，才能確保票據的流通性兼顧交易安全，因此本條規定可以由票據付款地的法院來管轄，使持票人（票據上的權利人）可以得到便利。

實例

票據付款地與背書人的住所不在同一個法院管轄區域內，持票人張詠以背書人郭霖、趙純爲共同被告，訴請給付票款，應該以何法院爲管轄法院？

本題的情形，須先說明的是，本於票據有所請求而涉訟者，可以由票據付款地的法院來管轄，本法第13條定有明文。而且共同訴訟的被告有數人，他的住所如果都在同一個法院管轄區域內，該法院對各該被告也有管轄權。本題的情形，背書人郭霖、趙純的住所，如果在同一個法院的管轄區域內，則依前面的說明可知，票據付款地的法院以及背書人郭霖、趙純住所地的法院都有管轄權，票據權利人張詠可以向這二個有管轄權的法院，任意選擇一個法院起訴。如果郭霖、趙純的住所不在同一個法院的管轄區域內，依據本法第20條但書及第13條規定，應該由票據付款地的法院管轄。

所以本題的情形，郭霖、趙純的住所既然沒有在同一個法院的管轄區域內，則適用本法第20條但書及第13條規定的結果，應該由票據付款地法院管轄。

第14條（財產管理事件之特別管轄法院）
因關於財產管理有所請求而涉訟者，得由管理地之法院管轄。

解說

本條規定是因爲現代社會中，常因爲各種契約關係或者法律規定，而有管理他人財產的機會，如果因爲財產管理發生糾紛而涉訟的時候，如何定管轄法院的問題。例如：因爲委任契約，管理本人財產發生糾紛的時候，除了本法第1條所規定的普通審判籍外，必須規定一個特別審判籍的法院，以利財產管理涉訟時定

管轄法院。

　　本條規定，得由管理地的法院行使管轄權，是因爲調查較爲便利。所謂的「管理地」，是指實施管理行爲的中心地；至於管理關係現在仍然繼續或中止，均非所問。又管理之原因係基於契約、無因管理（民法§172）或法律規定，亦非所問。凡因管理所涉之權利義務而生之訴訟，例如：請求給付管理費、報酬、報告及計算等，均屬之。

> **第15條**（侵權行爲之特別管轄法院）
> 因侵權行爲涉訟者，得由行爲地之法院管轄。
> 因船舶碰撞或其他海上事故，請求損害賠償而涉訟者，得由受損害之船舶最初到達地，或加害船舶被扣留地，或其船籍港之法院管轄。
> 因航空器飛航失事或其他空中事故，請求損害賠償而涉訟者，得由受損害航空器最初降落地，或加害航空器被扣留地之法院管轄。

解說

　　本條是規定因侵權行爲涉訟的特別審判籍。何謂「侵權行爲」主要係以民法第184條規定爲解釋之基礎，民法第184條第1項規定：「因故意或過失不法侵害他人之權利者，負損害賠償責任。故意以背於善良風俗之方法，加損害於他人者亦同。」同條第2項規定：「違反保護他人之法律，致生損害於他人者，負賠償責任。但能證明其行爲無過失者，不在此限。」易言之，侵權行爲即係侵害他人權利或利益的違法行爲，侵權行爲如果成立的話，侵權行爲人就應該對被害人負擔損害賠償的責任。

　　本條第1項規定由行爲地的法院行使管轄權，乃是因爲在行爲地的法院管轄，較在不法行爲結果地的法院管轄爲容易，所以

本條以行為地定管轄法院，而最高法院56年台抗字第369號民事判例就所謂行為地，認凡為「一部實行行為」或其「一部行為結果發生之地」皆屬之。

本條第2項所謂「船舶碰撞」，是指兩艘以上的船舶相互碰撞。船舶碰撞不論發生於何地，縱使是發生在內河也應該依海商法的規定處理。所謂「其他海上事故」，是指船舶碰撞以外，因為航海所生的一切事故，例如：海商法所規定的共同海損。所謂「共同海損」，就是在海難中，船長為了避免船舶以及船上貨物的共同危險而為處分所直接發生的損害以及費用，此項費用為了公平起見，法律上不能令被犧牲財產的所有人獨自負擔，而應該由被保存財產的所有人分擔，所以共同海損制度是船舶在航行中遭遇共同危險時，為避免全部損失而作部分的犧牲，由利益獲得保全者共同分擔被犧牲者的損失，叫作「共同海損」。如果發生共同海損時，也是屬於本條第2項所指的其他海上事故，可以依據本條的規定來定管轄法院。

本條第3項所謂的「航空器」是指飛機、飛艇、氣球，以及其他任何藉著空氣的反作用力，可以飛行在大氣中的器物。所謂「飛航」，指航空器的起飛、航行、降落及起飛前、降落後所須飛行場所的滑行。所謂「航空器失事」，是指任何人員，為了飛航目的，登上航空器時，一直到所有的人員離開該航空器為止，因為航空器的操作所發生的事故，直接對他人或航空器上的人造成死亡或傷害，或者是造成航空器實質上的損害。所謂「其他空中事故」，是指上述以外的空中事故而言。

關於航空事件的特別審判籍，依據民用航空法第97條另外有規定其管轄法院，在適用的時候，就要優先適用民用航空法第97條而排除本條第3項的適用。民用航空法第97條的規定包括：

一、航空器失事致人於死傷或毀損動產、不動產，或自航空器上落下或投下物品，請求航空器所有人賠償損害之訴，可以由

損害發生地的法院管轄。

　　二、乘客在航空器中，或於上、下航空器的時候，因為意外事故死亡或傷害，請求航空器所有人或運送人賠償損害的訴訟，也可以由運送契約訂定地或運送目的地的法院管轄。

　　除此之外，其他航空器的失事損害賠償訴訟的管轄法院，仍然必須依據本條來規定管轄法院。

第16條（海難救助之特別管轄法院）
因海難救助涉訟者，得由救助地或被救助之船舶最初到達地之法院管轄。

解說

　　本條規定因海難救助糾紛而涉訟的時候，可以由救助地或被救助的船舶最初到達地的法院管轄。

　　所謂「海難救助」，是指海商法第102條以下所規定的救助以及撈救。救助者乃是船舶或貨載尚未脫離其船長及海員的占有，而由第三人加以協助至得救濟。所謂「撈救者」，乃是船舶或貨載已經脫離船長及海員的占有，將要沈沒或者漂流之際，而由第三人加以協助，而獲得救濟就是撈救。救助及撈救通稱海難救助。海難救助的涵義可分為廣義及狹義兩種，廣義的海難救助是指對於遭遇到海難的船舶、財物或人命加以救助，使遭到海難的船舶財物或人命得以獲得脫險，叫作廣義的海難救助，其救助的對象包括人及物的救助；至於狹義的海難救助，則專指對於物的救助而言，又可分為兩種：

　　一、依據救助契約而為的救助行為，其權利義務關係應當然依據契約內容來規範。

　　二、沒有契約也沒有義務而為救助的行為，它的權利義務關係應依法律的規定來決定。我國海商法所稱的海難救助，僅是指

狹義的海難救助。

　　海難救助的涉訟及海難救助的糾紛，例如：救助者請求給付報酬的訴訟，或是被救助者確認給付報酬義務不存在的訴訟，或者救助或撈救數額的訴訟，或救助者請求分配報酬比例的訴訟。所謂「救助地」是指救助或撈救行為地以及救助結果發生地。所謂「被救助船舶最初到達地」是指遭遇海難以後航行到第一個到達的地方，如果最初到達的地方是外國然後才駛入我國，並沒有本條審判籍的適用餘地。

　　所謂「海難救助」是僅指對物的救助，已如前述，詳細解釋如下：

一、對物救濟的成立必須是船舶或是貨物遭遇海難。

二、救助的標的是船舶或是船舶上所有的財物。

三、救助者沒有救助的義務。

四、有救助的效果（海商§103）。

五、未遭遇難之船舶以正當理由拒絕其施救（海商§108）。

　　如果合乎前面所說的要件後，就會發生對物救助的效果。對物救助的效果，就是可以請求相當的報酬（海商§103）。如果請求報酬發生糾紛的時候，就是屬於本條所稱的海難救助涉訟，可以由被救助的船舶最初到達地的法院來行使管轄權。再者，對物救助的報酬金額如果雙方當事人發生爭執的時候，可以由當事人協議，協議不成的時候，可以提付仲裁請求法院來裁判（海商§105）。

第17條（登記事件之特別管轄法院）
因登記涉訟者，得由登記地之法院管轄。

解說

　　本條所謂的「登記」，是指依據法律規定應該登記的事項，涉及私法上權利義務之得、喪、變更須經登記之事件，並可能發生訴訟者而言，例如不動產物權登記（民§758）、船舶登記（船登§3）、水權登記（水利§27）、礦業登記（礦§14）、夫妻財產制契約登記（民§1008）、漁業權登記（漁業§21）、航空器登記（民航§20）等等。

　　所謂「因登記涉訟」，就是指因為登記事項而發生的糾紛所產生的訴訟，例如：請求命登記義務人會同申請登記的訴訟、請求命第三人承諾申請登記的訴訟。所謂「登記地」，就是指該項登記依據該項法律，應該在該處為行為地的地方；換句話說，就是指主管登記機關的所在地。

　　須特別注意，若係基於物上請求權，請求塗銷不動產登記，則為專屬管轄（民訴§10Ⅰ），無本條適用（參本書§10解說），又如汽車為動產，除已設定動產擔保，應依法登記外（動產擔保交易法§5），其所有權取得、變動或消滅，均不必經登記，有無登記均不影響汽車所有權之認定，就汽車所有人登記之事項涉訟，亦無本條之適用（70台上4771）。

第18條（因自然人死亡而生效行為事件之特別管轄法院）
因自然人死亡而生效力之行為涉訟者，得由該自然人死亡時之住所地法院管轄。
前項法院不能行使職權，或訴之原因事實發生於該自然人居所地，或其為中華民國人，於死亡時，在中華民國無住所或住所不明者，定前項管轄法院時，準用第1條之規定。

解說

家事事件法第3條第3項第6款將因繼承回復、遺產分割、特留分、遺贈、確認遺囑真偽或繼承人間因繼承所生事件列為家事事件，並於第70條明定其管轄法院，依該法第196條規定應優先適用，故本條於家事事件法通過後，將原適用範圍關於上開事件管轄法院之規定刪除，惟家事事件法上開規定以外其他因死亡而生效力之行為，例如死因贈與、死因契約等類情形，仍有本條之適用。

本條的立法理由是因為，自然人死亡時候的住所地，通常是該自然人生活重心的所在地或者是大部分財產的所在地，由該自然人死亡時候的住所地法院來管轄，不僅比較便利而且訴訟資料的蒐集也比較完整，所以規定可以由該自然人死亡時候的住所地法院來管轄。

除因繼承所生家事訴訟事件之管轄法院應適用家事事件法規定外，其他因自然人死亡而生效力之行為的訴訟，都可以依據本條的規定來定管轄法院。

所謂「其他因自然人死亡而生效力之行為的訴訟」，例如：甲生前與乙定有一贈與契約，約定名下一塊土地無償贈與乙方，此贈與契約並約定於甲死亡後生效，復乙於甲死亡後以該契約為據要求甲之繼承人返還所占有之財產，即屬之。

本條第2項規定該自然人住所地法院不能行使職權，或者該自然人死亡時在中華民國境內沒有住所或住所不明時，如仍依前項規定來定管轄顯有事實上運用的困難，特別增列定管轄法院得準用第1條的法院管轄適用，此係因應社會現況所做出的適當調整規範。然此所謂準用者，並非對於所準用的規定完全適用，仍應依事件的性質來定其應適用的法律範圍。

陳奇長住在臺南，只有配偶李音及哥哥陳凡二個繼承人，

陳奇死時所有的財產只剩12萬元，請問配偶及兄長他們的特留分有多少？如果陳奇與張河生前定有一贈與契約，約定名下一間房地無償贈與予張河，並同意該契約於陳奇死亡時生效，而張河與李音、陳凡就該房地之所有權應屬何人發生爭執時，得向哪一個法院起訴？

依據民法第1138條的規定，配偶李音以及兄長陳凡都是法定繼承人，配偶以及被繼承人的兄弟姊妹，依據民法第1138條的規定，可以同時為共同繼承人，所以陳奇的遺產，應該由李音和陳凡二人平均分配，所以李音的應繼承財產應有6萬元，陳凡應繼承的財產也是6萬元，這個6萬元是二人依據法律應該得的數額（應繼分）。而特留分的數額就是依據應該繼承的部分，乘以民法第1223條的規定比例，配偶的特留分是他應繼承財產的二分之一，所以前面所算出李音所應繼承的財產是6萬元，計算時特留分須再乘以二分之一，所以李音的特留分是3萬元。因為陳凡的繼承資格是被繼承人的兄長，以民法第1223條規定的比例是三分之一，那麼陳凡的特留分就是（他應繼承的財產是6萬元），按照規定應是6萬元的三分之一，等於2萬元，就是他的特留分。所以李音和陳凡的特留分各為李音3萬元、陳凡2萬元，總共是5萬元，就是二人特留分的總額。那麼陳奇所遺留的財產12萬元裡面，這5萬元是特留分，即不准他以遺囑或遺贈的方式加以贈與他人，否則超過、侵害到這5萬元的部分，李音和陳凡可向受遺贈人行使扣減的權利。

陳奇與張河所定之契約應屬於死因贈與契約，而以贈與人死亡時始發生效力之贈與。如果張河與李音、陳凡就該房地之所有人為何、所有權若干有所爭執，依本條第1項規定應向該自然人陳奇死亡時之住所地，即臺南地方法院起訴。

第19條（遺產負擔之特別管轄法院）
因遺產上之負擔涉訟，如其遺產之全部或一部，在前條所定法院管轄區域內者，得由該法院管轄。

解說

　　本條所謂的「遺產上之負擔涉訟」，是指除了遺產繼承的訴訟分割、特留分、遺贈以及其他因死亡而生效力行為以外的遺產上負擔而涉訟的時候，就是屬於遺產上負擔涉訟。例如：被繼承人在繼承開始以前，也就是在他死亡之前所負擔的債務，或者是被繼承人死後的喪葬費用，以及管理遺產或執行遺囑所產生的債務或費用，發生爭執而必須訴訟的時候，都是屬於遺產上的負擔涉訟。

　　適用本條必須注意的是，一定是繼承開始的時候，也就是被繼承人死亡的時候，他的遺產的全部或者是一部分，現在還在該區域以內，否則，如果已經分割或移轉給別人，就沒有適用本條來定特別審判籍的餘地。這一點必須特別注意。

第20條（共同訴訟之特別管轄法院）
共同訴訟之被告數人，其住所不在一法院管轄區域內者，各該住所地之法院俱有管轄權。但依第4條至前條規定有共同管轄法院者，由該法院管轄。

解說

　　要了解本條的規定，必須先了解什麼是「共同訴訟」。所謂「共同訴訟」，簡單的說就是兩個原告對一個或數個被告，或數個原告對一個被告，或者是數個原告對數個被告所提起的民事訴訟。換句話說，原告或者是被告任何一方超過兩個以上的人的時

候，就叫「共同訴訟」。本條所指的共同訴訟，僅指共同被告，也就是說一個原告起訴好幾個被告的情形，才有適用本條的機會。是必須全體共同被告依第4條至第19條規定，有共同管轄之法院時，始有第20條但書規定之適用，否則依同條前段規定，各該共同被告住所地之法院具有管轄權，要為當然解釋。

另外，要適用本條前段來定管轄法院，必須具備下列要件：

一、必須被告有兩個以上的人，如果被告僅只有一個人，而原告為多數人的時候，這種共同訴訟不能適用本條的規定。

二、必須兩個以上的被告其住所都不在同一個法院的管轄區域內，如果兩個以上的被告，他的住所都在同一個法院的管轄區域內，就不能適用本條。

三、必須沒有共同的特別審判籍。所謂「特別審判籍」，就是必須沒有本法第4條到第19條所規定的共同管轄法院。換句話說，假如被告有兩個以上的人，雖然他們的依據不在同一個法院管轄區域內，可是依據本法第4條到第19條的規定，有共同的管轄法院可以管轄，那麼原告就應該向該法院提起訴訟，而不能依據本條的前段來定管轄法院，並應注意本條性質非專屬管轄，仍有合意管轄、應訴管轄之適用，且因特別注意本法第53條第3款為本條之特別規定。

實例

支票的發票人程遠住在臺中，背書人丁義住彰化。該支票的付款地在臺中，如果那張支票的執票人郭敏向彰化地方法院起訴，請求程、丁二人連帶給付票款，而被告程遠抗辯彰化地方法院對本件沒有管轄權，那麼，彰化地方法院究竟對被告程遠有沒有管轄權呢？

依據本條規定，共同訴訟的被告有數人，其住所不在一個法院管轄區域內者，各該住所地之法院均有管轄權。但依本法第4條至前條規定，有共同管轄法院者由該法院管轄；又第13條也

規定，本於票據而涉訟者得由票據付款地之法院管轄。所以可知共同訴訟的特別審判籍，僅僅在沒有本條但書的共同審判籍的時候，才有適用的機會。反之，原告應該向該共同特別審判籍的法院起訴。本題支票的執票人是本於票據涉訟，依前述第13條及本條的規定，應該是由程遠和丁義的共同特別審判籍，就是支票付款地的法院管轄，所以應以臺中地方法院為其管轄法院。

　　現在郭敏直接向背書人丁義的住所地臺灣彰化地方法院提起訴訟，但彰化地方法院並沒有管轄權，彰化地方法院應該依照本法第28條第1項的規定，直接依職權裁定，將全案移送共同的特別審判籍的臺中地方法院管轄（71年廳民一字第245號函復台高院）。

第21條（競合管轄）
被告住所、不動產所在地、侵權行為地或其他據以定管轄法院之地，跨連或散在數法院管轄區域內者，各該法院俱有管轄權。

解說

　　住所跨連或散在數個法院管轄區域內的情形，例如：甲的房子剛好在新北市和臺北市的界線上，一半在新北市，一半在臺北市，那麼這個房子臺北地方法院和新北地方法院都有管轄權。

　　所謂不動產跨連或散在數法院管轄區域內，例如：甲和乙對於三筆不動產買賣發生糾紛，而這些不動產剛好在幾個區域內的界線上。例如：這三筆土地，一筆在士林，一筆在桃園，一筆在臺北，則士林地方法院、桃園地方法院以及臺北地方法院都同時具有管轄權。

　　所謂侵權行為地有跨連或散在數法院管轄區域內，例如：甲在臺北著手殺害乙，乙受傷後逃到桃園，甲又追到桃園把乙殺

死，這個時候，侵權行爲地就是甲殺人的地方，所以臺北地方法院、桃園地方法院對本件侵權行爲訴訟都有管轄權。

故被告普通審判籍所在地法院之管轄權，僅爲法律規定之專屬管轄所排除，不因定有特別審判籍而受影響，故同一訴訟之普通審判籍與特別審判籍不在一法院管轄區域內者，即爲民事訴訟法第21條所謂數法院有管轄權，原告得任向其中一法院起訴，其向被告普通審判籍所在地之法院起訴者，被告不得以另有特別審判籍所在地之法院，而抗辯該法院無管轄權，縱使特別審判籍已經消滅，亦同（22抗531）。

第22條（管轄法院之競合——選擇管轄）
同一訴訟，數法院有管轄權者，原告得任向其中一法院起訴。

解說

由前述第1條到第20條所規定的情形，我們可知同一個訴訟由於普通審判籍及特別審判籍的規定，很可能幾個法院同時具有管轄權，如果同時有幾個法院都具有管轄權，如何來定管轄法院也必須有一個依據，所以本條規定，如果依據普通審判籍或特別審判籍的規定，數個法院同時具管轄權時，原告向任何一個有管轄權的法院起訴，都算是合法。

所謂「普通審判籍」，就是以被告與法院的管轄區域內的關係，作爲法院有沒有管轄權的標準，這就叫作「普通審判籍」。

本法第1條及第2條所規定的，就是普通審判籍，而且普通審判籍還有一個特點，被告就一切的訴訟（不論訴訟的性質爲何），只要是被告住在管轄區域內，原告就可以向被告的普通審判籍法院提起民事訴訟。而特別審判籍是被告就特種原因所生訴訟的審判籍，可以由某一個法院來管轄，例如：本法第3條到第20條的內容都是針對特定原因及特定訴訟所規定，可以由特別的

法院來管轄，這種情形叫作「特別審判籍」。也就是因為這樣的關係，同一個訴訟很可能依據普通審判籍及特別審判籍同時發生競合的關係，而數個法院同時具有管轄權時，就要依照本條的規定來定管轄法院。

實例

簡武住臺北，蕭文住高雄，簡武在臺中和新竹二地將蕭文殺成重傷，這個時候蕭文要向簡武提起民事訴訟，請求侵權行為的損害賠償，應該向哪一個法院為之才算合法？

這個情形有兩個特別審判籍、一個普通審判籍的法院，三者並存。兩個特別審判籍就是簡武將蕭文殺傷的兩個地方法院、也就是臺中、新竹地方法院都有管轄權，因為這兩個地方都是侵權行為地。而簡武住臺北，所以簡武的普通審判籍法院臺北地方法院也有管轄權。所以臺北、臺中、新竹三個地方法院都有管轄權，原告蕭文可以向這三個法院中任何一個法院提起訴訟，都算合法。所以請讀者注意，適用上並不是特別審判籍優先於普通審判籍。

第23條（指定管轄）

有下列各款情形之一者，直接上級法院應依當事人之聲請或受訴法院之請求，指定管轄：

一、有管轄權之法院，因法律或事實不能行使審判權，或因特別情形，由其審判恐影響公安或難期公平者。

二、因管轄區域境界不明，致不能辨別有管轄權之法院者。

直接上級法院不能行使職權者，前項指定由再上級法院為之。

第1項之聲請得向受訴法院或直接上級法院為之，前項聲請得向受訴法院或再上級法院為之。

指定管轄之裁定，不得聲明不服。

解說

　　民事訴訟事件的管轄，雖然根據前面的說明，已經有了普通審判籍的法院以及特別審判籍的法院，而且承認當事人可以用合意的方式來定管轄法院（民訴§24）。但是有些情況下，有管轄權的法院因為法律上的規定，或者是因為事實上的原因，可能造成有管轄權的法院無法行使審判權，或因為特殊原因而無法判斷哪一個法院有管轄權，這時就依據本條的規定，以指定管轄的方法定管轄法院。指定管轄的原因有二：

　　一、是有管轄權法院因為法律規定或事實上的關係而無法行使審判權。所謂因為法律上的規定而無法行使審判權，讀者可能會有所疑惑，前面的普通審判籍及特別審判籍已經規定得很清楚，怎麼還會因為法律的規定而沒有辦法行使審判權呢？本法的規定，如果法院的法官與被告有特殊關係時，法官依法應該要迴避，不能對該事件就實質加以審判。倘若法院因為迴避制度的關係，該法院的法官全部都應該迴避時，那麼就是由於法律的規定而無法行使審判權，這個時候就符合本條規定，而有指定管轄的原因。

　　又如不是全體的法官都具有迴避的原因，可是由於部分法官迴避的結果，無法依據法院組織法的規定組織合議庭時，也算是因為法律規定而無法行使審判權的情形。所謂因為事實不能行使審判權者，如因為天災、颱風、地震、戰爭或其他特殊非常的情事，法院無法依照正常程序來處理時，就是屬於因為事實的原因，而無法行使審判權；又現行民事訴訟事件，亦有因為環境上的特別關係，由原有管轄權的法院審判，而有足以危害公安或難期公平之虞的情事發生，自宜另行指定其管轄法院，以資加以因應，故特參酌刑事訴訟法第10條第1項第2款的有關規定，配合而於本條第1項第1款增設後段的法律規定。

　　二、所謂管轄區域境界不明致不能辨別有管轄權的法院，是

指兩個（或兩個以上）法院之管轄區域相毗連以至於不能辨別有管轄權的法院，例如：甲與乙在中興橋下淡水河之沙洲打架，而該沙洲恰為臺北市與新北市交界區，以致造成該交界區究屬臺北地方法院管轄抑或新北地方法院管轄不能辨別。

　　適用本條時，必須注意如果只是當事人自己不知道定管轄區域的地點，例如：地點是在一個森林或者是海洋，可是界線很確定，只不過當事人自己不知道哪個地方是在哪一個法院的管轄區域內的時候，不能適用本款的規定來指定管轄。例如：甲和乙兩人是同班同學，兩人結伴環島旅行，在環島旅行中因為起了爭執而互相毆打，結果甲被乙打傷，可是甲不知道這個地方是苗栗縣還是新竹縣，而打架的實際地點是在苗栗縣，只不過是因為甲自己本身不知道而已，所以這個時候，如果甲要向乙提起訴訟，並不屬於本條所定的管轄區域境界不明，因為此時管轄區域很明顯，只是當事人自己不知道而已。

　　指定管轄必須依照當事人的聲請，或者是法院的請求才可能指定，不能法院自己依職權指定管轄；換句話說，法院如果依據本條的規定以裁定指定管轄法院，必須基於聲請或請求，也就是說，被動的受到聲請或請求的時候才可以指定管轄，不能由法院主動認為有指定管轄原因，即指定管轄法院。

　　指定管轄的裁定不能聲明不服，這是一個特別的規定，因為依據民事訴訟的制度來看，對於法院的裁定，如果不服的話原則上都可以提出抗告（民訴§482），而抗告可以向上級法院提出抗告，請求將原審法院的裁定加以廢棄。但是依據本條的規定，指定管轄的裁定不能聲明不服，這是一個例外，因為裁定原則上應該是可以由當事人聲明不服提起抗告，這種情況就是屬於本法第482條但書規定的例外情形。

　　臺灣桃園地方法院因為整修內部需要，把法院內的水電工

程交給王博所開設的水電公司承包。王博依據承包的合約如期完工後，桃園地方法院竟然以工程品質不合要求爲理由，拒絕給付水電工程的價款，王博於是提起民事訴訟，要求桃園地方法院應該給付工程款並賠償因而發生的損失。請問王博可不可以聲請或請求指定管轄？

　　本件的被告是桃園地方法院，桃園地方法院依法是有管轄權的法院，而本條的規定，欲聲請指定管轄，必須要有本條第1項第1款，因事實而不能行使審判權，或者因法律而不能行使審判權，才可以聲請指定管轄。而所謂因事實而不能行使審判權，是指有管轄權的法院因爲天災、戰亂、地震、颱風或其他的意外事變或交通阻隔，或者是全體法官都應迴避致不能執行職務的情形而言。本題的情形，由桃園地方法院的法官來加以審判，因被告就是桃園地方法院，可能難以公平。但本題的情形仍與本條第1項第1款指定管轄的原因有別，王博不能請求指定管轄，而仍然必須由桃園地方法院民事庭來審理本件的訴訟。

第24條（合意管轄）
當事人得以合意定第一審管轄法院。但以關於由一定法律關係而生之訴訟為限。
前項合意，應以文書證之。

解說

　　適用本條的前提必須是專屬管轄的事件以外才可以適用，而專屬管轄的規定包括本法第10條、第499條、第510條。前面所列舉的各條就是專屬管轄的規定；換句話說，前面所列舉專屬管轄的規定，沒有適用本條的餘地。

　　所謂「合意管轄」，就是由訴訟的原告與被告共同約定一個管轄法院，向該法院提起訴訟。民事訴訟法之所以規定合意管

轄，是因為民事訴訟原則上是由當事人自主，也就是以不干涉為原則，在不妨礙公益的原則下，在一定的範圍內，准許當事人以合意的方式來定管轄法院。另依最高法院19年抗字第16號判例意旨，訴訟經兩造合意定第一審管轄，嗣後不得再行變更。

合意管轄的要件必須是當事人間有合意的意思表示，而合意的約定，不論為書面或言詞約定，都算有效，通常是以文書來證明。但是本條第2項以文書來證明，只是證明合意的方法，並不表示雙方當事人的合意一定要以書面來約定。當事人雙方如果以合意的方式，約定一個管轄法院，而向該管轄法院起訴的時候，該法院就應該受到合意的拘束，也就是該法院不能以無管轄權而駁回原告的訴訟，或以裁定移送到其他法院。反過來說，為原告的當事人也應該向雙方所合意的法院起訴才算合法，否則原告如果向合意以外的法院起訴，經被告加以抗辯之後，該法院雖然原先是法定的管轄法院，但是在此情況下，也應該認為沒有管轄權。

我國民事訴訟法雖有合意管轄之規定，但此合意之管轄法院，應不得外於我國民事訴訟法事實上所得規範之地區，否則不啻允許當事人以合意限制我國審判權之行使，亦將發生當事人依我國民事訴訟法之規定，合意以不適用我國民事訴訟法之法院為管轄法院之不合理情形；此外，我國與大陸地區仍屬分裂分治狀態，亦不宜由當事人合意以大陸地區法院為第一審管轄法院。

雙方當事人可以用合意的方式來定管轄法院，僅限於第一審的法院才可以由當事人自己合意來約定。第二審、第三審法院並不允許當事人以合意的方式來定管轄法院，因為假如連第二審、第三審的法院都可以由當事人自己來合意定管轄的話，那麼會混亂司法系統，影響公共利益，所以第二審和第三審的法院，不允許當事人合意來管轄法院。

本條之合意管轄尚區分成排他（專屬）的合意管轄及併存

（任意）的合意管轄，所謂排他（專屬）的合意管轄，係指訂定
合意管轄之後，會有排除其他有管轄權法院管轄之效果，而併存
（任意）的合意管轄，在訂定合意管轄後，其他有管轄權法院不
因此喪失其管轄權。

又須特別注意，當事人以合意定第一審管轄法院，旨在使
預定之訴訟，歸屬於一定之法院管轄，是合意所定之管轄法院，
必須限於一定之法院，不得廣泛就任何第一審法院定為合意管轄
之法院（86台抗139裁判），又當事人得以合意定第一審管轄法
院，但此合意管轄之約束力，僅及於合意管轄約定之當事人，
而不及於第三者，第三人自不受該約定之拘束（97台抗110裁
判）。

實例

莊容向香港的甲銀行借款新臺幣100萬元，由陳政連帶保
證（陳政具有中華民國及香港雙重國籍的身分），借貸及保證
契約都有約定，契約效力、解釋以及訴訟的管轄依香港法律的
規定，以及由香港法院來管轄。借款以後，保證人陳政死亡，
陳政死了之後留下兒子陳平以及女兒陳柔，二人皆為中華民國
國籍，住臺北市，後來莊容沒有依照規定清償借款，香港的甲
銀行就對陳平和陳柔向臺灣臺北地方法院起訴要求二人清償債
務，現在陳平和陳柔皆抗辯說，雙方已經有合意，由香港法院
管轄，所以臺北地方法院無權審判此案件。請問二人的抗辯有
沒有理由？

陳平和陳柔抗辯沒有理由，依據臺灣高等法院68年度法律座
談會民事類第24號的座談結論，陳平和陳柔排斥法院的管轄應該
屬於無效，因為民事訴訟法第24條僅規定可以約定管轄，並沒有
規定可以排斥原固有法院的管轄權，此即前述併存（任意）的合
意管轄，本題雙方雖然有約定合意由香港之法院管轄，但雙方於
合意時並無特別約定要排除原固有之管轄法院，依民事訴訟法第

1條被告住所地之臺北地方法院仍有普通審判籍，此一普通審判籍在此時不因有合意管轄法院而被排除，所以陳平和陳柔的抗辯無理由。

實例

　　住臺北之某甲向住新竹某乙購買汽車一輛，並簽訂買賣契約，契約略載：「以某乙所在地（即新竹）為交車地，若因本契約發生爭議，全臺灣之地方法院皆有管轄權」，交車時碰巧被某丙撞見，某丙為汽車達人，一眼看出該車存有瑕疵，恐對駕駛造成危險，遂即告知某甲該車有瑕疵，試問某甲，應向何法院起訴，以確保自己權利？

　　依最高法院86年台抗字第139號民事裁定，本案契約略載「全臺灣之地方法院皆有管轄權」，與民事訴訟法第24條所規定之合意管轄意旨不符，某甲仍應回歸民事訴訟法第1至20條普通、特別審判籍規定，判斷其應向何法院起訴，本件依民事訴訟法第12條：「因契約涉訟者，如經當事人定有債務履行地，得由該履行地之法院管轄」應以汽車之交車地，即新竹地方法院為管轄法院，且某乙之住所地亦為新竹，依同法第1條（即「以原就被」原則）新竹地方法院亦為有管轄權之法院，某甲向新竹地方法院起訴即可。

> **第25條**（應訴管轄）
> 被告不抗辯法院無管轄權，而為本案之言詞辯論者，以其法院為有管轄權之法院。

解說

　　如果原告沒有依照本法的規定向有管轄權的法院提起民事訴訟，而向沒有管轄權的法院提起訴訟的時候，雖然依據本法第28

條，受訴的法院可以裁定移送到有管轄權的法院，但是假如沒有管轄權的法院因為疏忽而沒有將訴訟裁定移送到有管轄權的法院時，就要看被告到底有沒有向法院提出抗辯（抗辯受訴法院沒有管轄權）。假如被告沒有抗辯原告起訴的法院錯誤，而為本案的言詞辯論的時候，無管轄權的法院就會因為本條的規定而成為有管轄權的法院。

　　所謂「本案之言詞辯論」，是指被告對於原告所主張的權利（訴訟標的）提出抗辯，倘被告僅於書狀就為訴訟標的之法律關係為實體上陳述內容之記載，未於言詞辯論期日或準備程序期日以言詞加以引用，自難謂被告已為本案之言詞辯論。反過來說，被告沒有就原告起訴的實質面提出抗辯，而僅僅就程序面提出抗辯，例如抗辯當事人能力欠缺、訴訟能力欠缺或管轄錯誤的抗辯等等，就不屬於本案的言詞辯論，也就沒有適用本條規定的餘地。

　　須特別注意，本條雖未明文規定須於第一審法院，惟審級管轄之性質屬專屬管轄，故就下級審法院之判決上訴者，應由何一上級審法院受理，屬於審級管轄之問題，不許當事人以合意變更。

　　綜上所述，本條之適用要件，限縮於於第一審法院，須被告為本案之言詞辯論，且不抗辯法院無管轄權，又若當事人有委任訴訟代理人，於其代理權之範圍內所為之行為及行為之遲誤，直接對於本人發生效力。故被告之訴訟代理人，不抗辯法院無管轄權而為本案之言詞辨論者，亦應認為有管轄之合意（21上167）。

　　林誠住臺北，黃宇住桃園，黃宇向林誠在81年6月1日借了新臺幣100萬元，約定要在82年5月1日償還，但是黃宇到了82年5月1日拒絕返還，為此林誠對黃宇提出民事訴訟，因為林

誠住臺北，所以就向臺北地方法院提起民事訴訟，要求黃宇返還借款。到了開庭當日，黃宇到了法庭只說了一句話：「欠款已返還。」隨即離開。請問臺北地方法院就本件訴訟有無管轄權？

　　林誠住臺北，黃宇住桃園，依據本法第1條的規定，應該向被告的住所地，也就是桃園地方法院提起訴訟，而林誠卻向臺北地方法院提起訴訟，因此本來臺北地方法院沒有管轄權，然而因為黃宇開庭的時候，已經就林誠起訴主張的事實，即有沒有積欠借款作出實質的答辯，也就是說，被告黃宇開庭所講這一句「欠款已返還」，是針對林誠所主張的事實而作抗辯，屬於本條所稱本案的言詞辯論，因此黃宇既然不抗辯法院無管轄權，而作出本案的言詞辯論，則依據本條的規定，臺北地方法院已經取得了管轄權，不能再移送到桃園地方法院。

> **第26條**（專屬管轄之排斥適用）
> 前二條之規定，於本法定有專屬管轄之訴訟，不適用之。

解說

　　所謂「專屬管轄」請參見第10條的解說。

　　定專屬管轄的立法目的，是針對特定的訴訟案件一定要由該法院來管轄才能達到專屬管轄的目的。假如說可以由當事人自己以合意的方式或被告不抗辯，就可以使專屬管轄的規定得以排除的話，那麼根本就失去了專屬管轄立法的目的。所以說第24條及第25條之規定遇有專屬管轄之規定時，優先適用專屬管轄，不能再適用第24、25條。

　　王先生和王太太於民國70年結為夫妻，兩人之住居所為臺

北，結婚10年後育有一子一女。王先生事業也日漸發達，因受到朋友引誘而去賭博，結果經常徹夜不歸，積欠賭債數額龐大而逃亡，一走就是2年多，毫無音訊。王太太於是請律師起訴要求王先生履行同居的義務，假設王先生現在住臺北，而王太太這件履行同居的訴訟，卻向桃園地方法院提起，開庭當日，王先生按時到庭，但他沒有抗辯桃園地方法院沒有管轄權，直接就有沒有履行同居義務的情形，向法院抗辯。請問此時法院應如何處理？

　　桃園地方法院應將本件訴訟以裁定移送到臺北地方法院。因為依據本條的規定，關於擬制的合意管轄，在有專屬管轄的情形時，並沒有適用的餘地。這件訴訟是屬於履行同居義務之訴，依據家事事件法第98條準用同法第52條規定，應該是屬於專屬管轄，也就是專屬於「一、夫妻之住所地法院；二、夫妻經常共同居所地法院；三、訴之原因事實發生之夫或妻居所地法院」管轄，本案兩人之住居所為臺北，且丈夫現住所地亦在臺北，故應屬的臺北地方法院管轄，桃園地方法院並無管轄權。

> **第27條**（管轄恆定）
> 定法院之管轄，以起訴時為準。

解說

　　法院管轄權有無涉及公益，在原告提起民事訴訟時，法院必須主動依職權先調查是否有管轄權。所謂法院主動依職權調查，即不須等當事人的抗辯，也不問訴訟程序進行到哪一個程度。當事人間雖然不爭執，法院也必須得有心證才可以認定管轄權的有無。而法院是否有管轄權，判斷的時間點依據本條的規定是依起訴時為準，這在學理上叫作「管轄恆定原則」。也就是說，原告在提起訴訟以後，其管轄權事實雖然有所變更，但是法院已經取

得的管轄權，並不因而發生影響。

　　根據前面的說明，法院有沒有管轄權，必須在受理訴訟的時候，就要依職權主動調查。但是必須注意，除了專屬管轄權以外，因為本法承認擬制的合意管轄（民訴§25），所以被告如果不抗辯法院沒有管轄權，而作出本案的言詞辯論，即使沒有管轄權的法院，也被擬制成有管轄權的法院。

實例

　　李珍欠張亭100萬元，結果李珍拒絕清償債務，李珍住在桃園，張亭起訴的時候就向桃園地方法院提起，在訴訟過程的當中，李珍的住所遷移到臺中去了。請問桃園地方法院是否還有管轄權？

　　依本條的規定，李珍的住所地雖然已經變成臺中，臺中的管轄法院是臺中地方法院，但是因為本條規定的緣故，所以桃園地方法院在張亭起訴的時候，既然就已經有了管轄權（因為起訴當時李珍確實是住在桃園），桃園地方法院就取得了管轄權，不因為管轄權的事實變更而發生影響。

第28條（訴訟之移送）
訴訟之全部或一部，法院認為無管轄權者，依原告聲請或依職權以裁定移送於其管轄法院。
第24條之合意管轄，如當事人之一造為法人或商人，依其預定用於同類契約之條款而成立，按其情形顯失公平者，他造於為本案之言詞辯論前，得聲請移送於其管轄法院。但兩造均為法人或商人者，不在此限。
移送訴訟之聲請被駁回者，不得聲明不服。

解說

　　根據前條的說明無論法院有沒有管轄權，法院必須依職權調查，可是法院依職權調查後，如果發現沒有管轄權應如何處理，不能沒有一個規定來處理，這就是本條規定的目的。

　　所謂「訴訟之全部或一部」，法院認為無管轄權，法院應該依聲請或依職權以裁定移送到管轄法院。在此所謂訴訟的一部無管轄權，例如：甲對乙提起民事訴訟，請求乙給付租金，同時要求分割不動產。乙住臺北，甲住高雄，不動產位於臺中，那麼甲向乙住所地之臺北地方法院起訴，臺北地方法院認為甲所提起的訴訟裡，分割不動產的部分是專屬管轄，必須向臺中地方法院起訴才合法；至於給付租金的訴訟部分，臺北地方法院仍然有管轄權。這個時候，臺北地方法院審查管轄權有無之後，即必須將訴訟的一部，也就是將分割不動產的部分，以裁定移送到臺中地方法院，而臺北地方法院僅能就給付租金的部分加以審判，這就是訴訟的一部法院認為無管轄權的情形。

　　本條於民國92年2月7日修法特別納入依本法第24條的規定，當事人得以合意定第一審法院，惟當事人的一造如為法人或商人，以其預定用於同類型契約的合意管轄條款與非法人或商人的他造訂立契約者，締約的他造就此條款多無磋商變更的餘地，為防止合意管轄條款被無端濫用，並為保障經濟上弱勢的當事人權益，爰增設此第2項，來規定如依照上述情形而按其情形顯失公平者，他造於為本案的言詞辯論前，得聲請法院將該訴訟移送於其法定的管轄法院，並於但書明定兩造均為法人或商人者不適用聲請移送的規定，以避免爭議發生。又法定管轄法院為多數時，被告並無選擇管轄法院的權限，故究竟以移送哪一個法院為適宜，則應由法院自行斟酌個案的具體情形來決定。

　　按移送訴訟之聲請被駁回者，不得聲明不服，民事訴訟法第28條第3項定有明文。第一審法院就訴訟之全部或一部認其無管

轄權，依職權以裁定移送於他法院管轄，當事人不服提起抗告，該管抗告法院認該第一審法院有管轄權，因而以裁定廢棄第一審法院所為移送訴訟之裁定，依上開規定之立法本旨，對於該抗告法院之裁定，當事人不得聲明不服。

值得一提的是，訴訟之移送意旨在於，維持中斷時效之利益，保障當事人遵期起訴之利益，及符合訴訟經濟之要求，故移送前無管轄權法院所為之訴訟行為基於訴訟經濟，仍維持其效力，法院僅須依民事訴訟法第211條更新辯論即可。

實例

支票的發票人張恆，住所地在臺中，支票背書人王信，住所地在彰化，該支票的付款地在臺中。如果該支票的持票人李春向彰化地方法院提起民事訴訟，請求張、王二人要連帶給付票款。在訴訟中被告張恆抗辯彰化地方法院沒有管轄權，那麼，被告張恆所作的抗辯以及聲請將訴訟移轉管轄，是否有理由？

依據本法第20條但書的規定：「依第4條至前條規定有共同管轄法院者由該法院管轄」。本題中，支票的付款地是在臺中，而且原告李春係本於票據關係而請求被告張、王二人連帶給付票款。依據本法第13條的規定，由票據付款地的法院管轄，況且被告張恆也已經抗辯彰化地方法院沒有管轄權，因此彰化地方法院對於張恆的聲請應准許，並應以裁定將訴訟移送到臺中地方法院。

第29條（移送前有急迫情形時之必要處分）
移送訴訟前如有急迫情形，法院應依當事人聲請或依職權為必要之處分。

解說

依據前條的說明，假如法院依職權調查的結果是沒有管轄權時，必須依聲請或依職權裁定移送到有管轄權的法院。但是假如法院在移送到有管轄權的法院之前有急迫情形，不能不有所處理，以便保全必要之證據或維護當事人的利益。所以本條規定法院必須依當事人的聲請，或依職權作必要的處分。

本條所謂「急迫情形」，例如：重要的證人即將死亡，或重要的證人即將遠離到國外，或者是被告正在銷毀相關的證據等等，都是屬於急迫的情形；至於本條依當事人的聲請，包括原告及被告都可以聲請。

最高法院70年台聲字第201號民事判例認本條所謂「必要處分」，係指保全證據或假扣押假處分等情形而言。但本文認為所謂法院應為必要的處分除假扣押、假處分尚包含其他有關證據保全的處分；至於何種情形才算急迫，則必須由移送的法院具體個案判斷，方符本條之立法意旨。

第30條（移送裁定之羈束力）
移送訴訟之裁定確定時，受移送之法院受其羈束。
前項法院，不得以該訴訟更移送於他法院。但專屬於他法院管轄者，不在此限。

解說

移送訴訟依據本法第28條移送訴訟後，受移送的法院必須受到該裁定的羈束，以免各法院間相互裁定移送往返，造成推拖的情形。所以被移送的法院，不論基於裁定前已經存在的任何理由，均不得主張本院沒有管轄權，受移送的法院，在移送之後，不能再主張自己沒有管轄權拒絕該件訴訟的移送，否則會給當事人留下法院互踢皮球的感覺，而喪失司法威信。

　　受移送的法院，雖然必須受到移送法院裁定的羈束，但如果是屬於專屬管轄的案件，則受移送的法院例外的可以將該訴訟再一次移送到其他有管轄權的法院。因為專屬管轄是有特殊的立法目的，由專屬法院管轄，才符合其立法目的以及當事人的利益。因此假如受移送的法院認為訴訟是屬於專屬管轄，或者訴訟的一部分是屬於專屬管轄，則受移送的法院可以不受本條第1項的羈束，而再度將訴訟移送到專屬管轄的法院。

　　至於專屬管轄請參照第10條的解說。

實例

　　張強住新北市，在民國75年入贅到李真家，李真家住桃園，婚後感情不睦，李真向桃園地方法院起訴請求判決離婚，此時如果桃園地方法院將本件離婚訴訟以裁定移送到臺北地方法院，請問臺北地方法院可不可以將該件訴訟再移送回到桃園地方法院？

　　依據本條第1項及第2項的規定，移送訴訟裁定確定的時候，受移送之法院必須受其羈束。但是依據家事事件法第52條規定，離婚訴訟是屬於專屬管轄，則被移送的法院依據本條第2項但書仍然可以將該訴訟移送到專屬管轄的法院。因此本題臺北地方法院仍然可以依據本條第2項但書的規定，將該離婚訴訟再移轉到桃園地方法院，由桃園地方法院來審理。

第31條（移送裁定確定之效果）
移送訴訟之裁定確定時，視為該訴訟自始即繫屬於受移送之法院。
前項情形，法院書記官應速將裁定正本附入卷宗，送交受移送之法院。

解說

　　本條規定的立法目的是在於原告如果已經繳納裁判費，或者是有時效上的問題等等，不能因為法院將訴訟移送的過程而受到損失。因此當事人受移送以前，在法院所為的行為，例如捨棄、認諾、自認、調查證據以及所行的準備程序等，均對受移送之法院發生同等效力，受移送的法院必須依據移送時訴訟進行的程度來繼續進行。

　　本條第1項尚隱含民事訴訟法「禁反言原則」及「訴訟經濟」之原則，所謂「禁反言原則」，原是英、美契約法上的概念，即俗諺：「魚與熊掌不能兼得」，意即不能「朝三暮四、搖擺不定」，於法律程序中不應「得了便宜還賣乖，得寸進尺」，任意提出與前後明顯不同之主張，是故只要移送訴訟之裁定確定時，視為該訴訟自始即繫屬於受移送之法院，當事人於移送前法院所為之訴訟行為，均對受移送之法院發生同等效力，即可避免當事人任意以管轄錯誤為由變異主張，另一方面亦保障當事人所為之訴訟行為，避免訴訟程序全部重來，已達訴訟經濟之目的。

實例

　　被繼承人張政，在民國75年5月31日死亡，他的住所設在臺北，他的繼承人張明在同年7月30日具狀向桃園地方法院聲明拋棄繼承，桃園地方法院以無管轄權為理由，而在同年8月2日函送臺北地方法院辦理。請問此時臺北地方法院應如何處理？

　　依據民法第1174條第2、3項的規定，繼承人拋棄其繼承權應於知悉其得繼承之時，3個月內以書面向法院為之，並以書面通知因其拋棄而應為繼承之人，而且家事事件法第127條也規定，拋棄繼承的事件由繼承開始時被繼承人住所地的法院管轄。本題的情形，繼承人張明在法定期間內（即於知悉其得繼承之時起3個月內）向沒有管轄權的桃園地方法院作拋棄繼承，雖非訟

事件法不像民事訴訟法有第28條移送管轄以及第31條視爲自始即繫屬於受移送法院的明文規定，然依家事事件法第5條之規定：「家事事件之管轄，除本法別有規定外，準用非訟事件法有關管轄之規定；非訟事件法未規定者，準用民事訴訟法有關管轄之規定。」本案仍應回歸民事訴訟法之適用，視爲自始即繫屬於臺北地方法院。

第31條之1（一事不再理）
起訴時法院有受理訴訟權限者，不因訴訟繫屬後事實及法律狀態變更而受影響。
訴訟已繫屬於不同審判權之法院者，當事人不得就同一事件向普通法院更行起訴。

解說

　　本條於民國98年1月21日修法時所新增之條文，乃基於訴訟經濟及程序安定性之考量，受訴法院於起訴時有審判權者，不應因訴訟繫屬後事實及法律狀態變更而變成無審判權，爰參酌行政訴訟法之規定加以明文。另外，依憲法設計，我國民事、刑事、行政訴訟、懲戒及憲法審判權分由不同系統之機關行使，其中最易牽混者爲民事與行政訴訟之審判。關於民事事件與行政事件是否由同一審判系統處理，各國立法不一，有採司法一元化（如美、日），均歸屬普通法院審判者，亦有採司法多元化（如德、奧、法），分歸不同體系法院審判者。我國憲法第77條區分民事訴訟與行政訴訟，現行法亦區別民事訴訟與行政訴訟，由行政法院依行政訴訟程序就公法事件行使審判權，由普通法院依民事訴訟程序就私法事件行使審判權，係採「司法二元化」體制，是當事人就同一事件，已經向不同審判權之法院（例如：行政法院）提起訴訟時，爲尊重該法院之處理情形，以及避免裁判分歧，當

事人依本條第2項規定即不得再向普通法院之民事庭更行起訴。

第31條之2（訴訟權限）
普通法院認其有受理訴訟權限而為裁判經確定者，其他法院受
該裁判之羈束。
普通法院認其無受理訴訟權限者，應依職權裁定將訴訟移送至
有受理訴訟權限之管轄法院。
當事人就普通法院有無受理訴訟權限有爭執者，普通法院應先
為裁定。
前項裁定，得為抗告。
普通法院為第2項及第3項之裁定前，應先徵詢當事人之意見。
第29條、第31條規定，於第2項之情形準用之。

解說

　　我國採公、私法二元主義，因此會產生審判權的「積極衝
突」與「消極衝突」之問題。積極衝突，係指就同一訴訟事件，
普通法院與行政法院皆認有審判權。反之，消極衝突，係指就同
一訴訟事件，普通法院與行政法院皆認為無審判權。

　　本條於民國98年1月21日新增，為儘速確定審判權，如果普
通法院已認定其有審判權並進而為裁判經確定者，即不容再由其
他審判權法院為相異之認定，應受該裁判之羈束，爰參酌行政訴
訟法第12條之2第1項規定，於第1項明定之。

　　為不使訴訟審判權歸屬認定困難之不利益由當事人負擔，如
普通法院認其對訴訟無審判權，應依職權以裁定移送至有審判權
法院，爰參酌司法院釋字第540號解釋意旨及行政訴訟法第12條
之2第2項規定，於第2項明定之。

　　為使普通法院有無審判權能儘速確定，參酌行政訴訟法第
12條之2第5項規定，於第3項規定如當事人對普通法院有無審判

權有爭執者，普通法院應就此部分先爲裁定。如普通法院認其無審判權，自應依第2項爲之。如普通法院認其有審判權之裁定確定，依第1項之規定，其他法院受該裁定之羈束。且爲保障當事人權益，於第4項明定當事人對普通法院上開裁定，得爲抗告。

爲保障當事人之程序上權利，以及確保法院關於審判權有無之判斷正確，於第5項規定普通法院爲第2項及第3項之裁定前，應先徵詢當事人之意見。

移送訴訟前如有急迫情形，普通法院應依當事人聲請或依職權爲必要之處分；移送之裁定確定時，視爲該訴訟自始即繫屬於受移送之法院，而法院書記官應速將裁定正本附入卷宗，送交受移送之法院等節，均與訴訟之全部或一部，法院認爲無管轄權，而以裁定移送於其管轄法院之情形相同，故規定本法第29條、第31條規定，於第2項情形準用之。

至本條與第182條之1之關聯性如下：若當事人向普通法院提起訴訟時，行政法院已有確定裁判認無受理訴訟之權限，而普通法院之見解與上開行政法院之見解有異時，係依第182條之1規定辦理；若當事人向普通法院起訴時，行政法院就該訴訟有無受理權限尚未有確定裁判，而普通法院認無受理訴訟之權限時，則依第31條之2第2項之規定辦理，併此說明。

第31條之3（訴訟費用之徵收）
其他法院將訴訟移送至普通法院者，依本法定其訴訟費用之徵收。移送前所生之訴訟費用視爲普通法院訴訟費用之一部分。
應行徵收之訴訟費用，其他法院未加徵收、徵收不足額或溢收者，普通法院應補行徵收或通知原收款法院退還溢收部分。

解說

本條於民國98年1月21日新增，不同審判權法院之訴訟費用

規定並不相同，爰參酌行政訴訟法之規定明定普通法院之處理方式。本條主要係為配合行政訴訟法第12條之2對於無審判權之案件改採移送制，以有別與以往之駁回制，以保障人民之訴訟權，因此在移送民事法院之前所已經繳納之裁判費均得折抵民事訴訟之訴訟費用，溢繳部分得以退還不足部分則應補繳故明定本條藉以明確規範，簡言之，即「多退少補」之概念。

第二節　法院職員之迴避

第32條（法官應自行迴避之事由）
法官有下列各款情形之一者，應自行迴避，不得執行職務：
一、法官或其配偶、前配偶或未婚配偶，為該訴訟事件當事人者。
二、法官為該訴訟事件當事人八親等內之血親或五親等內之姻親，或曾有此親屬關係者。
三、法官或其配偶、前配偶或未婚配偶，就該訴訟事件與當事人有共同權利人、共同義務人或償還義務人之關係者。
四、法官現為或曾為該訴訟事件當事人之法定代理人或家長、家屬者。
五、法官於該訴訟事件，現為或曾為當事人之訴訟代理人或輔佐人者。
六、法官於該訴訟事件，曾為證人或鑑定人者。
七、法官曾參與該訴訟事件之前審裁判或仲裁者。

解說

　　本法第32條到第39條之間所規定的都是法院職員的迴避。此立法目的就是因為法院的職員也是人，例如法官、書記官、通譯

等等。法院職員執行審判或是與審判有關的職務時，必須公正無私；然而人類是有感情的動物，是非曲折難免有感情的作用，因此法院的職員（法官、檢察官、書記官、通譯等等）如果與特定的訴訟案件有特殊關係的時候，自然應該規定必須要求他迴避，否則難免因為感情的作用而無法作出公正的判決，此為本條規定立法的根本原因。

本條第1款到第7款所定的事由，是屬於自行迴避，如果有本條第1款到第7款任何情形之一者，法官必須不待聲請即自行迴避。法官為訴訟事件的當事人，法官的配偶為訴訟事件的當事人，法官的前任配偶為訴訟事件的當事人，或者是法官的未婚配偶為該訴訟事件的當事人，依據本條第1款的規定，法官必須自行迴避，本款所稱的當事人，除了原告及被告外，還包括參加人，至於參加人的定義請參照本法第58條的說明。法官為具體訴訟案件，為當事人八親等內之血親或五親等內之姻親，或者是曾經有此等血親或姻親的關係，依本條第2款的規定，法官必須自行迴避。

所謂「血親」就是指有血源關係者，血親又可以分為直系血親及旁系血親。直系血親就是指己身所從出或從己身所出的血親，例如父母、祖父母、子女、孫子女。而旁系血親就是指非直系血親但是與自己出於同源的血親而言（民§967Ⅰ、Ⅱ），例如堂兄弟姊妹以及親兄弟姊妹，都是屬於旁系血親。至於親等如何計算，依據民法第968條規定，直系血親的親等計算，是從己身從上或往下數，以一世為一親等，例如：父親是從己身向上數，以一世為一親等的話，那麼父親就是直系血親一親等，而祖父就是直系血親二親等；子女就是直系血親一親等，孫子女就是直系血親二親等。

至於姻親的定義，依據民法第969條的規定，所謂「姻親」，包括血親的配偶、配偶的血親以及配偶的血親之配偶。

　　本條第3款所謂有共同權利人、共同義務人或償還義務人的關係。共同權利人的關係如法官與當事人是土地的共有人，或者是不可分的債權人；共同義務人的關係如法官與當事人為不可分債務人；償還義務人的關係如法官為當事人的保證人，或者是票據的背書人，都是屬於償還義務人。適用第3款時，法官必須就該訴訟的事件，在法律上有直接的利害關係，才能適用第3款的規定自行迴避。如果是僅有間接的利害關係，則法官沒有適用第3款迴避的理由，例如：甲股份有限公司為訴訟的原告，法官為該公司的股東，此時就不能適用本款規定而自行迴避。可是此時必須注意，此種情形只是不符合第3款自行迴避的要件，如果認為法官仍然有執行職務偏頗的可能，仍然可以依第33條第1項第2款的規定，聲請該法官迴避。

　　本條第4款所稱「法定代理人」，依民法規定未成年人以其父母為法定代理人，受監護宣告之人以其監護人為法定代理人，此外，實務上法人（公司）須以董事長為法定代理人。又民法第1122條規定，以永久共同生活為目的而同居之親屬團體稱為「家」，「家」置家長一人，其餘均為家屬（民§1123）。法官皆與當事人本來之關係時即應自行迴避。

　　本條第5款所稱訴訟代理人的定義，請參照本法第69條的解說。所謂「輔佐人」，是輔佐當事人或訴訟代理人到場，為訴訟上陳述的人，請參照本法第76條及第77條的解說。

　　本條第6款所稱證人或鑑定人，請參照本法第298條及第324條的解說。因為證人以及鑑定人依據法律有據實陳述的義務，例如：法官在該件訴訟中，曾經作過證人或鑑定人，就會造成陳述的證人就是審判的法官，則他的審判必定不能達到公平，因此規定必須要迴避。

　　本條第7款所謂法官曾經參與該件訴訟的前審裁判，不以下級審裁判為限，除權判決對於撤銷除權判決之訴，監護宣告之裁

定對於撤銷監護宣告之訴，亦為同款所謂前審裁判。然除有此種特殊情形外，恆指該事件之下級審裁判而言（30抗103），例如：法官在同一個訴訟事件中，曾經就該民事訴訟事件之第一審判序作出判決，在判決之後因為人事調動，該名法官調到臺灣高等法院，而該件訴訟敗訴一方，又向高等法院提出上訴，此時如果在高等法院同一訴訟案件又分配到該名法官手中，就是屬於本款所謂的前審裁判，這個時候，同一個法官必須依據本條的規定自行迴避。

按對於確定終局判決提起再審之訴者，其參與該確定終局判決之法官，依民事訴訟法第32條第7款規定，於再審程序，固應自行迴避，但其迴避以一次為限。故司法院大法官釋字第256號解釋謂：民事訴訟法第32條第7款關於法官應自行迴避之規定，乃在使法官不得於其曾參與之裁判之救濟程序執行職務，以維審級之利益及裁判之公平。因此，法官曾參與訴訟事件之前審裁判或更審前之裁判者，固應自行迴避。對於確定終局判決提起再審之訴者，其參與該確定終局判決之法官，於再審程序，亦應自行迴避，惟其迴避以一次為限。

所謂「更審前之裁判」，是指該件訴訟在下級審的法院裁判後，曾經上訴，由上級審的法院將原判決廢棄，發回原下級法院更審，而法官在事件發回更審以前，曾經參加該件下級審法院的原裁決而言。因此本次即針對前開規定修正，將原先在更審前曾參與該訴訟事件裁判的法官，不問係在何審級均包括在內的情況加以刪除，以因應實際狀況下，若該訴訟事件發回多次（譬如更審數次的情形），而原審法院法官員額較少，勢必發生無法官可執行職務的現實結果，故最高法院48年台再字第5號民事判例亦敘明，本條第7款所定，法官曾參與該訴訟事件前審裁判者之迴避，係用以保障當事人審級之利益，如參與一審判決之推事，又再參與二審判決，或參與二審判決之法官再參與三審判決，則當

事人對於審級之利益即有欠缺，但如某判決業經上級法院廢棄，則該判決已失其存在，為該判決之法官並無迴避之必要。

又依民國92年2月7日依修正後第478條第4項規定，受發回或發交的法院，應以第三審法院所為廢棄理由的法律上判斷為其未來判斷基礎，故該訴訟事件於發回或發交後，縱仍由參與更審前裁判的法官來進行審理，亦不致有所偏頗，而有發生再為迴避的必要性。

實例

吳珍向李琳提起民事訴訟，要求李琳給付租金，李琳因為人在國外，都沒有收到開庭通知書，所以根本沒有出庭。法院依據吳珍的聲請，而為一造辯論判決，而且李琳敗訴確定。待李琳回國後，因為該件判決案已確定，她以發現新事實及新證據為理由，提起再審之訴。請問李琳提起再審之後，如果仍然為原判決同一個法官審理，該名法官是否必須依照民事訴訟法第32條第7款的規定，自行迴避呢？

本條第7款規定，法官曾參與訴訟事件的前審裁判，都要自行迴避。對於確定的終局判決提起再審之訴的時候，該名參與確定終局判決的法官，依據同一個理由，在再審程序也應該自行迴避。所以本題該名法官在再審之訴時須自行迴避，但是必須注意，依大法官會議釋字第256號解釋文及各法院的法官員額有限，參考當時之舊行政訴訟法第6條第4款規定（現行之行政訴訟法第19條第6款）而解釋指明限定依本款迴避法官以一次為限，故本題的情形，該名法官迴避以一次為限，即該名法官在李琳提起再審之訴要迴避，假如該判決確定之後，李琳又提起再審之訴，則該名法官就不用再迴避了。

> **第33條**（聲請法官迴避之事由）
> 遇有下列各款情形，當事人得聲請法官迴避：
> 一、法官有前條所定之情形而不自行迴避者。
> 二、法官有前條所定以外之情形，足認其執行職務有偏頗之虞
> 　　者。
> 當事人如已就該訴訟有所聲明或為陳述後，不得依前項第2款
> 聲請法官迴避。但迴避之原因發生在後或知悉在後者，不在此
> 限。

解說

　　本條所規定的是由當事人來聲請法官迴避的事由，而前條所規定的是，法官必須不待聲請而自行迴避，這是兩條差異的所在。

　　本條第1項第1款的情形，立法的理由是因為：法官如果有前條所規定必須自行迴避的情形，但是因為法官自己的誤解或法官的故意或過失，而不知道要迴避時，必須要讓當事人有可以聲請的機會，以免因為法官的疏失而造成審判上的不公平。因此法官如果有前條所定的任何一種情形而不自行迴避，當事人可以依據本條第1項第1款的規定，以聲請的方式，聲請該名法官迴避，改由其他法官審判。

　　凡是以本條第1項第1款，也就是法官應自行迴避而不迴避為理由，而聲請法官迴避的時候，不論訴訟程序進行到何種程度，隨時都可以聲請迴避。但是如果訴訟已經在法院終結，該名法官已完成審判作出判決，這時就不能再聲請。

　　如果是以本條第1項第2款為理由，聲請法官迴避的時候，則這個時間就有限制，是在該當事人就該件訴訟有所聲明或陳述以前，才可以聲請。如果已經就該訴訟有所聲明或陳述以後，依據

這種情形，就可以認為他對該名法官的執行職務已經沒有偏頗的懷疑了，所以不允許他再依據本款的規定，聲請法官迴避。但是也有例外的情形，也就是本條第2項但書所規定的，如果聲請迴避的原因發生在聲明或陳述之後，例如：當事人本來與法官沒有仇恨，可是事後因為其他的原因而發生仇恨。或者是雖然說發生在前，可是當事人在聲明或陳述的時候還不知道，例如：法官與對方當事人間有特殊的情感以及友誼，可是聲明或陳述的此方當事人卻不知道。這種情形，則沒有受到本條第2項本文限制的理由，因此如果知悉在後，或者是原因發生在後的時候，當事人縱使已經作出聲明或陳述，仍然可以聲請法官迴避。

　　而本條第1項第2款所謂法官執行職務有偏頗之虞，應以法官對於訴訟標的有特別利害關係或與當事人之一造有密切之交誼或嫌怨或基於其他情形客觀上足疑其為不公平之審判者為其事由，若僅憑當事人之主觀臆測，或不滿法官指揮訴訟欠當，則不得認其有偏頗之虞。最高法院29年抗字第56號判例既揭示「其他情形客觀上足疑法官為不公平之審判」者，為法官執行職務有偏頗之虞之情形，則當事人主觀上對法官法庭活動之感受，尚難等同於客觀之情狀，進而為該條款所定法官執行職務有偏頗之虞之認定。是受命法官於法庭中進行訴訟程序之繁簡或曉諭闡明法律關係之盡責與否，乃其指揮訴訟是否得宜之問題，非可遽謂其執行職務有偏頗之虞（69台抗457亦同此旨）。

　　讀者尚應注意的是，本條第1項第2款，固規定法官有前條所定以外之情形，足認其執行職務有偏頗之虞者，當事人得聲請法官迴避，惟若與該訴訟事件當事人一造相同之別一事件法官曾為裁判，簡言之，某一法官同時或先後審理當事人一造之「不同案件」，不能逕自認法官執行職務即有偏頗之虞，而聲請法官迴避（30抗103參照）。

實例

　　任職於臺北地方法院的張元，與任職於某公司的總經理李成，二人從小一起長大，且為中學、大學的同班同學。李成的公司因為客戶王明積欠貨款不還，於是李成對王明提起民事訴訟，要求給付貨款1,000萬元。在起訴以後，此件訴訟分於任職於臺北地方法院的法官張元承辦，而開庭時，因為王明不知道李成與張元的特殊關係，於是仍然對於本件訴訟作出聲明及陳述。假設王明在辯論終結之前，才發現張元與李成二人之間有此特殊友誼關係的時候，如果王明聲請法官迴避，則張元是否必須依據王明的聲請而迴避呢？

　　本條第2項但書規定，因為王明雖然已經對本案作出聲明或陳述，依據本條第2項本文的規定，法官張元本來不必迴避，但是因為本題其迴避的原因知悉在後（王明本來不知道法官與李成之關係），故依據本條第2項但書之規定，仍然可以聲請法官迴避。

> **第34條**（聲請法官迴避之程式）
> 聲請法官迴避，應舉其原因，向法官所屬法院為之。
> 前項原因及前條第2項但書之事實，應自為聲請之日起，於三日內釋明之。
> 被聲請迴避之法官，對於該聲請得提出意見書。

解說

　　本條是規定聲請法官迴避必須以何種程序來進行。依據第1項的規定，聲請法官迴避應該舉出原因，向法官所屬的法院聲請，而且舉出的原因必須根據本條第2項的規定，在3天內釋明。所謂「釋明」，是必須提出相當的證據，而且是能及時調查的證

據，法院相信他所舉出的原因是真實（民訴§284），而且這項釋明可以在聲請同時釋明，如果沒有在聲請的同時釋明的話，至少也應該在聲請3日內加以釋明（29抗247）。

　　如果當事人聲請法官迴避是以迴避的原因發生在後或知悉在後的時候，此時也必須在聲請3日內釋明迴避的原因確實是知悉在後或發生在後。被聲請迴避的法官，對於當事人的聲請迴避，可以自己提出見解（意見書），以便法院作出正確的裁定。

第35條（聲請法官迴避之裁定）
法官迴避之聲請，由該法官所屬法院以合議裁定之；其因不足法定人數不能合議者，由兼院長之法官裁定之；如並不能由兼院長之法官裁定者，由直接上級法院裁定之。
前項裁定，被聲請迴避之法官，不得參與。
被聲請迴避之法官，以該聲請為有理由者，毋庸裁定，應即迴避。

解說

　　聲請法官迴避，必須由該法官所屬的法院以合議裁定。所謂「以合議裁定」，就是不能由單獨一位法官來裁定，必須至少有三個法官一起以合議的方式來作出裁定。而且作此裁定的三名法官，不能包括被聲請迴避的法官，因為他自己就是被聲請迴避的對象，若由他參與合議，那也就失去了聲請法官迴避的意義，所以本條第2項規定，被聲請迴避的法官，因為與自己有關，不能參加合議。

　　本條第1項所謂不足法定人數不能合議者，例如：在員額較少的法院，整個法院的法官只有三名，那麼其中有一名法官被聲請迴避，只剩下兩名法官，此時因為只有兩名法官，如果意見不一致的時候，無法以表決的方式來作出合議，這時就可以依據本

條第1項後段，由法院的院長來裁定該法官是否應該迴避。但是如果院長就是被聲請迴避的法官的話，必須由直接上級法院來裁定，然因迴避的裁定，乃法官依法行使審判權的行為，所以理論上不應以辦理行政事務的院長名義為之。為免引起一般社會大眾對此發生誤解，爰於民國92年2月7日修法將第1項「院長」修正為「兼院長的法官」；又此「兼院長的法官」當然亦包括最高法院的院長在內，此乃屬當然的事理。

第36條（聲請法官迴避裁定之救濟）
聲請法官迴避經裁定駁回者，得為抗告。其以聲請為正當者，不得聲明不服。

解說

聲請法官迴避，經裁定駁回者，聲請人如果不服可以抗告。所謂抗告，就是對法院的裁定不服而提起的救濟方式，且此項抗告，應包括再抗告在內。

至於對法院的判決不服，救濟方式是提起上訴。然因過去法律規定就抗告期間，原則上規定應於裁定送達後10日之不變期間內為之（§487Ⅰ），例外規定為5日（§36、100、106、115）。然卻在實務運作上因抗告期間長短不一，法院書記官製作裁定正本時，時有將抗告期間5日書為10日者，或將抗告期間10日書為5日者。因抗告期間依法為不變期間，非法院所得任意延長，所以送達於當事人的裁定正本記載抗告期間縱有錯誤，其期間亦不因此而伸長，當事人提起抗告，仍應於法律所定的期間內為之，因此將5日的抗告期間記載為10日，當事人因遲誤抗告期間而喪失抗告權利者，時有所聞，不僅有損當事人權益，抑且影響司法威信。訴訟事件抗告期間定為5日，多為應予迅速終結者，固屬有其必要，惟抗告期間5日與10日之差，影響於抗告事

件是否應速結的情況甚微，爲免處理上疏誤，損及當事人應有的法律權益，權衡得失，實有統一規定必要。所以民國92年2月7日修法已將第487條抗告期間統一規定爲10日，本條爰予配合加以修正。

　　聲請法官迴避，如果沒有被裁定駁回而准許聲請人的聲請，裁定該法官應迴避時，因爲就聲請當事人來講，已經准許他的請求，對另一方的當事人來講，也與訴訟的利益沒有關係，因此本條規定，如果聲請法官迴避獲准許的話，不論原、被告都不能再聲明不服。

第37條（聲請法官迴避之效力）
法官被聲請迴避者，在該聲請事件終結前，應停止訴訟程序。但其聲請因違背第33條第2項，或第34條第1項或第2項之規定，或顯係意圖延滯訴訟而爲者，不在此限。
依前項規定停止訴訟程序中，如有急迫情形，仍應爲必要處分。

解說

　　本條所謂該聲請事件終結，係指當事人聲請法官迴避事件業經法院裁定確定，或因其他事由而終結者而言。在訴訟繫屬中，一經當事人聲請法官迴避，於該聲請事件終結前，法院即不得續行訴訟程序（78台上1943）。

　　而當事人聲請法官迴避，有的確實具有第33條規定的原因，可是也有並未具備該條的原因，而故意聲請法官迴避，意圖拖延訴訟時間。就第一種情形而言，法官既然具有自行迴避的原因，或執行職務確實有偏頗的可能性，自然不應使該法官繼續執行職務，因此在這種情形下，法官就必須停止訴訟的進行，才能收到迴避的效果。而就第二種原因來看，如果當事人隨意聲請法官迴

避，該法官就必須停止訴訟程序的進行不得執行職務，那麼可能會造成鼓勵當事人隨意聲請法官迴避來拖延訴訟的進行。因此本條規定，如果有下列三種情形之一的時候，被聲請迴避的法官，仍然可以繼承訴訟的程序，而不必停止訴訟程序。

一、如果聲請是違背第33條第2項，已經就該事項有所聲明或陳述以後，法官縱使有迴避的聲請，也不用依據本條的規定，停止訴訟程序。因為當事人既然已經對本案的訴訟有所聲明或陳述之後，當然就已經對於法官執行職務沒有偏頗有所認識，才會對訴訟有所聲明或陳述。既然已經有所聲明或陳述，法官就不用因為他的聲請而迴避。

二、如果聲請法官迴避沒有舉出原因，或迴避的原因發生在後或知悉在後都沒有提出任何證據，使法院相信為真實的話，那聲請的程序根本不合法律規定，法官也不用因為聲請而停止訴訟程序。

三、如果很顯然，聲請只是為了拖延訴訟程序，那這時仍然沒有停止訴訟程序的必要。例如：被告從調查證據一直到言詞辯論，整整半年內都沒有提出法官迴避的聲請，而卻在言詞辯論終結前一刻，向法院聲請法官迴避，這時就可以認為被告顯然只是想藉著聲請法官迴避的手段，來達到拖延訴訟的目的。因此法院也不必停止訴訟程序，否則，將使當事人任意濫行提起法官迴避，而造成法院的困擾。

依據本條的規定，停止訴訟程序中，如果有急迫的情形，法院仍然要作必要的處分。所謂「急迫情形」，例如：重要的關鍵證人即將死亡，如果不及時調查證據，關鍵證據恐將滅失而無法採用，此時法院就應該先就該項證人加以詢問，而不能因為停止訴訟而不問，因為此時已屬本條急迫的情形。

第38條（職權裁定迴避及院長許可迴避）
第35條第1項所定為裁定之法院或兼院長之法官，如認法官有應自行迴避之原因者，應依職權為迴避之裁定。
法官有第33條第1項第2款之情形者，經兼院長之法官同意，得迴避之。

解說

　　依據前面的說明，法官迴避的情形有三種：

一、依第32條自行迴避。

二、依第33條由當事人聲請迴避。

　　三、不因法官自行迴避，也不是由當事人聲請而迴避，而是法院依據職權主動裁定某法官必須迴避。所謂「依職權」，就是法院不待當事人的聲請，也不是法官自行迴避，而是法院發現某法官有應自行迴避的原因時，法院可以依職權主動以裁定要求該法官迴避。

　　設立本條的規定乃是因為法官常因個人因素，因故意或過失或法律見解的不當，致應迴避而未迴避。而當事人也有可能是不懂法律，不知道要聲請法官迴避，這時如果仍然由該名法官審判案件，會造成不公平。因此法院如果發現法官有自行迴避的原因，而沒有自行迴避，當事人也沒有聲請迴避的時候，法院可以依據本條第1項的規定，依職權裁定法官迴避。

　　民國92年2月7日修法前，最高法院30年聲字第70號民事判例，認民事訴訟法未就推事求為迴避之裁定設有規定，故法官自思有應自行迴避之原因者，雖得舉其原因促本條之法院或院長為同條之職權行動，然法官以為有第33條第1項第2款之情形請求裁判時，不得適用第38條依職權為迴避之裁定。

　　亦即法官如果有本法第33條第1項第2款的情形，認為有執行

職務偏頗的可能，這法官雖不具備自行迴避的原因，不能依據第32條的規定自行迴避，若又沒有當事人的聲請，他就必須審判。為了彌補此一漏洞，法官如果認為自己有第33條第1項第2款執行職務有偏頗的可能的時候，可自行報請兼院長之法官（「院長」修正為「兼院長之法官」，理由同第35條第2段說明）同意（第2項「許可」修正為「同意」，俾與裁定許可有所區別），就可以迴避。

實例

黃琳對孫泰提起民事訴訟，訴求返還借款，由王傳法官審判，但是王傳和原告黃琳是已經定有婚約的未婚夫妻關係，但王傳卻因為疏忽而沒有聲請自行迴避。而被告孫泰因為不懂法律也不知道聲請迴避，這時如果訴訟進行中，王傳所屬的法院發現這種情形的時候，應該如何處理？

法院既然發現法官王傳和原告黃琳是未婚夫妻，法官已經具備本法第32條自行迴避的原因，因此法院可以依據本條第1項的規定，依職權裁定該法官迴避。

第39條（司法事務官、書記官及通譯之迴避）
本節之規定，於司法事務官、法院書記官及通譯準用之。

解說

本法於102年修正時，新增司法事務官亦應準用有關迴避之規定，蓋法院的職員除了法官以外，還有司法事務官、書記官以及通譯等。依照民事訴訟法第240條之3規定，司法事務官處理事件所為之處分，與法院所為者有同一之效力，故司法事務官辦理相關事務時，亦有維持其公正、中立性之要求，有關法規迴避之規定亦應予以準用，再者，雖然書記官和通譯沒有直接掌理案件

的審判，但是書記官和通譯執行職務，如果和當事人有特殊關係，也有可能發生裁判書類的誤寫而產生偏頗，因此如果和當事人有本法第32條至第38條所定的情形時，也應該准許當事人聲請書記官和通譯迴避。

　　司法事務官設置之目的，在於合理分配司法資源，並減輕法官工作負擔，故現行法已將督促程序、公示催告裁定、支付命令、強制執行及確定訴訟費用額等事件皆移由司法事務官處理，故司法事務官事實上亦握有掌理案件的審判工作，而法院的書記官，其職責包括掌理法院文書的記錄及編案，以及文牘統計和其他的事務。又所謂「通譯」（舊稱翻譯官），是傳達訊問人和被訊問人間的意思的人，法院在審判案件的時候都採言詞辯論，而法院在審判的時候必須使用國語（法組§97），如果受訊問者不懂國語，就必須以通譯作為媒介來進行審判。上開事務均與當事人權益具有密切關係，故亦應有迴避之適用。

　　另依民事訴訟法第39條準用同法第33條第1項第2款規定聲請書記官迴避者，與聲請法官迴避同，應於訴訟程序終結前為之。如果訴訟程序業已終結，書記官之執行職務，已不足以影響審判之公平，即不得以其執行職務有偏頗之虞為由，聲請迴避。

　　而民事訴訟法第33條第1項第2款及第39條規定所謂足認法官或書記官執行職務有偏頗之虞者，當事人得聲請該法官、書記官迴避，係指法官或書記官於訴訟標的有特別利害關係，或與當事人之一造有密切之交誼或嫌怨或基於其他情形，客觀上足疑其不公平之審判或記錄者為其原因事實，若僅憑當事人之主觀臆測或不滿意法官進行訴訟遲緩或認法官指揮訴訟欠當，則不得謂其有偏頗之虞，據以聲請法官或書記官迴避。

　　又若強制執行程序進行中，當事人聲請司法事務官迴避時，依強制執行法第30條之1準用民事訴訟法有關法官迴避之規定，應於性質相同之範圍內準用之。因司法事務官依法無合議庭之組

織，故應由司法事務官於迴避聲請狀批示送民事庭分案，由民事庭法官合議裁定之（98年度民事執行實務問題研究專輯第22則參照），職此，本條有關司法事務官、法院書記官及通譯，若接獲迴避之聲請，亦應比照辦理，即將該聲請狀批示送民事庭分案，由民事庭法官合議裁定之。

|第二章|
當事人

第一節　當事人能力及訴訟能力

第40條（當事人能力）
有權利能力者，有當事人能力。
胎兒，關於其可享受之利益，有當事人能力。
非法人之團體，設有代表人或管理人者，有當事人能力。
中央或地方機關，有當事人能力。

解說

　　所謂「當事人」，就是在民事訴訟中以自己名義向法院請求解決私權爭議的人以及其相對人，也就是原告以及被告，即訴訟當事人。所以要以自己的名義作原告或被告的人，才是本法所稱的當事人，例如：甲委任王律師提起民事訴訟，則王律師是以他人的名義作爲訴訟事件的代理人，因此王律師雖然代理甲打民事官司，但是王律師僅僅是訴訟事件的代理人而非當事人。

　　並非任何人或任何團體都可以作爲民事訴訟事件的當事人，一定要符合本條所規定，具有當事人能力才可作爲民事訴訟的當事人。依據本條規定，可以作爲民事訴訟當事人的包括下列各項：

　　一、自然人：所謂「自然人」，即因出生而存在於自然界的

人，不論任何人，只要是自然人，依據民法都有權利能力。因此依據本條第1項規定都有當事人能力，而且只要是出生以後、死亡之前，不論他是屬於精神病患、植物人或是被褫奪公權者都有當事人能力，不因為任何關係而受到影響。

二、法人：一社會組織體，在法律上得為權利義務的主體，與前開自然人同為法律上所謂的「人」。更精確地說「法人」，是指依據法令而設立登記的社團法人、財團法人或公司。

三、胎兒：根據前面的說明，必須要出生以後、死亡以前的自然人，才有當事人能力。可是依據民法第7條的規定，胎兒，關於其權利的保護，視為既已出生。因此可知，如果關於胎兒之利益保護的時候，法律規定其視同已經出生。既然視為已經出生，所以關於胎兒享受的利益範圍內，必須讓他有當事人能力，否則胎兒所享受的利益如果遭到剝奪時，民法上規定他有權利能力也是無法發揮作用。因此本條第2項規定，胎兒，關於其可享受之利益，有當事人能力。至於如果不是關於胎兒可以享受的利益，那胎兒就不具有當事人能力，因為他尚未出生，還沒有權利能力，也不具備當事人能力。例如：甲向胎兒以及胎兒的母親提起訴訟，要求胎兒和母親連帶給付債務，這非關於胎兒可以享受的利益，而是債務，因此胎兒在這時並沒有當事人能力。

四、非法人團體：依據民法規定，非法人團體並沒有權利能力，再依據本條第1項、第2項的規定，也是沒有權利能力，不過法律既然容許該團體的設立及存在，而且該團體平常交易都以該團體的名義，因此為了使訴訟方便起見，本條第3項規定，使非法人團體取得可以作為民事訴訟當事人的資格。而非法人團體必須具備多數人依據法律或章程組織而成，有名稱、有目的、有事務所或會址，而且必須有與團體成員、個人財產相分離的獨立財產，並設有代表人或管理人，但是卻沒有法人人格的團體，才符合本條第3項所謂的非法人團體，最高法院64年台上字第2461號

民事判例亦同此旨。例如：某某股份有限公司籌備處尚未完成登記以前，是屬於非法人的團體。

非法人之團體雖無權利能力，然日常用其團體之名義為交易者比比皆是，民事訴訟法第40條第3項為應此實際上之需要，特規定此等團體設有代表人或管理人者，亦有當事人能力，許其為確定私權之請求，否則若僅認許其為當事人得以其名義起訴或被訴，而不許其為確定私權之請求，則上開規定勢將毫無實益，當非立法之本意，最高法院50年台上字第2719號判例意旨足供參考。又合夥財產，為合夥人全體公同共有，於合夥關係存續中，執行合夥事業之合夥人為他合夥人之代表，其為合夥取得之物及權利，亦屬合夥人全體公同共有，最高法院亦著有64年台上字第1923號判例可資參照。故合夥雖無權利能力，惟執行合夥事業之合夥人仍非不得以合夥名義與人為交易，而將其取得之物或權利歸屬全體合夥人公同共有；準此，執行合夥事業之合夥人以合夥名義參與投標，應買法院拍賣之不動產，自非法所不許。

又民事訴訟法第40條第3項雖規定「非法人之團體，設有代表人或管理人者，有當事人能力」，並可依據此規定，認非法人團體於民事訴訟得為確定私權請求之人或為其相對人。惟此乃程序法（即民事訴訟法）對非法人團體認其有形式上之當事人能力，尚不能因之而謂非法人團體有實體上之權利能力（67台上865），讀者應嚴加辨明，以避免造成程序、實體法，有關非法人團體權利能力之混淆。

按當事人能力之有無，原則上以權利能力之有無為準，除了前面所講的自然人、法人、胎兒、非法人團體以外，為了因應實際上的需要，特別將中央或地方機關（包括政府機關、公營事業、學校及軍隊等），原無獨立之人格，本不得為訴訟之主體。惟實務上中央或地方機關基於法律之授權執行其職務，皆係以其機關名義在私法上行使權利或負擔義務，若不認其可為訴訟主

體，不獨不足以維護交易之安全，且有違訴訟經濟之原則，故歷來解釋及判例均認中央或地方機關得代表公法人起訴或應訴（參見司法院院字第2809號解釋，最高法院18年上字第305號及51年台上字第2680號判例而予以納入本次修正）。為因應實務上需要及法律的一致性，爰增設第4項，明定中央或地方機關，具有當事人能力，可以作為民事訴訟的原、被告。

實例

　　新北市三峽區市場管理委員會與相對人劉克簽訂不動產買賣契約，起訴請求劉克辦理所有權移轉登記，應否准許？

　　市場管理委員會雖然是依法成立且有財產，並設有代表人、管理人的非法人團體，依據本條第3項的規定，它可以作為民事訴訟的原告和被告，但是，這只是為了方便訴訟而便宜承認它在訴訟法上具有當事人能力，並不表示它在實體法（民法上）就變成具有權利能力，因為這是不同的兩回事。換言之，本條第3項規定，非法人團體有當事人能力，只是要圖訴訟進行的方便，並非要以該條的規定而使非法人團體具有權利能力，否則非法人團體就跟法人沒有區別了，因此非法人團體在訴訟上仍然不能請求法院判決其可登記為不動產登記的所有人。本題三峽區市場管理委員會訴請劉克辦理所有權移轉登記，它提起之訴訟雖然可以肯定其有當事人能力，但訴訟在判決實體結果並不能獲得准許，會遭判決駁回原告之訴。

實例

　　臺灣電力股份有限公司新竹營業處有無當事人能力？

　　臺灣電力股份有限公司各地營業處是否具有當事人能力，依據最高法院40年台上字第39號判例，分公司是總公司分設的獨立機構，就其業務範圍內的事項涉訟的時候，有當事人能力。因此依據此項判例之後，實務都認為政府機關的分支機構，就其

業務範圍內的事項涉訟的時候，也有當事人能力（51台上2772裁判）。所謂獨立的機構，必定有一定的組織型態、健全的人事編制以及獨立的會計制度，始足當之。所以實務上多認為臺灣電力股份有限公司各地營業處在其職務範圍內，都具有當事人能力（64台上658裁判）。

第41條（選定當事人）

多數有共同利益之人，不合於前條第3項所定者，得由其中選定一人或數人，為選定人及被選定人全體起訴或被訴。

訴訟繫屬後，經選定前項之訴訟當事人者，其他當事人脫離訴訟。

前二項被選定之人得更換或增減之。但非通知他造，不生效力。

解說

訴訟當事人中，例如原告有多數人或是被告有多數人，或原告和被告都有多數人的時候，叫作「共同訴訟」。本法雖然准許以共同訴訟的方式進行訴訟，可是在共同訴訟進行的時候，常常因人數過多而造成其中一個人或數個人的個人事由（例如死亡或喪失能力等原因），影響整個訴訟的進行，造成訴訟程序的遲延，有悖於訴訟經濟的原則。所以本條規定，如果有共同利益的多數人，但是又不符合非法人團體要件的時候，這時可由其中來選定一個人或數個人為全體起訴或被訴。然因過去法律之規定，對於共同利益人就是否選定當事人及其人選，未必全體一致，為擴大選定當事人制度之功能，應許共同利益人分組選定不同的當事人，或僅由部分共同利益人選定一人或數人而與未參與選定的其他共同利益人一同起訴或被訴，以避免此項制度在運用上受到相當限制，而利實務上的適用並杜爭議。

依據本條的規定，被選定為當事人的人，他是以自己的名義作訴訟行為，而不是訴訟代理人，蓋選定當事人者，係指為使共同訴訟簡化，故由共同訴訟人將訴訟實施權授予其他有共同利益之人，選定後選定人脫離訴訟（本法§40Ⅱ），成為實質當事人，受重行起訴禁止（本法§253），並受判決效力所及（本法§401Ⅱ），而被選定人有為選定人為一切訴訟之權（本法§44）。

依據本條的規定，選定當事人必須是有共同利益的多數人存在時，才可以依據本條的規定來選定當事人。如果沒有共同利益的多數人存在，或有多數人但是並沒有共同利益，都不能以本條的規定來選定當事人，而且這個多數人必須是本法第40條第3項所稱非法人團體以外的多數人，才可以選定。因為他假如是設有代表人或管理人的非法人團體，可依據本法第40條第3項，直接以該非法人的名義提起訴訟，根本不用再選定當事人（28上385參照）。

本條第2項所謂的訴訟繫屬，就是指訴訟存在於法院的事實狀態。一般訴訟繫屬通常都是因為起訴而發生，所以叫作「訴訟繫屬」。

本條第3項所謂被選定的人可以更換或增減，是指被選定為當事人的該名當事人，可以隨時因為被選定人以外的共同利益人一致的同意，隨時將他撤銷。但是撤換或增減，一定要通知他造，才發生撤換或增減的效力，否則對方當事人不知道訴訟行為應該向何人表示，會嚴重影響他造訴訟上的攻擊防禦，破壞當事人間之平等。

實例

臺北開往高雄的莒光號列車，因為司機的駕駛過失，造成300名乘客受傷，這300名乘客向臺北地方法院提起民事訴訟，要求臺灣鐵路局及該名司機連帶負損害賠償責任。請問這300

名受傷的乘客（也就是原告），可不可以依據本條的規定，選定其中一人或數人為當事人？

可以。因為這些受傷的300名乘客，並不符合非法人團體的要件（沒有獨立之財產及代表人），可是他們是多數人且具有共同的利益，因此可以依據本條的規定，選定其中一人或數人向臺灣鐵路局提起訴訟，否則若由受傷的300名乘客作為原告，那麼訴訟的進行會非常遲緩，且容易受到其中1、2位當事人的影響，而使整個訴訟延滯，因此本題的情形，符合選定當事人的要件，可以選定受傷旅客的一人或數人作為當事人。

第42條（選定當事人之程序）
前條訴訟當事人之選定及其更換、增減，應以文書證之。

解說

所謂選定當事人的更換，就是對被選定人的被選定資格加以撤銷，另外選定新的當事人來繼續訴訟。所謂選定當事人的增加，指原來被選定的當事人資格並不加以終止，另外加選一名或一名以上的當事人，共同為訴訟行為。所謂訴訟當事人的刪減，如原來選任兩個以上的人，作為選定當事人，而現在將其中部分的選定人資格加以終止，僅保留其中一名或一名以上的，叫作刪減。

訴訟當事人可以隨時更換、增減，但是依據前條的規定，一定要通知對方當事人，才發生增減、更換的效力，否則會影響對方當事人訴訟上的攻擊防禦。

實體法上之權利義務主體，將其訴訟實施權授予第三人，使該第三人得代為進行訴訟，成為訴訟法上之形式當事人，即所謂「形式當事人與實質當事人分離」，法律上稱為「訴訟擔當」（詳參前條之解說），而「訴訟擔當」又分為「法定訴訟擔當」

與「意定訴訟擔當」，所謂「法定訴訟擔當」係指依據法律授予訴訟實施權，如：破產管理人、遺產管理人、失蹤人之財產管理人等；又「意定訴訟擔當」與之相反，係依本人之意思授予訴訟實施權，惟我國基於防止教唆、挑攬訴訟等情事發生，對於意定訴訟擔當採取「原則禁止，例外容許」之態度，非有法律特別規定者，不得為意定訴訟擔當，如：選定當事人等。

故訴訟當事人的選定以及更換、增減，必須要以文書來證明，惟此處應以文書證之，係屬法定證據主義之明文，非指選定當事人係要式行為，應與辨明。

第43條（被選定人一部分資格喪失之情形）
第41條之被選定人中，有因死亡或其他事由喪失其資格者，他被選定人得為全體為訴訟行為。

解說

適用本條須注意的前提是，被選定的當事人只有一人，那麼此唯一被選定的當事人如果死亡，或其他事宜喪失資格的時候，必須依據本法第172條第2項的規定，在有人承受訴訟以前，當然停止訴訟程序。

本條的規定，只有在被選定的人有兩個以上，而其中有人死亡，至少能保留一個以上的被選定人時，才適用本條的規定。如果發生這種情形的時候，依據本條規定，因為還有其餘被選定人，所以沒有使訴訟程序停止的必要，其餘的被選定人仍然可以為全體為訴訟行為。例如：第41條的實例，受傷的300名乘客經過選定，其中甲、乙、丙三個人為被選定當事人，以這三個人的名義為原告向鐵路局提起訴訟，如果訴訟進行中甲、乙相繼死亡，或甲死亡、乙被撤銷選定，且經通知對方當事人，此時原來被選定的三個人，甲、乙已經死亡或喪失資格，丙因為沒有死亡

也沒有被終止，他仍然可以繼續爲全體爲訴訟行爲，所以訴訟仍然不因爲甲、乙的死亡或喪失資格而停止。

第44條（被選定人為訴訟行為之限制）
被選定人有為選定人為一切訴訟行為之權。但選定人得限制其為捨棄、認諾、撤回或和解。
選定人中之一人所為限制，其效力不及於他選定人。
第1項之限制，應於第42條之文書內表明，或以書狀提出於法院。

解說

依據本法第41條的規定，選定當事人雖然是以自己的名義作爲訴訟，但是實質上，他也同時有爲他人而訴訟的性質存在。因爲假如被選定的當事人，他因訴訟行爲的攻擊防禦方法的欠缺，而造成訴訟的勝訴或敗訴，他的效力仍然會及於其他非被選定當事人，例如：前條的實例題，假如丙的訴訟獲得敗訴的時候，其餘299名受傷旅客的請求權，也同時因丙的敗訴而不能請求賠償。反過來說，假如丙的訴訟勝訴的時候，其他299名旅客的訴訟也同時獲得勝訴，這是因爲被選定當事人的關係，因此被選定當事人的訴訟行爲，關係到其他選定當事人權益。因爲捨棄、認諾、撤回及和解都影響其他共同利益人權利甚大，這些行爲必須獲得全體選定人的同意，被選定人才可以在訴訟上作這四種行爲。

前述被選定人係以自己之名義爲當事人，就其被選定事件，原則上應有爲選定人爲一切訴訟行爲之權。然因原條文就此並未明確表明，且規定「非得全體之同意，不得爲捨棄、認諾、撤回或和解」（即重大處分訴訟行爲），易被誤解爲被選定人就部分選定人信託事項所爲的訴訟上捨棄、認諾、撤回或和解，亦須得

全體選定人的同意，有礙選定當事人制度的實際靈活運用。所以此次修法為充分發揮此項制度並簡化訴訟功能，爰將原條文修正列為第1項，並增設第2項，明定選定人中一人所為限制，其效力不及於他選定人。

一、所謂「捨棄」，就是原告起訴所主張的聲明，在起訴以後，向法院作拋棄其主張的陳述，就叫作訴訟標的的捨棄。依據本法第384條規定，法院認為捨棄有效的時候，就必須本於捨棄，為該當事人敗訴的判決。例如：原告向被告起訴，請求被告移轉不動產所有權登記，原告在起訴之後向法院表示，他已經放棄對被告的移轉登記請求權，不再向被告主張此項權利，此時就是對訴訟標的的捨棄，應依據本法第384條，為原告敗訴的判決。

二、所謂「認諾」，就是被告對原告所主張的法律關係並不反對，而向法院承認原告所主張的陳述，這就是訴訟標的的認諾，例如：原告基於借貸關係向被告請求給付100萬元，被告在法庭上承認曾向原告借錢100萬元，而表示願意償還，這時就是被告對於訴訟標的上原告所主張的事實，即借貸關係與金額100萬都加以認諾。因此依據本法第384條的規定，法院必須基於被告的認諾而為被告敗訴判決。

三、所謂「撤回」，就是原告起訴以後，向法院表示撤回起訴，不請求法院判決的意思。撤回起訴之後，訴訟繫屬消滅，法院就無從加以判決，影響當事人的權益甚大，因此本條才會規定，如果被選定當事人要撤回起訴的時候，必須得到全體共同利益人的同意，才可以撤回。

四、所謂「和解」，就是雙方當事人相互讓步，為終止爭執所作的契約，就叫作和解契約（民§736）。此項和解如果是在訴訟繫屬中，在法院的法官面前約定互相讓步，以終止爭執或是終結訴訟的全部或一部分為目的的話，就叫做訴訟上的和解。根

據上述的說明，和解必須原告和被告雙方互相讓步，如果是原告一方全部退讓，或被告一方全部退讓，那都不叫作和解，而叫作捨棄或認諾，請參見前面的說明。因此約定互相讓步的話，對當事人的權益也會有所影響，所以和解也必須獲得共同利益人的全體同意，被選定當事人才可以和對方作和解。

而關於再審之訴，形式上雖為訴之一種，實質上則為前訴訟之再開或續行，若被選定人提起再審之訴，自無須更得全體之同意。

民國92年2月7日修法增訂第3項，明定選定當事人所為限制，應於選定、更換或增減被選定人的文書內明確表明，或以書狀載明限制的意旨，並提出於法院，以免發生爭議。

實例

臺北往高雄的莒光號列車，因為司機的過失而使300名旅客受傷，300名旅客選定旅客張植為被選定的當事人，向鐵路局及司機請求損害賠償。請問：假設張植在訴訟的過程中，向法院主張被告鐵路局司機具有過失，要求鐵路局及司機要依據民法第184、185及188條的規定，負連帶損害賠償責任。在法庭上，鐵路局則抗辯說這是由於受傷乘客之中，某某人因為在事情發生之前，跑到駕駛座，與司機發生爭吵，致使該司機操作發生錯誤，因此事情的發生是由於乘客的事由而發生。假如張植對於被告鐵路局所抗辯的此項事實加以承認，請問承認此項事實是否必須得到全體受傷旅客的同意，才發生效力？

本題的情形，並不需要得到全體受傷旅客的同意，張植就可以自行為之，而且即刻生效。理由是因為張植所作的同意，並不是屬於捨棄訴訟標的。因為根據前面的說明，所謂「捨棄」是指原告對於原來他所主張的權利表示放棄的意思。例如：張植向法院表示，該次車禍的損害賠償權利已不再向鐵路局主張，這時才算是捨棄，才必須獲得全體的同意。而本題的情形，張植並沒有

向法院表示不主張損害賠償的權利，只不過向法院承認火車發生
車禍之前，乘客和司機曾經發生爭執，這只不過是自認的行為，
對於原來所主張的損害賠償請求權並沒有放棄，因此不適用本條
的規定。

第44條之1（公益社團法人為選定當事人）

多數有共同利益之人為同一公益社團法人之社員者，於章程所
定目的範圍內，得選定該法人為選定人起訴。

法人依前項規定為社員提起金錢賠償損害之訴時，如選定人全
體以書狀表明願由法院判定被告應給付選定人全體之總額，並
就給付總額之分配方法達成協議者，法院得不分別認定被告應
給付各選定人之數額，而僅就被告應給付選定人全體之總額為
裁判。

第1項情形準用第42條及第44條之規定。

解說

　　本條第1項的規定係指當多數有共同利益的當事人，例如：
為同一公益社團法人的社員者，為求訴訟經濟及便利各社員共同
行使權利起見，於本條規定應許其於法人章程所定目的範圍內，
選定該法人為其起訴的明文。

　　本條第2項則針對法人依前項的規定起訴，雖是以法人的名
義所為，然其本質上仍係因本於社員的請求所為，故法院判決時
仍須逐一審核各社員請求權存在與否及其範圍。然於受害社員人
數眾多或各社員受害數額難以一一證明的情況下，如此的審理方
式，即顯難符合訴訟經濟的基本法律原則，所以另外在第2項規
定，法人依前項規定為社員起訴，如係提起金錢賠償損害之訴，
而選定人全體以書狀表明願由法院判定被告應給付的賠償總額，
且就給付總額的分配方法業已達成協議時，法院即得斟酌整個事

件內容，僅就被告應給付選定人全體的總額為裁判基礎，毋庸再一一認定被告應給付各選定人的數額，以節省訴訟時程。

　　至於第3項則為求法律上的明確起見，對於第1項的選定統一明定應以文書證明，又對於被選定人權限的限制，亦應於上述文書內表明或另以書狀提出於法院，所以第3項明定準用第42條及第44條的規定，以免發生法律上的爭議而另生枝節。

第44條之2（併案請求及併案審理之公告曉示）

因公害、交通事故、商品瑕疵或其他本於同一原因事實而有共同利益之多數人，依第41條之規定選定一人或數人為同種類之法律關係起訴者，法院得徵求原被選定人之同意，或由被選定人聲請經法院認為適當時，公告曉示其他共同利益人，得於一定期間內以書狀表明其原因事實、證據及應受判決事項之聲明，併案請求。其請求之人，視為已依第41條為選定。

其他有共同利益之人，亦得聲請法院依前項規定為公告曉示。

併案請求之書狀，應以繕本或影本送達於兩造。

第1項之期間至少應有二十日，公告應黏貼於法院公告處，並公告於法院網站；法院認為必要時，得命登載公報、新聞紙或以其他傳播工具公告之，其費用由國庫墊付。

第1項原被選定人不同意者，法院得依職權公告曉示其他共同利益人起訴，由法院併案審理。

解說

　　本條源自消費者保護法第54條：「因同一消費關係而被害之多數人，依民事訴訟法第四十一條之規定，選定一人或數人起訴請求損害賠償者，法院得徵求原被選定人之同意後公告曉示，其他之被害人得於一定之期間內以書狀表明被害之事實、證據及應受判決事項之聲明、併案請求賠償。其請求之人，視為已依民事

訴訟法第四十一條為選定。前項併案請求之書狀，應以繕本送達於兩造。第一項之期間，至少應有十日，公告應黏貼於法院牌示處，並登載新聞紙，其費用由國庫墊付。」

由於現代科技進步，工商業十分發達，所以因同一公害（例如空氣、水源的污染等）、交通事故、商品瑕疵或其他本於同一原因事實而發生的爭執（例如建築損鄰事件即是），往往牽涉其中的人數十分眾多，若逐一起訴，顯然不符合訴訟經濟的基本原則。所以為擴大選定當事人制度的適用範圍，特別新增此類公害、消費糾紛等相關事件，如經共同利益人選定一人或數人起訴，或起訴後已為選定，且其為訴訟標的法律關係為同種類（例如同為侵權行為損害賠償請求權或同為不當得利返還請求權者），法院於徵求原被選定人的同意後，或經被選定人聲請而法院認為適當時，得公告曉示其他本於同一原因事實而有共同利益的相關人員，得於一定期間內以書狀表明是否同意併案為同種類法律關係的請求，以期減少訟源，並有利紛爭一次解決，以達訴訟經濟之效。

第2項則特別明定其他本於同一原因事實而有共同利益的人，亦得聲請法院為公告以便讓相關當事人知曉而參與訴訟，因此如法院認為適當並徵得原被選定人同意，即得依前項規定公告曉示周知。

第3項規定有關併案請求的書狀，應以繕本或影本送達於兩造當事人手上，使其知悉其內容，以利雙方當事人在法律上的攻擊或防禦的準備。

第4項規定，前開的公告期間至少應有20日，俾其他共同利益人得有從容時間提出請求。又此項公告除黏貼法院公告處所外，立法院為因應科技之進步[1]，而於民國107年6月13日修正本

---

[1] 　立法院公報，107卷，第4期，頁158。

項，改以法院網站之電子公告取代刊登新聞紙；法院若認爲必要時，並得另外命登載於公報、新聞紙或其他相類之傳播工具之上，俾使廣大的社會群眾能夠周知。且公告費用如由被選定人先行繳納，當非其所願，故暫由國庫墊付，俟案件終結時，由敗訴當事人來負擔，以利整個訴訟程序的進行。

第5項則是爲便利第1項有共同利益的人，能於同一訴訟程序中一次將問題合併解決，而避免裁判兩歧而造成司法形象受損，並藉此達到訴訟經濟的目的起見，特別增訂本項規定，若於原被選定人不同意時，法院仍得依職權公告曉示其他共同利益人起訴，由法院併案審理，此時，併案審理的當事人，仍得由自己遂行相關訴訟的程序，如有多數人，亦可選定一人或數人爲當事人，進行該項訴訟的行爲，以免造成訴訟的延滯。

第44條之3（公益社團或財團法人提起不作爲之訴）
以公益爲目的之社團法人或財團法人，經其目的事業主管機關許可，於章程所定目的範圍內，得對侵害多數人利益之行爲人，提起不作爲之訴。
前項許可及監督辦法，由司法院會同行政院定之。

解說

因前條所指的公害（例如：空氣、水源的污染等）、商品瑕疵或其他事故所生的危害，有時具有繼續性（或持續性）、隱微性或擴散性，因此其受害人常常在不知情或無力獨自訴請排除侵害的情況下，來尋求法律救濟，因此爲避免社會大眾權益持續受損而無從加以有效制止，所以此次修法特別考量實有必要擴大公益法人的相關功能，使其得以自己名義對侵害多數人利益的行爲人提起不作爲之訴。故特於本項規定公益法人經其目的事業主管機關許可，於章程所定目的範圍內，有代爲提起不作爲訴訟的權利。

　　當然法律的精神首先便必須考量防微杜漸，因此為防止濫行起訴的問題叢生，特別參酌消費者保護法第49條：「消費者保護團體許可設立2年以上，置有消費者保護專門人員，且申請行政院評定優良者，得以自己之名義，提起第五十條消費者損害賠償訴訟或第五十三條不作為訴訟。消費者保護團體依前項規定提起訴訟者，應委任律師代理訴訟。受委任之律師，就該訴訟，得請求預付或償還必要費用。消費者保護團體關於其提起之第一項訴訟，有不法行為者，許可設立之主管機關應廢止其許可。」第53條：「消費者保護官或消費者保護團體，就企業經營者重大違反本法有關保護消費者規定之行為，得向法院訴請停止或禁止之。前項訴訟免繳裁判費。」針對前項的許可及監督辦法，特別在第2項規定其許可及監督辦法，應由司法院會同行政院共同制定，並以此作為法源的依據。

第44條之4（訴訟代理人之選任）
前三條訴訟，法院得依聲請為原告選任律師為訴訟代理人。
前項訴訟代理人之選任，以伸張或防衛權利所必要者為限。

解說

　　本條係針對前三條的訴訟，多因與公害、交通事故或商品瑕疵有關，而其法律關係原本即較為繁雜，舉凡蒐集訴訟資料、主張法律關係，乃至舉證證明待證事實的相關問題，非具有較高法律專業知識的人，實難輕易勝任，且此等事件的被害人多係一般社會大眾，經濟上常居於弱勢地位，為期兩造程序上的實質對等，爰於本條第1項規定法院得依聲請為原告選任律師為訴訟代理人。

　　第1項選任訴訟代理人的規定，雖在保障經濟上弱勢原告的程序上權利，但為防止濫用，宜加入適當的限制，所以特別在此

項加以明定其選任係專就伸張或防衛權利所必要者爲限，以求符合法律上所謂「衡平原則」的適用。

惟須注意消保團體依消費者保護法第49條以自己名義起訴者，應委任律師代理訴訟（律師強制代理），受委任之律師不得請求報酬（消保§49II），但本條之規定，並非律師強制代理，且律師酬金由法院或審判長酌定之，並爲訴訟費用之一部（本法§77-25）。

> **第45條**（有訴訟能力人）
> 能獨立以法律行爲負義務者，有訴訟能力。

解說

訴訟能力者，係指得獨立進行有效訴訟行爲(或受訴訟行爲)之能力。此外，應予注意，正如同實體法上「權利能力」與「行爲能力」之差異，訴訟法上「當事人能力」與「訴訟能力」之概念，亦應予區別。所謂「訴訟能力」，最重要之目的在於「保護當事人之實質參與權限」。易言之，當事人之保障不應流於形式，「訴訟能力」即提供「弱勢（無完全訴訟能力人）之保障」。

本法第40條所說的是當事人能力，可是有當事人能力的未必具有訴訟能力，所以本條規定，能獨立以法律行爲負擔義務者，有訴訟能力。例如：6歲大的小孩，依據本法第40條的規定，他因爲是自然人，已經出生，具有當事人能力，可以作爲民事訴訟的原告或被告，然而因爲他年僅6歲，依據民法規定，是沒有行爲能力之人，換句話說，他沒有辦法獨立依法律行爲來負擔義務，因此依據本條的規定，6歲的未成年人並不具有訴訟能力，一定要有法定代理人，代理他爲訴訟上的行爲。

依據本法的規定，本國人有訴訟能力的包括成年人以及未成

年人已經結婚者（民§13Ⅲ）。而滿7歲未滿20歲的限制行為能力人，經過法定代理人的允許為獨立營業，依據民法第85條的規定，該限制行為能力人，關於他營業上之行為有行為能力，所以在營業上相關之行為部分，他當然也有訴訟能力（64年第5次民庭庭推總會議決議）。

沒有訴訟能力的人包括：未滿7歲的未成年人、受監護宣告之人、胎兒；而滿7歲未結婚的未成年人，在民法上也僅有限制行為能力，因此依據本條的規定，他原則上沒有訴訟能力。

成年人如未受監護宣告，而有心神喪失、無意識或精神錯亂已達喪失意思能力程度之情形者，其所為之意思表示無效，不能獨立以法律行為負擔義務，即無訴訟能力。

法人包括財團法人、社團法人。我國實務上認為法人並沒有訴訟能力，必須由法人的代表人，以法定代理人的身分，代理法人為訴訟行為。

第45條之1

輔助人同意受輔助宣告之人為訴訟行為，應以文書證之。

受輔助宣告之人就他造之起訴或上訴為訴訟行為時，無須經輔助人同意。

受輔助宣告之人為捨棄、認諾、撤回或和解，應經輔助人以書面特別同意。

解說

本條於民國98年7月8日新增，乃配合民國98年11月23日施行之民法增加輔助宣告規定所為修正。依修正後民法規定受輔助宣告之人不因輔助宣告而喪失行為能力，僅於為重要行為時須經輔助人同意，為使法院對於同意之存否容易調查而確保訴訟程序之安定，乃明定應以文書證之，此處應以文書證之，亦屬法定證據

主義之明文，非指選定當事人係要式行為，應特別注意。並為保障他造訴訟權利，規定受輔助宣告之人被訴或被上訴而為訴訟行為時，不須經輔助人同意。

第46條（外國人之訴訟能力）
外國人依其本國法律無訴訟能力，而依中華民國法律有訴訟能力者，視為有訴訟能力。

解說

外國人行為能力的認定，依據我國涉外民事法律適用法第10條第1項的規定，外國人的行為能力，必須依據本國法來決定。例如：一個18歲的美國人，他有沒有行為能力，必須依據美國的法律來決定他有沒有行為能力，假設美國的法律規定，滿18歲就有行為能力，則該外國人雖年僅18歲與我國所規定的20歲有所不合。但是依其本國法，既然有行為能力，我們就承認他具有行為能力，只要有行為能力，他就具有訴訟能力，所以他訴訟能力的有無，也是依據其本國法來決定。

但是倘若外國人依據其本國法的規定是沒有訴訟能力，而依據我國法律是有訴訟能力的時候，那麼依據本條的規定，也就視為他有訴訟能力。例如：一個德國人，依據德國法律是年滿22歲才具有行為能力，22歲以下沒有行為能力，那麼德國人甲年僅20歲，在臺灣的時候，依據他的本國法他沒有訴訟能力，可是依據我國民法的規定，他已經年滿20歲，就取得了行為能力，適用本條的結果，依我國法律，他仍然有訴訟能力。

第47條（訴訟之法定代理及必要之允許之依據）
關於訴訟之法定代理及為訴訟所必要之允許，依民法及其他法令之規定。

解說

　　沒有訴訟能力的人，不能自己獨立為訴訟行為，如果自己獨立為訴訟行為，都屬無效。然而沒有訴訟能力的人，必須由法定代理人代為訴訟行為，而何人可作為他的法定代理人，他的代理權範圍為何，不能不有所規定。因此本條規定法定代理人代理無訴訟能力的人的時候，他是否具有法定代理人的身分，必須依民法及其他法律的規定，而且法定代理權的範圍，也必須依民法及其他法律的規定來決定（民§1086、1091、1098、1110、1166及公司法§8、27Ⅱ、208Ⅲ）。

　　又本條關於訴訟之法定代理，依民法及其他法令之規定，是以依民法第1086條規定，父母為其未成年子女之法定代理人，即有權代理其子女為法律許可之訴訟行為，而法定代理人為未成年子女委任訴訟代理人，合法有效，乃為當然，應注意的是，該訴訟代理人之訴訟代理權不因該未成年子女之成年而消滅（87台上628裁判），是縱然未成年之子女成年，父母繼續代理該子女所為之訴訟行為，仍然合法有效。

第48條（能力、法定代理權或必要允許欠缺之追認）
於能力、法定代理權或為訴訟所必要之允許有欠缺之人所為之訴訟行為，經取得能力之本人、取得法定代理權或允許之人、法定代理人或有允許權人之承認，溯及於行為時發生效力。

解說

　　本條規定的理由是因為訴訟已經開始進行到一定程度之後，才發現這些能力、代理權或允許有所欠缺，如果直接駁回這個訴訟，則以前所進行的程序就將徒勞無功，使訴訟更加遲緩。因此為了使訴訟經濟起見，如果這些能力或是允許的欠缺獲取能力之本人允許之後，則規定溯及的讓他發生效力，以免之前所進行的

訴訟完全浪費。

　　能力欠缺人所爲的訴訟行爲，經取得能力的本人承認之後，則效力溯及行爲發生時。例如：受監護宣告人甲自己提起訴訟以後，經過法院撤銷受監護宣告的裁定（家事§172Ⅰ）而追認以前的訴訟行爲，則受監護宣告人自己在該宣告被撤銷以前，還沒有訴訟能力，所提起的訴訟則因爲他事後取得行爲能力後的追認而生效力（家事§170Ⅰ、Ⅱ）。又例如：乙對於尚未成立財團法人的團體提起訴訟，該財團法人在訴訟進行中完成設立登記，則雖然該財團法人本來沒有作爲被告的資格，也就是沒有當事人能力，不過在它正式登記成爲財團法人取得法人資格之後，如果追認以前所作的訴訟行爲，則乙就不必再另行起訴，而以前所作的一切訴訟行爲，依據本條的規定，都溯及於行爲時發生效力。

　　本條所謂法定代理權的欠缺，例如：甲的監護人是乙，然而丙卻代甲提起民事訴訟，此時因爲丙並不是甲的法定代理人，故丙用法定代理人的身分以甲之名義向他人起訴，他的法定代理權即有欠缺。

　　本條尚應注意，法定代理權有欠缺之人所爲之訴訟行爲，如經法定代理人之承認，溯及於行爲時發生效力。而該承認不論爲明示或默示，雖均無不可，但是若法定代理人續行訴訟後，已指摘該部分之訴訟程序違法，法院不得以法定代理人嗣後就該訴訟有所聲明或陳述，而認其已爲默示之承認（93台上371裁判），以保障當事人之程序利益。

第49條（能力、法定代理權或必要允許欠缺之補正）
能力、法定代理權或爲訴訟所必要之允許有欠缺而可以補正者，審判長應定期間命其補正；如恐久延致當事人受損害時，得許其暫爲訴訟行爲。

解說

　　民國92年2月7日修法配合第249條第1項但書規定加以修正審判長的法律用語。為了防止無效的訴訟行為，這是屬於公共利益的問題，因此審判長必須不問訴訟程度如何，而隨時依職權主動調查當事人能力有沒有欠缺、訴訟代理權有沒有欠缺，或訴訟所必要的允許有沒有欠缺，因此倘若沒有當事人能力、沒有訴訟能力、沒有代理權、沒有受到特別的允許者所提起的訴訟，原則上都必須以判決駁回。然而本法為了使無效的訴訟行為儘量減少，因此規定前述各種能力、代理權允許有所欠缺的時候，如果這種欠缺可以補正，審判長可以命相當的期間要求當事人補正，如果在規定的期間內補正，則依據前條的規定，這個訴訟行為就可以溯及行為時發生效力，以防止無效的訴訟行為發生。

　　當事人所提到的訴訟，法院發現當事人能力或訴訟能力或代理權或訴訟所必要的允許，任何一項有所欠缺時，依據前段的規定必須先定期間命當事人補正。又法定代理權有無欠缺，不問訴訟程度如何，法院應依職權調查之，雖當事人間無爭執者，亦應隨時予以調查，此處之隨時予以調查，係指不問訴訟程度如何、審級為何，法院皆應依職權調查之（26鄂上41），例如：第二審法院認，法定代理人之法定代理權在第一審之補正欠缺如無相當之證明，第二審法院仍得命其負舉證責任。

　　可是在這段期間內，若本件訴訟具有時效性，而拖延會使當事人的權益發生損害時，依據本條後段的規定，法院可以暫時允許這個欠缺能力或法定代理權或訴訟所必要的允許之人，暫時為必要的訴訟行為，但是並不表示他暫時所作的這個訴訟行為會發生效力。暫時允許他所為的訴訟行為，仍然必須由取得能力的本人有允許權的人或法定代理人的承認，才發生效力。

　　值得一提的是，本條之規定，許無訴訟能力人暫為訴訟行為，須其訴訟能力之欠缺可以補正，且已命其補正而後可，其欠

缺可以補正而已命其補正者，假若該無訴訟能力人最終仍未補
正，則其暫爲之訴訟行爲仍屬無效。又如法院認被上訴人訴訟能
力之欠缺不能補正，卻又許其暫爲訴訟行爲，並認其起訴爲合
法，進而爲該案之判決，即非適法。末者，依法應由數人一同起
訴之必要共同訴訟，雖由數人一同起訴，但因其中一人無訴訟能
力，未由法定代理人致其訴爲不合法者，仍不能認當事人之適格
爲無欠缺（29上1212參照）。

實例

　　何星因爲發生車禍而變成植物人，經由他最近親屬的提
起，經法院宣告何星爲受監護宣告人而沒有行爲能力，法院並
指定何星的父親何邦爲監護人。假設何星的母親在這個時候發
現何星的債務人陳志，所積欠他的債務100萬元消滅時效即將
完成，於是何星的母親就以法定代理人的身分代理何星向法院
提起民事訴訟，請求陳志給付何星100萬元。請問法院此時應
如何處理？

　　何星的母親雖然代何星提起民事訴訟，但因爲何星的母親非
法院所指定的監護人，因此她並沒有法定代理權，而具有法定代
理權的人是何星的父親何邦，因此何星的生母代何星所提起的訴
訟，就是屬於法定代理權有欠缺，法院必須依據本條的規定，以
裁定命何星的生母在相當的時間內補正法定代理人何邦的同意。
而且這時因爲何星的債權即將罹於時效，爲了使他的債權不會消
滅失效，因此法院可以暫時允許何星的生母繼續暫時爲何星作訴
訟行爲，以保障當事人何星的權利。如果何星的生母在接到法院
的補正通知之後，仍然沒有辦法在法院規定的期間內取得何星的
法定代理人（監護人）同意的話，那麼她所提的訴訟就不合法，
法院必須判決駁回她的訴訟；如果何星的生母可以在法院規定的
補正期間提出何邦同意的追認證明文件，則何星的生母所提起的
訴訟，依據本條以及前條的規定，就視爲自始發生效力。

第50條（選定當事人之準用）
前二條規定，於第41條、第44條之1、第44條之2被選定人及第45條之1受輔助宣告之人為訴訟行為者準用之。

解說

配合民法於97年5月23日增加輔助宣告制度，凡受輔助宣告之人未經輔助人同意而為訴訟行為，或未以書面證之，或未經輔助人以書面為特別同意，其訴訟能力即有欠缺，而上揭欠缺非不可補正，故應先定期命其補正，補正後，受輔助宣告之人上揭訴訟行為瑕疵，即因補正而溯及於行為時發生效力，而法院所許其暫為之訴訟行為，仍須俟補正而後生效，又其補正不得於事件經第三審終結後為之（31聲74）。

前二條所定能力欠缺之追認或補正，於此次在第41條外，新增第44條之1及第44條之2之被選定人為訴訟行為時，亦應有其準用，而依現行法我們知道我國民事訴訟法有選定當事人的制度，假如被選定的當事人其能力有欠缺，他所作的訴訟行為無效。但是如果被選定人的資格有欠缺，而事後取得被選定的資格，或是得選定人的特別同意，或經由選定人全體追認時，被選定人尚未取得被選定資格時所為的訴訟行為，依據本條的規定使他追溯到自始就發生效力，如此一來，不僅較為便利且較經濟。因此本條設有準用的規定，如果被選定人的資格欠缺可以補正，法院也必須比照前條的規定，先定期間命其補正，在沒有補正以前，如果恐怕訴訟久延而損害當事人的權利的時候，法院也可以比照前條的規定，允許該被選定人暫為訴訟行為。

第51條（特別代理人之選任）
對於無訴訟能力人為訴訟行為，因其無法定代理人，或其法定

代理人不能行代理權，恐致久延而受損害者，得聲請受訴法院之審判長，選任特別代理人。

無訴訟能力人有為訴訟之必要，而無法定代理人，或法定代理人不能行代理權者，其親屬或利害關係人，得聲請受訴法院之審判長，選任特別代理人。

選任特別代理人之裁定，並應送達於特別代理人。

特別代理人於法定代理人或本人承當訴訟以前，代理當事人為一切訴訟行為。但不得為捨棄、認諾、撤回或和解。

選任特別代理人所需費用，及特別代理人代為訴訟所需費用，得命聲請人墊付。

解說

依據本法第45條的規定，一定要有訴訟能力的人才能獨立為訴訟行為，否則沒有訴訟能力的人自己所為的訴訟行為，不生效力（民訴§249）。因此對於沒有訴訟能力的人所為的訴訟行為，一定要有法定代理人代為訴訟行為，此訴訟才合法，否則訴訟就無法進行。在此情況下，假設欠缺訴訟能力的人沒有法定代理人，訴訟就會發生困難，因此本條第1項規定，沒有訴訟能力的人為訴訟行為，因為他沒有法定代理人時，可以聲請受訴法院的審判長，幫他選任特別代理人，替他為一切的訴訟行為。

必須注意的是，本條第1項是當無訴訟能力人為被告的時候才有適用，如果無訴訟能力人是原告的時候，是適用本條第2項的規定，請讀者特別注意。對於第1項的情形，例如：甲是成年人，但是因為發生車禍，神智不清，受法院監護宣告而沒有訴訟能力。假使甲在受監護宣告時，法院所指定的監護人是乙，那麼，如果甲欠丙100萬元，而丙向甲提起民事訴訟的時候，剛好甲的監護人乙也死亡，法院也還沒有幫甲另行指定監護人，這時

如果不依據本條第1項的規定，聲請受訴法院的審判長幫甲選定特別代理人的話，則丙對甲的民事訴訟將會沒有辦法繼續進行，因為甲自己沒有辦法為訴訟行為，他是沒有訴訟能力的人，又沒有法定代理人代為訴訟，所以本條第1項規定，可以由丙向受訴法院申請，幫甲選任特別代理人。

如果沒有訴訟能力的人有訴訟的必要，但是沒有法定代理人，也就是說，無訴訟能力人有作訴訟原告的必要的時候（注意：第2項是無訴訟能力人沒有法定代理人，有作「原告」的必要；而前項是無訴訟能力人為「被告」，但是沒有法定代理人），例如：前面的例子甲因受監護宣告而沒有訴訟能力，法院指定的監護人又因故死亡，那麼甲如果對丙有債權而必須起訴的時候，則甲自己沒有訴訟能力，也沒有法定代理人幫他提起訴訟，這時依據本條第2項的規定，甲的親屬或者是利害關係人，就可以向法院聲請選任特別代理人。

本條第1項和第2項中，所謂法定代理人不能行使代理權，包括實際上不能行使代理權，或者是法律上不能行使代理權。實際上不能行使代理權，例如：法定代理人已經行動不便或無法說話，這是實際上不能行使代理權。法律上不能行使代理權，例如：法定代理人自己跟無訴訟能力人本身就是訴訟的對造，有利害衝突時，因為法律禁止自己代理，因此他不能同時為原告又自己兼被告，這時依據法律就不能行使代理權（50台抗187）。

而對於民事訴訟法第51條第1、2項選任特別代理人之裁定，是否得抗告？最高法院88年度第9次民事庭會議結論認為：「民事訴訟法第483條規定，訴訟程序進行中所為之裁定，除別有規定外，不得抗告。故選任特別代理人之裁定及駁回選任特別代理人聲請之裁定，倘係於訴訟程序進行中所為者，均不得抗告，僅於訴訟繫屬前所為者，始得為抗告。」

例

　　請問離婚之訴，原告以被告有重大不治之精神病爲原因，請求判決離婚，如果被告確實爲精神病患，而又無親戚在臺，法院可否指定特別代理人，然後進行辯論？

　　依據本條第1項的規定，選任特別代理人的要件必須是受訴法院的審判長基於當事人的聲請才可以爲之，不能自己主動依職權爲被告指定特別代理人，此項規定關於人事訴訟程序（即本題離婚之訴）亦不例外，因此原告對患有精神病之被告依民法第1052條第8款，訴請離婚應先釋明原因，聲請受訴法院以裁定指定特別代理人，否則訴訟程序無由進行，而須爲駁回原告之訴的裁判。

第52條（關於法定代理人規定之準用）
本法關於法定代理之規定，於法人之代表人、第40條第3項之代表人或管理人、第4項機關之代表人及依法令得為訴訟上行為之代理人準用之。

解說

　　在實體法上，法人應由其代表人代爲法律行爲，按照此同一的法理，有權代表法人者，在訴訟法上亦應以代表人的身分來代表法人爲訴訟行爲。雖司法院院解字第2936號解釋認爲法人之代表人，在訴訟法上視作法定代理人，惟本法對此向無明文規定，爰於本次修法將條文增列關於法定代理之規定，於法人之代表人準用之，以利適用。

　　依據本法第40條第3項，非法人團體設有代表人或管理人時，有訴訟能力。在此情形之下，非法人團體的代表人以及管理人，雖然不是屬於法定代理人，但是代表人以及管理人，代理該

非法人團體為訴訟行為或代為訴訟行為時，其權限應該是跟法定代理人相同。所以本條規定可以準用本法關於法定代理人的相關規定，例如：甲告乙，乙是非法人團體，但非法人團體的代表人剛好是本件訴訟的承辦法官，這時，雖然該名承辦法官不屬於法定代理人，但是由於本條規定法定代理之規定，在代表人或管理人也可以準用，依據本法第32條第4款的規定，法官為當事人的法定代理人時，必須自行迴避。因此該名法官就必須依據本法第32條第4款為該訴訟事件的法定代理人的身分而自行迴避，不能因為該名法官不是法定代理人而僅是非法人團體的代表人或管理人，而不依本法第32條第4款的規定迴避，這就是本條規定準用法定代理的情形。

所謂「依法令得為訴訟上行為之代理人」，例如：依據民法第555條規定，經理人就其所任之事務視為有代表商號為原告或被告，或其他一切訴訟上行為之權。所以經理人雖然不是該商號的法定代理人，但是由於依據法令規定他得為一切訴訟上行為，因此關於經理人代商號為訴訟行為時，也都要準用本法關於法定代理的規定。

第二節　共同訴訟

第53條（共同訴訟之要件）
二人以上於下列各款情形，得為共同訴訟人，一同起訴或一同被訴：
一、為訴訟標的之權利或義務，為其所共同者。
二、為訴訟標的之權利或義務，本於同一之事實上及法律上原因者。
三、為訴訟標的之權利或義務，係同種類，而本於事實上及法

律上同種類之原因者。但以被告之住所在同一法院管轄區域內，或有第4條至第19條所定之共同管轄法院者為限。

解說

本條所規定的是共同訴訟的要件。所謂「共同訴訟」，是指訴訟的原告或被告有兩個人以上，例如：兩個原告、一個被告；一個原告、兩個被告；兩個原告、兩個被告；兩個以上原告、兩個以上被告都屬於共同訴訟。

而所謂共同訴訟的要件是必須合乎本條的要件，才可以由多數的原告或被告在同一個訴訟程序中共同審理，否則不能提起共同訴訟，必須分別單獨另外起訴。因此，符合共同訴訟的要件，不過是法律准許其進行共同訴訟。反之，如果不符合共同訴訟的要件，只不過是必須將數個訴訟分別處理，而不是將數個訴訟都予以駁回（32上1677）。

共同訴訟的發生原因，通常都是由於起訴的時候，兩個人一起就直接起訴，或者是一個人以兩個人以上為被告一起起訴。但是除了這個原因之外，基於下列的原因，也會發生共同訴訟：

一、依據本法第54條，提起主參加訴訟。

二、依據本法第41條的規定，選定一個人為當事人，但是在訴訟進行中，增加被選定人為兩個人以上的時候。

三、兩個以上參加人共同承當訴訟。

四、訴狀送達後，原告依據本法第255條規定，追加當事人。

五、訴訟進行中，原告或被告死亡，而由兩個以上的繼承人承受訴訟而為當事人。

六、分別提起的數宗訴訟，且當事人不同，但是法院依據本法第205條的規定合併辯論，也會發生共同訴訟。

　　共同訴訟的立法理由，無非是為了避免訴訟時間及程序的浪費，以求訴訟經濟，同時可以防止數個裁判相互牴觸，以達紛爭一次解決之目的。

　　共同訴訟的立法理由，依前項的說明已知它有多項優點，但是並不是所有的訴訟，在性質上都適合以共同訴訟的方式來進行，必須符合本條所規定的要件，才可以以共同訴訟的方式進行訴訟，以下分別就程序上以及實質上的條件，加以說明共同訴訟的要件：

一、程序上的條件

　　1.程序上必須符合受訴法院就數個提起的訴訟，必須要有管轄權。

　　2.必須所提起的該數個訴訟，都可以進行同種類的訴訟程序。因為本法所規定的訴訟程序中，除了通常訴訟程序之外，還有簡易訴訟程序以及人事訴訟程序。因此，如果是簡易訴訟程序，不能跟通常的訴訟程序的訴訟一起合併審理，反過來也是一樣。

　　3.必須不是法律有禁止合併。

二、實質上的條件

　　1.必須為訴訟標的之權利義務係為共同者，例如：甲對乙提起民事訴訟，請求法院確認他的土地所有權存在，假如這塊土地是甲跟丙所共同持分，這時甲就可以跟丙以共同訴訟的方式，以甲、丙二人為原告，而對被告乙提起民事訴訟。

　　2.為了訴訟標的之權利和義務本於同一事實以及法律上的原因，例如：甲開車過失將路人乙、丙撞成重傷，這時乙、丙可以依據本條第2款的規定，向甲共同提起損害賠償的訴訟，因為乙和丙都是基於同一個事實（即甲過失撞傷的事實）及同一個法律上的原因（都是基於民法第184條第1項前段侵權行為為法律上的

原因）。因此無論就事實的原因以及法律上的原因都是相同的，可以依據本款規定共同向甲提起民事訴訟，而無須分別各自獨立提起訴訟。

3.為訴訟標的之權利或義務係同種類而本於事實上及法律上同種類的原因。本款規定與前款最大的不同者係，前款規定必須基於事實上以及法律上都是相同的原因；而本款規定的是，事實上及法律上的原因可以不一樣，不須同一，僅僅只要同種類就可以提起共同訴訟，例如：甲商業銀行就其個別客戶所成立的消費借貸契約，對於多數的貸款人合併提起請求清償貸款的訴訟，就是屬於本款所規定，為訴訟標的的權利或義務係同種類，而本於事實上及法律上同種類的原因（都是屬於同種類的借款返還請求權，但是卻不是基於單一借款返還請求權，而是個別對各個不同的借款人主張借款返還請求權）。

實例

關於訴請確認就共有土地有通行權存在事件，其訴訟標的對於共有人全體是否必須合一確定，有無以共有人全體為被告之必要？

最高法院76年度第7次民事庭會議決議結論認為，請求確認就共有土地有通行權存在之訴，僅須以否認原告主張之共有人為被告，無以共有人全體為被告之必要。

第54條（主參加訴訟）
就他人間之訴訟，有下列情形之一者，得於第一審或第二審本訴訟繫屬中，以其當事人兩造為共同被告，向本訴訟繫屬之法院起訴：
一、對其訴訟標的全部或一部，為自己有所請求者。
二、主張因其訴訟之結果，自己之權利將被侵害者。
依前項規定起訴者，準用第56條各款之規定。

解說

本條規定學理上稱爲「主參加訴訟」（亦有稱「干預訴訟」或「牽制訴訟」），也就是在舊民事訴訟法於第1項僅規定，就他人間之訴訟標的全部或一部有所請求者，得以本訴訟之兩造爲共同被告，向該第一審法院提起共同訴訟，民國24年2月1日修正時加以擴張，增列主張因他人間訴訟之結果，將致侵害自己權利者，亦許提起。舉例來說：甲、乙二人相互爭執爲所有權人，而在訴訟進行中，丙以甲、乙二人爲被告，並聲明自己才是眞正的所有人時，即是此處所爲的「主參加訴訟」。是兩者乃擇一要件，而非併存要件。法律公布時原無標點，惟坊間刊印之六法全書，其斷句之標點不盡正確，致適用時在解釋上會有不同的法律見解，時生爭議，所以此次修法將之分爲兩款規定。

而提出主參加訴訟須具備何種要件呢？說明如次：

一、必須是他人的訴訟還在繫屬中（所謂「訴訟繫屬」，也就是說訴訟存在於法院的狀態），而且只須他人訴訟還在繫屬中就可以。至於繫屬在第幾審的法院以及適用的是哪一種的訴訟程序，都可以不用討論（見要件三、，第三審除外）。因此可知，就他人之間還沒有發生的訴訟繫屬的標的有所請求或主張時，無法提起主參加訴訟，仍然必須依通常程序提起訴訟。本訴訟如果已經撤回或和解，或者是判決確定而終結，這個訴訟就沒有處於存在法院的狀態，也就是訴訟繫屬已經消滅，因此不符合本項要件，也不可以提起主參加訴訟。

二、必須就他人間的訴訟標的全部或者是一部分爲自己而有所請求，或是主張因爲訴訟的結果，自己權利將會被侵害，才可以提起主參加訴訟。此種情形又可以分爲下列兩項來說明：

1.必須就他人間的訴訟標的全部或一部爲自己有所請求，例如：他人間已經提起的訴訟，他的訴訟標的是所有權，則必須主張該所有權爲自己所有；倘若他人提起的訴訟標的，是在確認不

動產所有權的歸屬，而主參加訴訟只是爲了確認不動產上面有抵押權，就不能提起主參加訴訟，因爲本項的要件是必須就他人間的訴訟標的全部或一部爲自己有所請求，才可以提起。因此如果本訴訟的標的只是所有權，而主參加訴訟的原告只是要主張抵押權，並沒有就所有權有所主張，因此不符合本項要件，就不可以提起主參加訴訟。

2.必須主張因爲他人的訴訟結果，自己的權利將會被侵害，才可以提起，例如：甲意圖隱匿財產，謊稱他的財產已經移轉給乙，或對乙負有債務，而串通乙提起訴訟，此時丙出面主張該件訴訟的結果，將會使自己的債權被侵害，而對甲、乙二人起訴請求判決駁回甲的訴訟，並確認甲、乙間的法律關係不存在。

三、必須以本訴訟的兩造爲共同被告。如果僅僅是以本訴訟的一方作爲被告而提起的，就不叫主參加訴訟。因爲主參加訴訟是就他人間的訴訟標的之全部或一部爲自己而有所請求，因此他必須以本訴訟的原告與被告兩方作爲共同被告，才可以提起主參加訴訟。

四、又舊民事訴訟法第2項規定有關第1項的訴訟，如本訴訟繫屬於第二審法院者，亦得於其言詞辯論終結前，向該第二審法院起訴。惟向第一審法院起訴亦爲法律所允許，則兩訴訟裁判在實務上可能發生相互牴觸的情形，而有失本條立法之原旨，特將第1項向該第一審法院起訴，修正爲向第一審或第二審本訴訟繫屬的法院起訴，並刪除原第2項。

現行法第54條第2項規定，依第54條規定起訴者，視爲其訴訟標的對於共同被告，必須合一確定。惟按第54條的訴訟，其立法目的便在防止裁判的牴觸，故其訴訟標的，對於共同被告本非必須合一確定，所以上開規定與實際情形並不相符，爰將過去的規定刪除，移列於本條第2項，並規定準用第56條各款規定，以利法律的正確適用。

在第二審法院提起主參加訴訟而不備法定要件者，應如何處理？最高法院67年度第10次民事庭庭推總會議結論認為，向第二審法院提起主參加訴訟如不備主參加要件而具備獨立之訴要件時，第二審法院應以裁定移送於第一審管轄法院。

末者，最高法院83年台抗字第148號民事判例闡明，主參加訴訟，只須起訴時本訴訟尚在繫屬中即可，其後本訴訟如因撤回而繫屬消滅者，並不會影響已提起之主參加訴訟。

第55條（普通共同訴訟人獨立原則）
共同訴訟中，一人之行為或他造對於共同訴訟人中一人之行為及關於其一人所生之事項，除別有規定外，其利害不及於他共同訴訟人。

解說

本條所規定的是普通共同訴訟人相互之間的關係。依據第53條的說明，如果合乎該條的規定，就可以提起共同訴訟。共同訴訟有時可以由當事人自行選擇要提起共同訴訟或分別提起單獨的訴訟，這種共同訴訟就叫作「普通共同訴訟」。這種共同訴訟各個共同訴訟人原則上是個人獨立為訴訟行為，行為的效力互相不發生影響，因此本條規定，普通共同訴訟人中，一個人的行為或者是他造對共同訴訟人中一人之行為，除了法律另有規定以外，利害不及於其他的共同訴訟人。

普通共同訴訟之所以會合併二人以上起訴或被訴，是因為起訴或者是被訴的事實相同或同種類之法律關係，而並不是各個共同訴訟人互相有代理關係。每個共同訴訟人個人獨立為訴訟行為時，效力均各自發生效力彼此互不影響，所以才有本條的規定，此即普通共同訴訟人間之獨立原則。依據普通共同訴訟人間獨立原則本來普通共同訴訟人中一人提出之主張及證據與其他共

同訴訟人應該無涉，但是有例外那就是「證據（及主張）共通原則」，所謂「證據（及主張）共通原則」，蓋當事人聲明之證據，其證據資料如何判斷，為證據之評價問題，而當事人提出之證據應如何評價，在自由心證主義之下，係屬法院自由裁量權之範圍。因此法院在引用證據資料時，應不受是否對舉證人有利及他造曾否引用該項證據之限制，此即為證據共通原則。在普通共同訴訟人相互間，利害關係雖各自獨立，惟事實之真偽僅應有一存在，因為既然在同一訴訟程序中進行訴訟並調查證據，法院就同一事實宜作相同之認定，不適宜就同一事實而為不同之認定，故如果普通共同訴訟人其中一人為某種之主張（或舉證），而其他共同訴訟人之辯論未積極與該主張與舉證相抵觸者，即有證據（或主張）共通原則之適用，惟此屬普通共同訴訟人獨立原則之例外互相影響之情況。

本條所謂別有規定外，例如：本法第85條第1項但書關於訴訟費用的比例負擔，以及本法第222條第1項，法院斟酌共同訴訟的全辯論意旨以及調查證據結果依自由心證判斷事實真偽的時候，可以不受本條的拘束，而使其效力可影響到其他共同訴訟人。但是必須注意，除了別有規定以外，其他均須依本條的原則，即共同訴訟人的行為，原則上只對該共同訴訟人一個人發生效力，不影響其他共同訴訟人。

本條所謂一人之行為，其利害不及於其他共同訴訟人，例如：最高法院28年上字第2379號判例要旨所載，普通共同訴訟人中一人所為的自認，其效力僅及於該共同訴訟人而不及於其他共同訴訟人即其適例。

實例

房東甲有兩棟房子，分別租給乙和丙，到了月底，乙、丙都不給付租金，於是甲依據本法第53條的規定，向乙、丙提起共同訴訟，以二人為共同被告，要求乙給付租金，同時也要求

丙給付這個月的租金。假如在訴訟進行中，丙對於甲起訴的事實及法律上主張加以認諾〈民訴§384〉，而乙卻提出抗辯，請問：

　　1.甲對乙丙提出的訴訟是何種共同訴訟？

　　2.乙的抗辯效果是否及於丙？

　　「認諾」是被告對原告所主張的事實及法律主張並不反對，而向法院承認原告所主張的陳述，這就是屬於民事訴訟法384條所稱就訴訟標的之法律關係而為認諾。甲對乙丙提出的訴訟係為普通共同訴訟。因為甲本來即可獨立對乙及丙分別提出訴訟，也就是甲對於乙、丙兩人的給付房租訴訟，本可分開一對一的個別起訴，但因原告甲依據民事訴訟法第53條第3款之選擇而成為共同訴訟。乙抗辯之效果並不會及於丙，因為普通共同訴訟人間之關係原則上係獨立認定，判決結果並不需要合一確定（勝則同勝敗則同敗）。因此乙的抗辯效果並不會及於丙！因此法院當丙為認諾的時候，法院必須判決丙敗訴，就乙所提出的抗辯部分仍須繼續審查是否有理由。

第56條（必要共同訴訟人牽連原則）

訴訟標的對於共同訴訟之各人必須合一確定者，適用下列各款之規定：

一、共同訴訟人中一人之行為有利益於共同訴訟人者，其效力及於全體；不利益者，對於全體不生效力。

二、他造對於共同訴訟人中一人之行為，其效力及於全體。

三、共同訴訟人中之一人生有訴訟當然停止或裁定停止之原因者，其當然停止或裁定停止之效力及於全體。

前項共同訴訟人中一人提起上訴，其他共同訴訟人為受輔助宣告之人時，準用第45條之1第2項之規定。

解說

配合民法增加輔助宣告制度，必要共同訴訟一人上訴時，效力及於其他共同訴訟人，於其他共同訴訟人為受輔助宣告之人時，因上訴係有利受輔助宣告之人，在解釋上當然及之，但若須經輔助人同意恐影響其他上訴人權益，為避免爭議，爰增訂第2項規定。

本條所規定的是必要共同訴訟人間，訴訟行為相互間的關係如何認定。

所謂的「必要共同訴訟」，是為了和前條的普通共同訴訟有所區別，而必要共同訴訟的意思就是，訴訟標的對於共同訴訟人全體必須合一確定，勝則同勝，敗則同敗，不能一部分當事人勝訴，一部分當事人敗訴，法院也不得就個別的訴訟分別裁判，這就叫必要共同訴訟。

例如：依據家事事件法第39條第2項的規定，婚姻事件如果由第三人提起婚姻訴訟，不能只以夫或只以妻為被告，一定要以夫妻二人為共同被告，這就叫「必要共同訴訟」。如果只以夫為被告或者是只以妻為被告，法院就必須以「當事人不適格」將原告的訴訟駁回，而不作實質的判決。在這種訴訟中，第三人以夫妻為共同被告起訴時，法院不能判決第三人對夫勝訴而對妻敗訴；換句話說，第三人起訴以夫妻為共同被告，法院判決不是第三人勝訴，就是被告夫妻二人共同敗訴，或是被告夫妻共同勝訴，而不可能夫勝妻敗或者是妻勝夫敗，因為如果這樣的話，會造成對夫的訴訟是婚姻成立而對妻的判決是婚姻不成立，那樣會造成矛盾的情形，這就是本條所指的共同訴訟之人必須合一確定的例子。

必要共同訴訟，除了前面所舉的婚姻訴訟以外，還有很多訴訟也是屬於必要共同訴訟，例如：民法第1090條停止親權之訴，第244條第2項撤銷詐害債權之訴訟，第1137條撤銷親屬會議決議

的訴訟，第824條第2項、第829條的分割共有物的訴訟，都是屬於必要共同訴訟（前面所舉的學理上稱為固有必要共同訴訟，以便於與後面所指的「類似必要共同訴訟」再作區別）。

　　既然法院必須將必要共同訴訟人視為一體，不能作出一勝一敗的判決，勝則必須同勝，敗則必須同敗，因此必要共同訴訟人之間的關係，各個共同訴訟人單獨所為的訴訟行為效力如何認定，必須有一致的結果，不能分別定其效力，法院才能作出同勝或同敗的判決。因此本條第1款規定，共同訴訟人中一個人的行為，如果有利益於全體共同訴訟人者，他的行為效力及於全體；如果所作的是不利益於全體共同訴訟人者，則全部不生效力。例如：共同訴訟人中一人對訴訟標的為捨棄（民訴§384），有人不捨棄，而捨棄依本法第384條，法院必須為捨棄人敗訴之判決，這就是屬於對全體共同訴訟人不利益的行為，因此依本條第1款規定，共同訴訟人一個人所為的捨棄，對全體不生效力。

　　共同訴訟人的相對人（對造），對於共同訴訟人中一個人的行為，效力及於全體共同訴訟人，不論他造所為行為對共同訴訟人是有利或不利。例如：他造對於共同訴訟人中的一個人提起上訴，上訴效力及於全體共同訴訟人，這目的也是為了對共同訴訟人的判決一致所作的規定。

　　本條第1項第3款所謂「訴訟當然停止」，請參照本法第168條的說明。「裁定停止」請參照本法第183條的說明。

　　共同訴訟人中若有一個人發生訴訟當然停止的原因，例如：共同訴訟人有三個，其中一個人死亡，而訴訟程序依法必須當然停止的時候，則整個的訴訟程序都因而完全停止，效力及於全體。本款的規定是為了防止訴訟進行的進度不一致，否則如果其中共同訴訟人一個人當然停止訴訟，而其他共同訴訟人不當然停止，則訴訟進度就會發生不一致，也會對於判決的結果造成不一致。

92年2月7日修正公布之民事訴訟法將原第56條第2項關於主參加訴訟的共同被告必須「合一確定」部分刪除，舊規定已移列至第54條第2項，理由請參見第54條的相關說明。

🈺例

陳政、陸文、張聰三人共有一筆土地，陳、陸二人都想將這塊共有的土地，依應有部分分割成單獨所有，但是張聰不同意，於是陳、陸二人共同提起訴訟，向張聰提起分割共有物的訴訟，結果第一審判陳、陸二人敗訴。陳政不服，向臺灣高等法院提出上訴，在高等法院上訴審理中，陳政撤回上訴，但陸文表示不同意撤回上訴，請求法院繼續審判。請問陸文請求法院繼續審判，法院應否准許？

法院應該准許。因為分割共有物的訴訟，是屬於固有必要共同訴訟，本件訴訟標的對於共同訴訟人全體陳、陸二人必須合一確定，其中一人陳政提起上訴，這個上訴行為是有利於其他共同訴訟人陸文的行為，因此依本條第1項第1款的規定，效力及於其他共同訴訟人陸文。本題陳政提起上訴效力及於其他共同訴訟人，因此依據本條第1項第1款，陸文也視為是已經提起合法的上訴。之後陳政撤回上訴的時候，撤回上訴的行為對於共同訴訟人陸文來講，是屬於不利的行為。因此依據本條第1項第1款的規定，陳政撤回上訴的效力不及於其他共同訴訟人陸文，所以陸文不同意撤回上訴，請求法院繼續審判，法院應該准許。

🈺例

15歲之甲騎車壓死鄰居乙之狗，乙對甲及甲之父母丙丁提出連帶損害賠償訴訟，依民法§184、§187，乙v.s甲、丙、丁請求連帶給付，請問此為普通共同訴訟？固有必要共同訴訟？或類似必要共同訴訟？

最高法院33年上字第4810號判例認為本題應是類似必要共同

之訴，因乙可單獨告甲，但因甲係未成年人其無訴訟能力，依民法第187條認為丙、丁需負連帶賠償責任。一旦甲有過失或故意依民法第187條負連帶責任。甲、丙、丁三人為共同被告時判決要合一確定。但本書認為，依民法第187條第3項甲之父母可單獨負賠償責任，甲之父母不一定要與甲有相同之判決之結果，因此非必如最高法院所述必須合一確定（同勝敗），最高法院的前述見解尚有待商確。

第56條之1（必要共同訴訟原告之裁定追加）

訴訟標的對於數人必須合一確定而應共同起訴，如其中一人或數人拒絕同為原告而無正當理由者，法院得依原告聲請，以裁定命該未起訴之人於一定期間內追加為原告。逾期未追加者，視為已一同起訴。

法院為前項裁定前，應使該未起訴之人有陳述意見之機會。

第1項未共同起訴之人所在不明，經原告聲請命為追加，法院認其聲請為正當者，得以裁定將該未起訴之人列為原告。但該原告於第一次言詞辯論期日前陳明拒絕為原告之理由，經法院認為正當者，得撤銷原裁定。

第1項及前項裁定，得為抗告。

第1項及第3項情形，如訴訟費用應由原告負擔者，法院得酌量情形，命僅由原起訴之原告負擔。

解說

　　第1項規定訴訟標的對於數人必須合一確定（係指依法律之規定必須數人一同起訴或一同被訴，否則其當事人之適格即有欠缺，原告即因此不能獲得本案之勝訴判決而言）。而應共同起訴者，該數人必須一同起訴，否則當事人適格即有欠缺的不合法問題。如此一來，其中一人或數人拒絕同為原告，將迫使其他人亦

無法以訴訟伸張或防衛其本身的權利，自有未宜。所以本項規定如拒絕同為原告而無正當理由者，法院得依原告聲請，以裁定命該未起訴之人追加為原告，逾期未追加者，視為已一同起訴。至於拒絕同為原告是否無正當理由，則應由法院斟酌原告起訴是否為伸張或防衛其權利所必要等情形來決定，此在法律尚稱作「自由心證」。

第2項則規定法院為第1項裁定，強制未起訴之人必須追加為原告，此點因涉及未起訴之人不行使訴訟權的憲法上自由，為保障其程序上權利，於裁定前應使其有充分陳述意見的機會，爰於此規定，以期周延。

第3項係針對第1項數人應共同起訴的情形，如其中一人或數人所在不明，亦將使其他人無從提起訴訟，又此種情形，如由法院定期命該所在不明之人追加為原告，可預見亦難有任何實質上的效果，徒使訴訟拖延，為期訴訟進行順暢，爰於本項規定，原告得聲請命為追加，如法院經調查後認其聲請為正當者，即得逕以裁定將該未起訴之人列為原告。至於原告應舉證證明未共同起訴之人是否所在不明，乃屬當然之理。又為兼顧被逕列為原告之人訴訟程序上的權利，並特別設立但書規定，賦予該原告陳明拒絕為原告理由的機會，法院若認其理由正當者，得撤銷原裁定。第1項及本項裁定，係終結與本案無涉爭點的裁定，關於該爭點的費用，即不得作為本案訴訟費用的一部分，法院應依第95條規定準用第87條規定，依職權於該裁定為費用的裁判。

第4項係針對第1項及前項裁定，因為關係到原起訴的原告及拒絕同為原告者的權益甚鉅，故於本項中明定得為抗告以期周延。

共同原告依法應負擔訴訟費用，原本應依本法第85條規定定其負擔。惟原未起訴的原告係因法院命令而追加為原告或被視為一同起訴，或被逕列為原告，倘若令其負擔訴訟費用，不免有法

律失平的現象，爰於第5項規定法院得酌量情形，命僅由原起訴的原告負擔。

第57條（共同訴訟人之續行訴訟權）
共同訴訟人，各有續行訴訟之權。
法院指定期日者，應通知各共同訴訟人到場。

解說

　　共同訴訟，不論是「必要共同訴訟」或者是「普通共同訴訟」，共同訴訟人皆有權利依據本條第1項的規定，請求法院繼續進行訴訟的權利。例如：訴訟的兩造，依據本法的規定，以合意停止訴訟程序之後，共同訴訟人中的任何一個人，可以不問其他共同訴訟人的意思，單獨以自己的意思請求法院繼續進行訴訟。

　　法院指定期日（民訴§156）審理案件，應該通知各個共同訴訟人到場。如果是必要共同訴訟的話，當然應該要通知各個共同訴訟人，在指定的日期到場。但是必須注意，如果是普通共同訴訟，而法院僅就其中一個人的部分作辯論及判決，就沒有必要通知所有的共同訴訟人於指定日期到場（民訴§204、382）。

實例

　　甲、乙、丙係土地共有人，甲以乙、丙為被告，向法院訴請判決分割共有土地。甲、乙於第一審訴訟中各自提出分割方案，丙則不到場，僅以書狀陳明不同意分割。第一審法院審理結果，另定分割方案，判決准予原物分割。甲、乙分別提起上訴。第二審法院指定辯論期日多次，並合法通知兩造，但甲、丙均不到場，乙因恐延滯訴訟，而聲請法院由其一造辯論而為判決，法院可否准許？

法院不應准許。按分割共有物之訴，係必要共同訴訟，乙提起上訴之效力，應及於未聲明上訴之丙，即乙、丙係同造之上訴人。其中部分共同訴訟人丙不於言詞辯論日到場，而其他到場之共同訴訟人乙，亦非必為有利於同造當事人全體之行為，因此，如對造人甲未聲請一造辯論，自不得依乙之聲請而為判決（32上3388參照）。依民事訴訟法第57條第1項之規定，本件乙雖有續行訴訟之權，對甲部分得單獨向法院聲請由其一造辯論判決，然除對造人甲不到場外，其同造之丙亦不到場，顯不成為一造，核與司法院院解字第2880號解釋(二)所示情形有間。法院自不應准乙之聲請，而為一造辯論判決（臺灣高等法院臺南分院民國82年04月19日(82)廳民一字第02448號研討意見參照）。

第三節　訴訟參加

第58條（從訴訟參加之要件）
就兩造之訴訟有法律上利害關係之第三人，為輔助一造起見，於該訴訟繫屬中，得為參加。
參加，得與上訴、抗告或其他訴訟行為，合併為之。
就兩造之確定判決有法律上利害關係之第三人，於前訴訟程序中已為參加者，亦得輔助一造提起再審之訴。

解說

本條所規定的是訴訟參加的程序及要件。所謂「訴訟參加」，是為了間接維護自己的利益，而輔助已經在訴訟中的當事人，使他獲得勝訴，而不是為自己有所請求而加入為原告或被告，他只是參加人而已，但是參加人仍然是以自己的名義作訴訟行為，而且必須負擔訴訟費用，跟訴訟代理人是以他人的名義為

訴訟行為有所不同。由此可知，參加訴訟的話，必須由當事人以外的第三人，也就是原告、被告以外的第三人，才可以依據本條的規定參加訴訟。

此外，參加訴訟的目的，必須是為了輔助訴訟的一方，如果參加的目的是為了同時輔助原告和被告兩造，或者是兩造都不輔助的話，那就不屬於本條所謂的訴訟參加。

訴訟參加的要件是必須就兩造已經進行中的訴訟，有法律上的利害關係，他才可以參加。否則如果就兩造的訴訟，自己根本沒有法律上的利害關係，就不能任意參加別人進行中的訴訟。

而所謂「法律上利害關係」，是指如果他輔助的當事人敗訴的時候，則自己（參加人）在「法律上」將會遭受不利益；反之，如他輔助的當事人勝訴的話，參加人就可以免除該不利益。併應注意者，第三人是否具有法律上利害關係一事，不僅涉及判決主文上關於訴訟標的之判斷，且應包含判決理由中之判斷，蓋判決理由中之爭點判斷，恐直接或間接對第三人全利狀態產生影響。例如：債權人甲對保證人乙提起民事訴訟，請求乙清償債務，這時主債務人丙，他可以以利害關係人身分，即以法律上有利害關係為原因，依據本條的規定參加訴訟，來輔助乙進行訴訟。因為如果保證人乙敗訴的話，主債務人丙的權利會因為保證人的內部求償權利而受到影響（民§749）。

又本條所謂該訴訟繫屬中，係指得參加訴訟之時點，自該訴訟開始時起，至因確定裁判等原因而終結時止，參加人皆得隨時參與，縱然一審未參加，而該訴訟繫屬於上級審時，亦不失為訴訟繫屬中，參加人若有意參加，亦得為參加（32聲113）。

依現行實務見解，有認為參加人就兩造確定判決縱有法律上的利害關係，亦不得為其輔助的當事人提起再審之訴，對於參加人程序上權利的保障，似欠周延。故特增訂本條第3項，規定參加人於此種情形，得輔助其於前訴訟程序中所輔助的一造當事

人提起再審之訴。至於前訴訟程序中未參加於訴訟的第三人，則不許其於判決確定後參加訴訟、同時提起再審之訴，以維持確定判決的法律安定性。又受訴訟告知的人雖未爲參加或參加逾時，如其依第67條規定視爲已參加訴訟者，當然有本項救濟規定的適用，依法即無待明文。

第59條（訴訟參加之程式）

參加，應提出參加書狀，於本訴訟繫屬之法院爲之。

參加書狀，應表明下列各款事項：

一、本訴訟及當事人。

二、參加人於本訴訟之利害關係。

三、參加訴訟之陳述。

法院應將參加書狀，送達於兩造。

解說

本條所規定的是提起訴訟參加的方式。訴訟參加也是屬於訴訟行爲的一種，訴訟行爲，依據本法規定，有必須以書狀提出者，也有可以用言詞提出即可者，但本條規定參加訴訟一定要以書狀提出，而且必須表明本訴訟、當事人、參加人與本訴訟的關係以及參加訴訟的陳述。

但是參加人對於本訴訟利害關係的有無，法院沒有必要依職權來調查。因此如果想參加他人訴訟的時候，可以不必顧慮自己是否有法律上利害關係的第三人，因爲只要對方的當事人對於第三人的參加訴訟，沒有提出異議就可以了，申言之，第三人之參加縱使就兩造之訴訟並無法律上之利害關係，如果未經當事人向法院聲請駁回，法院不得依職權調查而爲駁回其參加之裁定（參本書§60之解說）。

參加人提出參加訴訟之後，法院必須依據本條第3項的規

定,將參加訴訟狀送達訴訟的兩造當事人,使雙方當事人都知道有這個第三人來參加訴訟,以便於斟酌是否聲請法院駁回第三人的參加。

第60條（當事人對第三人參加訴訟之異議權）

當事人對於第三人之參加,得聲請法院駁回。但對於參加未提出異議而已為言詞辯論者,不在此限。

關於前項聲請之裁定,得為抗告。

駁回參加之裁定未確定前,參加人得為訴訟行為。

解說

　　駁回參加之裁定須依當事人之聲請始得為之,此觀本條第1項之規定自明,故第三人之參加縱使就兩造之訴訟並無法律上之利害關係,而苟未經當事人聲請駁回,法院仍不得依職權調查而為駁回其參加之裁定（43台抗48）。

　　另第三人聲請參加訴訟,且提出書狀參加訴訟後,聲請參加之人即得成為參加人,如果原告或被告對於第三人的參加聲請法院駁回,法院才應以裁定的方式來裁定第三人的參加應否准許。如此參加人與當事人的利益都可受到法律的保障,因為作出此項准許參加與否的裁定之前,如果聲請人不能以參加人的名義而為訴訟行為,則當事人將有輕率提出異議而損害到參加人的利益之虞;反之,如果不給原來訴訟當事人有提出聲請駁回參加的權利,使他們有排斥沒有任何效果的參加的權利,也會妨礙訴訟的進行及當事人的利益。因此特設本條的規定,一方面是聲請參加的人可以在駁回參加的決定還沒有確定之前,可以參加訴訟而輔助他所想輔助的當事人;另一方面法院又可依據當事人的聲請,而准許或駁回訴訟的參加。

　　准許參加與否的裁定,關係參加人及當事人的利害關係甚

大，因此不論法院裁定准許或裁定駁回參加訴訟，當事人以及
參加人都可以提出抗告來聲明不服，因此乃設有本條第2項的規
定。

　　本條第3項雖然規定駁回參加的裁定還沒有確定之前，參加
人仍然可以為訴訟行為，但是必須注意的是，假如參加人參加訴
訟後，依據本條第3項的規定，已經有以參加人地位作出訴訟行
為，日後這個訴訟參加遭法院駁回，而且確定了以後，他之前所
為的訴訟行為全歸於無效，不因為他曾經作出這個訴訟行為，而
對原來的訴訟發生任何影響。

　　本條第1項所謂未提出異議而已為言詞辯論者，就不可以再
聲請法院駁回參加。所謂「已為言詞辯論」，不論是否為程序上
的陳述或者是實質上的陳述，全部包括在內，只要對於訴訟參加
沒有提出異議，而作出程序上或實質上的陳述的話，依據本條第
1項的規定，就喪失了聲請法院駁回參加的權利。

第61條（參加人之權限）
參加人得按參加時之訴訟程度，輔助當事人為一切訴訟行為。
但其行為與該當事人之行為牴觸者，不生效力。

解說

　　參加人既非本訴訟之當事人，是其權限是與當事人有別，已
如前述。於訴訟程序中，仍應以當事人為主，是為參加人之從屬
性。然者，參加人乃本於自己之參加權限參加訴訟，亦屬訴訟程
序進行之參與者，而不應認完全從屬於當事人，故參加人亦具有
獨立性，原則上得代當事人為一切訴訟行為。

　　本條所規定的是參加人的權限，參加人是為了輔助當事人的
一造而參加訴訟的人，參加人參加訴訟，僅在輔助當事人之一造
為訴訟行為，使得勝訴結果，藉以維持自己私法上之利益，並非

直接爲自己請求何項裁判。

因此關於輔助上所需一切必須的訴訟行爲，原則上都有權利爲之。例如：提出各種的防禦方法，對於判決提出上訴，對於裁定提出抗告，或者是聲請回復原狀等等行爲，然而此原則如有下列四種例外情形時，參加人所得爲的訴訟行爲，仍然必須受到限制：

一、參加人所輔助當事人的訴訟行爲，必須按照參加時訴訟進行的程度來爲之。如果依當時訴訟進行的程度，被輔佐的當事人已經不能爲該項訴訟行爲的時候，那麼參加人也不能因爲他是參加人而可以爲之。例如：原告已經對訴訟標的的一部分捨棄，這時輔助原告的參加人，不能再主張已經被原告捨棄的那部分的訴訟標的。再例如：參加人參加訴訟時，該件訴訟就已經繫屬在第三審最高法院，而第三審依據本法的規定，不能陳述事實也不能提出證據，只能就判決違背法律的部分提出爭執。因此如果參加人參加訴訟時，訴訟已經繫屬於最高法院，則參加人就不可以再對第二審所認定的事實提出任何爭執，也不能再提出證據，只能就第二審如何違背法令的部分提出爭執。

二、參加人所爲的訴訟行爲，不能和他所輔助的當事人行爲互相牴觸，否則依據本條但書規定，參加人所爲的訴訟行爲不生效力；換句話說，就是以當事人所作的行爲爲準。例如：甲告乙請求返還借款，乙在第一審的時候，就甲主張的借款加以自認，也就是承認有向甲借款，但乙提出抗辯說，已經清償。在第二審的時候，丙依據本法的規定參加訴訟，來輔助乙爲訴訟行爲，這時如果丙在第二審法院根本否認乙有向甲借錢，就不生效力，因爲乙自己在第一審法院就已經承認有向甲借錢，只不過乙當時抗辯說，雖然有借錢，但是已經清償，這是乙有向甲借錢這個事實，經過乙自認，丙在第二審法院參加訴訟時，他又對有無借款的事實提出爭執的話，他的行爲就和乙的行爲互相牴觸。因此丙

參加人的行為，雖然否認借款是對乙有利的，但是因為和乙在第一審所為的自認相牴觸，是不生效力的。

三、參加人不能為不利於他所輔助的當事人的訴訟行為，例如捨棄、認諾、和解，這都是對當事人的權利相當不利的行為，參加人也不能為之。

四、參加人不能代替他所輔助的當事人接受對造當事人所作的訴訟行為；換句話說，參加人只可以為他所輔助的當事人，積極的幫他作輔助行為，而不能為他所輔助的當事人來被動的接受對方當事人的訴訟行為。因此，如果對方當事人應該對參加人所輔助的當事人所作的訴訟行為，但是卻只對參加人為之的話，並不生效力。

第62條（共同訴訟參加）
訴訟標的，對於參加人及其所輔助之當事人必須合一確定者，準用第56條之規定。

解說

依據前條的規定，原則上參加人所作的訴訟行為如果和他所輔助的當事人行為互相牴觸，參加人所為的行為不生效力。但這僅是原則，本條所規定的是屬於例外的情形。

如果訴訟標的對於參加人和他所輔助的當事人必須合一確定的時候，在此情形下，參加人所為的訴訟行為，如果和其所輔助的當事人行為互相牴觸，仍可發生效力。換句話說，在本條的前提之下，參加人所為的訴訟行為，如果準用第56條的結果，會造成參加人的行為有利於其所輔助的當事人，就發生效力；如果不利於其所輔助的當事人，就不生效力，而不依前條一定不能和所輔助的當事人相牴觸的原則。

本條所謂「訴訟標的」，對於參加人及其所輔助的當事人必須合一確定者，就是指依法律的規定，該參加人即使沒有參加訴訟，就該案判決的效力，仍然及於該未參加訴訟的當事人。例如：某股份有限公司的股東甲，提起撤銷股東會決議訴訟（公司§189），這時甲所提起的撤銷股東會決議的訴訟，如果判決下來，即使其他股東沒有參加訴訟，該判決仍然對其他股東發生效力。因此其他股東出面參加訴訟，就是屬於本條訴訟標的對於參加人以及他所輔助的當事人必須合一確定的情形。

實例

股東陳寧提起撤銷股東會決議的訴訟，在訴訟進行中，陳寧對於對造的主張加以自認，後來股東王東依法參加訴訟。請問王東可不可以就陳寧先前已自認之事實再加以爭執？

可以。這個訴訟如果依據前條的原則，王東的行為不能和陳寧相牴觸，因此王東就不能就陳寧所自認的事項再提出爭執。但是本題的情形是因為陳寧和王東都是同一公司的股東，即使王東沒有參加訴訟，判決的效力仍然會及於王東，即判決對參加人及其所輔助的當事人必須合一確定的情形。所以在本題的情形下，雖然陳寧已經對他造的主張加以自認，但是王東仍然可以加以爭執，因為王東提出爭執是有利於原告的行為，依據本條準用第56條的規定，共同訴訟人其中一人所為的行為有利於共同訴訟人者，效力及於全體，不利益者，對全體不生效力。因此，王東仍然可以就陳寧以前曾經自認的事實，加以爭執。

第63條（輔助參加之判決效力）

參加人對於其所輔助之當事人，不得主張本訴訟之裁判不當。但參加人因參加時訴訟之程度或因該當事人之行為，不能用攻擊或防禦方法，或當事人因故意或重大過失不用參加人所不知

之攻擊或防禦方法者，不在此限。

參加人所輔助之當事人對於參加人，準用前項之規定。

解說

　　法院判決的效力，原則上僅及於訴訟當事人，也就是原告、被告為原則。但是參加人既然已經在訴訟中，為其所輔助的當事人為一切的訴訟行為，因此參加人雖然不是當事人，但是本訴訟的裁判，對於參加人與其所輔助的當事人應該發生效力，才符合參加訴訟的本旨，否則只有參加訴訟之名，而沒有實質上參加訴訟的效力的話，那就不是參加訴訟的本旨。所以本條特別規定，參加人對於他所輔助的當事人，不能在日後的其他訴訟中，再來主張本件訴訟的裁判有所不當，這種效力就叫作「參加的效力」，是法院於訴訟繫屬中指定期日，應通知參加人，俾參加人得按參加時之訴訟程序，輔助當事人為一切訴訟行為。

　　但這僅是原則，還有下列三點例外，在此三種例外情形下，參加人仍然可以在其他訴訟中，主張本訴訟的裁判不當：

　　一、參加人因為參加訴訟的程度，而不能用攻擊或防禦方法，例如：參加人在參加訴訟的時候，案件已經到了第三審，按當時的訴訟程度，依據第61條的規定，他已經不能對事實方面提出爭執、主張或證據。因此如果此時仍然使參加人受到此不利益的結果，自然對參加人有所不公平，所以例外的准許參加人在這種情形下，可以在日後向他所輔助的當事人主張本件的裁判不當。

　　二、因為參加人所輔助的當事人自己的行為，致使參加人不能提出攻擊、防禦方法時，也例外的准許參加人可以在日後主張本件的裁判不當。因為依據本法第61條的規定，參加人的訴訟行為不能與他所輔助的當事人行為互相牴觸，如果互相牴觸時，不

生效力。因此，如果是由於被輔助的當事人自己的行爲，造成參加人不能提出攻擊或防禦方法，這時沒有理由要參加人接受這個不利益的結果，因此也例外的准許參加人可以在日後主張本訴訟的裁判不當。

三、因爲他所輔助的當事人的故意或重大過失，而沒有提出參加人所不知道的防禦方法，這時參加人仍然可以在日後主張本件訴訟的裁判不當，例如：參加人參加訴訟以後，他當時雖然有輔助當事人爲訴訟行爲，但是關鍵的證物參加人不知道，而只有被輔助的當事人自己知道，但是卻因爲自己的過失而沒有提出該項證物，致使訴訟遭敗訴。在此情形下，訴訟的敗訴也是不可以歸咎於參加人，因此准許參加人在日後其他訴訟中，可以主張本件的訴訟裁判不當。

民國92年2月7日修法新增第2項將參加人所輔助的當事人，對於參加人引用本訴訟的裁判時，可否主張該裁判不當，過去舊民事訴訟法對此並無明文規定，爲免爭議，爰增設此第2項，以臻明確。

第64條（參加人之承當訴訟及其效力）
參加人經兩造同意時，得代其所輔助之當事人承當訴訟。
參加人承當訴訟者，其所輔助之當事人，脫離訴訟。但本案之判決，對於脫離之當事人，仍有效力。

解說

本條所指之「承當訴訟」，性質上屬於「訴訟擔當」之一種，就是參加人從參加人的地位經由承當訴訟程序，成爲訴訟的原告或被告，而原來被他所輔助的當事人（原告或被告）則脫離訴訟，變成不是當事人，這就叫作承當訴訟，簡單來說，就是參加人接替原來之當事人自爲當事人。承當訴訟後，被輔助之原當

事人曾爲之訴訟行爲，對於承當訴訟之參加人繼續有效。關於本條所稱之「承當訴訟」係指實體法上「非權利主體」，但卻因承當訴訟而取得訴訟當事人地位，而具有訴訟實施權。至於民事訴訟法254條亦有「承當訴訟」之用語，但在254條之承當訴訟則是指繼受實體法上權利之主體，讓由眞正權利主體者，回歸正軌成爲訴訟之當事人。就此而言，我國民事訴訟法關於「承當訴訟」並非必然是絕對的「訴訟擔當」，也就是同一用語並未賦予單一之意涵，只能說「承當訴訟」是一種訴訟法上訴訟進行中之「當事人的轉換、脫離」的方式。

依據本條的規定，參加人必須經過訴訟兩造的同意，也就是原告和被告同時要同意，他才可以代替他所輔助的當事人的地位，而承當訴訟。

但是如果參加人是依據本法第254條的受移轉人時，他的承當訴訟可以不用經過讓與之當事人的同意；換句話說，如果有本法第254條情形的時候，依該條情形辦理，不須依本條的規定經兩造的同意。至於第254條所謂的「承擔訴訟」，請讀者參照該條的解說。

如果參加人依據本條的規定而承擔訴訟，他所輔助的當事人當然就脫離訴訟，不須等待法院的裁判。被輔助的該當事人雖然已經脫離訴訟，但是日後的本案判決，對於脫離訴訟的當事人仍然發生效力（民訴§64）。而所謂對脫離的當事人仍然發生效力，包括既判力及執行力。

第65條（訴訟告知）
當事人得於訴訟繫屬中，將訴訟告知於因自己敗訴而有法律上利害關係之第三人。
受訴訟之告知者，得遞行告知。

解說

所謂「訴訟告知」，也就是訴訟的一方在訴訟繫屬中，把這件訴訟告知有權利參加訴訟的人（也就是有法律上利害關係的第三人）來督促他參加訴訟，就叫作告知訴訟。而所謂有法律上利害之關係之第三人，係指本訴訟之裁判效力及於第三人，該第三人私法上之地位，因當事人之一造敗訴，而將致受不利益，或本訴訟裁判之效力雖不及於第三人，而第三人私法上之地位因當事人之一造敗訴，於法律上或事實上依該裁判之內容或執行結果，將致受不利益者而言（51台上3038），詳細解說請參第58條之內容。

由此可知，告知訴訟的行為，只是屬於訴訟繫屬的事實報告，並不是訴訟參加的要求。而受告知的人，可以自行判斷是否依法參加訴訟，目的只是在使有法律上利害關係的第三人有機會知道訴訟的繫屬，而能考慮是否參加訴訟來保護自己的利益。

告知訴訟乃是告知人的權利而不是他的義務，因此如果告知人不為告知的話，也不須負任何法律上的責任。

第66條（訴訟告知之方式）
告知訴訟，應以書狀表明理由及訴訟程度提出於法院，由法院送達於第三人。
前項書狀，並應送達於他造。

解說

訴訟告知的程序，必須以書狀表明理由以及訴訟的程度提出於法院。所謂「表明理由」，是指必須記載清楚第三人因為自己的敗訴，會遭受到何種法律上的利害關係的原因，加以敘述清楚，這就是本條所指的表明理由。

至於訴訟程度，也就是現在訴訟進行到何種程度，例如：現

在訴訟繫屬在第一審或第二審法院；是在準備程序中，或者是準備程序已經終結，這就是訴訟進行的程度。

本條第2項雖規定訴訟告知的書狀應送達給他造當事人，但是送達給他造並不是訴訟告知的要件，所以如果沒有送達他造，訴訟告知仍然發生效力，而本條第2項的規定，只是要使他造知道有訴訟告知而已。

實例

原告沈苓向被告丁雲提起民事訴訟，要求丁雲履行保證的債務。趙玉是主債務人，丁雲是保證人，但是原告並沒有告趙玉，而告保證人丁雲，要求履行保證人的義務，此時被告丁雲考慮到如果敗訴，他將可以依據民法第749條的規定，向主債務人趙玉要求清償債務。請問丁雲可不可以依據民事訴訟法第65條、第66條的規定，提出訴訟告知？

可以。因為丁雲是被告，所以是訴訟當事人，而且訴訟還在繫屬中，而且他的訴訟如果敗訴，依法保證人還可以向主債務人請求代位清償。因此主債務人趙玉是屬於有法律上利害關係的第三人，故本題被告保證人丁雲，他可以依訴訟告知的程序，來告知主債務人趙玉促其參加訴訟，並應依民事訴訟法第66條第2項之規定，將告知訴訟之書狀，送達於原告沈苓，或使其知悉有訴訟告知乙事。

第67條（訴訟告知之效力）
受告知人不為參加或參加逾時者，視為於得行參加時已參加於訴訟，準用第63條之規定。

解說

如果受告知的人，受到告知以後不參加，或者是參加逾時，依本法規定視為他在得參加時已經參加訴訟，而使受告知人在日

後不能再主張本訴訟的裁判有何不當。

必須注意的是，受告知人不爲參加發生本條所規定的效力，他的前提要件是必須訴訟告知都合乎本法第65條第1項及第66條第1項的規定，受告知人才受到本條的拘束；如果告知的要件不具備，則受告知人仍然不必受到本條的拘束，而可以在日後主張本訴訟的裁判不當，以保障受告知人之程序利益。

第67條之1（法院主動告知訴訟）
訴訟之結果，於第三人有法律上利害關係者，法院得於第一審或第二審言詞辯論終結前相當時期，將訴訟事件及進行程度以書面通知該第三人。
前項受通知人得於通知送達後五日內，爲第242條第1項之請求。
第1項受通知人得依第58條規定參加訴訟者，準用前條之規定。

解說

本條第1項規定爲使有法律上利害關係的第三人能知悉訴訟而有及時參與訴訟的機會，同時也爲避免第三人嗣後再提起第三人撤銷之訴，以維持確定裁判的安定性，並貫徹「一次訴訟解決紛爭原則」，所以應賦予法院適時主動將訴訟事件及進行程度通知有法律上利害關係之第三人的職權。而第三人受通知後得視其情形自行斟酌是否參與訴訟及參與的方式（例如：依第54條規定起訴，或依第58條規定參加訴訟，或依第255條、第436條之1第2項、第446條第1項之規定爲當事人之追加，或依其他法定程序行使或防衛其權利）。又因訴訟的結果涉及多數利害關係人者，法院亦得斟酌情形分別予以通知，如受通知人知有其他法律上利害關係人，亦得向法院陳明，由法院斟酌是否一併通知，均屬當然之理。

　　第2項則規定依第242條第1項規定，第三人如欲為同條第1項請求者，須先經當事人同意或釋明有法律上的利害關係，並經法院裁定許可後，始得為之。因此為便利受通知人能夠充分了解有關訴訟資料，俾能迅速決定如何參與訴訟以保護其權利，特於本項規定前項受通知人得於通知送達後5日內為第242條第1項之請求，不受該條第2項規定的限制。

　　有關第1項受通知人如得依第58條規定參加訴訟，而不為參加或參加逾時，仍應使其發生一定效力，始能貫徹第1項通知之目的。爰於第3項規定此種情形準用前條規定，視為於得行參加時已參加於訴訟，遞行準用第63條之規定。又受通知人如依法應發生其他法律效果，例如依第401條之規定為判決效力所及者，當然仍發生該法律上的效果。

第四節　訴訟代理人及輔佐人

第68條（訴訟代理人之資格）
訴訟代理人應委任律師為之。但經審判長許可者，亦得委任非律師為訴訟代理人。
前項之許可，審判長得隨時以裁定撤銷之，並應送達於為訴訟委任之人。
非律師為訴訟代理人之許可準則，由司法院定之。

解說

　　所謂「訴訟代理人」，就是依當事人的授權，以當事人的名義，而不是以自己的名義為訴訟行為以及受訴訟行為的第三人，就叫作訴訟代理人。另訴訟代理人應以自然人為限，非自然人不得為訴訟代理人。

　　本條所謂「律師」，是依據律師法的規定，取得律師資格，並在法院登錄有案並加入律師公會得以合法執業之律師而言，若僅具有律師考試及格而未完成登錄或加入律師公會之律師欲代理訴訟，則需以非律師之身份經審判長許可始得為訴訟代理人。

　　須特別留意的是，民事訴訟法施行法第9條規定：「上訴人有律師為訴訟代理人，或依書狀上之記載可認其明知上訴要件有欠缺者，法院得不行民事訴訟法第四百四十二條第二項及第四百四十四條第一項但書之程序。」實務上，若係委任律師為訴訟代理人，而上訴時未繳納裁判費，法院得不命期間補正，直接裁定駁回。

　　依本條的規定，雖現行民事訴訟之一、二審仍未改採律師強制代理（第三審依本法第466條之1第1項規定屬強制律師代理制），當事人仍得本人自為訴訟行為，但如果當事人欲授權委任訴訟代理人代為訴訟行為時，則依本法必須委任律師始可，此在學理上稱為律師獨占主義。蓋民事訴訟較具技術性，無法律素養之人代理訴訟行為實不易勝任，故本條規定僅於例外經審判長許可時，始得委任非律師為訴訟代理人，以期能加強保護當事人之權益並達成促進訴訟之目的。而審判長如果認為非律師為訴訟代理人之行為有所不當時，仍得隨時於個案程序進行中以裁定撤銷許可。又為便利當事人另行委任適當之訴訟代理人或自為訴訟，此項撤銷裁定並應送達於為訴訟委任之人，且此裁定依本法第483條之規定不能以抗告救濟。又審判長指揮訴訟，此項許可由審判長為之即可。

　　司法院已依本條第3項訂定「民事事件委任非律師為訴訟代理人許可準則」，該準則第2條規定：「下列之人，審判長得許可其為訴訟代理人：一、大學法律系、所畢業者。二、現為中央或地方機關所屬人員，經該機關委任為訴訟代理人者。三、現受僱於法人或非法人團體從事法務工作，經該法人或非法人團體委

任爲訴訟代理人者。四、經高考法制、金融法務，或其他以法律
科目爲主之高等考試及格者。五、其他依其釋明堪任該事件之訴
訟代理人者。」；第3條規定：「當事人委任其配偶、三親等內
之血親或二親等內之姻親爲訴訟代理人者，審判長得許可之。」
以資明確。

第69條（委任訴訟代理人之方式）

訴訟代理人，應於最初為訴訟行為時，提出委任書。但由當事
人以言詞委任，經法院書記官記明筆錄，或經法院、審判長依
法選任者，不在此限。

前項委任或選任，應於每審級為之。但當事人就特定訴訟於委
任書表明其委任不受審級限制，並經公證者，不在此限。

解說

　　委任訴訟代理人的方式有兩種，第一種是在訴訟代理人第一
次爲當事人爲訴訟行爲的時候，向法院提出委任狀；第二種方式
是，由當事人自己在法院以言詞來委任訴訟代理人，然後由法院
書記官記明在筆錄當中，或者法院或審判長依法律規定選任訴訟
代理人者，此時即應以法院之裁定爲其取得訴訟代理權之依據，
毋庸當事人再另行提出委任狀，爰於本條增訂但書規定之。如果
訴訟代理人沒有依據前面任何一種方式受委任而出庭代理當事人
爲訴訟行爲的時候，就是屬於訴訟代理權有所欠缺。訴訟代理權
如果有欠缺的時候，則必須依據本法第75條的規定辦理，其餘請
參照第75條的解說。

　　授與訴訟代理權（委任或選任訴訟代理人），原則上必須在
每一個審級都要重新爲授權行爲，受特別委任之訴訟代理人，雖
有爲其所代理之當事人，提起上訴之權限，但提起上訴後，其代
理權即因代理事件終了而消滅，該訴訟代理人如欲在上訴審代爲

訴訟行為，尚須另受委任，方得為之。而且如果經過上級審發回更審的時候，在更審程序中也應該另行提出委任狀，才算具有合法的訴訟代理權。例如：甲和乙發生民事訴訟，甲委任王律師為訴訟代理人，經過第一審判決甲敗訴之後，甲又上訴臺灣高等法院，在這個時候，王律師雖然在第一審受到甲的委任為訴訟代理人，但是訴訟事件既然已經上訴到第二審高等法院，則王律師的訴訟代理權在第一審訴訟終了後，就喪失了訴訟代理權，在高等法院仍然必須另外由甲再行委任提出第二審之委任狀，王律師才可以於高等法院之訴訟程序中取得訴訟代理權。

本法為便利當事人善用訴訟代理制度，如當事人就特定訴訟於委任書表明其委任不受審級限制，並經公證者，應無不許的道理，因此在修法時於本條第2項增設但書規定。至於受委任之訴訟代理人是否得於各該審級執行職務，自仍應依法律的規定（例如§68、§466-1等），乃屬當然之理。

又於102年修法前，本條第2項但書規定得不受審級限制者，除當事人就特定訴訟於委任書表明其委任不受審級限制並經公證外，尚有第2款依第571條之1第1項選任者亦得不受審級限制。惟家事事件法立法通過後，該法第15條規定法院於認有必要時，得為有程序能力人之利益選任程序監理人，同法第16條第3項並規定選任之程序監理人不受審級限制，法院自毋庸再為其選任訴訟代理人，且民事訴訟法因應家事事件法通過後業刪除第571條之1規定，爰配合修正本條第2項但書僅規定於當事人就特定訴訟於委任書表明其委任不受審級限制並經公證者，得不受審級之限制。

本條所謂的「委任書」只是授權的書證而已，並不屬於當事人的書狀，因此提出該委任書的當事人，沒有必要購買司法狀紙（院2478），而且也不須按照他造當事人的人數，提出繕本或影本（民訴§119）。

第70條（訴訟代理權之範圍）

訴訟代理人就其受委任之事件，有為一切訴訟行為之權。但捨棄、認諾、撤回、和解、提起反訴、上訴或再審之訴及選任代理人，非受特別委任不得為之。

關於強制執行之行為或領取所爭物，準用前項但書之規定。

如於第1項之代理權加以限制者，應於前條之委任書或筆錄內表明。

解說

　　本條所規定的是訴訟代理權的範圍，也就是訴訟代理人的權限。依據本條的規定，訴訟代理人就其受委任的事件，有為一切訴訟行為的權利。所謂一切訴訟行為，凡不屬該條項但書所定應受特別委任之事項均包含在內，代受送達亦為一切訴訟行為之一種，訴訟代理人當然有此權限，其基此所為之代受送達，即與委任之當事人自受送達生同一之效力，本條分類上第1項本文為普通委任、第1項但書為特別委任、第2項為限制委任。

　　訴訟代理人雖然有為一切訴訟行為的權利，但是下列事項關係當事人的權利非常重大，所以依據本條的規定，一定要經過特別委任的訴訟代理人，才可以為下列各項的訴訟行為。如果沒有受到特別委任的訴訟代理人，那就不能為下列各項的訴訟行為：

　　一、捨棄；二、認諾；三、撤回；四、和解。關於這四項的意義，請參見第44條的解說，於此不再贅述。

　　五、提起反訴，指本來訴訟的被告在言詞辯論終結前向在本件繫屬的法院，向本訴的原告提起反訴（民訴§259）。

　　六、撤回，就是指撤回起訴或撤回上訴而言（民訴§262、459、481），至於其他訴訟行為的撤回，例如聲明的證據加以撤回、抗告的撤回等，並不包括在內。

七、提起上訴，所謂「上訴」，就是對於判決不服而向上級審法院請求救濟的方法。此處所謂的上訴，包括附帶上訴在內（民訴§460）。

八、提起再審之訴，所謂「再審之訴」，就是對於已經判決確定的判決，由於具有本法第496條所規定的各款原因，而向法院請求救濟的方法（民訴§496）。

九、關於強制執行的行為，就是指以確定判決作為執行名義的強制執行（強執§41Ⅰ①）。

十、領取所爭物的行為，是指訴訟代理人受理對方當事人為了清償本件訴訟發生原因的債務，為目的之給付而言。

十一、選任代理人，指訴訟代理人可以自行再度委任第三人作為訴訟代理人，通常稱為「複代理人」。

以上所列之特殊行為，因為關係到當事人的權利非常重大，因此本條第1項、第2項規定，必須有特別代理權的訴訟代理人，才可以作前述的特殊訴訟行為。如果沒有受到特別委任，就沒有前面十一項特殊授權的權限。

由於訴訟代理人仍然是由訴訟當事人自己的意思所委任的，因此委任的當事人當然有權利對訴訟代理人之授權範圍加以限制，例如：原告委任甲律師為訴訟代理人，但是他想自己收受法院文件的送達，因此他就限制甲律師代為收受送達的權限。但是此種限制必須註明在委任書或者是由法院書記官記明筆錄，否則不發生限制的效力。

同樣的道理，當事人也可以委任訴訟代理人，而僅載明授權某一單項訴訟行為的權利，例如：甲委任乙律師為訴訟代理人，他在訴訟代理的委任書中，僅記載由乙律師代為閱覽卷宗，此時乙律師雖然是訴訟代理人，但是他僅只有閱卷的權利，其他的訴訟行為因為沒有受到甲的委任，仍然不能作閱卷以外的其他訴訟行為。

第70條之1（由法院所選任之訴訟代理人之權限）
法院或審判長依法律規定為當事人選任律師為訴訟代理人者，該訴訟代理人得代理當事人為一切訴訟行為。但不得為捨棄、認諾、撤回或和解。
當事人自行委任訴訟代理人或表示自為訴訟行為者，前項訴訟代理人之代理權消滅。
前項情形，應通知選任之訴訟代理人及他造當事人。

解說

　　法律之所以在特定情況下允許法院或審判長為當事人選任訴訟代理人的目的，係為維持兩造當事人程序上實質對等所設的制度。同時為落實此項制度，自應廣泛授與訴訟代理人有代為一切訴訟上行為的權限。且其權限顯然較諸當事人自行選任無特別代理權的訴訟代理人為廣泛，因此舉凡提起反訴、上訴、再審之訴或選任代理人，均得依法為之。惟捨棄、認諾、撤回或和解等行為，與法院或審判長選任訴訟代理人的原意有所悖離，爰於但書明文加以限制。本條所謂之「法院依法律為當事人選任訴訟代理人」之情形，例如：未成年之養子女為收養關係之相關訴訟時，法院依據家事事件法第15條規定得依利害關係人聲請或依職權為該未成年人選任律師為訴訟代理人，以保障該未成年養子女之訴訟上權益。

　　至於第3項則規定於法院或審判長選任訴訟代理人後，當事人事後又自行委任訴訟代理人或表示自為訴訟行為者，此時則已無由法院再幫其選任訴訟代理人之必要，故而在此情形發生時法院應通知選任的訴訟代理人及他造當事人，使其知悉，以符正當法律程序並方便訴訟的進行。

第71條（單獨代理權）
訴訟代理人有二人以上者，均得單獨代理當事人。
違反前項之規定而為委任者，對於他造不生效力。

解說

　　本法對於委任訴訟代理人的人數並沒有加以限制，因此當事人如果一次委任二個以上，甚至四個、五個以上的訴訟代理人的時候，應該如何處理，不得不有所規定。因此本條第1項規定，訴訟代理人有兩個人以上的時候，都可以單獨代理當事人；換句話說，法院以及他造當事人的訴訟行為，只要向訴訟代理人其中的一人為之即可。而且各個訴訟代理人，任何一人所為的訴訟行為以及陳述，都有完全的效力，縱使其他的訴訟代理人有不同的意見，對於效力不發生任何影響，這就叫作單獨代理權。

　　又訴訟代理人有二人以上者，均得單獨代理當事人，本條第1項定有明文。是同一當事人概括委任數訴訟代理人，各訴訟代理人均有為該當事人收受文書送達之權，向其中一人為送達，即發生合法送達之效力，倘各訴訟代理人收受文書之時間不同，依單獨代理之原則，以最先收到之時，為送達效力發生之時。

　　如果當事人委任訴訟代理人時，違反了本條第1項的規定，而載明各個訴訟代理人必須共同代理，或者是必須依多數決才能作訴訟行為，這種授權方式對於法院以及他造的當事人，不發生效力。也就是說，縱使當事人委任時，特別載明要共同代理，或者是依多數決為訴訟行為者，也不發生此種效力。只要其中一個訴訟代理人，他所為的訴訟行為仍然視作有完全的效力，不因為他在授權時記載共同代理，而影響到訴訟行為的效力。

第72條（當事人本人之撤銷及更正權）
訴訟代理人事實上之陳述，經到場之當事人本人即時撤銷或更正者，不生效力。

解說

訴訟代理人所為關於事實上的陳述，如果經過到場的當事人即時加以更正或撤銷，訴訟代理人所作的陳述就不發生效力，所以到場的當事人，有權利對訴訟代理人事實上的陳述，加以即時的撤銷或更正。但是必須注意，一定是要訴訟代理人在陳述時，當事人本人也在現場，才有撤銷或更正的權利，否則他就沒有撤銷或更正的權利。這是因為本條有規定，要經過「到場」的當事人才能加以撤銷或更正。再來就是必須即時加以撤銷或更正，如果訴訟代理人陳述之後，而到場的當事人不即時撤銷或更正者，他就不能再作撤銷或更正（49台上2362）。

第73條（訴訟代理權之效力）
訴訟代理權，不因本人死亡、破產或訴訟能力喪失而消滅；法定代理有變更者亦同。

解說

訴訟代理人的訴訟代理權的範圍已經在第70條規定得很清楚，但是如果委任的當事人，也就是本人死亡、破產或訴訟能力喪失的時候，依照民法的一般原則，本人死亡時，委任關係本來就應該歸於消滅（民§108、550）。但是本條前段特設有和民法相反的規定，而規定訴訟代理權不因為本人死亡或破產或者喪失訴訟能力而消滅。之所以特別定與民法相反的規定，不外是為了防止訴訟遲延，而且是為了保護對造當事人的利益起見。因此，

如果本人死亡、破產或訴訟能力喪失，訴訟代理人的訴訟代理權仍然繼續存在，可以繼續為訴訟行為，使訴訟繼續進行。

由於有本條的規定，因此如果已經有委任訴訟代理人的當事人死亡、破產或訴訟能力喪失的時候，就不發生本法第173條訴訟程序當然停止的問題，也就是訴訟程序仍然可以繼續進行，而不必適用本法第173條的規定。

本條後段所謂法定代理有變更者亦同，是指原來的當事人因為沒有訴訟能力，而必須由法定代理人代為訴訟行為的時候，如果這個法定代理人選定王律師為訴訟代理人，倘日後該法定代理人因為法定的原因而喪失法定代理權的時候，則他所選任的律師仍然有訴訟代理權，可以繼續進行訴訟程序，不因為法定代理人的變更，而使他的訴訟代理權發生影響。

實例

甲向乙提起民事訴訟，乙係未成年人，因此由他的監護人丙作為他的法定代理人，亦即被告是乙，而被告的法定代理人是丙。如果在訴訟進行中，丙選任丁律師為訴訟代理人，在言詞辯論終結之前，丙法定代理人突然發生精神上的異常，而改由戊作為乙的法定代理人，試問丁律師的訴訟代理權，是否受影響？

丁律師的訴訟代理權，並不因丙的法定代理權由戊取代而受到影響，蓋民事訴訟法第73條：「訴訟代理權，不因本人死亡、破產或訴訟能力喪失而消滅；法定代理有變更者亦同。」定有明文，讓丁律師，不僅可防止訴訟遲延，亦可保障當事人的程序利益，避免之前訴訟行為歸於徒勞。

第74條（訴訟委任之解除及其效果）
訴訟委任之終止，非通知他造，不生效力。

前項通知，應以書狀或言詞提出於法院，由法院送達或告知於他造。

由訴訟代理人終止委任者，自為終止之意思表示之日起十五日內，仍應為防衛本人權利所必要之行為。

解說

委任契約依據民法第549條的規定，本來當事人的任何一方可以隨時終止委任契約，然因訴訟法上本人撤回訴訟代理權或訴訟代理人辭退其職務，均無溯及效力，不生回復原狀的法律問題。但是本法為了保護對造當事人，又特別規定訴訟代理人委任的終止（原條文用「訴訟委任之解除」一詞，易滋誤會，爰將第1項及第3項之「解除」均修正為「終止」，俾資明確）一定要通知他造才發生效力。因此，如果沒有通知訴訟的對造當事人的話，這個終止委任就不發生終止的效力，以保障他造當事人之程序利益。

終止訴訟委任的通知，旨在使他造知悉終止的情事，所以應無限制必須以書狀提出的必要，爰修正原條文第2項的規定，增設亦得以言詞提出於法院，並由法院告知於他造。

如果解除委任是由訴訟代理人自己主動解除的時候，本法為了防止訴訟的延遲以及保護本人的利益，而特別規定：訴訟代理人從解除的意思表示之日起15日以內，仍然必須為防衛本人權利所必要的一切行為。如果解除委任是由當事人自己解除的時候，則訴訟代理人就沒有義務在解除之日起15日內，為防衛本人權利而為任何的訴訟行為。

第75條（訴訟代理權欠缺之補正）
訴訟代理權有欠缺而可以補正者，審判長應定期間命其補正。

但得許其暫為訴訟行為。

第48條之規定，於訴訟代理準用之。

解說

　　訴訟代理的委任，如果沒有依據本法第69條的任何一種方式來委任的話，不發生委任的效力，就會發生訴訟代理權的欠缺，或者是雖然按照第69條的規定委任，但是由於其他因素而使訴訟代理權發生欠缺。例如：雖然有依第69條提委任書，而委任書卻沒有經過當事人本人的簽名蓋章，在這種情形下，訴訟代理權的有無，必須由法院依職權來調查，如果法院認為訴訟代理權的欠缺可以補正，就必須依據本條的規定，定期間命其補正。例如前面所舉的例子，提出委任書卻沒有蓋章，此時沒有蓋章並不表示不能補正，只要由法院通知他蓋印章，完成補正的行為即可。

　　民國92年2月7日修訂為配合第249條第1項但書的規定，修正刪除原第1項的「法院」之用語，審判長如果發現訴訟代理權的欠缺是可以補正的時候，則在補正以前，暫時允許他為訴訟行為，以免使訴訟發生遲延的情形。因此本條第1項但書規定，如果訴訟代理權欠缺可以補正，法院得許其暫為訴訟行為，不過本條所規定的只是得許其暫時為訴訟行為，如果法院基於其他的考慮，沒有必要准許訴訟代理權欠缺的訴訟代理人為訴訟行為，也是合法的。

　　如果訴訟代理權欠缺的訴訟代理人，他所作的訴訟行為依法應該都不發生該行為應有的效力，因為他根本沒有訴訟代理權。但是本法又為了訴訟經濟起見以及為便利當事人，特別規定這種無訴訟代理權的訴訟代理人，已經作了訴訟行為之後，如果事後獲得訴訟代理權，而且經過當事人承認代理人以前所作的訴訟行為的時候，則該名沒有訴訟代理權的訴訟代理人，以前所作的訴

訟行為就可溯及而發生效力，最高法院28年上字第1131號民事判例進而認代理權有欠缺之訴訟代理人，在下級審所為之訴訟行為，經當事人本人在上級審承認者，亦溯及於行為時發生效力。

本人如承認無訴訟代理權的訴訟代理人的行為，可以準用第48條的規定，已經在前面說明。但是必須注意，這種承認一定要在判決確定以前承認才可以，如果判決已經確定，當事人也無從加以承認。

第76條（偕同輔佐人到場）
當事人或訴訟代理人經審判長之許可，得於期日偕同輔佐人到場。
前項許可，審判長得隨時撤銷之。

解說

按審判長指揮訴訟，第68條關於委任非律師為訴訟代理人的許可及撤銷，已修正為由審判長為之，所以關於輔佐人到場的許可及撤銷，自亦由審判長處理即可。爰於民國92年2月7日將第1、2項的「法院」修正為「審判長」。

所謂「輔佐人」，是為了輔佐當事人或訴訟代理人為訴訟上的陳述，所以他不是被輔佐人的發言機關，也不是被輔佐人的代理人。

本法之所以設有訴訟輔佐人，其立法目的除了輔佐當事人或訴訟代理人的任務之外，乃是因為民事訴訟的辯論常常有很多是需要高度專業知識才能順利進行。例如：在侵權行為的醫療糾紛事件，必須具有醫學知識的醫師，才能作出正確而具有專業性的陳述。所以為了因應各種不同的訴訟，當事人或訴訟代理人都有在審判期日帶輔佐人到場輔佐他陳述的必要性。要協同輔佐人到場，一定要具備下列要件：

一、必須法院裁定許可。

二、必須在審判期日內才可以帶輔佐人；換句話說，有期日才有輔佐人，如果沒有期日，就不發生輔佐人的問題。

三、必須「始終協同」當事人或訴訟代理人，才具備輔佐人的資格，因此不能單獨只由輔佐人到場，也不能先帶輔佐人到場之後，而當事人或訴訟代理人先行離去，而僅留下輔佐人一個人單獨陳述。所以輔佐人自己不能單獨存在，輔佐人自己在作任何訴訟上陳述時，旁邊一定要有當事人或訴訟代理人在場才可以。

四、輔佐人作事實上陳述，如果審判長認為不適當時，審判長可以依據本條第2項的規定，隨時撤銷輔佐人的許可，而使輔佐人喪失他的輔佐人地位。

第77條（輔佐人陳述之效力）
輔佐人所為之陳述，當事人或訴訟代理人不即時撤銷或更正者，視為其所自為。

解說

凡是當事人或訴訟代理人在期日內所得為的事實上或法律上的陳述，輔佐人都可以作相同的陳述。但是被輔佐人或訴訟代理人對輔佐人的陳述，有權利可以即時加以撤銷或更正。如果被輔佐人或訴訟代理人不即時加以撤銷或更正的話，依據本條的規定，視同是被輔佐人他自己所為的陳述。

|第三章|
訴訟標的價額之核定
及訴訟費用

第一節　訴訟標的價額之核定

第77條之1（訴訟標的之價額之核定）
訴訟標的之價額，由法院核定。
核定訴訟標的之價額，以起訴時之交易價額為準；無交易價額者，以原告就訴訟標的所有之利益為準。
法院因核定訴訟標的之價額，得依職權調查證據。
第1項之核定，得為抗告。

解說

　　本條原係民事訴訟費用法第4條，於民國92年2月7日修法移列為本條第1、2項，同時按提起民事訴訟應依民事訴訟費用法第2條規定繳納裁判費，係為起訴必備的法律上程式。

　　至於有關各類訴訟之訴訟標的交易價額或原告就訴訟標的所有利益之具體計算方法，至為瑣細，且因時、地及訴訟標的的種類的不同而有差異，因此過去實務上在核定時，常因缺乏具體標準而發生困難，各級法院所依據標準亦不相同，為便利實務上之運

作，宜授權司法院另定適用準則，作為法源的依據。至於無交易價額之物（例如：印章、權狀、屍體等），其訴訟標的價額的計算標準，基本上很難加以劃一制定，因此應交由法官依原告就該訴訟標的所得的利益核定較為適宜。

　　一般訴訟標的價額，關係訴訟程序事項，法院如不能依當事人之主張而得有心證者，應得依職權調查證據，爰增列第3項，俾資適用。

　　至於訴訟標的價額核定，因為牽涉到當事人的利益甚鉅，故特別增列第4項規定當事人對於訴訟標的價額的核定，得依法為抗告，以資救濟。

第77條之2（數項訴訟標的價額之計算）
以一訴主張數項標的者，其價額合併計算之。但所主張之數項標的互相競合或應為選擇者，其訴訟標的之價額，應依其中價額最高者定之。
以一訴附帶請求其孳息、損害賠償、違約金或費用者，不併算其價額。

解說

　　本條原係民事訴訟費用法第5條及第6條的規定，於民國92年2月7日修法，因均係關於訴的客觀合併時（例如：原告訴請被告為金錢以外的一定給付，同時主張被告如不能為該項給付時，應給付金錢者，其主位請求與代價之補充請求，有不同訴訟標的與訴之聲明即屬此類情形），訴訟標的價額核定的相關規定，宜合併規定，故在作文字修正後，合併移列於本條中加以明文規定。

　　又最高法院96年度第4次民事庭會議決議認為同時以一訴附帶主張利息或其他孳息、損害賠償、違約金或費用者，依本條第2項的規定，則不併算其價額，請讀者一併注意其適用的法律依

據。

> **第77條之3**（原告應負擔對待給付之計算）
> 原告應負擔之對待給付，不得從訴訟標的之價額中扣除。
> 原告並求確定對待給付之額數者，其訴訟標的之價額，應依給付中價額最高者定之。

解說

　　本條原係民事訴訟費用法第7條移列，於民國92年2月7日修法。假設原告請求被告給付，被告為對待給付之抗辯，性質上為阻止原告請求之防禦方法，與計算原告起訴所得利益無涉，故本條第1項敘明，不得扣除。又若原告並求確定對待給付之數額，即將被告之防禦方法提升為訴訟標的，本應計算其價額，但此請求與原告本案之請求，具有對待給付之牽連關係，比照前條第1項同一原則，於本條第2項定明，依價額最高者定之。

> **第77條之4**（地上權、永佃權涉訟其價額之計算）
> 因地上權、永佃權涉訟，其價額以一年租金十五倍為準；無租金時，以一年所獲可視同租金利益之十五倍為準；如一年租金或利益之十五倍超過其地價者，以地價為準。

解說

　　本條原係民事訴訟費用法第8條移列。原條文係民國30年所公布，列於該法第4條，57年修正時改列為第8條，然卻將「地上權」誤植為「土地權」，爰於民國92年2月7日修法時一併修正，以規範因地上權、永佃權涉訟時的計費標準。

　　由於民法物權篇永佃權一章已於99年修法時廢止，另增訂農

155

育權一章，是本條內容應於下次修法時加以修正，而於修法前，農育權涉訟應有本條之適用。

第77條之5（地役權涉訟其價額之計算）
因地役權涉訟，如係地役權人為原告，以需役地所增價額為準；如係供役地人為原告，以供役地所減價額為準。

解說

本條原係民事訴訟費用法第9條移列於此規定，此一規定，於不動產相鄰關係主張通行權之情形，應類推適用，最高法院78年台抗字第355號民事判例要旨：「鄰地通行權之行使，在土地所有人方面，為其所有權之擴張，在鄰地所有人方面，其所有權則因而受限制，參照民事訴訟費用法第九條（即本條）規定之法意，鄰地通行權訴訟標的之價額，如主張通行權之人為原告，應以其土地因通行鄰地所增價額為準；如否認通行權之人為原告，則以其土地因被通行所減價額為準。」參照。

第77條之6（擔保債權涉訟其價額之計算）
因債權之擔保涉訟，以所擔保之債權額為準；如供擔保之物其價額少於債權額時，以該物之價額為準。

解說

本條原係民事訴訟費用法第10條移列，於民國92年2月7日修法，應注意的是，債權若係以最高限額抵押權擔保，因該抵押權所擔保之債權額隨時變動，故此之債權額，應以該抵押權所擔保之最高債權額為準，而非該抵押權在擔保存續期間內所發生之債權金額（83台抗317裁判）。

第77條之7（典權涉訟其價額之計算）
因典產回贖權涉訟，以產價為準；如僅係典價之爭執，以原告主張之利益為準。

解說

　　本條原係民事訴訟費用法第11條移列，於民國92年2月7日修法。

　　最高法院29上字第490號判例明載：「確認典權存在之訴，係以典權為訴訟標的，此項訴訟標的之價額，應依典價定之，非以典物之時價為準。」29上字第1258號亦採相同見解。

第77條之8（水利涉訟其價額之計算）
因水利涉訟，以一年水利可望增加收益之額為準。

解說

　　本條原係民事訴訟費用法第12條移列，於民國92年2月7日修法。

第77條之9（租賃權涉訟其價額之計算）
因租賃權涉訟，其租賃定有期間者，以權利存續期間之租金總額為準；其租金總額超過租賃物之價額者，以租賃物之價額為準；未定期間者，動產以二個月租金之總額為準，不動產以二期租金之總額為準。

解說

　　本條原係民事訴訟費用法第13條移列，於民國92年2月7日修正，所謂因租賃涉訟，係指以租賃權為訴訟標的之訴訟而言，然因原條文關於不定期租賃（亦即未定租期）訴訟標的價額，一律

定為2年租金的總額，不免失衡，爰修正為動產以2個月租金總額為準，不動產則以兩期租金總額為準。

又參照臺灣高等法院95年度抗字第90號裁定：「其訴訟標的價額除租金總額超過租賃物之價額者，以租賃物之價額為準外，應以權利存續期間之租金總額為準。」

應特別留意的是，若原告以租賃關係已經終止為原因，請求返還租賃物之訴，係以租賃物返還請求權為訴訟標的，非以租賃權為訴訟標的，其訴訟標的之價額，應以租賃物之價額為準（32抗765）。

第77條之10（定期給付涉訟其價額之計算）
因定期給付或定期收益涉訟，以權利存續期間之收入總數為準；期間未確定時，應推定其存續期間。但其期間超過十年者，以十年計算。

解說

本條原係民事訴訟費用法第14條移列，於民國92年2月7日修正。所謂因定期給付或定期收益，指基於一定法律關係，得定期請求之謂，若應給付之總額已定，僅為分其履行者（如民§318），即不包含在內。例如請求定期給付扶養費、贍養費、薪資、確認勞動契約存在、請求調整租金（民§442），才係本條之情形。

而一般出租人請求增加租金之訴，即本條所謂因定期收益涉訟，其請求增加的租金即同條所稱的收入。同時因定期給付或定期收益訴訟標的價額的核定，原規定並無所謂的上限，致權利存續期間較長者蒙生不利益，爰增設但書規定，若其期間超過10年者，以10年為計算單位。

第77條之11（分割共有物涉訟其價額之計算）
分割共有物涉訟，以原告因分割所受利益之價額為準。

解說

　　分割共有物之訴，係共有人請求法院以判決消滅共有關係。於判決前，原告共有權仍存在於共有物的全部，其訴訟標的之價額，自應以共有物的價額為準。至於其裁判費應否因其訴訟具有非訟性質而減徵，係屬裁判費徵收問題，不應據以影響訴訟標的價額的核定。目前實務上依據32年院字第2500號解釋，認分割共有物的訴訟標的價額，以原告因分割所受利益的客觀價額為準，致使同一分割共有物之訴，因起訴原告之不同而異其訴訟標的價額，自非所宜，爰增訂本條，將分割共有物應以原告分割所受利益為核定訴訟標的之價額，以求公平，最高民事法院裁定94年度台抗字第146號亦採相同見解。

第77條之12（訴訟標的價額不能核定者）
訴訟標的之價額不能核定者，以第466條所定不得上訴第三審之最高利益額數加十分之一定之。

解說

　　本條係原民事訴訟費用法第15條移列，於民國92年2月7日修正。原條文所定之數額500元，係民國30年所公布，與當時民事訴訟法（民國24年公布）所定限制上訴第三審之上訴利益額相同，嗣限制上訴第三審之上訴利益額多次提高，原條文均未配合修正，致與社會經濟之實際狀況不符。又訴訟標的價額不能核定之事件，其訴訟未必簡單輕微，為求訴訟之妥適進行，宜以通常訴訟程序進行。原條文規定將不能核定之訴訟標的價額視為500

元，使此類事件一律適用簡易程序，且不得上訴第三審，於當事
人權益之保障，未免欠周，爰配合第466條之規定予以修正；故
依規定不能上訴第三審之門檻加計十分之一檢計其價額，以目前
上訴第三審最低額150萬加計一成，即為165萬元正。

第二節　訴訟費用之計算及徵收

第77條之13（財產權起訴訴訟標的金額之計算）
因財產權而起訴，其訴訟標的之金額或價額在新臺幣十萬元以
下部分，徵收一千元；逾十萬元至一百萬元部分，每萬元徵收
一百元；逾一百萬元至一千萬元部分，每萬元徵收九十元；逾
一千萬元至一億元部分，每萬元徵收八十元；逾一億元至十億
元部分，每萬元徵收七十元；逾十億元部分，每萬元徵收六十
元；其畸零之數不滿萬元者，以萬元計算。

解說

　　本條原係民事訴訟費用法第2條第1項移列，於民國92年2月
7日修正。原條文規定因財產權而起訴，其訴訟標的金額或價額
在100元以上者，不問其金（價）額高低，一律按百分之一之比
例徵收裁判費，將使訴訟標的金（價）額較龐大之當事人負擔過
高之裁判費，非惟有失公平，甚而致當事人因不堪負荷鉅額裁判
費而放棄使用訴訟制度，於當事人財產權、訴訟權的保障自嫌欠
周。為貫徹憲法保障人民平等權、財產權及訴訟權的精神所繫，
遂改採分級累退計費的方式，將訴訟標的金（價）額超過新臺幣
10萬元部分，分五級遞減其裁判費徵收比例。又為配合郵電費及
法院職員於法院外為訴訟行為的相關食、宿、舟、車費項目的取
消，刪除原條文有關起徵點的規定，明定訴訟標的金（價）額在

新臺幣10萬元以下部分，一律徵收新臺幣1,000元。

同時我國現早已不以銀兩、銅幣為貨幣計算單位，黃金、外幣亦已允許自由買賣，如訴訟標的物為銀兩、銅幣、黃金或外幣者，當然應依第77條之1的規定，以起訴時的實際交易價額為準，核定其計算的實際價額。

實例

民事訴訟法第77條之13規定，因財產權起訴計徵裁判費之費率，係採分級累退計費之方式，分五級遞減應徵裁判費之金額，較諸舊法以固定費率計徵之金額為低。如當事人於舊法時期起訴未預納裁判費，於新法施行後，受訴法院之審判長命其補繳裁判費，究應以舊法所定費率為準？抑或以新法所定費率為準？

原告之訴是否合法，應以起訴時準；當事人於舊法時期起訴，並未預納裁判費，受訴法院之審判長於新法施行後，定期間命其補繳之金額，不應因新法所定費率較低而受影響。否則，對於在舊法時期依舊法所定費率預納裁判費之當事人，極不公平。嗣後當事人對於第一審判決提起上訴，亦應依舊法所定費率，加徵十分之五（最高法院92年第17次民事庭會議參照）。

第77條之14（非財產權訴訟其訴訟費之徵收）
非因財產權而起訴者，徵收裁判費新臺幣三千元。
於非財產權上之訴，並為財產權上之請求者，其裁判費分別徵收之。

解說

本條原係民事訴訟費用法第16條移列，於民國92年2月7日修正。

非因財產權之訴，常涉及有關人格權（例如：身體、自由、隱私、健康等）或身分上的法律關係（例如：祭祀公業的派下權即是），對於當事人而言，實較財產權訴訟更為重要，原條文規定收費過低，爰斟酌目前社會經濟狀況，調高為新臺幣3,000元。

第77條之15（反訴之裁判費）
本訴與反訴之訴訟標的相同者，反訴不另徵收裁判費。
依第395條第2項、第531條第2項所為之聲明，不徵收裁判費。
訴之變更或追加，其變更或追加後訴訟標的之價額超過原訴訟標的之價額者，就其超過部分補徵裁判費。

解說

本條原係民事訴訟費用法第17條移列，於民國92年2月7日修法為本條第1項。

本條第2項是針對第395條第2項、第531條第2項之規定，係為保護受不當假執行、假扣押、假處分被告之利益，且兼顧訴訟經濟而設，乃附屬於本案訴訟程式之一種簡便程式。反訴制度係為使被告對於原告之訴得與原告對於被告之訴，合併其程序，藉以節時省費，並防止裁判之牴觸而設；又鼓勵被告利用此種簡便程式，避免另行起訴，以減輕訟累，因此明文規定依上述規定所為的聲明不徵收裁判費。同時依法因訴之變更或追加，有多樣型態，是否應一律就變更或追加的新訴，全額徵收裁判費，適用上不無疑義。爰增訂第3項，規定變更或追加後訴訟標的之價額超過原訴訟標的之價額者，始應就其超過部分補徵裁判費。至於補徵數額的計算方式，係就變更或追加後訴訟標的價額計算裁判費後，再扣除依原訴的訴訟標的價額算定的裁判費，然後再補徵之。

第77條之16（上訴之裁判費）

向第二審或第三審法院上訴，依第77條之13及第77條之14規定，加徵裁判費十分之五；發回或發交更審再行上訴者免徵；其依第452條第2項為移送，經判決後再行上訴者，亦同。

於第二審為訴之變更、追加或依第54條規定起訴者，其裁判費之徵收，依前條第3項規定，並準用前項規定徵收之。提起反訴應徵收裁判費者，亦同。

解說

　　第1項原係民事訴訟費用法第18條移列，於民國92年2月7日修正。原民事訴訟費用法第2條、第16條已移列為第77條之13及第77條之14，爰將原條文「第2條及第16條」修正為「第77條之13及第77條之14」。又上訴審法院依第452條第2項之規定，將事件移送於管轄法院，經受移送之法院判決後再行上訴者，其情形與發回或發交更審再行上訴者相類，亦應免徵裁判費，特增訂後段規定如上，以求公平。

　　第2項則規定，在第二審為訴之變更、追加或依第54條規定起訴或提起反訴，究應僅依第77條之13至前條之規定徵收裁判費，或應併依第1項的規定加徵裁判費十分之五，恐有疑義，爰增訂藉此加以明定劃分清楚。

　　又最高法院94年台抗字第21號民事裁定認為附帶上訴與上訴同，皆係求為廢棄或變更第一審判決關於己不利部分之方法；至反訴雖以本訴存在為前提，於其訴訟程序，由被告對原告提起，但仍係被告就自己之訴請求審判，故性質上為獨立之訴。因此，於第二審提起附帶上訴或反訴，均應依本條預納裁判費，此為必須具備之程式。

第77條之17（再審裁判費之徵收）
再審之訴，按起訴法院之審級，依第77條之13、第77條之14及前條規定徵收裁判費。
對於確定之裁定聲請再審者，徵收裁判費新臺幣一千元。

解說

　　第1項原係民事訴訟費用法第19條移列，於民國92年2月7日修正，同時將原條文「第2條、第16條」修正為「第77條之13、第77條之14」，理由同前條修正說明一。

　　第2項是針對確定之裁定聲請再審的裁判費，過去民事訴訟費用法對此一部分並未明文規定，適用上滋生許多的疑義，爰增設本項規定徵收裁判費新臺幣1,000元，以利實務上的適用。又院字第3305號函釋略以：「當事人以和解有無效或得撤銷之原因請求繼續審判者不得依民事訴訟費用法第15條規定向其徵收裁判費。」以保當事人權益。

第77條之18（抗告裁判費之徵收）
抗告，徵收裁判費新臺幣一千元，再為抗告者，亦同。

解說

　　本條原係民事訴訟費用法第20條移列，於民國92年2月7日修正。原條文所定的裁判費因社會經濟狀況變遷，顯屬偏低，爰提高為新臺幣1,000元，以符合實際。最高法院66年度第4次民事庭庭推總會議決定意旨明揭：「再抗告人於高等法院裁定送達前，尚未繳納裁判費，其抗告即非合法，裁定送達後雖補為繳納，仍不能補正其欠缺，應認再抗告無理由而駁回之。」最高法院50年台抗字第242號判決意旨亦同。

第77條之19（聲請或聲明裁判費之徵收）
聲請或聲明不徵費用。但下列第1款之聲請，徵收裁判費新臺幣五百元；第2款至第7款之聲請，徵收裁判費新臺幣一千元：
一、聲請發支付命令。
二、聲請參加訴訟或駁回參加。
三、聲請回復原狀。
四、起訴前聲請證據保全。
五、聲請假扣押、假處分或撤銷假扣押、假處分裁定。
六、（刪除）
七、聲請公示催告或除權判決。

解說

　　實務上於聲請發支付命令時，因92年2月7日修法後提高之裁判費與提起小額訴訟程序應徵收之裁判費相同，致債權人多以提起小額訴訟程序之方式為之，為提高債權人聲請發支付命令之意願，98年1月份修法將聲請發支付命令之裁判費由新臺幣1,000元降低為新臺幣500元，其餘本條第2至7款之聲請仍維持1,000元正。又因家事事件法第3條第4項規定宣告死亡事件、撤銷死亡宣告事件、監護或輔助宣告事件及撤銷監護或輔助宣告事件屬丁類家事非訟事件，其聲請費用之徵收，依家事事件法第97條規定，應準用非訟事件法，無本法之適用。爰配合刪除原條文第6款，及第7款關於宣告死亡部分之規定。

　　一、聲請發支付命令（民訴§508）。
　　二、聲請參加訴訟（民訴§58）或駁回參加的裁判費。
　　三、聲請回復原狀。
　　四、起訴前聲請證據保全。
　　五、第5款原條文規定易被誤解為包括聲請假扣押、假處分

之執行，爰於「撤銷假扣押、假處分」下增加「裁定」二字，俾資明確。

六、（刪除）

七、聲請公示催告（民訴§539）或除權判決（民訴§545）。

實例

又民事訴訟法第77條之19之民事聲請事件，聲請人撤回聲請時能否準用同法第83條第1項之規定，退還該審級所繳聲請費三分之二？

按臺灣高等法院92年庭長法律問題研討會研討結果認為，聲請人撤回聲請時，應得依民事訴訟法第83條規定，聲請退還該審級所繳裁判費用三分之二。

第77條之20（聲請費之徵收）

因財產權事件聲請調解，其標的之金額或價額未滿新臺幣十萬元者，免徵聲請費；十萬元以上，未滿一百萬元者，徵收一千元；一百萬元以上，未滿五百萬元者，徵收二千元；五百萬元以上，未滿一千萬元者，徵收三千元；一千萬元以上者，徵收五千元。非因財產權而聲請調解者，免徵聲請費。

調解不成立後三十日內起訴者，當事人應繳之裁判費，得以其所繳調解之聲請費扣抵之。

解說

原則上依第77條之23第4項規定：「郵電送達費及法官、書記官、執達員、通譯於法院外為訴訟行為之食、宿、舟、車費，不另徵收。」然為防止當事人濫用程序，聲請法院為不必要的調解，自有統一按標的金額或價額酌收聲請費的必要。爰於本項明

定因財產權事件而聲請調解應酌收聲請費，並定其徵收標準。

第2項則規定有關非因財產權而聲請調解事件，仍維持現行的規制，明定不徵收聲請費。

第3項係爲配合擴大調解前置程序之規定，避免同一事件重複徵收費用，影響當事人行使權利，故本項規定調解不成立後起訴者，當事人應繳的裁判費，得以其所繳調解的聲請費扣抵之。惟爲期當事人間的爭執能夠早日解決，乃規定得扣抵者，以調解不成立後30日內起訴者爲限。至於調解不成立後即爲訴訟的辯論，或於調解不成立證明書送達前起訴，或送達後10日的不變期間內依法起訴，而依第419條規定視爲自聲請調解時已經起訴的情形，自均應包括在內。

> **第77條之21**（視爲起訴者裁判費之徵收）
> 依第519條第1項規定以支付命令之聲請視爲起訴或聲請調解者，仍應依第77條之13或第77條之20規定全額徵收裁判費或聲請費。
> 前項應徵收之裁判費或聲請費，當事人得以聲請支付命令時已繳之裁判費扣抵之。

解說

第1項原係民事訴訟費用法第22條移列，於民國92年2月7日修正。原民事訴訟費用法第2條亦已移列爲第77條之13，且第77條之20第1項已增設聲請調解應徵收聲請費之規定，爰將原條文「第2條」修正爲「第77條之13」，並增訂「以支付命令之聲請視爲聲請調解者，仍應依第77條之20規定全額徵收聲請費」之旨，以資配合。又關於以調解的聲請視爲起訴時，仍應依法徵收裁判費的問題，增訂之第77條之20第2項已另設明文，爰將原條文有關此部分之文字刪除，俾免重複。

　　第2項係增設，此項規定係針對以支付命令的聲請視爲起訴或聲請調解的情形，當事人得以聲請支付命令時已繳納的裁判費，扣抵起訴所應徵收的裁判費或聲請調解所應徵收的聲請費，以避免同一事件重複徵收費用，影響當事人行使權利。

> **第77條之22**（併案請求賠償人裁判費之徵收）
> 依第44條之2請求賠償之人，其裁判費超過新臺幣六十萬元部分暫冤徵收。
> 依第44條之3規定請求者，冤徵裁判費。
> 第1項或其他法律規定暫冤徵收之裁判費，第一審法院應於該事件確定後，依職權裁定向負擔訴訟費用之一造徵收之。

解說

　　本法第44條之2及第44條之3的訴訟型態，宜比照消費者保護法規定減冤徵收裁判費，爰訂定第1項規定依第44條之2請求賠償的人，其訴訟費用超過60萬元的部分暫冤徵收；第2項規定依第44條之3規定請求者，冤徵裁判費。

　　此條修正乃爲配合其他新訂之法律（例如：犯罪被害人保護法）規定原告於起訴時得暫冤繳納一部或全部之裁判費，惟於依其他法律暫冤繳裁判費之訴訟事件判決確定後，仍然應徵收原暫冤之裁判費用，故98年1月份修正本條增訂於此類事件確定後第一審法院應依職權裁定向負擔訴訟費用之一造徵收之。至於原來依民事訴訟法之規定暫冤繳之裁判費用仍依原規定於確定後向應負擔訴訟費用之一造徵收之乃屬當然。此僅適用於民事訴訟，於行政訴訟則不同須按行政訴訟法之規定徵收之。

第77條之23（其他費用之徵收）
訴訟文書之影印費、攝影費、抄錄費、翻譯費，證人、鑑定人之日費、旅費及其他進行訴訟之必要費用，其項目及標準由司法院定之。
運送費、公告法院網站費、登載公報新聞紙費及法院核定之鑑定人報酬，依實支數計算。
命當事人預納之前二項費用，應專就該事件所預納之項目支用，並得由法院代收代付之。有剩餘者，應於訴訟終結後返還繳款人。
郵電送達費及法官、書記官、執達員、通譯於法院外為訴訟行為之食、宿、舟、車費，不另徵收。

解說

　　本條第1項原係民事訴訟費用法第24條、第25條及第27條分別就抄錄費、翻譯費、到庭費、滯留費及食、宿、舟、車費所規定的計算標準，其過去有關標準早因與實際情形多已無法相互配合，且所規定的項目亦不十分周全，爰於第1項概括規定上述費用及其他進行訴訟的必要費用，其項目及標準由司法院再行規定，俾便於配合實際情形，適時調整，以利適用。訴訟文書的抄錄，亦得依影印或攝影方式為之，爰併列舉影印費、攝影費，以資周全。又原條文所定「證人等的到庭費、滯留費及食、宿、舟、車費」，即民事訴訟法第323條第1項、第338條所定的日費及旅費，爰修正為「日費及旅費」，以統一其法律上的用語。至同法第207條所定的通譯，依同條第3項準用鑑定人的規定，關於其日費、旅費及報酬，當然亦在準用範圍，無待明文。

　　第2項原係民事訴訟費用法第26條移列，於民國107年6月13日修正，立法院為因應科技之進步，改以法院網站之電子公告取

代刊登新聞紙[1]。故除運送費、登載公報新聞紙費及法院核定之鑑定人報酬外，於實支計算之項款中增列公告法院網站費。

為保障當事人訴訟程序上之權益，避免當事人預納的進行訴訟的必要費用，因預算制度統收統支的原則而移作他用，爰增訂第3項，明定當事人預納的前二項費用，應專就該事件所預納的項目直接加以支用。

第4項則明定法官、書記官、通譯、執達員等法院職員出外調查證據、送達文書或為其他訴訟行為的食、宿、舟、車費，如由當事人另行支付，經常會引起當事人對法院公正性的直接懷疑，實務上對此早已不另收費，因此為提升司法威信，上開費用宜合併包含於裁判費用中，不另外徵收。至於修正後法院應按民事事件的需要，編列相關預算，由國庫負擔，並核實報支上述一干費用。

第77條之24（到場費用之計算）
當事人、法定代理人或其他依法令代當事人為訴訟行為之人，經法院命其於期日到場或依當事人訊問程序陳述者，其到場之費用為訴訟費用之一部。
前項費用額之計算，準用證人日費、旅費之規定。

解說

當事人、法定代理人或其他依法令代當事人為訴訟行為的人（例如：代表人、管理人、特別代理人等），經法院命其本人於期日到場，或法院依第367條之1第1項規定以當事人身分對其為訊問者，其到場的費用係為「伸張或防衛權利」的必要費用，為

---

[1] 立法院公報，107卷，第4期，頁159。

防止濫訴及避免另案請求損害賠償上的麻煩，上開費用本即應列為訴訟費用，爰因應實務上的需求而規定第1項。至如法院因當事人等所委任之訴訟代理人陳述矛盾含混，或對於他造的陳述不能答辯，而命當事人等本人到場，以闡明事實關係者，其到場之費用，係可歸責於該當事人的事由所生的額外費用，故依第82條規定，法院得命其負擔全部或一部，乃屬當然的道理。

同時參酌有關證人到場費用的規定，當事人到場的費用，得列為訴訟費用的基本項目，以日費、旅費為限，並在本項規定其費用額的計算標準，準用證人日費、旅費的規定，由司法院定其標準。

第77條之25（律師酬金之訂定及標準）
法院或審判長依法律規定，為當事人選任律師為特別代理人或訴訟代理人者，其律師之酬金由法院酌定之。
前項及第466條之3第1項之律師酬金為訴訟費用之一部，應限定其最高額，其支給標準，由司法院參酌法務部及全國律師聯合會等意見定之。
前項律師酬金之數額，法院為終局裁判時，應併予酌定；訴訟不經裁判而終結者，法院應依聲請以裁定酌定之。
對於酌定律師酬金數額之裁判，得為抗告，但不得再為抗告。

解說

本條第1項係依第466條之2第1項的規定，法院或審判長得為當事人選任律師為訴訟代理人，又法院或審判長依第51條、第374條之規定為當事人選任特別代理人時，亦得斟酌情形選任律師為之，其律師的酬金，自應由法院或審判長酌定，俾利適用。為使上述法院或審判長選任律師的酬金，及當事人於第三審選任律師酬金的公平合理性，應由司法院根據社會經濟狀況，並參酌

法務部及中華民國律師公會全國聯合會的相關意見，就上開選任
律師酬金的支給、給付方法及其最高限額，統一訂定標準，爰規
定本項。惟確定終局判決應負擔訴訟費用之當事人既不得請求他
造賠償其支出之訴訟費用，即無聲請法院核定確定終局判決律師
酬金之必要，因無實益（97台聲字463裁判參照）。

　　為防杜個案濫訴，要求濫訴行為人負擔被告委任律師為訴訟
代理人之酬金，立法院遂於民國110年1月20日之修法新增第3項
及第4項，明確規定法院於終局判決時應一併酌定第2項之律師酬
金。此外，為避免濫訴行為人繼續利用救濟程序遂行濫訴行為，
故規定如欲提起救濟，應先行就罰鍰及訴訟費用提供擔保[2]。

第77條之26（溢收訴訟費用之返還）
訴訟費用如有溢收情事者，法院應依聲請並得依職權以裁定返
還之。
前項聲請，至遲應於裁判確定或事件終結後三個月內為之。
裁判費如有因法院曉示文字記載錯誤或其他類此情形而繳納
者，得於繳費之日起五年內聲請返還，法院並得依職權以裁定
返還之。

解說

　　訴訟費用如因誤會或其他原因而有溢收情事者，當然應予
返還。故於第1項規定法院應依聲請並得依職權以裁定的方式返
還，俾資於法有據的加以適用。

　　因當事人係信賴法院文書之記載，而法院之記載又為錯誤

---

[2]　司法院官方網站，司法院第183次院會通過民事訴訟法、民事訴訟法施行
　　法部分條文修正草案新聞稿，網址：https://www.judicial.gov.tw/tw/cp-1887-
　　199797-f4a97-1.html（最後閱覽日：2021年2月1日）。

時，當事人因而繳納之裁判費如不返還，顯係將法院之錯誤卻由當事人來負擔顯然並非合理，為保障當事人之權益，爰於98年1月修法參酌規費法之規定明文得於5年內聲請返還，法院亦可以依職權主動裁定返還之以求公平。

第77條之27（裁判費之加徵）
本法應徵收之裁判費，各高等法院得因必要情形，擬定額數，報請司法院核准後加徵之。但其加徵之額數，不得超過原額數十分之五。

解說

本條原係民事訴訟費用法第29條第1項移列，於民國92年2月7日修法。

有關抄錄費、翻譯費、到庭費及滯留費等進行訴訟的必要費用，若因經濟情形變動有提高加徵的必要狀況時，其項目及標準已於第77條之23第1項規定由司法院定之，原民事訴訟費用法第29條第2項即無規定的必要，爰將其刪除。

第三節　訴訟費用之負擔

第78條（訴訟費用負擔之原則）
訴訟費用，由敗訴之當事人負擔。

解說

本條規定「訴訟費用」歸敗訴之當事人負擔，係自古來各國所公認之法則。而訴訟費用包括因訴訟之提起而支出的費用、因

訴訟之進行而支出的費用以及因訴訟之強制執行而支出的費用；然非只要和訴訟有關之所有支出費用，都可謂作訴訟費用，所謂訴訟費用即須法令規定爲訴訟費用之範圍，才爲本條所指之訴訟費用。

除了上開之說明外，如非因訴訟之提起或進行而支出之費用，縱使和訴訟有關，亦非屬本法所稱之訴訟費用，例如：申請假扣押所提出的擔保金並非訴訟費用（民訴§390Ⅱ、526Ⅱ、533）；又如，當事人或法定代理人出庭時所支出之旅費，包括食宿及車錢，也不屬於訴訟費用（32上3145參照）；蒐集證據所支出之費用，亦不屬於訴訟費用；當事人在爭執現場照相所花的底片及沖洗費用，以及錄音時購買錄音帶的費用，都不屬於訴訟費用。

所支出的費用，如果不是爲了主張權利所必要而支出的費用，亦非本法所稱之訴訟費用，例如：因訴訟的提起必須購買司法狀紙，但是購買狀紙一套已經夠用的時候，如果當事人開了五套的狀紙費用，其超過部分法院應該在確定訴訟費用額度的時候加以剔除（民訴§91Ⅰ、92Ⅱ）。

雖然民事訴訟費用法第23條有規定執行費爲訴訟費用，不過因強制執行法第28條另設的規定，以必要部分爲限，由債務人負擔，而且與強制執行的債權同時收取，所以強制執行的執行費並不屬於本法所稱的訴訟費用。

又我國第一、二審已非採本人訴訟主義，改採緩和式之律師獨占主義，因此當事人可以自己進行訴訟，亦可委任律師進行訴訟，故第一、二審訴訟所支出之律師費，並非本法所指之訴訟費用，這是因爲我國第一、二審並不採律師強制代理主義之故（81台上90裁判參照）。

第79條（一部勝訴一部敗訴之負擔）
各當事人一部勝訴、一部敗訴者，其訴訟費用，由法院酌量情形，命兩造以比例分擔或命一造負擔，或命兩造各自負擔其支出之訴訟費用。

解說

　　當事人之訴訟如全部勝訴或全部敗訴的話，依據本法第78條就可以直接把訴訟費用判決由敗訴之當事人負擔。但是如果當事人一部勝訴、一部敗訴的時候，則必須依本條的規定來定訴訟費用的分擔。

　　當事人一部勝訴、一部敗訴者，原條文規定各負擔其支出的訴訟費用，形式上固似合理，惟事實上因起訴原告須先繳納裁判費，訴訟進行中訴訟行為須支出的相關費用，多數亦由原告預納，以致造成原告負擔全部訴訟費用的結果，殊有不公。爰修正規定於當事人訴訟勝敗互見時，其訴訟費用，由法院酌量情形，原則上命兩造以比例分擔，倘若認為適當者，亦得命一造負擔，或命兩造各自負擔其支出的訴訟費用，以期靈活運用，而維公平。

實例

　　原告趙元向被告李成請求損害賠償壹佰萬元，法院判決李成應給付原告損害賠償金75萬元，而將原告其餘25萬元的請求加以駁回。請問法院就訴訟費用應如何裁判？

　　法院可以依據本條一部勝訴、一部敗訴的規定，也就是原告75萬部分勝訴，25萬部分敗訴，酌量情形，命原告負擔四分之一的訴訟費用，而由被告負擔四分之三的訴訟費用。

　　又如果法院判決被告應該賠償原告新臺幣99萬元，而將原告其餘的1萬元請求加以駁回，這時法院就可以斟酌情形，依據本

條的規定，直接命被告負擔全部的訴訟費用，而不必再依比例判決原告負擔百分之一的訴訟費用。

第80條（由原告負擔之情形）
被告對於原告關於訴訟標的之主張逕行認諾，並能證明其無庸起訴者，訴訟費用，由原告負擔。

解說

　　所謂的「認諾」指被告對於原告所主張的訴訟標的向法院表示承認原告請求。如果被告對原告之主張加以認諾，則法院必要依民事訴訟法第384條的規定判決被告敗訴。在這時依據同法第78條之原則，訴訟費用本來應由被告來負擔全部之訴訟費用，但本條規定是屬於例外的情形，也就是被告雖然全部敗訴，但是不必由敗訴的被告來負擔訴訟費用，而由原告負擔全部之訴訟費用。

第80條之1（分割共有物或定經界等訴訟費用之負擔）
因共有物分割、經界或其他性質上類似之事件涉訟，由敗訴當事人負擔訴訟費用顯失公平者，法院得酌量情形，命勝訴之當事人負擔其一部。

解說

　　按訴訟費用係以由敗訴的當事人負擔為原則，然而在民事訴訟中，亦有屬於非訟事件的性質者，例如：請求分割共有物之訴、定經界之訴等，此類事件，雖以民事訴訟方式處理，然其實質上並無所謂何造勝訴、敗訴的問題。若將訴訟費用完全命形式上敗訴的當事人來加以負擔的話，似乎有欠公允，故增設本條的

規定，對於上述事件的訴訟費用，授權法院得酌量相關實際的情形，命勝訴的當事人負擔其一部，以期真正的公允。又本條所指即謂形式之形成訴訟。

第81條（由勝訴人負擔訴訟費用(一)）
因下列行為所生之費用，法院得酌量情形，命勝訴之當事人負擔其全部或一部：
一、勝訴人之行為，非為伸張或防衛權利所必要者。
二、敗訴人之行為，按當時之訴訟程度，為伸張或防衛權利所必要者。

解說

　　本條即指第78條之例外，也就是勝訴之當事人雖獲勝訴判決，但仍須負擔一部或全部之訴訟費用。

　　如果勝訴之當事人行為，不是為了伸張或防衛權利所必要之行為，因此所生之訴訟費用仍須由勝訴之一方負擔。

　　敗訴當事人之行為，按照當時訴訟進行的進度是為伸張權利或防衛權利所必要之行為，具有上開兩種情形時，雖當事人之一方勝訴，也必須由勝訴之一方負擔訴訟費用。

　　至於何謂「伸張或防衛權利所必要」，必須由法院依據具體個案來判斷。例如，否認子女之訴，依民事訴訟法第81條第2款，倘敗訴人之行為，按當時之訴訟程度為伸張或防衛權利所必要者，因該行為所生之費用，法院得酌量情形命勝訴之當事人負擔其一部，惟須注意法條用語「因下列行為所生之費用」，從文義解釋，自不包括訴訟一開始即需由原告預繳之「裁判費」。

第82條（由勝訴人負擔訴訟費用(二)）
當事人不於適當時期提出攻擊或防禦方法，或遲誤期日或期間，或因其他應歸責於己之事由而致訴訟延滯者，雖該當事人勝訴，其因延滯而生之費用，法院得命其負擔全部或一部。

解說

　　本條規定亦關於訴訟費用由勝訴之當事人負擔之另外一種例外情形。雖然當事人之一方全部勝訴，但是由於可歸責於當事人的事由所導致訴訟的遲延所生的費用，必須由該勝訴之當事人負擔全部或一部，這樣才符合公平的原則，亦可避免當事人無故延滯訴訟。

第83條（撤回訴訟、上訴或抗告之訴訟費用負擔）
原告撤回其訴者，訴訟費用由原告負擔。其於第一審言詞辯論終結前撤回者，得於撤回後三個月內聲請退還該審級所繳裁判費三分之二。
前項規定，於當事人撤回上訴或抗告者準用之。

解說

　　依據本法第262條的規定，原告可以在判決確定之前，撤回訴的一部或全部，因此如果原告撤回訴的全部或一部。為鼓勵當事人撤回無益或不必要之訴訟，以減輕訟累，並減省法院勞費，本法乃修正第1項，將原告得聲請退還所繳裁判費之比例從過去之二分之一提高至三分之二。另本條第1項規定原告撤回其訴者，訴訟費用由原告負擔，大法官釋字225號解釋認為，民事訴訟係當事人請求司法機關確定其私權之程序，繳納裁判費乃為起訴之要件，原告於提起訴訟後撤回其訴，自應負擔因起訴而生之

訴訟費用。民事訴訟法第83條第1項：「原告撤回其訴者，訴訟費用由原告負擔」之規定，與憲法第15條尚無牴觸。

本條第2項所稱「抗告」，是指對法院裁定不服向上級法院請求救濟聲明不服的方式。原則上，抗告也可以撤回。撤回抗告也和撤回起訴的情形相類似，所以抗告所支出的訴訟費用，由該撤回抗告的人來負擔，以符合公平原則亦與憲法第15條規定無牴觸。

柏伸（債權人）以鄭瑋、小花兩債務人為共同被告，就非屬連帶或不可分之可分債務，合併提起「普通共同訴訟」，經法院判決鄭瑋、小花二人敗訴並提起上訴後，僅其中小花撤回其上訴時，小花得否援用民事訴訟法第83條規定，聲請法院退還該撤回上訴部分之裁判費三分之二？

按原告撤回其訴者，訴訟費用由原告負擔。其於第一審言詞辯論終結前撤回者，得於撤回後3個月內聲請退還該審級所繳裁判費三分之二。前項規定，於當事人撤回上訴或抗告者準用之，民事訴訟法第83條定有明文。揆其立法意旨係為鼓勵當事人撤回無益或不必要之訴訟，以減省法院之勞費，必該訴訟全部因原告撤回起訴或上訴人撤回上訴，致訴訟全部繫屬消滅而告終結時，始得聲請法院退還該裁判費三分之二（最高法院95年度第7次民事庭會議參照），故小花應待鄭瑋撤回上訴，或訴訟全部繫屬消滅而告終結時，方得聲請法院退還該裁判費三分之二。

第84條（和解時之訴訟費用負擔）
當事人為和解者，其和解費用及訴訟費用各自負擔之。但別有約定者，不在此限。
和解成立者，當事人得於成立之日起三個月內聲請退還其於該審級所繳裁判費三分之二。

解說

按本法第377條規定，訴訟繫屬中在法院由當事人互相約定而終止爭執，同時終結訴訟之合意，稱「和解」。

而本條規定，如當事人如果和解時，和解費用及訴訟費用應各自負擔。但如當事人另有約定，則依當事人之約定。

本條在96年3月修正第2項，明定和解成立者，當事人得於成立之日起3個月內聲請退還其於該審級所繳裁判費三分之二。本條修正增列第2項和解退還裁判費的規定，也是為了鼓勵當事人成立和解，以減輕法院的訴訟負擔，並增進訴訟當事人間之和諧。

又如債權人因債務人積欠借款10萬元不還，聲請法院發支付命令，債務人於法定期間內聲明異議，法院乃分訴訟案件處理，嗣當事人於言詞辯論期間和解或債權人撤回起訴，法院應如何處理裁判費？依現行法第84條第2項規定，應退還訴訟費用之三分之二。

第85條（共同訴訟人之費用負擔）

共同訴訟人，按其人數，平均分擔訴訟費用。但共同訴訟人於訴訟之利害關係顯有差異者，法院得酌量其利害關係之比例，命分別負擔。

共同訴訟人因連帶或不可分之債敗訴者，應連帶負擔訴訟費用。

共同訴訟人中有專為自己之利益而為訴訟行為者，因此所生之費用，應由該當事人負擔。

解說

訴訟當事人的一方或雙方有二人以上的時候，就叫作「共同訴訟」。在共同訴訟的情形下，訴訟費用的分擔，依據本條第1

項的規定，原則上都要由共同訴訟人平均來分擔訴訟費用，但是平均分擔訴訟費用僅僅只是共同訴訟費用分擔的原則而已，如果有下列例外的情形，共同訴訟人可以不用共同平均分擔，而由特定的共同訴訟人分擔較大比例的訴訟費用：

一、共同訴訟人於訴訟的利害關係顯然有差異的時候，可以酌量考量各個共同訴訟人間的利害關係的比例，依這個比例，命其依比例分擔訴訟費用，例如：分割共有物的訴訟，如果共同訴訟人中，甲的應有部分是四分之三，而乙的應有部分只有四分之一，這時分割共有物的訴訟對於共同訴訟人甲和乙來說，甲的利害關係比乙的利害關係顯然較大，因為甲的應有部分是這塊土地的四分之三，乙的應有部分只有這塊土地的四分之一，因此法院可以依據本條第1項但書的規定，命甲分擔四分之三的訴訟費用，由乙負擔四分之一的訴訟費用。

二、共同訴訟人因為連帶之債，或者是不可分之債敗訴的時候，也必須連帶負擔訴訟費用。所謂「連帶之債」，依照民法第272條的規定，就是各個連帶的債務人，對債權人都負擔全部的給付義務，而且連帶債務的債權人，可以同時或分別向債務人其中一人或數人，請求全部或一部分的給付債務，就叫作「連帶債務」。如果連帶債務敗訴，訴訟費用的負擔也應該由共同訴訟人連帶負擔，因此共同訴訟人如果依據本項規定必須連帶負擔訴訟費用時，則勝訴的他造當事人就可以向任何一個敗訴的共同訴訟人，請求全部或一部分的訴訟費用。但必須注意的是，只要有在任何一個共同訴訟人給付全部的訴訟費用之後，則全部的訴訟費用債務都歸於消滅。至於何謂「不可分之債」，依據民法第292條的規定，不可分之債，就是數人負同一債務或有同一債權，而其給付內容具有不可分的關係，叫作「不可分之債」。

讀者或許困惑，本條與同法第78條之適用關係，於此實務見解認為共同訴訟人因連帶不可分之債敗訴者，只須引用民事訴訟

第85條第2項，不必再引用同法第78條（最高法院63年度第3次民庭庭推總會議決定）。

　　劉全、李德二人共有一輛車，二人將這輛車子的所有權賣給了張佑，後因車款爭執，劉、李二人共同向張佑起訴，請求給付車款，如法院判決劉、李二人敗訴時，訴訟費用應如何裁判？

　　這種情況劉全、李德二人所負擔的債務，就是不可分之債。因為交付車子一定必須由劉、李兩個共有人共同履行，不可能劉全將他的共有部分移交給張佑，或者是由李德一個人單獨將他的應有部分移交給張佑，這就叫不可分之債。

　　不可分之債的共同訴訟人敗訴的時候，仍然必須對訴訟費用負連帶清償之責，故本題法院應判決訴訟費用由劉全、李德共同負擔。

第86條（從參加訴訟之費用負擔）
因參加訴訟所生之費用，由參加人負擔。但他造當事人依第78條至第84條規定應負擔之訴訟費用，仍由該當事人負擔。
訴訟標的，對於參加人與其所輔助之當事人必須合一確定者，準用前條之規定。

解說

　　本條所指的參加訴訟，是指依據本法第58條之規定而參加訴訟者而言。

　　參加人參加訴訟的目的是在保護他自己的利益，參加訴訟所支出的費用，應該由參加人自己來負擔。因此本條第1項規定，參加訴訟所生之費用，由參加人負擔。

　　參加人所輔助的對造當事人，如依法必須負擔訴訟費用時，參加人不用再與他造的當事人共同負擔，以保障參加人的利益。所以本條第1項但書規定，他造當事人依第78條至第84條規定負擔的訴訟費用，仍然由他造的當事人自行負擔，不用由參加人與之分擔。依據本條第1項規定，參加訴訟所生的費用到底由誰負擔，必須先判斷如果是參加人所輔助的當事人勝訴的時候，則此項參加訴訟所生的費用，就應該由他造的當事人來負擔。反過來說，如果是參加人所輔助的當事人敗訴的時候，則應該命參加人負擔。

　　參加人參加訴訟，如果是屬於本法第62條獨立參加訴訟的時候，在這種情形下，雖然也是參加人，但是他訴訟費用的負擔，不依本條第1項的規定來負擔訴訟費用，必須比照共同訴訟人，也就是本法第85條的規定，以共同訴訟人的原則來共同分擔訴訟費用。依據本條第2項適用的結果，獨立的參加人如果在他造當事人勝訴的時候，不但要負擔因參加訴訟所生的費用，而且要負擔本案的訴訟費用，而負擔訴訟費用的原則，是由獨立參加人與其所輔助的當事人平均分擔。

第87條（依職權為訴訟費用之裁判）
法院為終局判決時，應依職權為訴訟費用之裁判。
上級法院廢棄下級法院之判決，而就該事件為裁判或變更下級法院之判決者，應為訴訟總費用之裁判；受發回或發交之法院為終局之判決者亦同。

解說

　　所謂「終局判決」，就是法院以終結訴訟的全部或一部為目的，在該審級終了的判決。所以法院為終局判決時，法院就該件的訴訟就已經終結。

　　本條第1項所稱，法院必須依職權為訴訟費用的裁判，就是指法院應不待當事人的聲明，直接在終局判決的時候，主動就訴訟費用該由何方當事人來負擔，一併在判決主文內加以載明，就叫作依職權為訴訟費用的裁判。本條第1項所謂依職權而為費用的裁判，是屬於辯論主義的例外，因為民事訴訟法院的裁判，原則上都必須基於當事人的聲明，法院才可以判決，法院不得就當事人未聲明的事項而加以判決（民訴§388）。因此本條是屬於民事訴訟辯論主義的例外情形，也就是法院例外可以不待當事人的聲明，而主動裁判。

　　上級法院把下級法院的判決全部都加以廢棄，而且沒有發回更審，也沒有發交或移送給其他法院來審理，而是由上級法院直接對本案加以判決的時候，依據本條第2項的規定，上級法院就必須對訴訟總費用作出判決。

　　如果上級法院把下級法院的判決全部廢棄之後，並沒有就該事件作出裁判，而是將事件發回更審，或者是發交給下級法院來審判，在這種情況下，上級法院就沒有必要依本條第2項規定就訴訟總費用作出裁判，應該作出訴訟費用裁判的法院是由受發回或發交的法院在作出終局判決的時候，才要作出訴訟總費用的裁判（74台聲79裁判參照）。

　　發回更審的定義請參照本法第451條及第478條的解說，於此不贅述；發交判決請參照第478條的解說。

　　又最高法院判決之上訴案件，一部為終局判決確定，一部廢棄發回，就原審所為訴訟費用部分一併廢棄，終局判決確定部分訴訟費用未為判決，第二審對第三審之訴訟費用，無法裁判，本院原定民事裁判格式於此似有欠缺，究應如何判決？按最高法院61年度第4次民庭庭長會議(三)決議略以：「本院為一部分終局判決確定者，不問為駁回第三審上訴或自為判決，均應就該確定部分為第三審訴訟費用負擔之裁判。」

第88條（對訴訟費用裁判聲明不服之限制）
訴訟費用之裁判，非對於本案裁判有上訴時，不得聲明不服。

解說

依據本條的規定，當事人不能只就訴訟費用的裁判部分聲明不服，一定是要對於本案的判決有上訴的時候，才能對訴訟費用的裁判一起聲明不服，這是因為根據本法第78條的規定，訴訟費用必須由敗訴的當事人負擔，因此訴訟費用的裁判，往往是基於本案判決的勝敗來決定，如果對於本案判決沒有聲明不服，而只對訴訟費用的裁判聲明不服時，容易造成本案判決與訴訟費用的裁判會相互牴觸，因此本條規定，訴訟費用的裁判，一定要在本案裁判有上訴的時候，才可以就訴訟費用裁判聲明不服。應嚴加辨明的是，所謂「訴訟費用之裁判」係指本案終局裁判中關於訟訟費用負擔之裁判，若係依據委任等原因，請求給付訴訟費用者，應請求給付之訴訟費用之裁判，為本案裁判，非此之謂。又命第三人負擔訴訟費用之裁判（民訴§89I、II），該第三人得獨立抗告（民訴§89III），亦不屬之。

第89條（第三人訴訟費用之負擔）
法院書記官、執達員、法定代理人或訴訟代理人因故意或重大過失，致生無益之訴訟費用者，法院得依聲請或依職權以裁定命該官員或代理人負擔。
依第49條或第75條第1項規定，暫為訴訟行為之人不補正其欠缺者，因其訴訟行為所生之費用，法院得依職權以裁定命其負擔。
前二項裁定，得為抗告。

解說

　　本條立法目的在期法院書記官及訴訟代理人或律師，執行職務時必謹慎，儘量避免無意義之訴訟費用。所以本條第1項規定命負擔訴訟費用，必須以法院書記官、執達員、法定代理人、訴訟代理人等，有故意或重大過失為前提。

　　依據本法第49條及第75條的規定，法院准許其暫時為訴訟行為的人，不是能力有欠缺，即可謂法定代理權或訴訟代理權有欠缺，只不過因為法院裁定暫時准許其作訴訟行為，如果法院發現他在裁定的時間內，沒有補正訴訟代理權的欠缺、能力的欠缺或法定代理權的欠缺時，他所作的訴訟行為將全歸無效。倘因為這樣所造成多增加支出的訴訟費用，法院可以直接主動的依職權裁定命其負擔該部分訴訟費用。

　　本條第1項所謂訴訟代理人，係指訴訟代理權無欠缺之訴訟代理人而言，不包含訴訟代理權有欠缺者在內，此就同條第2項另設關於無訴訟代理權，暫為訴訟行為人之不補正其欠缺之規定對照觀之甚明。無訴訟代理權人提起之訴不能補正其欠缺，亦與無訴訟代理權暫為訴訟行為之人不補正其欠缺者無異，法院認其訴為不合法而駁回時，不問其所為之訴訟行為有無故意或重大過失，得逕依同法條第2項之規定，以裁定命其負擔因此所生之訴訟費用（39台抗43參照）。

第90條（依聲請為訴訟費用之裁判）
訴訟不經裁判而終結者，法院應依聲請以裁定為訴訟費用之裁判。
前項聲請，應於訴訟終結後二十日之不變期間內為之。

解說

　　訴訟費用的裁判，原則上必須由法院依職權作出裁判（民

訴§87Ⅰ）。然而本條之規定，即在例外之情形下，法院不依職權作訴訟費用之裁判，而是依當事人之聲請而作訴訟費用裁判。但並不是所有的訴訟費用都可以依據當事人聲請而作訴訟費用裁判，一定是要訴訟不經裁判而終結時，才可依當事人之聲請作出裁判；否則如訴訟已經過裁判而終結時，仍然必須回復到本法第87條之原則，由法院依職權主動作出裁判。

何謂「不經裁判而終結訴訟」呢？例如：訴訟因原告之撤回而終結，或者是雙方當事人和解而終結，皆屬訴訟不經裁判而終結之情形。

本條第2項規定之20日期間，因其性質上屬法定不變期間，當事人逾此期間者，即生失權效果，不得再為聲請或另訴請求。職此，民國92年2月7日修法，爰將第2項明確規定為20日之不變期間，以杜疑義。

第91條（訴訟費用額之確定）

法院未於訴訟費用之裁判確定其費用額者，第一審受訴法院於該裁判有執行力後，應依聲請以裁定確定之。

聲請確定訴訟費用額者，應提出費用計算書、交付他造之計算書繕本或影本及釋明費用額之證書。

依第1項確定之訴訟費用額，應於裁定送達之翌日起，加給按法定利率計算之利息。

解說

通常法院在判決主文內，雖然會對訴訟費用該由何方當事人負擔作出裁判，但是通常都沒有確定其額度。現今實務上，判決主文內只記載訴訟費用由原告或被告負擔，可知法院並沒有在訴訟費用之裁判確定訴訟費用額度究為多少，法院必須待該裁判有執行力時，依當事人之聲請或依職權作裁定訴訟費用額度。然按

本法原係於57年修正時，慮及法院未於訴訟費用之裁判中確定訴訟費用額，而負擔訴訟費用者，又係受救助的一造時，勢必因無人依本條的規定，聲請法院確定訴訟費用額而陷於不能執行的狀態，為補救舊法適用上的缺漏，故特別增加法院「得依職權裁定確定之」的配套規定。惟因條文文字欠明，易滋疑義，且關於經准予訴訟救助暫免繳納的費用究竟要如何徵收，此部分已修正第114條第1項的規定，故原本第1項「並得依職權」的規定，即無重複規定的必要，特於此次修法予以配合刪除，此須特別注意所謂裁判有執行力，包括假執行之裁判。

本條第2項所指的釋明費用額的證書，通常都是指收據而言，例如：購買司法狀紙或者是繳納裁判費，法院所交付的收據。至於釋明的定義請參照本法第34條及第284條的解說。至於「影本」已為現今社會所通用，爰於第2項的「繕本」下增列「影本」，以求周延。

同時此次修法為促使當事人早日自動償付其應賠償對造的訴訟費用，爰增列第3項，明定應自確定訴訟費用額的裁定送達翌日起，加給按法定利率計算的利息。

因此，確定訴訟費用額之裁定，僅就各個訴訟費用項目、及數額之計算加以確定數額而已，實體內容仍依命負擔訴訟費用額之裁判定之。

第92條（確定訴訟費用額之程序）
當事人分擔訴訟費用者，法院應於裁判前命他造於一定期間內，提出費用計算書、交付聲請人之計算書繕本或影本及釋明費用額之證書。
他造遲誤前項期間者，法院得僅就聲請人一造之費用裁判之。但他造嗣後仍得聲請確定其訴訟費用額。

解說

　　訴訟費用如是由當事人分擔，法院在裁判前應以裁定命他造在一定的時間內，提出費用的計算書以及釋明費用額的證書，然他造提出費用計算書時，應併提出其繕本或影本，由法院交付聲請人，俾便其表示意見，爰於本項明定，其餘請參照前條的相關解說。

　　如果訴訟之他造沒有在法院定的時間內，提出訴訟費用計算書及釋明費用額的證書，法院可以單獨就聲請人一造所支出的費用來加以確定。但為維護另外一方的當事人起見，本條第2項但書又規定，訴訟之他造遲誤了法院要求提出計算書及收據的時間，但是事後仍然可以聲請法院確定他支出的訴訟費用額度。

第93條（確定訴訟費用額之方法）
當事人分擔訴訟費用者，法院為確定費用額之裁判時，除前條第2項情形外，應視為各當事人應負擔之費用，已就相等之額抵銷，而確定其一造應賠償他造之差額。

解說

　　本條所規定的是訴訟費用額度如何確定。本條並規定如有前條第2項的情形時，不能用本條的方法來確定訴訟費用額，因前條第2項之情形乃因訴訟之他造沒有按照法院規定之期限內提出費用計算書，因此法院可以單獨就聲請人之一造來確定訴訟費用額，因此無從依據本條之規定由兩造來互相抵銷。倘法院未於裁判前命他造於一定期間內，提出費用計算書、交付聲請人之計算書繕本或影本及釋明費用額之證書，即無逕依第93條之規定，確定一造應賠償他造差額之餘地。

第94條（訴訟費用額之計算）
法院得命書記官計算訴訟費用額。

解說

　　訴訟行為很多都是必須支出費用，例如：聲請公示送達，須繳納公示送達的裁定費用45元，亦須支出公示送達的登載新聞紙的費用（民訴§151Ⅱ），聲明人證還必須支出證人的旅費（民訴§323），聲請「鑑定」也要支出鑑定費用（民訴§338）等等。然因本法已修正並增列為第94條之1條文，爰刪除前開在本條原文中預納的相關法律規定。

第94條之1（訴訟費用未繳納之法律效果）
訴訟行為須支出費用者，審判長得定期命當事人預納之。當事人不預納者，法院得不為該行為。但其不預納費用致訴訟無從進行，經定期通知他造墊支亦不為墊支時，視為合意停止訴訟程序。
前項但書情形，經當事人於四個月內預納或墊支費用者，續行其訴訟程序。其逾四個月未預納或墊支者，視為撤回其訴或上訴。

解說

　　本條第1項明定依法訴訟除須繳納裁判費外，於訴訟行為中尚有必須支出的費用者，例如：調查證據、鑑定價額的費用等。依原民事訴訟法的規定，此等費用，審判長得定期命當事人預納，以利訴訟之進行。惟當事人不依命預納時，法院應如何處理，過去本法未有規定，致實務上時生困擾。因此增訂本條，就訴訟行為須支出費用者，如當事人不依審判長的命令預納時，法

院得不爲該行爲。惟另有其他費用，例如：分割共有物訴訟的測量費、鑑定費等，倘若當事人不爲預先繳納，則訴訟無從進行，故特增訂但書，明定於此情形，審判長得定期通知他造墊支，如他造亦不爲墊支時，則視爲兩造合意停止訴訟程序，以解決現行實務上訴訟程序進行的困難。例如，於分割共有物事件，法院認爲兩造提出之方案均不適當，依職權另定方案時，若兩造均認該方案對己不利，不爲預納或墊支費用時，是否應視爲合意停止訴訟程序？按臺灣高等法院暨所屬法院93年法律座談會民事類提案第17號決議意旨認爲仍必須定期通知原告（或上訴人）預納，逾期不繳交再通知對造墊支，均不繳交後，始可視爲合意停止訴訟程序。

同時依第1項但書規定，視爲合意停止訴訟程序者，如當事人僅聲請續行訴訟，而不預納或墊支費用，則訴訟仍然無從進行，故特別增列第2項規定，依法要求必須經由當事人在4個月內預納或墊支費用，始能續行其訴訟程序。否則如果逾越4個月的期限而仍未預納或墊支者，即視爲撤回其訴或上訴，以利訴訟程序的終結。

第95條（裁定準用本節規定）
本節之規定，於法院以裁定終結本案或與本案無涉之爭點者準用之。

解說

法院受理當事人訴訟的時候，必須先從程序上加以審查，看程序上是否合法，如果程序上不合法，法院可以以裁定來終結本案，例如：原告或被告沒有當事人能力，不符合本法第40條的當事人資格，或是原告或被告沒有訴訟能力等的情形，法院都可以直接用裁定駁回原告的訴訟，不須經過判決程序。法院如果以裁

定來終結本案的時候，也會有支出一部分訴訟費用的可能，因此也準用本節關於訴訟費用的各項規定（民訴§78～95），由當事人來負擔訴訟費用。

本條所指「本案」係訴訟事件而言，亦即法院以裁定終結訴訟事件本身或訴訟事件外之枝節問題與訴訟事件勝敗無關之爭點時，始有民事訴訟法第95條之適用。

第95條之1（國庫負擔訴訟費用）
檢察官為當事人，依本節之規定應負擔訴訟費用時，由國庫支付。

解說

本條是因應民法修正以後所新增的條文，因為在民法修正以前，檢察官並沒有介入民事訴訟的可能，在民法修正以前，檢察官是專為追訴刑事犯罪的被告，將犯罪嫌疑人提起公訴或是不起訴，並不介入民事訴訟的案件，但是民法修正之後，依據民法第8條及第14條的規定，檢察官在宣告死亡事件以及宣告監護的事件，都可以為聲請人聲請受監護宣告或聲請宣告死亡。撤銷監護宣告之訴，亦有可能成為民事訴訟的當事人。如有應行負擔訴訟費用之情形，參照非訟事件法第21條第1項之例，其費用應由國庫支付。爰增設本條之規定，俾利適用。

第四節　訴訟費用之擔保

第96條（訴訟費用擔保之要件）
原告於中華民國無住所、事務所及營業所者，法院應依被告聲

請，以裁定命原告供訴訟費用之擔保；訴訟中發生擔保不足額
或不確實之情事時，亦同。
前項規定，如原告請求中，被告無爭執之部分，或原告在中華
民國有資產，足以賠償訴訟費用時，不適用之。

解說

本條立法意旨係為保障被告之權利，無非係因避免原告於中
華民國無住所、事務所及營業所者，致將來訴訟終結命其負擔賠
償訴訟費用時，發生執行困難而難以執行。而定命原告供訴訟費
用之擔保。

又法院命原告供訴訟費用之擔保或補供擔保，應依被告之聲
請，不得逕以職權為之。

第97條（聲請命供擔保之限制）
被告已為本案之言詞辯論者，不得聲請命原告供擔保。但應供
擔保之事由知悉在後者，不在此限。

解說

本條所稱的本案之言詞辯論，係指被告就為訴訟標的之法律
關係為實體上之陳述而言，準備程序實質上為言詞辯論之一部，
故在準備程序中已為本案之言詞辯論者，自有本條規定之適用
（91台抗607裁判），請參照本書第25條的解說。

但是如果應該供擔保的事由，也就是原告在中華民國沒有住
所、事務所、營業所的這些事由，被告本來不知道，事後才知道
他在中華民國沒有住所，縱使被告已經作出本案的言詞辯論，仍
可依據前條的規定，向法院聲請原告供訴訟費用的擔保。

第98條（被告之拒絕辯論權）
被告聲請命原告供擔保者，於其聲請被駁回或原告供擔保前，得拒絕本案辯論。

解說

　　被告依據前條規定，聲請訴訟費用之擔保，必須在本案言詞辯論前才可聲請，因此被告在原告提供擔保以前，或者是在聲請被法院駁回之前，可以拒絕本案之言詞辯論。因為原告經法院裁定必須提供擔保時，如果不遵照法院的裁定提出擔保，法院就可以依據本法第101條規定，從程序上直接裁定駁回原告的訴訟，所以如果被告在聲請被駁回以前，就作出本案的言詞辯論，則這些言詞辯論就會歸於無效而有浪費訴訟程序的情形。故本條特別規定，被告在聲請被駁回前，或原告供擔保前，可以拒絕本案的言詞辯論，如是斯足以保護被告之利益。

第99條（命供擔保之裁定）
法院命原告供擔保者，應於裁定中定擔保額及供擔保之期間。
定擔保額，以被告於各審應支出之費用總額為準。

解說

　　訴訟費用是否必須由原告供擔保，依據本條的規定，法院應以裁定為之。

　　法院認為被告的聲請無理由時，應該以裁定駁回被告的聲請。但如法院認為被告之聲請有理由，就必須依據本條之規定，裁定並定出擔保額之額度以及供擔保期間。

第100條（對命供擔保裁定之抗告）
關於聲請命供擔保之裁定，得為抗告。

解說

　　如果法院認為被告聲請原告必須供擔保有理由的時候，必須依照前條的規定，以裁定定擔保額及供擔保的期間，但是如果原告對於裁定不服，可依據本條文規定，向上級法院提出抗告。然原條文「得於五日內抗告」，配合民國92年2月7日修法修正為「得為抗告」，意即所謂抗告期間，一律回歸到適用第487條的規定，並統一為10日，以杜爭議。

　　惟例外情形，倘原告不供訴訟之擔保，被告不得執命供擔保之裁定為執行名義，聲請對原告強制執行。

第101條（不遵期供擔保之效果）
原告於裁定所定供擔保之期間內不供擔保者，法院應以裁定駁回其訴。但在裁定前已供擔保者，不在此限。

解說

　　如果法院准許被告的聲請，而依本法第99條的規定，裁定命原告提供擔保，而原告沒有在法院所規定之期間內提供擔保時，法院就可以直接將原告所提起的訴訟，從程序上直接裁定駁回，而不作實體上的審查。

　　如果原告沒有在法院所規定的期間內提供擔保，但是因為法院沒有在供擔保的期間一屆滿就作出駁回起訴的裁定，致使原告在期間過了之後，還依法提供擔保，那麼法院就不可再以供擔保的期間已經過了為理由，將原告所提的訴訟，以裁定駁回。因為原告既然已經提供擔保，而法院又還沒有裁定駁回，就應該讓原

告所提起的訴訟，有繼續受實質審判的權利。

> **第102條**（供擔保之方法）
> 供擔保應提存現金或法院認為相當之有價證券。但當事人別有約定者，不在此限。
> 前項擔保，得由保險人或經營保證業務之銀行出具保證書代之。
> 應供擔保之原告，不能依前二項規定供擔保者，法院得許由該管區域內有資產之人具保證書代之。

解說

　　如果法院依據第99條的規定，裁定原告必須供擔保，原告提供的擔保方法，依據本條的規定，有下列五種：

　　一、提存現金。

　　二、提存法院認為相當的有價證券。如果是提存有價證券的時候，必須先聲請法院裁定，他的有價證券足以和法院所裁定的擔保額相當，才可以用有價證券來提存，否則就不能以有價證券來提存。

　　三、當事人如果有約定特定的提存物來提供擔保的話，必須提存該項特定的物品。

　　四、另外，為便利當事人提供擔保，特於第2項增訂供擔保得由保險人或經營保證業務的銀行出具保證書代之。

　　五、原告如提不出現金、有價證券及其他物品的時候，可以依據本條第3項（原II移列III）的規定，由法院許可，然後由該區域內有資產的人，出具保證書來代替擔保品。

　　最高法院53年度第3次民刑庭總會會議決議意旨：「民事訴訟法第102條第1項規定，供擔保應提存現金或法院認為相當之有價證券，但當事人別有約定者，不在此限。是知此一規定，係專

為供擔保應提存何物而設，裁判之命以新臺幣供擔保，衹係抽象的表明其數額，供擔保時，原則上，固應比照此數額具體的提存現金，但欲提存有價證券，亦無不可，不過以經法院認為相當之有價證券為限而已，故應供擔保之當事人聲請為許其提存有價證券之裁定者，法院苟認為相當，自得准許，此與民事訴訟法第105條所定之變換提存物問題無關。」

又本條第1項供擔保應提存現金，或法院認為相當之有價證券，如應供擔保之原告不能依規定為提存者，法院得許由該管區域內有資產之人具保證書代之，本條第2項規定甚明。至於本法第105條所謂供擔保之提存物或保證書，得由當事人約定變換外，法院得依供擔保人之聲請，以裁定許其變換，係指已為提存或已具保證書供擔保後復請變換之情形而言，與上述應供擔保之原告不能為提存者，法院得許以保證書代之之情形迥異，故保證書得易以提存物或仍易以他人之保證書，但將提存物易為保證書，於法無據，不應准許（43台抗122）。

第103條（擔保之效力）
被告就前條之提存物，與質權人有同一之權利。
前條具保證書人，於原告不履行其所負義務時，有就保證金額履行之責任。法院得因被告之聲請，逕向具保證書人為強制執行。

解說

　　原告依據前條提供的擔保物品，被告可依質權人之權利來行使權利。所謂質權，依據民法第884條以及第900條規定，是指為了擔保債權而占有由債務人及第三人所移交的動產或可讓與之財產，而在債務屆清償期而沒有清償的時候，可以就其賣得的價金，優先受償之權利。所以如果日後原告不履行所應該負擔賠償

之訴訟費用時，被告即可依據本條之規定，來行使質權人之權利，請求法院提存所給付原告所擔保之金錢；若供擔保之方法為有價證券則可據民法之規定自行拍賣或者是聲請法院拍賣（強制§41⑤、司法院大法官釋字第55號）來充作賠償。

如供擔保之方法不是以現金、有價證券或者是約定的提存物，而是依據前條第2項或第3項的規定，以保證人出具保證書來代替供擔保的話，出據保證書的人，依據本條第2項規定，如原告不履行所應負義務時，保證人就必須就保證金額負履行的責任。而且此種出具保證書人，和民法上的保證債務有所不同，不能主張民法第745條的先訴抗辯權；換而言之，如原告不履行應負擔賠償訴訟費用之義務時，出具保證書人，直接就有給付保證金之責任，而不能再用民法第745條的抗辯權，來加以抗辯。

依前條規定出具保證書的人，於原告不履行所負義務時，依本條第2項規定，有就保證金額履行的責任已如前述的解釋說明。然在解釋上雖認為對於具保證書人得直接強制執行，無庸另行起訴，而且實務上亦準此行之多年，惟究竟缺乏法律的依據。故於本項後段明定法院得因被告的聲請，逕向具保證書人為強制執行，以杜疑義。

債權人就債務人因免假執行所提存之擔保物，有與質權人同一之權利。惟其質權效力所及之範圍是否只限於因免假執行所生之損害，抑應包括本案給付？按最高法院75年度第8次民事庭會議決議(二)意旨明揭：「當僅認以『因免假執行而受之損害』為限，始有與質權人同一之權利，不包括『本案之給付』在內。」

第104條（擔保物返還原因及程序）
有下列各款情形之一者，法院應依供擔保人之聲請，以裁定命返還其提存物或保證書：
一、應供擔保之原因消滅者。

二、供擔保人證明受擔保利益人同意返還者。

三、訴訟終結後，供擔保人證明已定二十日以上之期間，催告受擔保利益人行使權利而未行使，或法院依供擔保人之聲請，通知受擔保利益人於一定期間內行使權利並向法院為行使權利之證明而未證明者。

關於前項聲請之裁定，得為抗告，抗告中應停止執行。

解說

本條第1項第2款供擔保人證明受擔保利益人同意返還提存物或保證書者，本法原規定毋庸裁定。然而法院為准否返還的意思表示，本即應為裁定，故原規定與法理不合。且受擔保利益人本人確實有無同意返還，仍宜由法院民事庭依當事人聲請，據相當資料認定後，為准否返還的裁定時，即不宜由當事人逕向提存所請求返還。爰將原第3項關於供擔保人證明受擔保利益人同意返還的規定移列為第1項第2款。

有本條第1項各種情形的時候，法院就必須依供擔保人的聲請來裁定返還他的提存物或保證書。至於本條第1項第1款所稱的「應供擔保的原因消滅」，包括下列各項：

一、原告在中華民國開始有住所、營業所、事務所的時候，那麼供擔保的原因就消滅了（民訴§96）。

二、原告依據本法第110條第1項第2款的規定，受到訴訟救助的時候，供擔保的原因也歸於消滅（民訴§110Ⅰ②）。

三、原告的判決獲得勝訴，而且已經確定，不須負擔訴訟費用，則原告既然確定不須負擔訴訟費用，自然不須提供訴訟費用的擔保。

四、原告依法應該賠償的訴訟費用已經賠償，且已經支付，那麼供擔保的原因也就消滅。

　　本條原第1項第2款所稱訴訟終結後移列為第3款。依原條文規定，供擔保人必須證明已定20日以上的期間，催告受擔保利益人行使權利，而未行使後，方得聲請法院裁定命返還提存物，例如：被告依據本法第96條的規定，聲請原告必須為訴訟費用的擔保，後來法院裁定准許之後，原告就提供了訴訟費用的擔保，原告提存擔保額之後，原告遭到訴訟敗訴確定，確定是必須由原告負擔訴訟費用，在這種情形下，原告就是本款所稱的「供擔保人」，而被告就是「受擔保利益人」。所以如果原告在本題的情形下，他定20日以上的期間催告被告，要求被告直接就他所提供的擔保金來扣除賠償他的訴訟費用，這個時候，假使被告受到催告後仍然不對原告所提出的擔保金行使他的權利，那麼原告就可以依據本條第1項第3款的規定，向法院聲請裁定命返還提存物。惟於受擔保利益人變更住所而行方不明，或拒絕或迴避收受催告信函之情形，供擔保人欲為前述催告及證明即發生困難，故修法增列後段，規定供擔保人亦得聲請法院通知受擔保利益人於一定期間內行使權利並向法院為行使權利的證明，受擔保利益人逾期未為證明者，供擔保人即得聲請法院裁定命返還提存物，俾供擔保人得選擇較便捷的方式為之，並解決前開無法催告及送達之困難。

　　原第3項關於假執行、假扣押、假處分供擔保人請求返還提存物的規定，非屬本條訴訟費用的擔保事項，且係不經法院裁定，逕向法院提存所聲請返還，應屬提存法的法規範疇，在此規定，體例上即有未合。又關於供擔保人證明受擔保利益人同意返還的相關規定，已移列為第1項第2款，爰予刪除。

　　最高法院96年度第3次民事庭會議決議內容主旨：「按宣告原告供擔保後，得為假執行；但被告預供擔保後得免為假執行之判決，須原告已供擔保後，始得為假執行。倘原告並未提供擔保，既不得為假執行，原告即無因免為假執行而受損害之可言，

被告亦無預供擔保以阻止假執行之必要。倘被告預供擔保，應認
其應供擔保之原因已消滅，得依民事訴訟法第106條準用同法第
104條第1項第1款規定聲請返還擔保金。」最高法院74年台抗字
第254號判例亦採相同見解。

第105條（擔保物之變換）
供擔保之提存物或保證書，除得由當事人約定變換外，法院得
依供擔保人之聲請，以裁定許其變換。
關於前項聲請之裁定，得為抗告，抗告中應停止執行。

解說

　　提供擔保所應提出之提存物或保證書，如已經向法院提存，
原則上都不能再變更，除非具有下列各項情形，則例外可以變
更：

　　一、由當事人約定變換。例如：甲提存現金，後來跟相對人
乙互相約定，將提存物變為股票。

　　二、法院依據供擔保人的聲請，裁定准許他變換擔保物。
例如：甲提供擔保的時候，本來是提供公司的股票為擔保物，後
來因為該股票又出售給他人而另外有其他的用途，而聲請法院裁
定，准許將他的擔保物變換為現金。

　　如已經提供擔保人聲請法院變換擔保物時，必須特別注意，
假設擔保人原來所提存的是現金、有價證券，或者是約定的提存
物時，當事人不能聲請法院把它變換成保證書來代替（參§102
解說）。反之，假如擔保人本來所提出的擔保物是保證書，而聲
請裁定變換成現金或有價證券的時候，則法院就可以斟酌情形裁
定准許變換擔保物；最高法院43年台抗字第90號判例：「有價證
券之實際價值是否與現金相等，法院應予斟酌，不得僅以券面金
額代替擔保金額。」

第106條（其他依法令供訴訟擔保之準用）
第102條第1項、第2項及第103條至前條之規定，於其他依法令
供訴訟上之擔保者準用之；其應就起訴供擔保者，並準用第98
條、第99條第1項、第100條及第101條之規定。

解說

　　本節第102條第1項、第2項及第103條至第105條中，供擔保
的方法，被告就提存物享有的權利，擔保物如何返還，擔保物品
如何變換的這些規定在其他依法令供擔保的時候，都可以準用。
然因有關因假執行、假扣押、假處分或起訴等而須供擔保者，依
原條文準用原第102條第2項規定的結果，供擔保人原得以保證書
代之。惟如供擔保人與具保證書人勾串，以保證書代供擔保，日
後卻規避保證責任，對受擔保利益人而言，將生損害。爰配合第
102條第2項之修正，規定於其他依法令供訴訟上之擔保者，準用
第102條第1項、第2項及第103條至前條之規定，排除保險人或經
營保證業務之銀行以外的人得出具保證書代供擔保，以杜流弊。

　　本條後段所稱，應就起訴供擔保者，例如：依據公司法第
214條第2項，法院依被告的聲請命起訴的股東提供相當的擔保，
則除了前述的準用規定以外，依據本條的後段規定，還可以準用
第98條、第99條第1項及第100條、第101條的相關規定。

第五節　訴訟救助

第107條（本國人訴訟救助之要件）
當事人無資力支出訴訟費用者，法院應依聲請，以裁定准予訴
訟救助。但顯無勝訴之望者，不在此限。

法院認定前項資力時，應斟酌當事人及其共同生活親屬基本生活之需要。

解說

依據本法第78條以下的規定，打民事官司必須由當事人自己支付所有之訴訟費用，而且訴訟費用在現行實務運作下，必須在原告起訴的時候就要同時預繳，否則法院就會從程序上駁回原告的起訴，根本沒有進入實體審判的機會。所以假如原告沒有預繳裁判費的資力，預先支付訴訟費用，那麼他就沒有機會爲了保護自己的私權，而採取民事訴訟，這和國家民事訴訟制度保護個人的私權有所違背。因此本法第107條規定，如具備一定條件的當事人，可以依法聲請訴訟救助，而准許其暫免或免支出訴訟費用，而讓他進行民事訴訟的制度，稱爲訴訟救助。

依據本條的規定，要聲請訴訟救助，必須符合下列要件：

一、必須當事人沒有資力來支付訴訟費用。當事人到底有沒有資力來支付訴訟費用，必須由法院依實際情形來具體判斷。

二、必須當事人不是顯然沒有勝訴之望；換句話說，就是當事人有勝訴希望，才可以聲請訴訟救助。因爲如果沒有勝訴希望，也准許訴訟救助的話，和國家保護個人私權的本意違背，而且會有鼓勵人民隨意提起訴訟的可能性，所以必須有勝訴的希望，才可以聲請訴訟救助。而到底有沒有勝訴的希望，是由法院來加以判斷。司法院大法官釋字第229號就本條但書認爲：「民事訴訟法規定之訴訟救助制度，乃在使有伸張或防衛權利必要而無資力支出訴訟費用之人，仍得依法行使其訴訟權。又恐當事人濫用此項制度，進行無益之訴訟程序，徒增訟累，故於本法第107條但書規定「但顯無勝訴之望者，不在此限。」此爲增進公共利益所必要，與憲法第16條並無牴觸」可資參照。

三、必須由當事人自己來聲請訴訟救助；換句話說，如果當事人自己不提出聲請訴訟救助，法院縱使發現當事人是無資力而且顯然有勝訴希望的時候，法院也不能自己主動依職權給予訴訟救助。

本條在89年修正時增列第2項規定，因為我國憲法第16條規定人民有訴訟權，因此人民之訴訟權為憲法所保障之權利，如果當事人因為無資力繳納訴訟費用，而導致人民無法行使憲法所保障之訴訟權，則有違憲法保障人民訴訟權之本質。因此，為了使憲法訴訟權之保障更進一步的落實，避免當事人因支出訴訟費用以致生活陷於困窘，難以維持自己及共同生活之親屬之基本生活，或是因而放棄使用國家之訴訟資源，故增訂第2項法院於認定當事人有無資力支出訴訟費用時，必須斟酌當事人以及其共同生活親屬基本生活之需要。

又無勝訴之望者不准訴訟救助之規定，是否違憲？按大法官釋字第229號解釋明揭，此為增進公共利益所必要，與憲法第16條並無牴觸。

第108條（外國人之訴訟救助）

對於外國人准予訴訟救助，以依條約、協定或其本國法令或慣例，中華民國人在其國得受訴訟救助者為限。

解說

本條規定的是，如果外國人聲請訴訟救助，必須符合本條特別的要件：

一、必須先符合本法第107條所規定的要件。

二、本項係採互惠原則，同時依目前外交實況，我國與有邦交國家間方能締結條約，與無邦交國家間多僅締結協定，原條文僅規定「條約」未併列「協定」，不免有所欠缺周全。又原條文

僅規定「該外國人之本國法」，易致誤解爲限於成文法律，不包括命及慣例，不足以保障外國人的權益，爰修正本條規定，以求周延。

　　如果是沒有國籍的人聲請訴訟救助，依據司法院22年院字第875號解釋，如果是無國籍的人聲請訴訟救助，仍然依據本法第107條的要件，來加以審核。

> **第109條**（聲請訴訟救助之程序）
> 聲請訴訟救助，應向受訴法院爲之。於訴訟繫屬前聲請者，並應陳明關於本案訴訟之聲明及其原因事實。
> 無資力支出訴訟費用之事由，應釋明之。
> 前項釋明，得由受訴法院管轄區域內有資力之人，出具保證書代之。保證書內，應載明具保證書人於聲請訴訟救助人負擔訴訟費用時，代繳暫免之費用。

解說

　　本條所規定的是聲請訴訟救助的程序。聲請訴訟救助不論以書狀或言詞聲請都可以，同時本次修法增訂聲請訴訟救助，當事人於訴訟繫屬前，亦得爲之。惟當事人既尚未起訴，法院並無起訴狀或其他訴訟資料，以憑認定其訴是否「顯無勝訴之望」，而爲准駁聲請的裁定。爰修正第1項，增設於訴訟繫屬前聲請訴訟救助者，並應陳明關於本案訴訟的法律上聲明及其原因事實，以利適用。

　　依最高法院62年台抗字第500號判例意旨，認爲第2項原規定的「請求救助之事由」係指「無資力支出訴訟費用之事由」而言，至「非顯無勝訴之望」則毋庸釋明。故修正本項，明定僅無資力支出訴訟費用的事由應釋明，以期明確。

　　原民事訴訟費用法第30條第1項規定與本條第3項規定重複，

該條第2項規定：「前項保證書內，應載明具保證書人於聲請訴訟救助人負擔訴訟費用時，代繳暫免之費用。」宜一併規定於本條，以免割裂，爰將該條第2項規定移置為本條第3項後段。

法院就當事人聲請訴訟救助，不論是准許救助聲請，或者是駁回救助聲請，都必須以裁定行之（民訴§220）。

釋明的定義請參照本法第34條及第284條的解說。

釋明之責任則依據民事訴訟法第283條規定：「習慣、地方制定之法規及外國法為法院所不知者，當事人有舉證之責任。但法院得依職權調查之。」

第109條之1（訴訟救助駁回前之效果）
駁回訴訟救助聲請之裁定確定前，第一審法院不得以原告未繳納裁判費為由駁回其訴。

解說

本條係89年民事訴訟法修正時所新增之條文。依本條之規定駁回訴訟救助聲請後，第一審法院不得以原告未繳納裁判費為由駁回訴訟，蓋為落實救助制度之功能，使人民之訴訟權獲得保障規定，法院認為當事人訴訟救助聲請無理由而駁回者，必須先另行裁定命原告於一定期限內補繳裁判費，經過限期而仍未繳納者，始可駁回原告之訴訟。至於當事人提起第一審上訴時始聲請訴訟救助之情形，法院如果駁回其訴訟救助之聲請則無本條之適用，必須由法院斟酌其上訴理由以及敗訴之原因來決定之。

又最高法院民事98年台抗字第875號裁定：「民事訴訟法第109條之1增訂有關聲請訴訟救助程序中不得駁回原告之訴之限制規定，既僅侷限於第一審法院不得為訴之駁回，且將條次編列於總則編規定，參照其立法說明理由，自屬有意排除第二審程序之適用。」

第110條（訴訟救助之效力㈠）

准予訴訟救助，於訴訟終結前，有下列各款之效力：

一、暫免裁判費及其他應預納之訴訟費用。

二、免供訴訟費用之擔保。

三、審判長依法律規定為受救助人選任律師代理訴訟時，暫行免付酬金。

前項第1款暫免之訴訟費用，由國庫墊付。

解說

　　如果法院收到當事人聲請訴訟救助，審查後認為符合本法第107條規定之救助要件，並且訴訟也不是顯無勝訴之望時，就必須以裁定准許訴訟救助。法院裁定准予訴訟救助之效力，係於訴訟進行中發生，如訴訟已經終結，即無救助之可言。爰修正原條文本文，規定於訴訟終結前，始有訴訟救助之效力，並改列為第1項，其效力分述如次：

　　一、原第1款規定之「審判費用」，除裁判費外，尚包括訴訟進行中當事人應預納的費用（包括執達員應收之費用及墊款）在內，故泛稱為「審判費用」，易滋疑義，為期明確，爰修正第1款，明定得暫免裁判費及其他應預納的訴訟費用。

　　二、免供訴訟費用的擔保。如果聲請訴訟救助的當事人，依據第96條的規定，已經遭到法院裁定必須先提供訴訟費用的擔保，以後如聲請訴訟救助獲准，即可暫時先免除提供訴訟費用的擔保。但假執行、假扣押、假處分所提供的擔保，並不因為訴訟救助而可以不用提供擔保，請讀者注意。

　　三、第3款規定審判長准予訴訟救助者，法院得依原第4款規定為受救助人選任律師代理訴訟，應僅限於法律有規定者，始得為之。因舊法條文用語，易生凡聲請訴訟救助者，審判長均得為

其選任律師代理訴訟的誤會產生，自有明文規定的必要性存在。
而且經過法院選任的律師，沒有經過釋明有正當理由，不得拒絕
代理受救助人的訴訟（律§22）。

　　准予訴訟救助，依前項第1款規定，受救助人得暫免者，除
裁判費外，尚包括訴訟進行中應預納的訴訟費用，該等費用非
由法院先行墊付，訴訟必然無法順利繼續進行下去。爰增列第2
項，規定暫免的相關訴訟費用，均由國庫墊付以為準據。

第111條（訴訟救助之效力㈡）
准予訴訟救助，於假扣押、假處分、上訴及抗告，亦有效力。

解說

　　法院准許當事人訴訟救助的聲請以後，救助效力可以及於各
個審級的法院。也就是說，如果當事人在第一審地方法院聲請訴
訟救助獲得准許，則該案件上訴到高等法院、最高法院或者是發
回更審時，所必須支出的訴訟費用以及訴訟費用的擔保，都可以
受到訴訟救助，不必再另行聲請。

　　准許訴訟救助後，它的效力並且可以及於該事件的假扣押、
假處分所支出的訴訟費用。但是必須注意的是，並不包括假扣
押、假處分聲請時所提供的「擔保金」在內，因為假扣押、假處
分的擔保金並非訴訟費用。

　　本條的立法目的在於便利當事人，因為如果當事人已經過法
院裁定准許訴訟救助，那麼他沒有資力已經是經過認定，沒有必
要在各審級以及假扣押、假處分時再重複聲請。惟於再審之訴，
非有效力。

第112條（訴訟救助效力之消滅）
准予訴訟救助之效力，因受救助人死亡而消滅。

解說

　　法院准許訴訟救助的效力，只對受救助人發生，所以如果受救助人死亡，受救助的原因就消滅了，當然沒有繼續享有訴訟救助的必要。因此，如果受訴訟救助的人死亡，承受訴訟的人必須另外再聲請訴訟救助，法院准許之後，才可以繼續享受訴訟救助；如果承受訴訟的人聲請救助被駁回，被法院認爲他並非無資力時，承受人仍然必須依法繳納訴訟費用以及提供擔保（94台抗775裁判參照）。

第113條（訴訟救助之撤銷）
當事人力能支出訴訟費用而受訴訟救助或其後力能支出者，法院應以裁定撤銷救助，並命其補交暫免之費用。
前項裁定，由訴訟卷宗所在之法院爲之。

解說

　　本條規定訴訟救助的撤銷。因爲法院雖然曾經審查受救助人合乎訴訟救助之要件，而裁定准許訴訟救助，使其暫免訴訟費用的支出。但是如受救助人，在訴訟救助中已經因爲其他原因而有資力足以負擔訴訟費用，當然沒有必要繼續予以訴訟救助。所以本條規定，如果當事人力能支出訴訟費用而受訴訟救助，或者是在訴訟以後有能力可以支出訴訟費用時，法院就必須以裁定來撤銷訴訟救助，並且命當事人補繳暫時免繳之費用。

　　參見最高法院91年台聲字第342號裁定意旨：「按當事人聲請訴訟救助一經准許，如其效力並無消滅原因，亦未依民事訴訟法第113條以裁定撤銷其救助，則依同法第111條規定，於上訴亦有效力。故其在上訴審再聲請訴訟救助並無實益，自應以裁定予以駁回。」

第114條（暫免訴訟費用之徵收及其他費用歸還之請求）
經准予訴訟救助者，於終局判決確定或訴訟不經裁判而終結後，第一審受訴法院應依職權以裁定確定訴訟費用額，向應負擔訴訟費用之當事人徵收之；其因訴訟救助暫免而應由受救助人負擔之訴訟費用，並得向具保證書人為強制執行。
為受救助人選任律師之酬金，徵收而無效果時，由國庫墊付。

解說

　　首先第1項規定准予訴訟救助，僅於訴訟終結前有使受救助人暫免裁判費及其他應預納訴訟費用的效力，至訴訟終結後此項暫免的費用，應如何向負擔訴訟費用的當事人徵收，得否逕向具保證書人強制執行，過去民事訴訟法第1項規定尚有未盡，爰予修正，以期周延。

　　至於第2項的規定係針對法院或審判長依法律規定為受救助人選任律師時，依律師法第22條規定，被選任之律師，非經釋明有正當理由者，不得拒絕。惟其應得之酬金，受救助人依法得暫行免付，倘於訴訟終結後，依第1項規定徵收又無效果時，被選任之律師將一無所得，顯失公平，爰於本條第2項規定為受救助人選任律師的酬金，徵收而無效果時，由國庫墊付，以示公允。

第115條（訴訟救助裁定之抗告）
本節所定之各裁定，得為抗告。

解說

　　關於訴訟救助法院所作的各項裁定，原條文規定「得於五日內抗告」，此次修正為「得為抗告」，即抗告期間回歸統一適用本法第487條之規定，一律改為10日。修正理由同第36條修正說明。

　　所以凡是屬於准許救助、駁回救助聲請，或是撤銷救助，命補繳暫免的訴訟費用，以及和訴訟救助有關的一切裁定，都可以以抗告的方式向上級法院聲明不服。

　　惟除受救助人依同法第96條應供訴訟費用之擔保者外，他造對於受救助人請求賠償訴訟費用之權利，絕不因此而受影響，受救助人無須供訴訟費用之擔保時，他造既不因准予訴訟救助之裁定而受不利益，即不得對此裁定提起抗告。

第四章

訴訟程序

第一節　當事人書狀

第116條（書狀應記載事項）

當事人書狀，除別有規定外，應記載下列各款事項：

一、當事人姓名及住所或居所；當事人為法人、其他團體或機關者，其名稱及公務所、事務所或營業所。

二、有法定代理人、訴訟代理人者，其姓名、住所或居所，及法定代理人與當事人之關係。

三、訴訟事件。

四、應為之聲明或陳述。

五、供證明或釋明用之證據。

六、附屬文件及其件數。

七、法院。

八、年、月、日。

書狀內宜記載當事人、法定代理人或訴訟代理人之性別、出生年月日、職業、國民身分證號碼、營利事業統一編號、電話號碼及其他足資辨別之特徵。

當事人得以電信傳真或其他科技設備將書狀傳送於法院，效力與提出書狀同。其辦法，由司法院定之。

當事人書狀之格式及其記載方法，由司法院定之。

解說

依據本條的規定，當事人提出書狀的時候，基本上應記載的事項有8款。第1款中所稱的其他團體，就是指本法第40條第3項的非法人團體；同時因第40條已增訂第4項，明定中央或地方機關亦有當事人能力，爰配合修正本條第1項第1款，增列機關爲當事人者，應於書狀內記載機關名稱及公務所；值得注意的是若是原告並不曉得被告之確實住所時，又該如何？按臺灣高等法院89年抗字第568號已明揭，得依本法第149條向受訴法院聲請准爲公示送達。

又設如起訴書狀所記載當事人姓名、住所或居所、性別、出生年月日、國民身分證號碼等資訊不足資辨別、具體之訴訟之相對人，茲供特定當事人之身分，則屬起訴不合程式或不備其他要件者，而其情形可以補正者，法院（審判長）應定期間先命補正，民事訴訟法第249條第1項第6款亦定有明文，末如補正未果，法院應以裁定駁回該訴訟。

本條第2款所稱的法定代理人，除了一般的法定代理人以外，還包括法人的代表人以及非法人團體的代表人或管理人，又以最常見之法人型態即公司法人來論，參公司法第108條1項：「公司應至少置董事一人執行業務並代表公司……董事有數人時，得以章程特定一人爲董事長，對外代表公司」規範，以董事或董事長對外代表公司，爾等即屬該款所稱適格之人。

本條第3款所規定必須記載的訴訟事件。

本條第4款所稱應爲的聲明或陳述，包括法律上的陳述及事實上的陳述，聲明有時候也稱爲聲請，就是對法院要求一定行爲的表示。例如應受判決事項的聲明（民訴§244）、上訴的聲明（民訴§441Ⅰ③）、移送訴訟的聲請（民訴§28Ⅰ）、假執行的聲請（民訴§390），這個都屬於本條所謂的「聲明」。

本條第2項是規定當事人書狀宜記載事項，以促使當事人注

意。而第3項是為了配合現在目前電子科技的發展，規定當事人得以電信傳真或其他科技設備將書狀傳送於法院，效力與提出書狀相同。本條規定實益，目前的實務運用上主要是以電子郵件的方式傳送相關書類。另增列第4項規定，當事人書狀的格式以及記載方法由司法院定之，俾使當事人有所遵循。

第117條（書狀之簽名）
當事人或代理人應於書狀內簽名或蓋章。其以指印代簽名者，應由他人代書姓名，記明其事由並簽名。

解說

本條所規定的是當事人的書狀應如何簽名。如果當事人或代理人不能簽名時，應該如何簽名才符合當事人書狀的程式。如果違背本條規定所作的簽名就是書狀不合程式，須依據本法第121條規定處理。

當事人的書狀簽名方法，依民法規定，蓋章與簽名具有同等之效力，於書狀之簽名，亦應有其適用。又以指印代簽名者，仍有保留之必要，惟應由他人代書按指印人之姓名，記明事由並由代書人簽名，以確知係何人所為，蓋訴訟所為判決經確定，則有其既判力，原則屬紛爭解決之終局判斷，是影響相對人間權益甚鉅，是有於訴訟之初始即早確認人別代表性、同一性慎重之需。不過在現行的訴訟實務上，委託律師代理訴訟時，書狀內的簽名，都是以打字再加以蓋章，仍為一般通例。

又訴訟代理人如受當事人合法委任代為起訴，其代理權即無欠缺，起訴狀內簽名得僅由訴訟代理人為之，無須再由當事人簽名。

第118條（書狀內引用文件之添具及表格）

當事人於書狀內引用所執之文書者，應添具該文書原本或繕本或影本；其僅引用一部分者，得祇具節本，摘錄該部分及其所載年、月、日並名押、印記；如文書係他造所知或浩繁難以備錄者，得祇表明該文書。

當事人於書狀內引用非其所執之文書或其他證物者，應表明執有人姓名及住居所或保管之機關；引用證人者，應表明該證人姓名及住居所。

解說

　　依據本條的規定，書狀內引用文件時，必須提出文件的原本、繕本、影本或者是節本。那麼何謂原本、繕本、影本或節本呢？這是依文書的作成方法不同所作的區別。所謂「原本」是指由文書作成的人所作成的文書原件，因此「原本」，簡言之屬第一手的書類文件；而「繕本」就是依照原本所作成，而跟原本有相同內容的文書，通常僅作為證明、通知，於訴訟程序中多藉以完備書狀先行程序之用，令訴訟兩造於實際庭期中，能有效預先聚焦紛爭為辯明，令法院開庭之程序能完整發揮訴訟效能；「影本」是就原本影印而成；而「正本」就是繕本，但是對外效力跟原本有同樣的效力；而「節本」就是文書內容的一部分，而不是全部。

　　本條第2項所謂「保管之機關」是指書證或者是各種書狀，常常是政府各機關所保管，或者是公務員執掌的文書。依據本法第350條的規定，由機關或公務員保管的文書，無論其有無提出的義務，法院都可以調取。因此如果當事人表明，當事人的書狀內引用該管機關或者是公務員所持有的文書的時候，依據本條第2項的規定，要把保管的機關表明清楚，以便法院依據本法第350

條規定調取該件文書。

　　末就本條3項：「引用證人者，應表明該 證人姓名及住居所。」係因民事訴訟法「直接審理原則」之落實之需，蓋證人屬就對待證事實有直接知覺感觸之人，法院依直接審理法理，原則當須傳喚證人到庭就相關事項爲直接之陳述，以直接自證人陳述中就待證事項獲得鮮明之心證，是證人之姓名居住所之表述，係爲應法院將來可能之傳喚需求。

第119條（書狀及其附屬文件繕本之提出）
書狀及其附屬文件，除提出於法院者外，應按應受送達之他造人數，提出繕本或影本。
前項繕本或影本與書狀有不符時，以提出於法院者爲準。

解說

　　當事人所提出的書狀，在通常的情況下都必須把書狀的繕本及影本，送達給他造的當事人，以便他造的當事人對於文書的內容提出攻擊防禦方法。所以本條規定，書狀以及附屬文件，除了提出給法院的以外，必須按照受送達的他造人數，提出繕本或影本，例如：原告提出的準備書狀中，被告有三名，就必須提出三份繕本或影本。

　　若不按本規定依法院通知送達繕本或影本予他造時，恐難維已身之權益，例如民事訴訟法第267條1項：「被告於收受訴狀後，如認有答辯必要，應於十日內提出答辯狀於法院，並以繕本或影本直接通知原告；如已指定言詞辯論期日者，至遲應於該期日五日前爲之。」再酌286條之2：「當事人未依第二百六十七條……提出書狀或聲明證據者，法院得依聲請或依職權命該當事人以書狀說明其理由。當事人未依前項規定說明者，法院得準用第二百七十六條之規定，或於判決時依全辯論意旨斟酌之。」第

276條「未於準備程序主張之事項，除有下列情形之一者外，於準備程序後行言詞辯論時，不得主張之」或將生訴訟主張失權（即同法§276所載）之效果。

第120條（他造之閱覽）
當事人提出於法院之附屬文件原本，他造得請求閱覽；所執原本未經提出者，法院因他造之聲請，應命其於五日內提出，並於提出後通知他造。
他造接到前項通知後，得於三日內閱覽原本，並製作繕本或影本。

解說

　　本條第1項所稱的附屬文件，就是指在書狀內作為證據來使用的文書、圖案或是表冊之類的文書，這種附屬文件也應該隨同書狀，以繕本分別送達給對造的當事人。此次配合修正將「繕本」下增列「影本」。

　　如果當事人未提出附屬文件的原本，法院依據本條第1項規定，只能依據他造當事人的聲請，才可以命他在5日內提出；如果對方當事人自己不聲請的話，那法院也就沒有必要命其在5日內提出。

　　惟如當事人已聲請，則法院無命他造提出與否之裁量權限，該法規範已明載「法院因他造之聲請，應命其於五日內提出」，蓋文書或證據之形式真正，在訴訟實務上亦往屬得以聚焦攻防之點（蓋文書或證據之形式真正不備，則其當無後續或生實質證據力之效用），是原本之提出有助於該文書或佐證形式真正之釐清，而對受提出之對造有其必要。

第121條（書狀欠缺之補正）

書狀不合程式或有其他欠缺者，審判長應定期間命其補正。

因命補正欠缺，得將書狀發還；如當事人住居法院所在地者，得命其到場補正。

書狀之欠缺，經於期間內補正者，視其補正之書狀，與最初提出同。

解說

　　當事人所提出的書狀必須符合本法第116條到第120條的規定，假如他提出的書狀格式不符合或程式有欠缺，依據本條第1項，審判長應該定期間命提出該書狀的當事人加以補正。

　　審判長命當事人補正欠缺程式的書狀，他可以將書狀發還，如果當事人住在法院所在地的時候，可以命當事人到法院補正，因為書狀的欠缺，通常都是必須將書狀發還給當事人，才便利該當事人來補正。例如前面的例子，如果當事人沒有將法定代理人的姓名記載在書狀的時候，就必須將書狀發還給他，讓他補正，否則應命當事人自己到場補正。

　　如果當事人不遵照法院的補正命令來補正文書格式欠缺時，會發生什麼樣的效果呢？這個必須分別就不同情形來加以說明：

　　一、當事人所提出的書狀，如果是法律設有特別規定特殊程式的時候，例如：起訴狀依據本法第244條第1項，必須依照該條的特別規定來提出。又例如：上訴狀依據本法第441條的規定，也必須依特別的程式來提出。例如：再審書狀依據本法第501條的規定，也有特別的程式必須遵守，因此就這些特別的訴訟行為，本法有特別規定程式。當事人如果不遵守的時候，那他的訴訟行為就不合法，例如他的上訴狀內，沒有表明對第一審的判決不服的程度，以及應該如何廢棄或變更原判決的聲明，那麼他的

上訴程式就違背了本法第441條第1項第3款的規定程序，造成他的上訴不合法，會遭到法院以裁定駁回上訴的命運。

二、一般的書狀，如果不合程式或欠缺而不遵守法院命令補正的時候，會發生何種效果，就必須依照他書狀的性質來判斷。例如：當事人所提出的書狀，是為了解除訴訟代理人的委任，這種解除委任的書狀，依據本法第74條第1項的規定，非通知他造不生效力。因此如果當事人提出解除訴訟代理人委任的書狀，而不遵守法院的命令，提出繕本補正，造成法院無從將繕本送達給他造的時候，那麼他的解除委任書狀，因為沒有通知他造當事人，而不發生解除委任之效力。至於其他各種不遵守補正的命令，會發生什麼效果，同樣也都要看他所提的是何種書狀，必須補正的是何種欠缺，來加以具體的判斷。

當事人提起民事的「再審之訴」，沒有在書狀內依據民事訴訟法第501條第1項第4款後段的規定，表明其遵守不變期間的證據的時候，審判長是否必須依照本條的規定，以裁定命其補正？

實務上見解係認審判長不用命其補正。因為提起再審之訴，未依本法第501條第1項第4款後段的規定，記載遵守不變期間的證據，並不屬於本法第121條第1項的規定，書狀不合程式或有其他的欠缺，因此審判長不用裁定命其補正。

其他訴訟書狀內容之欠缺，法院無庸命補正之規範另有民事訴訟法第471條規定：「上訴狀內未表明上訴理由者，上訴人應於提起上訴後二十日內，提出理由書於原第二審法院；未提出者，毋庸命其補正，由原第二審法院以裁定駁回之。」上訴三審之上訴理由未備，於上訴狀提出後，未補充提出上訴理由者，法院待上訴提出20日後，即得逕駁回該訴。

實例

簡虹欠陳瑜新臺幣100萬元，屢經催告都不還，陳瑜就對簡虹提起民事訴訟，但是因為陳瑜不懂得依規定來購買司法狀

紙起訴，並且不按規定的格式來書寫，自己用十行紙就提起了
訴訟。請問法院應該如何處理？

依據民事訴訟書狀規則第2條，民事事件，除了依法得用言
詞外，應一律購用司法狀紙。如不購用司法狀紙的時候，依據本
法第121條的規定，應該由法院酌定期間，命其補正，如不遵守
補正命令，如果是起訴狀，則可認為是訴訟程式有欠缺，應認為
起訴不合程式，以裁定駁回。

第122條（聲明或陳述之方法）
於言詞辯論外，關於訴訟所為之聲明或陳述，除依本法應用書
狀者外，得於法院書記官前以言詞為之。
前項情形，法院書記官應作筆錄，並於筆錄內簽名。
第116條及第118條至第120條之規定，於前項筆錄準用之。

解說

當事人在進行民事訴訟的時候，常常必須作各種訴訟行為
以及向法院作各種的聲明及陳述，而當事人向法院作的各種陳述
行為，有時因為本法規定一定要以書狀為之，那麼當事人就一定
要以書狀為之，否則就不發生該訴訟行為的效力。但是除了硬性
規定一定要以書狀為之的訴訟行為以外，各種訴訟行為，依據本
條的規定，可以由當事人同時在法院書記官面前以言詞為之。
何種行為是一定要以書狀為之呢？例如：本法第59條第1項，參
加訴訟一定要用參加書狀才發生效力；第66條第1項，告知訴訟
一定要以書狀為之；第74條第2項，解除訴訟代理人的委任，一
定要以書狀為之；此外本法第165條第1項、第176條、第244條、
第262條、第265條、第441條、第459條第3項、第470條、第471
條、第481條、第488條規定的訴訟行為，都一定要以書狀才可
以，不許當事人以言詞為之。

除了前面所說的行為一定要以書狀為之外，其他的訴訟行為都可以在法院書記官面前以言詞為之，只不過依據本條第2項的規定，必須由法院書記官作成筆錄，並在筆錄中簽名才算生效。惟按強制執行法第32條聲明參與分配，應以書面為之，此情形下即無適用本條。

又若訴訟實務上，如訴訟庭中之重要表述，典型如庭中一造就不利於己之待證事實為自認，如書記漏為於筆錄詳載時，當事人或其訴訟代理人得當庭請求為即時修正，如當事人庭後發現存有缺漏記載亦得以提出聲請更正書狀為補救。

第二節　送達

第123條（職權送達原則）
送達，除別有規定外，由法院書記官依職權為之。

解說

在本章節中所講的都是送達的規定。「送達」是指法院書記官以送達的方式，將訴訟上的書狀或某一個特定的事項，通知特定的當事人或第三人，讓受送達人知道文書內容的行為而言。因此就送達的性質來分析，可知：

一、送達指的是法院書記官以法定的方式所為的行為，而且是根據公權力而為的行為，受送達的人有接受的義務，所以說，送達也是一種有強制性的訴訟行為。

二、送達指的是法院書記官以法定方式，將訴訟上的書狀或是某特定事項，使訴訟當事人或關係人有知道的機會。所以如果沒有特定的事項或書狀，也就沒有送達的必要；甚至即是有特定的事項要通知，但不需要用送達的方式的話，也不是此所謂的送

達。例如：本法第142條第2項中所規定的通知，並非此處所謂的送達。

三、送達之意是指法院書記官以法定方式，將訴訟上的書狀或某一特定事項，通知當事人或第三人的訴訟行為。當事人的意義，在第40條已作詳細的說明；而所謂的第三人，例如證人、鑑定人都包括在內。所以說送達必須對於特定對象為之，如果不是對於特定人依法定方式所為的通知行為，則不是這裡所指的送達。例如：本法第542條的公告，則不是這裡所指的送達。

送達除別有規定外，則法院的書記官依職權為之。所以原則上，送達都是由法院的書記官依職權而為的行為，只有在公示送達的時候，須依法律規定，而由聲請人聲請，並經過法院裁定准許之後，才可以為之（民訴§149Ⅰ）。

如果送達的行為，並沒有依照法律的規定而為的話，雖然是不合法，但是受送達的人如果確實已經收到的話，仍然產生送達的效力。

而本法中所規定的送達方式，有五種：1.交付送達，也就是第126條的規定；2.留置送達（民訴§139Ⅰ）；3.付郵送達（民訴§124Ⅱ）；4.囑託送達（民訴§125）；5.公示送達（民訴§149）。

所以當法院與當事人或其他訴訟關係人有文書往返的必要時，則須依據上述五種方法，將文書或是某種特定事項交付應受送達人，讓他有知道文書內容的機會。送達依所採基本原則的不同，有下列幾種：

一、當事人送達主義：指是否送達，乃是由當事人自己的意思決定。

二、職權送達主義：不問當事人意思如何，由法院依照其職權來送達。我國的民事訴訟法，就是以「職權送達主義」為原則，「當事人送達主義」為例外（民訴§149）。

三、直接送達主義：當事人直接委託送達機關而為送達。

四、間接送達主義：就是當事人須經法院書記官作為媒介，而委託法院的書記官為送達行為。我國民事訴訟法所規定的送達，原則上都是由法院書記官交由執達員或郵務機構為之，則採間接送達主義。

總之，送達在整個訴訟進行中，是非常重要的一環，必須要注意這些規定。

而本條為本章節的第1條規定，因此也就開宗明義的把送達的基本原則表示出來，也就是送達原則須採「職權送達主義」，也就是由法院的書記官依職權為之。另外一個原則也就是「間接送達主義」，即送達須由法院書記官或執達員或郵務機構為之，而不是由當事人直接送達。

至於送達的機關及送達的方法及其他相關規定，會陸續在後面各條詳加說明，在此先不介紹。

第124條（送達機關）

送達，由法院書記官交執達員或郵務機構行之。

由郵務機構行送達者，以郵務人員為送達人。

解說

本條所規定的是送達機關，依據本法的規定，送達機關有四個：

一、法院：依據本法第125條的規定，法院是囑託以及受囑託的送達機關之一。

二、法院書記官：法院書記官也是送達機關之一（民訴§123、124Ⅰ、126、151Ⅰ）。

三、執達員：是指辦理法院強制執行、債務人拘提及民事或行政訴訟文書送達等事務之人員，通常是一位書記官配置一位執

達員；其職掌主要即爲本節所述法院文書之送達或辦理強制執行
程序中須執行之事務，例如執行拘提、查封動產與不動產、拍賣
事宜、解送管收等。

　　四、郵務機構：依據本條的規定，郵務機構爲送達的時候，
以郵務人員（本條第2項的「郵差」一詞，仿郵政法用語，修正
爲「郵務人員」，以求一致）爲送達人。此次修法係爲配合郵政
事業民營化之趨勢，將「郵政機關」一併修正爲「郵務機構」，
以資概括涵蓋；又郵務機構送達訴訟文書，以送達地設有郵務機
構者爲限，且交由郵務機構送達之訴訟文書，法院應加具封套
（郵務機構送達訴訟文書實施辦法參照）。

　　雖然依據本法規定，送達的機關有法院、法院書記官、執
達員、郵務機構等四個，但是通常法院在送達各種書類的時候，
原則上都是以雙掛號交寄郵局郵務機構送達，只有在郵局送達不
到，而當事人依法聲請「指送」的時候，才會由執達員協同來送
達。

　　又官署、學校、工廠、商場、事務所、營業所或其他公私團
體內之執事人或居住人爲應受送達人時，郵局信差爲便利起見，
得將文書付與上列各機關內接收郵件人員，此項接收郵件人員，
視爲民事訴訟法第137條規定之同居人或受僱人，視爲合法送
達，爲郵局送達訴訟文書實辦理第7條所明定。它種訴訟或非訟
程序，亦有準用民事訴訟法中關於送達之規定，如關於訴願案件
送達書類之詳細方法，在訴願案件送達書類法中未規定者，參照
司法院院字第716號及第992號解釋意旨，即應準用民事訴訟法中
關於送達之規定。

第125條（囑託送達）
法院得向送達地地方法院爲送達之囑託。

解說

本條所規定的是，法院可以向送達地的地方法院囑託送達。這是因為，如果應該送達的地方是在法院的管轄區域之外，如果一定要由該法院自行送達的話，有時難免發生不便，例如：在臺北地方法院因為共同被告之一是住在澎湖，而文書又屢次送達不到，則臺北地方法院可以囑託由澎湖地方法院送達，較為便利。因此本條規定，可以向送達地的地方法院為送達的囑託。

第126條（交付送達）
法院書記官，得於法院內，將文書付與應受送達人，以為送達。

解說

書記官與執達員或者是郵務人員，雖然都是送達的機關，但是在送達的時候，其方法有所不同。因為執達員或郵務人員送達的時候，通常必須向應受送達人的住所、居所、營業所或事務所為送達，而不能將當事人叫到法院來而為送達。但是如果是法院書記官自己親自送達的時候，他就可以依據本條的規定，可以在法院內直接將文書交給應受送達的人來作為送達的方法。

舉例而言，當事人於開庭時當庭遞交訴狀，該份書狀經由書記官遞交法官，此時書記官應於當庭遞交之書狀正本記錄收狀日期，並交與另一造當事人並要求簽收，此時當事人之繕本經由書記官遞與另一方當事人，亦為送達。不過應注意的是原則上法院不接受當庭遞交書狀，因此除非時間過於急迫（如開庭前3天始收到對造書狀）無法於庭前遞狀，否則應儘量避免，不然或反生因不能於訴訟程序中有效攻防，致遭突襲裁判之風險。

第127條 (對無訴訟能力人之送達)
對於無訴訟能力人為送達者，應向其全體法定代理人為之。
法定代理人有二人以上，如其中有應為送達處所不明者，送達
得僅向其餘之法定代理人為之。

解說

　　法院送達文件的時候，原則上應把文件交給應該收受送達的本人才可以。但是如果有例外的情形，法院依照法律的規定，可以向本人以外的人作文書的送達，例如：

　　一、對於無訴訟能力的人作文書送達的時候。依據本條的規定，應該向法定代理人為送達，這是因為無訴訟能力的人，他自己沒有辦法作有效的訴訟行為，或接受對造所作的訴訟行為。因此如果法院在對無訴訟能力的人送達時，就必須向法定代理人為之；如果違反本條的規定，而向本人送達的時候，就不發生送達的效力。

　　二、法定代理人如果有二人以上，無論是共同代理或者是單獨代理，只要向其中任何一個人為送達，就算合法，而且也可以僅送達一件文書即可。然因原規定並不明確，爰修正第1項及第2項，對於無訴訟能力人為送達者，應向其法定代理人全體為之，如有應為送達處所不明者，始得向其餘之法定代理人為之。

　　又公司為送達，參照本條第1項之規定，應向其法定代理人為之。

　　三、又公司為送達，參照本條第1項之規定，應向其法定代理人為之，而公司董事長依公司法第208條第3項規定對外代表公司，是即為通知送達之人。又依同法第12條明定，公司設立登記後，已登記之事項有變更而不為變更之登記者，不得以其事項對抗第三人。故公司設立登記後，董事長如有變更，應經登記始得對抗第三人；又如訴訟程序中，相對人為股份有限公司，依聲請

人所呈報之公司變更登記事項表，該股份有限公司已廢止或解散登記，惟未向法院聲請清算，股東會亦未選任清算人，此時法院通知應送達何人？又所出具之委任狀委任人部分應由何人具名始合法對此問題實務見解認為公司既經主管機關廢止，解散登記，宜解為當然進入清算程序，全體董事即為當然清算人，依公司法第334條準用第85條規定，如未推定一人或數人代表公司時，法院通知對任一董事送達即屬合法。

第128條（對外國法人團體之送達）
對於在中華民國有事務所或營業所之外國法人或團體為送達者，應向其在中華民國之代表人或管理人為之。
前條第2項規定，於前項送達準用之。

解說

對於在中華民國設有事務所或營業所的外國法人或團體必須為送達的時候，依據本條的規定，不得向該外國法人或團體的主事務所或主營業所為送達，而必須直接向他在中華民國的代表人或管理人為送達，這是為了送達便利起見，因為他們既然在中華民國設有事務所、營業所、則直接向在中華民國的代表人或管理人送達較為便利。

如果外國法人在中華民國的代表人、管理人有二個以上的時候，則準用前條第2項之規定，向任何一個代表人或管理人為送達，就算合法送達。

第129條（對軍人之送達）
對於在軍隊或軍艦服役之軍人為送達者，應囑託該管軍事機關或長官為之。

解說

　　本條所規定的是，對於在軍隊或軍艦服兵役的軍人要如何送達。過去本條原規定，直接向該軍人的長官送達，即屬合法。這是因為軍人在服兵役期間內，為了軍事上的需要，經常要換防或進行各種戰備訓練，在這種情況下，如果一定要對該軍人直接送達的話，恐怕會影響到軍隊的紀律，因此本條規定，直接向該管長官送達，就發生合法送達的效力。至於該長官是不是有轉交給他本人，或者是轉交有無遲誤，或實際本人有沒有收到，一概不論。然而惟如該長官於收受文書後遲未轉交應受送達的人，影響當事人權益至鉅，故配合修正為應囑託該管長官為之，以保障應受送達人的法律上權益，又郵務機構對於在軍隊、軍艦服役之軍人，或在監所之人，依法囑託該管軍事機關、長官或監所長官送達者，郵務機構得向該管軍事機關、長官或監所長官指定之處所或特種信箱行之；同時本條的適用並不限於在國內服役的軍人，在國外或出戰者亦有其適用。而該應受送達的當事人現駐防何處，或為機密，僅主管軍事機關知悉，故增列該管軍事機關為受囑託送達機關，以臻周延。

　　又若送達軍人之住所，則難以確定得獲會晤，是故特定本法，以維軍人之權益。

第130條 （對在監所人之送達）
對於在監所人為送達者，應囑託該監所首長為之。

解說

　　對於在監所的人送達的時候，依據本條的規定，應該向監所的首長送達。此次係配合修正為應囑託該監所首長為之，其理由同前條的相關修正說明。

　　又如當事人為在監所人，而逕向其住居所送達者，縱經其同

居人或受僱人受領送達，亦不生送達之效力，蓋收流於監所之人其對外通訊自由受其相當之侷限，如肯認前開送達之效力，對受收留人確生一定之不利益，蓋其同居人或受僱人或難及時將前開事項轉知受通知人。

第131條（商業訴訟事件之送達）
關於商業之訴訟事件，送達得向經理人為之。

解說

　　關於商業的訴訟事件，本條規定得向經理人為送達。因此法院除了可以向真正的訴訟當事人送達以外，也可以向經理人送達，兩者任由法院選擇，而不是一定要向經理人送達。就本處經理人之認定，應參考民法或公司法關於經理人之相關規定認定，且不以是否具有經理人之職銜形式認定，若經合法授權簽名者，縱使職稱上非經理而是冠以「財務長」等職銜仍可認定其為經理人。

第132條（對訴訟代理人之送達）
訴訟代理人受送達之權限未受限制者，送達應向該代理人為之。但審判長認為必要時，得命送達於當事人本人。

解說

　　依據本法第70條第1項規定，訴訟代理人就其受委任的事件，有為一切訴訟行為的權利，既然有一切訴訟行為的權利，當然也包括收受送達的權利。

　　訴訟代理人依前項說明，既然有一切訴訟行為的權利，那本條還規定「訴訟代理人之權限未受限制者」（過去條文易使人

誤解為訴訟代理人被授予受送達的權限者，方得向其送達。爰修正為訴訟代理人受送達之權限未受限制者，送達應向該代理人為之，以期明確），這是因為如果當事人在委任的時候，在委任狀內表明不委託該訴訟代理人收受送達，也就是當事人在委任的時候，表明送達必須向當事人本人為送達，而不得向訴訟代理人為送達，在這種情況下，訴訟代理人收受送達的權限受到限制，因此法院就不可以向該訴訟代理人為送達，除此之外，訴訟代理人當然有收受送達的權限。

第133條（送達代收人之指定及不指定之效果）
當事人或代理人經指定送達代收人向受訴法院陳明者，應向該代收人為送達。
原告、聲請人、上訴人或抗告人於中華民國無送達處所者，應指定送達處所在中華民國之送達代收人。

解說

本條所規定即指「送達代收人」。而所謂「送達代收人」，是由當事人指定一位本來即沒有收受送達權限之人當作送達代收人，而由法院將所有有關的訴訟書類，完全由該代收人來代當事人收受送達，以達到便利的效果，這就是「送達代收人」。因為沒有指定送達代收人的話，法院的文件一定要送達給當事人本人，這時如果當事人居住是在管轄區域之外，或者經常不在家或常年出國，則會造成法院文書無法送達，影響訴訟的進行。因此如果當事人自己認為收受送達有困難，就可以自行依據本條的規定，自行指定送達代收人，向受訴法院陳明。立法院更於民國110年1月20日新增第2項，明確要求「開啟新程序者」（原告、聲請人、上訴人或抗告人）若於中華民國無送達處所者，應另外指定送達處所在中華民國之送達代收人，以便利法院及對造送達

訴訟文書，增加審理之效率[1]。

如果當事人已經依據本條的規定，指定送達代收人，並且向受訴法院陳明之後，如果法院沒有依照當事人的陳明將訴訟書類送達給送達代收人，而是直接將文書送達給當事人本人的時候，倘若本人確有收到文書的話，依過去之實務見解仍然認為已發生合法送達的效力。不過最高法院84年度第4次民事庭會議決議已於民國90年決議停用，因此，目前如法院沒有依當事人的陳明將訴訟書類送達給送達代收人，而是直接將文書送達給當事人本人，其送達之合法性將有爭執之空間。

送達如果向當事人所指定的送達代收人送達時，就發生送達的效力。至於送達代收人在收受送達後，有沒有把文書轉交給當事人本人，都不影響送達的效力。

此外，若當事人於第二審委有訴訟代理人，在其委任書內，並指定其為送達代收人時，此項記載，與另行指定送達代收人之情形有別，原則無另生指定送達代收人之效果，蓋訴訟代理人本即有收受送達之權限。故如接續生有上訴第三審之情時，如未委任原訴訟代理人，則依本院43年台抗字第92號判例意旨，第三審送達文件，應向當事人本人或其另委之第三審訴訟代理人為之，不得再向該第二審訴訟代理人送達，蓋原訴訟代理人之代理權限，不若送達代收人之指定得有複數審級之效力。

實例

原告甲、乙在新竹地院對丙提出民事訴訟，第一審時甲委任張律師為訴訟代理人，並指定張律師為送達代收人。另乙未委任訴訟代理人僅指定李四為送達代收人。第一審判決原告全

---

[1] 司法院官方網站，司法院第183次院會通過民事訴訟法、民事訴訟法施行法部分條文修正草案新聞稿，網址：https://www.judicial.gov.tw/tw/cp-1887-199797-f4a97-1.html（最後閱覽日：2021年2月1日）。

部敗訴，甲另委任陳律師訴訟代理人提出第二審，謂另外指定送達代收人，請問：1.如高院將開庭通知向張律師及李四送達是否合法？2.如高院將開庭通知直接向甲和乙送達是否合法？3.又問上訴期間之起算如兩律師收受送達期間不同，則應自何時點起算之？

　　1.送達予張律師不合法。因訴訟代理人僅及一審，雖然送達代收人可及於各審級上。但因張律師係一審之訴訟代理人本即有代為收受送達的權限，不能再被指定為送達代收人，因此在一審指定張律師為送達代收人並不合法不生送達代收人之效力。又因訴訟代理人僅及於第一審，第二審張律師未再被委任為訴訟代理人，因此高等法院再向張律師送達屬不合法。

　　2.向甲本人送達合法，因依本法第132條規定有訴訟代理人時，審判長認為必要時，仍得命送達於當事人本人。向乙本人送達則不合法，因乙已經指定送達代收人，而送達代收人並未如本法第132條規定審判長認為必要時，仍得命送達於當事人本人之規定，所以如有合法指定送達代收人時，法院一定要向該送達代收人為送達始為合法。

　　3.因訴訟代理人僅及一審，雖然送達代收人可及於各審級上。但因張律師係一審之訴訟代理人本即有代為收受送達的權限，不能再被指定為送達代收人，是甲、乙兩律師備同等，即原審級訴訟代理人之地位，參本法第71條：「訴訟代理人有二人以上者，均得單獨代理當事人。」則以先收受律師之收受送達時點為上訴期間之起算。

第134條（指定送達代收人之效力）
送達代收人，經指定陳明後，其效力及於同地之各級法院。但該當事人或代理人別有陳明者，不在此限。

解說

送達代收人經過當事人向受訴法院陳明以後，送達代收人的收受送達權限，及於同地的各級法院。

各級法院所指的是：因為本法採三級三審制，因此效力及於同地的各級法院，也就是在同一個地區的地方法院、高等法院、最高法院，送達代收人都可以代當事人來收受送達。例如：甲住在新北市新店區，甲指定住在臺北市的乙為送達代收人，並向臺北地方法院陳明，如果將來甲的訴訟事件上訴到臺灣高等法院或者最高法院的時候，法院的書記官都應該向乙為送達，蓋此類送達指定權限亦一定程度體現訴訟當事人之程序主體權限。

第135條（應送達之文書）
送達，除別有規定外，付與該文書之繕本或影本。

解說

所謂「繕本」或影本，請參照本法第118條的解說，於此不再重複說明。

送達除了別有規定以外，應交付文書的繕本或影本。所謂「別有規定」，是指如果法院有特別規定必須送達正本時，就應該以正本送達，而不能依據本條之規定，僅送達繕本或影本。例如：依據本法第229條第1項的規定，判決書應送達正本；再例如：本法第232條，裁定書應送達裁定正本。

第136條（送達之處所）
送達於應受送達人之住居所、事務所或營業所行之。但在他處會晤應受送達人時，得於會晤處所行之。
不知前項所定應為送達之處所或不能在該處所為送達時，得在

> 應受送達人就業處所為送達。應受送達人陳明在其就業處所收
> 受送達者,亦同。
> 對於法定代理人之送達,亦得於當事人本人之事務所或營業所
> 行之。

解說

　　送達的目的是在於使應送達的文書,能夠確實交付到應受送達人,以便受送達人能夠了解文書的內容,而依法作各種訴訟行為。所以本條第1項特別規定,送達的處所原則上應該是受送達人的住居所、事務所或營業所。惟現今社會工商業發達,多數人白天恆在外工作,送達於其住、居所諸多不便,為因應實際需要,特增訂第2項,明定得在應受送達人就業處所為送達。又如應受送達人已陳明在其就業處所受送達者,自亦得向該就業處所為送達。但是如果有下列兩項例外情形時,可以不必送達受送達人的居住所或營業所、事務所:

　　一、如果在其他地方會晤到受送達人的時候,可以在會晤的地方,直接就把文書送達給受送達人。

　　二、對於法定代理人的送達,也可以在本人的事務所或營業所為送達;將原第2項移列為第3項。

實例

　　甲銀行的總行設在高雄,另在臺北設有分行,請問甲銀行的總行向高雄地方法院提起訴訟,在起訴狀的住居所記載臺北分行的地址,受訴法院如果依照甲銀行起訴狀所載的地址將文書送達給甲銀行,並由甲銀行臺北分行的職員來收受送達,請問送達是否合法?

　　送達合法。依據本條第1項的規定,送達應該送到應受送達人的「營業所」而非「主營業所」,所以本條所謂的營業所,當

然就包括主營業所和分營業所在內。因此本題的情形，甲銀行既以臺北分行的地址記載於起訴狀的住居所欄內，即有以臺北分行所在地址為甲銀行處理該訴訟事件之營業所的意思，因此送達仍屬合法（75年廳民一字第1518號函復台高院）。

> **第137條**（補充送達）
> 送達於住居所、事務所或營業所不獲會晤應受送達人者，得將文書付與有辨別事理能力之同居人或受僱人。
> 如同居人或受僱人為他造當事人者，不適用前項之規定。

解說

如果送達時沒有遇到應受送達本人，依本條的規定，可以把應送達的文書交給當事人的同居人或受僱人，只要他的同居人或受僱人有辨別事理的能力就可以。

本條所謂的「同居人」，並不是指住在同一戶的一家人，而是指與受送達人居住在同一地方，繼續共同為生活者而言，而不以婚姻關係或血緣關係之具備為要件。而所謂「受僱人」就是被僱用，長期服勞務者而言，並且不是屬於臨時僱用的性質，如果受僱用人只是為了特定的目的或是計日、計件的臨時工作，而與僱用人無一定密接關係者，都不屬於本條的受僱人，早期例如佃戶與土地所有人間之關係即不備代收送達之權限，現時例如單日約僱型之清潔人員等。又同條內載記「有辨別事理能力」係指有普通常識，能了解送達之作用及效果之人，而非幼童或有精神病者而言，若代收送達之同居人為幼童，即不能認為合法送達，自不生送達之效力，即所謂「有辨別事理能力」乃依具體事證為個案判斷，並無類同行為能力等類似之明確年齡限制準據；但如實際上已將文書轉交應受送達人，則應以應受送達人實際收受文書之時，為送達發生效力之時。

　　本條的規定目的在於方便送達以利訴訟的進行，否則如果當事人經常外出辦事而不在他的住居所、營業所、事務所，則會造成法院各種書類的送達會有很大的不便。因此只要當事人的同居人或受僱人有辨別事理的能力，都可以代替當事人來收受文書的送達，受僱人的認定不以公司員工爲限，曾有法院判決認爲大廈管理員亦屬本條之受僱人。

　　如果受僱人或同居人是訴訟的對造當事人的時候，因爲彼此有利害相衝突的關係，因此不能夠代替對造當事人來收受文書的送達，即使是同居人或受僱人也不能代替訴訟的對造當事人收受文件的送達，即使是同居人或受僱人也不能代替訴訟的對造當事人收受文件的送達，否則或生身爲利害衝突之訴訟當事人即對造，刻意隱匿應送達之文書致他造無從知悉相關送達文書內容之風險。

第138條（寄存送達）

送達不能依前二條規定為之者，得將文書寄存送達地之自治或警察機關，並作送達通知書兩份，一份黏貼於應受送達人住居所、事務所、營業所或其就業處所門首，另一份置於該送達處所信箱或其他適當位置，以為送達。

寄存送達，自寄存之日起，經十日發生效力。

寄存之文書自寄存之日起，寄存機關應保存二個月。

解說

　　本條的規定也是爲了便利文件的送達，因此如果依據本法第136條以及第137條的規定，都沒有辦法將文件送達的時候，始得爲寄存送達。故其使用方式自應較一般送達謹愼，方足以保護應受送達人之權益，爰修正原條文，並改列爲第1項。

　　將文書寄存給送達地的自治或警察機關的時候，就發生送達

效力，而不是以應受送達人前往自治或警察機關領取時，才發生送達效力。

依據本條的規定，寄存送達一定要具備下列要件：

一、不能依本法第136條及第137條爲送達的時候。

二、必須製作送達通知書，一份黏貼在應受送達人的住居所、事務所或營業所的門口；另一份置於該送達處所信箱或其他適當位置，以爲送達（然目前實務上當郵務人員拒絕爲寄存送達時，法院往往無法爲任何要求，以致使寄存送達法律明文的效力受到質疑），如果兩者缺一，都不能算是合法的送達（64台抗481參照）。例如：送達的時候，的確不能照第136條及第137條的規定來送達，但是送達人卻直接把文件送達到自治或警察機關寄存，而沒有將送達通知書黏貼在受送達人的住居所、事務所、營業所的門口，也不發生送達的效力。

本條之所以規定一定要將送達通知書黏貼在受送達人的門口，及將另一份置於該送達處所信箱或其他適當位置，那是爲了通知受送達人，如果回來的時候，可以依據門口的通知書及信箱或其他適當位置了解有應收受通知書的情況，前往自治或警察機關領取訴訟文書；如果沒有黏貼送達通知書，則當事人根本不知道有訴訟文件在自治或警察機關待其領取，對於當事人的權利有所損害。

另外，當事人因外出工作、旅遊或其他情事而臨時不在應送達處所之情形或者以變更該原住居所、事務所或營業所，時有所見，爲避免其因於外出期間受寄存送達，不及知悉寄存文書之內容，致影響其權益，爰增列第2項，明定寄存送達自寄存之日起，經10日發生效力。至應受送達人如於寄存送達發生效力前領取寄存文書者，應以實際領取的時候爲送達之時，乃屬當然。

同時也爲求明確，爰增列第3項，明定寄存機構應保存寄存文書的期間，以免爭議的發生。最後，作成本條所定之通知書

人，依本條立法旨趣，應即屬於該條所定將文書寄存之人（即執達員）。

> **第139條**（留置送達）
> 應受送達人拒絕收領而無法律上理由者，應將文書置於送達處所，以為送達。
> 前項情形，如有難達留置情事者，準用前條之規定。

解說

　　本條所謂的「應受送達人」，非僅以當事人本人為限，凡依同法第127條至第134條規定應受送達之人，與第137條所定應受補充送達之人，均應認為包括在內（詳參27抗731）。

　　應受送達人如果沒有法律上的理由而拒絕受領的時候，送達人就可以直接將文書留在送達處所，就算合法送達。

　　受送達人如果有法律上的理由而拒絕受領的時候，送達人就不能依據本條的規定將文書留置送達。例如：受送達人表明未經法院許可，不能在星期例假日為送達（民訴§140），或是受送達人表明是他造的當事人，依法不能收受送達，這時他們就算是有法律上的理由，可以拒絕收受送達。

　　本條第2項規定，如果有難達留置的情形時，可以依據前條的規定，將文件交給受送達人的住居所、事務所、營業所所在地的自治警察機關，寄存送達。

　　惟設受送達人拒不收受判決，而法院未為留置送達，而逕以公示送達或囑託送達等他送達程序為之，其所踐程序顯非合法，其相關文書之送達自始不生效力。

　　何謂「難達留置」？例如：受送達人住所為大樓，並交代大樓管理員不許讓送達人進入，致使送達人只知道他拒絕受領，而無法將文書留置在受送達人的處所；簡言之，何程度符合「難達

「留置」應綜酌社會事實以爲評判，否則若以列舉方式爲之，考酌社會事實之多樣性，或生掛一漏萬之風險。

第140條（送達時間）

送達，除依第124條第2項由郵務人員爲之者外，非經審判長或受命法官、受託法官或送達地地方法院法官之許可，不得於星期日或其他休息日或日出前、日沒後爲之。但應受送達人不拒絕收領者，不在此限。

前項許可，法院書記官應於送達之文書內記明。

解說

　　本條規定的是送達的時間。依據本條的規定，送達原則上必須在星期日、休息日以外的時間，以及日出後、日沒前爲送達才可以。如果要在星期日、休息日或日出前、日沒後爲送達的時候，一定要獲得法官的許可。如果沒有獲得法院法官許可，而逕在星期日爲送達的時候，受送達人可以拒絕收受。但是如果受送達的人明知道是在星期日、休息日或是在日出前、日沒後送達，仍不拒絕受領（不以認識到其依民事訴訟法§140有拒收送達文書之權限爲主觀要件），而簽收文件的話，那麼送達就算是合法。

　　法院法官許可書記官在星期例假日，或日出前、日沒後送達的時候，必須將許可的事由，記明在送達的文書內。

　　依據本條的規定，可以在星期日、休息日或夜間送達的例外情形，有二種情形：

　　一、經法院法官許可。

　　二、受送達人不拒絕受領。

　　法院的訴訟文書如由郵務機構於休息日或夜間送達，尚不致影響受送達人的平常日常作息，應無禁止之必要，故規定依第

124條第2項由郵務人員送達者，無須審判長等許可，即得於休息日或日出前、日沒後爲之。

第141條（送達證書）

送達人應作送達證書，記載下列各款事項並簽名：

一、交送達之法院。

二、應受送達人。

三、應送達之文書。

四、送達處所及年、月、日、時。

五、送達方法。

送達證書，應於作就後交收領人簽名、蓋章或按指印；如拒絕或不能簽名、蓋章或按指印者，送達人應記明其事由。

收領人非應受送達人本人者，應由送達人記明其姓名。

送達證書，應提出於法院附卷。

解說

　　本條所規定的是送達證書的製作方式。爲什麼要有「送達證書」？因爲訴訟的文書究竟有沒有合法送達，或者是什麼時候送達，對於當事人的權益有重大影響。爲了使法院可以確實知道送達是否眞正送到當事人手中，或者是送達時間爲何日何時，必須製作送達證書，以利法院的判斷。如果沒有製作送達證書，法院將判決書送達給當事人，就不知道什麼時候當事人才收到判決書，那麼上訴的期間就無從加以起算（因爲上訴期間是從當事人收受送達的那天才開始起算）。所以送達證書的製作，是爲了使法院正確判斷是否合法送達以及何時送達的方法。

　　本條第2項規定若受領人拒絕簽名的時候，應該由送達人記明事由。所謂拒絕簽名，只是拒絕在送達證書上簽名，並不包括拒絕收受文書在內。

收領人非應受送達人本人者，收領人雖於送達證書上簽名、蓋章或按指印，惟嗣後有時難以辨認係何人所為，爰增設第3項規定應由送達人記明收領人的姓名，以杜日後的任何爭執。

送達人按照定式作成之送達證書為公證書，非有確切反證，應受送達人不得否認其曾受送達；又送達之年月日時，若法院與當事人間生有認識上歧異，除有反證外，以送達證書所記載者為準。

第142條（不能送達時之處置）
不能為送達者，送達人應作記載該事由之報告書，提出於法院附卷，並繳回應送達之文書。
法院書記官應將不能送達之事由，通知使為送達之當事人。

解說

如果送達依據本法第136條至第139條所定的方法，都沒有辦法送達的時候，送達人應該作成記載不能送達原因的報告書，提出於法院，並且把本來應該送達給當事人的文書繳回法院。

如果不能送達的時候，法院書記官必須將不能送達的事由，通知使為送達的當事人，以便由當事人自行查報應受送達人的正確住居所及事務所、營業所，或者是依法聲請公示送達。通知的目的也是在使當事人可以確保其起訴的合法，因為當事人的住居所是屬於訴訟所必備的程式，如果記載的住居所有所錯誤，造成法院沒有辦法送達，這時應該讓原告有機會知道送達的地址有錯誤，或是送達的地址不明，而讓當事人有機會聲請公示送達，或者是另行查報住址。否則如果沒有通知當事人的話，會造成當事人不知道無法送達，而沒有聲請公示送達，也沒有另外查報新住址，造成他的訴訟遭到裁定駁回的命運。因此本條第2項規定，應將不能送達的事由，通知使為送達的當事人。

第143條（送達之證據方法）
依第126條之規定為送達者，應命受送達人提出收據附卷。

解說

　　依據本法第141條規定，有沒有合法送達以及送達的日期為
何時，關係到當事人的權益甚鉅，因此必須製作送達證書讓法院
知道有無合法送達以及送達的日期。但是如果法院書記官是依據
本法第126條的規定，在法院就將文書送達給受送達人的時候，
就沒有機會依據第141條作成送達證書附卷，所以本條特別規
定，在這種情形下，應該命受送達人，提出收據附卷來代替送達
證書，以使法院明瞭到底當事人是幾月幾日收受送達。

第144條（對於有治外法權人之送達）
於有治外法權人之住居所或事務所為送達者，得囑託外交部為
之。

解說

　　治外法權（Extraterritoriality），乃謂國家對某些外國人民，
依國際習慣法或條約之規定，不行使司法管轄權而免除之。享有
此項權利之人，即使實際上處於他國管轄範圍之內，仍然受其本
國法律之管轄，該他國則消極不行使所備之司法權主權。一般適
用對象包括外國元首、外交代表和領事人員，以及國際組織及其
職員，甚或擴及其親眷；而豁免範圍則視其身分涵括刑事或民事
管轄權。

　　外國駐在本國的外交人員以及家屬，通常都享有治外法權。
因此如果是外國駐在中華民國的外交人員或前開享有治外法權之
人與本國人民在中華民國有發生民事訴訟的時候，文書的送達依

據本條的規定，法院可以囑託外交部向有治外法權的人送達文書。但是如果法院送達給有治外法權人的住居所、事務所沒有困難，或者是已經完成送達的時候，也可以直接由法院把文書送達給享有治外法權的人。

第145條（對於外國為送達）
於外國為送達者，應囑託該國管轄機關或駐在該國之中華民國使領館或其他機構、團體為之。
不能依前項規定為囑託送達者，得將應送達之文書交郵務機構以雙掛號發送，以為送達，並將掛號回執附卷。

解說

　　在外國送達的時候，因為本國的司法機關並沒有辦法在外國執行職務，所以如果應於外國送達的時候，依據本條的規定，必須以囑託的方式才能送達。然於外國為送達者，以囑託該國管轄機關或駐在該國的我國大使、公使或領事為之為原則（此次修法將「大使、公使、領事」修正為「使領館」），惟若我國在該外國未設有使領館者，囑託送達即生困難。為配合實際之需要，爰修正第1項，規定其他適當之駐外機構或團體亦得受囑託送達。

　　依據本條的規定，在外國送達可以囑託的機關有兩個：第一個是受送達國的管轄機關；第二個是中華民國駐在該受送達人國家的使領館。必須注意的是，如果受囑託的機關是中華民國駐外的使領館來送達，當然沒有問題；但是如果受囑託的是外國的管轄機關，必須注意到該國與我國有沒有此項囑託協助的條約，或者是相當的國際慣例，可不可以向他國為此項囑託。

　　同時若於外國未設有任何駐外機構或團體以致無法為囑託送達時，應如何處理，過去法無明文，爰增設第2項，得將應送達的文書交郵務機構以雙掛號發送的規定，以利適用。又此項送

達，仍以應受送達人實際收受時為送達之時，乃屬當然之理，毋庸贅述。

又若當事人經常入出國境，出境前往之國家及國外住所地，既無相關資料可供查詢時，按最高法院民事98年台抗字第358號裁定，應行國外公示送達程序。

第146條（對於駐外使節之送達）
對於駐在外國之中華民國大使、公使、領事或其他駐外人員為送達者，應囑託外交部為之。

解說

前條所規定的是中華民國使領館（配合我國駐外機構或團體，不以使領館為限），受法院的囑託來送達文書給訴訟的當事人。而本條所規定的是，中華民國的大使、公使、領事或其他駐外人員（原條文規定「大使、公使或領事」，未能涵括派駐國外之其他駐外機構或團體，其地位相當於大使、公使或領事之人員，爰增列「其他駐外人員」，以資周全），自己就是應該收受文書送達的當事人或代理人或送達代收人的時候，在這種情形下，依據本條的規定，法院必須囑託外交部來送達。

對於應送達於居住在外國或海外地區之應受送達人（自訴人、被告、告訴人、附帶民事訴訟當事人、代理人、辯護人、輔佐人）之刑事訴訟文書，不論我國在該國或該地區有無設使領館或其他代表機構，可否由法院書記官在臺用雙掛號郵件經由郵局逕寄？按司法行政部(67)台刑(二)字第581號函釋明揭，如對於我國設有使領館或駐外代表機構之國家或地區送達刑事訴訟文書時應囑託外交部為之，對於我國未設使領館或駐外代表機構之國家或地區送達刑事訴訟文書時應依司法行政部64年3月3日台(64)函民字第1858號函所定辦理程序第二項函請最高法院辦理，不能逕

以雙掛號郵寄。

第147條（刪除）

第148條（囑託送達後之處置）

受囑託之機關或公務員，經通知已為送達或不能為送達者，法院書記官應將通知書附卷；其不能為送達者，並應將其事由通知使為送達之當事人。

解說

依據本條的規定，法院通常必須以囑託的方式來囑託其他機關送達，例如：本法第125條規定，由法院囑託其他的法院送達；本法第145條，囑託外國的該管機關或駐在外國的中華民國使領館或其他機構、團體送達；第129條，囑託軍事機關首長來送達。

法院依據這些規定來囑託各個相關機關送達時，到底受囑託的機關實際上有沒有將文書送達到當事人手中，法院不得不有所了解，以利法院處理訴訟的進行。因此本法特別規定，受囑託的機關或者是公務員經通知法院已為送達或不能送達時，法院書記官必須將通知書附卷，以使法院能夠清楚到底送達的情形如何。

本條規定，必須將不能送達的事由，通知請求送達的當事人，是因為如有不能送達的情形，通常都會符合公示送達的要件（民訴§149）。而公示送達原則上必須依當事人的聲請，才可以公示送達，法院原則上不能依職權為公示送達，因此為了保障當事人請求合法送達的權利，以及訴訟得以合法進行，本條後段特別規定，必須將不能送達的事由通知使為送達的當事人。

第149條（聲請公示送達之要件）

對於當事人之送達，有下列各款情形之一者，受訴法院得依聲請，准為公示送達：

一、應為送達之處所不明者。

二、於有治外法權人之住居所或事務所為送達而無效者。

三、於外國為送達，不能依第145條之規定辦理，或預知雖依該條規定辦理而無效者。

駁回前項聲請之裁定，得為抗告。

第1項所列各款情形，如無人為公示送達之聲請者，受訴法院為避免訴訟遲延認有必要時，得依職權命為公示送達。

原告或曾受送達之被告變更其送達之處所，而不向受訴法院陳明，致有第1項第1款之情形者，受訴法院得依職權，命為公示送達。

原告、聲請人、上訴人或抗告人未依第133條第2項規定指定送達代收人者，受訴法院得依職權，命為公示送達。

解說

　　所謂「公示送達」，是一種特殊的送達方法，是由法院的書記官將本來應該直接送達給當事人的文書，以公告在新聞紙及法院牌示處的方式通知當事人。經過法定期間，就發生合法送達的效力，此即稱「公示送達」。由於此種方式影響當事人權益甚大，因此本法規定公示送達的要件特別嚴格，必須符合本條所規定的三款要件之一，才可以聲請公示送達。

　　一、應為送達的處所不明。民事訴訟法第149條第1項第1款所謂「應為送達之處所不明者」，係指已用相當之方法探查，仍不知其應為送達之處所者而言。其「不明」之事實，應由聲請公示送達之人負舉證之責任，而由法院依具體事實判斷之，如果只是聲請人他自己不知道對造當事人應受送達處所，就不是屬於不

明，而只是他自己不知道。一般法院判斷前開舉證完備與否的標準，都是必須由當事人向戶政機關提出應受送達人的戶籍謄本之後，法院依據戶籍謄本的地址送達，仍然無法送達，查無其人的時候，才會認定應為送達的處所不明。另外，如果當事人自己明明知道對造的住所，而故意指稱所在不明，聲請公示送達，法院也沒有加以詳查就准許公示送達，這時候除非他造當事人來追認這個訴訟程序，否則他造當事人可以依據本法第496條第1項第6款：「當事人知他造之住居所，指為所在不明而與涉訟者。但他造已承認其訴訟程序者，不在此限。」對確定判決提出再審之訴，蓋此類情狀係因當事人倘隱瞞他造之送達處所而與涉訟，將使他造未能收受法院送達之訴訟文書，以知悉該文書之內容，致無從為適當之訴訟行為，顯失公平，且有礙法院發現真實，乃許他造提起再審之訴，以資救濟。

二、在對有治外法權人的住居所、事務所送達而無效的時候，也可以聲請公示送達。因為治外法權是針對外國的特定人，由於他的特定身分而造成他不受所在國法律的支配，因此如果對有治外法權人的住居所、事務所為送達而仍然沒有效的時候，就可以依據本款的規定來聲請公示送達。

三、在外國送達而沒有辦法依據本法第145條的規定，囑託外國機關或中華民國使領館來送達，或者是已經預先知道即使依照第145條的規定送達，也不會發生效力者，亦可聲請公示送達。而何謂不能依據第145條的規定辦理？例如：送達地的該國家與中華民國並沒有邦交，因此中華民國在該國就沒有使領館，且該國與中華民國沒有邦交，通常也沒有司法協助的條約，或是該國根本拒絕接受中華民國的囑託，這個時候，沒有辦法囑託給外國機關，也沒有辦法囑託給中華民國駐在該國的使領館，則當事人只能依據本法第149條第1項第3款的規定，聲請公示送達，以利訴訟的進行。

如果具備前面所講的三個原因其中任何一個原因，當事人就可以聲請公示送達。所謂的「聲請」，就是一定要有當事人的聲請，否則法院不能自己主動公示送達。但這只是原則，如果具有本法第150條或本條第3項及第5項規定的情形時，法院也可以直接依職權來公示送達。

當事人聲請公示送達之後，法院審查如果認為合乎公示送達的要件，就必須准許公示送達的聲請；如果法院認為不符合公示送達的要件，就要駁回公示送達的聲請。法院駁回公示送達聲請的時候，當事人，即聲請人可以提出抗告來聲明不服。

依前面的說明，公示送達在原則上必須依當事人的聲請，但是送達如有本條第1項所列各款情形者，當事人得聲請法院為公示送達。惟在某些情形下，如當事人不聲請公示送達，案件將無法順利進行，例如：原告訴狀中遺漏未記載兩造住址或記載錯誤，法院命其補正而不補正，縱以裁定駁回原告之訴，但該裁定因無人聲請公示送達而無法送達。爰增設第3項，明定於有前述情形時，受訴法院得依職權命為公示送達，但以避免訴訟遲延而認有必要者為限。另方面，當在中華民國內無送達處所之「開啟新程序者」未依民事訴訟法第133條第2項定送達代收人時，為免訴訟遲延，便利法院及對造送達訴訟文書，增加審理之效率[2]，立法院特於民國110年1月20日新增第5項，法院亦得依職權命為公示送達。

同時本條第4項原告或曾經收受送達的被告，變更他的送達處所，卻沒有向受訴法院來陳明，以至於造成應該送達的處所不明，受訴法院就可以主動依職權來對他公示送達。這是因為原告

---

[2] 司法院官方網站，司法院第183次院會通過民事訴訟法、民事訴訟法施行法部分條文修正草案新聞稿，網址：https://www.judicial.gov.tw/tw/cp-1887-199797-f4a97-1.html（最後閱覽日：2021年2月1日）。

是提起訴訟的人，他在起訴狀就已經先記載他的住所，而曾經收受送達的被告，既然曾經收到法院的送達文書，則他也已經知道有此一訴訟在進行，因此如果他搬家或其他的原因，變更應送達的處所，卻沒有向法院陳明，法院就沒有繼續保護他的必要，因此法院可以依職權來對他公示送達。

張煌在臺灣經商失敗後，以大陸探親的名義，全家遷到大陸的江西省定居，但是他的戶籍仍然在臺灣省新北市，沒有遷出。如果張煌的債權人羅興委託到大陸探親的友人前往張煌大陸定居的住所，催討債款，而張煌也置之不理。羅興不得已，向臺灣新北地方法院起訴，請求張煌給付貨款1,000萬元，並且同時以張煌處所不明爲由，向法院聲請公示送達。請問臺灣新北地方法院可否准許對張煌爲公示送達？

不可以。因爲依據本條第1項第1款規定，應爲送達之處所不明者，受訴法院得依當事人聲請准其公示送達。而本題的情形，張煌舉家遷往大陸江西省定居，而羅興也明知他在大陸定居的住所，只不過是張煌仍然置之不理而已。因此羅興既然知道張煌的住居所，就與本條第1項第1款所謂的處所不明不符合，因此法院應該駁回羅興公示送達的聲請；而且大陸是屬於中華民國的領土，也不符合本條第1項第3款於外國爲送達的情形，因此不論依據本條第1項第1款或第3款，本題的情形均不符合公示送達的要件。本題應由羅興查明被告張煌位於江西省定居之住址向法院陳述，再由法院依址向張煌定居之所送達，倘羅興怠於查證張煌在大陸之地址，法院可裁定駁回其訴。

第150條（依職權之公示送達）
依前條規定為公示送達後，對於同一當事人仍應為公示送達者，依職權為之。

解說

　　如果當事人確實具有前條公示送達的原因（例如住所不明），並經對造當事人向法院聲請公示送達准許後，則被聲請公示送達的當事人確實符合公示送達要件已毋庸置疑。因此倘日後對該同一當事人仍有文書必須送達時，依本條規定，不用再經聲請，可以直接由法院主動依職權對該名當事人為公示送達，以免訴訟遲滯。又經第一審依民事訴訟法第149條第1、2項已准原告聲請或依職權對被告裁定公示送達之民事事件，上訴第二審後，就同一被告（即被上訴人）之送達，是否仍應以書面為裁定送達之必要？對此有認應以書面裁定，俾便書記官憑以辦理公示送達程序；惟亦有認為第二審法院對同一被告之公示送達，係依民事訴訟法第150條規定之職權所為，是法院於審理單批明「被告公示送達」即足，似無另以書面裁定送達之必要。而實務現行作法以前者為依歸。

第151條（公示送達之方法）
公示送達，應由法院書記官保管應送達之文書，而於法院之公告處黏貼公告，曉示應受送達人應隨時向其領取。但應送達者如係通知書，應將該通知書黏貼於公告處。
除前項規定外，法院應命將文書之繕本、影本或節本，公告於法院網站；法院認為必要時，得命登載於公報或新聞紙。

解說

　　公示送達時，其方法為黏貼於公告處及登載於公報或新聞紙；換句話說，由法院書記官保管應送達的文書，而於法院的公告處黏貼公告，公告應受送達人得隨時向其領取。但如果應送達的文書，僅係通知書的話（民訴§156），因其內容通常均較簡單，故直接將該通知書黏貼於法院公告處即可。

　　本條第2項於民國107年6月13日修正，立法院為因應科技之進步，改以法院網站之電子公告取代刊登新聞紙[3]。故除黏貼於法院公告處外，法院尚應以裁定命將應送達文書的繕本、影本或節本公告於法院網站；有必要時，甚至應命登載於公報或新聞紙。至於應登載於何公報或何新聞紙，以及應登載的次數，由法院斟酌情形加以決定。本條第1、2項方式，兩者必須兼備，苟缺其一，即不生公示送達之效力。

　　又實務另有討論，法院依民事訴訟法第150條規定公示送達訴訟文書者，應否依同法第151條第2項規定，命將文書之繕本或節本公告於法院網站或登載於公報或新聞紙，或用其他方法通知或公告之？又其送達之效力何時發生？對此，司法院解表示民事訴訟法第151條第1項既曰「公示送達」，自應包括同法第149條第150條之公示送達。至於其送達之效力，應自黏貼牌示處之翌日起發生，此乃同法第152條但書之特別規定所明揭。

第152條（公示送達之生效時期）

公示送達，自將公告或通知書黏貼公告處之日起，公告於法院網站者，自公告之日起，其登載公報或新聞紙者，自最後登載之日起，經二十日發生效力；就應於外國為送達而為公示送達者，經六十日發生效力。但第150條之公示送達，自黏貼公告處之翌日起，發生效力。

解說

　　公示送達，並非實際送達文書給受送達人，應受送達人往往無法在黏貼公告於法院公告處的當天、公告於法院網站或登載於

---

[3]　立法院公報，107卷，第4期，頁160。

公報、新聞紙的首日馬上得知，因此，爲保護應受送達人的利益起見，公示送達須於一定的時間經過後，始發生送達的效力。

又公示送達，無論應受送達人已否知悉及何時知悉，均於本條所定的生效日，視爲已合法送達，縱應受送達人得提出知悉時點認定之反證亦同，而對此強制之擬制效力，釋字第667號理由書，亦認於設有緩衝期間之前提下，不當然生訴訟權源之進犯，蓋訴訟制度相涉程序規範之創生，已由備相當民主正當性之立法機關衡酌訴訟案件之種類、性質、訴訟政策目的以及訴訟制度之功能等因素，制定合乎正當法律程序之相關法律來實現，已屬完足。

第153條（公示送達證書）
為公示送達者，法院書記官應作記載該事由及年、月、日、時之證書附卷。

解說

公示送達，因爲並非實際將應送達的文書交付給應受送達人，故無法取得經收領人簽章的送達證書，爲了查知該公示送達爲何實施，何時實施，以及何時生效，法院書記官應作成證書，記載該公示送達的事由及黏貼於法院公告處與登載於公報或新聞紙的年、月、日、時，並附於訴訟卷案，以證明已有合法的送達。

第153條之1（科技設備傳送－準送達）
訴訟文書，得以電信傳真或其他科技設備傳送之；其有下列情形之一者，傳送與送達有同一之效力：
一、應受送達人陳明已收領該文書者。

二、訴訟關係人就特定訴訟文書聲請傳送者。

前項傳送辦法，由司法院定之。

解說

　　本條的規定是爲了配合目前電子科技的蓬勃發展，而加速訴訟文書的傳送效率，故本條第1項規定，訴訟文書得以電信傳眞或其他科技設備傳送之。但是如果以電信傳眞或其他科技設備傳送的時候，因爲當事人有可能因爲設備故障或其他原因不一定能夠收到，因此，本條規定應於受送達人承認已受領該文書，或訴訟關係人就特定訴訟文書聲請傳送者，於其傳送到達時發生送達之效力。

第三節　期日及期間

第154條（指定期日之人）

期日，除別有規定外，由審判長依職權定之。

解說

　　本條是關於指定期日之人的規定。在我國民法上，期日是指某一特定的時期，例如3月3日、9月9日上午9時等。而在民事訴訟法上，則是指法院及訴訟關係人（如當事人、訴訟代理人、證人和鑑定人等）會合於一定場所爲訴訟行爲的時期。因所爲的訴訟行爲不同，期日的名稱也隨而不同，大致說來，有準備程序期日、調查證據期日、訊問訴訟關係人期日、言詞辯論期日及宣示裁判期日等。

　　爲便利訴訟行爲的實施，期日通常均應預先指定，且應指定日期與時間（例如：指定3月3日下午3時爲言詞辯論期日）。

依本條規定，指定期日須斟酌法院事務的狀況，考慮實際上是否方便等因素，而審判長對於這些因素較當事人或其他訴訟關係人為熟悉，因此，由其指定期日最為適當；又如本因由合議庭審判長指定期日之言詞辯論程序錯由受命法官所指定，而非由審判長所指定。法院書記官根據該期日之指定，通知兩造為言詞辯論，自非合法，縱令當事人未於該期日到場，亦不生遲誤言詞辯論期日之效果，法院不得依到場當事人之聲請，由其一造辯論而為判決。

反之，審判長依本條規範職權所定之言詞辯論期日，非有重大理由，法院不得變更或延展之，故當事人已受合法之傳喚後，雖聲請變更期日，然在法院未予裁定准許以前，仍應於原定期日到場，否則仍應認為遲誤，法院則自得許由到庭之當事人一造辯論而為判決。

須注意的是，當事人合意停止訴訟程序，自陳明合意停止後，如不聲請續行訴訟的話，審判長不得依職權指定期日（本法第190條）。而所謂「別有規定」是指本法第167條第1項規定，受命法官或受託法官關於其所為的行為得指定期日而言。

第155條（指定期日之限制）
期日，除有不得已之情形外，不得於星期日或其他休息日定之。

解說

依前條規定審判長依職權指定期日，然而不能任其隨心所欲恣意指定，故設本條加以限制，除有不得已的情形外，不得指定星期日或其他休息。因為此等日子是一般人休息的時期，不宜指定，以免擾民，引起民怨。所謂「休息日」，是指一般的休假日，例如紀念日。至於是否不得已，由審判長決定，原則上，

須有遲延訴訟程序及危害當事人權益的情形時，始可認爲是不得已。

另對於不須宣示之裁定（如訴訟救助之裁定等），倘未有不得已之情形，其制作裁定參司法院解認得於星期日或其他休息日爲之；惟最高法院實務卻採相反認識（80台抗79裁判參照），實務裁判認爲期日，除有不得已之情形外，不得以星期日或其他休息日定之，民事訴訟法第155條定有明文，此項規定於法院爲意思表示時，解釋上亦同應有其適用，而無排除之理，故法院如於星期日或其他休息日制作裁定，即於星期假日爲裁定之意思表示，揆之前開說明，縱屬不須宣示之裁定，程序上仍認存有違誤。

> **第156條**（期日之通知）
> 審判長定期日後，法院書記官應作通知書送達於訴訟關係人。但經審判長面告以所定之期日命其到場，或訴訟關係人曾以書狀陳明屆期到場者，與送達有同一之效力。

解說

本條是關於「期日之通知」的規定，審判長依職權指定期日後，必須通知訴訟關係人，以便屆期能會合而爲訴訟行爲。依本條規定，期日通知的方法有送達通知書、面告到場及陳明到場三種。

一、審判長定期日後，法院書記官應作通知書，送達於訴訟關係人。所謂「通知書」，乃是通知訴訟關係人，催告其於期日到場的文書，原則上須記載訴訟關係人、應到日時及場所、通知的目的等事項。

二、所謂「面告到場」，是指訴訟關係人在已經開始的期日到場，而針對該訴訟事件，審判長另外指定其他期日，並當面告

知訴訟關係人，命令其屆期到場爲訴訟行爲。例如：訴訟關係人於言詞辯論期日到場，因該訴訟事件繁雜，言詞辯論在該期日無法終結，須續行辯論，審判長因而指定另一辯論期日，向到庭的訴訟關係人告知並命其屆期到場續行言詞辯論。

三、所謂「陳明到場」，是指法院書記官未以通知書送達於訴訟關係人，且又無面告到場的情形，然而訴訟關係人因其他原因得知審判長所指定的期日，並主動以書狀陳明屆期將自行到場。

第157條（訴訟行爲之處所）
期日應爲之行爲，於法院內爲之。但在法院內不能爲或爲之而不適當者，不在此限。

解說

法院是國家行使司法審判的機關，就民事訴訟而言，乃經由法院的審判，以達到保護私權、解決紛爭的目的。因此，針對訴訟事件於期日所爲的訴訟行爲，例如訊問訴訟關係人、調查證據、言詞辯論、宣示裁判等，自應在法院內實施。所謂「於法院內」，是指法院內的某一法庭而言。但如果在法院內不能實施，或者雖然可以實施，但是不適當者，則不在此限，例如：元首是證人者，應就所在地訊問之（本法§304）；又如：遇證人不能到場，或有其他必要情形時，得就其所在訊問之（本法§305）。

第158條（期日之開始）
期日，以朗讀案由爲始。

解說

本條是關於「期日之開始」的規定。如前所述，審判長依職權指定期日，須指定日時（日期及時間）。然而期日並不因所指定的日時屆至而當然開始，這是因爲訴訟事件的繁簡不一，時間的掌握難以確實，因此本條特明文規定：「期日，以朗讀案由爲始。」所謂「朗讀案由」，指朗讀案件的緣由；換句話說，是指朗讀「原告某人與被告某人某某事件」而言。一經朗讀案由後，期日因而開始（亦即所謂的「開庭」），各該訴訟行爲，亦隨即依序開始進行。

第159條（期日之變更或延展）
期日，如有重大理由，得變更或延展之。
變更或延展期日，除別有規定外，由審判長裁定之。

解說

所謂「變更期日」，是指於期日開始前取消原定期日，另定以新期日代替（所定的新期日可以延後亦可以提前）。而所謂「延展期日」，是指於期日開始後，停止在該期日所應進行的訴訟行爲，另改於他期日進行。

原則上，期日由審判長依職權以裁定的方式指定（本法§154），因此變更或延展期日，除別有規定外，亦由審判長依職權爲裁定。至於受命法官或受託法官關於其所爲的行爲，得指定期日，故自亦得爲變更或延展期日的裁定（本法§167）。所謂「別有規定」，是指由法院爲變更或延展期日裁定的情形，例如：第386條等。

期日經指定後，雖得變更或延展，但任意變更期日，有失法院的威信，而任意延展期日，亦容易延滯訴訟，因此，非有重大理由，不得變更或延展期日。何種情形得認爲重大理由，應由審

判長依具體情況認定。

最後，變更或延展期日、伸長或縮短期間，依民事訴訟法第159條、第163條之規定，屬於法院或審判長之職權，除有如第419條第1項（舊法）之特別規定外，不認當事人有聲請權，當事人以爲有變更或延展期日、伸長或縮短期間之重大理由時，固可向法院或審判長陳明，以促其職權行動，但法院或審判長不予容納者，無須另爲駁回聲請之裁定。

第160條（裁定期間之酌定及其起算）
期間，除法定者外，由法院或審判長酌量情形定之。
法院或審判長所定期間，自送達定期間之文書時起算；無庸送達者，自宣示定期間之裁判時起算。但別定起算方法者，不在此限。

解說

所謂「期間」，是指某一時期至某一時期繼續經過的時間；換句話說，也就是期日與期日之間。在訴訟法上，期間可分爲法定期間及裁定期間兩種。顧名思義，法定期間乃指法律所規定的期間；而裁定期間則是指非法律所規定，而係由法院、審判長、受命法官或受託法官以裁定方式所定的期間。

依照分類標準的不同，法定期間可分兩種：第一爲法院職員爲訴訟行爲應遵守的期間，學理上稱爲「職務期間」（又稱訓示期間）；第二係當事人或其他訴訟關係人爲訴訟行爲所應遵守的期間，稱爲「固有期間」。固有期間又可分爲通常法定期間及不變期間兩種。不變期間是指法院不得伸長或縮短的期間，例如上訴期間（本法§440）、抗告期間（本法§487）等。法定期間，因係法律所規定的期間，是故，其期間的長度及起算，法律自有明文規定；而裁定期間的長度，則由定該期間的法院或審判長

（或受命法官、受託法官）斟酌實際情形加以決定。至於裁定期間的起算，若於該裁定中定有起算方法的話，則照所定的方法，開始期間的計算進行；如該裁定中未定起算方法，則自送達定該期間的文書時開始計算；若該文書不須送達的話，則自宣示定該期間的裁判時開始計算。

又若當事人所未遵之期間非不變期間，例如法院裁定限期補正事項，若當事人後續補正作為已逾法院之裁定期間，但於法院尚未認其所為之訴訟行為為不合法予以駁回前，其補正仍屬有效，法院不得以其補正逾期為理由，予以駁回（51台抗169參照）。

第161條（期間之計算）
期間之計算，依民法之規定。

解說

有關期間的計算方法，因我國民法總則設有專章規定（民§119～124），為避免重複，本法不另設規定，悉依民法的規定以計算期間的起迄。

一般而言，無論法定期間或裁定期間，本法均是以日為計算單位，例如：上訴期間為20日（本法§440）、抗告期間為10日（本法§487）等。因此，有關以日定期間，須特別注意，依民法的規定，其始日不算入（民§120II），且以期間末日之終止為該期間之終止（民§121）；若期間之末日為休息日時，以其休息日之次日代之（民§122）；舉例而言，甲於105年12月19日收受一得上訴三審之不利高院判決，其自12月20日（算入）起算20日，則為次年1月8日星期日，則甲聲明上訴之期限依本法展至1月9日。

第162條 （在途期間之扣除）
當事人不在法院所在地住居者，計算法定期間，應扣除其在途
之期間。但有訴訟代理人住居法院所在地，得為期間內應為之
訴訟行為者，不在此限。
前項應扣除之在途期間，由司法院定之。

解說

　　民事訴訟法第162條第1項所謂應扣除在途期間計算之法定
期間，係僅指同法所規定訴訟關係人應為一定訴訟行為之期間而
言，如不變期間（例如上訴期間、抗告期間）與通常法定期間
（例如聲請回復原狀之期間、證人及鑑定人請求日費或旅費之期
間）始足當之，至就審期間，則指使被告準備辯論及到場應訴之
期間，而非前述要求當事人應為一定訴訟行為之期間，自不在適
用該條項之規定，應扣除在途期間計算之列；簡言之，設某一訴
訟訴訟庭期定於105年12月19日，訴訟當事人不得因住居所於法
院所在縣市以外而自動展延開庭期日。

　　如當事人不居住在法院所在地，亦即在法院所在之城鎮或
鄉村無住所或居所者，為了當事人之利益，在計算法定期間時，
應扣除在途期間。大法官釋字240號解釋即認：「民事訴訟法第
一百六十二條第一項規定：『當事人不在法院所在地住居者，計
算法定期間，應扣除其在途之期間。但有訴訟代理人住居法院所
在地，得為期間內應為之訴訟行為者，不在此限』。其但書部
分，乃為求當事人為訴訟行為之法定期間實際相同，於人民訴訟
權之行使不生影響，與憲法第十六條、第二十三條並無牴觸」。
依本法之規定，扣除在途期間的要件如下：

　　一、須當事人不在法院所在地住居。欲認定有無住居所，依
法定期間開始進行時之情事決定。所謂「當事人」，兼指法定代
理人及準法定代理人而言。

二、須無訴訟代理人住居法院所在地得為期間內應為之訴訟行為。雖然有訴訟代理人，但該代理人不在法院所在地居住；或者雖在法院所在地居住，但是並沒有得到當事人的授權，而得以在期間內為應為的訴訟行為者。例如：當事人有訴訟代理人住居法院所在地，但未受有得為上訴的特別委任，則於其上訴時計算上訴期間，仍應扣除在途期間。又如：當事人有訴訟代理人，且受有得為上訴之特別委任，但不住居法院所在地，則於其上訴時計算上訴期間，亦應扣除在途期間。

上述兩要件必須兼備，才可扣除在途期間。又扣除在途期間，只在法定期間有其適用，在裁定期間則無，因為裁定時本應酌量情形定之（民訴§160Ⅰ），在途期間當然亦在斟酌之範圍，無更行扣除之必要。

第163條（期間之伸縮）
期間，如有重大理由，得伸長或縮短之。但不變期間，不在此限。
伸長或縮短期間，由法院裁定。但期間係審判長所定者，由審判長裁定。

解說

本條為關於期間之伸縮的規定。任意伸長期間容易導致訴訟延滯，而任意縮短期間又有剝奪當事人期間利益的可能，因此，須有重大理由時，方得伸長或縮短期間。不過，並非所有的期間均得伸長或縮短，裁定期間因係由法院或審判長（或受命法官、受託法官）酌量情形所決定，故有重大理由時，自得酌量情形而伸長或縮短。而法定期間中的職務期間，僅是法院職員為訴訟行為所應遵守的期間，因遲誤該期間於訴訟上並不生何等效果，故伸長或縮短此等期間，並無實質上意義；至於固有期間中，因不

變期間乃爲公益而設，所以不得伸長或縮短；所以，可得伸長或縮短的期間，僅有裁定期間及法定期間中的通常法定期間（當事人爲訴訟行爲所應遵守的期間中，除不變期間外，其餘均爲通常法定期間）。

期間之伸長或縮短，由法院或審判長（或受命法官、受託法官）依職權裁定（本條Ⅱ、§167Ⅱ），對於此裁定不得抗告（本法§483）；且不論是在期間起算前或起算後，若有重大理由，均得爲伸長或縮短的裁定。

又不變期間（例如上訴期間、抗告期間、提出再審期間等）不得伸長或縮短之法定主軸確立後，法院當嚴守之，故縱法院在判決書內記明之上訴期間，較法定之不變期間爲長，亦不生何等效力，當事人自不得藉口其提起上訴係在記明之上訴期間內，而主張其上訴尙未逾期（23抗343裁判參照）；同理抗告期間爲不變期間，非法院所得伸長，送達於當事人之裁定正本記載抗告期間縱有錯誤，其期間亦不因此而伸長，聲請人提起再抗告，仍應於法律所定期間內爲之。

第164條（回復原狀之聲請）
當事人或代理人，因天災或其他不應歸責於己之事由，遲誤不變期間者，於其原因消滅後十日內，得聲請回復原狀。
前項期間，不得伸長或縮短之。但得準用前項之規定，聲請回復原狀。
遲誤不變期間已逾一年者，不得聲請回復原狀。

解說

本條所稱「不應歸責於己之事由」，指凡依客觀標準來看，一般通常的人已經盡了相當的注意義務，但是仍然不能預見或者不可避免其發生的事由。在本法上定爲不變期間的，通常關係較

爲重大，所以不許將其伸長或縮短。但是對於當事人或訴訟代理人因爲天災（如：水災、風災等是，此爲例示規定）以及不應歸責於己之事由發生（例如：所在地發生軍事行動，不是當事人所能預見或避免；或者因爲生病，不能委任代理人，或者根本無代理人可以委任），而遲誤不變期間，按理說，也是當事人所不願、不樂見的，若是完全依前條規定，且不問原因如何，一概拒絕救濟的途徑，未免太過嚴苛，對當事人不公平。因此本條規定在特定的條件下，可在其條件原因消滅之後10天之內（通常不變期間是10天），向法院聲請回復原狀；同時本法已將抗告期間一律定爲10日，故法定不變期間已無少於10日者，故刪除原條文第1項後段「如該不變期間少於十日者，於相等之日數內」等字眼，以求統一法律用語。

當事人遇有第1項之事由，遲誤不變期間者，得於原因消滅後10日內聲請回復原狀，該10日的法定期間，不得伸長或縮短之。惟如當事人遇有相同的事由，致遲誤聲請回復原狀的期間，是否亦得再聲請回復原狀，法律並無明文規定。爲保護當事人的權益，爰於第2項增設但書，明定於此情形得準用前項的規定，聲請回復原狀。

末須敍明，訴訟代理人於其代理權之範圍內所爲之行爲，或受他造或法院之行爲，均直接對於本人發生效力，因此承前脈絡因代理人之過失，遲誤不變期間者，在法律上實與因本人之過失遲誤者無異，該不利益自當由當事人所認受，故不得據爲聲請回復原狀之原因，例如因訴訟代理人疏爲於法定上訴期間內就不利判決爲上訴時，該判決即告確定。

第165條（聲請回復原狀之程序）
因遲誤上訴或抗告期間而聲請回復原狀者，應以書狀向爲裁判之原法院爲之；遲誤其他期間者，向管轄該期間內應爲之訴訟

行為之法院為之。

遲誤期間之原因及其消滅時期，應於書狀內表明並釋明之。

聲請回復原狀，應同時補行期間內應為之訴訟行為。

解說

　　「上訴」是當事人對下級審法院的判決不服，而請求上級法院再加以審理之謂（本法第437、464條）；「抗告」是當事人對法院所下的裁定不服所為的訴訟行為（本法第482條）。此兩種訴訟行為因會影響裁判的確定性，所以本法對於為此兩種行為有時間的限制，只要時間一過，就不可再為此二行為，且明定為不變期間，表示當事人也不可以自行伸長或縮短日數。依前條之規定，不變期間因特定的條件發生而使當事人遲誤時，可向法院聲請回復原狀，因此當事人須用書狀，寫明為何原因而遲誤期間，還須寫明發生原因於何時消滅（例如：因為洪水成災而遲誤上訴期間，洪水於何日消退），另應就遲誤期間之原因及其消滅時期，提出能即時調查之證據以釋明之（民訴§284規定，「釋明事實上之主張者，得用可使法院信其主張為真實之一切證據。但依證據之性質不能即時調查者，不在此限。」另參考最高法院見解，所謂釋明，係指當事人提出證據，使法院就其主張之事實，得生薄弱之心證，信其大概如此之行為，即為已足）。但當事人對於發生的原因以及其消滅的時期不須提出證據證明，只要在書狀上寫得清楚明確，使法院明瞭狀況即可。若是在簡易訴訟程序，當事人亦可以用言詞表明聲請回復原狀（本法§428）。因為本法有規定上訴狀（本法§441、470）、抗告狀（本法§488）均應向原來裁判的法院提出，所以因遲誤上訴及抗告期間而聲請回復原狀的書狀，也是由當事人向原來裁判的法院提出。至於遲誤上訴、抗告以外之不變期間者，則應向管轄該期間內應為之訴訟行為之法院提出書狀聲請回復原狀，並同時

補行期間內應為之訴訟行為。例如：遲誤撤銷除權判決（本法
§552 I）之訴之不變期間，則應向作成此除權判決的法院提出
書狀聲請回復原狀，並且再提起撤銷除權判決的訴訟。

覆查，如聲請回復原狀程序中，聲請人未補併行期間應為行
為，則該聲請要件程序不備而無實質法效力。

第166條（聲請回復原狀之裁判）
回復原狀之聲請，由受聲請之法院與補行之訴訟行為合併裁判
之。但原法院認其聲請應行許可，而將該上訴或抗告事件送交
上級法院者，應送由上級法院合併裁判。

解說

當事人已依規定提出書狀，向法院聲請回復原狀時，法院之
許可與否，對當事人而言影響極大，因此分下列情形處理之：

一、法院對回復原狀之聲請不許可時，則對當事人補行的
訴訟行為，以已經超過不變期間為理由，作成一個駁回聲請的裁
定，並且在該裁定中合併作成駁回回復原狀聲請的表示，使當事
人明白。在當事人提出書狀聲請回復原狀時，法院應依照職權來
調查當事人的聲請是否合法，如果聲請書狀的程式有欠缺，或有
其他不合法的情形而可以加以補充、改正的話，則法院應命令聲
請人補正。假如當事人不遵守命令補正，或者法院調查結果認為
當事人遲誤不變期間是可以歸責於自己之事由的話（例如：因為
聽從長輩親屬的勸阻，沒有馬上提出上訴，而超過上訴期間），
則對於當事人回復原狀的聲請，應不予許可。此時，法院就當事
人於提出聲請時，補行的訴訟行為（例如：請求回復遲誤撤銷除
權判決之訴之不變期間，並同時提起撤銷除權判決的訴訟），因
為已超過不變期間，應裁定駁回。

二、法院對於回復原狀的聲請，認為合法、有理由時，應該

就補行的訴訟行為的種類不同，而有下列兩種處置：

1.補行的訴訟行為是上訴以及抗告以外的行為，如再審之訴、撤銷之訴或聲請補充判決的訴訟時，法院應就通常的規定，就提出補行的訴訟行為下裁判，並且在該裁判中合併的作成一個許可回復原狀的意思，使當事人明白。

2.補行的訴訟行為，是上訴或抗告此二行為時，則要看是否須將訴訟事件送到上級法院審理，而有不同的處理辦法。如係要送交到上級法院，則原法院就將回復原狀的聲請以及補行的訴訟行為，一起送到上級法院由其一起裁判，這時上級法院對於回復原狀的聲請是否許可，還可加以調查。若不須送交上級法院的情形，例如：對於法律規定不可以提起上訴或者抗告的裁判，提起上訴或抗告，則下級法院直接用裁定駁回，或者下級法院認為當事人所提的抗告有理由，而更正以前所下的裁定時（本法§436、481及490Ⅰ、Ⅱ），法院只須在裁定書內說明許可回復原狀的要旨即可。

第167條（受命法官或受託法官之指定期日及期間）
受命法官或受託法官關於其所為之行為，得定期日及期間。
第154條至第160條及第163條之規定，於受命法官或受託法官定期日及期間者準用之。

解說

受命法官，是指在行使合議制法庭審判的訴訟事件，法院認為必要時得以庭員一人為受命法官，進行準備程序（本法第270條）；法院關於訴訟事件所應為的行為，有囑託其他法院代為，此受囑託為該訴訟行為的法官即為受託法官（民訴§290）。受命法官、受託法官所為的訴訟行為，有調查證據、試行和解（本法§377明載法院不問訴訟程度如何，得隨時試行和解。受命法

官或受託法官亦得爲之）、訊問當事人或法定代理人本人及行使準備程序等（本法§270、290、377等），除有特別規定外，上述行爲均應在法庭內進行，且使當事人、關係人以及受命法官或受託法官會合於某一時點一起進行，因此必須酌定一個固定的時點來進行，此即爲「期間」。期間除法有規定者外，由法院或審判長酌定（本法§160Ⅰ），稱爲「裁定期間」。因此除非法有明定，否則受命法官或受託法官關於由其所進行的訴訟行爲，可以斟酌路程的遠近、交通之便利與否而定期日及期間。如：依第49條補正能力等的欠缺，以及第268條命當事人提出準備書狀所定的期間即是。

關於受命法官或受託法官得定期日、期間，其實是使其行使本屬於法院或審判長的權限。因此本條規定有關於期日、期間之限制、通知、應爲行爲之處所等，受命法官或受託法官於定期日及期間時可準用，亦即準用第154條至第160條以及第163條之規定。

第四節　訴訟程序之停止

第168條（當然停止㈠—當事人死亡）
當事人死亡者，訴訟程序在有繼承人、遺產管理人或其他依法令應續行訴訟之人承受其訴訟以前當然停止。

解說

爲達到一定目的，有計畫地依一定程式所爲的各種行爲，通稱爲「程序」。而爲達到「保護私權、解決紛爭」的目的，依照民事訴訟法所爲的一切訴訟行爲，稱爲「訴訟程序」。訴訟程序既然是爲了保護私法上的權利及解決人民的紛爭，則程序一旦開

始，原則上便應繼續進行，以求迅速終結，早日達成其目的。但有時因某些特別原因，訴訟無法進行，或進行而不適當，或當事人兩造合意不予進行，故本法特設訴訟程序停止之制度。訴訟程序之停止因停止原因是否係當然停止或應由法院裁定，或應由當事人的合意，分為當然停止（當事人死亡、法人合併、喪訴訟能力、法定代理人死亡或代理權消滅、信託任務終了、喪失訴訟擔當之資格、受破產宣告）、裁定停止及合意停止三種。

所謂「訴訟程序當然停止」，是指於法定事由發生時，不問法院或當事人知否，亦不待法院或當事人為任何行為，原則上，在有人承受訴訟以前，均當然停止訴訟程序的進行，而此為同法188條1項所明揭之訴訟程序當然停止之效力。

本條所謂「當事人死亡」，包括真實死亡及宣告死亡（死亡宣告制度，係指自然人失蹤達一定期間，得由利害關係人或檢察官聲請法院為死亡宣告，使之發生與死亡同等的法律效果）。於訴訟程序進行中，當事人死亡的話，若有繼承人，通常係由繼承人續行訴訟；若繼承人有無不明時，由遺產管理人（所謂遺產管理人係指被繼承人死亡，繼承開始時，繼承人之有無不明時，經由親屬會議選定，並向法院報明，或親屬會議未為選定而由法院選任，可以管理遺產之人）續行訴訟；於其他情形，則由依法令應續行訴訟的人續行訴訟。然而此等應續行訴訟的人，未必即能馬上續行訴訟，為了避免訴訟缺少相對人起見，訴訟程序在有繼承人、遺產管理人或其他依法應續行訴訟的人承受此訴訟以前，當然停止。但如果當事人有委任訴訟代理人的話，因訴訟代理權並不因為當事人本人死亡而消滅（本法第73條；並論訴訟代理權，同不因本人破產或訴訟能力喪失而消滅；法定代理有變更者亦同），故訴訟仍得繼續進行，不過法院得酌量情形，命裁定停止訴訟程序（本法§173）。

又實務曾見對於裁判前已死亡無當事人能力之人，法院未使

訴訟程序當然停止而誤爲本案判決，則該判決應屬重大違背法令而不生效力，縱具有形式確定力而非當然無效，應分別情形依上訴、再審、非常上訴及其他法定程序除去該違法判決。

惟如係最高法院受理之上訴案件，於判決後，送達前當事人之一造死亡者，關於第三審判決書，應由本院依職權囑託第二審法院調查應受送達當事人死亡後之繼承人，以裁定命爲承受送達，而不影響該判決之實效。

第169條（當然停止㈡——法人合併）
法人因合併而消滅者，訴訟程序在因合併而設立或合併後存續之法人承受其訴訟以前當然停止。
前項規定，於其合併不得對抗他造者，不適用之。

解說

「法人合併」是指兩個以上的法人，訂立合併契約，成爲一個法人，可分爲兩種型態：第一種爲兩個以上的法人合併，其中一個法人存續（繼續存在），而其餘法人消滅，稱爲「吸收合併」；第二種是兩個以上的法人合併，而參與合併的法人全部消滅，另外成立一個新法人，稱爲「設立合併」。

法人消滅時，其權利義務原則上也隨同消滅。但是法人如果因合併而消滅的話，其權利義務並不消滅，在吸收合併的情況時，權利義務移轉給合併後仍然存續的法人；而在設立合併的情況，則移轉給合併後新成立的法人（公司§75），這種情況與自然人死亡時，其權利義務由繼承人繼承相類似。因此，本條第1項規定，法人因合併而消滅者，訴訟程序在因合併而設立或合併後存續之法人，承受其訴訟以前當然停止。不過，如有訴訟代理人時，其訴訟程序仍能繼續進行，但法院得斟酌情形，裁定停止其訴訟程序（本法§173）。

又查國家基於其私經濟行為之踐行，或與人民處於平等（無高權）之地位而簽立契約生有爭議時，同有行民事訴訟程序之須，是在有下列問題須探究；如國家機關因裁撤或改組而不存在者，其訴訟後續如何處置？參實務相關見解表述，因國家機關因裁撤或改組而不存在者其性質與法人因合併而消滅者相類，故其訴訟程序應類推適用民事訴訟法第169條第1項規定，在承受其業務之機關承受其訴訟以前當然停止。

附論，如行政機關為民事訴訟之當事人時，機關代表人有更動並已為概括承受之聲明時，由法院將概括承受之聲明影印附入各案卷內，無庸為命承受訴訟之裁定。

法人因合併而消滅後，其權利義務雖然在因為合併而設立新法人，或合併後存續的法人聲明承受訴訟程序以前當然停止，但如果法人的合併，不得對抗他造當事人時，法律為保護他造當事人的利益起見，應不許其適用當然停止的規定，以避免對造當事人因其拖延訴訟而受到損害。所謂「不得對抗他造」，例如：公司欲合併，不將合併的議決，通知及公告各債權人，或對於其所指定之期限內提出異議的人，不為清償或不提供相當的擔保等情形均屬之（公司§73、74、319）。

實例

臺灣省合作金庫概括承受臺北市第十信用合作社之資產及負債後，向受訴法院聲明承受訴訟，應否准許？

臺灣省合作金庫概括承受臺北十信之資產及負債而非合併臺北十信，則其聲明承受訴訟，即與本條第1項之規定不符，不應准許（78台上407裁判要旨）。

第170條（當然停止㈢—當事人喪失訴訟能力或法定代理人
死亡或代理權消滅）
當事人喪失訴訟能力或法定代理人死亡或其代理權消滅者，訴
訟程序在有法定代理人或取得訴訟能力之本人承受其訴訟以前
當然停止。

解說

　　所謂「當事人喪失訴訟能力」，是指當事人於訴訟程序開
始時原有訴訟能力，然而於訴訟程序進行中，因發生某些事由，
導致喪失訴訟能力，簡言之係指當事人欠缺得獨立為有效之訴訟
行為，並接受對造及法院之訴訟行為之資格、地位。其性質與民
法上之行為能力相當（民訴§45參照），可稱為訴訟法上之行為
能力。又所謂某些事由，是指當事人受到監護宣告（民§15），
以及限制行為能力人獨立營業的允許被撤銷（民§85），此時，
應由監護人承受，以便續行訴訟，而依本條之規定，在承受訴訟
前，訴訟程序當然停止。

　　所謂「法定代理人死亡或其代理權消滅」，是指於訴訟程序
開始時原有法定代理人，但是在訴訟程序進行中，法定代理人死
亡，或雖未死亡然而其代理權消滅，例如：法定代理人喪失行為
能力，代理關係終了等，此時應由另外產生的法定代理人承受訴
訟，以便繼續訴訟程序。

　　但須注意：如在訴訟程序進行中，未成年人因成年、結婚，
輔助宣告或受監護宣告經法院撤銷其輔助宣告或受監護宣告的
宣告，而取得訴訟能力（另論，因結婚取得訴訟權能者，不因
離婚而失去之，蓋未成年人行為能力因結婚取得後同不因離婚
而喪失；惟如是婚姻經確認自始無效等情狀，則訴訟能力同歸
消滅），此時法定代理人的代理權當然消滅，因本人已有訴訟能

力，則應由本人續行訴訟，無使訴訟程序停止之必要。另外，法定代理人有數人，且可單獨代理爲訴訟行爲，亦不適用訴訟程序當然停止的規定。又，當事人或法定代理人有訴訟代理人之情形，亦不當然停止訴訟程序（本法§173）。

實例

　　金全股份有限公司之董事長（法定代理人）在訴訟進行中死亡，該公司未設常務董事，但董事長死亡後董事會亦未集會推選，董事長死亡前亦未指定代行職務人選，則該公司因案涉訟時，應以何人爲法定代理人？

　　依本條之規定，訴訟程序在有法定代理人承受其訴訟以前當然停止，故本題在原董事長死亡時訴訟程序當然停止，應嗣金全公司依公司法之規定選出新任董事長，由新任董事長選出後，再依本法規定聲明承受訴訟後，再繼續進行訴訟。

第171條（當然停止㈣—信託任務終了）
受託人之信託任務終了者，訴訟程序在新受託人或其他依法令應續行訴訟之人承受其訴訟以前當然停止。

解說

　　信託乃一種爲他人利益管理或處分他人財產的制度；也就是說，信託人爲自己或第三人的利益，移轉其財產權於受託人，而受託人依照一定目的，管理或處分該財產，例如：非法人團體的財產，以其代表人的名義管理。

　　於訴訟程序進行中，若受託人的信託任務終了（例如：受託人死亡、辭任或撤任），則應由新受託人續行其訴訟。然受託人的信託任務雖終了，但如信託關係未消滅，則由委託人指定或法院選任新受託人，信託財產固應歸屬於新受託人；倘如信託關係

亦告消滅時，信託財產即應歸屬於受益人、委託人或其他歸屬權利人。而原條文僅規定新受託人承受訴訟，自嫌欠周，故修法增列「或其他依法令應續行訴訟之人」，俾利適用；同時在新受託人承受其訴訟以前，該訴訟程序當然停止。但若有訴訟代理人的話，該訴訟程序不當然停止。

第172條（當然停止㈤——喪失一定資格或死亡）
本於一定資格以自己名義為他人任訴訟當事人之人，喪失其資格或死亡者，訴訟程序在有同一資格之人承受其訴訟以前當然停止。
依法被選定為訴訟當事人之人全體喪失其資格者，訴訟程序在該有共同利益人全體或新被選定為訴訟當事人之人承受其訴訟以前當然停止。

解說

　　本於一定資格，以自己名義為他人任訴訟當事人的人，例如：就遺產的訴訟，遺產管理人或遺囑執行人為繼承人任訴訟當事人；就破產財團的訴訟，破產管理人為破產財團的債權人任訴訟當事人。此等人於訴訟程序進行中喪失其資格（如被宣告輔助宣告或受監護宣告）或死亡時，應由有同一資格的人續行其訴訟，在有同一資格的人承受其訴訟以前，該訴訟程序當然停止。不過，此等本於一定資格，以自己名義為他人任訴訟當事人的人有數人時，其中若有人喪失資格或死亡，但尚有其他人可為訴訟行為，因此，訴訟程序無當然停止的必要，必須全體均喪失資格或死亡時，訴訟程序才當然停止。

　　選定訴訟當事人除本法第41條規定外，業已增訂第44條之1。為求周延，爰將原民事訴訟法第2項「依第41條規定，被選定為訴訟當事人之人」修正為「依法被選定為訴訟當事人之人」，

以示概括。因此於訴訟程序進行中，如被選定人僅有一人，而其因死亡或其他事由喪失資格，或者是被選定人有數人，而全體均喪失資格，此時，應由有共同利益人全體或新被選定為訴訟當事人的人續行其訴訟，而在此等人承受訴訟以前，該訴訟程序當然停止。

第173條（當然停止之例外規定）
第168條、第169條第1項及第170條至前條之規定，於有訴訟代理人時不適用之。但法院得酌量情形，裁定停止其訴訟程序。

解說

在當事人死亡、法人合併、當事人喪失訴訟能力，或其法定代理人死亡，或者代理權消滅、信託任務終了，以及當事人喪失一定資格或死亡之情形，應待有一定資格、要件的人承受其訴訟，否則訴訟當然停止（本法§168、169Ⅰ、170～172），但是在有委任訴訟代理人的情形，依本法第73條規定，則訴訟不必當然停止，可由訴訟代理人為之。但是若法院認為有使訴訟程序暫時停止之必要，得斟酌情形，用裁定停止訴訟程序，使其訴訟代理人有與新當事人或新法定代理人商洽之機會，因此有法定原因存在時，即不停止訴訟程序，可見當然停止未必當然一定要停止訴訟程序。

另外，訴訟代理人的委任，是以一個審級為準。所以假設在某一個審級，發生前述其中一個事項，因為有訴訟代理人，因此不必當然停止訴訟程序，待此一審級了結而代理權消滅時（參照同法§73），若仍然沒有人承受訴訟，則訴訟程序至該審級之終局判決送達時，訴訟代理權即歸消滅，訴訟程序亦即由是時中斷之。

第174條（當然停止㈥—破產宣告）

當事人受破產之宣告者，關於破產財團之訴訟程序，在依破產法有承受訴訟人或破產程序終結以前當然停止。

當事人經法院依消費者債務清理條例裁定開始清算程序者，關於清算財團之訴訟程序，於管理人承受訴訟或清算程序終止、終結以前當然停止。

解說

所謂破產，是指當債務人的全部資產不以清償到期債務時，債權人通過一定程式將債務人的全部資產供其平均受償，從而使債務人免除不能清償的其他債務。如為法人則並由法院宣告破產解散。

破產人因為受破產宣告，對於應屬於破產財團的財產，依破產法的規定喪失其管理權及處分權（破產§75）。此種財產權的訴訟，破產人無實施訴訟的資格，而成為不適格的當事人，此時應由破產管理人繼續進行訴訟（破產§90、92）。所謂「關於破產財團之訴訟程序」，是指訴訟的勝敗，會對破產財團之財產造成增加或減少的影響而言，例如：當事人提起請求返還所有物的訴訟，或是他人欠錢未還，提起請求他人還錢的訴訟等是。相對於前者，則為與破產財團無關的訴訟程序，例如：當事人本身婚姻事件的訴訟，因為此訴訟的勝敗，對於破產財團財產的增減沒有影響。所以本條規定，當事人受破產宣告者，關於破產財團的訴訟程序，在依破產法有承受訴訟人，亦即破產管理人承受以前，其訴訟程序當然停止。又所謂「破產程序終結」，是指破產程序因為有認可調協、宣告破產終止之裁定（破產§148）或法院為破產終結之裁定（破產§146）等，此時受破產宣告人就回復到未受破產宣告前的狀態，假使訴訟尚未終結，則無論破產管

理人是否曾經承受訴訟，當然由該當事人續行訴訟，且不需要向法院為承受訴訟的聲明。

另外，當事人在訴訟中受破產宣告時，關於破產財團的訴訟程序，即使有委任訴訟代理人，亦不在本法第173條所定不當然停止的範圍。若專就訴訟代理人的代理權來看，雖然不會因為本人受破產宣告而消滅（本法§73），但是因為訴訟代理人是代當事人為訴訟行為以及接受訴訟行為的人，假如當事人本人已不可為訴訟行為以及受訴訟行為，則訴訟代理人更不可有代為及代受訴訟行為。因此，在當事人受破產宣告，關於破產財團的訴訟程序，本人已成為不適格的當事人，且必須停止訴訟程序，則訴訟代理人也是無從代理，也應當然停止訴訟。若是訴訟中破產程序終結，當事人本人可續行訴訟時，則訴訟代理人也可續行代理訴訟。

本條第2項係民國98年1月份修法新增，此條修正乃為配合消費者債務清理條例施行後依該條例開始清算程序之效果。依本條第2項規定於當事人經法院依消費者債務清理條例裁定開始清算程序者，關於清算財團之訴訟程序，於管理人承受訴訟前或清算程序終止、終結前，應當然停止訴訟程序。

第175條（承受訴訟之聲明）
第168條至第172條及前條所定之承受訴訟人，於得為承受時，應即為承受之聲明。
他造當事人，亦得聲明承受訴訟。

解說

所謂「承受訴訟」，是指依法律規定有資格繼續進行訴訟的人，想使當然停止訴訟程序此種狀態結束，而聲明由其繼續進行訴訟之行為。因此本法第168條至第172條及第174條中所定承受

訴訟人，其承受訴訟不僅是承受人之權利，亦爲承受人的義務，所以在其得爲承受時，應爲承受的聲明。

　　若應爲承受訴訟行爲的人，斟酌訴訟的結果，認爲會對自己不利，因此故意拖延不承受訴訟，此時對訴訟之相對人即產生不利益。針對此點，本法特別規定他造當事人爲避免應承受訴訟人拖延不爲承受聲明，致其權利受損害者，也得聲明應爲承受訴訟人承受訴訟；而他造爲此聲明時，須向法院表示承受訴訟人可以繼續進行訴訟的情形，並指明應承受訴訟人爲何。

第176條（聲明承受訴訟之程序）
聲明承受訴訟，應提出書狀於受訴法院，由法院送達於他造。

解說

　　應承受訴訟人決定要承受訴訟時，應寫明於書狀上，並向訴訟現所繫屬的法院提出。而此書狀應適用當事人書狀之一般規定，且法院應作成書狀之繕本，由法院送達於他造。假使其聲明承受訴訟合於法定程式且有理由者，在繕本送達時，就發生承受訴訟的效力，而訴訟停止的狀態也就結束了。

　　又接續受判審判法院，收到受繼書狀，即應指定辯論日期，召喚繼續人及相對人，其辯論日期，因受繼及本案之辯論而定者，若承繼人及相對人於日期到案，相對人認權利之繼續，則不必就訴訟程序之受繼更行審判，得即就本案爲辯論及審判，然相對人不認權利之承繼，則須就訴訟程序之受繼先行審判，蓋其屬一訴訟承受與否知先決問題。若權利之承繼，業經證明，得以中間判決審判有訴訟程序之受繼，並就本案爲審判，或逕就本案爲辯論及審判，而將訴訟程序就受繼之審判。於本案之終局判決理由表示之。

第177條（承受訴訟之裁判）

承受訴訟之聲明有無理由，法院應依職權調查之。

法院認其聲明為無理由者，應以裁定駁回之。

訴訟程序於裁判送達後當然停止者，其承受訴訟之聲明，由為裁判之原法院裁定之。

解說

　　承受訴訟之聲明有無理由，是否合法，可否發生終了結束當然停止訴訟之效力，以及不問他造當事人有無爭執，法院均應依職權調查，聲明是否合於第168條以下各規定，例如：調查其是否係應為承受訴訟之人，以及其人是否已得續行訴訟等情形，並依調查之結果，分別為下列的處理：

　　一、承受訴訟的聲明不合法（如不以書狀聲明承受而不補正）或無理由，法院應以裁定駁回其聲明。

　　二、承受訴訟的聲明合法並且有理由時，則應該繼續進行當然停止前的訴訟程序，法院不需要特別為准許承受訴訟的裁定，假使當然停止前的訴訟程序還未辯論終結，審判長應該指定期日，繼續進行言詞辯論或是為其他的訴訟行為。

　　訴訟程序如果是在裁判宣示完畢，且已送達後，發生當然停止訴之事由者，則此時為裁判的原來法院，就該訴訟事件已經不須再為任何訴訟行為。依前所述，法院對於聲明承受訴訟，不須特別為准許的裁定，只要繼續進行因訴訟程序之停止而未完成之訴訟行為即可。但此時法院已不須為任何訴訟行為，如此一來，當事人無從得知其承受訴訟聲明是否已被法院容許，因此本條特別規定，在此種情形下，當事人所作的承受訴訟聲明，應該由作成裁判的原法院裁定是否容許，並且作成的裁定要送達兩造當事人。

　　末論，訴訟程序於裁判送達後當然停止者，依民事訴訟法第177條第3項規定，其承受訴訟之聲明，固由為裁判之原法院裁定

之。惟若當事人合法提起上訴後（上訴之法定要件同齊備），始發生訴訟程序當然停止之原因者，其承受訴訟之聲明，因已繫屬於上訴法院，則衡其一脈法理應由上訴審法院裁定之。

第178條（職權裁定之續行訴訟）
當事人不聲明承受訴訟時，法院亦得依職權，以裁定命其續行訴訟。

解說

是否要承受訴訟，全憑當事人自己決定，因此當事人可以不向法院聲明承受訴訟。但是就司法行政事務處理之作業而言，今已有一個案件在法院，只因無人承受訴訟而久久不能終結，不僅在行政作業上不方便，也是對司法資源的一種浪費。因此本條規定，法院可以依職權用裁定命令可承受訴訟的當事人承受訴訟，期使訴訟程序能繼續進行。

第179條（承受訴訟裁定之抗告）
前二條之裁定，得為抗告。

解說

依本法第177條第2、3項法院駁回聲明承受訴訟之裁定，或准許承受訴訟之裁定，以及第178條法院依職權命當事人應承受訴訟之裁定，當事人假使不服上述法院的裁定，可以提起抗告。

第180條（當然停止(七)—法院不能執行職務）
法院因天災或其他不可避之事故不能執行職務者，訴訟程序在法院公告執行職務前當然停止。但因戰事不能執行職務者，訴

訟程序在法院公告執行職務屆滿六個月以前當然停止。

前項但書情形，當事人於停止期間內均向法院為訴訟行為者，其停止終竣。

解說

　　法院因為發生水災或地震，或者因為一般事故的發生，例如：瘟疫、戰爭爆發等情形，均係因為天災或其他類似不可避免的事故所致（為期明確，爰於本條原條文前段增加「不可避之」），使法院不能辦公，則訴訟程序當然得停止。當當然停止原因的事故結束時，法院可以辦公，就不須再停止訴訟，當事人也不須為承受訴訟的聲明，但是為了促使一般人注意，法院應該作出公告，使一般大眾明白法院已開始執行職務。通常公告貼出時，法院應是早就已恢復其辦公機能，但法律明定，一定要貼出公告，當然停止的狀態才算結束。另外，因為戰爭而使法院不能執行職務者，要在公告能執行職務後滿6個月，法院的當然停止訴訟狀態才算結束。因為戰爭爆發後各地災情不同，各人受傷、倖免的程度也不同，因此法院不可以期待訴訟之當事人於停止戰爭後，皆能很快地進行訴訟，也是避免當事人在戰亂甫定之際，又要被訟事所累。

　　原條文但書所規定當然停止的情形，原係為方便當事人而設，故當事人如於停止期間內均向法院為訴訟行為者，即無須再停止訴訟程序，爰於民國92年2月份將第181條第3項修正，並移列為本條第2項。

第181條（裁定停止㈠－因戰爭、天災或特殊事故）

當事人於戰時服兵役，有停止訴訟程序之必要者，或因天災、戰事或其他不可避之事故與法院交通隔絕者，法院得在障礙消滅前，裁定停止訴訟程序。

解說

　　所謂「訴訟程序裁定停止」，是指因有法定原因，由法院依當事人之聲請或本於其職權，用裁定來停止訴訟程序進行者。法院作成停止訴訟的裁定後，訴訟就應立刻停止，即使有當事人曾經對法院的裁定提起抗告程序表示不服，也不影響訴訟的停止。在裁定停止原因消滅後，應該再由法院以裁定來撤銷停止訴訟程序之裁定，假使在未撤銷前，該停止原因，事實上已不存在，亦不可以進行訴訟。

　　「戰時服兵役」，其戰時不限於國際法上所謂的戰時，戡亂時期也算；也不限於在前線打仗，駐守在後方而有隨時被調往前線作戰的情況也包含在內；而服兵役，也不以依兵役法徵集而服兵役者為限。因此停止原因，是基於每個人事實上之必要，而不是以優待軍人為目的。至於「因戰事與法院交通隔絕」，是指因為戰爭的破壞，使得海上、陸上、空中的交通工具均無法使用，而致當事人無法到法院為訴訟行為的情形。所以當事人因天災、戰事或其他不可避之事故，其訴訟尚非無法進行，必因該事故致使與法院交通隔絕不便進行訴訟，方有裁定停止訴訟程序的必要。

第182條（裁定停止（二）—以他訴訟法律關係為據）
訴訟全部或一部之裁判，以他訴訟之法律關係是否成立為據者，法院得在他訴訟終結前以裁定停止訴訟程序。
前項規定，於應依行政爭訟程序確定法律關係是否成立者準用之。但法律別有規定者，依其規定。

解說

　　本條第1項中「訴訟全部或一部之裁判，以他訴訟之法律關係是否成立為據者」，是指本件訴訟全部或一部的裁判，以他件

訴訟的法律關係是否成立為判斷依據而言；換句話說，他件訴訟的法律關係是否成立，為本件訴訟的先決問題，必須先確定該法律關係是否成立，方能為本件訴訟全部或一部的裁判。例如：本件訴訟是有關於請求父親對未結婚而私自生下的小孩履行扶養義務的訴訟，而關於父親與該名私生的小孩之間究竟有沒有父子血緣關係，現在正另外成為一個訴訟案件，則本件訴訟須等待他件訴訟的法律關係成立之後，亦即小孩與父親之間有父子關係之後，才可請求父親履行扶養義務，否則一個法院判決父親有扶養義務，一個法院判決父親與私生子之間無血緣關係，則是裁判上的衝突、矛盾，反之，假設一消費借貸關係存在與否之確認訴訟，因其屬債權，不以所有權歸屬於出借人為必然要件，是如另有相關借貸物之物權爭訟，則原則當無裁定停止本訴之需要。因此，本件訴訟的法院可在他訴訟法律關係成立前，決定是否要裁定停止訴訟程序，須參酌多項因素，假使法院認為本件訴訟的法律關係已很明確，自己可以裁判，或者考慮到也許裁定訴訟程序停止會使當事人受到拖延的不利益，此時法院也可以不下停止程序之裁定，即民事訴訟法第182條第1項雖明定法院得命中止訴訟程序，則有同條項所定情形時，應否命其中止，法院本有自由裁量之權，衡酌其究否為本案訴訟之先決問題、相關事實是否自身已足評判等情事，並非一經當事人聲請，即應命其中止，是以，除非他件訴訟案件對本件案件有既判力之外（民訴§401），否則本件訴訟法院就關於該訴訟法律關係是否存在，即使經過他訴訟裁判，本訴訟法院仍得依照自己的意見下裁判。

　　如果本訴訟先決問題的爭執，現在正在進行訴願或在行政法院訴訟中，則在該訴願或行政訴訟程序終結前，本件訴訟法院也可以裁定停止訴訟程序；換句話說，確定他件訴訟的法律關係是否成立，不是由民事法院及刑事法院，而是經由其他機關來加以判斷的話，本訴訟的法院亦可自由裁量是否要停止訴訟程序。

　　過去條文對於「訴訟全部或一部之裁判，以應依行政爭訟程序確定之法律關係是否成立爲據者，爲避免相互歧異，法院亦得於行政爭訟程序開始後終結前以裁定停止訴訟程序」，然因原條文第2項規定「應由法院以外之機關」，是否包括行政法院，不無爭議，且易被誤會爲包括司法院大法官的解釋，爰予修正，俾資明確。

第182條之1（裁定停止㈢——與行政法院確定裁判見解相異）
普通法院就其受理訴訟之權限，如與行政法院確定裁判之見解有異時，應以裁定停止訴訟程序，並聲請司法院大法官解釋。但當事人合意願由普通法院爲裁判者，由普通法院裁判之。
經司法院大法官解釋普通法院無受理訴訟權限者，普通法院應將該訴訟移送至有受理訴訟權限之法院。
第1項之合意，應以文書證之。

解說

　　一般當事人就行政法院裁判確定不屬其權限的同一事件，而向普通法院爲請求時，如普通法院依其合理的確信亦認爲不屬其權限而予以駁回，當事人的權利即發生無從救濟的弊病產生，故特別修法於第1項規定此種情形，法院應以裁定停止訴訟程序，提出其確信普通法院無審判權限的具體理由，聲請司法院大法官解釋。惟停止訴訟程序，聲請解釋，不免曠日費時，而有損及當事人的權益事項發生，爰增設但書，明定如當事人兩造合意願由普通法院爲裁判者，則認爲普通法院就該事件有審判的法律上權限，而此亦與釋字第591號理由書：「現代法治國家，基於國民主權原理及憲法對人民基本權利之保障，人民既爲私法上之權利主體，於訴訟或其他程序亦居於主體地位，故在無礙公益之一定

範圍內，當事人應享有程序處分權及程序選擇權，俾其得以衡量各種紛爭事件所涉之實體利益與程序利益」之記載相呼應，一定程度遵重當事人身為訴訟主體之主要地位。

　　至於第3項所規定前項合意，涉及審判權的歸屬，為期慎重，故特別規定前項合意應以文書來具體證明，以資慎重。

　　為配合行政訴訟法第12條之2改採無審判權之主動移送制度，本法於民國98年1月份修正增訂本條第2項規定，如經司法院大法官解釋確定普通法院無審判權時，則原行政法院之移送裁定失其效力，應由普通法院將訴訟移送至有審判權之行政法院，俾使民事訴訟法及行政訴訟法均一致統一採法院依職權主動移送制，以保障人民之訴訟權。

> **第182條之2**（裁定停止㈣—就同一事件有承認外國判決之可能）
>
> 當事人就已繫屬於外國法院之事件更行起訴，如有相當理由足認該事件之外國法院判決在中華民國有承認其效力之可能，並於被告在外國應訴無重大不便者，法院得在外國法院判決確定前，以裁定停止訴訟程序。但兩造合意願由中華民國法院裁判者，不在此限。
>
> 法院為前項裁定前，應使當事人有陳述意見之機會。

解說

　　本條第1項即規定，當事人就已在外國法院起訴的法律事件，於訴訟繫屬中更行起訴，如有相當理由足認該事件的外國法院判決不致有第402條各款所列情形，而在我國有承認其效力的可能，且被告於外國法院應訴亦無重大不便時，則於該外國訴訟進行中，應無同時進行國內訴訟的必要。為求訴訟經濟，防止判決相互牴觸，並維護當事人的公平性及避免同時奔波兩地應訴，

爰規定此種情形，法院得在外國法院判決確定前，以裁定停止訴訟程序。

即本條之適用須先確認該外國訴訟已經繫屬於外國法法院，又非依中華民國之法律，外國法院無管轄權者（典型如專屬管轄事項）；且被告於外國法院應訴亦無重大不便，併酌可能判決之內容無背中華民國之公共秩序或善良風俗之風險存在，又兩國具司法之互相承認之實，本國法院始得參前開因素，不積極行使本國自應有之司法審判權限。

惟兩造如合意願由中華民國法院裁判者，自無停止必要，故特別增訂但書來明定此一部分。至於當事人在我國法院起訴後，復於外國法院起訴的情形，我國法院的訴訟原則上不受影響，惟仍應由法院就個案具體情形，審酌我國的訴訟有無訴訟利益等事項處理之。

本條第2項規定，關於停止國內訴訟的訴訟程序，以等待外國法院的判決，對於當事人的權益影響至鉅，為確實保障當事人的程序上權利，以示慎重起見，應使其於裁定前有充分陳述意見的機會，以免損及當事人的權益。

第183條（裁定停止㈤—有犯罪嫌疑牽涉裁判）
訴訟中有犯罪嫌疑牽涉其裁判者，法院得在刑事訴訟終結前，以裁定停止訴訟程序。

解說

所謂「訴訟中有犯罪嫌疑牽涉其裁判者」，是指在本件訴訟中，法院審理時認為當事人、其他訴訟關係人或者第三人有犯罪嫌疑，而該犯罪嫌疑足以影響到本件民事訴訟的裁判，如果不等到犯罪嫌疑的刑事訴訟解決之後，本件民事訴訟就很難甚至不能下判斷者。例如：因為作為本件訴訟的重要證據，法院審理時

發現有偽造的嫌疑，而且剛好也正在受刑事訴訟的調查，法院若想斷定此項證據的真假，不如在刑事訴訟的事件終結後，根據刑事訴訟的判斷來決定，如此也可避免判斷相牴觸。因此法院可以在刑事訴訟終結前，裁定停止訴訟程序。但應不應該停止，法院是有裁量權的，若是法院斟酌的結果，認為不必停止訴訟比較適當，則不必為停止訴訟的裁定。另外，犯罪嫌疑如果只是還處在調查是否構成犯罪的階段，或者還沒有經由檢察官起訴成為一案件的情形，也可以裁定停止訴訟程序。又此項犯罪嫌疑，不僅限於由司法機關來審理之情形，若是應由軍法機關偵查審判之犯罪嫌疑，也包含在內。

末論，訴訟中若有犯罪嫌疑牽涉該訴訟之審判者，法院雖得於刑事訴訟終結前，命中止訴訟程序，但此項規定，法院原有斟酌之權，而此與刑事訴訟法第183條，「訴訟中有犯罪嫌疑牽涉其裁判者，法院得在刑事訴訟終結前，以裁定停止訴訟程序」之規範相仿。

第184條（裁定停止（六）─提起主參加訴訟）
依第54條之規定提起訴訟者，法院得在該訴訟終結前，以裁定停止本訴訟之程序。

解說

主參加訴訟者，依民事訴訟法第54條第1項規定，係指對他人間之訴訟繫屬中，第三人以該他人兩造為共同被告，就他人間訴訟標的之全部或一部為自己有所請求，或主張因他人訴訟之結果，自己之權利將被侵害，而以本訴訟之當事人為共同被告，所提起之訴訟，又其類型可區分為權利主張型與詐害防止型，前者指依民事訴訟法第54條第1項第1款之規定，權利主張型者係指就他人間訴訟標的之全部或一部為自己而有所請求而言（例如：甲

主張A地爲其所有，而對無權占有人乙依所有人之物上請求權起訴主張返還A地。惟A地眞正權利人丙爲主張其權利，而於甲、乙之訴訟繫屬中，以甲、乙爲共同被告提起主參加訴訟，以確認A地所有權屬於丙爲訴訟標的向甲主張；並以所有人之物上請求權爲訴訟標的向乙主張返還A地）；後者指依民事訴訟法第54條第1項第2款之規定，詐害防止型者係主張因他人訴訟之結果，自己之權利將被侵害而言（例如：債務人甲爲避免遭債權人乙強制執行，而將其所有之A地贈與給第三人丙。嗣丙即基於此贈與契約起訴請求甲移轉A地所有權並交付之。於訴訟繫屬中，乙即以甲、丙爲共同被告提起主參加訴訟，請求撤銷甲、丙間之贈與契約）。

本法第54條是規定主參加訴訟，其與本件訴訟是各自獨立的訴訟，應該各自獨立審判。但是爲了防止本件訴訟的裁判與該第三人提起的訴訟的裁判互相牴觸，所以才會有主參加訴訟此制度的設計。所以假如第54條的訴訟是向本件訴訟現在繫屬的法院提起的話，而在第54條的訴訟所進行的言詞辯論程序還沒有終結以前，應該跟本件訴訟一起由同一個法官或同一合議庭進行言詞辯論程序以及受判決（民訴§205Ⅲ）。例如：本訴訟在臺北地方法院由甲民事庭審理，主參加訴訟人也向臺北地方法院起訴，由乙民事庭審理，則應在主參加訴訟言詞辯論程序進行完畢以前，將其送到甲民事庭，由同一庭之法官來加以審理，如此可以避免兩庭裁判的矛盾，也可節省司法資源的浪費。但是如果本件訴訟法院認爲應該就主參加訴訟先進行審理，而不應該兩案件一起審理時，當然也可以依照其意思裁定停止訴訟程序。

第185條（裁定停止㈦—告知訴訟）
依第65條之規定，告知訴訟，法院如認受告知人能為參加者，得在其參加前以裁定停止訴訟程序。

解說

　　民事訴訟之基本要求之一，在於發現眞實，而給予當事人雙方一個公平正確的判決，爲了達到此要求，法院應盡可能地獲得訴訟資料。訴訟參加（民訴§65），對於參加人以及參加人所輔助的當事人均有利益，而且有第三人參加爲訴訟行爲，可以獲得較多的訴訟資料，有助於眞實的發現。因此法院若認爲受告知人能爲參加訴訟的話，不妨在參加人參加前，以裁定停止訴訟之進行，等到參加人參加訴訟後，再就整個訴訟加以審理，也方便參加人能及時爲其所輔助的當事人提出攻擊或防禦方法（民訴§196Ⅰ）。但是必須當事人之一方已向受告知人告知訴訟後，才可以裁定停止訴訟程序，假如當事人一方只是認爲有向第三人告知訴訟的必要，但事實上並未告知的話，則不可用此理由向法院聲請裁定停止訴訟程序。

第186條（裁定停止之撤銷）
停止訴訟程序之裁定，法院得依聲請或依職權撤銷之。

解說

　　法院可以依照聲請或者自己本身的職權而裁定停止訴訟程序。在條文中並沒有就各停止事由明定當事人有聲請權，可是本條亦明定當事人得聲請法院撤銷停止訴訟程序之裁定，可見當事人也可聲請停止程序的裁定。法院在裁定停止訴訟程序之後，可以在停止原因消滅後，撤銷裁定停止訴訟程序，即使是在停止原因消滅以前，法院若認爲沒有停止程序的必要及實益，也可以撤銷停止訴訟程序的裁定；換句話說，法院在裁定停止訴訟程序之後，可以依當事人的聲請或者依自己的職權，隨時撤銷停止訴訟程序的裁定。

　　又法院命中止訴訟程序之裁定，無論曾否註明中止終竣之時

期或理由，迨中止終竣之法定事實發生時，均即應由法院將原裁定撤銷，如法院未予撤銷，當事人並得爲撤銷之聲請。另，命中止訴訟程序之裁定，未註明中止終竣之時期，參前開脈絡，自不得指爲違法。

第187條（停止訴訟及撤銷停止裁定之抗告）
關於停止訴訟程序之裁定，及關於撤銷停止之裁定，得為抗告。

解說

　　本條的規定是指當事人對於法院所下的停止訴訟程序裁定以及撤銷停止訴訟程序的裁定可以提起不服抗告。除此之外，因爲訴訟程序停止與否以及停止的撤銷與否，與當事人的利益有密切關聯，蓋時間因訴訟停止所生之耗損，或因未停止而生如將來判決歧異之風險等，亦或對訴訟當事人生一定之不利益，而有即時救濟之需要，因此當事人對於法院駁回停止聲請之裁定以及駁回撤銷停止聲請之裁定，也可依本條規定提起抗告。

第188條（當然停止及裁定停止之效力）
訴訟程序當然或裁定停止間，法院及當事人不得為關於本案之訴訟行為。但於言詞辯論終結後當然停止者，本於其辯論之裁判得宣示之。
訴訟程序當然或裁定停止者，期間停止進行；自停止終竣時起，其期間更始進行。

解說

　　所謂「本案之訴訟行爲」，是指非關於當然停止、裁定停止

而為的訴訟行為，而是可使已停止的訴訟程序繼續進行或終結者而言，例如：聲請續行訴訟、提起上訴、指定期日、調查證據、行言詞辯論等行為。訴訟程序處理當然停止及裁定停止的期間時，法院及當事人不可以為會使已停止的訴訟程序繼續進行或終結的訴訟行為。違反此規定時，當事人的行為原則上無效，但是若他造當事人符合本法第197條第1項之規定情形時，則因為其捨棄責問權的結果，就不可再主張無效。因為此制度設計的目的，是為保護當事人的利益，當事人既然漠視其權利，則法院也不須強使其無效。假如法院違反規定，其在訴訟停止間所為本案的訴訟行為，也並非無效，僅是有法律上的瑕疵，當事人得表示不服而提起上訴或抗告。

　　當然停止發生在言詞辯論終結之後，而其當然停止的原因，因本法第181條已將當事人因戰事與法院交通隔絕者，修正為裁定停止訴訟程序之原因，自無再適用原條文第1項但書的餘地。因此但書係針對當然停止原因的設計，為免日後相關條文變動而須再予修正，特將其修正為概括規定，以求法律上的周延。因為當然停止制度，是在使當事人不要失去參與訴訟，以助法院發現真實、下真實正確判決的機會，然而裁判的宣示，是不須當事人的行為，不問當事人是否在場，均有效力（民訴§225），所以當事人無參與的必要。至於言詞辯論終結後，裁定停止訴訟程序者，則因為法院在下停止程序裁定時，必定已經料想到沒有宣示裁判的必要，否則法院可以先宣示後，再下停止訴訟的裁定，因此在裁定停止訴訟的情形，不在仍得宣示之列。

　　所謂「更始進行」，即更令全期間進行，例如：第一審判決是6月15日送達，7月1日有當然停止原因發生，7月7日當然停止的原因結束，則判決視為是7月7日送達，7月27日確定。而以前6月15日至7月1日之16天期間，不與以後的期間合併計算，而是在當然停止的原因結束後起，重新進行期間，這也是為保護當事人

之利益而設。

　　另假設有某案第一審法院於6月20日將判決送達兩造，被告於7月1日死亡，原告於7月2日聲明上訴，被告繼承人於7月10日承受訴訟，第二審8月25日開庭，被告抗辯謂原告未有合法上訴，按上訴之不變期間依民事訴訟法第188條第2項（舊法）之規定，自該日起更始進行，是原告於該日前之上訴，與判決宣示後送達前提起上訴之情形相同，被告無責問原告之上訴爲不合之餘地，原告之上訴，非不合法（53年度第1次民、刑庭總會會議決議(六)參照）。

> **第189條**（合意停止之效力）
> 當事人得以合意停止訴訟程序。但不變期間之進行，不受影響。
> 前項合意，應由兩造向受訴法院或受命法官陳明。
> 前條規定，除第1項但書外，於合意停止訴訟程序準用之。

解說

　　本法基本上採「當事人進行主義」，亦即訴訟程序的開始、進行及終了，原則上以當事人的意思爲準。因此，爲尊重當事人，於提起訴訟後、判決確定前，不問訴訟進行至何程度，得因當事人的合意，而停止該訴訟程序的進行。當事人的此項合意，沒有一定的程式，但爲避免法院浪費人力及時間，進行無益的訴訟行爲，兩造當事人應將其合意向受訴法院陳明（以言詞或書狀均可），且毋庸法院爲許可的裁定，一經陳明，即生訴訟程序停止的效力，而此亦與釋字第591號理由書：「現代法治國家，基於國民主權原理及憲法對人民基本權利之保障，人民既爲私法上之權利主體，於訴訟或其他程序亦居於主體地位，故在無礙公益之一定範圍內，當事人應享有程序處分權及程序選擇權，俾其

得以衡量各種紛爭事件所涉之實體利益與程序利益」之記載相呼應，一定程度遵重當事人身為訴訟主體之主要地位。

訴訟程序合意停止的效力，本法未設明文規定，原則上與當然停止及裁定停止的效力相同，也就是於合意停止後，法院及當事人不得為關於本案的訴訟行為；不過須注意的是，訴訟程序當然或裁定停止者，期間停止進行，自停止終竣時起，其期間更始進行（民訴§188Ⅱ）。而本條第1項但書規定：「但不變期間之進行，不受影響。」也就是說，合意停止後，並非所有期間均停止進行；換句話說，通常法定期間及裁定期間，因合意停止而停止進行，但不變期間則不受影響，仍繼續進行。這是因為不變期間，不因當事人的合意而伸長，如果合意停止後，不變期間亦停止進行的話，無異承認當事人得依己意伸長不變期間。因此，於不變期間內應為的訴訟行為（例如上訴、抗告等），縱使訴訟程序已經合意停止，仍應於該不變期間內為之。

本條第2項原條文規定向受訴法院陳明，易誤解為於準備程序期日向受命法官陳明者，不生合意停止的效力，爰於民國92年2月份間予以修正，俾資明確。

第190條（合意停止之期間及次數之限制）
合意停止訴訟程序之當事人，自陳明合意停止時起，如於四個月內不續行訴訟者，視為撤回其訴或上訴；續行訴訟而再以合意停止訴訟程序者，以一次為限。如再次陳明合意停止訴訟程序，不生合意停止訴訟之效力，法院得依職權續行訴訟；如兩造無正當理由仍遲誤言詞辯論期日者，視為撤回其訴或上訴。

解說

當事人合意停止訴訟程序，如果未定停止期間的話，則訴訟程序的停止，因當事人中任何一造向法院表示續行訴訟時而終

竣。不過，若當事人兩造均不向法院表示續行訴訟時，該訴訟將久懸不結，因此，如果當事人自陳明合意停止訴訟程序時起，於4個月內不續行訴訟的話，則視為撤回其訴，若在上訴審則視為撤回上訴。當事人續行訴訟後，仍得再以合意停止訴訟程序，但為了避免當事人濫行停止，致訴訟延滯，只能以一次為限。

至於當事人合意停止訴訟程序，若定有停止期間的話，則訴訟程序的停止，將因停止期間的屆滿而終竣。不過，於停止期間屆滿前，當事人得以另一合意，使訴訟程序的停止提前終竣。但須注意的是，當事人所定停止期間，最多不得超過4個月，因為自陳明合意停止時起，如於4個月內不續行訴訟的話，視為撤回其訴或上訴，又須注意單純訴訟兩造共同具狀聲請續行休止訴訟程序，顯非續行訴訟之行為，則縱於合意停止期間滿4個月前共同表述續行訴訟，為未於4個月內實質為訴訟之續行，則仍生視同訴訟撤回之法效力（44台抗197裁判參照）；又當事人若於4個月後始提出續行訴訟的聲請，法院得以「當事人已撤回其訴或上訴」為由，裁定駁回其聲請。

本法關於違背合意停止訴訟程序次數限制者，其效果如何，過去本法未予規定，易滋疑義，因此增訂後段並明定如再次陳明合意停止訴訟程序，不生合意停止訴訟的效力，法院得依職權續行訴訟；如兩造無正當理由仍遲誤言詞辯論期日者，視為撤回其訴或上訴，以臻明確。

末論，民事訴訟法第190條第2項所謂視為撤回其訴或上訴，係於法定要件具備時，法律上當然發生撤回之效力，除非嗣後當事人就此有所爭執，法院認其訴或上訴在法律上已視為撤回者應宣示其旨外，無以裁判宣示撤回之必要。

第191條（擬制合意停止與撤回）
當事人兩造無正當理由遲誤言詞辯論期日者，除別有規定外，視為合意停止訴訟程序。如於四個月內不續行訴訟者，視為撤回其訴或上訴。
前項訴訟程序停止間，法院於認為必要時，得依職權續行訴訟，如無正當理由兩造仍遲誤不到者，視為撤回其訴或上訴。

解說

　　當事人兩造如有正當理由而遲誤言詞辯論期日者，應無本條之適用，為求明確，爰予修正。又兩造無正當理由，則除別有規定外，遲誤言詞辯論期日而在法律上視為合意停止訴訟程序者，解釋上如於4個月內不續行訴訟者，亦應視為撤回其訴或上訴，爰於第1項加以明定。

　　所謂「當事人兩造遲誤言詞辯論期日」，是指經合法通知的兩造當事人，於言詞辯論期日開始後，均不到場或到場不為辯論而言。而所謂「別有規定」，是指調查證據期日及宣示裁判期日而言。原則上，調查證據及宣示裁判均於言詞辯論期日進行（民訴§209、223、239），且不問當事人是否在場，均有效力（民訴§225Ⅰ、239、296）。因此，倘若當事人兩造所遲誤的言詞辯論期日，僅係調查證據期日或宣示裁判期日的話，則不得視為合意停止訴訟程序。

　　第2項則規定，當事人兩造遲誤言詞辯論期日，雖視為合意停止訴訟程序，但因當事人事實上未必有停止訴訟程序的合意，且為免訴訟程序無謂的延滯，因此法院若認為有必要的話，得依職權續行訴訟。不過須注意的是，如果視為合意停止訴訟程序後，已逾4個月而未續行訴訟的話，法院不得依職權續行訴訟，因為此時已視為當事人撤回其訴或上訴（民訴§190前）。又法

院依職權續行訴訟後，兩造當事人仍遲誤言詞辯論期日，且無正當理由時，視為當事人撤回其訴或上訴。

又須注意，縱當事人係爰依法定事由聲請停止訴訟，在法院未裁定准許前，並不當然發生停止訴訟之效果，當事人依法仍有如期到場為言詞辯論之義務。如兩造均不到場，亦無礙於民事訴訟法第191條之適用，是將生視為撤回起訴或上訴之結果。

末查，按訴訟法重在明示其程序，民事訴訟法第191條既未明示包含準備程序在內，若依解釋而云準備程序為言詞辯論之一部，兩造遲誤準備程序期日兩次者，即得視為撤回其訴或上訴，殊違「立法明信」之原則，況行準備程序在闡明訴訟關係，而行言詞辯論則在確定訴訟關係，二者目的不同，自不能謂民事訴訟法第191條規定之言詞辯論期日當然包含準備程序期日在內（59年度第1次民、刑庭總會會議決議(二)參照），簡言之，訴訟之兩造於準備程序中皆為缺席，仍無民事訴訟法第191條適用之可能。

第五節　言詞辯論

> **第192條**（言詞辯論之開始）
> 言詞辯論，以當事人聲明應受裁判之事項為始。

解說

　　所謂「言詞辯論」，一般而言是指法院、當事人及其他訴訟關係人於言詞辯論期日所為的一切訴訟行為而言，例如：法院的指揮訴訟、調查證據，當事人的聲明、陳述及證人、鑑定人的陳述等皆是。

　　依本法第158條規定：「期日，以朗讀案由為始。」言詞辯

論期日也不例外，亦因朗讀案由而開始。依本條規定，言詞辯論因當事人聲明應受裁判之事項而開始，因此，言詞辯論期日因朗讀案由而開始後，當事人若未以言詞聲明應受裁判之事項，則言詞辯論仍未開始。

所謂「應受裁判之事項」，是指請求為如何具體的裁判而言，例如：原告聲明「被告應賠償原告80萬元」；或是「確認原告與被告間的買賣契約不成立」；或是「被告應與原告離婚」等皆是。原告為聲明後，理論上被告亦須為聲明，但若被告僅係消極的為「駁回原告之訴」的聲明，因是否駁回原告之訴，法院本應依職權而為，不待被告聲明，所以被告此項聲明並非必要。

第193條（當事人之陳述(一)）
當事人應就訴訟關係為事實上及法律上之陳述。
當事人不得引用文件以代言詞陳述。但以舉文件之辭句為必要時，得朗讀其必要之部分。

解說

當事人向法院聲明應受判決的事項，是陳述其請求裁判的結論。但若只有結論，而沒有得此結論的事實以及理由，法院無從判斷勝敗，所以當事人尚應就訴訟事件的內容情節為事實上以及法律上的陳述。例如：原告請求被告賠償因被毆傷所受的損害，陳述某年、月、日在某地被告動手打他，因而支出醫藥費若干元，依民法第184條第1項前段規定，被告應負賠償責任。此處所謂「法律上之陳述」，非指當事人須具體指出訴訟關係應適用某法所規定的某條文，而是指就該訴訟事件之權利義務，即法律關係的發生、變更或消滅，因基於辯論主義之故，非經當事人陳述，法院不得採為判決基礎而言。例如：債務已經由第三人承擔的陳述，不負保證責任的陳述。所謂「事實上之陳述」，除法

律有特別規定（民訴§278Ⅱ）外，法院僅得依當事人的主張爲裁判之基礎。例如：原告主張被告親自蓋章出立借據向原告借款的事實，若被告否認，法院不得斟酌被告將印章交他人使用的事實，是表見代理，依表見代理之規定（民§169），被告須負清償借款的責任而判決被告敗訴。因爲表見代理是非原告主張的事實，法院不可加以判斷。

　　無論事實上或法律上之陳述，均應以言詞表達，且此言詞應依通常說話方式爲之，不可以用朗讀文件方式代替陳述，因爲文件的詞句結構，與通常說話方式之間多有差異。但有舉文件詞句的必要時，則得朗讀其必要部分，例如：解釋某一證書某一段文字的意思，得先朗讀該段文字之後再爲解釋。假若書狀陳述與用言詞陳述有不符合時，應以言詞陳述爲準。

第194條（當事人之聲明證據）
當事人應依第二編第一章第三節之規定，聲明所用之證據。

解說

　　當事人依前條規定，就訴訟關係爲事實上及法律上的陳述後，爲使法院相信其陳述爲眞實，必須更進一步聲明證據，請求法院加以調查（依本法§209規定，法院調查證據，除別有規定外，於言詞辯論期日行之）。然而當事人並非對於自己所爲的陳述均須聲明證據，應依第二編第一章第三節之規定，負有舉證責任的當事人方須聲明證據。又當事人除依本條規定，於言詞辯論期日聲明證據外，亦得於言詞辯論期日前，爲證據之聲明（民訴§285）。

第195條（當事人之陳述㈡）

當事人就其提出之事實，應為真實及完全之陳述。

當事人對於他造提出之事實及證據，應為陳述。

解說

為使法院迅速發現真實，避免人力及時間無謂的浪費，當事人就其提出的事實，負有真實及完全陳述的義務；且當事人除陳述自己所提出的事實外，對於他造當事人所提出的事實及證據，亦應為陳述，因為惟有在兩造當事人你來我往互為陳述下，方較易發現實體上的真實。

所謂「對於他造提出之事實及證據，應為陳述」，約可分為下列各種情形：

一、對於他造提出的事實，為承認的陳述，也就是所謂的「自認」。

二、對於他造提出的事實，為否認的陳述，也就是所謂的「爭執」。

三、承認他造所提出的事實，但另行陳述其他事實，而使他造所提出的事實本應發生的法律上效力不發生或消滅，也就是所謂的「抗辯」，例如：原告主張被告應返還借款50萬元，被告承認確曾向原告借款50萬元，但主張原告的請求權已因時效而消滅。

四、對於他造提出的事實，為「不知或不記憶」的陳述，此時，法院應審酌情形，斷定是否視同自認（民訴§280II）。

五、對於他造主張之證據，表示「偽造」、「變造」或「虛偽」，例如：對提出之「書證」否認其真正，對證人之證詞表示「虛偽」。

六、對他造提出之證據，不否認其真正，但抗辯其證明力或

與本案爭執之關聯性。

　　如當事人對於他造提出的事實或證據根本不爲任何陳述，則可能發生視同自認之效果（民訴§280Ⅰ）。

　　又訴訟上就消極確認訴訟舉證責任之討論，亦常爰引本條爲探究，舉例言之，就不當得利請求（給付型）中，請求權成立要件中法律原因不存在要素之舉證，雖被主張不當得利之一方無舉證責任存在，惟他造仍應基於民事訴訟法第195條1項所負具體化義務，就爲何該契約有效、存在等原因爲一定陳述（非證明或釋明），供對造予以辯駁，聚焦訴訟攻防，否則消極事實之舉證或無窮盡，則如此對就消極事實負舉證之人，強求其以一己之力完全之，實非法理之衡平。

> **第195條之1**（得不公開審判之情形）
> 當事人提出之攻擊或防禦方法，涉及當事人或第三人隱私、業務秘密，經當事人聲請，法院認為適當者，得不公開審判；其經兩造合意不公開審判者，亦同。

解說

　　原則上審判應公開行之（如此可以避免法官枉法專斷之弊病），惟因當事人提出有關的攻擊或防禦方法，涉及當事人或第三人隱私或業務秘密時，如仍一律公開審判，可能導致當事人或第三人蒙受重大損害，自有未宜。所以本次規定如經當事人一方聲請，而法院認爲適當者，得不公開審判。至於案件終結後，法院製作判決書時，亦應注意妥適記載，例如：以代號代替或僅爲必要的敘述，以避免當事人或第三人遭受到不當的損害。

　　同時如果兩造合意不公開審判，即當事人雙方不虞因審判不公開致生影響公平審判的結果，自無不准之理，故於後段明定兩造合意不公開審判者亦同，以資實務上的適用。

末須注意，本條審判不公開之例外，須由當事人主動聲請為法動之前提要件，法院不得以職權逕行為之，此為法明文意旨所揭，亦為公開審理原則維護所必須。

第196條（攻擊或防禦方法之提出時期）
攻擊或防禦方法，除別有規定外，應依訴訟進行之程度，於言詞辯論終結前適當時期提出之。
當事人意圖延滯訴訟，或因重大過失，逾時始行提出攻擊或防禦方法，有礙訴訟之終結者，法院得駁回之。攻擊或防禦方法之意旨不明瞭，經命其敘明而不為必要之敘明者，亦同。

解說

於民事訴訟中，當事人為求勝訴所提出的一切訴訟資料，稱為「攻擊」或「防禦方法」，例如：事實上及法律上的陳述、證據的提出、抗辯及提出反證等。提出攻擊或防禦方法我國原採自由主義，不問訴訟進行至何程度或係第幾次辯論期日，只要在言詞辯論終結前均得提出，惟此次修法改採「適時提出主義」，如逾時提出者，法院得駁回之。但如本法另有規定提出攻擊、防禦方法之時期者，不在此限，例如：本法第276條、第447條是其適例。

為了促使訴訟早日終結，如果當事人意圖延滯訴訟，或因重大過失，逾時始行提出攻擊或防禦方法以致妨害訴訟之終結者，雖言詞辯論尚未終結，法院仍得駁回，例如：就某一事實，於多次言詞辯論期日均不主張，直至最後一次的言詞辯論期日始行提出。所謂「逾時」，是指客觀上已逾「適當時機」而言，當事人是否意圖延滯訴訟、是否有重大過失、是否已逾適當時機及是否延滯訴訟，均由法院依自由心證加以認定。法院駁回當事人提出的攻擊或防禦方法，應於判決理由中記載其意見。如果當事人意

圖延滯訴訟，或因重大過失，逾時始行提出攻擊或防禦方法，但不致延滯訴訟的話，則法院不得駁回。又當事人所提之攻擊防禦方法意旨不明瞭，經法院令其敘明而仍然不予敘明者，顯已妨礙訴訟之終結，法院自亦得駁回之。

又實務上，法院爲促兩造於具體審判期日前爲一定有效之書狀先行，亦得命兩造於特定期日前（例如下次庭期前20日）完成書狀交換，如此期日中所行程序兩造更能聚焦紛爭已爲實質攻防，否則如兩造皆當庭提出攻防主張，於有限庭期時間內，兩造互相或難完整對應他方突襲所提出之陳述，則審判期日或淪爲訴訟兩造當事人交換書狀之場所；又爲達此一目的，法官或於相關函文中（或庭期進行中），明述如未於其曉籲期間提出書狀，法院或將認定屬當事人意圖遲延訴訟之情狀，而有排除當事人該攻防主張之不利益可能。

而第2項失權客體，限於「攻防方法」，攻防方法係指當事人對其訴訟上請求賦予理由或抗拒之「事實主張」、「爭執」、「證據聲明」、「證據抗辯」，其中包括消滅時效抗辯、抵銷抗辯之主張。

第197條（當事人之責問權）
當事人對於訴訟程序規定之違背，得提出異議。但已表示無異議或無異議而就該訴訟有所聲明或陳述者，不在此限。
前項但書規定，於該訴訟程序之規定，非僅為當事人之利益而設者，不適用之。

解說

本法關於訴訟程序的規定，可分爲「僅爲當事人的利益而設」及「非僅爲當事人的利益而設」兩種。對於違背訴訟程序規定的訴訟行爲，不論是由法院、他造當事人或是其他訴訟關係人

所爲，當事人均得於言詞辯論時或言詞辯論外，向法院提出異議，主張該行爲無效，此乃所謂的「責問權」。

然而，訴訟行爲所違背的規定，如係僅爲當事人的利益而設，例如：書狀未按應受送達的他造人數提出繕本（民訴§119Ⅰ），若當事人表示無異議（明示捨棄責問權），並無異議而爲本案辯論（默示捨棄責問權），則爲了訴訟進行的迅速及安定，避免徒耗勞力、時間及費用，不得就該違背規定的訴訟行爲，再提出異議，例如法院調查證據未命當事人到場者，雖屬違背訴訟程序之規定，但得因該當事人之不責問而視爲補正，又或者法院所定之言詞辯論期日，雖當事人未受有合法之傳喚，但如其既於期日到場而爲本案之辯論，實務亦認同屬197條1項但書情狀，而爲補正；再又如地方法院獨任法官將應適用通常訴訟程序之事件，誤爲簡易訴訟事件，適用簡易訴訟程序者，如當事人對之表示無異議或知其違背或可知其違背，並無異議而爲本案辯論者，依民事訴訟法第197條第1項但書規定，其責問權同已喪失。然因當事人對於訴訟程序規定的違背，原即得提出異議，如其已明示無異議，乃明示捨棄其責問權，殆無疑義。惟若並未表示無異議而仍就該訴訟有所聲明或陳述，仍應視爲默示的捨棄而爲無異議，爰修正第1項文字，以杜爭議。所謂「本案辯論」，是指本案言詞辯論，也就是針對實體法上的請求權存在與否，進行辯論，另在受命法官行準備程序時，依法院見解仍有本條項規定適用。

至於訴訟行爲所違背的規定，如係「非僅爲當事人的利益而設」，例如：有本法第32條所列情形的法官，未自行迴避，因此種規定大多係爲保護公益而設，故當事人縱使捨棄責問權，於訴訟中仍可隨時就該違背規定的訴訟行爲，提出異議。

第198條（審判長之職權(一)）
審判長開閉及指揮言詞辯論，並宣示法院之裁判。
審判長對於不從其命者，得禁止發言。
言詞辯論須續行者，審判長應速定其期日。

解說

　　依本法第158條及第192條綜合觀之，所謂「開言詞辯論」，係指書記官朗讀案由後，審判長命當事人聲明應受判決的事項而言。而「閉言詞辯論」，須於訴訟事件已達可裁判或者應裁定停止訴訟程序或延展期日時，及因訴訟程序當然停止、合意停止，或因撤回、和解等不得更行辯論時為之。閉言詞辯論時，審判長毋庸明示其意思，即默示亦可，例如：審判長退庭、宣示判決或延展期日之裁定等。言詞辯論已閉後，仍得在宣示裁判前再開之（民訴§210）。

　　審判長為使言詞辯論進行不致雜亂無章，自宜為適當的指揮，如對於兩造當事人的聲明或陳述，命一造先於他造為之，或對於當事人聲調之過高或過低加以糾正均是。遇有不服從其關於指揮訴訟或維持秩序的命令者，可禁止其發言，但本條與第208條的禁止陳述不同，並非全禁止其辯論，而是禁止當事人在此刻發表其想說的話之意，因此審判長仍得隨時准許其發言。此外，審判長指揮辯論行為時，使辯論能不斷進行及定當事人辯論的順序，或令當事人等遵守辯論的程式。

　　言詞辯論須於下次期日續行時，審判長應速定期日，此即延展辯論期日。續行期日以面告已到場的訴訟關係人最為妥當（民訴§156但）。否則，法院書記官應速作通知書送達（民訴§156本文）。

　　另外，為訴訟用語之精確，本條所稱言詞辯論之續行，相

異於言詞辯論之再開，蓋後者係指「法院於言詞辯論終結後，宣示裁判前，認有必要時『再開』言詞辯論」，而「言詞辯論之續行」係指言詞辯論程序未曾終結而展期繼續。

第199條（審判長之職權㈡）
審判長應注意令當事人就訴訟關係之事實及法律為適當完全之辯論。
審判長應向當事人發問或曉諭，令其為事實上及法律上陳述、聲明證據或為其他必要之聲明及陳述；其所聲明或陳述有不明瞭或不完足者，應令其敘明或補充之。
陪席法官告明審判長後，得向當事人發問或曉諭。

解說

　　為求裁判合於真實及訴訟得儘速終結，必須當事人之辯論能既詳盡又不失於支離重複，此為本條第1項規定之目的。然而如何始能令當事人得為適當完全之辯論，則屬於指揮辯論的技術問題。

　　民事訴訟法原則上係採辯論主義，辯論主義對照職權主義之概念，係指成為裁判之基本的訴訟資料，以由當事人提出，法院應本於當事人所提出之資料裁判。辯論主義係基於訴訟對當事人意思之尊重，亦即就訴訟之當事人中心主義言，由當事人主導在當事人主義框架內表現於程序內在的關於訴訟資料（事實及證據）提出行為之準則。法院僅能依據當事人所提出聲明的範圍以及提供的訴訟資料，作為裁判的基礎。

　　辯論主義三原則分別為當事人在辯論中所未主張之事實，法院不得做為裁判之基礎；當事人間對之「未爭執之事實」，即 當事人自認之事實，以及視同自認（擬制自認）之事實；當事人有爭執之事實，法院依證據認定時，須依當事人聲明之證據

為之，不得職權調查證據。但因訴訟程序繁雜、當事人的法律知識有限，則難免發生諸如其聲明或陳述的意義或內容不明瞭、不充足，或有錯誤、不適當、不必要的缺點。為了補救上述缺點，使法院運用其訴訟指揮權，使應勝訴者能勝，以達公平正義的目的，因此本條第2項規定審判長的闡明權（同時亦為其義務），包括事實上、法律上陳述、證據及其他必要事項，均在闡明之內。

闡明權，指法院以究明事件內容之事實關係或法律關係，對當事人為有關事實上或法律上事項提出質問，以及促使當事人舉證之權能。民訴法第199條、第199條之1關於闡明權之規定，雖通稱「闡明權」，有時逕稱「闡明義務」，如闡明權亦是義務，表示向當事人闡明，對法院而言，不僅是權利，同時也是義務。現代之民事訴訟，基於比辯論權之保障（法律問題指摘義務、闡明義務）更擴大之概念，對於當事人權之保障，重視程序中之當事人之主體地位之確保，故闡明權亦可積極的行使，然非可以無限制地行使，法院積極的行使闡明權之前提（限制）有二：第一，必須以當事人已提出之事實或證據為中心，作為闡明權行使之端；第二，闡明權之行使，以當事人之自己決定權實質上未受侵害為必要。如何之情形，構成闡明義務之違反，要建立一個一般判斷基準，實有困難，僅能就個別的訴訟進行狀況作判斷；法的觀點固屬法院之職權，不受當事人主張之拘束，惟當事人主張之事實，究應適用何種法律？往往影響裁判之結果，為防止法官未經闡明逕行適用法律，而對當事人產生突襲性裁判，法院除令當事人就事實為適當陳述及辯論外，亦應就法律觀點為必要之陳述及作適當完全之辯論。倘未踐行此項闡明之義務，使得各盡其攻擊防禦之能事，遽行作為判決之基礎，即與民訴法第199條第1項、第2項及第296條之1第1項規定有違。是審判長為達成闡明之目的，必要時得與雙方當事人，就訴訟之法律關係為事實上及法

律上之討論及提出問題，並向當事人發問或曉諭，令其爲適當完全之辯論，俾法官藉公開其認爲重要之法律觀點，促使當事人爲必要之聲明、陳述或提出證據。

民事訴訟法原則上係採辯論主義，法院僅能依據當事人所提出聲明的範圍以及提供的訴訟資料，作爲裁判的基礎。但因訴訟程序繁雜、當事人的法律知識有限，則難免發生諸如其聲明或陳述的意義或內容不明瞭、不充足，或有錯誤、不適當、不必要的缺點。爲了補救上述缺點，使法院運用其訴訟指揮權，使應勝訴者能勝，以達公平正義的目的，因此本條第2項規定審判長的闡明權（同時亦爲其義務），包括事實上、法律上陳述、證據及其他必要事項，均在闡明之內。

訴訟關係有依發問或曉諭闡明之必要，而審判長違背者，其訴訟程序即屬有重大瑕疵（民訴§451），其訴訟程序即有重大瑕疵，而基此所爲之判決，亦屬違背法令。但當事人如於言詞辯論時毫無主張，而書狀中亦無足以引起審判長發問或曉諭的根據，或依訴訟上情事可認爲當事人已經不能或不欲再爲聲明或陳述時，此際，審判長得不爲發問或曉諭。

陪席法官因其就訴訟事件亦參與裁判，故負有闡明義務，但爲維持法庭審理秩序，於向當事人發問或爲曉諭時，應預先告明審判長，至於有關其發問或曉諭的內容以及如何實行，毋庸向審判長告知。

末須注意，參前所述，本條法院之闡明權限暨有權利之性質，惟同兼有義務定性，是如法院應闡明事項於訴訟中，未闡明，致受有不利判斷之當事人，因該消極舉措而受有不利判決，則非不得以該闡明義務之欠缺踐行，主張生有判決違背法令之情事。

第199條之1（審判長之職權(三)）

依原告之聲明及事實上之陳述，得主張數項法律關係，而其主張不明瞭或不完足者，審判長應曉諭其敘明或補充之。

被告如主張有消滅或妨礙原告請求之事由，究為防禦方法或提起反訴有疑義時，審判長應闡明之。

解說

本條之規定是為了貫徹使當事人充分利用訴訟制度來解決紛爭，尤其是特別注重一次糾紛能夠一次訴訟來解決，而不必一個紛爭分成多次訴訟來解決，以落實民事訴訟集中審理程序，藉以促進審判效能，並維護當事人權益。所以本條第1項規定，依原告之聲明及事實上之陳述，如果可以主張多項法律關係，而其主張不明瞭或不完足者，審判長應曉諭其敘明或補充之，以便達到糾紛一次解決之目的；又因為我國目前民事訴訟只有在第三審是採強制律師代理，而在第一審及第二審並沒有採取律師強制代理制度，因此如果原告沒有委任律師代理訴訟的時候，依原告的聲明及事實上之陳述，可能可以主張多項法律關係，但是卻沒有辦法充分的主張，此時審判長依據本條第1項的規定，就必須曉諭原告來敘明或補充。例如：原告起訴請求被告給付一定額度之金錢，其所附之證物係為支票一張，此時原告究竟是主張這個票款請求權，或者是票據上之追索權，或者是借款返還請求權，不明瞭的時候審判長就必須依據本條第1項的規定來向原告曉諭其敘明或補充之，惟原告究欲主張何項法律關係，及其是否為訴訟之變更或追加，應由原告自行斟酌決定。又如前所述，本條規定的目的是為了達到一次訴訟解決一個糾紛，因此相同之道理，被告如果所主張的抗辯事由，究竟是防禦的方法或者是提起反訴，如果有疑問的時候，為了達到糾紛一次解決之目的，審判長也必須

依據本條第2項之規定，適時行使闡明權。又法院闡明時可否就訴訟資料以外作闡明？亦為重要之爭議問題。例如：乙欠甲100萬並由丙擔任普通保證人，乙屆期未還。甲對乙丙訴請連帶給付，丙在言詞辯論期日到場但未為先訴抗辯權行使，法院應如何處理？（90年司法官考題）。本題情形，涉及法院可否就訴訟資料以外作闡明？本書認為，既然丙是否主張先訴抗辯權主張不明確，審判長得依第199條之1曉喻其敘明或補充之，如經闡明後丙仍未主張法院即不得再闡明，以維護辯論主義之精神。反之，如法院闡明後，看得出丙實質上有主張先訴抗辯權之意思，法院即可將丙之主張做為判決之基礎。

又例如未為法人登記之祭祀公業，其主張財產為其派下成員所公同共有，如一方面認房屋由公業原始取得，一方面又謂當事人非房屋之公同共有人，理由已有矛盾。此外，審判長於訴訟程序中應適時行使本條規範之闡明權。

實例

下列案例，審判長於審理時，有無闡明之義務？若有，則應就何種事項為闡明？甲主張乙將其所有之A地出賣予甲後，拒不履行移轉所有權之義務，且又將該地出賣並移轉登記予丙。甲遂以乙為被告，起訴請求判決乙應將A地之所有權移轉登記予甲。（90司法官）

本題因所有權已經移轉登記給丙，縱使判決確定後，由於訴之聲明係有問題的（無法執行）。因此法院應有行使闡明權之義務，命甲補充及敘明變更其訴之聲明應改主張民法第226條的債務不履行損害賠償請求權。因丙已善意受讓取得所有權，至於甲對乙之請求，審判長應曉喻其敘明或補充之（本法§199-1），改依民法第226條損害賠償請求權或請求解除契約、返還價金。

第200條（當事人之發問權）
當事人得聲請審判長為必要之發問，並得向審判長陳明後自行發問。
審判長認為當事人聲請之發問或自行發問有不當者，得不為發問或禁止之。

解說

一造當事人直接向他造當事人發問，容易紊亂辯論的秩序，因此原則上當事人並沒有直接發問權，但審判長的發問恐有未完足的地方，因此為了讓辯論能完全充分，本條第1項規定當事人得聲請審判長為必要之發問。然為發現真實及保障當事人的程序權，審判長應使當事人有發問權。依原條文第1項規定，當事人須經審判長許可後，始得自行發問，所以為保障當事人的發問權及強化當事人為訴訟主體的法律上地位，爰修正為：「當事人得向審判長陳明後自行發問。」

不過，當事人聲請審判長發問，如果審判長認為不必要或是不適當，得拒絕而不為發問；又倘若當事人向他造直接發問後，審判長認為其發問不必要或不適當時，亦得禁止其發問，此為本條第2項所明定。然因當事人聲請發問或自行發問若有不當的情形者，審判長本其訴訟指揮權，自得不為發問或禁止之，爰配合前項修正文字修正，蓋為免當事人不必要或不適當的發問，阻礙訴訟的進行。

覆參下所述，本條所載允許或禁止發問，屬法院之訴訟指揮權限，非當事人得爰依同法199條提起抗告之客體。

第201條 （對審判長指揮訴訟異議之裁定）
參與辯論人，如以審判長關於指揮訴訟之裁定，或審判長及陪席法官之發問或曉諭為違法而提出異議者，法院應就其異議為裁定。

解說

參與辯論之人，泛指一切參與辯論之人，包括當事人、參加人、代理人、輔佐人、證人、鑑定人等。所謂「提出異議」，是針對審判長或陪席法官所作的訴訟行為提出。因為本法有規定，當事人對於審判長在指揮言詞辯論程序時所作的裁定不可以抗告，（民訴§483）；再者，審判長或者陪席法官所為的發問或曉諭並不是裁定，當事人不可以對此為抗告。因此，為避免當事人毫無救濟途徑起見，特規定當事人如果認為審判長對於有關指揮訴訟所下的裁定，或者審判長以及陪席法官所行使的發問與曉諭有違法的情形，應可以當場提出異議，而法院於辯論人提出異議權時，也要就此異議有無理由下一個裁定。另外，此項異議，僅可因違法而成立，如果辯論人只是認為審判長或陪席法官作得不當或不必要為理由而提出異議，則異議本身不成立。

又如審判法院所為之訴訟指揮性質之行為，非得爰引本條違抗告之列，典型如法院命將已閉之辯論再開、法院於審理中命當事人本人攜帶賬簿到場審訊、法院傳喚當事人本人到場等，皆屬之。

第202條 （受命法官之指定或囑託之行使）
凡依本法使受命法官為行為者，由審判長指定之。
法院應為之囑託，除別有規定外，由審判長行之。

解說

　　所謂「使受命法官為行為」，例如：使行準備程序（民訴§270Ⅰ）、使調查證據（民訴§290）、使試行和解（民訴§377）等。使受命法官為行為，應由法院裁定，但以何人為受命法官，則由審判長指定，審判長可以指定庭員，亦得指定自己為受命法官。

　　所謂「法院應為之囑託」，例如：囑託調查證據（民訴§290）、囑託試行和解（民訴§377）等。原則上，由審判長實施。所謂「別有規定」，例如：第292條第1項規定，由受託法院代替審判長囑託他法院調查證據。如果是在獨任制審判，由法官一人獨任審判時，則由獨任法官為囑託。

第203條（法院因闡明或確定訴訟關係得為之處置）
法院因闡明或確定訴訟關係，得為下列各款之處置：
一、命當事人或法定代理人本人到場。
二、命當事人提出圖案、表冊、外國文文書之譯本或其他文書、物件。
三、將當事人或第三人提出之文書、物件，暫留置於法院。
四、依第二編第一章第三節之規定，行勘驗、鑑定或囑託機關、團體為調查。

解說

　　本條為關於「法院因闡明或確定訴訟關係得為之處置」的規定，本法雖採當事人進行主義，但為使訴訟程序能適當進行，有必要賦予法院相當的訴訟指揮權，以期得到一正確及迅速的裁判。

　　一、在當事人委任訴訟代理人的場合，法院為闡明或確定訴訟關係，認為有必要時，仍得以裁定命當事人到場，如果當事人

本人不遵命到場者，法院得斟酌其不到場之情形，爲該當事人不利益之認定。若當事人無訴訟能力，得命其法定代理人到場。

　　二、法院可命當事人提出供證據用的文書物件以外的其他一切文書物件，例如：在當事人請求分割共有物的訴訟時，可命當事人提出共有物分割圖等是。假如當事人不遵守法院命令提出者，只可作爲本法第222條第1項的辯論意旨，而加以斟酌，不可認爲是當事人沒有舉出證據。

　　三、當事人或者第三人在法院提出非供證據用的文書、物件，法院閱覽後若認爲有繼續參考的必要，則可將此些文書、物件暫時留置在法院。

　　四、法院爲了使訴訟關係明瞭，或爲了驗證訴訟上應經證明的事實，都可以任意依照職權命令行使勘驗（民訴§364～367）、鑑定（民訴§324）或者囑託機關、團體行使調查，而不受本法第288條規定的限制，亦即法院不必限於「不能依當事人聲明之證據而得心證」（民訴§222）之情形，才可調查證據。本條第4款所謂「第二編第一章第三節之規定」，即指本法第288條。

　　爲了闡明或確定訴訟關係，是否要採行上述四種處置辦法，完全由法院自由決定，而屬訴訟指揮之權限，當事人不可因法院未爲某種處置，而指爲違法提出抗告。

　　又該訴訟指揮所生之具體要求，亦或生一定訴訟上之效果，例法院如認爲須就證之事實訊問當事人本人，以期發見眞實，即得依民事訴訟法第203條第1款命當事人本人到場，當事人本人不遵命到場者，法院於依自由心證判斷事實之眞僞時，自得斟酌其不到場之情形，爲該當事人不利益之認定。

第204條（分別辯論）
當事人以一訴主張之數項標的，法院得命分別辯論。但該數項標的或其攻擊或防禦方法有牽連關係者，不得為之。

解說

　　當事人以一個訴狀主張數項訴訟標的（所謂「訴訟標的」，一般而言，是指原告起訴所主張的實體法上權利義務等法律關係，也就是原告起訴請求法院審判的對象），例如：原告本於租賃關係請求被告返還租賃物，同時本於借貸關係請求返還借用物，基於訴訟經濟原則，通常應就該合併的數項訴訟標的合併辯論及合併裁判。不過，因該數項訴訟標的，其法律關係有的繁雜，有的簡單，如果一律必須全部合併辯論及合併裁判時，對法律關係簡單的訴訟事件反而多生滯礙，不能收迅速終結的效果。所以本法賦予法院可以裁量，若認為數項訴訟標的的法律關係繁簡程度不相當，不適宜合併辯論，則由法院以裁定命分別辯論，既然已經分別辯論，則應分別裁判，此時就與當事人各別提起數個訴訟的情形相同，但是法院也可以隨時撤銷分別辯論的裁定。

　　另外，當事人以一訴主張數項標的者，乃指訴的合併而言。為達訴訟經濟之目的，並防止裁判牴觸，原則上便應合併辯論裁判，然法院於必要情形，亦得依職權命為分別辯論已如前述。惟該數項標的或其攻擊或防禦方法有牽連關係者，即不宜分別辯論，否則即有違前揭原則，爰增訂但書規定。

　　又查訴訟標的之一部或以一訴主張之數項標的，其一達於可為裁判之程度者，法院得為一部之終局判決。本訴或反訴達於可為裁判之程度者，亦同。此為民事訴訟法第382條明揭（另見同法§204）。是以，法院就本訴或反訴，自得命分別辯論。

313

第205條（合併辯論）

分別提起之數宗訴訟，其訴訟標的相牽連或得以一訴主張者，法院得命合併辯論。

命合併辯論之數宗訴訟，得合併裁判。

第54條所定之訴訟，應與本訴訟合併辯論及裁判之。但法院認為無合併之必要或應適用第184條之規定者，不在此限。

解說

　　分別提起的數宗訴訟，本應分別審判，乃因其訴訟標的如不相牽連，則無合併辯論之實益。但為促使訴訟迅速進行，如果法院認為將其合併辯論較為便利的話，得以裁定命合併辯論，此僅限於當事人均相同之前提下，始有適用。故本次修法特修正第1項，明定以訴訟標的相牽連或得以一訴主張者為限，方得命合併辯論。不過，若該數宗訴訟不能依照同種類的訴訟程序進行審判，則合併辯論反添不便，因此不得合併。例如：應行通常訴訟程序的訴訟（如請求被告拆屋還地），與應行特別訴訟程序的訴訟（如請求判決離婚），不得合併辯論，乃當然之理；又需注意，數宗訴訟之當事人兩造或一造相同，得由法院合併審理者，自以該數宗訴訟均繫屬於同一審級之法院時為限。

　　就他人間的訴訟標的之全部或一部，為自己有所請求，或主張因其訴訟之結果，自己的權利將被侵害，而向本訴訟現在繫屬的第一審或第二審法院，於其辯論終結以前，提起主參加訴訟者（民訴§54），因主參加訴訟與本訴訟有密切的牽連關係，為謀訴訟進行便利，兼防裁判牴觸起見，茲因本法第54條所定之訴訟，已修正僅得向本訴訟繫屬之法院起訴，目的即在求訴訟之經濟並防止裁判結果之牴觸，故應與本訴訟合併辯論及裁判之，爰修正第3項文字，以為配合。

就相牽連案件是否命合併辯論，法院有其自由裁量之權。又假設法院命兩訴訟案件合併辯論後，如嗣後發見無合併辯論之必要或利益時，法院亦得隨時以裁定撤銷之（同法§238條但）。當事人對此裁定不得抗告（同法§483）。

第206條（限制辯論）
當事人關於同一訴訟標的，提出數種獨立之攻擊或防禦方法者，法院得命限制辯論。

解說

如前所述，當事人於言詞辯論終結前，有提出攻擊或防禦方法的權利（民訴§196Ⅰ），而且為了發現真實，應讓當事人就攻擊或防禦方法為充分完全的辯論。不過，就同一訴訟標的，當事人提出兩個以上的獨立攻擊或防禦方法時，為防止訴訟程序的紛亂及費時，法院得以裁定限制當事人就已提出的數種獨立攻擊或防禦方法為全面辯論。

所謂「獨立之攻擊或防禦方法」，是指當事人所主張的事實，可獨立地發生法律上效果而言；亦即當事人所主張的事實成立時，無須其他事實的輔助，法院即得根據該事實，為有利於該當事人的裁判而言。

同時本條於57年修正時，為避免使人誤解為法院得禁止當事人為適當完全之辯論，而將文字修正為法院得命限制其種類而為辯論，然何謂「限制其種類」，更滋誤會，不若簡明規定為「法院得命限制辯論」為佳，爰一併修正。

就各種獨立之攻擊或防禦方法，達於可為裁判之程度者，法院得為中間判決，此為民事訴訟法第383條：「各種獨立之攻擊或防禦方法，達於可為裁判之程度者，法院得為中間判決。」所明定，併與敘明。

第207條（通譯之應用）

參與辯論人如不通中華民國語言，法院應用通譯；法官不通參與辯論人所用之方言者，亦同。

參與辯論人如為聾、啞人，法院應用通譯。但亦得以文字發問或使其以文字陳述。

關於鑑定人之規定，於前二項通譯準用之。

解說

　　通譯執行職務時，應忠實傳譯當事人、證人、鑑定人及其他關係人之陳述內容，不得有擅自增減、潤飾、修改、曲解原意或隱匿欺罔之行為。通譯執行職務時，如發現誤譯，應即主動告知法院，並協助更正，又通譯就傳譯案件所涉之法律、訴訟程序、專業知識或其他陳述用語不明瞭時，應主動告知法院協助釐清。另，通譯就傳譯案件如有法定應自行迴避事由，不得執行職務以求審判進行之公正。

　　在「言詞審理主義」的要求下，法院所作的判決，必須以當事人言詞陳述的訴訟資料為基礎。不過，於言詞辯論進行中，往往因語言的障礙，致意思的表達及理解有所出入，這種情況不僅令法院難以發現真實，且常延滯訴訟，因此，有使用通譯的必要。在言詞辯論中，若法官和參與辯論人語言不通時，應用通譯；若參與辯論人為聾啞人，不能用文字表達意思時，應用通譯。然因參與辯論人如為聾啞的人士，現行實務多以通譯代為溝通，而無須先判斷該聾啞人是否能用文字表達意思。故將第2項修正為以使用通譯為原則，但亦得以文字發問或使其以文字陳述，以利適用。

第208條（禁止陳述之情形及效果）

當事人欠缺陳述能力者，法院得禁止其陳述。

前項情形，除有訴訟代理人或輔佐人同時到場者外，應延展辯論期日；如新期日到場之人再經禁止陳述者，得視同不到場。

前二項之規定，於訴訟代理人或輔佐人欠缺陳述能力者準用之。

解說

　　所謂「欠缺陳述能力」，是指於應陳述時欠缺說明描述的能力，致不能使訴訟關係明顯而言。當事人（法定代理人亦同）若於言詞辯論期日欠缺陳述能力，法院得禁止其陳述，而由同時到場且有陳述能力的訴訟代理人或輔佐人陳述；若訴訟代理人或輔佐人並無同時到場，或是亦欠缺陳述能力，則言詞辯論無法進行，審判長應延展辯論期日。

　　延展辯論期日後，若新期日到場的當事人、訴訟代理人或輔佐人再經禁止陳述時，為防止訴訟延滯起見，依本條第2項、第3項規定，得視同不到場。也就是說，因為遭禁止陳述，故縱使其到場，亦使其發生不到場的效果；換句話說，他造當事人得聲請法院，由其一造辯論而為判決（民訴§385）。

第209條（調查證據之期日）

法院調查證據，除別有規定外，於言詞辯論期日行之。

解說

　　本法原則上採「直接審理主義」，法官非參與為判決基礎之辯論者，不得參與判決（民訴§221Ⅱ）；換句話說，參與言詞辯論的法官，才能參與判決。而證據的調查，對於裁判的結果影

響很大，爲了達到發現眞實、作成正確裁判的目的，自然必須使參與判決的法官能參與證據的調查；而且一般而言，當事人應於言詞辯論聲明所用的證據（民訴§194），因此，原則上，法院調查證據自應於言詞辯論期日進行。

所謂「別有規定」，是指例外的可不於言詞辯論期日調查證據，例如：

一、法院因使辯論易於終結，認爲必要時，得於言詞辯論前，使受命法官或受託法官調查證據（民訴§269⑤）。

二、法院得囑託機關、學校、商會、交易所或其他團體爲必要的調查（民訴§289）。

三、法院於認爲適當時，得使庭員一人爲受命法官，或囑託他法院指定法官調查證據（民訴§290）。

四、囑託外國管轄機關或駐在該國的中華民國大使、公使、領事或其他機構、團體調查證據（民訴§295Ⅰ）等。

第210條（再開辯論）
法院於言詞辯論終結後，宣示裁判前，如有必要得命再開言詞辯論。

解說

一般而言，法院應於言詞辯論終結期日或辯論終結時指定的期日宣示判決（民訴§223Ⅱ），不過，如有必要的話（例如：訴訟尚未達到可爲裁判的程度，或是參與辯論的法官死亡、去職，不能作成判決等），於言詞辯論終結後，宣示裁判前，法院仍得以裁定命再開言詞辯論，對於法院命再開言詞辯論之裁定，不得抗告。

又，命再開已閉之言詞辯論，屬於法院之職權，當事人並無聲請再開之法律上權限，故當事人聲請再開時，不必就其聲請之

准駁另外予以裁判，即使予以裁判，亦屬訴訟程序進行中所爲之裁定，依民事訴訟法第480條之規定，不得抗告。

末爲訴訟用語之精確，本條所稱言詞辯論之再開，相異於言詞辯論之續行，蓋前者係指「法院於言詞辯論終結後，宣示裁判前，認有必要時『再開』言詞辯論」，而言詞辯論之續行用語係指言詞辯論程序未曾終結而展期繼續。

第211條（更新辯論）
參與言詞辯論之法官有變更者，當事人應陳述以前辯論之要領。但審判長得令書記官朗讀以前筆錄代之。

解說

爲發現眞實，作成正確的裁判，本法採取「言詞審理主義」及「直接審理主義」，受訴法院必須以直接由當事人言詞陳述所得的資料，作爲裁判的根據。因此，原則上必須參與言詞辯論程序的法官，才能參與判決；也就是說，全程參與言詞辯論的法官和參與判決的法官，原則上必須相同。

但由於人事因素（如法官去職）或其他不可避免的因素（如法官死亡），參與言詞辯論的法官因而前後易人，發生變更，此時，爲貫徹言詞審理主義及直接審理主義的要求，必須更新辯論；也就是說，所有以前已辯論過的事項，必須再經當事人陳述，否則不得作爲裁判的根據。但爲恐訴訟遲延，當事人只須陳述以前辯論的要領即可，不過當事人的陳述，未必完全，因此，審判長得命令庭員或書記官朗讀以前的筆錄，以代替當事人的陳述；且因言詞辯論筆錄係由書記官製作，如有必要更新辯論，由審判長令書記官朗讀以前筆錄爲已足，殊無命庭員朗讀的必要，爰修正本條原條文但書的規定。

又若於言詞辯論終結後，作成裁判前，法官有變更的話，此

時，除應依前條規定再開言詞辯論外，更須依本條規定更新言詞辯論。

第211條之1（*視訊審理之程序*）

當事人、法定代理人、訴訟代理人、輔佐人或其他訴訟關係人所在與法院間有聲音及影像相互傳送之科技設備而得直接審理者，法院認為適當時，得依聲請或依職權以該設備審理之。

前項情形，法院應徵詢當事人之意見。

第1項情形，其期日通知書記載之應到處所為該設備所在處所。

依第1項進行程序之筆錄及其他文書，須陳述人簽名者，由法院傳送至陳述人所在處所，經陳述人確認內容並簽名後，將筆錄及其他文書以電信傳真或其他科技設備傳回法院。

第1項審理及前項文書傳送之辦法，由司法院定之。

解說

　　舊法僅就法院使用相互傳送聲音及影像之科技設備訊問證人、鑑定人及當事人本人或其法定代理人設有明文規定（第324條、第367條之3準用第305條第5項）。

　　為便利處於遠隔法院處所之當事人、法定代理人、訴訟代理人、輔佐人或其他訴訟關係人（如參加人、特約通譯等），立法院遂於民國110年1月20日新增本條，規定於法院認為適當時，亦得利用上述科技設備參與訴訟程序，並兼顧審理之迅捷。

　　另方面，法院以科技設備進行審理者，攸關當事人程序利益，宜先徵詢其意見，俾供法院判斷以該設備審理是否適當，爰參考智慧財產案件審理法第3條第2項及商業事件審理法第18條第2項規定，增設本條第2項。

　　再者，法院依第1項規定審理時，其期日通知書記載之應到

處所，爲該設備所在處所，俾當事人及其他訴訟關係人知悉，爰設第3項。第4項則明定法院進行遠距視訊審理，其程序筆錄及其他文書須陳述人簽名時之傳送方式。

最後，以第1項科技設備審理及文書傳送之辦法，宜授權司法院訂定，俾得以隨科技進步而與時俱進，增設本條第5項。

第212條（言詞辯論筆錄形式上應記載之事項）
法院書記官應作言詞辯論筆錄，記載下列各款事項：
一、辯論之處所及年、月、日。
二、法官、書記官及通譯姓名。
三、訴訟事件。
四、到場當事人、法定代理人、訴訟代理人、輔佐人及其他經通知到場之人姓名。
五、辯論之公開或不公開，如不公開者，其理由。

解說

　　爲保存當事人或其他訴訟關係人於言詞辯論時所提出的資料，以防止將來無謂的爭執，必須對於言詞辯論的進行作一文字紀錄，此文字紀錄即稱爲「言詞辯論筆錄」。製作言詞辯論筆錄係屬法院書記官的職務，其他法院人員如司法事務官等並非筆錄製作人，當無爲准駁筆錄更正聲請之權限，當事人聲請更正筆錄或與筆錄同一效力之文書，自應由書記官本其職權處分更正與否，當事人如不服書記官此項處分，始依異議程序救濟。是依本條規定書記官於製作時須遵循一定的程式，且言詞辯論筆錄應按期日分次製作，不得將多次辯論期日的辯論情形，合製成一個筆錄。依本條規定，言詞辯論筆錄，於形式上，應記載事項如下：

　　一、辯論之處所及年、月、日：原則上言詞辯論程序係於法院內進行，但在法院內不能爲或爲之而不適當者，不在此限（民

訴§157），因此，須加以記載。

二、法官、書記官及通譯姓名：以便查知參與言詞辯論程序的法院職員是否有變更，如法官有變更，須更新辯論（民訴§211）。

三、訴訟事件：例如：請求損害賠償事件等。

四、到場當事人、法定代理人、訴訟代理人、輔佐人及原第4款所列除到場當事人等的姓名外，尚應包括其他經通知到場的人姓名，例如參加人、證人、鑑定人等是，爰予修正，以臻周延。

五、辯論之公開或不公開，如不公開者，其理由：訴訟之辯論，應公開法庭行之，法庭不公開時，審判長應將不公開之理由宣示（法組§86、87Ⅰ），故應將審判長宣示的理由加以記載。

第213條（言詞辯論筆錄實質上應記載之事項）

言詞辯論筆錄內，應記載辯論進行之要領，並將下列各款事項，記載明確：

一、訴訟標的之捨棄、認諾及自認。

二、證據之聲明或捨棄及對於違背訴訟程序規定之異議。

三、依本法規定應記載筆錄之其他聲明或陳述。

四、證人或鑑定人之陳述及勘驗所得之結果。

五、不作裁判書附卷之裁判。

六、裁判之宣示。

除前項所列外，當事人所為重要聲明或陳述，及經曉諭而不為聲明或陳述之情形，審判長得命記載於筆錄。

解說

言詞辯論筆錄除依前條規定，為形式上之記載外，更須依本條規定為實質上之記載。不過，言詞辯論筆錄並非把言詞辯論期

日的經過情形鉅細靡遺地加以記錄，僅須記載辯論進行的要領及其他重要事項即可。所謂「辯論進行之要領」，是指辯論經過的大概情形而言，至於其他重要事項，則須記載明確，計有：

一、訴訟標的之捨棄、認諾及自認：所謂「訴訟標的之捨棄」，指原告就其起訴所主張的訴訟標的，向法院爲否定意旨的陳述而言；而「訴訟標的之認諾」，則指被告就原告所主張的訴訟標的，向法院爲肯定其訴之聲明的陳述而言（民訴§384）；至於「自認」，乃指對於他造所主張不利於自己的事實，爲承認的陳述而言。

二、證據之聲明或捨棄及對於違背訴訟程序規定之異議：因此乃關係重大的事項，故應記載於筆錄內，令其明確。

三、依本法規定應記載筆錄之其他聲明或陳述：例如：於言詞辯論時所爲訴之變更、追加或反訴（民訴§261Ⅱ）、和解成立（民訴§379Ⅰ、Ⅱ）、訴及上訴之撤回（民訴§262Ⅲ、459Ⅳ）等皆是。

四、證人或鑑定人之陳述及勘驗所得之結果：因爲此係裁判的重要基礎，故應記載於筆錄，使其明確；惟即便係爲訴訟中所爲之鑑定，法院仍得依自行證據調查所得之心證爲判斷，而並無絕對拘束法院之情形。

五、不作裁判書附卷之裁判：判決，皆應作成判決書，並編入訴訟卷宗。而指揮言詞辯論的裁定，多不作成裁定書，此時，自應將該裁定的內容記載於言詞辯論筆錄內。又一般關於指揮訴訟之裁定，依本款規定，得不作裁判書附卷，僅須記載於言詞辯論筆錄即足，惟如就有爭執或影響當事人、其他關係人利益之聲請或聲明所爲之裁定，即須送達者，自有製作裁定書之必要，並應附理由，以使當事人或其他關係人知悉裁定之依據，以昭折服，否則，將使受不利裁定之當事人或其他關係人不知法院准、駁之依據，上級法院亦無從揣測原裁定之眞意而爲判斷。

六、裁判之宣示：經言詞辯論的裁判必須宣示，一經宣示，為該裁判的法院即受羈束，是故，凡裁判經宣示者，皆應將已行宣示之事，記入言詞辯論筆錄。

除上述六項應記載明確外，當事人於言詞辯論時所為重要聲明或陳述及經曉諭而不為聲明或陳述的情形，審判長得命書記官記載於筆錄。

第213條之1（使用機器輔助言詞辯論筆錄之製作）
法院得依當事人之聲請或依職權，使用錄音機或其他機器設備，輔助製作言詞辯論筆錄。其辦法，由司法院定之。

解說

民國92年修法係為配合促進司法業務的整體革新，並徹底改善法庭記錄作業的弊病，應許利用錄音機或其他機器設備，輔助製作言詞辯論筆錄，以提升筆錄製作的效率及準確度，故增訂本條的規定。至於其細節，宜另以辦法定之，爰並規定其辦法由司法院另行制定。當事人聲請之時點上，依據實務見解則係於認為筆錄有錯誤或遺漏，並聲請法院播放錄音，核對更正筆錄而未准更正者，始有請求交付錄音光碟之必要。

惟實務因法庭所為錄音不得任意由當事人調取，是往有問訴訟當事人得否就訴訟程序進行中自為錄音？則此問題，參見法庭錄音錄影及其利用保存辦法第3條規範：「在庭之人非經審判長許可，不得自行錄音、錄影；未經許可錄音、錄影者，審判長得命其消除該錄音、錄影內容。」是當事人自錄音應經審判長之核准而為之。

第214條（書狀之添附）
當事人將其在言詞辯論時所為之聲明或陳述記載於書狀，當場提出，經審判長認為適當者，得命法院書記官以該書狀附於筆錄，並於筆錄內記載其事由。

解說

為貫徹言詞審理主義的要求，於言詞辯論程序中，當事人須以言詞所為的聲明或陳述，法院方得採為裁判的基礎；且原則上法院書記官須將當事人以言詞所為的聲明或陳述記載於言詞辯論筆錄上。但為免書記官記載欠明確，以及為節省其勞力、時間起見，當事人得將其在言詞辯論時以言詞所為的聲明或陳述記載於書狀，於行辯論時當場提出。若審判長認為適當的話，得命法院書記官以該書狀附於筆錄，並於筆錄內記載其事由，此時該書狀即成為筆錄的附件，其所記載的事項與記載於筆錄者，有同一效力。而為此命令與否，乃審判長的權限，當事人不得強求。至於所謂「審判長認為適當者」，必須當事人的書狀所記載的聲明或陳述，與其在辯論時以言詞所為者相符，始得認為適當。

第215條（筆錄內引用文書附件之效力）
筆錄內引用附卷之文書或表示將該文書作為附件者，其文書所記載之事項，與記載筆錄者有同一之效力。

解說

依本法第214條將書狀附於筆錄者，此時該書狀即成為筆錄之附件，書狀所記載之事項與將書狀記載之事項再記載於筆錄者，有同一之效力，此是為避免書記官書寫筆錄之勞苦。若當事人提出之書狀雖非於言詞辯論時當場提出，法院書記官仍得在

筆錄內加以引用。一經引用，亦即與記載於筆錄者同。因為該書狀既然不是當場而是先行提出，則書記官必然已先見到，所以可以不待審判長的命令，而自行引用，可是審判長也得命書記官引用。筆錄內除可引用當事人書狀之外，也可引用其他文書，例如：引用準備程序筆錄者，亦同。書記官在筆錄引用某一文書，如記為「原告陳述請求之原因事實與訴狀同」，「被告提出之防禦方法，與準備程序筆錄記載者相同，茲引用之」等是。

又依據本條之規範意旨係為省略法院書記官載明筆錄之勞苦，避免法院書記官記明筆錄必須重複繕寫一遍，故允許法院書記官可以直接引用已知或當事人提出之文件當作附件，且為避免當事人一方對另一方所製作文件之法律效力產生疑慮，而以法律規定使附件成為筆錄之一部分，而與筆錄有同一效力，已如上述。但並非因此規定即使附件之製作權人從當事人變為法院書記官，法院書記官對於該附件只有引不引用或引用失當（漏寫或誤繕）之問題，沒有改附件內容之權利，因該附件內容既非法院書記官所製作，當無更改之權利。

第216條（筆錄之朗讀及閱覽）
筆錄或前條文書內所記第213條第1項第1款至第4款事項，應依聲請於法庭向關係人朗讀或令其閱覽，並於筆錄內附記其事由。
關係人對於筆錄所記有異議者，法院書記官得更正或補充之；如以異議為不當，應於筆錄內附記其異議。

解說

言詞辯論筆錄，是用來確定關於言詞辯論之事項，因此可推知言詞辯論筆錄應於當庭作成，不得事後補作，尤其是筆錄中有關「訴訟標的之捨棄、認諾以及自認」、「證據之聲明或捨棄

及對於違背訴訟程序規定之異議」、「依本法規定應記載筆錄之其他聲明或陳述」、「證人或鑑定人之陳述及勘驗所得之結果」（民訴§213Ⅰ①～④）四項，對當事人、關係人之利益影響甚大，必須記載明確而無誤，因此應准許當事人提出聲請，在法庭上由書記官朗讀其所製作筆錄予關係人聆聽，或者使關係人親自閱覽書記官之筆錄，並且由書記官於筆錄內附記向關係人朗讀或令其閱覽之事由，以求保護利害關係人之利益。但是若關係人不聲請，法院毋庸依職權為之。假使關係人聲請了，而書記官不朗讀或不令其閱覽，則此份筆錄的記載固然有瑕疵，但是筆錄內所載的言詞辯論不因而受影響；且此份筆錄，非絕對沒有證據力，還是由法官斟酌全辯論意旨及調查證據之結果，依自由心證判斷事實真偽。而前條之文書內所記，因與記載於筆錄者有同一效力，因此亦適用此條規定。且筆錄不以當事人之簽押為要式，故此筆錄未有當事人之簽押亦不影響其效力。

假設關係人聽了書記官之朗讀或親自閱覽之後，對筆錄內所記載有錯誤遺漏者，法院書記官可依關係人之意見更正其內容，或加以補充，此稱作「異議」，審判長也可命書記官更正或補充。但若審判長、書記官認為關係人所提出的異議是不適當的話，書記官也要在筆錄內附記其認為不適當者。此時此份筆錄的效力如何，由法院自由判斷。

關係人聲請更正或補充筆錄，係因經閱覽筆錄或聆聽朗讀筆錄而來，而閱覽或朗讀筆錄又是當庭為之。因此，此處所稱更正或補充筆錄，也是限於當庭才可聲請。假使關係人在法庭上不聲請閱覽或朗讀筆錄，則表示已信任法院書記官的紀錄，因此不可在事後提出更正或補充筆錄之聲請。

又按書記官依本條第2項之筆錄更正及補充，為關於訴訟上對於訴訟關係人所為之意思表示，其性質為同法第240條第1項規定之處分，應依送達或其他方法通知關係人，訴訟關係人對該處

分，如有不服，依同條第2項規定，得於送達後或受通知後10日內提出異議，由其所屬法院裁定。經裁定後，訴訟關係人，如仍不服，則得依一般規定，提起抗告。

第217條（言詞辯論筆錄之簽名）
審判長及法院書記官應於筆錄內簽名；審判長因故不能簽名者，由資深陪席法官簽名，法官均不能簽名者，僅由書記官簽名，書記官不能簽名者，由審判長或法官簽名，並均應附記其事由。

解說

　　言詞辯論筆錄中記載著整個訴訟進行之程式以及辯論進行之要領，而審判長指揮整個訴訟程序之流程，書記官是筆錄之製作者，因此為使名為公證書之筆錄更具有公信力，能取信於當事人，所以規定審判長以及法院書記官要在筆錄內簽名。但本條只規定此二人之簽名，因此，陪席法官、當事人及其他與訴訟有關的人，都不須在筆錄簽名。

　　假使審判長因為某些原因不能簽名（如死亡、去職等），則在行使合議庭之場合，由陪席法官中較年長資深的法官簽名，並有附記審判長不能親自簽名之事由；而在行獨任制之場合，審判之法官亦因某些原因不能簽名，且整個組織法院的全部法官，全部因為某些原因不能簽名，或者因為位居地狹人稀之法院，有時僅有一法官坐鎮，此時，法律准許只由書記官簽名，且須附記法官不能簽名之事由。然而因為審判長及法院書記官均應於筆錄內簽名，是為基本原則，倘如法官均不能簽名，或書記官不能簽名時，應如何處理，法無明文，故修正本條規定來明定若有法官不能簽名的情形，則均應記載不能簽名的理由，以利正確妥適的運用。

　　筆錄違背簽名之規定，只是筆錄本身可採爲證據的證明力較薄弱，整個進行過程的言詞辯論並不會無效。但倘若審判長未依本條規定於筆錄內簽名，經當事人提出異議，且其內容又與判決有因果關係者，法院始得認爲訴訟程序有重大瑕疵，若當事人於上訴時未予異議，法院即不得依職權認有瑕疵而發回更審，而於法院書記官漏未簽名時，亦得認爲是屬於訴訟程序有重大瑕疵。

第218條（言詞辯論筆錄之增刪）
筆錄不得挖補或塗改文字，如有增加、刪除，應蓋章並記明字數，其刪除處應留存字跡，俾得辨認。

解說

　　言詞辯論之筆錄在性質上是公證書，而且具有一定之證據力，在整個訴訟進行程序中有其一定的重要性。因此，書記官在製作筆錄時，不可以挖補或者是塗改文字，如果要增加或刪減文字，則應在該處蓋章，並且記明增加或刪除的字數，另外，在刪除的地方，應寫明「刪除」兩字，使人能加以辨認。

　　假使筆錄之增加、刪除完全依照本條的規定製作，則此份筆錄就不算是有瑕疵的筆錄，在法律上仍有公證書的證明力，又縱如筆錄之增刪未完前依照本條方式爲之，如當事人未就該事項而爲即時之異議而爲本案言詞辯論，該瑕疵即爲補正。又本條規定，係對於書記之訓誡規範。故筆錄如與此違背，非當然無效，惟得爲懲戒書記之原因而已。

第219條（言詞辯論筆錄之證明力）
關於言詞辯論所定程式之遵守，專以筆錄證之。

解說

　　所謂「言詞辯論程序」，係針對言詞辯論的內容而言，亦即欲使言詞辯論內容有效之要件，必須所進行的言詞辯論遵守一定之法律程序，例如：法官、書記官之列席、辯論之處所日時，當事人之到場、辯論之公開不公開、裁判之宣示等。而上述程序有無遵守法定程序之依據，完全憑藉法院書記官所作之言詞辯論筆錄（民訴§212），此亦為言詞辯論筆錄的證明力所在。

　　言詞辯論是否遵守所定程式進行，完全根據書記官所記載的筆錄為憑，不可以用其他的方法來證明，而且專以筆錄所記載為憑，因此不許當事人提出有無遵守此法定程序之證據來加以推翻，可是當事人對於筆錄之內容是否為偽造或變造提出證據來證明時，應該是准許的。另外，法官對於書記官所製作的言詞辯論筆錄，也不許提出反證來加以推翻。法官可對其他之書證、物證、人證等否定其證據力，但對筆錄中有關言詞辯論所定程序之遵守的記載，則不許否定其證明力，此亦法官得自由心證主義的唯一例外規定。

　　又假設當事人之一造於原審辯論期日，經合法傳喚無正當理由不到場，他造遂聲請由其一造辯論而為判決，經記明筆錄，則最終原判決書內雖未載及此部分，尚難謂訴訟程序有重大瑕疵，蓋依本條規範所載，關於言詞辯論所定程式之遵守，專以筆錄證之，是縱判決未加載述，亦不生影響。

第六節　裁判

第220條（裁判之方式）
裁判，除依本法應用判決者外，以裁定行之。

解說

　　所謂「裁判」，是指法院對於訴訟事件所爲的意思表示而言。依照其形式的不同，可分爲裁定及判決兩種，另對於事件性質法院應爲裁定之訴訟行爲者，司法實務認爲尚不得恣意省略不作者，仍須依法完成裁定。兩者之重要區別如下：

　　一、裁定乃法院、審判長、受命法官或受託法官所爲的意思表示；而判決乃法院所爲的意思表示。

　　二、裁定得不經言詞辯論（民訴§234Ⅰ）；而判決原則上須經言詞辯論（民訴§221Ⅰ）。

　　三、裁定得不作成裁定書，縱使作成裁定書，也無一定的程式；而判決則必須依一定的程式作成判決書。

　　四、裁定係對當事人或其他訴訟關係人所爲的意思表示；而判決則是對於當事人所爲的意思表示。

　　五、裁定原則上係就訴訟程序上的爭點所爲的意思表示；而判決原則上乃是就實體上的爭點所爲的意思表示。

　　六、對於裁定不服者，當事人或其他訴訟關係人得提起抗告或聲明異議；而對於判決不服者，當事人得提起上訴。

　　依本條規定，本法規定應用判決的情形，約略如下：

　　一、以原告之訴爲無理由而駁回的裁判，及以原告之訴爲有理由而令被告敗訴的裁判。

　　二、以上訴爲無理由而駁回的裁判，及以上訴爲有理由而變更原判決，或將該事件發回原法院或發交他法院的裁判。

　　三、於終局判決前，就獨立的攻擊、防禦方法或中間爭點所爲的裁判。

　　四、原告所請求的原因及請求的數額俱有爭執時，先就其原因所爲的裁判。

　　五、於公示催告後，宣示除權或宣告死亡的裁判。

　　六、於判決時所爲訴訟費用的裁判。

> **第221條**（言詞辯論主義—直接審理原則）
> 判決，除別有規定外，應本於當事人之言詞辯論為之。
> 法官非參與為判決基礎之辯論者，不得參與判決。

解說

　　為了發現眞實，作出正確的裁判，本法原則上採取言詞審理主義，此主義的最大特徵在於法院乃以當事人言詞陳述的資料，作為判決的基礎。本條第1項即以言詞審理主義作為指導原則，因為惟有如此，就訴訟事件的事實認定較不易錯誤，且較易得到完全的訴訟資料。

　　依本條第1項規定：「判決，除別有規定外，應本於當事人之言詞辯論為之。」因此，當事人以提供判決資料為目的的聲明或陳述，均應於言詞辯論中以言詞提出，方屬有效；若僅記載於其所提出的書狀，而未以言詞提出者，不得作為判決的基礎，如果違反的話，該判決即屬違背法令。但是若法律有特別規定時，則不在此限，例如：本法第249條第2項、第474條等。

　　又民事訴訟法第221條第2項所明定：法官非參與為判決基礎之辯論者，不得參與判決。又判決法院之組織不合法者，其判決當然為違背法令，同法第466條第1款亦定有明文。是以未參與言詞辯論之法官參與判決，即其法院之組織顯難認為合法，其判決自屬當然違背法令，而此操作即屬前開直接審理主義之體現。

實例

　　強制執行法第4條之1第1項規定，依外國法院確定判決，聲請強制執行，應經我國法院以判決宣示許可其執行，是否須踐行言詞辯論程序？

　　本條明文規定：「判決，除別有規定外，應本於當事人之言詞辯論為之。」外國法院確定判決宣示許可強制執行，既無規定

不須言詞辯論，仍應按本法之規定，踐行言詞辯論程序。

又本條第2項規定，法官非參與為判決基礎之辯論者，不得參與判決，係指在判決以前參與言詞辯論之法官有變更者，應更新辯論程序，至若言詞辯論前行準備程序或調查證據程序之法官縱有變更，如未參與為判決基礎之辯論，不生更新辯論之問題。但若有參與言詞辯論之法官有變更者，但未更新辯論程序者，所作成之判決自屬判決違背法令。

第222條（判決之實質要件—自由心證）
法院為判決時，應斟酌全辯論意旨及調查證據之結果，依自由心證判斷事實之真偽。但別有規定者，不在此限。
當事人已證明受有損害而不能證明其數額或證明顯有重大困難者，法院應審酌一切情況，依所得心證定其數額。
法院依自由心證判斷事實之真偽，不得違背論理及經驗法則。
得心證之理由，應記明於判決。

解說

所謂自由心證主義係指對於證據如何取捨，證據價值若干，係由法院自由裁量之制度，惟其判斷仍須於認定事實內方有適用，證據須於法定證據方法中取得，並應依經驗法則及論理法則為之，不得以臆測或推理；與此相反是法定證據主義，又稱為形式證據制度。法定證據主義係指證據的資格、能力均由法律明文規定，排除法院自由心證，因此，法官無須仰賴自己的學識、經驗，僅須依法計算證據的證明力即可作出判決。我國雖採自由心證主義為原則，但仍有部分證據之資格係採用法定證據主義，如第24條2項、第42條2項、第45條之1、第182條之1、第219條、第355條、第358條1項、第427條3項。

法院為裁判前，必須先對訴訟事件的事實加以認定；換句話

說，認定事實乃法院作成裁判的前提，事實的認定越精細，則所作裁判的正確性越高。依本條規定，受訴法院須依自由心證，斟酌全辯論意旨及調查證據的結果，以判斷事實的真偽。

所謂「全辯論意旨」，不僅指言詞辯論中當事人的聲明及一切陳述而言，並包括陳述的態度、對於發問不為回答、不依法院之命到場等情形在內。所謂「調查證據之結果」，係指依法調查一切證據所得的結果而言。而所謂「依自由心證判斷事實之真偽」，是指法院於斟酌全辯論意旨及調查證據的結果後，憑法官的學識及經驗，按經驗法則與邏輯推理，為客觀的衡量，依其內心合理的確信，判斷當事人所主張的事實是否屬實而言。

本條第2項之規定，在實務上常見的就是在損害賠償的訴訟裡，原告已經證明受有損害了，但是客觀上不能完全證明損害之具體數額或證明顯有重大困難，如果仍然強迫令原告要負舉證責任來證明損害的數額，對原告不但太過於苛刻，也不符合訴訟經濟的原則，因此在這種情形下法院應審酌一切情況，依所得心證酌定數額，以求公平。至於如果損害的數額在客觀上有證明之可能，且衡情亦無重大困難而原告未為證明者，即無本條第2項規定之適用。

本條第3項規定，法院依自由心證判斷事實之真偽不得違背論理及經驗法則，本項之規定在此次民事訴訟法修正之前，依據最高法院歷年來相關的判決以及判例之意旨早已闡明各級法院，依自由心證判斷事實之真偽時不得違背論理及經驗法則，此次修正增列只不過把原先法院在實務運作時的法則加以明文化而已，在實質上跟以往並沒有發生任何變化。

又為防止法官於判斷事實真偽時，違背本條第1項規定及避免自由心證的流弊，本條第4項特規定：「得心證之理由，應記明於判決。」若違背此項規定，該判決即屬違背法令，足為上訴第三審的理由（民訴§467、469）。

　　又本條雖謂，法院依調查證據之結果，得依自由心證，判斷事實之眞僞，但其所爲之判斷如與經驗法則不符時，即屬於法有違，簡言之，自由心證之判斷非指一法官全然無受侷限之判斷空間，法官如其心證判斷，違反經驗或論理法則，則屬判決違背法令之事由，得據以上訴三審。舉例言之，例如某判決對契約履行之特定義務，明確歸屬於甲方，且確認該特定義務履行相關費用依契約自始明載應由甲方自行承擔，惟後卻論契約乙方協助其處理時雖有告知要有償收費卻未具體告知收費數額，是有背誠信，而認甲方無庸負擔相關費用，即屬法院之判斷或生經驗或論理法則之背反，蓋甲方自始明之就其所受乙方協助應自行負擔費用，縱價額未確定，亦爲甲方聽任其風險發生而屬可歸責者，則甲方之後核定數額之作爲實難認有背反誠信之情。

第223條（判決之宣示及宣示之期日）
判決應公告之；經言詞辯論之判決，應宣示之，但當事人明示於宣示期日不到場或於宣示期日未到場者，不在此限。
宣示判決，應於言詞辯論終結之期日或辯論終結時指定之期日為之。
前項指定之宣示期日，自辯論終結時起，獨任審判者，不得逾二星期；合議審判者，不得逾三星期。但案情繁雜或有特殊情形者，不在此限。
前項判決之宣示，應本於已作成之判決原本為之。

解說

　　判決爲法院的意思表示，應向外發表，使生效力。爲使外界更迅速知悉判決完整結果，立法院於民國107年11月28日修正本條第1項，明定判決不論是否經言詞辯論，均應公告之。又經言詞辯論之判決固應宣示之（即由審判長公開朗讀判決主文）；

然司法實務上，法院於辯論終結當下均會詢問當事人是否到場聆聽判決結果，大多時候當事人均會當庭明示不到場。故本次修法遂明定若當事人已明示於宣示期日不到場，或於宣示期日未到場者，法院即毋庸宣示，改以送達為向外發表的方法（亦即由書記官郵寄判決書正本），以節省法院無謂開庭進行宣示之程序，爰修正第1項，以符現行實務運作方式[4]。

依照訴訟事件難易的不同，可於言詞辯論終結的期日宣示判決，亦可另行指定期日宣示，但應於辯論終結時即行指定。判決之宣示，應本於已作成之判決原本為之，判決原本，應於判決宣示後，當日交付法院書記官，第223條第4項、第228條第1項分別定有明文。惟相較於獨任審判之情形，合議審判事件，於辯論終結後，尚需經評議及製作判決書等程序，耗費時間較多；另為因應案情繁雜或特殊情形，致無法於法定期間內製作判決書，宜放寬宣示判決之期限，爰於第3項增訂合議審判之事件，自辯論終結時起，不得逾三星期，案件繁雜或有特殊情形者，則不在此限，以符實際需要[5]。

然查，作者認為本條修正之意義不大，因過去數十年來，法院違反本條期限進行宣判並不發生法律效果，實務向來將此規定定性為一「訓示規定」。故本次如此修法，嗣後法院縱使未遵守相關期限，亦不發生法律效果，僅聊備一格；承如前述，「不得逾二星期」及「不得逾三星期」僅係訓示規定，不生影響之規定。又之所謂「訓示」，乃因其規定之本質，如同係國家（即法律）從機關或機關之首長對其行使職務之職員而為之訓令般〕，縱使違背，對於判決的效力，不生任何影響，亦不得作為上訴的理由。

4　立法院公報，107卷，第99期，頁255。
5　立法院公報，107卷，第99期，頁255。

同時判決宣示之內容，應以判決原本之內容為準，不得任意違背或更動，以維護判決的公信力。末須注意，判決之宣示，係就已成立之判決向外發表，並非判決之成立要件，是以一個經言詞辯論之判決，縱未依民事訴訟法第223條第1項宣示，而以送達向外發表者，不得謂判決尚未成立，雖其發表之方式違背訴訟程序之規定，判決亦不因而當然無效。

第224條（宣示判決之方法）
宣示判決，應朗讀主文，其理由如認為須告知者，應朗讀或口述要領。
公告判決，應於法院公告處或網站公告其主文，法院書記官並應作記載該事由及年、月、日、時之證書附卷。

解說

宣示判決，乃就已成立的判決，對外發表，其方法為於公開法庭由審判長（或獨任法官）朗讀判決主文，至法院電腦查詢系統不過為方便當事人查詢之行政作業，究不能作為判決有無宣示之依據。所謂「判決主文」，是指判決的結論而言，乃判決的重要部分，為避免浪費勞力及時間，毋須朗讀整個判決全文，僅須朗讀判決的主文即可。而判決的理由，原則上亦毋庸宣示，但若依法院的意見，認為須告知的話，得於宣示判決時一併朗讀理由或口述其要領。又判決，不論是於言詞辯論終結之期日宣示，或於言詞辯論終結時指定的期日宣示，均須由書記官將關於宣示判決一事記載於言詞辯論筆錄（民訴§213 I ⑥）。

因為本法已修法明定將公告規定為判決對外發表的方式。另方面，由於公告及送達皆是對外宣示判決之方法，但基於公告通常在時間上優先於送達，故本次修法後，原則上將以公告時發生判決羈束力（裁判之自縛性），自宜明定其程式，俾資相互配合

應用，立法院爰於民國107年11月28日增訂第2項以因應各法院均有建置網站之電子e化趨勢[6]，明定公告判決應於法院公告處或網站公告其主文。又為便於稽考，並規定法院書記官應製作記載該事由及年、月、日、時之證書附卷。又所稱的證書，並非形式上必須以「證書」名義作成的文件，僅須能表明已依法公告及載明公告時間的文書即可，例如：得以公告文稿記載該事由及公告時間，以減輕書記官工作負擔，併此一併敘明，以資遵循。

又實務運作上，判決宣示之期日（宣判期日），當事人不須特意撥冗出席始得獲知判決之結果，便宜之法，為受判決之兩造，得於先判期日之時點，聯繫承辦股別書記官，即得為判決結果之即時探知。

第225條（宣示判決之效力及主文之公告）
宣示判決，不問當事人是否在場，均有效力。

解說

宣示判決係向外發表已成立的判決，乃法院一方的訴訟行為，不須當事人或其他訴訟關係人的參與，因此，雖當事人一造或兩造均不在場，於其效力並無影響。又對於判決之主文，為求統一，最高法院即決議統一稱之為「本件」。

第226條（判決書應記載之事項）
判決，應作判決書，記載下列各款事項：
一、當事人姓名及住所或居所；當事人為法人、其他團體或機關者，其名稱及公務所、事務所或營業所。

6　立法院公報，107卷，第99期，頁256。

二、有法定代理人、訴訟代理人者，其姓名、住所或居所。

三、訴訟事件；判決經言詞辯論者，其言詞辯論終結日期。

四、主文。

五、事實。

六、理由。

七、年、月、日。

八、法院。

事實項下，應記載言詞辯論時當事人之聲明，並表明其聲明為正當之攻擊或防禦方法要領。

理由項下，應記載關於攻擊或防禦方法之意見及法律上之意見。

一造辯論判決及基於當事人就事實之全部自認所為之判決，其事實及理由得簡略記載之。

解說

　　判決，不論為終局判決或中間判決，依法律規定皆應作成判決書附卷，且有一定的程式，須記載下列各款事項：

　　一、當事人姓名及住所或居所；當事人為法人、其他團體或機關者，其名稱及公務所、事務所或營業所：本款的規定，目的在表明當事人為何人，以避免與他人相混，所以若記載當事人姓名、住居所或其名稱及公務所、事務所或營業所，還是無法區別時，則應記載當事人的職業以及其他特徵。此等事項，以當事人的起訴狀為依據。若判決書未表明當事人者，則構成提起上訴的理由。另外，訴訟有參加人時，亦應於判決書中表明。此次修法同時配合第40條第4項增訂中央或地方機關亦有當事人能力的規定，於第1款增訂當事人為機關者，其名稱及公務所為應記載的事項。

二、有法定代理人、訴訟代理人者，其姓名、住所或居所：除非無法定代理人者外，其法定代理人的記載，不可遺漏，否則此判決即有重大瑕疵，得為上訴之理由。至於訴訟代理人漏未記載者，於判決效力則沒有影響。若是記載稍欠正確，則依第232條加以更正。

三、訴訟事件；判決經言詞辯論者，其言詞辯論終結日期：判決既判力之客觀範圍係以事實審言詞辯論終結時為準，於該期日之後所生之新事實，不為既判力所及，而在該期日前所生之事實，當事人得提出而未提出者，應為既判力所及。如判決書有記載言詞辯論終結日期，即可使既判力之基準時點顯現於判決書中，故增列第1項第3款的規定。

四、主文：是就訴訟標的之事項所為的裁判，亦即本於判決事實及理由所生的結論。主文應以簡明的語句，將法院所為裁判的內容揭明。當事人的聲明，通常是判決主文的依據。惟當事人的聲明文字有欠通順或明確者，在不違背當事人真意之下，不必拘泥其聲明所用的詞句，得自行組織文字為判決主文。在主文中不宜引用其他文件，但遇標的物有多數或名稱冗長時，得另作成目錄，附於判決書之後。又判決書中所記主文，須與當庭宣示之主文相符，否則足以構成上訴第三審的理由。

五、事實：是指判決理由的根據。兩造當事人在言詞辯論時所為應受判決事項的聲明，及其所為的陳述、證據方法，對於他造所用證據之陳述等攻擊防禦方法，皆應載明於判決書內事實項下，雖法院認為不必要或已不許使用者亦然（民訴§196II、286、287）。又訴訟經過的重要情形，如當事人的變更、追加及分別或合併辯論及依職權調查證據等事，亦應記載。事實的記載須簡明扼要，並且按論理排列，不必拘泥於事實發生或辯論經過的順序。判決書內記載事實有欠缺者，足為上訴的理由。

六、理由：是判決主文的依據。法院關於攻擊防禦方法的意

見與法律意見及就於判決有影響的爭點所爲的裁判及理由等皆應記載；法院依自由心證判斷事實，是以如何的辯論意旨或調查證據的結果爲基礎，及如何按經驗法則而爲判斷，均應記載。判決書理由應載事項，如有遺漏，則爲理由不備，如對判決結果有影響者，其判決當然違背法令，得上訴第三審（民訴§469⑥）；又具體判斷，民事訟法第226條第3項，所謂判決書理由項下應記載關於攻擊或防禦方之法律上意見，雖不以列舉法條之條文爲限，然必須衡酌判決內記載可得知所適用者如何法規始爲相當，否則即爲同法第466條第6款之判決不備理由；又法院爲一方敗訴之判決，而其關於攻擊方法之意見有未記載於判決理由項下者，即亦同爲同法第466條第6款所謂判決不備理由。該方提出某文書爲證據，自屬攻擊方法之一種，若法院對於此項證據，並未在判決理由項下記載其意見，遽爲判決，確亦屬民事訴訟法第226條規範之違背，而得據此爲上訴三審之事由。

七、實務上，判決書之製作，均記載年月日，故第1項第7款增列「年、月、日」，以符實際。

八、法院：是指爲裁判之法院。於判決書內記載上列各事項，爲求其明瞭，以分欄記載爲宜。至於記載的順序，得任由法院自由決定。

當事人在言詞辯論時所提出之攻擊或防禦方法，每甚爲冗長，如均詳爲記載於事實項下，則徒增判決書篇幅及加重法官之負擔，爰修正第2項，明定就此部分表明其聲明爲正當之攻擊或防禦方法之要領即可。同時一造辯論判決及基於當事人就事實之全部自認所爲之判決，其事實認定較爲單純，故爲減輕法官製作判決書之負擔，爰增列第4項，明定此兩類判決，其事實及理由得簡略記載之。

第227條（判決書之簽名）
為判決之法官，應於判決書內簽名；法官中有因故不能簽名者，由審判長附記其事由；審判長因故不能簽名者，由資深陪席法官附記之。

解說

　　判決書作成後，為判決的法官（也就是本法§221II所指的參與判決的法官）應於判決書內簽名。在合議審判時，係由審判長與陪席法官以評議的方式作成判決，因此，審判長與陪席法官均應於判決書內簽名。不過，法官中有因故不能簽名時（例如法官請假、去職等），由審判長附記其事由；若審判長因故不能簽名時，則由資深陪席法官附記其事由於判決書，以資補救。否則判決書未經法官簽名，亦未附記不能簽名之理由，在法律上不能認為有效。

　　然而，於獨任審判時，因僅由一位法官作成判決，如該法官因故不能於判決書內簽名，則無補救的辦法。

第228條（判決原本之交付）
判決原本，應於判決宣示後，當日交付法院書記官；其於辯論終結之期日宣示判決者，應於五日內交付之。
書記官應於判決原本內，記明收領期日並簽名。

解說

　　所謂「判決原本」，是指經法官簽名的判決書而言；換句話說，即指依第226條及第227條規定所作成的判決書。為防止判決原本制作緩慢，影響當事人的權益，為判決的法官，應於判決宣示後，當日將判決原本交付法院書記官，或者在辯論終結之期日

宣判者，則應於5日內交付，以求明確翔實的控制訴訟流程，書記官並應於判決原本內記明收領日期並簽名。

但本條僅係訓示規定，法官若逾當日始交付判決原本，或是書記官未於判決原本內記明收領日期並簽名，對於判決的效力，並不發生任何影響。

第229條（判決正本之送達）

判決，應以正本送達當事人。

前項送達，自法院書記官收領判決原本時起，至遲不得逾十日。

對於判決得上訴者，應於送達當事人之正本內，記載其期間及提出上訴狀之法院。

解說

為使當事人知悉判決的內容，法院書記官應將判決正本依職權送達給當事人（民訴§123）。所謂「正本」，乃載錄原本全文，對外與原本有相同效力者；判決原本應由書記官編為卷宗（民訴§241Ⅰ）永遠保存，故不能送達於當事人；而判決節本，僅節錄原本一部分的內容，亦不宜送達於當事人。因此，以判決正本送達於當事人，最為妥適。

為使當事人早日知悉判決內容，俾有所因應，判決正本的送達，自法院書記官收領判決原本時起，至遲不得逾10日；又考慮到當事人法律知識的不足，對於得上訴的判決，應於送達當事人的正本內，記載上訴期間及提出上訴狀的法院。不過，本條第2項及第3項均僅係訓示規定，雖然違背，對於判決及送達的效力，均不生任何影響。

又實務曾見有，於不得上訴三審案件之判決書內文文末錯記載上訴時限，惟殊難因此即謂該判決得為上訴。

得抗告之裁定，依民事訴訟法第227條第2項後段之規定，雖應附記抗告期間及抗告法院，但此同前判決上訴期間載記之性質，同屬一訓示規定，縱令漏未附記，亦於裁定之效力不生影響。

第230條（判決正本及節本之程式）
判決之正本或節本，應分別記明之，由法院書記官簽名並蓋法院印。

解說

前曾提及，正本乃錄有原本全文，且對外與原本有相同效力的文書；換句話說，正本有代替原本的功用。而所謂「節本」，係僅摘錄原本部分內容的文書，並無代替原本的功能。依本條規定，判決正本或節本，應在其內記載正本或節本的字樣，由法院書記官簽名，並加蓋法院的印。然而，若判決正本未蓋法院印，雖違背訴訟程序的規定，但此不過判決正本不合法定程式，致其送達不生效力，既與判決內容之當否無關，即不得以此為上訴理由。

第231條（判決之羈束力）
判決經宣示後，為該判決之法院受其羈束；不宣示者，經公告後受其羈束。
判決宣示或公告後，當事人得不待送達，本於該判決為訴訟行為。

解說

判決，乃法院的意思表示，須向外發表，所以判決一經對外

發表，其發表方式爲宣示或公告，爲該判決之法院即應受羈束。第223條第1項既規定，不經言詞辯論的判決依法應予公告周知，所以法院自應於公告後受其羈束。故修正原條文的規定，並列爲第1項。法院所作判決，一經對外發表，則爲該判決的法院即受其判決的羈束。所謂「爲該判決之法院受其羈束」，是指該法院不得任意自行撤銷或變更其先前所作的判決，縱使當事人同意撤銷或變更時亦同。所以如此，乃爲了避免法院濫爲判決，並確保法院的威信。惟法院若違背本條的規定，任意自行撤銷或變更原判決，而爲另一判決，該後判決並非當然無效，於當事人有合法上訴時，上訴審法院應將該判決廢棄。

又第二審不能上訴第三審之終局裁判及第三審之終局裁判，其裁判均屬確定判決。依本條規定，判決宣示後，爲該判決之法院受其羈束，如不經宣示者，經公告後受其羈束；第2項係原第225條第2項後段移列，並配合第223條第1項的修正規定予以修正，且此情形屬於羈束力與確定力同時發生。

判決之宣示，係就已成立之判決向外發表，並非判決之成立要件（詳參本書前述），判決究於何時成立，應分別情形定之，合議法院之判決，於評決時成立。獨任制法官之判決，先作成判決書而後宣示者，於作成判決書時成立。先宣示而後作成判決書者，於宣示時成立。獨任制法官之判決，不經言詞辯論者，於作成判決書時成立。已成立之判決，在宣示或送達前，法院仍不受其羈束。

第232條（判決之更正）
判決如有誤寫、誤算或其他類此之顯然錯誤者，法院得依聲請或依職權以裁定更正；其正本與原本不符者，亦同。
前項裁定，附記於判決原本及正本；如正本已經送達，不能附記者，應製作該裁定之正本送達。

對於更正或駁回更正聲請之裁定，得為抗告。但對於判決已合法上訴者，不在此限。

解說

　　判決經宣示或公告後，為該判決的法院即應受所為判決的羈束（民訴§231）。但判決中有誤寫、誤算或其他類似之顯然錯誤者，若仍不許更正，則對於法院及當事人均是有弊而無利，且也不符合訴訟經濟之基本要求。因此本條第1項規定，法院依當事人之聲請或依職權用裁定更正；而所謂「依職權」，即不論該判決是否已經上訴或已確定，均得為之。故將原第1項文字「隨時」修正為「依職權」，並將文字稍加調整，以資明確。所謂「顯然錯誤」，指判決中所表示者，與法院本來的意思顯然不符，法院或者訴訟關係人只要參照該判決意旨與訴訟事件之內容，均能一望而知者而言，如當事人姓名或名稱之錯誤而言。除法文所舉的誤寫、誤算外，如關於當事人、法定代理人的姓名表示不正確，或者依判決意旨已足認法院就某事項已裁判，而在判決理由或主文中漏未論列等。此項顯然錯誤，無論是法院的過失，或是依照當事人的陳述，皆得以裁定加以更正（關於當事人姓名或名稱之錯誤，須確認訴訟標的之法律關係不變，實際上由該當事人參與訴訟，則雖一方起訴所主張他方之姓名或名稱錯誤，並經法院對於姓名或名稱錯誤之當事人為裁判，則有判決更正規範之適用）。

　　更正判決，不問何時，得依法院之職權或依當事人之聲請而更正，即使在該判決已上訴或已確定後，也可為之。參與更正裁定的法官，非參與原判決者亦可，此裁定應附記於判決原本及正本，若正本已經送達，而因當事人不提出正本或因其他情事不能追記時，應作該裁定的正本送達於當事人。更正的效果，可溯

及最初為判決時，因此對於該判決的上訴與其判決的確定或者執行，應根據更正而定其效果；又併論類似之更正裁定作為，並非法院就事件之爭執重新為裁判，不過將裁判中誤寫、誤算或其他類此之顯然錯誤，加以更正，使裁判中所表示者，與法院本來之意思相符，原裁判之意旨並未因而變更。故更正裁定溯及於為原裁判時發生效力，對原裁判上訴或抗告之不變期間，自不因更正裁定而受影響。

更正判決的聲請，可用書狀（民訴§116以下）或者言詞（民訴§122）提出。然依原條文第3項規定，僅限於對更正的裁定始得抗告，然駁回更正聲請的裁定，有時會影響當事人權益，且無堅強的理由認為對於該裁定的抗告應予適當的限制，爰修正第3項，明定對於更正或駁回更正聲請的裁定，均得抗告，以平衡當事人的權益。當事人除可向為原判決的法院聲請更正外，尚得用上訴請求為更正，其更正判決的聲請，也得與對於判決不服而欲為上訴行為同時為之。不過如果對本案判決已有合法之上訴時，則不得再以抗告程序聲明不服，而應一併交由上訴審處理，爰增列但書明定。

判決的正本與原本內容不符時，如更正其正本，亦適用本條程序，由法院裁定更正，將其裁定附記於正本。

另外若和解筆錄有誤寫誤算者，雖法無更正之明文，但依據實務之見解，有關於判決書更正錯誤之規定，於和解筆錄有同一之法律理由，故得以類推適用之。

第233條（判決之補充）
訴訟標的之一部或訴訟費用，裁判有脫漏者，法院應依聲請或依職權以判決補充之。
當事人就脫漏部分聲明不服者，以聲請補充判決論。
脫漏之部分已經辯論終結者，應即為判決；未終結者，審判長

應速定言詞辯論期日。

因訴訟費用裁判脫漏所為之補充判決，於本案判決有合法之上訴時，上訴審法院應與本案訴訟同為裁判。

駁回補充判決之聲請，以裁定為之。

解說

　　所謂「判決有脫漏」，是指法院就當事人請求判決事項之一部分或者訴訟費用，本應在主文表示裁判結果，但實際上法院並未為裁判之表示，或僅在理由中論斷者而言，是依據本條第1項規定聲請補充判決者，以訴訟標的之一部（依舊訴訟標的理論是指訴訟中已主張之實體法上的請求權或形成權未為相應判斷，而生闕漏），或訴訟費用之裁判有脫漏為限，不包括為裁判所持之理由在內。就訴訟標的之脫漏而言，例如：原告請求與被告離婚，並命賠償50萬元，法院僅就離婚部分表示於判決主文，對於損害賠償部分未表示在判決主文。就訴訟費用脫漏言，例如：為終局判決時，未依職權為訴訟費用之裁判。另外，關於訴訟標的之一部或訴訟費用的裁判，法院雖在判決理由中表示其意見，但若未記載在判決主文者，仍然屬於裁判有脫漏。

　　另需注意，當事人以一訴主張之數項標的，法院認其一項達於可為裁判之程度而提前為一部之終局判決者，不得謂判決有脫漏，其未經判決之部分應由該法院後續另為判決，不適用民事訴訟法關於補充判決之規定。

　　過去補充脫漏判決，必須由當事人聲請，法院不得依職權為之，即使是本來應由法院依職權而為的訴訟費用的裁判，也不例外。然因法院就訴訟標的之一部或訴訟費用漏未裁判者，該部分應仍繫屬於法院，法院就該脫漏部分，仍有續行審判的義務，即應依職權為補充判決，而無待當事人的聲請；雖然當事人為維護自己的權利，自亦得聲請法院補充裁判，但為使條文更完善起

見，爰修正第1項。

又具體聲請補充判決之對象（法院）應以下開脈絡爲之，當事人請求之事項，若是於第一審判決有脫漏者，聲請補充判決，則理應向原第一審法院爲之，蓋原審未判決部分仍繫屬在該審級，反之同理，如係第二審判決有脫漏者，聲請補充判決，則應向原第二審法院爲之。

脫漏的部分若已經進行過言詞辯論者，則法院應該不必行言詞辯論，而直接補下判決。但是基於直接言詞審理主義，沒有參與言詞辯論的法官，不可以補下判決，如果法官有變更，則要重新進行言詞辯論；縱然法官沒有變更，在認爲有必要時，仍應再開辯論（民訴§210、211、221）。若脫漏的部分還未經言詞辯論終結者，則法院應即定言詞辯論期日，於辯論後爲補充判決。

因訴訟費用裁判脫漏而爲補充判決，於本案判決有合法的上訴時，自應由上訴審法院與本案訴訟同爲裁判，故增列第4項。

對於當事人聲請補充判決的准許與否，法院應依職權調查，若准許當事人之聲請，則應以判決補充脫漏的判決，假如不准許當事人的聲請，那麼要用裁定駁回。當事人對於駁回聲請的裁定，得依一般規定提起抗告（民訴§482）。

此外，基於當事人的審級利益，不得用上訴或附帶上訴請求爲補充判決，亦即下級審法院還未審判的訴訟標的事項，上級審法院不得加以判決。如果當事人就第一審脫漏的事項，依上訴或附帶上訴請求第二審法院判決者，不符合本條第2項後段「視爲補充判決之聲請」的規定。

第234條（裁定之審理）
裁定得不經言詞辯論爲之。
裁定前不行言詞辯論者，除別有規定外，得命關係人以書狀或言詞爲陳述。

解說

　　法院就訴訟事件所為的意思表示，不問其內容如何，均稱為「裁判」，分為裁定及判決兩種。依本法第220條規定：「裁判，除依本法應用判決者外，以裁定行之。」法院以裁定的方式，發表其意思表示，就本法而言，可說占極大的比例。一般而言，裁定得分為指揮訴訟的裁定及其他裁定兩類。所謂「指揮訴訟的裁定」，是指法院、審判長、受命法官或受託法官因使訴訟適當進行所為的意思表示而言，例如：指定期日及變更或延展期日的裁定（民訴§154、159、167）、伸長或縮短期間的裁定（民訴§163、167）、裁定停止訴訟程序或撤銷裁定停止的裁定（民訴§173、181～186）、關於指揮言詞辯論的裁定及命調查證據的裁定等。至於「其他裁定」，則指與指揮訴訟無關的裁定而言，例如：以訴或上訴為不合法而駁回其訴或上訴的裁定（民訴§249Ⅰ、442）、支付命令及駁回支付命令聲請的裁定（民訴§508～513）、關於指定管轄的裁定（民訴§23）及關於法官迴避的裁定（民訴§35、38）等。

　　「裁定」，原則上乃法院、審判長、受命法官或受託法官對於當事人或其他訴訟關係人，就訴訟程序上的爭點所為的意思表示，因此得不踐行言詞辯論程序。即使於裁定前命行言詞辯論，亦屬「任意的言詞辯論」（即應否經言詞辯論，由法院自由決定），並非指裁定不能進行言詞辯論，故當事人不遵命到場辯論的話，並不生不到場辯論的效果，法院、審判長、受命法官或受託法官仍得僅依書面審理而為裁定。

　　裁定前若不行言詞辯論的話，如法院、審判長、受命法官或受託法官認為有必要時，得命關係人以書狀或言詞為陳述，但若法律有例外規定的話，則應從其規定，例如：本法第512條規定：「法院應不訊問債務人，就支付命令之聲請為裁定。」此時，法院為裁定前既不得命行言詞辯論，亦不得命關係人以書狀或言詞為陳述。

第235條（裁定之宣示）

經言詞辯論之裁定，應宣示之。但當事人明示於宣示期日不到場或於宣示期日未到場者，得以公告代之。

終結訴訟之裁定，不經言詞辯論者，應公告之。

解說

「裁定」乃法院、審判長、受命法官或受託法官，就訴訟程序上的爭點所爲的意思表示，原則上不經言詞辯論。但若法院、審判長、受命法官或受託法官於爲裁定前，命訴訟關係人就該爭點爲言詞辯論的話，則因該裁定係本於訴訟關係人於公開法庭，以言詞辯駁、爭論而作成，其宣示應與判決爲相同處理。鑑於司法實務上，法院於辯論終結當下均會詢問當事人是否到場聆聽裁定結果，大多時候當事人均會當庭明示不到場。故本次修法遂明定若當事人已明示於宣示期日不到場，或於宣示期日未到場者，法院即毋庸宣示，改以送達爲向外發表的方法（亦即由書記官郵寄裁定書正本），以節省法院無謂開庭進行宣示之程序。立法院爰於民國107年11月28日配合前述修正本法第223條第1項，將本條前段改列爲第1項[7]，由審判長於公開法庭以言詞將所爲之裁定公開發表，但如當事人明示於宣示期日不到場，或於宣示期日未到場者，法院毋庸宣示，得以公告代之，使當事人及公眾知悉法院裁定結果。然不經言詞辯論之裁定，原則上僅須送達，惟其中終結訴訟之裁定，事關重大，爲昭鄭重，並使當事人能早日得知裁定主文，應公告之，爰將之移列爲第2項。

7　立法院公報，107卷，第99期，頁256-257。

第236條（裁定之送達）
不宣示之裁定，應為送達。
已宣示之裁定得抗告者，應為送達。

解說

所謂「不宣示之裁定」，就是法院不把就訴訟事件所為的意思表示，當庭朗讀或口述給當事人知道的意思。如此一來，當事人就無從得知法院裁定的結果，因此本條規定若是裁定不宣示，就要用送達給當事人的方式；此項送達，也可算是法院向外發表的一種方法。如准予拍賣抵押物之裁定，既未經宣示，自應合法送達於債務人，對該債務人始生執行力。

而已宣示的裁定，既然已經用當庭朗讀或口述之方法向外發表，本來可以不用再向當事人送達，可是若已宣示的裁定，當事人表示不服而得提起抗告的話，為了使當事人可以計算抗告期間（民訴§487），以免遲誤為訴訟行為之機會起見，法院仍然應該向當事人送達。

第237條（應附理由之裁定）
駁回聲明或就有爭執之聲明所為裁定，應附理由。

解說

法律就裁定書的製作，並未規定一定的程式。而有關於判決書製作的程序，在裁定書未必須加以適用。因此裁定可不作成書面，而只須記載在由書記官製作的言詞辯論筆錄中（民訴§213Ⅰ⑤），且准許聲請或聲明所下的裁定，法院可以不附理由，例如：准許公示送達之聲請或准許訴訟救助之聲請的裁定。但是就駁回當事人的聲明、聲請或者就有爭執的聲明聲請所作的

裁定，本條特別規定法院要附理由。此時，如果是記載在言詞辯論筆錄內的裁定，要在筆錄內附記理由爲何。舉「就有爭執之聲明所爲之裁定，應附理由」爲例，是指聲明人的相對人，曾經用書狀或者在言詞辯論程序中，提出反對的聲明，要求法院將聲明人的聲明駁回，則此時法院須就雙方當事人有爭執的聲明，下一個附有理由的裁定。

第238條（裁定之羈束力）
裁定經宣示後，爲該裁定之法院、審判長、受命法官或受託法官受其羈束；不宣示者，經公告或送達後受其羈束。但關於指揮訴訟或別有規定者，不在此限。

解說

　　本條爲有關裁定羈束力的規定，亦即裁定一經法院用朗讀或口述的方法向外表示之後，或者用公告或送達給當事人的方式（配合本法§223Ⅰ之修正）之後，作成此項裁定的法院、審判長、受命法官或受託法官就作成的裁定內容，不可以再自行加以變更或者撤銷，但非謂係指後經當事人上訴而受理之上級審法院亦同受拘束。所謂「別有規定」，是指本法第159、163、386條、第490條第1項、第507條、第529條第4項、第530條第1、2項、第567條。

第239條（裁定準用判決之規定）
第221條第2項、第223條第2項及第3項、第224條第2項、第225條、第227條至第230條、第231條第2項、第232條及第233條之規定，於裁定準用之。

解說

　　判決與裁判，就整體來看，都是裁判機關對於訴訟事件以及與訴訟事件有關的附隨事件所作成的意思表示。其作成對於當事人以及訴訟事件本身皆有極大的影響。所以在判決的規定中，依本法第221條第2項的準用，裁定經言詞辯論而為者，非參與其辯論之法官不得參與裁定；第223條第2項及第3項之準用，宣示裁判；第224條第2項明定公告判決；第225條之準用，宣示裁定，不問當事人是否在場均有效力，當事人於裁定宣示後，得不待送達本於該裁定為訴訟行為；依第227條有關裁定書之簽名；依第228條裁定原本之交付；依第229條判決正本之送達；依第230條裁定正本及節本之程式；第231條第2項，於裁定亦得準用；第232條裁定之更正及第233條裁定之補充，有上述條文準用於裁定的規定。

第240條（書記官處分之送達及異議）
法院書記官所為之處分，應依送達或其他方法通知關係人。對於法院書記官之處分，得於送達後或受通知後十日內提出異議，由其所屬法院裁定。

解說

　　裁判乃法院或審判長所為之意思決定，至於若法院書記官在執行職務時所作之意思決定則不能稱為裁判，僅能稱為處分。例如：書記官對筆錄之更正或補充處分，或書記官對於當事人聲請閱覽卷宗之決定（本法§242）。這些書記官所作之處分亦應對外表示，故需依法送達予當事人或關係人。且由於書記官之處分不是法院之裁判，因此當事人或關係人若有不服書記官之處分，必須於受送達（或受通知之後）10日內提出異議，由該書記官所屬之法院裁定之，不能直接對書記官之處分提抗告。

第六節之一　司法事務官之處理程序

第240條之1（司法事務官適用之規定）
本法所定事件，依法律移由司法事務官處理者，除別有規定
外，適用本節之規定。

解說

　　本法所定事件，依法律移由司法事務官處理者（例如：督促
程序、公示催告裁定及確定訴訟費用額等相關事件），除別有規
定外，應適用本節的規定，故增訂本條以資遵守。至於本節所未
規定者，自仍應適用本法就各該事件原為法官處理而設的相關規
定，應無疑義。

第240條之2（司法事務官職務上文書之製作）
司法事務官處理事件作成之文書，其名稱及應記載事項各依有
關法律之規定。
前項文書之正本或節本由司法事務官簽名，並蓋法院印。
司法事務官在地方法院簡易庭處理事件時，前項文書之正本或
節本得僅蓋簡易庭關防。

解說

　　配合法院新增司法事務官就處理受移轉事件所作成的文書，
其名稱及應記載事項應與原由法官處理者相同，爰增訂第1項明
定之。如司法事務官依法為支付命令之裁定，即依本法第514條
第1項規定，其名稱及應記載事項即依支付命令之相關規定為
之。

同時為充分發揮司法事務官設置功能，並簡化文書製作程序，爰明定前項文書的正本或節本應逕由司法事務官簽名並蓋法院印後核發；如司法事務官係配置在地方法院簡易庭處理事件時，則前項文書的正本或節本得僅蓋簡易庭的關防，故一併增設第2、3項以資區別。

第240條之3（司法事務官所為處分之效力）
司法事務官處理事件所為之處分，與法院所為者有同一之效力。

解說

司法事務官所設置的目的，係在於合理分配司法資源並減輕法官工作負擔，若其處理事件所為處分的效力與原由法官作成者不相同，將會導致程序繁複，影響當事人的權益，爰增訂本條明定其法源依據，以杜絕社會爭議。如在強制執行上之拘提管收以外之強制執行程序，司法院已發函委由司法事務官辦理，故透過此條之規定，訂立司法事務官處理事件所為之處分之效力，以避免行使時發生爭議。

第240條之4（司法事務官處分之異議及裁定）
當事人對於司法事務官處理事件所為之終局處分，得於處分送達後十日之不變期間內，以書狀向司法事務官提出異議。但支付命令經異議者，除有第518條所定或其他不合法之情形，由司法事務官駁回外，仍適用第519條規定。
司法事務官認前項異議有理由時，應另為適當之處分；認異議為無理由者，應送請法院裁定之。
法院認第1項之異議為有理由時，應為適當之裁定；認異議為無

理由者，應以裁定駁回之。

前項裁定，應敘明理由，並送達於當事人。

解說

　　立法考慮到保障當事人的權益，並達到追求程序迅速與訴訟經濟的雙重目的，對於司法事務官處理事件所爲的終局處分，應許當事人得逕向爲處分的司法事務官提出異議，由其儘速重行審查原處分是否妥當，而爲適當的救濟。支付命令事件已移由司法事務官處理，債務人對支付命令異議如逾民事訴訟法第518條之20日期間或有其他不合法情形（例如無異議權人聲明異議，或書狀不合程式、異議未經合法代理，經命補正而未補正等），仍應由司法事務官作成第一次處分。當事人如對司法事務官駁回異議之處分不服者，得聲明異議以爲救濟，爰修正第1項。

　　第2項則規定，當司法事務官受理前項異議，如認異議爲有理由者，應自行另爲適當的處分；如認異議爲無理由者，則仍應由原法院的法官處理，以充分保障當事人的權益。

　　第3、4項則是針對法院受理第1項的異議時，應依各該事件的規定加以審理，如認異議爲有理由者，應即爲適當的裁定；如認異議爲無理由者，應以裁定駁回。而法院所爲上開裁定，均應敘明理由，並送達於當事人；至於對法院所爲的裁定是否得提起抗告，則仍應依各該事件的相關規定辦理。

第七節　訴訟卷宗

第241條（卷宗之編訂與保管）
當事人書狀、筆錄、裁判書及其他關於訴訟事件之文書，法院
應保存者，應由書記官編為卷宗。
卷宗滅失事件之處理，另以法律定之。

解說

　　一般而言，「卷宗」是指經分類保存的文書；而所謂「訴訟
卷宗」，則是指經分類保存的有關訴訟事件的文書而言。然而，
並非所有關於訴訟事件的文書均應編入卷宗，必須是法院應保存
的文書，方應由法院書記官編為卷宗；若非屬法院應保存的文
書，例如：當事人提出的所有權狀、債權憑證等，因須發還給當
事人，法院不應保存，則不得編為卷宗。

　　至於有關卷宗滅失事件之處理法源依據，則制訂有民刑事訴
訟卷宗滅失案件處理法，得依憑辦理。

第242條（訴訟卷宗之利用）
當事人得向法院書記官聲請閱覽、抄錄或攝影卷內文書，或預
納費用聲請付與繕本、影本或節本。
第三人經當事人同意或釋明有法律上之利害關係，而為前項之
聲請者，應經法院裁定許可。
卷內文書涉及當事人或第三人隱私或業務秘密，如准許前二項
之聲請，有致其受重大損害之虞者，法院得依聲請或依職權裁
定不予准許或限制前二項之行為。
前項不予准許或限制裁定之原因消滅者，當事人或第三人得聲

請法院撤銷或變更該裁定。

前二項裁定得為抗告。於抗告中，第1項、第2項之聲請不予准許；其已准許之處分及前項撤銷或變更之裁定，應停止執行。

當事人、訴訟代理人、參加人及其他經許可之第三人之閱卷規則，由司法院定之。

解說

　　為使當事人能利用訴訟卷宗保護自己利益起見，本條第1項賦予當事人得向法院書記官請求閱覽、抄錄或攝影卷宗內文書，或預納費用請求付與繕本、影本或節本的權利，均屬程序上之聲請，為使與實體上之請求有所區別，並統一當事人的用語，特將第1項「請求」二字修正為「聲請」。當事人行使此項權利時，不須有其他條件，或依照一定的程式，一經請求，法院書記官應即許可，若書記官拒絕的話，當事人得向法院提出異議（民訴§240Ⅱ）。不過，為保障其他當事人權益及避免文書滅失，閱覽、抄錄或攝影卷內文書，應於法院內進行。

　　依本條第2項規定，第三人必須證明已得兩造當事人的同意，或釋明有法律上利害關係，依本條第2項規定，亦得為第1項之請求，基於同一法理，故同時亦將第2項之「請求」修正為「聲請」。又訴訟文書應否許可第三人閱覽、抄錄或攝影，審判法院最為清楚，本項原規定經法院長官許可，未盡妥適，爰修正為「經法院裁定許可」。

　　第3項規定，卷內文書如有涉及當事人或第三人隱私或業務秘密者，如准許閱覽、抄錄或攝影，有足致其受重大損害之虞時，為保護當事人或第三人，法院得依其聲請或依職權裁定不予准許或限制本條第1、2項的行為。惟此項裁定，應在不影響當事人行使辯論權的範圍內始得為之。又所謂「業務秘密」，包括營

業秘密法第2條所定「營業秘密」以及其他業務上的秘密而言。

　　第4項則規定，法院依本條第3項規定為不予准許或限制第1、2項行為之裁定後，如該裁定所認不予准許或應限制之原因消滅者，應許當事人或第三人聲請法院撤銷或變更原裁定。

　　同時因為本條第3項及第4項裁定，影響當事人或第三人權益較大，應得抗告，爰增設本條第5項前段。

　　如於抗告中得准許閱覽、抄錄或攝影行為，可能使該當事人或第三人遭受重大損害，有失准其提起抗告的立法意旨。故增設本條第5項後段，明定於前開裁定確定前，為第1項、第2項之聲請，不予准許；其已准許之處分及前項撤銷或變更之裁定，若於抗告中，則應立即停止執行。

　　最後增設第6項，係為因應行政程序法的規定，當事人、訴訟代理人、參加人及其他經許可的第三人的閱卷規則，授權由司法院定之以為準據。

第243條（訴訟文書利用之限制）
裁判草案及其準備或評議文件，除法律別有規定外，不得交當事人或第三人閱覽、抄錄、攝影或付與繕本、影本或節本；裁判書在宣示或公告前，或未經法官簽名者，亦同。

解說

　　為配合本法第242條第1項的規定，爰於本條增列「攝影」及「影本」等字。

　　裁判的草稿、為準備裁判所作的文件及評議文件不可公開，因此不許交當事人或第三人閱覽、抄錄或攝影，或付與繕本、影本或節本。

　　應宣示的裁判，於裁判書作成後，宣示前；或不宣示的裁判，於裁判書作成後，公告前（配合本法§223Ⅰ後段業經修正

爲：「不經言詞辯論之判決，應公告之」；§235後段亦增設：「終結訴訟之裁定，不經言詞辯論者，應公告之」，且均以公告爲發生羈束力時點，故裁判書在公告前尚未對外發生效力，自不得交當事人或第三人爲閱覽或抄錄等行爲，爰增訂以資配合）；或未經法官簽名的裁判書，均不許交當事人或第三人閱覽、抄錄或攝影，或付與繕本、影本或節本。同時就本條所規定書類的閱覽、抄錄、攝影等的限制，如法律另有規定者，優先適用該規定，爰增加「除法律別有規定外」等字，以利實務上的適用。

第二編

第一審程序

第一章
通常訴訟程序

第一節　起訴

> **第244條**（起訴之程式）
> 起訴，應以訴狀表明下列各款事項，提出於法院為之：
> 一、當事人及法定代理人。
> 二、訴訟標的及其原因事實。
> 三、應受判決事項之聲明。
> 訴狀內宜記載因定法院管轄及其適用程序所必要之事項。
> 第265條所定準備言詞辯論之事項，宜於訴狀內記載之。
> 第1項第3款之聲明，於請求金錢賠償損害之訴，原告得在第1項第2款之原因事實範圍內，僅表明其全部請求之最低金額，而於第一審言詞辯論終結前補充其聲明。其未補充者，審判長應告以得為補充。
> 前項情形，依其最低金額適用訴訟程序。

解說

　　一般通常訴訟程序的起訴內容應以書狀加以表明清楚，並向管轄法院提出，此為本條所明定之基本法律之遊戲規則；故不管訴訟標的種類為何？其起訴內容皆以本條規定之內容為依據，此為法律所規定的一項標準程式。但若為其他訴訟程序，

如簡易訴訟程序，則非必依本條之規定，而得以言詞起訴（民訴§428）；或為小額訴訟則採用表格化訴狀（民訴§436-10）。

同時依本條規定，原告向管轄法院主張權利時，須在其提出法院之書狀內，明確載明本條第1項各款之事項，使法院得以確定其審理及判決之基礎及範圍；故若訴訟記載欠缺或記載不明確而不可補正者，則訴訟因無法開始進行，則法院自然依法將以其訴訟不合程式而裁定駁回（民訴§249Ⅰ⑥）。故本條第1項各款事項又稱為「必要記載事項」。

一、當事人及法定代理人：此處之當事人即指原告及被告，此乃為表明誰得向誰主張權利。當事人可分為自然人及法人。如為自然人，除須載明其姓名外，尚須另載其性別、年齡、職業、住所或居所或其他足以辨認之特徵；如為法人或非法人之其他團體（民訴§40），則除記載其名稱或商號外，應載明其事務所或營業所。

同時倘若當事人如果是無訴訟能力人者，則應同時須表明其法定代理人為何人，且記載其性別、年齡等。當事人為法人時，法人之法定代理人亦應表明，而非法人團體（例如未完成社團法人登記之管理委員會；或依醫師法第33條、第39條規定，醫師公會係由會員所組成之團體，為非法人團體之社團）則應表明其代表人或管理人。

二、訴訟標的及其原因事實：訴訟標的是指為確定私權所主張或否認之法律關係，欲法院對之加以裁判者而言；而此所謂之「請求原因」以及其相關事實。其表明方式因訴訟種類不同而有差異，例如：給付之訴——甲向乙借錢100萬元，並寫立借據，結果甲事後賴帳，乙就可以借據為證據，向法院表明，乙得以請求原因為借貸契約（民§474、§478）；而相關借貸時間、金額、利息、未清償等即為此處所指之原因事實。

三、應受判決事項之聲明：訴乃由當事人、訴訟標的、應受

判決事項之聲明等三個要素所構成，所以必有特定當事人因具體法律事件或案件於訴訟程序中主張法院爲裁判，即所謂「訴之聲明」。此事項是表明原告就訴訟標的權利或法律關係，而向法院請求判決的內容及範圍，例如：上例中，原告乙的訴之聲明：應寫爲「被告甲應返還原告新臺幣100萬元整」。

除本條第1項各款之必要記載事項外，第2、3項之規定爲任意記載事項。故雖欠缺第2、3項之記載，對訴狀效力也無任何影響；亦即「定法院管轄」（如特別審判籍）、「適用程序所必要之事項」（如訴訟標的金額──惟此乃用以此區分通常訴訟程序或簡易訴訟程序的標準）、「準備言詞辯論之事項」（如事實之提出、證據或證人之聲明等），原告是否記載於訴狀內，並不影響起訴的效力，至於相關證據資料是指如票據、借據、收據、發票、契約書、保單、租約等正本及影本，或證人的姓名、住址等。

至於訴狀所用之紙張，須使用司法用紙（參照司狀要點）。

本條第4項損害賠償之訴，原告可在原因事實範圍內僅表明其全部請求之最低金額，而於第一審言詞辯論終結前補充其聲明，其未補充者，審判長應告以得爲補充。因損害賠償之訴，經常涉及損害的原因、過失的比例、損害範圍的認定及舉證之難易，故其損害的具體數額很難先爲估算，常須在訴訟上經專業鑑定；以及法院之斟酌裁量始能確定其數額。因此如果在金錢賠償損害的事件，強令原告在起訴之初，即應具體正確表明其請求之金額爲何，未免過苛且強人所難，因此增設本條第4項之規定。另爲求訴訟程序的安定，避免原適用簡易訴訟程序的事件，因原告依據本條之規定補充聲明之後，金額擴張變成要改行通常訴訟程序，致使訴訟程序延滯，所以第5項規定即依其最低金額來適用其訴訟程序，不因金額之擴張而改行他種訴訟程序。

實例

　　黃昭新婚不久，某日加班晚歸，騎車返家途中，被酒醉超速之卡車撞擊，不幸死亡；而黃昭之妻趙玫正懷身孕。試問趙玫所懷之胎兒如何主張權利？

　　依民法第7條之規定，未出生之胎兒，如其將來非死產者，關於其利益之保護，認為已經出生；惟因其尚無姓名，故只須表示為「趙玫之胎兒」，並同時記載趙玫為其法定代理人即可。

第245條（保留給付範圍之聲明）
以一訴請求計算及被告因該法律關係所應為之給付者，得於被告為計算之報告前，保留關於給付範圍之聲明。

解說

　　原告提起給付訴訟時，原本對應受判決事項之給付聲明，必須明確載明於訴狀內（民訴§244）。然而有時因法律關係複雜，給付的範圍難以認定，所以須先由被告為計算報告後，才能明確得知被告應該給付之範圍，例如：股東退股後，請求公司返還出資的股金。但是被告如果不為計算報告，則原告想要提起給付訴訟，則必定無法在訴狀內載明「應受判決事項之聲明」，如此原告就必須先對被告提起請求計算給付範圍的確認訴訟，等計算報告確定，知道了給付範圍後，才能再提起給付訴訟，這對原告來說實在不便。

　　依本條規定，對於前面所說的情況，准許這兩個訴訟合併起訴，並且准許就第二個給付訴訟的請求，保留給付範圍的聲明，以免原告先後須提起兩次訴訟的繁瑣，以達便民及充分保護當事人權益的目的；或者採行先位聲明求為命被告以合夥財產給付伊新臺幣多少元，並加付法定遲延利息，如有不足，由被告負連帶

清償責任之判決。備位聲明則求爲命被告就合夥財產與伊結算之判決，於結算前保留給付範圍之聲明。

實例

　　張正與李群合夥開設小吃店，由於經營不善，張正提議拆夥，各自發展，李群雖然不同意，但是卻虛意允諾。由於所有帳冊爲李群保管，而李群也遲遲未將帳目列明清楚，經張正一再追究，李群仍然虛以委蛇，並藉故拖延時間，張正無奈只好向法院起訴。此時張正應該如何向李群爲請求？而關於訴訟費用應該要如何計算？

　　張正可依本條規定，以一個訴訟同時提起請求計算訴訟標的的確認訴訟，及請求李群返還合夥時所出資金的給付訴訟。關於訴訟費用，因爲給付的範圍尚未確定，依民訴第77條之2第1項，應以其中價額最高的訴訟（確認訴訟）而決定訴訟費用。所以，張正在依本條起訴時，要先繳納訴訟費用1,500元，等到法院依張正的請求，而命令李群計算出應給付的範圍後，再依確實的數額計算訴訟費用。如果應繳納的訴訟費用沒有超過1,500元，則以1,500元爲確定訴訟費用；但是如果超過1,500元時，則對於不足的部分，張正應依法院的命令補繳裁判費。

第246條（將來給付之訴之要件）
請求將來給付之訴，以有預爲請求之必要者爲限，得提起之。

解說

　　日常生活中的交易狀況，常常有預爲請求之必要性，例如：現行網路交易慣例，買賣物品時以契約約定某日爲交貨日。若已到交貨日，須履約交貨的一方，自然應履行契約中所約定的事項，也就是負有履行交貨的義務；若不履行時，有權請求履約的

一方，基於保護財產權的必要，則可提起給付訴訟，以求保障權益。同時有關被害人因身體或健康被侵害將來維持傷後身體及健康之必需支出，係屬因此增加生活上之需要，得請求加害人一次支付賠償總額，此觀民法第193條第1項規定即明。被害人依上開規定訴請加害人賠償損害，則並非此處所謂提起將來給付之訴，故不待被告有到期不履行之虞，亦得起訴。

本條所謂「將來給付之訴」，所指的是預先由有權請求履約的一方（以債權已確定存在，僅請求權尚未到期而有到期不履行之虞為前題），故而依法向法院請求，而命令須履約的一方，必須負履約的責任。例如原告主張之事實已經提出相符的承諾書為證；且被告已屆履行期的部分未為履行時，餘未到期之部分，即有到期不履行之可能，即得依此提起將來給付之訴。

依本條請求時，尚須符合「有預為請求必要」的要件，若不符合時，則原告不得提起訴訟；換言之於履行期未到前請求將來給付之訴，非有到期不履行之虞者，不得提起。對於此一要件，須依一般通常的客觀標準加以判斷，以避免原告動輒因自己個人的判斷，認為被告可能不履約，而任意起訴。例如：被告已經明白表示履行期屆至時不履行契約的約定要項，或任意將財產以低價出賣或者是贈與他人而脫產。又例如：以日曆上日期之到來作為遷讓土地、房屋之時點，均可認為是有預為請求之必要。或者如附期限之法律行為或未到履行期等，未到期之請求，債權人就金錢以外之請求權，雖然現在雖尚不能行使，但有預為請求而有保全之必要，並合乎聲請假處分之合法程式及有效要件者，依同法第533條準用第522條第2項規定，法院亦非不得准許之。

實例

許誠與孫彬為舊識，某日，許誠得知一股市內幕消息後，想要進場買作股票，俟高價時拋售，以得取差額，所以向孫彬借款10萬元，並約定1個月後，以每月2萬元，分5個月返還本

金及利息。起初的3個月許誠果眞如其所願，確實有所斬穫，並且依約分別先後清償了向孫彬所借的6萬元；但好景不常，因股市低迷，許誠所持有的股票都被套牢，爲恐賠錢，許誠不敢賣出，也因此到期應返還孫彬的2萬元未能如期返還。如果，此時孫彬向許誠請求清償到期的2萬元及未到期之2萬元利息時，法院應該要如何處理？

對於分期履行的債務，其中一部分已經到期而有一部分未到期，債權人（孫彬）只請求現在到期部分的債權（2萬元）時，對於到期的部分固然可以請求，但是，在本例中對於未到期的債務，審判長可以行使闡明權（民訴§199-1），詢問原告孫彬是否爲提起本條所指的將來給付之訴。如果原告有請求將來給付之訴的意思，審判長仍應依本條的規定，審查有無預爲請求之必要，以決定將來給付之訴是否成立。

本案情形，應許孫彬提出請求。

第247條（提起確認之訴之條件）
確認法律關係之訴，非原告有即受確認判決之法律上利益者，不得提起之；確認證書真偽或為法律關係基礎事實存否之訴，亦同。
前項確認法律關係基礎事實存否之訴，以原告不能提起他訴訟者為限。
前項情形，如得利用同一訴訟程序提起他訴訟者，審判長應闡明之；原告因而為訴之變更或追加時，不受第255條第1項前段規定之限制。

解說

本條所謂確認之訴，其訴訟性質及目的，僅在就既存之權利狀態或法律關係之歸屬、存在或成立與否，而對當事人間之爭執

以判決之方式加以澄清而已，既無任何創設效力，亦非就訴訟標的之權利而爲處分，因此祇須以有即受確認判決之法律上利益者（而此所謂「即受確認判決之法律上利益」，係指法律關係之存否不明確，原告主觀上認其在法律上之地位有不安之狀態存在，此種不安之狀態，能以確認判決除去者而言。）爲原告，並以爭執該法律關係者爲被告，其當事人即爲適格。

　　本條是有關提起確認訴訟的條件。確認訴訟爲「訴」的一種，是當事人就法律關係的成立或不成立而請求法院爲「確認判決」。對於法律關係的確認成立，稱爲「積極確認訴訟」；而對於法律關係的確認不成立，稱爲「消極確認訴訟」。例如：確認租賃契約存在；或確認某物的所有權是屬於原告所有，此爲積極的確認訴訟；如果是確認租賃契約不存在，或確認某物的所有權不屬於原告所有，此便爲消極的確認訴訟。至於此處所謂的「法律關係」，是指有關法律上的權利、義務關係，也就是原告有權利而被告有義務的情形，例如：契約的關係、侵害權利的行爲所造成損害賠償請求的關係、房屋或建築物有關所有權或抵押權的關係等。

　　原告提起確認訴訟，還必須是基於自己有提起確認之訴的法律上利益，也就是在私權有被侵害的危險狀態，才能提起確認訴訟，以防止原告的任意起訴。例如：房客（承租人）向房東（出租人）繳納房租（租金），而房東卻以租賃契約根本不存在爲由，拒收房租，則房客可以以房東爲被告，向法院提起確認租賃關係存在的訴訟。因此，依一般社會的通念，如果認爲有除去危險（妨害私權利存在的事實）狀態的必要時，就可以提起確認訴訟，以保障私權。

　　本條中尚有提到，對於證書的眞假或法律關係之基礎事實均可提起確認訴訟。但後者必須以不能提出他種訴訟者爲限，始能提起，例如：甲依法主張乙積欠借款100萬元，並提出借據爲憑

證，但此時若乙主張借據僞造，甲便不可依據本條，訴請確認借據之眞僞，而必須逕行提出返還借款之訴訟；又甲如果提出確認借據眞僞訴訟，雖不合要件，但審判長不可直接駁回之，而必須依本條第3項告知甲應改提「給付借款」訴訟，所以甲如因此而改提給付借款訴訟時，也不受本法第255條訴之變更或追加之限制，以維護甲之權益。

實例

　　鄭富爲某公司職員，某日因車禍受傷住院，花掉鉅額傷療費用；適巧月初須繳納房屋貸款，因已無積蓄可供繳款，遂心生一計，託公司小妹盜蓋公司經理的印章及使用其支票，暫時解困，等到發薪之日，再當面向經理請罪。未料該張支票卻因存款不足無法提兌，且公司經理也不承認該張票據是其所開立，此時，房屋公司便向公司經理提起給付票款的請求，並且準備向法院起訴。試問公司經理應如何主張權利？

　　公司經理可以先向法院提起確認票據債務不存在的訴訟，而使得票據債務消滅，使其本身免爲票款給付的責任。因爲該票據的蓋章由於是公司小妹盜蓋的，法院在審理的過程中，就此項事實，也就是票據本身的眞假，應該先予以調查判斷，再依據調查的結果，確定票據債務是否存在；所以本例，公司經理可以直接提起確認票據債務不存在的訴訟，主張自己的權利，而不須先依本條提起確認證書（本例中的支票）眞僞的訴訟，再等到確認眞僞的訴訟獲得勝訴判決後，才提起票據債權人的債權不存在的訴訟，以避免訴訟上不經濟的情形發生。

第248條（訴之客觀合併之要件）
對於同一被告之數宗訴訟，除定有專屬管轄者外，得向就其中一訴訟有管轄權之法院合併提起之。但不得行同種訴訟程序者，不在此限。

解說

　　本條所規定，除專屬管轄外，原告對於同一被告，合併提起數宗訴訟，是屬於客觀訴訟的合併。最基本的類型為當事人雙方在不同訴訟中的地位相同，原告對被告有各種的請求權的情形。所以，不論當事人雙方的人數是否為一人，原、被告間的人數即使不同，但以原告的地位相對於被告的地位時，中間存有數個訴訟的情形。客觀訴訟合併的要件為：

　　一、受訴法院就每個訴訟有管轄權；管轄權不論是依法律規定或當事人合意都可以。

　　二、數宗訴訟可以行同種訴訟程序（原告合併提起之數訴，非許行同種訴訟程序者，法院應將各訴分別辦理，不能因此認為不合法，予以駁回）（33上3155）。

　　上述要件，法院須依職權為調查。同時依據最高法院判決之見解，本條並未限制其訴訟之型態及種類，因此基於民事訴訟採處分權主義之原則，自應尊重當事人有關行使程序處分權之意思，對其所提起的客觀合併之型態、方式及內容，儘量予以承認，以符合現行民事訴訟法賦予訴訟當事人適時審判請求權之精神。例如同一之代償請求權，包括現在給付之訴（現在給付不能的賠償）及將來給付之訴（將來給付的賠償）的客觀合併情形。

　　目前實務上較為常見的為客觀訴之合併中的預備合併，其本位聲明與備位聲明雖原應為相互排斥而不能並存，但訴的客觀合併，其目的既在使相同當事人間就私權紛爭，利用同一訴訟程序辯論、裁判，以節省當事人及法院勞費，並使相關聯之訴訟事件，受同一裁判，避免發生矛盾，而達訴訟經濟及統一解決紛爭之目的；因此當事人以前後不同的聲明，經法院就全部事項進行辯論後，以先位聲明先判斷有無理由，若有理由則排斥後位的聲明而不再審究；如先位聲明無理由，則審究後位有無理由，此兩者是否須排斥，見解不一，通說認為要相互排斥，因屬專業法律

論辯故不另在此贅言。茲舉一例說明：甲先位聲明爲請求其妻履行同居義務，後位聲明爲若不履行同居義務則要求離婚，則是最明顯的例證；因爲其目的在使相同當事人間就其間之私權紛爭，能以同一訴訟程序辯論、裁判，以節省當事人及法院勞費，並使相關聯之訴訟事件，受同一裁判，避免發生矛盾，以達訴訟經濟及統一解決紛爭之目的。

第249條（訴訟要件之審查及補正）

原告之訴，有下列各款情形之一者，法院應以裁定駁回之。但其情形可以補正者，審判長應定期間先命補正：

一、訴訟事件不屬普通法院之權限，不能依第31條之2第2項規定移送。

二、訴訟事件不屬受訴法院管轄而不能為第28條之裁定。

三、原告或被告無當事人能力。

四、原告或被告無訴訟能力，未由法定代理人合法代理。

五、由訴訟代理人起訴，而其代理權有欠缺。

六、起訴不合程式或不備其他要件。

七、起訴違背第31條之1第2項、第253條、第263條第2項之規定，或其訴訟標的為確定判決之效力所及。

八、起訴基於惡意、不當目的或有重大過失，且事實上或法律上之主張欠缺合理依據。

原告之訴，有下列各款情形之一者，法院得不經言詞辯論，逕以判決駁回之。但其情形可以補正者，審判長應定期間先命補正：

一、當事人不適格或欠缺權利保護必要。

二、依其所訴之事實，在法律上顯無理由。

前二項情形，原告之訴因逾期未補正經裁判駁回後，不得再為補正。

解說

一般訴訟成立的要件，乃法院為本案進行辯論及裁判不可或缺的前提，因此訴訟要件的存在與否，法院應該依職權加以調查。例如確認法律關係成立不成立之訴，非原告有即受確認判決之法律上利益者不得提起之，本法第247條定有明文。此為原告提起確認之訴，必須具備之特別訴訟要件。

原告提起的訴訟，如果不具備訴訟成立的要件時，如其欠缺係可以補正的話，法院應該指定在一定期間內，命令原告補正。欠缺的情形如不能補正或可補正卻不補正（或未在指定的期日前補正），就可直接以起訴不合法裁定駁回。但在裁定送達前，已經補正的話，則當成是期限內補正。

本條各款規定的情形，都屬於不具備訴訟成立要件的事項，只要有其中任何一款的情形，就屬於不合法定要件的起訴，未為補正時，法院依法從程序上則以裁定駁回。

如果原告的起訴，依事實判斷，雖然沒有違背法定要項，但是卻沒有任何的法律理由，例如：對未到期的金錢要求償還的情形，此時，不經言詞辯論，可以直接以判決駁回原告的起訴。

本條第1款適用上只要是非私法上的法律關係，普通法院即不應受理。同時因應釋字第540號解釋之意旨增訂審判權錯誤時，採行法院主動裁定移送制度，因此日後如審判權錯誤者，原則上均應由法院主動移送，同時必須無法移送者始能裁定駁回，故於本條第1項第1款增列：「不能依第31條之2第2項移送者」始能裁定駁回。

第2款係指法律或事實上不能行使審判權（即訴訟之一部或全部無管轄權的情形）或因管轄區域境界不明；實務上甚少發生，最多用在外國人收養中國小孩的情形。

第3款包括本法第40條及第41條的情形；又此款之原告或被告無當事人能力者，法院應認原告之訴為不合法，以裁定駁回

之；倘當事人之適格有欠缺者，法院則應認原告之訴為無理由，以判決駁回之。

第4款是指根本無法定代理人、雖有形式上法定代理人而實質上並沒有、法定代理人超過代理權限等三種情形；同時實務將法人之代表人視同法定代理人。另按本款無訴訟能力人為訴訟行為，應由法定代理人合法代理。故法定代理權之存在，乃訴訟成立要件之一，法院應依職權予以調查。例如臺灣之神明會（非法人團體）於實體上既無權利能力，即不能謂為有訴訟能力，因此其於起訴或被訴時，未由法定代理人合法代理時，依現行判例即認其訴訟成立之法定要件有欠缺。

起訴可由原告為之，亦可委由訴訟代理人為之，故可知第5款係指後者，亦即起訴狀只有訴訟代理人簽名的情形。因為法人為原告或被告時，應由法定代理人合法代理，此法定代理權為訴訟成立要件，故起訴時法定代理權若有欠缺，法院不問訴訟程度如何，隨時應依職權調查。

而此第6款係指不合程式，係包括本法第244條及第116條以下當事人一般書狀要件的欠缺，例如：未於聲請狀內記載相對人公司之真正法定代理人，係屬書狀不合程式，或者起訴狀不能送達被告時，審判長得定期限命原告補正被告應為送達之處所，原告逾期不為補正之情形均屬之；至於不備其他要件，係指起訴應具備要件，未在訴狀列舉或欠缺，如監察人依公司法第213條得代表公司對董事起訴，但須經股東會決議而有欠缺的情形。例如：刑事庭移送民事庭之附帶民事訴訟，僅移送前之訴訟行為準用關於刑事訴訟之規定，若移送後之訴訟程序，則應適用民事訴訟法，故移送民事庭之附帶民事訴訟，縱其移送前曾經提起此項訴訟，仍屬不合刑事訴訟法第487條所定之要件，而有同法第502條第1項關於訴之不合法之規定情形，但其移送後之訴訟程序，既應適用民事訴訟法之規定，即屬本款所謂起訴不備其他要件。

　　第7款指起訴違背一事不再理原則，須辨別先後的兩個訴訟是否屬於同一事件，此涉及訴的要素（即當事人、訴訟標的及應受判決事項的聲明是否相同）。另本法第31條之1第2項規定訴訟已經繫屬於不同審判權之法院者當事人不得就同一事件更向普通法院起訴，如果當事人違反該條之規定再向普通法院起訴者，法院應以裁定駁回之故。另外仲裁人之判斷，於當事人間，與法院之確定判決，有同一效力。原告之訴，其訴訟標的為確定判決之效力所及者，法院應以裁定駁回之，此觀仲裁法第37條第1項及本款規定自明。

　　本條第3、4項係對於濫訴原告處罰的規定，乃為避免不必要的訟源；但也同時顧及當事人可自由主張權力的機會，對於裁罰的裁定亦得提起抗告以為救濟的途徑，以利適用。

　　同時新增第8款針對原告起訴所主張的事實或法律關係，倘於客觀上並無合理的依據，且其主觀上係基於惡意、不當目的，例如：係為騷擾被告或法院，或延滯、阻礙被告行使權利；抑或一般人施以普通注意即可知所其訴無據，而或有重大過失，如有類似情節，均認係屬濫訴的情形。雖然現行法對於此等濫訴仍須以判決駁回，但為維護被告權益及妥善利用司法資源，所以應將不得濫訴列為該訴訟的基本要件。倘原告之訴如果違反此一基本要件，其情形不可以補正者；或可以補正，經命其補正而未補正者，法院均應以其訴為不合法，逕以裁定予以駁回。

　　另外原告之訴如欠缺該要件，或未符現行條文第2項之一貫性審查要件（即所謂合理主張），而且如果其情形可以補正，為保障原告的訴訟權及維持訴訟經濟，應予以補正的機會；所以必須經命其補正而未補正，法院始得不經言詞辯論，逕以判決駁回之。故增訂第2項序文及第1款，並將現行條文第2項列為第2款。又原告之訴有欠缺第1款要件情形者，不論是否經言詞辯論，法院均應踐行補正程序。而第2款要件之欠缺，既應行補正程序，

法院自得加以調查，而以原告最後主張的事實為法院判斷的依據，均在此釐清。

　　同時原告之訴有修正條文第1項、第2項各款規定要件欠缺時，審判長應定期間先命補正。原告為盡其訴訟義務，應依限補正其訴的欠缺，倘逾期未予補正，法院即可依此駁回其訴。而為避免原告率予輕忽，嗣後仍可藉機隨時為補正，應使此等未盡此項義務之不利益歸其自行承受，故明定於經裁判駁回後，不得再為補正，亦即不得於抗告或上訴程序為補正，爰增訂第3項。此項規定，於抗告、上訴程序並有準用（民訴§495-1、463），且不因為第一審判決是否經言詞辯論而有差異；惟第一審如未行補正程序，即非屬本項規定的情形，一併在此敘明。

　　最後針對現行條文第3項、第4項係關於濫訴處罰的規定，爰修正移列第249條之1第1項、第6項，與其他相關事項合併規定於同條文中，以臻明確。

第249條之1（起訴基於惡意、不當目的或有重大過失之處罰）

前條第1項第8款，或第2項情形起訴基於惡意、不當目的或有重大過失者，法院得各處原告、法定代理人、訴訟代理人新臺幣十二萬元以下之罰鍰。

前項情形，被告之日費、旅費及委任律師為訴訟代理人之酬金，為訴訟費用之一部，其數額由法院酌定之；並準用第77條之24第2項、第77條之25第2項、第4項之規定。

第1項處罰，應與本訴訟合併裁判之；關於訴訟費用額，應併予確定。

原告對於本訴訟之裁判聲明不服，關於處罰部分，視為提起抗告或上訴；僅就處罰部分聲明不服時，適用抗告程序。

受處罰之法定代理人或訴訟代理人，對於處罰之裁判聲明不服者，適用抗告程序。
第3項處罰之裁判有聲明不服時，停止執行。
原告對於本訴訟之裁判聲明不服者，就所處罰鍰及第3項之訴訟費用應供擔保。

解說

本條條次係新增，其內容係修正現行條文第249條第3項、第4項而移列於此。

一般濫訴對於被告構成侵害，並浪費司法資源，所以應該給予非難性的處罰，以遏止其行為。所以原告之訴有修正條文第249條第1項第8款情形者，係屬於濫訴，因此宜設立處罰規定。同條第2項情形，亦應以其主觀上係基於惡意、不當目的或有重大過失，始該當濫訴的條件，而得予以處罰。現行條文第249條第3項對於第2項主觀情形並未予以區分，一概得予處罰，依法尚嫌過當。

因此原告濫訴的訴訟行為，倘實質上係由其法定代理人、訴訟代理人所為，或共同參與，法院應斟酌個案情節，得對此等個人各自或一併施罰。爰予修正明定，並提高罰鍰數額，列為本條第1項。

其次法院依第1項規定，對原告或其法定代理人、訴訟代理人施以處罰者，堪認其濫訴情節非輕。此際，被告因應訴所生的日費、旅費及委任律師為訴訟代理人的酬金，均係因此所受的損害，宜簡化其求償程序，逕予納入訴訟費用，使歸由原告負擔（民訴§78）。至於其數額則由法院酌定，並準用費用額計算、支給標準及其救濟程序相關規定，故增訂第2項。

至於被告如受有其他損害，得依民法的規定另行請求賠償。

法院酌定律師酬金之數額，應斟酌個案難易繁簡程度，故均在此一併敘明。

同時因第1項處罰係以原告提起的本訴訟乃濫訴為前提，為避免裁判歧異，並利程序經濟，應合併裁判；且就訴訟費用的裁判，應一併確定其費用額，爰增訂第3項。又本項規定於抗告、上訴程序亦加以準用（民訴§495-1、463）。如法院漏未併予確定訴訟費用額時，為避免裁判有所脫漏的情形，所以應為補充裁判，一併在此敘明。

至於第3項對於原告處罰的裁判，於本訴訟裁判確定前，不宜使之單獨確定。所以針對原告對於駁回本訴訟的裁定或判決聲明不服，關於其所受處罰的部分，即應將其視為提起抗告或上訴（此部分不另徵收裁判費）；倘若僅就處罰部分聲明不服時，本訴訟裁判既已確定，尚無須以上訴程序審理，應適用抗告程序（應徵收抗告裁判費），故特增訂第4項以茲區分。

同時原告的法定代理人、訴訟代理人受處罰時，因其非本訴訟當事人，就本訴訟裁判並無不服的餘地，僅可以對於處罰的裁判聲明不服，所以自應適用抗告程序，特增訂第5項以茲因應。

至於對於第3項處罰的裁判聲明不服，依本條第4項規定，不限於抗告，亦可能併同對於本訴訟敗訴判決提起上訴。故修正現行條文第249條第4項，移列為本條第6項中。

最後原告提起本訴訟，業經裁判認定係為濫訴，而予以駁回時。為避免其再利用救濟程序繼續為濫訴的行為，並為擔保處罰及應負擔訴訟費用的執行，對於原告對本訴訟之裁判聲明不服時，允許為合理的限制，在此即應針對所處的罰鍰及訴訟費用分別提供擔保；而且列為提起抗告、上訴的合法要件來加以處理。至於應供擔保原因是否消滅，則各以處罰及本訴訟的裁判最後確定結果為依據，故增訂第7項來釐清其分際的時點。

第250條（言詞辯論期日之指定）
法院收受訴狀後，審判長應速定言詞辯論期日。但應依前條之規定逕行駁回，或依第28條之規定移送他法院，或須行書狀先行程序者，不在此限。

解說

按言詞辯論期日之指定，應由審判長為之，因此受命法官並無指定言詞辯論期日之權限，此觀諸民事訴訟法第154條、第250條及第463條之規定甚明。同時原告提起訴訟必須符合法定要件，即在有管轄權法院受理後，除從程序上逕予駁回或屬他法院管轄而以裁定移送有管轄權的法院外，審判長在收受訴狀後應該要儘速指定言詞辯論期日，以便言詞辯論的進行，而早日解決爭端。但如有下列情形，審判長可以先不定言詞辯論期日：

一、依本法第249條各款應裁定駁回者。

二、依本法第28條應移送他法院者。

三、須行書狀先行程序者（例如民訴§267、268，即為使當事人交換書狀至相當程度時，審判長或受命法官方能速定言詞辯論期日或準備程序期日）。

第251條（言詞辯論期日通知書之送達及就審期間）
訴狀，應與言詞辯論期日之通知書，一併送達於被告。
前項送達，距言詞辯論之期日，至少應有十日為就審期間。但有急迫情形者，不在此限。
曾行準備程序之事件，前項就審期間至少應有五日。

解說

通常被告在言詞辯論期日出庭辯論前，必須要經由法院的通

知，也就是由法院受理原告的訴訟後，法院應將訴狀繕本及開庭通知單，一併送達給被告。

　　同時為使被告能夠在言詞辯論時，準備足夠而為陳述意見，在通知被告出庭前，必須要使被告收到通知書與繕本後，亦即在期日到來時，有一相當的時間可進行準備，此一時間為「就審期間」；本條明定為10天。但是，有重大急迫情形時，可不受10天的限制，以求時效。另外，對於被告的住、居所與法院距離的遠近考量，還須注意在途期間的計算。例如原審定於101年6月16日行言詞辯論，惟言詞辯論通知書卻遲至101年6月9日始行送達於上訴人，顯未留就審期間10日，則上級審就上訴人既未於相當時期受合法之通知，而認原審竟謂上訴人已受合法通知，未於言詞辯論期日到場，而依被上訴人之聲請，由其一造辯論而為判決，自屬不合法的情形即為適例。

　　對於「就審期間」的認定，雖然因為其並非不變期間的性質（民訴§163），所以有時審判長（或獨任法官）在指定言詞辯論期日後，可以基於慎重的考量，而將言詞辯論期日予以變更或延後。如果因為言詞辯論期日的指定不妥當，或者是通知書的送達有遲誤，而未給予被告充分合法的就審期間，即使被告在言詞辯論期日時並未出庭，法院不能依原告一方的聲請，而為一造辯論的判決（民訴§386）。至於期間的計算，請參酌民法第119條以下各條的相關規定。

　　曾行準備程序（一般均係由受命法官擔任）之事件，被告應已知悉起訴事實而預為準備，故就審期間縮短為5日。而準備程序因係言詞辯論之準備，實質上為言詞辯論之一部，若被告於準備程序中，就原告所主張訴訟標的之法律關係已為本案之陳述，即應與民事訴訟法第262條第1項但書所定被告已為本案之言詞辯論相當。

第252條（言詞辯論期日與通知書之記載）
言詞辯論期日之通知書，應記載到場之日、時及處所。除向律師為送達者外，並應記載不到場時之法定效果。

解說

　　法院指定言詞辯論的期日後，須將言詞辯論的通知書送達給當事人，使當事人在指定的期日到場辯論。

　　另外為使當事人能明瞭到場辯論的重要性，通知書上除了應詳載開庭的期日、時間及應到的法庭外，還需要將當事人不到場所產生的法律效果，於通知書上載明。例如：不到場時，由他造為一造辯論判決。當然通知書除本條明文的記載事項外，對於當事人的姓名、訴訟事件的原因、發通知書的法院等基本事項，本來就必須記載，所以不必再明文規定，亦即並不是可以省略的事項。

　　如果通知書是送達給當事人委任之律師時，則因為律師本身具有法律上的專業知識，所以，即使通知書上沒有記載不到場辯論的法律效果，律師也應知道會有如何的結果；故通知律師得不記載不到之效果。但是如果有通知書沒有送達當事人的情形，那對於到場的時、日、場所仍應記載清楚，使得律師能準時確切的掌握為當事人為代理權限內的訴訟行為。一般不到場究竟會發生何種法律上之效果呢？大致上可區分為以下四類：

　　一、原告經法院合法通知而無正當理由，未於言詞辯論期日到場時，到場的被告可以聲請法院為一造辯論判決，此點必須留意所造成的後果。

　　二、當事人兩造均無正當之理由，而未於言詞辯論期日到場，或雖只有被告到場，但被告拒絕辯論的情形發生時，也視為不到場，應依本法第191條規定，視為合意停止訴訟程序。

　　三、如有上述視為合意停止之情形，合意停止期間超過4個

月，當事人如未聲請續行訴訟，則依法視爲撤回起訴。在合意停止期間法院也可以依職權續行訴訟，如兩造再無正當理由不到場，也可視爲撤回起訴，因此必須格外注意此一規定。

四、在第二審上訴時，如有以上相同之情形，也會依法視爲撤回上訴。

第253條（禁止重複起訴原則）
當事人不得就已起訴之事件，於訴訟繫屬中，更行起訴。

解說

一般訴訟經由原告向法院起訴後，對於原告及被告都發生訴訟的拘束力，除了符合法律上其他明文規定時，當事人、訴訟標的及訴之聲明不得任意變更。同樣的，被告不得再以原告爲被告，再向原告起訴，而造成兩個訴訟中的當事人相同，只是原告、被告地位相反的情形。爲避免先提起的訴訟與後提起的訴訟發生判決不同的情形，所以就已經起訴的訴訟事件，不能再提出另一個新的訴訟，這在訴訟法上稱爲「一事不再理」（亦即審判中之事不再重複處理）。倘若違反此一原則，則後訴的存在爲不合法，法院應以裁定駁回，不得爲本案的辯論及裁判。至於當事人有無違反「一事不再理」的情形，法院必須依職權加以調查。

所以依本條的規定，在審理前後兩個訴訟是否有重複提起的情形時，其判斷標準如下：

一、必須前一訴訟正在法院的受理訴訟中：這裡所指的法院是指本國的法院，且不論是否爲同一法院或正在受第一審、第二審或第三審法院的審理。

二、必須兩個訴訟的當事人相同：後一訴訟的原告爲前一訴訟的被告；或前一訴訟的原告，對被告再行另外提起一個相同訴訟標的的訴訟。

三、必須前後兩訴訟的訴訟標的相同：訴訟標的是否相同的區分標準，請參照本法第244條的解說。此外，如果兩個訴訟所請求的判決是屬於「內容相同」（例如：前一訴訟原告就買賣契約請求貨款20萬元，原告在後一訴訟也為同樣的請求時），或「正相反對」（例如：前一訴訟原告請求法院為確認買賣契約存在的判決，前一訴訟的被告，又提起確認買賣契約不存在的訴訟時），或「可以代用」（例如：前一訴訟的原告就買賣契約向被告請求貨款20萬元，而後一訴訟中，原告又向法院請求確認買賣契約存在；或前一訴訟的被告，向法院提起確認買賣契約不存在時）等。有以上所指的三種情形，對於前後兩個訴訟而言，實質上即為違反本條之規定。

但是分割遺產中繼承人自繼承開始時，承受被繼承人財產上之一切權利義務，參民法1148條前段定有明文。倘若請求分割遺產，固係以被繼承人全部遺產為分割對象，然仍應以事實審言詞辯論終結前已發現並確定之財產為限，至此後所發現之新財產，要屬新事實，該新發現之遺產，倘兩造無法達成分割協議，自得再另行訴請裁判分割，不受本法第253條不得更行起訴之限制，亦非該確定判決依本法第400條之既判力效力所及之範圍。

實例

潘英與劉正為國小同窗，多年未見，某日巧遇，經約會長談數次後，彼此皆感覺情投意合，進而同居共住，潘英因而懷孕；然就在潘英臨盆之前，劉正竟不告而別，雖然潘英傷心欲絕，但仍然產下一子。10年後，劉正輾轉得知此一消息，欲使其子認祖歸宗，但潘英始終不諒解劉正當年的行為，在友人的指示下，向法院提起認領否認之訴；惟劉正急欲得子，也向法院提起確認父子關係存在。試問法院應如何處理？

法院應以劉正所提的確認起訴，違反本條重複起訴的規定，認為其不合法，而裁定駁回。依民法第1066條的規定，非婚生子

女的生母所提起的否認生父認領訴訟，是就形成權而為的形成判決，生父如果再提起確認父子關係存在的訴訟，則因為兩個訴訟的內容屬於「可以代用」，所以違反本條「一事不再理」的規定。

實例

　　林齊向吳桐購買其進口車共花費80萬元，但林齊付了第一筆50萬元後，卻拒絕支付尾款30萬元，於是吳桐遂以林齊為被告提起訴訟，請求法院判決支付30萬元之聲明，訴訟中林齊卻抗辯說吳桐欺騙他，該進口車狀況良好，但根據他調查發現該車曾肇事而有重大損傷，因此主張撤銷契約，而無支付尾款之義務，最後法院判決林齊勝訴，事後林齊反將吳桐列被告請求已支付50萬元金錢之返還，關於此是否有違反重複起訴之情形呢？

　　依據本法第253條規定：「當事人不得就已起訴之事件，於訴訟繫屬中，更行起訴。」此即重複起訴禁止原則，惟兩案件是否屬於同一事件而不得重複起訴，其判斷標準在於訴訟標的是否相同，本案例中前起訴訟吳桐向林齊要求支付30萬元購買汽車之尾款，請求之訴訟標的在於完成買賣契約之權利義務關係，至於後起訴訟林齊要求吳桐返還已支付的50萬元，因為吳桐提起請求之前提，是雙方買賣契約已被視為撤銷，因此後來該訴訟標的是屬於侵權行為而非買賣契約，因此兩案件訴訟標的不同情況下，並未違反本條之規定。

第254條（當事人恆定原則）
訴訟繫屬中為訴訟標的之法律關係，雖移轉於第三人，於訴訟無影響。
前項情形，第三人經兩造同意，得聲請代移轉之當事人承當訴

訟；僅他造不同意者，移轉之當事人或第三人得聲請法院以裁定許第三人承當訴訟。

前項裁定，得為抗告。

第1項情形，第三人未參加或承當訴訟者，當事人得為訴訟之告知；當事人未為訴訟之告知者，法院知悉訴訟標的有移轉時，應即以書面將訴訟繫屬之事實通知第三人。

訴訟標的基於物權關係，且其權利或標的物之取得、設定、喪失或變更，依法應登記者，於事實審言詞辯論終結前，原告得聲請受訴法院以裁定許可為訴訟繫屬事實之登記。

前項聲請，應釋明本案請求。法院為裁定前，得使兩造有陳述意見之機會。

前項釋明如有不足，法院得定相當之擔保，命供擔保後為登記。其釋明完足者，亦同。

第5項裁定應載明應受判決事項之聲明、訴訟標的及其原因事實。

第5項裁定由原告持向該管登記機關申請登記。但被告及第三人已就第5項之權利或標的物申請移轉登記，經登記機關受理者，不在此限。

關於第5項聲請之裁定，當事人得為抗告。抗告法院為裁定前，應使當事人有陳述意見之機會。對於抗告法院之裁定，不得再為抗告。

訴訟繫屬事實登記之原因消滅，或有其他情事變更情形，當事人或利害關係人得向受訴法院聲請撤銷許可登記之裁定。其本案已繫屬第三審者，向原裁定許可之法院聲請之。

第6項後段及第10項規定，於前項聲請準用之。

訴訟終結或第5項裁定經廢棄、撤銷確定後，當事人或利害關係人得聲請法院發給證明，持向該管登記機關申請塗銷訴訟繫屬事實之登記。

解說

首先法院受理訴訟後，雖然所爭執的法律關係，移轉給了第三人時，也不影響訴訟，也就是不影響當事人間，原、被告的地位，這個原則稱爲「當事人恆定」。例如：甲向法院起訴，要求乙返還所借之腳踏車時，但卻因甲將腳踏車轉送給丙，而此時在訴訟中的當事人兩造仍爲甲及乙；或者因爲原來之訴訟進行中，被告於訴訟中突然死亡時，此時訴訟程序仍然不會因爲被告死亡而變爲不合法，這就是當事人恆定的原則所在。

第三人倘若要爲訴訟行爲時，可經兩造同意代當事人承當訴訟。如有一造不同意第三人承當訴訟時，移轉的當事人或第三人得聲請法院裁定准駁其承當訴訟。爲保障他造當事人權益，對此項裁定得以抗告救濟之。

又訴訟標的之法律關係，有移轉時，應讓第三人有知悉訴訟繫屬之機會，而爲以免第三人遭受損害，對於第1項所定受移轉之第三人如未參加或承當訴訟，故本條第4項規定爲避免裁判矛盾，統一解決紛爭，應許兩造當事人均得爲訴訟之告知，俾使本訴訟裁判對於第三人亦發生參加效力，並預防第三人提起撤銷訴訟，故法院應即以書面告知第三人，爰增訂第4項前段以臻完備。

第5項則規定有關第1項爲訴訟標的之權利，其取得、設定或變更，依本法須經登記時，爲同時兼顧第三人交易之市場機制，並維護訴訟當事人權益之保障，故而明定在符合合法起訴且非顯無理由時，依當事人請求法院給予起訴證明，持以登記「訴訟繫屬」之事實，則可使第三人透過閱覽登記簿之程序事先知悉狀況，以達保護利害關係人之權益。其次當法院發給已起訴之證明前，如認有必要時，得使當事人有陳述意見之機會，以求其完整周延，故增定本項規定。

其次爲免原告濫行聲請，應令其就本案請求負釋明之責，此

已包括起訴須爲合法且非顯無理由，因此原條文第5項關於此部分規定，自然無必要存在，爰增訂第6項前段。同時原條文第6項酌爲文字修正，移列本項後段，一併在此敘明。

同時爲擔保被告因不當登記可能受到損害，故於原告已爲釋明而不足時，或其釋明雖已完足，法院均得依其自由心證命供相當之擔保後爲登記，爰增訂第7項。又本條之登記，並無禁止或限制被告處分登記標的之效力，所以法院應斟酌個案情節，妥適酌定是否命供擔保及擔保金額；至其所命擔保之數額，則不得逾越同類事件中法官於假扣押、假處分時酌定之擔保金額。另外原告已釋明本案請求完備時，法院非有必要，不宜另定擔保，附此在條文中明確指明。

另外明定許可登記裁定應記載事項，由登記機關依此辦理登記，其內容應較詳盡，以便讓第三人可資判斷是否爲交易行爲，爰增訂第8項以資完備。

而原條文第5項規定旨在藉由將訴訟繫屬事實予以登記之公示方法，使第三人知悉訟爭情事，俾阻卻其因信賴登記而善意取得，及同時避免確定判決效力所及之第三人受不測之損害。而其中所定得聲請發給已起訴證明之當事人，係專指原告而言；其訴訟標的及辦理訴訟繫屬事實登記之標的，宜明確限於基於物權關係者，以免過度影響被告及第三人之權益。而是否許可爲登記，對兩造權益顯然有相當的影響，因此法院應爲較縝密之審查，以裁定爲准駁；其審查範圍及於事實認定，並得酌定擔保，自僅得於事實審言詞辯論終結前爲聲請，爰予修正明定，並移列本條第9項。同時原告向登記機關申請登記時，倘其登記標的已先由被告及第三人申請移轉登記，經登記機關受理，則嗣後不宜再藉此訴訟繫屬事實之登記，使該第三人成爲非善意，亦無保護交易安全必要，登記機關即應不予辦理登記，爰設第9項但書以爲因應。

同時第10項明定當事人不服法院裁定時之救濟方法，且為保障其程序上之權利，抗告法院為裁定前，應使其有陳述意見之機會。又為免延滯程序，對於抗告法院之裁定，不得再為抗告。爰將原條文第7項、第8項合併修正列為本項。至於就訴訟有法律上利害關係之第三人已參加訴訟者，得為所輔助之當事人提起抗告，乃屬當然，無待明文，併此敘明。

至於第11項則是就原告為訴訟繫屬事實登記後，倘其登記之原因消滅（例如原告撤回其聲請或同意被告處分），或有其他情事變更情形（例如本案請求所據之權利嗣後消滅或變更，或經證明確不存在），應許當事人或利害關係人得聲請撤銷許可登記裁定。法院就此項聲請之審查範圍及於事實認定，宜由訴訟卷證所在之現繫屬法院為裁定；如本案訴訟已繫屬於第三審，則應由原裁定許可之法院為之。

另外法院就第11項聲請為裁定及其救濟程序，宜準用第6項後段及第10項規定，所以增訂本第12項作為準據。

最後除訴訟終結外，法院許可登記裁定如經抗告廢棄，或依第11項撤銷確定時，在此特別規定當事人或利害關係人亦得聲請法院發給證明，以申請塗銷登記。爰修正原條文第9項，並改列為第13項。

實例

張峰因開車不慎，與王明所開的自用小客車發生撞擊。王明的車子毀壞嚴重，保險公司雖然已經依保險契約，給付王明全額的理賠金後，王明仍然向法院對張峰提起給付訴訟，請求損害賠償；事後，保險公司又對張峰起訴，則保險公司所提起的訴訟，是否為合法？

被保險人王明向應負擔損害賠償責任的第三人張峰，提起損害賠償的訴訟後，保險公司才對第三人張峰起訴請求賠償（保§53），此後一訴訟是否違反一事不再理的原則，應依以下不同

的情形而判斷：

1.王明對張峰起訴前，如果已經受領保險理賠金的情形：按照保險契約給付保險理賠金，與因為侵權行為所發生的損害而請求損害賠償的情形並不相同，後者的損害賠償請求權，並不因為被保險人王明受領了保險理賠金而喪失（68台上42）；且依大多數的學者看法，保險法第53條有關保險人（保險公司）的代位請求權，是法律規定有關權利移轉的情形。所以，保險公司雖然起訴在被保險人王明之後，但是保險公司所得以行使的權利（代位請求權），是在被保險人王明起訴前，早就因法律規定的移轉而取得權利，並不是在被保險人王明起訴後才取得的權利，與本條當事人恆定原則情形不同，因此不生一事不再理的違反情形，故保險公司的起訴是合法的。至於被保險人王明能否向張峰請求（訴訟標的是否欠缺），此為另一個法律問題，故不在此贅述之。

2.王明對張峰起訴後，始為受領保險理賠金的情形：這個時候，被保險人王明對於張峰損害賠償的請求權，就發生了法律規定的移轉權利的原因，就有當事人恆定原則的適用。因此，保險公司如果想要為訴訟的進行時，只能依本條第1項的規定，經兩造的同意，來代替王明承當訴訟；否則保險公司對張峰獨自的提起一個新的訴訟，就違反了一事不再理的原則，而不能再認為已合法提起訴訟。

第255條（訴之變更或追加限制之例外）

訴狀送達後，原告不得將原訴變更或追加他訴。但有下列各款情形之一者，不在此限：

一、被告同意者。

二、請求之基礎事實同一者。

三、擴張或減縮應受判決事項之聲明者。

四、因情事變更而以他項聲明代最初之聲明者。

五、該訴訟標的對於數人必須合一確定時，追加其原非當事人之人為當事人者。

六、訴訟進行中，於某法律關係之成立與否有爭執，而其裁判應以該法律關係為據，並求對於被告確定其法律關係之判決者。

七、不甚礙被告之防禦及訴訟之終結者。

被告於訴之變更或追加無異議，而為本案之言詞辯論者，視為同意變更或追加。

解說

本條為有關訴之變更或追加的限制。訴之成立有三要素，即當事人、訴訟標的及訴之聲明。此三者中，只要其中之一發生變更，就是訴之變更，例如：以甲為原告告乙，後來由甲的弟弟為原告，此為當事人變更；倘若三者之一併有其他訴訟，則為訴訟追加（追加他訴）。原則上訴訟進行時，不能為訴之追加或訴之變更，以免因為原告的任意追加或變更，而使訴訟拖延，且使被告無法及時為防禦，而造成不利。但如係不同訴訟標的之客觀訴之合併，各法律關係下所得主張給付之金額，應分別計算，再分別聲明或合併為單一聲明，此時各不同訴訟標的下之請求金額，縱合併後之聲明金額不變，仍應依「將原訴變更或追加他訴」之規定辦理。

同時為求訴訟經濟起見，訴之變更追加之範圍在本條中予以明訂，包括：

一、被告同意者。

二、請求之基礎事實同一者，係指變更或追加之訴與原訴之主要爭點有其共同性，各請求利益之主張在社會生活上可認為

393

同一或關聯，而就原請求之訴訟及證據資料，於審理繼續進行在相當程度範圍內具有同一性或一體性，得期待於後請求之審理予以利用，俾先後兩請求在同一程序得加以一併解決，避免重複審理，進而爲統一解決紛爭者，即屬之。

三、擴張或減縮應受判決事項之聲明者。

四、因情事變更而以他項聲明代最初之聲明者。

五、該訴訟標的對於數人必須合一確定時（係指依法律之規定必須數人一同起訴或數人一同被訴，當事人之適格始無欠缺；或數人在法律上各有獨立實施訴訟之權能，而其中一人起訴或一人被訴時，所受之本案判決依法律之規定對於他人亦有效力者而言。換言之，若各共同訴訟人所應受之判決僅在理論上應爲一致，而其爲訴訟標的之法律關係，非在法律上對於各共同訴訟人應爲一致之判決者，不得解爲該條款之必須合一確定），追加其原非當事人之人爲當事人者。另按本法第56條之1第1項規定，係爲解決固有必要共同訴訟當事人適格之問題而設，必以訴訟標的對於數人必須合一確定，且該數人「應共同起訴」者始足當之；逾期未追加者，視爲已一同起訴。

六、訴訟進行中，於某法律關係之成立與否有爭執，而其裁判應以該法律關係爲據，並求對於被告確定其法律關係之判決者；係指提起中間確認之訴。

七、不甚礙被告之防禦及訴訟之終結者（即可謂如訴之追加或變更，不會因而使訴訟延滯或有任何突擊之狀況發生）。

被告對原告的訴訟之變更或追加無異議，而爲本案之言詞辯論行爲（何謂「本案言詞辯論」，請參照本法第25條的解說），視爲同意變更或追加；也就是被告在言詞辯論時，明明知道原告已爲訴之變更或追加，而不及時表示反對的情形。

訴之變更或追加，除有例外情形時，在訴狀送達後不可以由原告任意提出；反之，訴狀送達前，則不受此一限制，因爲不妨

礙被告的防禦及訴訟的終結。

　　張元與王昭係多年的同窗好友，兩人從大學畢業至今，匆匆已過數載。某天王昭因為生意周轉，須錢孔急，適巧張元手上正有一筆閒錢，於是兩人商量，王昭向張元調借該筆現金，並開立自己的本票一紙為擔保，約明於半年內必將取現金來返還，並取回該本票。孰料張元因為正巧由公司奉派出國經年，原想雙方多年交情，王昭絕不至於耍賴不還，於是放心離開，回國後欲找王昭還錢，王昭竟避不見面，張元該如何處理？

　　本題的情形在今日的社會經常發生，因此須特別注意，此一本票即一般所謂的商業本票或玩具本票，如果到期不還，本可依票據法第123條聲請本票裁定而強制王昭履行。現因為張元相信王昭不致欺騙他，而遲誤此一契機，於是只得乖乖依民事訴訟法，以票據關係行使追索權，請求王昭給付該筆金錢，而此時王昭必然會引用時效抗辯以阻隔張元行使權利，張元便可能面臨敗訴的判決。不過沒關係，法律早想到了這層，於是有了訴之變更或追加的規定。

　　此際張元只要將最初的票據追索權，變更為債務不履行或不當得利的請求權即可補救，因為此等請求權的時效較票據追索權的時效為長。當然此題不可忽略的是有關利息的請求權，如果係一般票據債權債務，實務上可加計至清償日止，按年息給付百分之六的利息，而一般債權債務，則可按年息給付百分之五的利息。如果在起訴之前，沒有將此一部分列計入訴之聲明中，仍然可以在訴訟程序進行中，為訴之聲明的追加；且以上所說的變更與追加，均不須得到相對人的同意，因為一般法院對此均認係不甚礙被告之防禦及訴訟終結的情形，足可由原告視情況而加以靈活運用。

　　最後，在此特別提醒讀者，有關行使票據上本票與支票權利

的時效，一併說明如後，以供參考：

一、對於本票發票人行使追索權，自到期日起算；見票即付之本票，自發票日起算，3年間不行使而消滅。對於支票發票人行使追索權則自發票日起算，1年間不行使而消滅。

二、另外，本票執票人對前手的追索權，自作成拒絕證書起算；其免除作成拒絕證書者，自到期日起算，1年間不行使而消滅。而支票對前手之追索權，自提示日起算，4個月間不行使而消滅。

三、本票的背書人對前手的追索權，自為清償之日或被訴之日起算，6個月間不行使而消滅。支票的背書人，對前手的追索權，則是2個月。

第256條（訴之變更或追加）
不變更訴訟標的，而補充或更正事實上或法律上之陳述者，非為訴之變更或追加。

解說

本條原條文第2、3、4、5款已移列在本法第255條第1項但書中，因此原第1款規定改獨立出來：「不變更訴訟標的，而補充或更正事實上、法律上陳述，非為訴之變更、追加」，本即非訴之變更、追加，特單獨成本條，作為注意規定。亦即若當事人、訴訟標的及訴之聲明三者均屬相同，縱有補充或更正事實上或法律上陳述之情事，亦無訴之變更或追加可言。

第257條（訴之變更或追加之禁止）
訴之變更或追加，如新訴專屬他法院管轄或不得行同種之訴訟程序者，不得為之。

解說

本條是關於訴之變更及訴之追加時的特別限制。亦即必須新訴與舊訴屬於同一程序且無專屬管轄（係指法律規定某類事件專屬一定法院管轄之謂）的情形。如在簡易訴訟程序中追加新訴，致達到通常訴訟程序的標準時，則不得仍舊依簡易訴訟程序進行訴訟。例如執行名義成立後，如有消滅或妨礙債權人請求之事由發生，債務人得於強制執行程序終結前，向執行法院對債權人提起異議之訴，強制執行法第14條第1項前段設有明文。是以提起債務人異議之訴，應向執行法院為之，顯已由該法明定此類事件應由執行法院管轄，性質上自屬專屬管轄。或者依本法第11條規定，「對於同一被告因債權及擔保該債權之不動產物權涉訟者，得由不動產所在地之法院合併管轄」，故對同一被告提起債權及擔保該債權之不動產物權之訴訟，為客觀訴之合併，本質上為兩種不同之請求，故既然為訴之追加，依本法第10條第1項規定「因不動產之物權或其分割或經界涉訟者，專屬不動產所在地之法院管轄」，故此部分專屬不動產物權所在地之法院管轄，此項追加自為法之不許。

不過，如果法律有明文可以為訴之變更或追加的規定時，則不在禁止的範圍：例如人事訴訟程序中，可以追加應在一般普通程序中進行的訴訟。否則如租金給付請求權與不當得利返還請求權或損害賠償請求權，為不同之訴訟標的（參43台抗54），倘有變更或追加，即屬於訴之變更或追加。

實例

鄧雄與鄧傑為兄弟，兩人均在臺北工作，其父生前在臺南留有十筆土地。父親死後，鄧雄、鄧傑經常為遺產爭吵不休，某日兩人又為此爭吵且大打出手，鄧雄因此受傷，於是鄧雄便向臺北地院起訴請求鄧傑給付醫藥費及精神慰撫金，在審理中鄧雄又追加起訴請求分割共有的土地。請問鄧雄的追加起訴是

否合法？

　　依本法第10條不動產之分割爲專屬管轄，故須在臺南起訴，不能由鄧雄以追加方式在臺北起訴；這一點必須加以釐清。

第258條（訴之變更追加之裁判）

法院因第255條第1項但書規定，而許訴之變更或追加，或以訴爲非變更或無追加之裁判，不得聲明不服。

因不備訴之追加要件而駁回其追加之裁定確定者，原告得於該裁定確定後十日內聲請法院就該追加之訴爲審判。

解說

　　訴訟進行中，被告對原告所主張的新訴表示異議時，法院須依職權而爲調查。倘若認爲變更或追加爲法律所不允許，則應指明原告的變更新訴爲不合法，而以裁定駁回；倘若變更新訴爲合法，或根本不是訴之變更，則此一裁判，即不隨同終結判決併送上級法院加以裁判，亦即本法第438條規定的情形。

　　原告所提起的新訴，如果是以新訴代替原來訴訟的情形，則原來的訴訟就因此而終結，這時可當成是原告已將原來的訴訟撤回，所以，對於原來的訴訟不能再加以進行訴訟程序或爲言詞辯論的進行。但是，如果原告新訴的提起，是爲了合併在原來的訴訟中，這時新訴與原來的訴訟，必須依共同訴訟（民訴§53）或依訴之客觀合併的一般原則辦理（民訴§248）。

　　另原告追加起訴，如法院認不符合追加起訴之要件而駁回者，原告所提之新訴仍可能具備一般起訴之合法要件，不應該僅因不備訴之追加要件，而喪失起訴之利益。因此第2項明定，原告仍得在駁回確定後10日內，請法院就追加之訴爲實體審判。

　　訴之追加，爲新訴之一種，應由受訴法院依民訴第255條至第257條等相關規定爲准駁之裁判。爲維持審級制度，原告於第

一審爲訴之追加，因不備訴之追加要件而經法院裁定駁回其追加之訴確定時，除非原訴已因上訴而繫屬於第二審法院，並符合民事訴訟法第446條之規定得爲訴之追加外，僅得依同法第258條第2項規定，於裁定確定後10日內，聲請第一審法院就該追加之訴（新訴）爲審判，不得逕向第二審法院即抗告法院聲請審判（參97台抗641裁判）。

第259條 （反訴之提起）
被告於言詞辯論終結前，得在本訴繫屬之法院，對於原告及就訴訟標的必須合一確定之人提起反訴。

解說

在民事訴訟程序中，雙方當事人地位相當，被告在尚未言詞辯論終結前，可向受訴法院對原告及就訴訟標的須合一確定之人，提起反訴。何謂「訴訟標的須合一確定」，請參照本書第56條之相關說明。且現在已變更之前實務上所持「本訴與反訴之當事人必須完全相同，僅易其原被告地位」之見解。

實例

廖威與柯欣係親戚關係，所以雙方合夥投資設立工廠，經營數年有成，眼見工廠生意日益擴大，於是兩人協議就原地購買，以便能夠更有效的發展事業。因爲彼此之間係屬於合夥性質，工廠土地無法購買登記於工廠名下，同時廖威認爲既與柯欣爲親戚關係，應該不會有問題，於是由柯欣出面與地主簽訂買賣契約，並移轉登記柯欣名義完成。事隔10年後，柯欣意圖將該土地與附近土地合併興建商業大樓，於是向法院提出訴訟，以廖威未繳納地租，請求工廠搬遷並返還土地。此時廖威方發現柯欣的圖謀時，廖威該如何主張？又此時正逢經濟不景氣，工廠生意低迷，廖威又無多餘的錢打官司，他該怎麼辦？

　　本問題的關鍵在於廖威目前並無多餘的錢去打這場民事官司；而適逢柯欣提出返還土地的給付訴訟，於是廖威可以在本訴訟進行的程序中，亦相對地提起確認租賃關係存在，而其確認的原因係因為不承認租賃關係已消滅，以對抗柯欣所聲稱的未給付租金的請求原因。而此兩訴的訴訟標的係屬與防禦方法相牽連，故廖威的主張是非基於同一事件的情形，故符合提出反訴並免繳納裁判費的適例，而為本條規定的情形。

　　倘若廖威此際主張請求變更土地登記為兩人所共有時，此時亦屬於本條規定的情形，因為兩造當事人相同，且得行同種訴訟程序，且非法律所禁止的情形，所以得提起反訴。不過因為兩者請求權的基礎並不相同，所以廖威提起反訴時，必須繳納裁判費，且柯欣的本訴在未交裁判費時，法院命其限期補正，而柯欣逾期未補正繳納，而遭法院裁定駁回時，亦不影響反訴的提起。因為反訴係獨立存在的訴訟，而非附隨於柯欣本訴的訴訟，故本訴不存在時，反訴依然可以繼續進行，此點必須加以釐清並說明之。

第260條（提起反訴之限制）
反訴之標的，如專屬他法院管轄，或與本訴之標的及其防禦方法不相牽連者，不得提起。
反訴，非與本訴得行同種之訴訟程序者，不得提起。
當事人意圖延滯訴訟而提起反訴者，法院得駁回之。

解說
　　本條第1項規定係針對反訴標的而設，即該標的必須非專屬管轄的案件，或其與本訴標的有牽連關係者，例如：原告甲請求確認對被告買賣價金10萬元，被告乙反訴原告甲應給付10萬元者是。按反訴之標的，如專屬他法院管轄，或與本訴之標的及其防

禦方法不相牽連，或反訴非與本訴得行同種之訴訟程序者，不得提起，此觀之本條之規定自明。此所稱之「相牽連」，乃指為反訴標的之法律關係與本訴標的之法律關係間，或為反訴標的之法律關係與作為本訴防禦方法所主張之法律關係間，兩者在法律上或事實上關係密切，審判資料有其共通性或牽連性者而言。亦即指為本訴標的之法律關係或作為防禦方法所主張之法律關係，與為反訴標的之法律關係同一，或當事人兩造所主張之權利，由同一法律關係發生，或為本訴標的之法律關係發生之原因，與為反訴標的之法律關係發生之原因，其主要部分相同，方可認為兩者間有牽連關係。

　　第2項係指本訴與反訴須是屬於同種的訴訟程序。但對於同一被告之數宗訴訟，除定有專屬管轄外，得向其中一訴訟有管轄權之數法院合併提起之。但不得行同種訴訟程序者不在此限，並未限制其型態及種類，則基於民事訴訟採處分權主義之原則，自應尊重當事人有關行使程序處分權之意思，對其所提起的客觀合併之型態、方式及內容，應儘量予以承認，以符合現行民事訴訟法賦予訴訟當事人適時審判請求權之精神。而備位聲明與本位聲明，固非相互排斥，而屬於學說上所稱之「不真正預備合併」，但依現行民事訴訟法之精神，是否不得提起，則仍有推闡研析之餘地。

　　第3項則是指當事人不得以拖延訴訟為目的而提反訴，有此情形，法院可以駁回。

　　換言之本條第1項明定反訴標的與本訴標的相牽連，是指兩者之間，基於同一個法律行為或同一個事實而成立的；或雖然是不同的法律行為或不同的事實，但各個不同的行為或事實之間，在法律上有一個相連的關係存在等情形而言。所以本條的目的，是在防止裁判上的矛盾及牴觸，因此共有人所共有的不同地號的數筆土地，其共有的關係雖然分別存在每筆土地上，但是在實務

上的處理方式，認為如果經共有人的全體同意，則可以合併分割。

　　張耀、李明、王波、趙勇四人，分別共有甲、乙、丙、丁四筆土地，每人各在四筆土地上的應有部分都相同。後來因為四人間發生爭執，張耀與李明以原告的身分，向法院請求甲、乙兩筆土地合併分割。王波與趙勇也不甘示弱，就丙、丁兩筆土地提起反訴，向法院請求與甲、乙兩筆土地合併分割。此時法院對於王波與趙勇所提起的反訴是否應予准許？

　　因為這兩件請求合併分割的事實間，在法律上有牽連關係存在，為了徹底消滅共有關係，及考量兼顧當事人的權益與訴訟經濟的原則，所以王波與趙勇所提起的反訴，應屬合法，法院得予准許。

> **第261條**（訴之變更追加及提起反訴之程序）
> 訴之變更或追加及提起反訴，得於言詞辯論時為之。
> 於言詞辯論時所為訴之變更、追加或提起反訴，應記載於言詞辯論筆錄；如他造不在場，應將筆錄送達。

解說

　　反訴為訴訟的一種，與訴之變更、追加相同，可以言詞提起，不過要記明筆錄；且在他造不在場時，必須要送達，以便讓對造知悉以因應防備，以符合衡平原則。因為民事訴訟所採取的審理原則是一造所提出的事實或證據，應該讓對方明白，以便有所主張或抗辯，除非他造自行放棄，法院又不能依職權自行調查外，不得作為裁判的範圍。因為審理事實之法院，所為判決，應本於言詞辯論為之，而當事人應受判決事項之聲明，必於言詞辯論時為之，始為有效。

第262條（訴訟撤回之要件及程序）

原告於判決確定前，得撤回訴之全部或一部。但被告已為本案之言詞辯論者，應得其同意。

訴之撤回應以書狀為之。但於期日，得以言詞向法院或受命法官為之。

以言詞所為訴之撤回，應記載於筆錄，如他造不在場，應將筆錄送達。

訴之撤回，被告於期日到場，未為同意與否之表示者，自該期日起；其未於期日到場或係以書狀撤回者，自前項筆錄或撤回書狀送達之日起，十日內未提出異議者，視為同意撤回。

解說

　　本條第1項是指原告對於已經起訴的案件內容的全部或一部事項，不再請求法院為裁判的意思表示。但是如果被告已經參與起訴案件的言詞辯論（即行使攻擊或防禦的申辯時），原告如欲撤回，必須得到被告的同意，以防止原告無端興訟。然而準備程序因係言詞辯論之準備，實質上為言詞辯論之一部，若被告於準備程序中，就原告所主張訴訟標的之法律關係已為本案之陳述，即應與民訴第262條第1項但書所定被告已為本案之言詞辯論相當。是原告於被告在準備程序已為本案之陳述後撤回其訴者，如未得被告同意，前此因原告起訴而生之訴訟繫屬，自不因其訴之撤回而歸消滅。

　　本條第2項係一般訴訟程序進行中，當事人表示意思的固定模式，毋庸贅言。

　　第3項係針對第1項但書的接續，亦即在法院進行言詞辯論而被告不在場時，經原告表示欲撤回起訴，則由法院書記官記載於筆錄上，送達給被告，要其表示同意與否的意思表示；且經記載於言詞辯論筆錄中，其撤回於陳述時即已生效，原告即不得再將

「撤回之意思表示」撤回，不因被告當時不在場且法院未送達而受任何影響。至於該撤回尚未經被告同意而不生訴訟終結效果，則屬另一問題。

第4項是有關撤回的意思表示交付給被告知曉時，被告如未在法定的10日內提出反對的表示時，即擬制其同意原告的撤回，而發生訴訟撤回的效力。但如被告到場，卻未表示同意與否，則同樣自該「明日」起算10天內未提出異議者亦視同已同意撤回。

實例

張榮與李發是事業上的夥伴，兩人在事業上的往來頻繁；後來因細故爭執，張榮以李發為被告，向法院提出給付訴訟。言詞辯論程序中，張榮基於情誼，以言詞撤回起訴，並由書記官記載於言詞辯論筆錄中；但張榮言詞撤回起訴時，李發並不在場。隔日，張榮由友人處得知李發對張榮的撤回起訴並不領情，張榮因此向法院提出撤回其言詞撤回起訴的聲明。如果法院尚未將言詞辯論筆錄送達給李發的話，張榮的聲明是否可為法院允許？

法院應不為允許。因為被告李發已為本案的言詞辯論，原告張榮的言詞撤回起訴，於張榮陳述撤回時，即已記載在言詞辯論筆錄上，而發生撤回起訴的效力，不因法院有無送達被告李發而受影響。至於李發應否同意，則與張榮的撤回起訴，實際上為不同的兩個訴訟行為，因此撤回起訴是否發生終結訴訟的結果及效力，則仍以李發是否同意張榮的撤回起訴為判定的依據；換句話說，張榮對已經生效的撤回起訴的表示，不得再任意的自行撤回。

第263條（訴之撤回效力）
訴經撤回者，視同未起訴。但反訴不因本訴撤回而失效力。
於本案經終局判決後將訴撤回者，不得復提起同一之訴。

解說

本條第1項訴訟經原告撤回（係表示不請求法院就已提起之訴為判決之意思）後，無論是法院或當事人所為的訴訟行為均失其效力。惟須注意的是，當事人所為訴訟行為經法院記錄於文書者，該文書的效力並不因此而消滅，故得於將來的另外案件，仍得請求調閱而作為書證；且但書中明定，屬獨立之訴的反訴，並不因為本訴撤回而隨之消滅。

本條第2項係指對於確定訴訟標的的法律權利義務關係所為的判決，僅原告對於同一的當事人、訴訟標的或應受判決事項的聲明經法院作過實體上的判斷，已費相當的時間與精力，既已經判明清楚，則沒有再度重複解決原來紛爭的必要，此乃本條項所說之目的。當然在民事法律中有所謂包含的法律關係，例如：給付之訴包含確認之訴，此時若確認之訴撤回後，再提起給付之訴，則非同一訴訟；另外則是撤回後新發生的事實，均不在本項限制的範圍內，必須釐清此一觀念。另外本案經終局判決後，於上級審減縮其應受判決事項之聲明，實質上與訴之撤回無異，依本條第2項規定，就該減縮部分，不得復提起同一之訴，自不得復擴張該部分應受判決事項之聲明。

同時我們必須釐清訴訟標的之捨棄，與訴之撤回不同，前者係在聲明存在之情形下，就為訴訟標的之法律關係，自為拋棄其主張，後者係表示不請求法院就已提起之訴為判決之意思。故在訴訟標的之捨棄，法院仍須就其聲明，為原告敗訴之判決。在訴之撤回，因請求已不存在，法院則毋庸為任何裁判。（參64年台上字第149號）

第264條（反訴之撤回）
本訴撤回後，反訴之撤回，不須得原告之同意。

解說

　　本訴與反訴乃兩個獨立存在的訴訟，本訴撤回後，雙方所爭執的事項，顯然原告已有不與被告爭執的意思。而反訴的撤回，不須原告的同意，是因反訴的提起，係為原告的本訴所引起，因此當本訴撤回後，即失所附麗；此時自然毋庸再賦予此種消極確定利益的必要，以免雙方對立心態的再度形成。因此在被告撤回反訴時，自然由被告任意表示，而不再以原告的同意為基礎，以免阻礙被告對反訴的撤回，以達容易撤回反訴的效果。

第二節　言詞辯論之準備

第265條（當事人準備書狀之記載及提出）
當事人因準備言詞辯論之必要，應以書狀記載其所用之攻擊或防禦方法，及對於他造之聲明並攻擊或防禦方法之陳述，提出於法院，並以繕本或影本直接通知他造。
他造就曾否受領前項書狀繕本或影本有爭議時，由提出書狀之當事人釋明之。

解說

　　本條是規定關於準備書狀的記載及提出。原告起訴後，受理訴訟的法院必須依據法律作成裁判。作成裁判前，先要審查訴訟要件是不是成立（民訴§249），才能對原告所提出訴訟標的之法律關係考量有沒有理由進行言詞辯論（民訴§221）。

　　同時基於本法採行辯論主義，對於訴訟要件是不是成立，法院可以依職權詳加調查，如果有所爭執，應先行辯論（非本案言詞辯論），無論是訴訟要件成立與否的言詞辯論（非本案辯論），或者是訴訟標的之法律關係有沒有理由進行之言詞辯論（本案辯論），因為有時會牽涉許多事實的爭執，在訴訟經濟的考量下，明定準備程序的規定，允許實行合議庭審判時（獨任審判並不適用），可以先進行準備程序，以求言詞辯論時的順利，就雙方當事人所提出的攻擊或防禦方法進行審理。所以，為了「準備程序」所提出的書狀（準備書狀）內所記載的事項，在言詞辯論中沒有提出的話，就不能作為法院裁判的參考。

　　本條係針對言詞審理主義的缺失而設計，因為當事人間的資料如單憑書記官的筆錄，易造成不夠周全，故除言詞之外尚須以書狀來補實。同時對於是否受領對方所提出之書狀有爭執時，自然必須由提出之一方來證明確已交付，此乃當然之法理，無庸贅述。

第266條（原告準備書狀與被告答辯狀之記載事項）
原告準備言詞辯論之書狀，應記載下列各款事項：
一、請求所依據之事實及理由。
二、證明應證事實所用之證據。如有多數證據者，應全部記載之。
三、對他造主張之事實及證據為承認與否之陳述；如有爭執，其理由。
被告之答辯狀，應記載下列各款事項：
一、答辯之事實及理由。
二、前項第2款及第3款之事項。
前二項各款所定事項，應分別具體記載之。
第1項及第2項之書狀，應添具所用書證之影本，提出於法院，並以影本直接通知他造。

解說

　　民事訴訟法的主要精神之一就是為了達到集中審理的目標，為了達到集中審理的目標，原告提出準備狀以及被告之答辯狀內容必須相對應的充實，以便法官能夠在言詞辯論之前，對於整個案情有通盤之了解、整理、確定，並且簡化爭點，或者是集中的調查證據，使得言詞辯論更為集中而有效率。因此，本條明定原告在準備書狀中應記載的事項包括：

　　一、請求所依據之事實及理由。

　　二、證明應證之事實所用之證據，如有多數證據者，應全部記載清楚，並一一標註。

　　三、對他造主張之事實及證據為承認與否之陳述；如有爭執，其理由。按原告就其所欲證明之事實，如有多項證據存在，應全部記載在準備書狀中，以利法院決定證據的取捨以及集中調查，而且可以避免因為原告分成多次提出證據方法而使訴訟拖延。所以本條第1項第2款明定如果有多數證據的時候，必須全部都加以記載。

　　另外，原告對被告所主張的事實及所用的證據，如果能夠在準備書狀中載明承認與否的陳述，亦即承認的部分或者是爭執的部分，如果都能夠加以分別條列出來，那麼不爭執的部分，法院就可以省去無益的調查，而僅就雙方爭執的部分來加以調查，從而可以促進訴訟審理之進度，故本條第1項第3款也明定準備書狀記載的內容，包括對於他造主張的事實及證據為承認與否之陳述；又為了達到相同的集中審理目的，被告的答辯狀應記載的事項也包括了準備書狀中應記載的第2款跟第3款之事項。

　　又本條之規定，無論是原告的準備書狀或者是被告的答辯狀，除了提出法院之外，必須以影本直接通知給他造，而不再透過法院來送達這些書狀的繕本，這是為使他方的當事人儘速了解對造所提的攻擊防禦方法所設之規定，因為如果照以前的方法，

把繕本跟正本送入法院，再由法院送達，不僅增加法院的作業負擔，而且等法院收受文書之後，另外再郵寄送達給對造，往往時間上會因此而有所耽誤，因此，本條規定由當事人直接送達給對造，而使對造能夠在最短時間內收受書狀的繕本，如此即可以充分的在言詞辯論之前做成充分的準備，達到審理集中之目的。

第267條（被告答辯狀之提出時期）

被告於收受訴狀後，如認有答辯必要，應於十日內提出答辯狀於法院，並以繕本或影本直接通知原告；如已指定言詞辯論期日者，至遲應於該期日五日前為之。

應通知他造使為準備之事項，有未記載於訴狀或答辯狀者，當事人應於他造得就該事項進行準備所必要之期間內，提出記載該事項之準備書狀於法院，並以繕本或影本直接通知他造；如已指定言詞辯論期日者，至遲應於該期日五日前為之。

對於前二項書狀所記載事項再為主張或答辯之準備書狀，當事人應於收受前二項書狀後五日內提出於法院，並以繕本或影本直接通知他造；如已指定言詞辯論期日者，至遲應於該期日三日前為之。

解說

本條第1項規定被告收到原告起訴狀繕本之後，應提出答辯狀的時間。就此可分成以下兩種情形說明：第一種就是：法院受理之後，不先定言詞辯論期日，而採用書狀先行程序，亦即法院暫不開庭，由雙方當事人先交換書狀到相當的程度才進行言詞辯論的審理，如果是採書狀先行程序的時候，被告必須在10天之內提出答辯狀給法院，並且以影本或繕本直接通知原告；如果是沒有行書狀先行程序，而是由法院直接指定言詞辯論期日的時候，被告的答辯狀提出的時間，最慢必須在言詞辯論的5天前提出。

本條第2項規定，原告如果提出的訴狀或被告亦提出答辯狀之後，如果都認為有不完整，或者是有漏未記載的新的攻擊防禦方法，而沒有寫在準備書狀或答辯狀中，為了使他造當事人可以在言詞辯論前就這個新的攻擊防禦方法，能夠預先作防禦或攻擊的準備，於法院執行書狀先行程序時，就必須在他造得就該事項進行準備的必要時間之內，提出記載該攻擊防禦的方法的準備書狀給法院，並且以影本直接通知他造；如果法院已經指定言詞辯論期日者，則必須至少在該期日之5日前提出書狀。

本條第3項規定，當事人如果就對造依據本條第1項或第2項規定提出的書狀內容（也就是攻擊防禦方法），如果有再一次作辯駁的必要時，為使雙方當事人可以在言詞辯論前做充分的辯論，於法院執行書狀先行程序時，必須在收受書狀後5日內提出準備書狀；如果法院已經指定言詞辯論期日的時候，則最慢必須在言詞辯論的3天前再提出相關的書狀。

本條規定的內容全部都是促使當事人必須在一定時間內提出相關的書狀，這個目的也是為了達到迅速進行訴訟的最終目的，併此說明。

第268條（言詞辯論準備未足之處置）
審判長如認言詞辯論之準備尚未充足，得定期間命當事人依第265條至第267條之規定，提出記載完全之準備書狀或答辯狀，並得命其就特定事項詳為表明或聲明所用之證據。

解說

法院依職權為準備程序，在雙方當事人提出答辯狀或準備書狀後，就開始進行言詞辯論，但是在言詞辯論前，法院依職權認為言詞辯論的準備尚未充分，而雙方當事人有再為準備的必要情形時，可以以此為原因，命當事人對尚未充分準備的部分，另

外再提出記載清楚內容且完全證據資料之準備書狀或答辯狀。而此種裁定，不得抗告。當事人因不提出準備書狀所產生的不利益（民訴§82），則應由當事人自行承擔其責任。

第268條之1（摘要書狀之提出）
依前二條規定行書狀先行程序後，審判長或受命法官應速定言詞辯論期日或準備程序期日。
法院於前項期日，應使當事人整理並協議簡化爭點。
審判長於必要時，得定期間命當事人就整理爭點之結果提出摘要書狀。
前項書狀，應以簡明文字，逐項分段記載，不得概括引用原有書狀或言詞之陳述。

解說

　　法院在收到原告的起訴狀之後，原則上應該儘速定言詞辯論期日。但如審判長認為該事件必須先踐行書狀先行程序，也就是由兩造先行交換相關的書狀之後，再進行言詞辯論或準備程序，而雙方當事人也已經依據審判長之裁定先行交換書狀程序後，審判長或受命法官就必須速定言詞辯論期日或準備期日，以利迅速進行訴訟程序（本條III、IV及民訴§268-2）。

　　又為了使法院在言詞辯論期日的時候，能夠更有效率的進行訴訟程序，所以本條第2項規定，法院於前項期日，應使當事人整理並協議簡化爭點，以便當事人針對爭點而作攻擊或防禦。必須注意的是，法院與使當事人整理並協議簡化爭點時，應就兩造所爭執的事項與不爭執的事項分別加以確定，並且記明筆錄以求明確，為了貫徹集中審理原則，審判長必要的時候也可以裁定相當期間命當事人提出整理爭點結果之摘要書狀，而當事人所提出整理爭點結果之摘要書狀時，既然法條規定是摘要書狀，所以必

須以簡明的文字逐段分項記載，使法院以及訴訟的對造容易了解所記載的內容。例如以給付工程款來說，協議簡化爭點可臚列：一、兩造間是否因系爭個案，將系爭工程劃定為優先示範區，而需先為施作？二、兩造間就系爭工程是否成立承攬關係？三、兩造間就系爭工程是否存有承攬關係，事後有無解除該契約？四、系爭工程是否應由被告施作完成？五、被告是否施工完成系爭工程，並經原告驗收？等等可茲參考。

> **第268條之2**（書狀之說明）
> 當事人未依第267條、第268條及前條第3項之規定提出書狀或聲明證據者，法院得依聲請或依職權命該當事人以書狀說明其理由。
> 當事人未依前項規定說明者，法院得準用第276條之規定，或於判決時依全辯論意旨斟酌之。

解說

　　依據本法第267條、第268條以及第268條之1的規定，當事人有義務在一定時間之內取出相關的書狀，如果當事人沒有依據前三條之規定時間內提出相關書狀，致使訴訟延滯時，本條明文規定其效果為：法院可以依聲請或依職權命該當事人說明理由，如果當事人仍然不依裁定說明理由的時候，法院即可準用本法第276條的規定，讓當事人發生失權的效果，以促使訴訟順利、有效率之進行。至於所謂的失權效果，請參照本法第276條之說明。而所謂於判決時依全辯論意旨斟酌之情形，係指如關於不當得利之無法律上原因之消極要件，原則上固應由主張權利者負舉證責任。惟此一消極事實本質上難以直接證明，僅能以間接方法證明之。

　　因此，倘主張權利者對於他方受利益，致其受有損害之事實

已爲證明，他造就其所抗辯之原因事實，除有正當事由（如陳述將使其受到犯罪之追訴等），應爲眞實完全及具體之陳述，以供主張權利者得據以反駁，俾法院憑以判斷他造受利益是否爲無法律上原因。如他造違反上開義務時，法院應於判決時依全辯論意旨斟酌之（參98台上391裁判）。

第269條（法院於言詞辯論前得爲之處置）
法院因使辯論易於終結，認爲必要時，得於言詞辯論前，爲下列各款之處置：
一、命當事人或法定代理人本人到場。
二、命當事人提出文書、物件。
三、通知證人或鑑定人及調取或命第三人提出文書、物件。
四、行勘驗、鑑定或囑託機關、團體爲調查。
五、使受命法官或受託法官調查證據。

解說

　　一般爲了便利言詞辯論的進行，法院可以依照本條爲各種必要的處置。然而本條所列舉的各款情形，事實上本來應該在言詞辯論時進行，但是基於使辯論程序容易進行起見，所以特別設立本條的規定。所謂「言詞辯論前」，並不以第一次的言詞辯論前爲限，即使在續行辯論（即辯論終結後，再開言詞辯論）的情形，也可以依本條規定爲必要的處置。

　　依本條規定，法院可以爲的必要處置如下：

　　一、在訴訟代理人不能闡述明確的情形，可以以裁定命當事人到場；當事人如果爲未成年人，則可以命法定代理人到場爲一切訴訟程序所須進行的行爲。

　　二、當事人在書狀中所提到的文書、物件，如果經當事人聲明爲證據，且又爲當事人所保管或持有，可以先行命當事人提出。

三、如果文書、物件為第三人保管或持有，經當事人聲明為證據後，法院可令第三人提出或為調取的通知。須鑑定的證據，可以選任鑑定人先行鑑定。當事人聲明人證時，可通知證人於言詞辯論時出庭。

四、在言詞辯論前指定期日，專門詢問鑑定人或進行勘驗，或依本法第289條為調查的囑託。

五、使受命法官或受託法官調查證據（民訴§290），但須受本法第270條第3項之限制。

本條各款的情形，由法院自行判斷是否須先為處置，如果有必要的話，法院都須以裁定命令各項處置的進行。其實本條所規定的各項處置，基本上是屬於言詞辯論的準備事項。

第270條（準備程序）

行合議審判之訴訟事件，法院於必要時以庭員一人為受命法官，使行準備程序。

準備程序，以闡明訴訟關係為止。但另經法院命於準備程序調查證據者，不在此限。

命受命法官調查證據，以下列情形為限：

一、有在證據所在地調查之必要者。

二、依法應在法院以外之場所調查者。

三、於言詞辯論期日調查，有致證據毀損、滅失或礙難使用之虞，或顯有其他困難者。

四、兩造合意由受命法官調查者。

第251條第1項、第2項之規定，於行準備程序準用之。

解說

行使合議制審判的訴訟事件，不限訴訟的種類及性質，可以先行準備程序。準備程序實際上仍然是言詞辯論的一部分，主

要作用在於使訴訟的進行能夠順利終結，事先藉由受命法官將所有的訴訟資料加以過濾，使當事人間的訴訟關係（法律上的爭執點），能夠很清晰的先行判定，在言詞辯論時，可以直接就法律上的爭點進行辯論，以節省合議庭的勞力。

受命法官進行準備程序，由法院自行裁定後，經過宣示或送達當事人後開始進行，對此裁定不得抗告（民訴§483）。準備程序的進行，只是在闡明訴訟關係為止。所謂「闡明訴訟關係」，只是在使法院明白當事人間的爭執點及雙方的主張為何，所以原則上並不包括調查證據，雖然可以準用第203條的規定（民訴§272），可以為某項調查證據的行為，但仍然不能超過本條的範圍。但是，如果是法院另外以裁定命令受命法官，在準備程序中調查證據的話，則為例外命受命法官調查證據，包括：

一、有在證據所在地調查之必要者。

二、依法應在法院以外之場所調查者。

三、於言詞辯論期日調查，有致證據毀損、滅失或礙難使用之虞，或顯有其他困難者。

四、兩造合意者。

目前實務上為求便利，許多法院會在第一次準備程序時，讓兩造簽同意書，同意受命法官調查證據。

實際上準備程序準用在第二審的情形較第一審為多（民訴§463），因為第一審大多為獨任審判，只有第一審在採行合議審判時，才有準備程序的進行，因為此類案件大多較為複雜，由此更可知道準備程序所扮演的地位——以便於訴訟的順利進行。

另為保障被告防禦權，本條準用第251條就審期間10日之規定。

第270條之1（法院為闡明訴訟關係及協議得為之處置）

受命法官為闡明訴訟關係，得為下列各款事項，並得不用公開法庭之形式行之：

一、命當事人就準備書狀記載之事項為說明。

二、命當事人就事實或文書、物件為陳述。

三、整理並協議簡化爭點。

四、其他必要事項。

受命法官於行前項程序認為適當時，得暫行退席或命當事人暫行退庭，或指定七日以下之期間命當事人就雙方主張之爭點，或其他有利於訴訟終結之事項，為簡化之協議，並共同向法院陳明。但指定期間命當事人為協議者，以二次為限。

當事人就其主張之爭點，經依第1項第3款或前項為協議者，應受其拘束。但經兩造同意變更，或因不可歸責於當事人之事由或依其他情形協議顯失公平者，不在此限。

解說

　　法官在行準備程序的時候，是以闡明訴訟關係為主要的目的，因此關於整理或簡化爭點等程序，如果能於法庭以外之適當場所，以不公開的方式來進行，比較容易達成預期的目的，所以本條第1項規定受命法官就一、命當事人就準備書狀記載之事項為說明；二、命當事人就事實或文書、物件為陳述；三、整理並協議簡化兩造爭點；四、其他必要事項，都可以不用公開法庭之形式來加以進行，以發揮準備程序之功能。

　　又受命法官在行準備程序的時候，當事人之態度往往會在公開法庭中堅持己見而互不相讓，而有必須庭外洽談、私下協議始能相互讓步的情形發生。所以本條第2項也規定，受命法官如果認為適當的時候，得暫時退席或命當事人暫行退庭或定期間命當事人自行協議，再向法院陳明。但為了避免訴訟拖延不決，指定

法院之受命法官如果指定期間命當事人自行協議爭點，以兩次爲限。

又當事人主張之訴訟上爭點，如果已經兩造協議後都同意並加以簡化的時候，依本條第3項就有拘束雙方當事人之效力，法院爲訴訟指揮以及進行言詞辯論的時候，也不能超出此項協議之範圍，任何一造當事人也不能擴張原已簡化之爭點，更不得以其他爭點來代替原有之爭點，以使協議簡化爭點眞正達到簡化之功能。但此項規定目的是在求兩造之衡平，因此如果雙方當事人認爲協議之爭點已經不適當而雙方都同意變更的時候，或是不可歸責於當事人之事由或其他情形，原協議的爭點對當事人顯失公平時，如仍強令當事人也必須同受拘束，自不符合公平正義之要求，故本條第3項規定，在此種特殊情形得不受原協議簡化爭點之拘束。

第271條（準備程序筆錄之記載）
準備程序筆錄應記載下列各款事項：
一、各當事人之聲明及所用之攻擊或防禦方法。
二、對於他造之聲明及攻擊或防禦方法之陳述。
三、前條第1項所列各款事項及整理爭點之結果。

解說

本條是規定準備程序中的筆錄應記載的內容。準備程序本質上也算是言詞辯論的一部分，在程序進行中，應該由書記官製作筆錄。因爲準備程序筆錄的作用是爲言詞辯論而準備，所以準備程序是屬於受理訴訟法院言詞辯論程序的一部分，並不是指另一種程序。至於所謂攻擊或防禦方法是指包含事實、法律及證據上之爭點在內而言。

因此爲使得準備程序終結後，於進行言詞辯論時能夠更加集

中，而防止突襲性裁判；此時受命法官則應留意所整理之爭點結果（其與兩造當事人所形成事實或證據上爭點之共識），並提示於當事人使其確認或陳述意見，然後予以記明於準備程序筆錄中（參司法院第42～48期司法業務研究會）。

第271條之1（獨任審判準備程序之準用）
前二條之規定，於行獨任審判之訴訟事件準用之。

解說

　　本條規定準備程序在獨任審判的案件也可以準用，這是因為在行獨任審判的事件，在部分情形下有時候也必須進行準備程序來簡化爭點，對訴訟之闡明將會有所幫助。故本條規定獨任審判的訴訟事件也可以準用前二條準備程序之規定。按地方法院審判案件，以法官一人獨任或三人合議行之（法院組織法§3Ⅰ）。依此規定，地方法院案件，如經裁定行合議審判，即應由法官三人參與辯論、判決，倘僅由受命法官一人或審判長一人獨任審判，其判決法院之組織即不合法，該判決當然為違背法令。

第272條（受命法官行準備程序之準用）
第44條之4、第49條、第68條第1項至第3項、第75條第1項、第76條、第77條之1第3項、第94條之1第1項前段、第120條第1項、第121條第1項、第2項、第132條、第198條至第200條、第203條、第207條、第208條、第211條之1第1項、第2項、第213條第2項、第213條之1、第214條、第217條、第249條第1項但書、第2項但書、第254條第4項、第268條、第268條之1第3項、第268條之2第1項、第269條第1款至第4款、第371條第1

項、第2項及第372條關於法院或審判長權限之規定，於受命法官行準備程序時準用之。

第96條第1項及第99條關於法院權限之規定，於受命法官行準備程序時，經兩造合意由受命法官行之者，準用之。

解說

本條是規定受命法官在準備程序中的權限。受命法官是由審判長指定，而進行準備程序，既然是承受審判長的指定，則必須要有一定的權限，才能為準備程序的進行；關於利用遠距視訊審理、欠缺訴訟要件或未符合一貫性審查要件的補正等相關規定，於受命法官行準備程序時亦有準用之必要，故修正第1項以補齊。因此，本條明定在下列範圍內，受命法官與法院或審判長有相同權限，故於受命法官行準備程序時，如就有關為原告依法選任訴訟代理人（民訴§44-4）、第49條、第68條第1項至第3項、第75條第1項、第76條、因核定訴訟標的價額而為調查證據（民訴§77-1Ⅲ）、命當事人預納訴訟行為須支出之費用（民訴§94-1Ⅰ前段）等程序上較為細瑣的問題，得由受命法官先行處理，將有助於訴訟程序的迅速進行，而達到審理集中化的既定目標。又關於是否准許委任律師為訴訟代理人（民訴§68Ⅱ、Ⅲ）（例如上訴人之訴訟代理人雖不具律師資格，且未曾就讀法律學系，但因其係上訴人本件部分債務之連帶保證人，本件訴訟就其而言具有訴訟上利害之關係（即具有參加訴訟之資格），法院自可爰引加以許可其為上訴人之訴訟代理人）、法院使用錄音設備（民訴§213-1）等規定，於受命法官行準備程序時，亦應準用外，本法中相關第249條第1項但書命補正能力、法定代理權輔佐人、訴訟代理權、其他訴訟要件欠缺之補正允許或禁止、第120條命

提出原本、第121條命補正書狀之欠缺、第254條第4項訴訟繫屬之通知、第269條之必要處置、第371條、第372條准否保全的裁定、第198條的言詞辯論指揮權、第199條的闡明權、第200條當事人發問權的准駁、第203條法院闡明或確定訴訟關係得爲的處置、第207條的使用通譯的情形、第208條法院對欠缺陳述能力的當事人所爲的處置、第213條第2項對當事人聲明或不聲明的陳述記載於筆錄、第214條聲明時所用書狀的添附、第217條筆錄的簽名、第268條命準備書狀及增訂第268條之1第3項及第268條之2第1項關於法院或審判長權限的規定，於受命法官行準備程序時準用之（民訴§270-1Ⅰ③規定，受命法官爲闡明訴訟關係，得進行整理並協議簡化爭點，基於此項權限，受命法官於必要時，本即得定期間命當事人就整理爭點之結果提出摘要書狀，於當事人未依規定提出書狀或聲明證據時，亦得依聲請或依職權命該當事人以書狀說明其理由）。對保全證據之聲請爲許否之判斷，並得於必要時依職權爲保全證據之裁定（本條Ⅰ準用§371Ⅰ、Ⅱ及§372）。

第273條（當事人一造不到場法院得爲之處置）
當事人之一造，於準備程序之期日不到場者，應對於到場之一造，行準備程序，將筆錄送達於未到場人。
前項情形，除有另定新期日之必要者外，受命法官得終結準備程序。

解說

本條是規定準備程序中，一方當事人不到場時，受命法官所應爲的處置。在此情形，因到場的當事人已準備爲準備程序的進行，未到場的當事人等於自行放棄陳述機會，如果備有準備書

狀，只要在言詞辯論前已經提出於法院，則言詞辯論程序中，仍然可引用準備書狀的內容。因此，縱使一方當事人未到場，但是對於到場的一方，受命法官還是要命令當事人單獨的陳述，並依本法第271條的規定，記載於準備程序的筆錄中，且將筆錄的繕本由書記官送達給未到場的一方，即屬已完備。

受命法官命令到場當事人陳述的結果，除了認為有另外指定新的準備程序期日之必要外，如果覺得所應該進行的程序已經告一段落時，則可以依職權終結準備程序。

第274條（準備程序之終結及再開）
準備程序至終結時，應告知當事人，並記載於筆錄。
受命法官或法院得命再開已終結之準備程序。

解說

依前條的情形，受命法官終結準備程序後，須記載於準備程序筆錄中，同時應該通知當事人為言詞辯論的期日，只是言詞辯論期日大多由審判長依實際情形指定，因此，通常言詞辯論期日的通知內併附有準備程序終結的說明。所以，不管當事人有無在準備程序期日中出庭，都必須要通知當事人準備期日已經終結。已終結之準備程序如尚未闡明訴訟關係，或有其他必要情形，自得隨時再開，如在訴訟卷宗尚未送交受訴法院之前，受命法官認有再開之必要者，亦得自行撤銷終結準備程序之裁定；或行準備程序，訊畢證人後，雖當庭宣示準備程序終結並記明筆錄，惟後到之另一證人及上訴人於此時報到，受命法官本其訴訟指揮權當庭撤銷其所為終結準備程序之裁定，於法自亦無違誤。

法院如果認為有再為準備程序之必要時，仍然可以再為準備程序的開庭；但是須於期日前通知當事人。當事人於再開庭的準備程序中，可以另外再提出新的訴訟資料，曾遲誤訴訟行為的當

事人，可以在再開庭的準備程序時到場，以免除曾發生遲誤訴訟行爲的不利益。

終結準備程序及法院再開準備程序的裁定，是關於訴訟指揮的裁定，因此不得加以抗告（民訴§483）。

第275條（言詞辯論時應踐行之程序）
於準備程序後行言詞辯論時，當事人應陳述準備程序之要領。但審判長得令書記官朗讀準備程序筆錄代之。

解說

民事訴訟程序的訴訟行爲，原則上都必須以言詞的方式進行，這是因爲本法採行所謂的「直接審理主義」及「言詞辯論主義」。

在準備程序終結後，所進行的言詞辯論（實際上準備程序也算是言詞辯論的一部分）中，當事人必須將所有準備程序中的陳述要點，以言詞再爲陳述；審判長訊問當事人及調查證據的結果，不受其他意見的左右，全憑自身的判斷，甚至受命法官或受託法官所調查的證據，審判長也可以不受其拘束，所以，如果不是在參與判決的法官前，以言詞陳述的話，則可以不採爲判決的依據。因此，當事人不能以爲曾經在受命法官前陳述，就可免去再度的陳述。所以如果在言詞辯論中不爲陳述時，則將會受到不利益的判決。

第276條（準備程序之效果）
未於準備程序主張之事項，除有下列情形之一者外，於準備程序後行言詞辯論時，不得主張之：
一、法院應依職權調查之事項。
二、該事項不甚延滯訴訟者。

三、因不可歸責於當事人之事由不能於準備程序提出者。

四、依其他情形顯失公平者。

前項第3款事由應釋明之。

解說

　　準備程序的目的，在於以準備程序筆錄記載訴訟上的資料，以便於訴訟事件的審理。所以當事人主張的攻擊或防禦方法，沒有在準備期日中陳述，並記載於筆錄的話，除了法院應依職權調查的事項（例如法院核定訴訟標的之價額、事件管轄權之有無及當事人適格為訴權存在之要件等），或在言詞辯論中提出所主張的事項對訴訟的進行並不妨礙；或當事人已經向法院釋明不能於準備程序中提出，是不可歸責於當事人之事由（法律關係發生後，為其基礎或環境，於法律效力終了前，因不可歸責於當事人之事由，致發生非當初所得預料之劇變，如仍貫徹原定之法律效力，顯失公平者，法院即得依情事變更原則加以公平裁量而為增減給付或變更其他原有之效果。而是否發生非當初所得預料之劇變，應綜合社會經濟情況、一般觀念及其他客觀情事加以判斷）；或依其他情形顯失公平者外，不能就未經準備程序筆錄記載的事項為主張。

　　另外，準備程序筆錄中所沒有記載的事項，在當事人所提出的準備書狀中，卻有記載的情形，在準備程序後的言詞辯論中，仍然應該可以為主張。因為由本法第385條的規定，言詞辯論期日時，當事人中的一造不到場，法院可本於到場的一造當事人，進行一造辯論而為判決的同時，應斟酌未到場人的準備書狀。關於此規定的適用，法律並未有所限制，自然不應以有無進行準備程序與否而不同。所以，當事人於言詞辯論期日不到場時，既然須斟酌準備程序書狀所記載的事項，則當事人於言詞辯論期日，

到場主張準備書狀內所記載的事項，雖然此一事項未曾在準備程序中提出，也不應該加以禁止，以免失之太嚴。

第三節　證據

第一目　通則

第277條（舉證責任分配之原則）
當事人主張有利於己之事實者，就其事實有舉證之責任。但法律別有規定，或依其情形顯失公平者，不在此限。

解說

　　民事訴訟是在解決當事人間私權的紛爭，所以採行所謂的「當事人進行主義」，就訴訟的進行而言，法院除了依法律規定之職權行使訴訟行為外，並不加以干涉。既然當事人兩造間，是就關於自己本身私權上為爭執，從這個角度而言，對於自己有利的事實，當事人應竭盡全力，向法院盡可能的提供，不過主張有利於自己的事實，必須要負舉證責任，不可隨意瞎說而憑空想像。如任意起訴後，無有利的事實，則自然受到敗訴的結果。此乃具有高度抽象性與概括性之規定，因此必須於個案中予以具體化。例如原告請求確認債權不存在之訴時，如被告主張其債權存在時，則應由被告就債權存在之事實負舉證責任。如被告已證明其債權存在，而原告主張該債權已因清償而消滅，則對於清償之事實，應由原告負舉證之責任（42台上170、28上1920參照）。而債權是否已清償，固屬事實審法院之職權，但其認定不得違反經驗法則及論理法則。所謂經驗法則，係指由社會生活所累積經

驗歸納出來之法則而言；凡日常生活所得之通常經驗及基於專門知識所得之特別經驗均屬之。至於所謂論理法則，係指依立法意旨或法規之社會機能就法律事實所為之價值判斷之法則而言。倘原告就其主張清償之事實，所提出之證據，依經驗法則及論理法則，已足使法院形成確信時，即應由被告對該待證事實之相反事實提出證據反駁，以動搖法院原來已就待證事實所形成之確信，否則即應就事實真偽不明之狀態承擔不利之責任，方符合舉證責任分配之原則。但如果法律另有規定，或依其情形必令當事人負舉證責任顯失公平者，則可以例外不負舉證責任，例如在公害事件、商品製造人責任、醫療糾紛等，被害人往往無法舉證，易滋不公平發生，有違正義之原則，因此本條新增但書規定，以緩和舉證責任之分配法則；或例如臺灣地區祭祀公業，關於其名下財產及派下員占用產業之緣由，輒因年代久遠，人物全非，遠年舊物，每難以查考，涉有舉證困難之問題。於此情形，當事人自得依民訴第277條但書規定，主張以證明度減低之方式，減輕其舉證責任。

同時當事人主張有利於己之事實，就其事實有舉證之責任，本條雖有明文。然而民事訴訟係以判斷當事人間私法上權利義務之紛爭為目的，故而對於訴訟之進行採辯論主義，即法院判決基礎之事實，當事人負有主張及舉證之責任；至所謂舉證係指當事人應就其主張提出人或物等證據方法，以供證明或釋明其陳述為真實，並同時使法院獲得其主張大概為真實之心證而言；倘若當事人之一造僅陳述其與他造當事人之爭執事項，並自為說明，除合於同法第278條以下之於法院已顯著或已知之事實、當事人自認、視同自認及法律上推定之事實，無庸舉證之規定外，自難謂已盡舉證之責任。

第278條（舉證責任之例外㈠——顯著或已知之事實）
事實於法院已顯著或為其職務上所已知者，無庸舉證。
前項事實，雖非當事人提出者，亦得斟酌之。但裁判前應令當
事人就其事實有辯論之機會。

解說

　　當事人舉證的目的，是就對自己有利的事實，印證事實的真
實性。因此已經明顯存在的事實，例如：事實的真相為社會一般大
眾所認知，或法院基於職務上所知道的事實（包含主要事實及間
接事實在內均屬之），或法院因其他的訴訟事件而已經知道事實
的真相。對於這種已經確定的事實，自然不須再以其他方法證明
它的真實性；並且不論當事人有無爭論，或法院是如何得知的，
法院都可以斟酌事實是否為真實，而為裁判的基礎，此為辯論主
義的例外規定。但是須注意，要讓當事人間有言詞辯論的機會。

　　如果在第一審法院認為已經顯著事實，雖然在上訴時並非有
顯著的跡象，上訴審法院仍得信賴而引用第一審所認定的事實，
作為裁判的基礎；反之，如上訴審法院並不認為事實顯著的話，
仍然必須依照證據來加以證明，而使得事實成為明顯可認的狀
況。

第279條（舉證責任之例外㈡——自認）
當事人主張之事實，經他造於準備書狀內或言詞辯論時或在受
命法官、受託法官前自認者，無庸舉證。
當事人於自認有所附加或限制者，應否視有自認，由法院審酌
情形斷定之。
自認之撤銷，除別有規定外，以自認人能證明與事實不符或經
他造同意者，始得為之。

解說

本條是規定當事人自認的效力。所謂「自認」，是指自身承認他造所陳述的事實；換句話說，他造為事實的陳述而有所主張時，並不加以駁斥，而向他造為承認的陳述，這種承認稱為「自認」。自認須在言詞辯論時向受命法官、受託法官前以言詞陳述，或者在提出於法院的準備書狀中陳述，才符合要件。所以，在言詞辯論期日以外的時間，或在法庭外的自認，都不能稱為自認，只能作為證據上的參考，即不能發生訴訟法上自認的效力。如將當事人本人當作人證訊問，當事人依規定所為之陳述，僅係構成證據資料，則不會構成訴訟上自認（民訴§367-1）。

除當事人之外，法定代理人、訴訟代理人及訴訟輔助人都可以為自認，不過要注意相關條文的規定。

當事人只要為訴訟上的自認，就有拘束法院的效力，因為本法是採行「當事人進行主義」，一旦自認之後，法院不論證據調查的結果，或是否已經形成心證，就一定要以當事人自認的事實，作為法院在裁判上的依據。不過，如果當事人自認的範圍，是在法院依職權可行使的範圍內時，即使是當事人自認，也不生效力，例如：在過去人事訴訟程序中，有條文明白規定某些事項不能自認，因為假使自認則會使身分上的親屬關係，發生重大的改變，且事關公益，因此不容許當事人任意自認。如果本條的情形與前條的情形一同發生時，則本條並不適用，因為已經發生的顯著事實，即使當事人自認，也不會有改變事實的效果發生。

當事人在自認的同時，對自己所承認的事實，附有條件或限制時，是否認為有訴訟上自認的效力，及其程度如何，則有待法院詳細審查一切的客觀情形，而另外加以判斷。

由於自認有拘束法院的效力，因此，對於當事人撤銷自認須設限制，另一方面，為求審判的公平性及保護當事人，除了法律有特別的規定外，如果自認的當事人，能證明自認的事實與實際

的事實不符，或經他造之同意後，才能夠撤銷自認。但是，法院仍然可對已撤銷自認的事實，依職權自行判斷。

當事人自認後的效力，僅讓他造當事人產生對自認的事實毋庸再為舉證的利益，所以，對於判決不一定有決定性的影響。例如：甲向乙借款10萬元，乙向法院起訴，請求甲返還；訴訟進行中，如果被告甲完全否認借款一事，則原告乙就必須對被告甲的否認，負起確有借款的舉證責任；但是，如果被告甲自認有借款的情事時，則原告乙就毋庸證明為確有借款。但被告甲的自認並不一定會被判決敗訴，因為他可能在自認有借款的同時，也主張已有清償的事實。不過，對此事實他必須負舉證責任；也就是對主張清償借款的事實部分，證明他所說的為真實。

第280條（舉證責任之例外⑶──視同自認）

當事人對於他造主張之事實，於言詞辯論時不爭執者，視同自認。但因他項陳述可認為爭執者，不在此限。

當事人對於他造主張之事實，為不知或不記憶之陳述者，應否視同自認，由法院審酌情形斷定之。

當事人對於他造主張之事實，已於相當時期受合法之通知，而於言詞辯論期日不到場，亦未提出準備書狀爭執者，準用第1項之規定。但不到場之當事人係依公示送達通知者，不在此限。

解說

本條是規定「視同自認」（或稱「擬制自認」）的情形。當事人一旦自認之後，就對法院產生了拘束性。因此在他造主張的事實中，當事人有為陳述（反駁）的權利時，但是卻於應該陳述而不陳述，或者是雖有陳述，不過卻避重就輕，在這種情形下，就視同自認。但是，全盤觀察當事人的陳述內容，如果在其他事項的陳述，有與不陳述或不為反駁的行為相牽連的事項存在，而

可以認定有反駁的涵義時，仍然不能認爲視同自認。

在當事人主張的陳述中，陳述對造的主張事實，當事人回答以不知道或不記得，是否爲當事人的托詞，則仍然由法院決定是否爲視同自認。

法院在認爲有本條所規定的情形時，可以不經證據的證明，而認定該事實爲眞，直接作爲裁判的基礎。不過在認定的範圍，只能在辯論主義所能行使的範圍內，所以，如果事實的發生爲不可能，或事實根本爲虛假時，法院就不能作爲推論而判定的依據，此種情形與前條的自認，法院有相同的判斷上限制。不過，視同自認與訴訟上的自認，仍有不同的差異，最大的區別是訴訟上自認的事實，爲自認的當事人就不能再爲自認事實的爭執，而且不得隨意無正當理由的撤銷；而在「視同自認」的情形，當事人對視同自認的事實，可以在言詞辯論終結以前，隨時的表示主張，甚至在上訴第二審之後，也可以爲視同自認事實的說明。一旦經由說明（主張或陳述）後，此視同自認的事實，就因此而推翻，對此事實主張爲眞的當事人，仍然要負起舉證責任。

又當事人對於他造主張之事實，已於相當時期受合法之通知，而於言詞辯論期日不到場爭執，亦未提出準備書狀或在其他期日以言詞爭執者，實務上曾有不同見解，爲免爭議，第3項爰規定此種情形亦視同自認。但對於不到場之當事人如依法以公示送達而通知時，因受公示送達之當事人實際上多未能知悉，不宜遽將其視同自認，故設第3項之但書，以資排除。

實例

劉崎於77年開立77年7月1日到期的支票，向李浩調現4萬元。78年4月，李浩再以此支票背書轉向王富調現後，就避不見面。因此王富即以該支票於80年5月向法院聲請發支付命令，而爲債權讓與的通知，訴請返還借款4萬元；劉崎則以在79年6月時已向李浩爲清償的事實而抗辯。經查明劉崎對於其

有利於己的事實，並未舉證證明，並且對債權由李浩轉讓給王富的事實也沒有爭執。試問：劉崎、王富何人有理由？

　　因劉崎未能證明其有利於己的事實，因此王富以債權讓與的事實所發生的法律關係，向劉崎請求返還借款為有理由。依本條規定的視同自認中，對於他造所主張的事實不爭執時，即發生其效力，雖然但書中另有規定，如果有其他可為爭執的事實存在時，並不發生視同自認的效力。不過，以本題中的劉崎對王富所主張債權讓與的事實並不爭執，即使劉崎抗辯已向李浩為清償，但是因未能舉證其主張的事實為真，所以，就因此而發生了視同自認的效力。

第281條（舉證責任之例外㈣——法律上推定之事實）
法律上推定之事實無反證者，無庸舉證。

解說

　　法律上有許多設有「推定事項」的規定（也就是有明文「推定」的規定），例如：民法第9條關於同時死亡的推定，本法第355條公文書效力的推定，及第356條但書中有關外國公文書效力的推定（也就是認定公文書或外國公文書所具有的效力）。所以有符合法律規定的推定事實時，對於這個在法律上已經承認的事實，如果沒有相反的證明，當事人對已經受法律推定的事實就不用再為舉證，因而免除或減輕當事人的舉證責任。但是，所推定的事實，如果是屬於間接事實的話，那就是藉由間接事實，再認定其他事實時，間接事實雖不用舉證，但由間接事實所作證明的其他事實，仍然要舉證。

　　另外，在以一件事實的存在，當作是另件事實的存在時，例如：民法第7條的胎兒沒有死產（胎兒順利出生）則關於胎兒權利保護當作已出生，及本法第280條的當事人不爭辯他造所主張

之事實而認爲是自認等情形（例如法律條文中有「視爲」或「視同」的明文）。因爲只是產生法律上的同樣效力，而使甲事實當成爲乙事實，這時就與舉證責任沒有關係，所以不是本條的適用範圍。

實例

黃盛自行建築房屋後，未向地政機關登記。李賢得知此事，趁黃盛不在的時候，搬進居住，並以所有人的身分，分租給王義使用。經一段時日後，李賢想獨占該房屋，作爲永久的使用，因此向法院提起請求確認房屋所有權存在之訴，以便爲所有權的登記。試問此時應由何人負舉證的責任？

李賢毋庸負舉證的責任。關於李賢的占有行爲依民法第943條的規定：「占有人於占有物上，行使之權利，推定其適法有此權利。」且本條的明文：「法律上推定之事實無反證者，毋庸舉證。」所以本題的確認房屋所有權存在之訴，在實務上的看法認爲，雖然原告（李賢）就所有權存在的事實有舉證的責任，但原告如果是占有房屋而行使權利的人，則應依民法第943條的規定，推定原告爲適法的所有人，且依本條的規定，除被告（黃盛）有反證者外，原告毋庸舉證證明。

另外附帶說明，提起確認訴訟時，「非原告有即受確認判決之法律上利益者，不得提起之」（民訴§247）。本題中的李賢占有房屋而行使權利，如果黃盛未爭執其權利，則當事人李賢法律上的地位，並不因此而產生不安全的狀態；也就是當事人李賢並不因此而受侵害的危險，也就無受確認判決的法律上利益，而無保護的必要，所以，就不得提起確認訴訟。如果黃盛爭執李賢的權利時，則自另當別論，而得以爲確認訴訟的提起。

第282條（事實之推定）
法院得依已明瞭之事實，推定應證事實之真偽。

解說

　　法院對於事實的真偽，是依本法第222條的自由心證。本條與前條的不同處，在於前條是以法律上的法條明文的情形，當成是真實存在的事實；而本條是指事實上的推定，重要因果關係的先後認定，亦即在此推定仍應本於法院之自由心證，應用經驗法則而為之，倘已明瞭之事實，與應證事實間，互無因果，亦無主從或互不相容之關係時，自不得為此項事實之推定。

　　例如：合夥人領回出資金額及紅利的分配，並繳回合夥的證明文件，就可推定此一合夥人有退夥的意思。不過在本條的適用時，仍然須依證據本身證據力的強弱及真實程度，運用一般社會上的經驗法則，以推敲事實的真相。所以，原因與結果間沒有任何牽連的話，法院就不能驟然的隨意判斷，例如：丈夫外出他地音訊全無，2年後返家時，赫然發現妻子已經生有一子，而指稱妻子與人通姦，法院自得以此一明顯的事實，推定妻子通姦的事實。但是，如果計算妻子所生孩子的年齡，依照出生年月日，已經超過1歲2個月的話，則仍有可能是妻子與丈夫的婚生子，因而就不能作為直接判斷妻子與人通姦的事實證明。

第282條之1（妨礙舉證之失權效果）
當事人因妨礙他造使用，故意將證據滅失、隱匿或致礙難使用者，法院得審酌情形認他造關於該證據之主張或依該證據應證之事實為真實。
前項情形，於裁判前應令當事人有辯論之機會。

解說

本條為了防止當事人利用不正當的手段妨礙他造舉證並顧及公平性，當事人如果有故意將證據滅失、隱匿或致礙難使用者，因顯有妨礙證據之使用，法院因此得審酌情形讓他造關於該項證據之主張為真實，亦即使他造受有擬制（視為）真實之不利益，以示制裁。但法院在作裁判之前應該就第1項妨礙他造使用或故意將證據滅失隱匿妨礙難以使用的情形令兩造當事人有辯論的機會，以求程序上之周延。

第283條（為法院所不知之習慣、地方法規及外國法之舉證）
習慣、地方制定之法規及外國法為法院所不知者，當事人有舉證之責任。但法院得依職權調查之。

解說

法院進行民事訴訟事件的審判，必須要依據我國現行的法規為基礎，不能憑空判斷。只是法規的內容有限，而加上今日國際間的往來頻繁，或因為各地的特殊風土民情，及地方自治團體（地方政府）為了某特定事項專門制定的地方性法規，所以，法院不可能完全得知。但是，為了自身的權益，如果對於習慣、地方制定的法規或外國法，加以引用而提出於法院的時候，當然必須要指出它的真實性及來源，以提供法院為審查。同樣的，當事人不能只顧及自身的利益而捏造不真實的事實、地方法規或外國的法律，以作為勝訴的手段。然而在此必須說明，這裡指的習慣是指具有拘束力的習慣，學說上稱為「習慣法」，也就是某一地區的人，長久奉行不變的行為而言，當地的人只要一違反了這個習慣，就如同違反了法律的效果。所以，這個習慣的效力，具有與法律相同的效果（民§1）。而外國法，則可以參照「涉外民事法律適用法」的規定。

當事人所引用的習慣、地方法規或外國法，當事人自然必須自行加以舉證證明。但是，基於公共利益的考量，法院可以依職權加以調查，不以當事人所提出的證據範圍為限。調查的方式在訴訟上或訴訟外都可以進行，如果是訴訟上的調查，法院可以命令為鑑定或其他調查證據方法的進行。

當事人如果未依照本條為舉證的話，無論法院是否曾為職權上的調查，對於法院的判決，不得以未適用習慣法、地方政府所制定的法規或外國法，為上訴的理由而提起上訴。

第284條（事實之釋明）

釋明事實上之主張者，得用可使法院信其主張為真實之一切證據。但依證據之性質不能即時調查者，不在此限。

解說

當事人提出證據，使法院相信所要驗證的事實為真實的，稱為「證明」；如果只讓法院產生事實上的主張大概為真的話，則稱為「釋明」。兩者的區別，只在於程度上的差異，使法院相信的程度高的為「證明」，使法院相信的程度較低的為「釋明」。

一般而言，訴訟上為求事實的真相，通常對存有疑問的事實，都要求必須做到「證明」的程度，在有特別的規定時，只要做到「釋明」即可，例如：本法中拒卻鑑定人的原因應釋明（民訴§332）、聲請命第三人提出文書的原因應釋明（民訴§346）等。

為放寬證據調查之「即時性」，以減少釋明的困難，因此，法院在認定證據調查之「即時性」時，同時應斟酌證據的性質而為妥適判斷，不能僅以得否即時調查作為唯一之判準。

第285條（證據之聲明）
聲明證據，應表明應證事實。
聲明證據，於言詞辯論期日前，亦得為之。

解說

　　本條是規定聲明證據的時期。通常當事人應該在言詞辯論的時候聲明證據，但是基於訴訟程序的迅捷，避免因為證據的調查或證明而延誤訴訟的進行，因此將聲明證據的時間提前，即使在言詞辯論期日前，也可以聲明證據。同樣的，法院基於「使辯論易於終結」的考量（民訴§269），也可以進行證據的調查。

　　聲明的方式，以書狀或言詞都可以（民訴§116、122）。而當事人聲明的內容，則分別依人證、鑑定或勘驗的不同，各別依相關規定而適用，向法院為聲明的表示（民訴§298、325、341、342、346、364）。

　　本條規定在聲明證據同時，應一併表明待證之事實，以便法院判斷該證據方法之重要性及應否調查，而增進審理之效率。

第286條（證據之調查）
當事人聲明之證據，法院應為調查。但就其聲明之證據中認為不必要者，不在此限。

解說

　　當事人基於對自己在訴訟上有利的情形所聲明的證據，原則上法院必須依職權加以調查，例如：原告甲（出租人）以被告乙（承租人）違反房屋租賃契約的約定事項，而為轉租丙的情形，原告以丁為人證而向法院起訴，請求被告乙返還所租賃的房屋。但是，法院依當事人聲明的證據，如果認為沒有必要的話，法院

可以不予調查，以免延誤訴訟，例如：前例的房屋租賃契約中，並沒有禁止轉租的約定，法院對證人丁就可以不必傳喚，因為即使有乙轉租丙的事實，也不違反房屋租賃契約（民§443）。不過，法院必須在判決理由中說明不傳喚的理由。且甲接到敗訴判決，如果不服而上訴，仍然可以再提出人證為證據的調查，上訴審法院是否認為必要，那是另一個問題。總而言之，能不能作為證據，法院不能判斷時，法院仍須為必要的調查，不能預先判斷結果。但是，事實已經明瞭的話，法院就不必要再進行調查了，所以，法院不受當事人請求的拘束。

某項證據方法是否真能成為實際的證據，則必須經過調查後才能夠得知，所以依當事人聲明的意旨，如果與應該證明的事項有關聯的事實，法院不得預先駁回當事人的聲明，而為結果的認定；特別是當事人所聲明的證據方法為唯一的證據方法時，法院更應慎重加以調查，以得正確無誤的心證。

第287條（定調查期間）
因有窒礙不能預定調查證據之時期者，法院得依聲請定其期間。但期間已滿而不致延滯訴訟者，仍應為調查。

解說

訴訟的進行，往往因調查證據的耗時，而使訴訟發生拖延的情形，特別是有難以即時調查的證據時。所以，本條明定法院有依當事人的聲請，而為裁定調查證據期間的權限，一來避免耗費無謂時日，二來督促當事人依期間提出證據，避免訴訟延滯。期限屆至時，原則上法院可以不為該證據的調查而為判決；如果當事人確有不能提出的理由，而顯然不是蓄意拖延訴訟的話，即使造成了拖延的事實，法院也仍然要調查證據，以維護當事人的利益。

　　因爲本條的規定而未能加以調查利用的證據，在上訴第二審時仍然可以再次利用，因二審爲一審的續審。

第288條（依職權調查）
法院不能依當事人聲明之證據而得心證，為發現真實認為必要時，得依職權調查證據。
依前項規定為調查時，應令當事人有陳述意見之機會。

解說

　　民事訴訟原則雖然是採行「當事人進行主義」，但是在整個民事訴訟制度的設計上，也有類似刑事訴訟而採行「職權主義」的情形；尤其在辯論主義的原則下，調查證據雖然由當事人的聲明而開始，但是法院如果不能依當事人聲明的證據，而爲判斷（自由心證）的話，法院可依職權爲證據調查的發動，如此一來，更能使證據調查所得的結果，獲得公平與正確。

　　此外，法院爲發現眞實，認爲有必要時，也可以職權調查證據，這是概括的規定。至於如何才稱得上「必要」，則依不同的個案判斷，所以當事人不得以法院未曾行使此項職權即爲判決，作爲上訴的理由。法院如果依職權調查證據時，通常須以裁定的方式，向當事人宣示或送達；又爲賦予當事人應有程序之保障，並防止突襲性裁判，法院在「依職權」調查證據時，應令當事人就是否應予調查有陳述意見之機會。

第289條（囑託調查㈠）
法院得囑託機關、學校、商會、交易所或其他團體為必要之調查；受託者有為調查之義務。
法院認為適當時，亦得商請外國機關、團體為必要之調查。

解說

　　本條是針對法院在調查證據時，可以為囑託調查的規定。通常法院進行調查證據程序的時候，因為必須遵行一定的程序，例如：證人、鑑定人的具結等，雖然對當事人的權益或證據的真實性有所幫助，但免不了會耽擱時日。如果藉由機關、團體囑託進行調查，不但可以減免當事人、證人或鑑定人的勞累，同時基於機關、團體的公信力，也可兼顧證據調查的目的。

　　法院為囑託調查的時候，是由審判長或獨任法官為實施囑託的進行。被囑託的機關，通常以機關或團體的名義，以書面報告答覆，除非有必須以言詞說明的情形，才由機關或團體所指定的人進行言詞說明（民訴§340）。為避免受囑託之機關、團體有推托之情形，而特別規定本條第1項後段受託者有為調查義務之明文。

　　本條所指的機關、團體，除學校、商會、交易所外，原則上只要依法成立的組織都包括在內。至於囑託調查的事項，不限當事人所提出的爭執，只要法院認為與訴訟進行有關的事項，都可以依職權囑託機關或團體進行調查。被囑託調查的機關，如果沒有法律上的保密義務，通常都會遵照法院的指示而為囑託調查報告的義務。

第290條 （囑託調查（二））
法院於認為適當時，得囑託他法院指定法官調查證據。

解說

　　合議庭審判時，基於事件的複雜性，如果該調查證據的處所不在受理訴訟的法院管轄區域內時，則可以囑託證據所在地的法院另為指定囑託法院的法官，在此稱為「受託法官」，而為證據的調查。至於法院在何時囑託，則依具體的情形而定（通常是針

對節省時間或勞力）。

依本條的明文，受法院的命令爲調查證據的人，必爲法院內的法官爲限，因此，縱使因爲所要調查的標的物（如房屋或建築物）不在受理訴訟的法院管轄內，而由當地警察或鄉公所人員進行受託法官的調查職務，而爲履勘時，則此項調查證據（勘驗）的結果，就是違背法律。

第291條（囑託調查時對當事人之告知）
囑託他法院法官調查證據者，審判長應告知當事人，得於該法院所在地指定應受送達之處所，或委任住居該地之人為訴訟代理人，陳報受囑託之法院。

解說

法院囑託其他法院爲證據的調查時，原法院的審判長應該告知當事人，得指定送達處所及委任該區之訴訟代理人。

然受託法官在調查證據期日前仍應依本法第156條的規定，送達通知書予當事人，使當事人有參與調查之機會。

又當事人住所與受囑託法院如距離遙遠者，爲求送達及到場之便利，得由當事人向受囑託法院陳報在受託法院所在地區之送達處所，或委託住在該地區之人爲訴訟代理人，以使當事人在該項證據之調查參與，能夠獲得充分的保障。

第292條（再囑託）
受託法院如知應由他法院調查證據者，得代為囑託該法院。
前項情形，受託法院應通知其事由於受訴法院及當事人。

解說

　　本條是規定受託法院的再囑託其他法院的情形。受託調查證據的法院，有履行調查證據的義務。受託法院在調查時，發現證據的調查應由其他法院進行時，例如：證人已遷往其他法院的管轄區域時，在原則上，應將情形告知原法院，以便原法院向其他法院為囑託調查。如此將相當費時，故而較簡便的方法是依本條的規定，由囑託法院直接再為囑託其他法院。

　　受託法院對於依本條規定代為囑託時，應將再為囑託的情形通知原法院及當事人，使得原法院及當事人能為必要的程序或準備。

　　附帶說明「應由他法院調查證據」的原因，不論是發生在受理訴訟的法院為囑託調查的裁定前或裁定後，該受理囑託的法院都可以依本條而代為再行囑託其他法院進行證據調查。例如：原受理訴訟的法院誤認證人是住在某法院的管轄區域內，而為囑託該法院為證據調查的程序；或是證人因搬家而遷移到其他法院管轄區域內居住等。

第293條（管轄區外調查）
受訴法院、受命法官或受託法官於必要時，得在管轄區域外調查證據。

解說

　　每個法院都有自己的管轄區域（在此處稱為「土地管轄」；簡單的說可以依照法院事務分配區域表來劃分），各有管轄權行使的範圍。如果某行為是在其他法院管轄區域內發生，原則上以囑託的方式，由有管轄權的法院為職權的行使。但是在某些情況下，為圖便捷起見，須向管轄區域外為調查，例如：應履勘的建築物，跨連兩法院的管轄區域，在此，就不得不為必要的管轄區

域外的證據調查，以求得調查結果的完整性。不過，受理訴訟的
法院、受命法官或受託法官在其他法院的管轄區域內（即條文中
所指「在管轄區域外」）進行調查證據時，應通知該法院，以示
尊重。

> **第294條**（調查證據筆錄）
> 受訴法院於言詞辯論前調查證據，或由受命法官、受託法官調
> 查證據者，法院書記官應作調查證據筆錄。
> 第212條、第213條、第213條之1及第215條至第219條之規定，
> 於前項筆錄準用之。
> 受託法官調查證據筆錄，應送交受訴法院。

解說

　　本條是有關調查證據筆錄的基本規定。在言詞辯論調查證據
時，應將任何結果記載於言詞辯論筆錄（民訴§213），不管由
受理訴訟的法院、受命法官、受託法官為證據調查，法院書記官
應該要製作筆錄。

　　調查證據的筆錄準用本法中言詞辯論筆錄形式上應記載的事
項（民訴§212）、使用錄音機或其他機器設備，輔助製作言詞
辯論筆錄的相關規定（民訴§213-1）、第215條附件文書在筆錄
內的引用（民訴§215）、言詞辯論筆錄的效力（民訴§219）等
規定。

　　對於受託法官在調查證據完畢後，應將調查證據的筆錄移送
受理訴訟的法院，以便為其他的訴訟行為，例如：言詞辯論的進
行。

第295條（於外國調查）
應於外國調查證據者，囑託該國管轄機關或駐在該國之中華民國大使、公使、領事或其他機構、團體為之。
外國機關調查證據，雖違背該國法律，如於中華民國之法律無違背者，仍有效力。

解說

　　本條是外國證據調查方法的規定。基於國家主權的考量及外交地位的尊重，對於外國的證據，本國法院不便直接進行調查，所以，須間接透過外交部途徑而為調查；即囑託駐在該國之中華民國大使、公使、領事或其他機構、團體代為調查。

　　外國機關調查證據的結果，不管有無違反其本國的法律，因為是在我國境內來確定證據的效力，所以須依我國法律的規定而為效力（證據力）的認定。如果按我國法律及外國法律均有調查證據欠缺的情形，除了相關證據調查規定的拘束外，法院就此調查證據的結果，仍應依照自由心證而加以判斷如何處理（民訴§222）。

第296條（當事人不到場時之調查）
調查證據，於當事人之一造或兩造不到場時，亦得為之。

解說

　　調查證據的結果與當事人的訴訟上爭執，有直接的影響，因此，兩造當事人都必須在場。不過，調查證據的結果，因為都詳載於調查證據的筆錄上，即使當事人一造或兩造都不到場，仍然不影響調查證據的效力；另外的考量點，則是基於防止當事人的延誤訴訟，所以才有本條的設立。

因此條文之設計，往往因爲法院的主導指揮權，而改爲改期再行審理，所以一般當事人對此必須有所了解，條文設計爲「得」的關鍵，故法院擁有絕對的決定權。

第296條之1（調查證據前之爭點曉諭與集中訊問）
法院於調查證據前，應將訴訟有關之爭點曉諭當事人。
法院訊問證人及當事人本人，應集中為之。

解說

　　爲了防止法院發生突襲性的裁判，法院在調查證據之前，必須依據本條第1項的規定先將與該訴訟有關之爭點，包括未經或已經整理並協議簡化之事實上爭點、法律上爭點、與訴訟法有關之各種證據上爭點以及其他攻擊防禦方法之爭點曉諭當事人，使兩造知悉事件之爭點及證據與待證事實之關聯性爲其必要性，之後始進行證據之調查。且其中關於「證據上爭點」之曉諭，依具體案情狀況之需要，擴及於將法院對當事人聲明證據與待證事實間關聯，所爲「證據評價」之認識、判斷（心證或法律觀點），作「適時或適度」之公開，再就訴訟關係及相關之各該爭點，向當事人發問或曉諭，使兩造知悉事件之爭點及聲明證據，與待證事實關聯後，促使其爲必要之聲明、陳述或提出證據，以進行證據之調查，並令當事人就該訴訟關係之事實及法律爲適當而完全之辯論，其踐行之訴訟程序始得謂爲無瑕疵（參99台上2032裁判）。此乃對於法院及當事人（含受任爲訴訟代理人之律師）揭示，相關應爲計畫性審理及攻擊防禦之一種明示行爲規範（民訴§203、269Ⅰ）。

　　又爲了達到迅速有效率以及集中審理之目標，法院訊問證人及當事人本人應集中爲之。

第297條（調查證據後法院應為之處理）
調查證據之結果，應曉諭當事人為辯論。
於受訴法院外調查證據者，當事人應於言詞辯論時陳述其調查之結果。但審判長得令書記官朗讀調查證據筆錄或其他文書代之。

解說

　　調查證據的結果，應該經由雙方當事人的辯論後，才可為判決的依據。如果當事人不知要進行言詞辯論，審判長依訴訟指揮權，應當面告知當事人。

　　調查證據的結果，如果是由受命法官、受託法官甚至是於外國調查，須經由當事人的陳述後，法院才能為判斷的依據，否則，未經當事人的陳述而為判決，則具有法律上的瑕疵。當事人陳述調查證據的結果，如果有不完全或不完備的情形時，應注意筆錄是否有誤載、漏記的情形；當事人的陳述，有不能陳述或發生錯誤時，在必要時，審判長得令書記官朗讀調查證據筆錄或其他文書以代當事人的陳述。

第二目　人證

第298條（人證之聲明）
聲明人證，應表明證人及訊問之事項。
證人有二人以上時，應一併聲明之。

解說

　　所謂的「人證」，是指以「人」為證據的方法，但是並不

是以「人」作為證據，而是以當事人以外的第三人，根據他自己的具體觀察以往事實的結果或經驗，在訴訟過程中，將具體所知道的觀察過程或經驗，加以陳述於法院。這個第三人就叫作「證人」；而且所作具體事實的陳述就是「證言」。其實除了本條以下的「人證」是以「人」為證據方法外，尚有「鑑定人」也是以「人」為證據方法，但是因為「鑑定人」有另外的明文，所以，通常一般在訴訟法上稱「人證」的話，所指的即是此處的「證人」而言。

不過只要在性質上不相違背，本法都設有準用的規定（民訴§324）；又為使當事人能夠協力以迅速進行訴訟，以達集中審理之目標，因此如證人有兩人以上時，應一併聲明之，以使法院一併審酌其調查之必要性。

依本條規定，向法院表示要以「證人」為證據的話，必須要表明證人是誰，以及法院對證人所要為的訊問事項。例如：甲向乙借錢，乙將甲所需要的錢交給甲時，丙正巧在場；如果乙賴帳而不還錢，甲向法院起訴後，可將丙列為證人，以證明乙確定有向甲借錢的事實。此外，由於證人的地位重要，所以當事人聲明人證時，能越清楚指明證人越好，所以證人的姓名、職業、住居所等能夠陳報法院的事項，越詳細陳報的話，法院才不致有混淆的情形，如此才能適當的通知證人到場作證。

另外，當事人雖然沒有聲明人證，但法院認為有必要，也能依職權訊問證人（民訴§288）。如果當事人對於聲明人證所須訊問的事項並未充分表明，或使法院不能完全明瞭，法院應依本法第199條的規定，行使闡明權而命令當事人補充說明，不過，法院在訊問證人時，並不受當事人所表明訊問事項的約束及限制。

445

第299條（證人通知書應記載之事項）
通知證人，應於通知書記載下列各款事項：
一、證人及當事人。
二、證人應到場之日、時及處所。
三、證人不到場時應受之制裁。
四、證人請求日費及旅費之權利。
五、法院。
審判長如認證人非有準備不能為證言者，應於通知書記載訊問事項之概要。

解說

　　證人並非訴訟的當事人，所以須送達通知書，以便證人能到庭作證。依本條明文，通知書中至少要記載下面的事項：

　　一、證人及當事人：也就是證人及當事人的姓名。記載證人的姓名是為了確定證人的身分；記載當事人的姓名，是指聲明人證的一造；當然由法院依職權訊問證人的話，要記載是為何人、何事而為作證。

　　二、證人應到場的日、時及處所：使證人清楚何時，到何處所作證。

　　三、證人不到場時應受之制裁：也就是證人違反到場（庭）作證義務時，法院可以對證人實行的處置。例如表示：若無正當理由未到庭者，得科罰新臺幣3萬元整。一般若證人一次不出庭時，必須法官作出裁罰之裁示才會處罰，因此一般第一次傳訊未到如有律師可代為請假。

　　四、證人請求日費及旅費之權利：證人除了到場作證等的義務外，尚有因作證義務而產生的權利（民訴§323）。

　　五、法院：在此是專指傳喚證人作證的法院而言。

　　上面所說的各點是指有傳喚證人作證的情形時，以通知書通知證人到場所應爲之記載事項。但是，如果當事人已經與證人一同前來的話，則不用爲通知書的送達。

　　另外，關於訊問證人的事項，原則上法院不須記載於通知書上，以防當事人與證人串證。但是，如果證人必須作證的事項，是需要事先準備的話，則法院可在通知書上記載大略的訊問事項，以免證人到場作證時，因不能及時作證，而又要再爲另一次的傳喚。至於如何記載，則依情形個別判斷，以方便訴訟進行及不影響當事人的權益爲原則。

第300條（現役軍人爲證人之通知）
通知現役軍人爲證人者，審判長應併通知該管長官令其到場。
被通知者如礙難到場，該管長官應通知其事由於法院。

解說
　　任何人都有爲證人的義務（民訴§302），但是證人身分特殊時，則又另當別論。本條就是在規定，證人如果具有現役軍人身分時的特別情形。

　　通知現役軍人爲證人時，爲不影響軍事任務，必須通知該名軍人的長官，由其長官命令該名軍人到場作證，以加強軍人的作證義務，且不至於因爲該名軍人暫離崗位，而使軍事防務受到影響；如果現役軍人確實有到場作證的困難時，也須由其長官將不能到場作證的理由，通知法院使其知道原由。

第301條（通知在監所人爲證人）
通知在監所或其他拘禁處所之人爲證人者，審判長應併通知該管長官提送到場或派員提解到場。
前條第2項之規定，於前項情形準用之。

解說

當事人聲明人證，須通知在監獄服刑或看守所羈押的人或在其他拘禁處所（例如：警局、靖廬）為證人時，除了依一般送達的方式，將通知書送達給證人後，還必須將通知作證的理由，同時通知證人所在的監獄或看守所的長官或派員提解，以便將證人提送到場作證。

若果有不能到場的困難時（例如：收押禁見的人犯），則由證人所在的監獄或看守所或其他拘禁處所的長官，將不能到場的情形或理由，通知傳喚證人作證的法院知曉。

第302條（作證之義務）

除法律別有規定外，不問何人，於他人之訴訟，有為證人之義務。

解說

本條是明文規定證人作證的義務。基於證人的特性，是不可以任意替代的，所以不管任何人，甚至不論是否為我國的國民，只要在我國居住的人，在他人（當事人間）的訴訟程序中，除了有法律上的例外規定外，都有作為證人而作證的義務。即使證人與當事人間有親屬關係存在，並不表示證人沒有作證的義務，只不過是依本法規定符合一定條件時，可以拒絕證言罷了。因此，不論證人年齡大小、教育程度、性別差異、精神狀況等，都有作證的義務。至於證言的可信度如何，則由法院自行判斷。

證人的義務包括到場的義務、陳述的義務及具結的義務，除了有例外情形外，每個證人都須遵守。至於不必負作證義務的情形，像享有「治外法權」的人，因不必受我國司法權的管轄（基於國際慣例或禮儀），例外的可以不為作證的義務。

對於作為證人的義務，是國家賦予人民的公法上義務，並

非只是就訴訟的當事人間而存在的義務。所以即使當事人間事先約定某人須負作證的義務，例如：在買賣契約中除當事人的簽名外，另外請一個見證人當場作證簽名；對於此一見證人，當事人雖然可以依約請他作證，但是這與證人為作證的義務，在性質上不同。因為在契約上的作證（見證）是屬於私法上關係，而證人在法院的作證，是屬於公法上的義務，兩者間是有非常明顯的差別。

陳法官平常就非常熱心公益、愛好助人，某日上班途中，正巧親眼看見張誠違規右轉，而將機車騎士李屏撞傷，因傷勢不重，在陳法官的協調下，兩人各自離去。不料李屏返家後，即有目眩的情形，經醫生診治結果，有輕微腦震盪；李屏的弟弟就向張誠要求賠償醫療費，卻被張誠拒絕。幾經約談，張誠只允諾一半的醫療費，因此，2個月後，李屏痊癒，即向法院起訴，但是，卻苦無證人。原來當時李屏忘了詢問當場幫忙協調的陳法官。開庭之日，兩人準時到庭，李屏一見高坐審判席的人正是當天協調的路人，於是表示要聲明陳法官為人證。試問，陳法官就本身所承認的事件，可否為證人？

因為法官並非當事人，自然有為證人的能力，因此李屏的聲明陳法官為人證，陳法官就必須就其所見所聞為作證的義務。只不過陳法官為此訴訟事件的證人時，則構成自行迴避的原因，不得再就此訴訟事件為審判的進行，以維護雙方當事人的利益，避免裁判上的不公平。

第303條（證人不到場之處罰）
證人受合法之通知，無正當理由而不到場者，法院得以裁定處新臺幣三萬元以下罰鍰。

證人已受前項裁定，經再次通知，仍不到場者，得再處新臺幣六萬元以下罰鍰，並得拘提之。

拘提證人，準用刑事訴訟法關於拘提被告之規定；證人為現役軍人者，應以拘票囑託該管長官執行。

處證人罰鍰之裁定，得為抗告；抗告中應停止執行。

解說

　　本條是關於證人違反到場義務的處罰規定。為維護司法審判的尊嚴及進行，證人經法院傳喚後，必須要遵行到場作證的義務，如果有違反到場作證義務的情形，法院必定要加以相當的制裁，強迫證人到場作證，否則不能達到司法上解決私權紛爭的目的。因此本條明文規定證人不到場作證可處第一次新臺幣3萬元以下及第2次新臺幣6萬元以下不等之罰鍰，甚至加以拘提的法源依據。

　　受合法通知及無正當理由，是處罰證人不到場作證的前提。所謂「受合法通知」必須是有通知書的製作及合法送達的情形，並且通知書送達給證人後，與法院的開庭訊問間有一段的相當期間。「無正當理由」是指證人的不到場，確實是可以前來法院作證而有意不到場；如證人患重病或本來就沒有作證的義務時，就不得加以處罰。證人不到場的情形，是指朗讀案由時未到，或是在開庭未完畢時自行離去（民訴§316），所以並不是指由開庭時至完畢的全程不到場。倘證人前係以拒絕證言為不當之裁定已確定而仍拒絕證言，經法院依民事訴訟法第311條第1項規定，裁定處3萬元以下罰鍰，縱使再受法院合法之通知，無正當理由而不到場，仍無逕依同法第303條第2項規定，對證人再處6萬元以下罰鍰之餘地。

實例

　　甲法院將證人張晨的通知書交給當事人李琪轉交，經張晨親自蓋章後，結果張晨卻未出庭作證，甲法院可否對張晨科處罰鍰？

　　甲法院可以依本條的規定對張晨科處罰鍰。雖然甲法院的送達不合法，但經張晨的親自蓋章，在這種情形時，仍然認為有合法的送達程序。所以張晨未出庭，法院自然可以依本條處罰張晨。

第304條（元首為證人之詢問）
元首為證人者，應就其所在詢問之。

解說

　　元首為國家的表徵，對外代表國家，對內統率、任免文武百官。依現行的憲政體制，我國的元首為總統，姑且不論採行的是總統制或內閣制的爭論，就總統在我國憲法上的崇高地位來說，憲法第52條就有明文規定：「總統除犯內亂或外患罪外，非經罷免或解職，不受刑事上之訴究。」以保障總統的身分。所以若要以元首為證人而為證據調查時，必須顧及元首的特殊身分，不可隨意傳喚；且基於國家重要公務的考量，本條明定以「元首為證人者，應就其所在詢問之」，以免影響國家公務的正常運作而設。而「所在」之概念應較「所在地」為廣，名括辦公處所或現在處所在內，均屬之。

第305條（就訊證人）
遇證人不能到場，或有其他必要情形時，得就其所在訊問之。
證人須依據文書、資料為陳述，或依事件之性質、證人之狀況，經法院認為適當者，得命兩造會同證人於公證人前作成陳

述書狀。

經兩造同意者，證人亦得於法院外以書狀為陳述。

依前二項為陳述後，如認證人之書狀陳述須加說明，或經當事人聲請對證人為必要之發問者，法院仍得通知該證人到場陳述。

證人所在與法院間有聲音及影像相互傳送之科技設備而得直接訊問，並經法院認為適當者，得以該設備訊問之。

證人以書狀為陳述者，仍應具結，並將結文附於書狀，經公證人認證後提出。其以科技設備為訊問者，亦應於訊問前或訊問後具結。

證人得以電信傳真或其他科技設備將第2項、第3項及前項文書傳送於法院，效力與提出文書同。

第5項證人訊問、第6項證人具結及前項文書傳送之辦法，由司法院定之。

解說

本條規定證人不能到場時，法院之訊問方法。本條第2項到第8項都是民國89年修正民事訴訟法時新增列的項次，這些增訂是為了配合科技的發達，證人有時可以透過相關的科技設備或者是相關的文書就可以達到作證的目的，而證人又可以不用到法院，可增加證人作證的意願，因此增列了第2項至第8項證人作證的方式規定。依照本條第2項至第8項之規定，在特定情形下證人可以不必直接到法院作證，而以證人的相關書狀、書證以及影音傳送的證詞作為法院判斷之證據。

本條第2項規定，證人須依據文書、資料為陳述，或依事件之性質、證人之狀況，經法院認為適當者，得命兩造會同證人於公證人前作成陳述書狀。而依第2項所作成的陳述書狀可以代替

證人的證詞，作爲法院判斷之證據。

　　第3項規定，如果經兩造當事人同意，證人也可在法院以外，以書狀的陳述代替證詞；第4項規定，如果前述經法院許可證人在公證人面前所作成的陳述書狀，或者是經兩造同意，證人在法院外以書狀所爲的陳述，經過法院陳述該項證人書狀之後，倘若當事人之一方要求對證人爲必要之發問時，法院仍然可以通知該證人到場陳述，以協助發現事實。

　　本條第5項規定，證人所在與法院之間有聲音及影像相互傳送之科技設備而得以直接訊問，並經法院認爲適當者，得以該設備來訊問之，這是爲了配合電腦視訊系統的發達所做的規定，這種情形特別是證人在國外者，更可彰顯其實益。

　　本條第6項規定，證人以書狀爲陳述時，仍然應該具結，並將該具結文，附在書狀後，經公證人認證後提出，其以科技設備爲訊問者，應於訊問前或訊問後具結。第7項規定，證人得以電信傳眞或其他科技設備將本條第2項、第3項以及第6項的文書，傳送於法院，傳送的效力與提出文書相同。本項所謂的電信或其他科技設備目前最顯著的就是透過網路及電子郵件信箱的傳輸。

　　本條第8項規定，本條第5項證人訊問、第6項證人具結以及第7項電信傳眞科技設備之傳送辦法，由司法院定之。因爲透過這些相關科技設備傳送的文書，雖然有迅速之功效，但是它的眞實性與簽署以及相關技術性之規定，仍必須要有一些相關的認證措施，以確保安全性以及眞正性。爲此司法院105年7月29日修正發布了民事訴訟文書使用電信傳眞或其他科技設備作業辦法。

　　依據該項作業辦法的第5條規定，法院認爲適當或經當事人兩造同意而命證人或鑑定人於法院以外以書狀爲陳述者，應於通知書上載明得以傳眞或電子方式將陳述書面及具結文書傳送至法院之旨。前項通知書並應記載法院傳眞號碼，電子信箱、地址及傳送文書首頁應記載事項。

又同辦法第6條、第7條規定，文書傳送之送方及受方，送方必須在傳送訴訟文書前添附首頁，記載傳送文書之名稱、頁數、股別、案號、當事人姓名、傳送者姓名、住址、國民身分證號碼、電話號碼、回傳文書之傳眞號碼，或電子信箱地址及其他法院認爲應載明之事項。而文書傳送之受方應於收受文書後，一個工作天之內，依收受之首頁資料核對收受之文書，並將收受之文書年、月、日、收受者姓名、電話號碼、電子信箱、地址等資料，併收受文書首頁回傳送方。

第306條（公務員為證人之特則）

以公務員或曾為公務員之人為證人，而就其職務上應守秘密之事項訊問者，應得該監督長官之同意。

前項同意，除經釋明有妨害國家之利益者外，不得拒絕。

解說

公務員有保守公務上機密之義務，以免國家安全、社會秩序或其他關於人民的重大利益受到無謂的損害（參行訴§144、刑訴§179）。所以不管是現任的公務員或已經辭去公務員身分的人，如果在當事人的私權紛爭中，有必須爲證人的義務時，倘若是不涉及職務上的機密，固然可以作證；但是如果涉有職務上的機密，恐怕有洩漏機密的可能時，則必須得到公務員上級監督長官的同意，才能夠作證。同樣的情形在中央民意代表或曾爲中央民意代表行使職權時，亦有與聞國家機密的機會，因此如訊問上述之人涉及職務上應守秘密的事項，爲防杜國家機密外洩，致損及國家利益，自亦應得該民意機關的同意。

第307條（拒絕證言之事由）
證人有下列各款情形之一者，得拒絕證言：
一、證人為當事人之配偶、前配偶、未婚配偶或四親等內之血親、三親等內之姻親或曾有此親屬關係者。
二、證人所為證言，於證人或與證人有前款關係之人，足生財產上之直接損害者。
三、證人所為證言，足致證人或與證人有第1款關係或有監護關係之人受刑事訴追或蒙恥辱者。
四、證人就其職務上或業務上有秘密義務之事項受訊問者。
五、證人非洩漏其技術上或職業上之秘密不能為證言者。
得拒絕證言者，審判長應於訊問前或知有前項情形時告知之。

解說

　　證人是在當事人的訴訟過程中，陳述觀察事實過程的結果，因此陳述事實的真相具有不可代替性，是證人作證的主要義務，所以證人必須有為證言的義務，違反時會受到一定的制裁。但是在事實上，法律考量人情上或事實上的理由，特別明定證人在特定情況下，可以拒絕陳述證言，依本條的規定如下：

　　一、因親屬身分上的關係：也就是證人是當事人的配偶、前配偶、未婚配偶或四親等內的血親、三親等內之姻親或曾經有三親等內的姻親的親屬身分時，都可以拒絕證言（本款相關用語請參照本法§32）。另外，在當事人以自己名義，但是卻為其他人的事項進行訴訟時，例如：遺產管理人、破產管理人，即使證人與當事人有本款的關係，卻並非本款的情形，所以並沒有拒絕證言的適用。

　　二、因財產上的原因：證人所陳述的證言，對證人本身或有前款親屬關係的人，將造成財產上的直接損害時，可以拒絕證

言。如果是因裁判的結果足致損害者，則不能拒絕證言。在證人以自己的立場爲證言，而導致所代理的人（包括自然人或法人）有損害時，也沒有本款的適用；但證人是以代理的權限爲作證時，因爲不是以自己的立場作證，所以對於被代理人因證言可能所受的損害，可爲拒絕證言。

關於第1款、第2款的情形，在下一條中有明文例外的規定，而仍然不得拒絕證言（民訴§308）。

三、因證人或證人的親屬或有監護關係存在之人，因證言有將受刑事訴追或蒙恥辱：此是基於人情考量，如果證人因自己的眞實陳述，而造成證人本身或有親屬關係存在之人，或有監護關係存在之人（依民法的相關規定），受到刑事訴追的危險或有名譽上的損傷時，則證人的陳述，在眞實性而言，必定避重就輕，如此一來，就失去眞實陳述的價值，因而明定有此情形時，可爲拒絕證言。

四、因證人在職務上或業務上有保守秘密之義務：此保守秘密義務的產生，可能是法律上所規定，如果違反秘密義務而爲陳述證言的話，則與事理不符合，似乎是強迫證人違反秘密義務，因此，在有秘密義務的證人，可以拒絕證言，例如律師、會計師、醫師及公務員等。但是公務員爲證人，已經依本法第306條規定，得到公務員長官的同意時，就不能拒絕證言。

五、證人因在技術上或職業上之秘密：這是指就技術上或職業上的價值，例如有關專利的方法、貨物的來源或買入的價格等，爲保有技術上或職業上的競爭性，因此可以拒絕證言。

證人有本條拒絕證言的情形，審判長、受命法官、受託法官在訊問前或訊問時知道有可以拒絕證言的情形時，應該向證人說明；亦即如果沒有說明，而仍然訊問證人，就證人所陳述的證言，還是可以斟酌，而爲裁判基礎。

第308條（不得拒絕證言之事由）
證人有前條第1項第1款或第2款情形者，關於下列各款事項，仍不得拒絕證言：
一、同居或曾同居人之出生、死亡、婚姻或其他身分上之事項。
二、因親屬關係所生財產上之事項。
三、為證人而知悉之法律行為之成立及其內容。
四、為當事人之前權利人或代理人，而就相爭之法律關係所為之行為。
證人雖有前條第1項第4款情形，如其秘密之責任已經免除者，不得拒絕證言。

解說

　　證人有拒絕證言的原因時，可為拒絕陳述證言的義務。但是，如果遇有特殊事實或待證事實必須說明，而無其他人代替時，仍不得拒絕證言的義務。

　　本條明定證人雖然與前條中當事人間有親屬關係，或是基於財產上可能受到的直接損害，在下面的情形，仍不能拒絕證言：

　　一、同居或曾同居人之出生、死亡、婚姻或其他身分上之事項：此等事項，只有同居人或曾同居人知道得最為詳實，並無其他人可以代替。「同居」，是指以共同生活為目的而同住。

　　二、因親屬關係所生財產上之事項：因為必須有親屬關係為前提，所以本可拒絕證言，不過在此情形，因為一定要有親屬關係才能作證，所以也不能拒絕證言，例如：繼承權的拋棄或承認。

　　三、為證人而知悉之法律行為之成立及其內容：證人為其他案件證據調查時，為作證義務，因此而得知相關法律行為之成立

及其內容，此時依本條即不得拒絕證言。

四、為當事人之前權利人或代理人，而就互相爭執之法律關係所為之行為：此等證人對於當事人法律關係的爭執，最為熟悉，所以為最適合為證言的人選。

在前條第4款的情形，本有保守秘密義務之人，若責任被依法免除後，也不得拒絕證言。

第309條（拒絕證言理由之釋明）

證人拒絕證言，應陳明拒絕之原因、事實，並釋明之。但法院酌量情形，得令具結以代釋明。

證人於訊問期日前拒絕證言者，毋庸於期日到場。

前項情形，法院書記官應將拒絕證言之事由，通知當事人。

解說

此處證人係於訴訟中有陳述說明觀察事實結果義務之人，所以其拒絕此一義務必須具備前條所規定的事由存在。對此證人必須讓法院了解是否合乎人情上與事實上特殊之原因，故本條第1項但書特別賦予法院斟酌上情的參考依據。但是前開釋明，必須依本法第284條的規定，提出能即時調查的證據，讓法院、受命法官或受託法官相信其大概為真實即可，然而此一釋明，在事實上很難表示清楚，為了避免造成遺憾，故特設本但書以代替釋明之不足。

本條第2項係因證人已受合法通知，本應於訊問期日到場，惟其已於期日拒絕證言，縱使到場，亦無法善盡其證言的義務，故免於訊問期日到場的義務。

第3項係法院書記官之職責，應將前項情形通知當事人，俾使其捨棄該證據或另行舉證。不過本項僅是訓示規定，縱使違反，亦不生本法第468條違背法令的問題。

第310條（拒絕證言當否之裁定）
拒絕證言之當否，由受訴法院於訊問到場之當事人後裁定之。
前項裁定，得為抗告；抗告中應停止執行。

解說

　　證人的拒絕證言是否妥當，受理訴訟的法院、受命法官、受託法官除了審查本法中相關規定情形外，還必須就當事人意見，對當事人加以訊問。當然對當事人的訊問，自然是以在言詞辯論期日或調查證據期日，有到場的當事人而言。當事人如果不到場，則不須依本條的規定，可直接依職權，以裁定的方式作為證人拒絕證言是否妥當的認定。

　　對於本條情形的裁定，當事人或證人都可以為抗告的表示。就當事人而言，當事人如果認為證人的拒絕證言有理由時，等於是當事人對聲明人證的拋棄；換句話說，就不會有抗告的提出。反之，如果證人的拒絕證言，當事人陳述意見時認為沒有理由，則須經法院、受命法官或受託法官的裁定，以認定證人的拒絕證言是否確實有拒絕證言的理由。在證人的拒絕證言後，法院、受命法官或受託法官所為的裁定，如果認為拒絕證言為正當，則由當事人提起抗告；如果認為拒絕證言為不正當，則由證人提起抗告。提起抗告的當事人或證人，須陳述不服的理由，而法院、受命法官或受託法官在抗告提起的過程中，應停止拒絕證言裁定妥當與否的執行，以保護提起抗告者的利益。

第311條（違背證言義務之處罰）
證人不陳明拒絕之原因、事實而拒絕證言，或以拒絕為不當之裁定已確定而仍拒絕證言者，法院得以裁定處新臺幣三萬元以下罰鍰。
前項裁定，得為抗告；抗告中應停止執行。

解說

本條是規定證人違背陳述證言義務的處罰規定。證人的出庭作證，除了對當事人間的爭執有決定性的影響外，間接也影響了法院公平、正確的審判，所以設立本條的處罰規定，使在一定條件或情況下，對證人違背作證陳述證言的義務，加以處罰（本條規定爲罰鍰）。本條規定應處罰的情形有兩種：

一、證人不陳明拒絕之原因、事實而拒絕證言：在此情形，必定是證人沒有依本法第309條的規定，而爲拒絕證言；如果是證人在被訊問中，自己擅自離開法庭或被訊問的場所，則是證人違反到場的義務（民訴§303）；兩者的情形是不相同地。

二、證人拒絕證言不當之裁定已確定而仍拒絕證言：依前條的規定，證人對受理訴訟的法院、受命法官或受託法官的裁定，認爲不服而提出抗告，經駁回而確定的話，證人就必須陳述證言，如果不爲陳述證言，這種情形與沒有正當理由而拒絕證言相同。

第312條（證人具結之義務）
審判長於訊問前，應命證人各別具結。但其應否具結有疑義者，於訊問後行之。
審判長於證人具結前，應告以具結之義務及偽證之處罰。
證人以書狀爲陳述者，不適用前二項之規定。

解說

在訊問證人前，受理訴訟的法院、受命法官或受託法官須先查證證人有無錯誤。對於證人除了有不能具結的情形外（民訴§314），審判長或受命法官、受託法官應該命證人具結。具結的目的，在於確保證人的真實陳述，以求事實真相的發現，甚至是在強迫證人作真實的陳述，所以，具結的程序不能免除。對於

沒有具結的證人證言，除了有法律上明文免除具結義務的情形外，不能作爲裁判的依據，否則影響正確性及公平性，而可以以此具結程序的欠缺作爲上訴的理由。

　　原則上，證人的具結是在訊問前進行，而且在證人有數個人時，必須是各個證人的分別具結，以使各個證人就自己陳述證言的部分負責。如果對於證人的具結與否有所疑問，而不能確定是否須使證人具結時，可以先行訊問，在證人陳述完畢後（訊問後），再爲具結。

　　在訊問前命證人具結的情形，審判長或受命法官、受託法官必須告訴證人有法律上的具結義務；同時須告訴證人，具結後所陳述的證言，如果有虛僞不實的陳述時，依刑法第168條處7年以下有期徒刑的刑罰，以表示證人陳述的重要，及具結後的法律上效果。

　　本條規定證人在法院外以書狀陳述時，因審判長在事實上無法踐行訊問前後命證人具結，並告知具結義務及僞證處罰的法定程序，故增列此項規定，然若有依特別規定（例如公證法）時，則自然仍應適用各該特別規定，以達到其法律效果。

第313條（具結之程序）
證人具結，應於結文內記載當據實陳述，其於訊問後具結者，應於結文內記載係據實陳述，並均記載決無匿、飾、增、減，如有虛僞陳述，願受僞證之處罰等語。
證人應朗讀結文，如不能朗讀者，由書記官朗讀，並說明其意義。
結文應命證人簽名，其不能簽名者，由書記官代書姓名，並記明其事由，命證人蓋章或按指印。

解說

本條是針對具結的程序，避免繁瑣而拖延訴訟，然而如果太過簡單又嫌失去具結的效力，因此在兼顧訴訟經濟及效力的考量下，所作具結程序的明示規定。不論證人的具結是在訊問前或訊問後均一律應於結文內記載：「當（係）據實陳述，並無隱匿、掩飾、增減的情形，如有虛偽陳述，願受偽證的處罰」等詞。

對於證人的具結，為求鄭重起見，並同時由證人簽名或蓋章、按指印，以示證人的負責。除證人親自簽名以外的其他證明具結的方式，書記官還必須記明不能簽名的事由，並代證人寫其姓名。另外，筆錄中也應記載證人曾經為具結程序的內容並完整記明之。

第313條之1（書狀陳述之具結）
證人以書狀為陳述者，其具結應於結文內記載係據實陳述並無匿、飾、增、減，如有虛偽陳述，願受偽證之處罰等語，並簽名。

解說

因本法增設證人得於法院外以書狀陳述的規定，所以其以書狀陳述時，其具結的程序必須另外加以規定，所以在其具結文內記載係據實陳述並無匿、飾、增、減，如有虛偽陳述，願受偽證之處罰等語，並簽名以示負責，以避免法律疏漏，造成問題之弊端產生所設。

第314條（不得令具結者）
以未滿十六歲或因精神障礙不解具結意義及其效果之人為證人者，不得令其具結。

以下列各款之人為證人者，得不令其具結：

一、有第307條第1項第1款至第3款情形而不拒絕證言者。

二、當事人之受僱人或同居人。

三、就訴訟結果有直接利害關係者。

解說

本條是規範證人免除具結及可以不令具結的情形。

證人為不滿16歲（為童工）（勞基§44 I），或因精神上的障礙而有不了解具結的意義及效果時，證人顯然仍有作證陳述的義務。但是，陳述是否真實，證人本身因年齡、智力、精神狀態的差異，而無法確定，縱使為具結程序，也無法達到效果，因而，將有此情形的證人予以排除。至於有不得令具結情形的證人所陳述的證言，關於真實性的判斷，由法院自由心證。在法院可以不令證人具結的情形，由審判長依實際具體的情形決定：

一、有第307條第1項第1款至第3款情形而不拒絕證言者：也就是證人與當事人，或證人與一定身分上關係人間有身分上的親屬關係，或因親屬關係所產生財產上直接的損害、刑事上被追訴或名譽上受損的情形。但是，在第308條第1項規定不得拒絕證言的情形中，仍然要令其具結。

二、當事人之受僱人或同居人：也就是指在生活上有直接關係的人。本款所稱「受僱人」，是指受當事人繼續性的僱傭關係存在為前提，而仰賴當事人的薪津支付的人；同居人則指共同生活的人而言。上述兩種身分關係的證人，因為與當事人長期相處，難以保證公平客觀的陳述證言，即使為真實的陳述，恐怕多少也會顧及與當事人的關係，而避重就輕的陳述，因此明定可以不令具結，這是基於人情上的考量。

三、就訴訟結果有直接利害關係者：本款所指的利害關係，

是指法律上的利害關係，與第2款的情形性質不同。如果訴訟勝敗的結果，會影響證人的法律上利益時，則可以不令具結，例如：證人是當事人（債務人）的連帶保證人，在債務人勝訴時，連帶保證人也可以免去責任的情形。

　　沒有令證人具結而加以訊問的話，對於沒有令具結的原因或訊問的情形，最好能記載於筆錄中，以免發生爭執。

第315條（拒絕具結處罰之準用）
第311條之規定，於證人拒絕具結者準用之。

解說
　　本條是規定證人沒有正當理由拒絕具結的處罰。

　　證人陳述證言的義務與證人具結的義務，雖然與到場義務同為證人作證時所必須遵行的義務（即三者同為證人作為義務之一），事實上，具結的義務是陳述證言義務的一部分，兩者有不可分的關係（有具結的義務必有陳述證言的義務），沒有正當理由而拒絕具結的話，與沒有正當理由而拒絕陳述證言的情形相同。所以，為使證人能完全履行作證的義務，對於沒有拒絕具結的正當理由而不具結的證人，科以與沒有正當理由拒絕證言時相同的罰鍰處罰，而準用本法第311條的規定。

第316條（訊問證人之方法）
訊問證人，應與他證人隔別行之。但審判長認為必要時，得命與他證人或當事人對質。
證人在期日終竣前，非經審判長許可，不得離去法院或其他訊問之處所。

解說

本條是對於在訊問多數證人時的相關規定。爲了防止證人在有數人時，產生群眾心態的附和作用，本條所採行的訊問方法爲隔別訊問；也就是對每個證人分別的單獨進行訊問程序，希望每個證人就自身所知道的具體觀察或記憶情形，能夠暢所欲言。因此，還沒有陳述證言的證人，就不能在其他證人陳述證言的同時在場；但是證人陳述後，因爲已經陳述完畢，在不影響其他證人陳述證言的考量下，使陳述完畢的證人在場，並無妨礙。如果審判長發現，證人間的證言有前後矛盾、互相不一致的情形，可以依職權命令陳述證言矛盾或不一致的證人，當場相互對質，或爲究明事實的眞僞，特明定得命證人與當事人直接對質，以資因應。對質的目的，是爲了得到眞實的證言，這是證人隔別訊問的例外情形。另外，受命法官或受託法官也有上述的權限。

在開庭的過程中，證人不能自行離開法院或訊問的場所。如果尚未陳述證言，而證人自行離開，則是違反證人到場的義務；即使證人已經陳述證言完畢，因爲在實務上有可能會有相互對質的必要，所以在沒有審判長、受命法官或受託法官的允許時，仍然須留在法院或訊問場所內，以便隨時再行接受訊問。

第317條（人別訊問）
審判長對於證人，應先訊問其姓名、年齡、職業及住、居所；於必要時，並應訊問證人與當事人之關係及其他關於證言信用之事項。

解說

本條的規定，是著重於證人身分的確定及是否有具結的必要（民訴§314）。

訊問證人程序的進行，在獨任法官時，由獨任法官訊問；在

465

合議審判時，由審判長訊問。當然，由受命法官或受託法官為證據的調查時，基於職權也有訊問的權限。在還沒有進行訊問事項的訊問前，必須要先確認證人的身分，可先訊問證人的姓名、年齡、職業及住居所。通常法院通知證人到庭作證時，會在通知單上註明「攜帶身分證報到」。確認證人身分的目的有二：一是便於訴訟的進行（避免證人走錯法庭）；二是防止頂替證人的情況發生。所以，在尚未進行訊問事項前，先行確認證人的身分，實在是有必要的。

至於條文中提到，審判長在必要時，可針對證人與當事人的關係，及其他關於證言信用的事項加以訊問。其實這是就證人證言的可信度預先為判斷，例如：證人與當事人如果為夫妻，那自然可信度就比較低；但是這也並非完全如此，所以必須就全部訴訟程序中，客觀的認定證人的可信度，否則，如果法院先入為主，則當事人恐怕會有不利益的可能。而關於證人證言信用事項，審判長或獨任法官通常會就證人的觀察能力、學識等，與證人所必受的訊問事項，預先為訊問，等到證人為訊問事項的說明時，藉以判斷證人證言的真實性及可靠的程度。

> **第318條**（連續陳述）
> 審判長應命證人就訊問事項之始末，連續陳述。
> 證人之陳述，不得朗讀文件或用筆記代之。但經審判長許可者，不在此限。

解說

本條是有關證人訊問事項的規定。審判長或獨任法官依前條規定，確認證人身分無誤後，就開始命證人為證明事項的說明。說明的方式為連續陳述，也就是依訊問事項作連續而不間斷的說明。審判長或獨任法官儘量避免「誘導式」的訊問，也就是千萬

不宜採用一問一答的方式，以免陷證人於預設的問題中，而造成判斷上的偏頗。為使證人跟隨著他自身觀察的結果，作連續式的說明，除避免提示性的訊問（也就是證人的意思含糊不清時，不指示他作選擇性的回答）外，回答事項時，也不能以預先準備好的文稿，當庭覆誦，否則即有虛偽造假之可能性發生。然而有些證言的內容，關於數量、日期等，為求真實，不能任意陳述，在此情形，經審判長或獨任法官同意後，就可以不受限制，也就是可以朗讀預先準備的文件，以提供正確的說明。

> **第319條**（法院之發問權）
> 審判長因使證人之陳述明瞭完足，或推究證人得知事實之原因，得為必要之發問。
> 陪席法官告明審判長後，得對於證人發問。

解說

　　本條是規定法院對於證人發問權的明文。前條提到審判長或獨任法官不能對證人作「誘導式」的訊問，以避免不公。但是，證人的陳述如果因表達能力不佳，則無法對訊問事項有所幫助，這時的審判長或獨任法官可以引用本條，針對證人陳述不完全的部分，再重新命證人陳述，以求事實真相；如果有不明瞭的部分，必要時，就只針對證人知悉事實的原因，主動依本條發問，以推敲證人的真實心態為何？

　　陪席法官輔助審判長而參與審判，遇有必要或審判長訊問證人後，告明審判長，就可以訊問證人。告明的目的並不是要取得審判長的許可，而是為了維護發問的秩序（民訴§199）。

第320條（當事人之發問）

當事人得聲請審判長對於證人為必要之發問，或向審判長陳明後自行發問。

前項之發問，亦得就證言信用之事項為之。

前二項之發問，與應證事實無關、重複發問、誘導發問、侮辱證人或有其他不當情形，審判長得依聲請或依職權限制或禁止之。

關於發問之限制或禁止有異議者，法院應就其異議為裁定。

解說

當事人原本不得自由對證人發問，以維法庭的秩序，然而如果說當事人確有需要，自然應該允許其在得到審判長的許可後進行；同時審判長亦得斟酌情形，若認為適當，即可准許當事人自行發問。至於如有二人以上之當事人陳明欲自行發問時，則應由審判長依其訴訟指揮權限定其發問順序，如有必要，審判長仍得自行再為補充。

同時當事人對證人發言之內容，是以應證事實及證言信用事項為範圍，其中應證事項依前條規定；然證言信用事項（係指觀察、記憶、表達正確性等內容；準用行訴§176再準用民訴§317）卻無任何規定，故在第2項中補充之。

本條第3項係為適當規範法院之介入權，並使當事人就其發問內容之界限有所遵循，爰就當事人發問之限制或禁止標準設立具體之規定。

本條第4項係針對當事人、代理人、輔佐人、參加人、證人等關於發問之應否准許或禁止有反對的意思表示，由指揮訴訟進行的人進行准許與否的程序上判斷，亦即審判長所行的訊問，由受訴法院裁定；因受命法官或受託法官所行的訊問，則分別由其

本身裁定（民訴§322），對此項裁定不得加以抗告，也不得向受理訴訟的法院提出異議（民訴§485）。

第321條（命當事人退庭之訊問）
法院如認證人在當事人前不能盡其陳述者，得於其陳述時命當事人退庭。但證人陳述畢後，審判長應命當事人入庭，告以陳述內容之要旨。
法院如認證人在特定旁聽人前不能盡其陳述者，得於其陳述時命該旁聽人退庭。

解說

　　訊問證人是屬於調查證據的程序，本來依第296條的規定，當事人必須在場。然本條第1項有鑑於因有時證人在當事人在場時，因爲心中有所顧慮，或是礙於情面，而導致證人不能就其所知道的部分暢所欲言。證人如果有此情形發生，而法院認爲有必要時，可以命令當事人的一方或雙方暫時離開法庭，等證人陳述證言完畢後，審判長應該命令當事人進入法庭，並告訴當事人，有關證人陳述證言的事項，以便當事人對證人所陳述的證言是否妥當，有爲自己辯論的機會，而藉此可以爲自己主張權益。

　　本條第2項乃補充第1項，爲使證人能暢所欲言，以發現眞實起見，預防當事人利用第三人或利害關係人在場，製造證人的疑慮或恐懼，因此法院如認證人在特定人旁聽時，無法盡其陳述之責，特增列本項職權，即命該旁聽人退庭之職務權能。

第322條（受命、受託法官訊問證人之權限）
受命法官或受託法官訊問證人時，與法院及審判長有同一之權限。

解說

　　本條是規定受命法官或受託法官在訊問證人時的權限。依本法第290條的規定，受命法官或受託法官可以為證據的調查。訊問證人為調查證據的一種，為了使受命法官或受託法官在訊問證人時，能充分的發揮其應有之功能，因此特別規定在此情形，有與法院及審判長同樣的權限。

第323條（證人之費用請求權）
證人得請求法定之日費及旅費。但被拘提或無正當理由拒絕具結或證言者，不在此限。
前項請求，應於訊問完畢後十日內為之。
關於第1項請求之裁定，得為抗告。
證人所需之旅費，得依其請求預行酌給之。

解說

　　證人經通知到場後，因為是盡公法上的義務，因此應給予法律上所規定的旅費及日費，請求的數額依法院辦理民事事件證人鑑定人日費旅費及鑑定費支給標準（民訴§77-23Ⅰ）辦理，且須在一定期間內給予，不得拖延。然若證人因拘提而到場，或無任何正當理由拒絕具結或作證時，因其係違反公法上的義務，而有妨害訴訟程序的正常進行，故特別制定本項但書予以限制。

　　本條所謂之日費及旅費部分，包括到庭費、滯留費、在途食宿舟車費及滯留日期內之食宿費用等，且一經到場，縱當事人捨棄人證，或證人依法拒絕，而未受訊問，亦得請求。

　　此項費用為訴訟費用之一部，最後由敗訴之一方或他造負擔，然法院亦得命聲明人證之一方預納（民訴§78～95）。

第三目　鑑定

第324條（鑑定準用人證之規定）
鑑定，除本目別有規定外，準用關於人證之規定。

解說

鑑定的作用，是在於對事實真相或事物狀態的存在原因，能具體的說明或加以佐證。程序的進行，通常都是經過當事人的聲請，而由法院指定某一特定的人，藉著他的特殊專長或知識，對於訴訟進行有爭執的部分（事實的真相或事物的狀態）提供他的意見或判斷，用來提供法院為審查真實的依據。這具有特殊專長或知識的人，稱為「鑑定人」，例如：為了證明債權人所提供的借據中，債務人的簽名是否為債務人親筆簽名而發生爭議，由字跡比對的專家，負責判斷的情形。判斷的過程就稱為「鑑定」，負責比對的專家則稱為「鑑定人」。

鑑定人與證人在訴訟程序中，都屬於人證的一種，因此所扮演的角色，有異曲同工相似的地位，因此，本條以下有關鑑定事項，除了有不同的規定情形外，實際上與人證的情形相同，所以本條明定可準用人證（民訴§298～323）的規定。

第325條（鑑定之聲請）
聲請鑑定，應表明鑑定之事項。

解說

鑑定的目的，是就事物的真偽或狀態加以辨別或說明，以提供法院審判時的參考。所以，當事人聲請鑑定的時候，必須明白表示何種事項需要特殊經驗的人到庭陳述意見，及其意見究竟與

法院欲證明的事項有何關聯的鑑定事項，也就是鑑定的範圍，一來可使法院得知當事人為何須聲請鑑定，二來可使法院方便鑑定人的選任。

當事人所表明的鑑定事項，法院並不受其拘束，所以當事人沒有聲請的事項，法院覺得有必要的時候，也可以在職權範圍內，自行命鑑定人鑑定，以闡明或確定訴訟關係，而方便訴訟的進行（民訴§203）。

第326條（鑑定人之選任及撤換）
鑑定人由受訴法院選任，並定其人數。
法院於選任鑑定人前，得命當事人陳述意見；其經當事人合意指定鑑定人者，應從其合意選任之。但法院認其人選顯不適當時，不在此限。
已選任之鑑定人，法院得撤換之。

解說

當事人聲請鑑定後，由受理訴訟的法院，依當事人聲請鑑定的事項決定鑑定人的選任；人數的多寡依鑑定事項的複雜或難易程度，由法院視情形而定。法院選任鑑定人及決定鑑定人的人數之後，所為的裁定應將裁定送達於當事人。當事人雖不得抗告，但如果有迴避的原因時，可向法院聲明拒卻（民訴§32、331）。

法院就選任時鑑定人是否勝任，並非法院所能完全知悉，因此如果就聲請鑑定事項難以選任或決定鑑定人時，可以命當事人陳述意見，以供指定合適或經雙方合意，本諸證據契約得予承認的法理而選任可勝任的鑑定人，如此亦能使當事人對鑑定結果信服。但是當事人的指定鑑定人只是提供法院的參考，法院並不一定遵照當事人的指定，倘若認為人選不當時，自然不受當事人合

意的拘束。

　　選任後的鑑定人不論是法院選任，或當事人指定的，如果有無法勝任或法院認為有不能達到鑑定的目的等原因時，法院可以自行撤換鑑定人，以求得公平正確的鑑定結果。

第327條（受命、受託法官行鑑定之權限）
有調查證據權限之受命法官或受託法官依鑑定調查證據者，準用前條之規定。但經受訴法院選任鑑定人者，不在此限。

解說

　　鑑定為調查證據的方法之一，因此受理訴訟的法院，可以指定受命法官（民訴§270）或囑託其他法院指定的法官（即受託法官），而依本法第290條的規定進行鑑定的調查證據。如果有上面敘述的情形時，受理訴訟的法院及受命法官或受託法官始擁有調查證據的權限，方可以行使本法第326條的法院權限；也就是都可以自行選任鑑定人，並且決定鑑定人的人數，及命令當事人自行指定選任鑑定人或撤換不能勝任的鑑定人。鑑定為一種調查證據方法，所得結果係供作法院依自由心證判斷事實真偽之證據資料；又法院依調查證據之結果，雖得依自由心證判斷事實之真偽，但其所為之判斷如與經驗法則不符時，即屬於法有違。

　　受命法官或受託法官雖然有本法第326條的權限，但是受理訴訟的法院，如果已經選定了鑑定人，則除了已經選定的鑑定人外，受命法官或受託法官就不能再以其他具有特殊專長或經驗的人為鑑定人，而進行訊問的程序。

　　受命法官或受託法官依本條所為的裁定，是有關指揮訴訟的裁定，所以不得抗告，同時也不能向受理訴訟的法院提出異議（民訴§483、485）。

第328條（為鑑定人之義務）
具有鑑定所需之特別學識經驗，或經機關委任有鑑定職務者，
於他人之訴訟，有為鑑定人之義務。

解說

　　本條是針對鑑定人資格及義務的規定。

　　一、鑑定人的資格：雖然鑑定人與證人的地位相似，但是能夠具備鑑定人資格的人，過去僅限於：

　　1.從事於鑑定所需之學識、技藝或職業：例如醫師、技師、工程師、會計師等。

　　2.經機關委任有鑑定職務者：例如法醫師或檢驗員，此等人員有法律上的義務。

　　然為促進審判順利進行，特將凡具有鑑定所需的特別學識經驗者，均納入且都具有鑑定人的公法上義務，而不局限在現從事鑑定所需之學術、技藝或職業者為限。

　　二、鑑定人的義務：包括到場的義務、陳述的義務及具結的義務。所以鑑定人的義務與證人的義務相同（民訴§324）。

　　雖然具備鑑定人的資格，但必須是在他人的訴訟程序中，才能有為鑑定人的資格，否則在自己的訴訟中身兼鑑定人的地位，則恐怕有失訴訟的公平性，而違背了當事人之間的對等性（對立性及平等性）。固然他造當事人可依照法官迴避的原因（民訴§32）拒卻鑑定人（民訴§331），但本條仍然加以設限，所以必須「於他人之訴訟」中，才「有為鑑定人之義務」。

第329條（拘提之禁止）
鑑定人不得拘提。

解說

鑑定人與證人有相同的公法上義務（民訴§328），如果不遵行必須履行的義務時，則依第324條準用同法中第303條、第311條及第315條的規定而科以罰鍰，以示懲戒。

基於證人與鑑定人所擔任角色任務的不同，證人受合法通知仍不到場時，除可以再科處罰鍰外，並得拘提；但鑑定人依本條明文則沒有相同的規定，也就是不能拘提鑑定人。這是因為只要具備第328條鑑定人資格的人，都可以為鑑定人，所以鑑定人並不一定要限制由某個人來擔任，因此不必一定要強迫某個鑑定人到庭鑑定。如果某個鑑定人執意不到場，則仍然可以選任其他具有同樣專長的人為鑑定人，這點是鑑定人與證人不相同的地方。

第330條（鑑定義務之免除）
有第32條第1款至第5款情形之一者，不得為鑑定人。但無其他適當之人可為選任或經當事人合意指定時，不在此限。
鑑定人拒絕鑑定，雖其理由不合於第307條第1項之規定，如法院認為正當者，亦得免除其鑑定義務。

解說

鑑定人為證據方法，其鑑定結果往往影響法院的裁判，因此為確保鑑定人的中立性及公正性，所以本次修正參酌第32條有關法官應自行迴避的事由，就彼此有一定關係者，明定不得為鑑定人的規定，但為免無從選任之虞，所以特增設例外規定，以避其窮。

鑑定人受法院的選任指派為鑑定的時候，有可能因為法律的規定或個人的原因而有拒絕鑑定的情形。如果是法律規定的原因，則必須是：一、證人為當事人之配偶、前配偶、未婚配偶或四親等內之血親、三親等內之姻親或曾有此親屬關係者；二、於

證人或與證人有前款關係之人，足生財產上之直接損害者；三、足致證人或與證人有第1款關係或有監護關係之人受刑事訴追或蒙恥辱者；四、證人就其職務上或業務上有秘密義務之事項受訊問者；五、證人非洩漏其技術上或職業上之秘密不能為證言中各款的情形（民訴§307），也就是與證人拒絕證言的情況相同。但是因為鑑定人的鑑定義務是法院賦予的，所以即使鑑定人拒絕鑑定的原因沒有符合本法第307條第1項各款的情形，法院如果認為正確的話，也可依法院本身的職權免除鑑定人鑑定的義務。因為能夠有鑑定人資格的人，並不一定非某一個特定的人不可。

至於鑑定人拒絕鑑定的理由是不是「正當」，則是由法院自己認定，而不是鑑定人只要一提出拒絕鑑定的理由，就可以免除鑑定的義務。通常的正當理由，例如：當事人指定的鑑定人所具備的專長與鑑定事項不符合，而法院沒有詳細審查資格，而有誤認的情形（如選任外科醫師鑑定內傷的程度），或鑑定人真的有不能勝任的情形（如選任年近80歲有重度老花眼的老者鑑定指紋）等。另外，拒絕鑑定的程序，仍準用人證的規定（民訴§309、310）。

第331條（鑑定人之拒卻）
當事人得依聲請法官迴避之原因拒卻鑑定人。但不得以鑑定人於該訴訟事件曾為證人或鑑定人為拒卻之原因。
除前條第1項情形外，鑑定人已就鑑定事項有所陳述或已提出鑑定書後，不得聲明拒卻。但拒卻之原因發生在後或知悉在後者，不在此限。

解說

訴訟的當事人在訴訟進行中，對於法院所選任的鑑定人，雖然不能表示不服（民訴§483），但是鑑定人鑑定的結果，如

果對當事人的利益有重大影響，而有可能嚴重妨害當事人的權益時，則當事人可以請求法院不要以已經選任的鑑定人來進行鑑定，這種程序在訴訟上稱為「鑑定人的拒卻」。

然而，當事人聲請拒卻鑑定人，必須要符合一定的原因，依本條的規定，是指鑑定人本身有與本法第32條的法官迴避原因時，才可以構成拒卻的原因；也就是鑑定人如果具備像法官迴避原因的情形時，則當事人可以加以拒卻。但是不能僅僅以被選定的鑑定人曾經為證人或鑑定人的單獨原因，來作為拒卻的原因，因為同樣的事實，先前的證明與在後的證明，如果沒有其他的因素時，應該是一致的。

本條第2項規定關於「聲明拒卻」的時機，除非鑑定人有第330條第1項不適格原因，因不得選為鑑定人，因此不問訴訟程序至何種程度，只要在訴訟終結前，當事人均得隨時「聲明拒卻」外，均必須在鑑定人開始鑑定之前。所以鑑定人已經就鑑定事項有所陳述說明，或已經提出鑑定書而作為鑑定依據時，則當事人就不能再來聲明拒卻。因為一來惟恐當事人妨害訴訟的進行，故意拖延時日；二來既然當事人知道有拒卻的原因而不聲明時，法院即認為是當事人已經放棄權利，所以並不加以保護。可是，如果拒卻的原因是因為當時當事人不知道而不能行使拒卻，或是事後才知道的話，當事人仍然可以聲明拒卻，法院仍舊須對當事人的權利加以保障。

第332條（拒卻鑑定人之程序）
聲明拒卻鑑定人，應舉其原因，向選任鑑定人之法院或法官為之。
前項原因及前條第2項但書之事實，應釋明之。

解說

當事人有前條規定的情形，而可以聲請拒卻鑑定人的時候，應依本條的規定向不同的對象聲明：

一、向選任鑑定人的法院：鑑定人是由受理訴訟的法院所選任時，當然向選任鑑定人的法院為聲明的表示。

二、向選任鑑定人的法官：這裡所指的法官，是指受命法官或受託法官而言。所以，鑑定人如果由受命法官或受託法官選任的話，就向選任鑑定人的受命法官或受託法官為聲明的表示。但是，由受理訴訟的法院選任鑑定人的情形，如果是由受命法官或受託法官進行訊問鑑定人的過程，原則上仍然應該向受理訴訟的法院聲明。但鑑定人的聲明也可以由進行訊問的受命法官或受託法官轉送於受理訴訟的法院，這種情形通常發生在準備程序中，在準備期日時的言詞辯論。

聲明的方式，在開庭前開庭後，可採書狀，而開庭中則可採行言詞的方式，並記明於筆錄中。

當事人不論是以什麼原因拒卻鑑定人，都要將原因向法院、受命法官或受託法官釋明；也就是讓法院、受命法官或受託法官大概知道有拒卻鑑定人的原因就可以了。拒卻鑑定人的原因發生在後或知悉在後時也必須加以釋明。

第333條（拒卻鑑定人之抗告）
拒卻鑑定人之聲明經裁定為不當者，得為抗告；其以聲明為正當者，不得聲明不服。

解說

法院對於當事人拒卻鑑定人的聲明，必須要有所回應，所以通常都會以裁定的方式，明確說明當事人的聲明是否有正當的情形及理由。因而受理訴訟的法院、受命法官或受託法官，不能僅僅

只是以繼續進行訊問或是中斷停止正在進行的訊問，來表示意見。

第334條（鑑定人具結之程式）
鑑定人應於鑑定前具結，於結文內記載必為公正、誠實之鑑定，如有虛偽鑑定，願受偽證之處罰等語。

解說

　　鑑定人有具結的義務。具結的目的是希望鑑定人能夠公正、誠實而客觀的完成鑑定的義務，而使得有爭執的當事人能夠心悅誠服。因此，為了能達到解決紛爭的效果，就必須要提醒當事人注意，即使被選定的鑑定人，行為處事一向是公正公允，但是本條仍規定，在鑑定前還是必須具結，以表示負責的態度，本條規定的目的也就是希望能法、理、情兼顧。具結的時候，通常具結書是由法院所提供的，而具結的內容必須要記載「必為公正、誠實」、「如有虛偽鑑定，願受偽證之處罰」的警語。因此，法院必須要依本條的規定準備印妥的具結書，供鑑定人使用。另外，本法中第312條及第313條有關證人的具結及證人具結的程序，也可以依法加以準用。

第335條（鑑定人之陳述）
受訴法院、受命法官或受託法官得命鑑定人具鑑定書陳述意見。
前項情形，依前條規定具結之結文，得附於鑑定書提出。
鑑定書須說明者，得命鑑定人到場說明。

解說

　　鑑定人雖有陳述的義務，但鑑定人與證人之性質不同，且本

身大都事務繁忙，因此無論是受理訴訟的法院、受命法官或受託法官訊問鑑定人的時候，可以依照下列的方法，命令鑑定人為以下陳述的方式：

一、直接以言詞陳述：命鑑定人直接以言詞陳述鑑定意見。當然陳述之前，鑑定人須履行具結的義務；而書記官須將鑑定人的陳述，記載於言詞辯論或調查證據的筆錄中（民訴§213、294）。有時法院於徵詢當事人意見或審酌其他情形認為適當時，應可不令鑑定人到場訊問，具結而逕令其鑑定書附具結文陳述，以省勞費。

二、提出鑑定書：鑑定書並沒有固定的格式，但是鑑定書的作成必須以書面（文書）的方式，具體說明鑑定的事項。不過有時候鑑定人製作的鑑定書，是根據鑑定人的專業技術製作而成，即使是以書面的方式清晰說明，也可能無法達到所要鑑定的目的。例如：在仿冒電腦程式的侵害著作權事件中，原告主張被告的電腦程式是仿冒的，而請求鑑定；這時鑑定人鑑定的結果，除必須能說明涉嫌仿冒程式的功能外，還必須要指出是否有仿冒或抄襲的情形。因此本條第3項規定「得命鑑定人到場說明」，這裡的「說明」，與前面所指的言詞陳述相同。另外「命鑑定人到場」的通知書、與通知證人的通知書均是相同（民訴§299、324）。

第336條（多數鑑定人陳述意見之方法）
鑑定人有數人者，得命其共同或各別陳述意見。

解說

如果鑑定的事項複雜而有多數鑑定人的時候，依本條的規定，受理訴訟的法院、受命法官或受託法官，可以命鑑定人共同會商後陳述意見，或個別的就鑑定人不同的觀點分別陳述意見。因此本法第316條關於證人各別訊問的規定，就不能準用。通常

在有多數鑑定人的時候，一般大都以共同陳述意見的方式較常使用，因為鑑定人畢竟與證人不同，並沒有串證的可能情形發生，而且鑑定人的意見一致性越高的話，鑑定結果的可信度也越高。

因此，法院於分別囑託數機關或團體就同一鑑定事項為鑑定時，如該數機關或團體就同一鑑定事項所為鑑定意見不同，或提出之鑑定書尚有不明瞭或不完足之處者，自應命各該機關或團體所指定之人到場說明，經法院訊問或當事人發問，使兩造充分了解鑑定意見之形成後再為適當完全辯論，必待透過上述程式，依自由心證判斷事實之真偽，所踐行之調查證據程式始得謂為合法。

第337條（鑑定資料之利用）
鑑定所需資料在法院者，應告知鑑定人准其利用。法院於必要時，得依職權或依聲請命證人或當事人提供鑑定所需資料。
鑑定人因行鑑定，得聲請調取證物或訊問證人或當事人，經許可後，並得對於證人或當事人自行發問；當事人亦得提供意見。

解說

鑑定人被選任為鑑定事項的時候，事實上對當事人間的訴訟關係或權益糾紛並不了解。為了能夠幫助鑑定結果的正確與迅速，如果鑑定有關的訴訟卷宗或在法院的資料，法院（通常為審判長）必須依職權告訴鑑定人，並准許完全的加以利用。倘鑑定所需資料如為證人或當事人所持有，法院認為必要時，得命證人或當事人提供該資料以供鑑定。另外，鑑定人為了方便行使鑑定起見，程序上可以向法院聲請調閱證物或聲請法院訊問證人或當事人，甚至對證人或當事人進行有關鑑定的發問。但鑑定人的發問必須得到審判長的許可，由審判長決定鑑定人的發問是否有其必要。

第338條（鑑定人之權利）
鑑定人於法定之日費、旅費外，得請求相當之報酬。
鑑定所需費用，得依鑑定人之請求預行酌給之。

解說

　　鑑定人除了與證人相同，可請求日費與旅費（民訴§323；
參證人之相關說明）外，並且可請求因鑑定所付出勞力的報酬；
至於酬勞的多寡，由受理訴訟的法院、受命法官或受託法官依通
常情形決定。

　　依本條第2項，鑑定人對鑑定所需的費用，在鑑定前，鑑定
人可預先請求支付相當的金額，以確保鑑定的進行。通常鑑定費
用都是由聲請鑑定的當事人，在聲請時預先繳納。

第339條（鑑定證人）
訊問依特別知識得知已往事實之人者，適用關於人證之規定。

解說

　　鑑定人與證人的性質不同，兩者的任務也有差異，前者是
以自己的專業或技術陳述自己的意見；而後者則是對自己所知悉
的事實結果陳述事實的始末。但是在已知的事實中，必須以特別
的經驗才能判斷的情形，而同時具有鑑定人與證人的雙重資格，
在學理上稱為「鑑定證人」，例如：以曾經診斷病患的醫師為證
人，而訊問醫師病患的病情。究竟「鑑定證人」為鑑定人或證
人，關於此一問題，本條特設明文規定，而使具有此一身分資格
的人，適用關於人證的規定。

　　就如同前面所說明的，「鑑定證人」既然適用人證的規定，
當然鑑定證人的義務與證人的義務的相關規定相同。但是，如果

是先以證人的身分訊問後，再根據他的專長陳述鑑定意見，則是同時具有證人及鑑定人的身分，因此須先適用證人的規定後，再適用鑑定人的規定。例如：醫師先報告死者的死亡經過後，再依他的專業陳述死者的死因，在此種情形下就不是所謂的「鑑定證人」。

第340條（囑託鑑定）
法院認為必要時，得囑託機關、團體或商請外國機關、團體為鑑定或審查鑑定意見。其須說明者，由該機關或團體所指定之人為之。
本目關於鑑定人之規定，除第334條及第339條外，於前項情形準用之。

解說

本條必須受囑託之機關或團體自身對於鑑定事項具有鑑定能力者，始足當之。若受囑託之機關或團體並無鑑定能力或雖有鑑定能力而任意指定第三人鑑定，均不生囑託鑑定之效力。

受理訴訟的法院選任鑑定人的時候，基於鑑定人的公信力或鑑定設備是否可完成鑑定目的的考量，有時候會囑託機關、學校、商會、交易所、外國機構或其他團體為鑑定事項的鑑定（民訴§289），然因外國機構，非依條約或其他協定，並無接受我國法院囑託鑑定的義務，故規定得「商請」，以免招致誤解。藉著此等團體的鑑定結果，而作為證據的使用，自然能比一般鑑定人所鑑定的結果，更能夠讓當事人信服。

在囑託團體（例如中國機械工程學會、財團法人金屬工業研究發展中心等均屬之）為鑑定的時候，對於本法第335條至第338條的規定，可以作為準用的依據；也就是鑑定意見的陳述，鑑定所需相關資料的利用及鑑定人費用報酬的請求等，受法院所囑託

的團體，同樣的依照規定享有權利並遵照義務的履行。但是有關訊問前的具結則不適用（法院囑託公署或團體陳述鑑定意見或審查之者，毋庸踐行具結之程序，此觀民事訴訟法第334條之規定，未為同法第340條所準用，即可明瞭）。

關於鑑定的意見書（鑑定書），如果有說明的必要時，由被選任團體的本身或團體指定的人到庭說明，在這種情形，法院書記官必須將指定到庭的人的陳述意見記載於筆錄中。在受命法官或受託法官調查證據程序時，也是比照以上說明辦理。

本目的規定，因本法中第324條及第325條係通則規定，故無論鑑定人係自然人或法人的機關、團體都當然適用。至於關於其他於鑑定人的規定，除本法第334條及第339條外，在性質許可的範圍內，亦得準用，以期周延。

第四目　書證

> **第341條**（聲明書證）
> 聲明書證，應提出文書為之。

解說

所謂的「書證」，就是在訴訟進行中以文書作為證據所使用的方法，而使用的文書依照內容可作證據的，則稱為「證書」。而所謂「文書」，是指表示意思或思想的有形物體，這有形物體的材質可以是金屬、木材、竹片，而不以紙張為限，只要能以普通使用的記號（中文或外文）以表達意思或思想的，都稱為「文書」。「聲明書證」就是聲請法院調查證書，用來作為證據，以支持自己有利的立場（民訴§194）。

既然當事人請求法院主張對自己有利的判決，所以必須將

此證明用的文書提交法院，由法院爲判斷的依據。例如：甲因乙借錢不還，而向法院起訴，請求乙還錢，則必須提出借據作爲證據，甲所提出的借據，就稱爲「文書」。至於借據是不是乙所寫的，那是另一個問題。

至於提出的時期，須在聲明的時候立刻提出給法院，或在言詞辯論前提出（民訴§285）。如果不能立刻提出的話，法院可以另外定期日延後提出，但須提交文書的當事人，並沒有請求法院延後提出文書的權利。

第342條（聲請他造提出文書之方式）
聲明書證，係使用他造所執之文書者，應聲請法院命他造提出。
前項聲請，應表明下列各款事項：
一、應命其提出之文書。
二、依該文書應證之事實。
三、文書之內容。
四、文書為他造所執之事由。
五、他造有提出文書義務之原因。
前項第1款及第3款所列事項之表明顯有困難時，法院得命他造為必要之協助。

解說

聲請書證，本來應該由聲明的當事人就自己所持有的文書提出（民訴§341），但是，所要提出的書證如果在對方當事人的手中，則必然使想要提出書證的一方，遭受到不利益。因此在這種情形，本條規定可以向法院聲請使用他造所保管持有的文書，並請求法院命令「他造」提出。這裡所稱的「他造」，是指聲請的時候，相對立的一方當事人。所以，如果不是相對立的

當事人時，則不適用本條的規定，而是屬於聲請第三人提出文書的情形（民訴§346）。聲明書證，係使用他造所執之文書者，應聲請法院命他造提出。法院認應證之事實重要，且舉證人之聲請正當者，應以裁定命他造提出文書。倘當事人無正當理由不從提出文書之命令者，法院得審酌此一情形，而認他造關於該文書之主張，或依該文書應證之事實為真實（民訴§342、§343、§345Ⅰ分別定有明文）。

聲請對造提出文書，必須符合聲請的規定，因為畢竟聲請提出的文書是在與當事人利益相反的對造手中。依本條第2項的規定，必須明白表示的事項如下：

一、應命其提出之文書：亦即能夠使他造清楚地明白，所要提出的文書是什麼。

二、依該文書應證之事實：即向法院表示他造所持有或保管的文書，可以作為證明的事實，讓法院調查或判斷所要調查或證明的事實是否重要。

三、文書之內容：即指與證明的事實有何種關係的內涵。

四、文書為他造所執之事由：即說明為什麼文書會由他造持有或保管的事實理由，以及持有或保管的經過或現狀。

五、他造有提出文書義務之原因：即必須說明他造有義務提出的原因事實（民訴§344）。

如果沒有具備上述條件，法院就不能命他造提出，但必須要在判決理由書中說明不予准許聲請的理由（民訴§226）。簡而言之其提出之文書應如何表示，則不外乎表明文書之名稱、作者、標題、作成之日期等事項，如尚不能依此特定文書時，則佐以文書內容之表明，也就是表明該文書的內容或概要。

對於公害、產品製造人責任、消費者保護及醫療事故損害賠償等類現代型訴訟中，文書資料往往僅存於當事人之一方，並遭嚴密控管，他造根本無法取得，因而當事人之一方依本條第1項

聲請法院命他方提出時，因考量如果一律令其表明應命提出的文
書及其內容，有時確有困難，因而在衡量實際狀況下，認為適當
者，得命他方為必要的協助。

第343條（命他造提出文書之裁定）
法院認應證之事實重要，且舉證人之聲請正當者，應以裁定命
他造提出文書。

解說

本條所指的「舉證人」，就是前條所說的聲明書證的當事
人。如果舉證人的聲請具備法律所規定的條件，法院則以裁定的
方式命他造提出。

按照法院對「聲請他造提出文書」的程序，綜合前條規定簡
單說明如下：

一、先由聲請的一方，提出聲請。

二、如果他造自行提出（通常這種情形較少可能發生），就
直接判斷他造提出的文書，是否可作為證據。

三、如果他造沒有自行提出，法院必須審查聲請他造提出的
文書，是否與所要證明的事實有重要的關聯性。

四、如果有重要的關聯，則審查聲請的原因是否正當，再決
定是否需要言詞辯論。

五、言詞辯論後，由法院自行判斷，此一程序就告結束。

其他的情形，例如對此關於訴訟指揮的裁定，不得抗告（民
訴§483），及裁定部分（民訴§234～239）等，請看相關規
定。

第344條（當事人有義務提出之文書）

下列各款文書，當事人有提出之義務：

一、該當事人於訴訟程序中曾經引用者。

二、他造依法律規定，得請求交付或閱覽者。

三、為他造之利益而作者。

四、商業帳簿。

五、就與本件訴訟有關之事項所作者。

前項第5款之文書內容，涉及當事人或第三人之隱私或業務秘密，如予公開，有致該當事人或第三人受重大損害之虞者，當事人得拒絕提出。但法院為判斷其有無拒絕提出之正當理由，必要時，得命其提出，並以不公開之方式行之。

解說

當事人所持有或保管的文書，除了符合本條規定（民訴§342、343），一般來說並沒有提出文書的義務；但是當事人如果持有或保管本條各款中所規定的文書時，就有提出文書於法院的義務。本條中各款所規定的文書，是指下列各種情形：

一、該當事人於訴訟程序中，曾經引用者（簡稱引用文書）：不管引用的目的是什麼，或引用後是不是發生了引用的效果，只要經過當事人的引用，當事人就有提出的義務，以使雙方當事人能公平進行訴訟。

二、他造依法律規定，得請求交付或閱覽（簡稱私法文書）：「法律規定」指的是民法上的規定。通常為契約上的私法關係，例如：基於債權關係所產生的請求權。

三、為他造之利益而作成者（簡稱利益文書）：例如：遺囑或委任書等。

四、商業帳簿（簡稱商業文書）：指的是商業上交易往來

中，收入、支出各種記載的簿冊。

　　五、就當事人間實體及程序上法律關係、爭點、攻擊或防禦方法等而與本件訴訟有關所作成文書者（簡稱法律關係文書）：例如：帳單、收據及房屋買賣契約或租賃契約書、形成公害或產品瑕疵過程之文書、患者診察病例等。

　　如果屬於上面五款中所指的文書，則持有或保管的當事人，就負有提出持有文書的義務，而且沒有正當的理由，不得拒絕。依據商業會計法：凡商業之資產，負債或業主權益發生增減變化之事項，稱為會計事項。會計事項之紀錄應用雙式簿記方法為之。會計帳簿分為兩類：1.序時帳簿：以事項發生之時序為主而為記錄者；2.分類帳簿：以事項歸屬之會計科目為主而為記錄者。因此商業必須設置之帳簿，即是指普通序時帳簿及總分類帳簿而言。

　　就第1項第5款有關的文書，其內容之全部或一部有涉及當事人，或就文書內容之使用有利害關係之第三人之隱私或業務秘密，倘概依本條第1項負有提出義務，則可能因該文書之公開，致該當事人或第三人遭受重大之損害，故為保障當事人起見，爰增訂當事人得拒絕提出。惟受訴法院為判斷當事人拒絕有無正當理由，而認為必要時，仍得命提出以不公開方式加以審查。

　　而所謂不公開，不但對於法庭旁聽的一般民眾不公開，即使對於聲請提出者或其代理人亦不得公開，而僅由法官與提出此一文書之人進行審理。且為貫徹不公開之意旨，聲請提出文書之當事人亦不得透過嗣後的閱卷而得悉文書之內容。

實例

　　甲以乙公司為被告，主張乙公司所屬之化工廠，任意傾倒公司生產物品之廢棄物，以掩埋之方式棄置於甲所有之土地，乃起訴要求乙公司出資將掩埋物清除，並請求賠償損失100萬元。訴訟中甲聲請法院命乙提出下列文書：1.乙公司內部討論

如何處理公司生產商品之廢棄物處理之評估報告，以證明乙公司並未擅自傾倒公司生產物品之廢棄物。2.乙公司與委託丙處理廢棄物商間之請款單以證明丙已受乙委任將廢棄物依法處理。問：乙就上開文書有無提出義務？

1.關於內部討論之評估是乙公司內部意思活動之文書，乙公司於製作該文書時，並無將之公開的意思；且此一報告亦非與乙侵權行為相關事項所做成，縱使此文書之提出，有助於法院認定乙之侵權行為，但仍不能謂乙有提出義務。

2.乙與丙間之請款單，係為證明丙已將廢棄物依法處理之行為；而丙有無合法處理此一行為，為乙是否構成侵權行為之事實，故依第344條第1項第5款之規定，乙有提出之義務。

第345條（當事人違背提出文書義務之效果）
當事人無正當理由不從提出文書之命者，法院得審酌情形認他造關於該文書之主張或依該文書應證之事實為真實。
前項情形，於裁判前應令當事人有辯論之機會

解說

本條所指的當事人，是指有義務提出文書的一方，為期公平，並促使當事人履行法院所命提出之義務所設計。所以當事人不管是因為法院職權（民訴§288），或是經由舉證人的聲請（民訴§342、343），只要沒有正當理由，基於保障舉證人的立場，及當事人的故意不提出文書的心態，可能是害怕受到訴訟上的不利益下的推論，法院可以依自由心證，判斷舉證人對於舉證文書的性質、內容及文書成立真正的主張為真實，或是依該文書應證之事實確有其事；也就是對舉證人所主張的事實加以認同，例如：甲與乙之間訂立買賣契約，甲是買方，乙是賣方，簽約後，甲因為乙的遲延交貨而提起訴訟，要乙負損害賠償。乙則

抗辯曾經與甲協商，而甲曾同意延期交貨，並在甲的契約書上註明延後的日期，所以乙（舉證人）就請求甲提出契約書。如果甲沒有理由而不提出契約書，則法院就可以推論乙的主張是真實的（曾協議延期交貨）。

　　法院如果認定當事人沒有正當理由而對當事人不利益時，必須要在判決書理由欄內說明。如果當事人因此而敗訴，則在上訴第二審時，仍然可提出「應提出而未提出」的文書，以免又受到不利益的認定。

　　法院因當事人違反提出義務，而依自由心證認他造關於該文書主張或依該文書應證的事實為真實時，為免有失誤，並保障當事人在訴訟程序上的權利，特於裁判前令當事人有辯論的機會，以期周延。然而當事人所提書證應綜合考量，是否當事人負有製作保管義務即是否已逾保管時限、證據接近度、攻守平等、掌控領域以及就待證事實所提之直接、間接證據之多寡等相關因素加以考量而為合理判斷，方符合本條之立法意旨。

第346條（聲請第三人提出文書）

聲明書證係使用第三人所執之文書者，應聲請法院命第三人提出，或定由舉證人提出之期間。

第342條第2項及第3項之規定，於前項聲請準用之。

文書為第三人所執之事由及第三人有提出義務之原因，應釋明之。

解說

　　本條規定，舉證人所要舉證使用的文書是在第三人手中保管或持有的情形。所謂的「第三人」，是指本法第342條他造以外的其他人，所以只要不是舉證人相對的當事人，都可以算是第三人，且不管為個人（自然人）、法人（依法律設立登記的團體）

或非法人（非依法律設立而存在的團體）及公家機關或私人企業都包括在內。

聲明必須使用第三人所持有或保管的文書，與聲明他造提出文書的情形相同，因此第342條第2項各款及第3項的情形，本條第2項特定明文加以準用（民訴§342）。舉證人聲明的時候，並且要將第三人為什麼持有或保管的原因，及為什麼第三人有提出的原因，加以釋明（民訴§284）；同時本條第1項亦因本法第342條第3項的規定亦得準用，使法院大致上明瞭舉證人聲明的原因，再由法院決定是否命令第三人提出文書。

法院如果認為確實有具備聲請的條件，而舉證人不能取得時，就會命令（裁定）第三人提出；如果舉證人可以取得時，則法院將指定一定時間內，命令舉證人自行取得文書後提出於法院，以免拖延訴訟（民訴§347）。所以聲明時，舉證人必須一併將自己能否取得該文書明確告知法院，以便法院裁定。

第347條（命第三人提出文書之裁定）
法院認應證之事實重要且舉證人之聲請正當者，應以裁定命第三人提出文書或定由舉證人提出文書之期間。
法院為前項裁定前，應使該第三人有陳述意見之機會。

解說

本條是與前條互相連貫適用，與本法第343條的規定情形相同，詳細說明請參照該條的規定。但是通常法院為裁定後，會停止言詞辯論，而依文書的預計取得時間，另訂辯論期日。因為命第三人提出文書，雖有處罰及強制處分的規定（民訴§349），但是第三人畢竟不是當事人，因此，並不會因此受到推定不利益的情形發生。所以基於保護舉證人的立場，須另定辯論期日，才符合公平原則。

　　法院以裁定命第三人提出文書後，該第三人無正當理由不從提出的命令時，依本法施以制裁或爲強制處分時，爲保障該第三人程序上的權利，特別給予本項的陳述機會。

第348條（第三人提出文書義務之準用範圍）
關於第三人提出文書之義務，準用第306條至第310條、第344條第1項第2款至第5款及第2項之規定。

解說

　　爲使法院能夠爲適當的審判，在一定的條件下，訴訟的第三人與訴訟進行中的他造（也就是舉證人相對立的當事人）有提出文書的義務，以促使訴訟的順利進行。他造當事人提出文書的義務，規定於本法第306條至第310條中有關利害關係人之第三人隱私或業務秘密，而拒絕提出相關文書的權利，及第344條第三人的提出義務，則依本法明文，也就是除了本法第344條第1款規定以外，其餘各款都同樣可以適用於第三人提出文書義務的情形。所以第三人在下列情形中，有提出文書的義務：一、當事人依法律的規定可以向第三人請求交付或閱覽時；二、所要請求第三人提出的文書是爲當事人的利益而作成時；三、所要提出的文書是由當事人與第三人之間的法律關係所作成時（民訴§344）。

　　總括說來，只要當事人符合條件而聲明書證，文書如果在對造手中，就依第344條的規定判斷，究竟有沒有提出文書的義務；文書在第三人的手中，就依本條的規定來判斷。

第349條（第三人違背提出文書義務之處罰）
第三人無正當理由不從提出文書之命者，法院得以裁定處新臺幣三萬元以下罰鍰；於必要時，並得以裁定命爲強制處分。

前項強制處分之執行，準用強制執行法關於物之交付請求權執行之規定。

第1項裁定，得為抗告；處罰鍰之裁定，抗告中應停止執行。

解說

　　法院以裁定的方式，命令有提出文書義務的第三人提出文書，第三人就必須要遵守法院裁定的效力。所以，沒有正當的理由而不遵從法院的指示，法院可以科處罰鍰，或為必要的強制處分。之所以有如此的規定，一來使訴訟便於進行；二來使第三人產生拘束感，而可使得法院命令提出文書的裁定，收到預期的效果。

　　所謂的「正當理由」，例如：文書已不在第三人的手中，而有事實上提出文書的困難（被盜走或遺失或毀損），或第三人根本沒有提出的義務，也就並沒有符合本法第348條的條件等等。

　　法院以裁定就第三人應提出的文書為強制處分，即強制第三人應為一定物的交付，該強制處分的執行，於性質許可範圍內，得準用關於強制執行法關於物之交付請求權執行之規定。

　　關於法院對第三人科以處罰的裁定，不論是科處罰鍰或是強制處分，第三人都可以對法院的裁定提出抗告。第三人提起抗告之後，在法院還沒有對第三人提起的抗告作出裁定以前，法院不能對科處罰鍰的裁定加以執行。所以，必須等到第三人提起的抗告確定了以後，才能決定科處罰鍰的裁定，是否可以確定執行（民訴§491）；且處罰鍰的裁定，在抗告中應即停止執行外，強制處分的裁定，抗告中應不停止執行，以避免文書被湮滅或隱蔽。

第350條（書證之調取）

機關保管或公務員執掌之文書，不問其有無提出之義務，法院得調取之。

第306條之規定，於前項情形準用之。但法院為判斷其有無拒絕提出之正當理由，必要時，得命其提出，並以不公開之方式行之。

解說

　　舉證人聲明書證，他造及第三人如果有提出文書的義務，自然須依照本法中的明文規定辦理。如果他造或第三人是屬於國家機關或公務員，也同樣有提出文書的義務，只是法院基於職權的運作，國家機關所保管的文書或公務員在職務範圍內所執掌的文書，即使國家機關或公務員沒有提出的義務，法院仍然可以調取。雖然當事人（舉證人）並沒有聲明，但是法院可以依照本條的規定辦理；就算當事人依相關的規定聲明書證，法院也可以不予採納，而直接適用本條的規定。所以，當事人的聲請，只是在提醒法院，促使法院為文書的調取，法院對於機關所保管或公務員執掌的文書是否調閱，完全是依照法院的意思決定，並不受當事人的意思所左右。

　　基於本條的特殊規定，只要是機關保管或公務員執掌的文書，不管當事人有沒有聲明書證，法院認為有必要，即可調閱所需的文書。惟該文書記載如涉及公務員職務上應守秘密的事項，調取時，自以得該監督長官之同意為適當；又該文書的提出如無害國家利益，應認該監督長官不得拒絕同意。不過，通常法院會以囑託的方式，向機關或公務員調取；而機關或公務員在不妨礙職務的情形下，自然應該將法院所要調取的文書立即送交法院。

第351條（第三人之費用請求權）
第三人得請求提出文書之費用。但有第349條第1項之情形者，不在此限。
第323條第2項至第4項之規定，於前項情形準用之。

解說

　　當事人向法院聲明書證，而所請求提出的文書是由第三人提出的話，第三人因提出文書所支出的花費，可以按照實際的數額向法院請求。因為當事人在聲明書證的時候，已經預納了費用（民訴§94-1）。但是，即使當事人沒有預納費用，法院仍然有支付的義務，不能以當事人沒有預納費用，而拒絕第三人的請求。如果法院有拒絕的情形，則第三人可依本條第2項準用本法第323條第3項的規定，提出抗告。不過，通常法院會依照第三人的請求，如數支付實際花費數額給第三人；但若該第三人係因法院依本法第349條第1項規定始提出者，因為違反提出文書的義務，有妨害訴訟程序之虞，所以特別限制其請求費用的權利。

　　其他情形的規定，例如：國家機關或公務員依照法院的囑託提出文書時，也可以適用。另外，如果第三人是向受命法官或受託法官提出文書的話，也可以向受命法官或受託法官請求支付費用。

　　本條第2項準用的規定，請參照本法第323條的解說。

第352條（文書提出之方法）
公文書應提出其原本或經認證之繕本或影本。
私文書應提出其原本。但僅因文書之效力或解釋有爭執者，得提出繕本或影本。
前二項文書，法院認有送達之必要時，得命當事人提出繕本或影本。

解說

　　當事人聲明書證的時候，依照文書可以信賴的程度越高，那麼文書可以作為證明的眞實性的程度就越大。

　　依照文書所製作的人來區分，可分爲公文書及私文書。公文書是指國家機關或公務員本身在職務範圍內，依據法律所規定的格式，製作而成的文書；私文書所指的是公文書以外的文書，都可算是私文書。另外，依照文書的性質（或效力），文書又可分爲原本、繕本（乃照錄文書原本全部內容之文件）、影本（將原本影印以代抄錄，即爲影本）、節本（民訴§118）及正本（具有與原本同樣效力的文書）。按照文書證明程度的強弱先後次序爲；原本、正本、繕本、影本；但是繕本或影本經過認證後，效力與正本相同。所謂的「認證」，就是法律行爲作成之後，事後在公證人面前承認其內容之眞正，例如：經由公證人文書認證的程序（公證§101）。

　　本條的規定，就是以公文書或私文書爲聲明書證時，依照文書可確信的程度及效力所作的明文規定，以免文書提出後，對文書本身的效力，作無謂的爭執。

第353條（原本之提出及繕本證據力之斷定）

法院得命提出文書之原本。

不從前項之命提出原本或不能提出者，法院依其自由心證斷定該文書繕本或影本之證據力。

解說

　　有提出文書義務的當事人或第三人，所提出的文書是原本、影本或繕本，法院本來不加干涉。但是法院如果認爲有閱覽文書原本的必要時，因爲往往牽涉到文書的證據力，因此法院可以依職權以裁定的方式，命令有提出文書義務的當事人或第三人提出

原本。如果有不能提出的事由，例如：原本在公證人所保管的情形，則必須聲明不能提出文書原本的事由，否則，法院直接依照所提出文書的繕本或影本作出自由心證（民訴§222），而判斷文書繕本或影本的證據力。同時私文書僅提出影本，未提出或不能提出原本，其程序與民訴法第352條第2項規定尚有未合，在舉證人提出原本前，法院即不得依擅自依本條作出判斷。

　　法院在當事人或第三人提出文書繕本、影本前或提出後，都可以裁定命令提出文書原本。對於法院的這項裁定，是屬於訴訟指揮的裁定，所以不能抗告（民訴§483）。

第354條（調查文書證據之筆錄）
使受命法官或受託法官就文書調查證據者，受訴法院得定其筆錄內應記載之事項及應添附之文書。

解說

　　受命法官或受託法官可以因為受理訴訟法院的指定，而為證據的調查（民訴§269⑤）。所以本來必須在言詞辯論程序中，提出於受理訴訟法院的文書，有時因為文書的性質或其他因素，例如：文書紙張薄弱或價值昂貴害怕遭竊、遺失或份量太重而搬運不易等，基於有提出義務的當事人或第三人的聲請，或受理訴訟法院依自己本身的職權，命令當事人或第三人向受命法官或受託法官提出文書，以維護舉證人的利益。

　　文書提出後，受理訴訟的法院可以預先指定受命法官或受託法官記明文書的性質及內容，以及預為判斷提出文書真假及文書證據力的必要性等一切情形。如果有需要，同時可以命令受命法官或受託法官，將提出文書的繕本、影本或節本一併添附於筆錄中，以供受理訴訟的法院能夠清楚的明瞭證書調查的事項或內容。

第355條（公文書之形式證據力）

文書，依其程式及意旨得認作公文書者，推定為真正。

公文書之真偽有可疑者，法院得請作成名義之機關或公務員陳述其真偽。

解說

　　文書依照製定的情形，可分為公文書（例如建造執照、使用執照、土地登記簿等；形式上必須符合「公文程式條例」所規定國曆年月日、發文字號、機關印信或機關首長職章或簽字章等公文書應有之程式要件，否則即非屬公文書）及私文書（民訴§352），如果文書本身有證據力，則必須文書的成立是真實的，才能表示文書所想要證明的事項。本條的規定是針對本國公文書形式證據力的明文，至於外國公文書則參照次條的規定辦理。

　　文書的製作，如果是依據公文程式條例或其他法令規定的程式，及內容是國家機關或公務員基於職務範圍內對某事項的說明，所作成的公文書，在沒有反證提出前，應認為是屬於真實的（民訴§281），例如：法院書記官所記載的筆錄（26上461）。所以如果不是由國家機關或公務員在職務上所作成的文書，則沒有本條第1項的適用，公證遺囑即其適例（39台上507）。

　　公文書在沒有反證前，推定為真正，前面已有說明。但是公文書的成立，如果有真假上的懷疑或爭執時，除了他造當事人可提出反證推翻公文書的證據力外，法院可依照本身的職權囑託公文書的製作機關或公務員，說明有爭執的公文書的真假或其製作過程。在法院請製作的機關或公務員還沒有作說明之前，也就是這一個說明、陳述的程序沒有結果之前，有爭執的公文書仍然有效力，而法院也必須受本條的拘束。

第356條（外國公文書之證據力）

外國之公文書，其真偽由法院審酌情形斷定之。但經駐在該國之中華民國大使、公使、領事或其他機構證明者，推定為真正。

解說

　　本條是規定外國公文書的證據力。由於外國公文書是依照製作國家的程式或法令所製作而成，本國的法院不一定完全明瞭外國公文書是否有依照製作國家的程式或法令而製作，這種外國公文書是否可以認定為真實，就由法院審查一切客觀情形，依自由心證加以判斷。因此，本法並不規定外國公文書的效力。

　　法院所要判斷的外國公文書，如果經過我國的駐外單位主管，例如：大使、公使或領事的證明（為配合我國駐外代表不限於使領人員的實際狀況，增訂其他駐外機構亦得為證明），符合公務員製作公文書的情形，及外交上的平等原則，則外國公文書的效力自然可以與在我國所作的公文書相同；也就是在沒有反證的推翻前，認為凡是經我國駐外單位證明的外國公文書，具備了形式上的證據力；至於公文書是否具備實質證據力，法院仍應依自由心證，本諸經驗法則判斷之。

第357條（私文書之形式證據力）

私文書應由舉證人證其真正。但他造於其真正無爭執者，不在此限。

解說

　　證據的證據力在學理上可區分為形式上的證據力及實質上的證據力。本條是針對私文書形式上的證據力為規定；當事人提

出之私文書，他造就形式上之眞正不爭執者，僅有形式上之證明力，此形式上之證據力具備後，法院尚須就其中之記載調查其是否與系爭事項有關，始有證明力可言（41台上971）。私文書的舉證人（提出私文書或聲明他造或第三人提出私文書的當事人），提出私文書後，必須就自己主張有利的事實，應爲眞實及完全的陳述（民訴§195Ⅰ）；並對證據的形式上證據力，負有舉證的責任（民訴§277），先證明私文書的眞正。所以舉證人聲明私文書後，並不是表示私文書是眞實的，必須先證明私文書的眞實後，才具有形式上的證據力（也就是對私文書的形式證據力爲舉證的責任）。因此必須就私文書的內容與想要證明的事實有所關聯，才有實質上的證據力（22上2536）。

　　私文書的舉證人表示私文書爲眞正（事實上的主張）後，他造當事人對舉證人的主張應該加以陳述（民訴§195Ⅱ）。如果不但不加以陳述，而且爲訴訟上的自認或與自認有相同效力的行爲（民訴§279、280），則舉證人就不須證明私文書的眞正。所以，原則上依本條前段的規定，舉證人必須就私文書的眞正，或他造當事人於私文書的眞正有爭執時，負證明私文書眞正的責任；如果他造當事人自認或沒有爭執時，則依本條但書的規定，私文書即具有形式上的證據力。

第357條之1（就真正文書故意為爭執之處罰）
當事人或代理人就真正之文書，故意爭執其真正者，法院得以裁定處新臺幣三萬元以下罰鍰。
前項裁定，得為抗告；抗告中應停止執行。
第1項之當事人或代理人於第二審言詞辯論終結前，承認該文書為真正者，訴訟繫屬之法院得審酌情形撤銷原裁定。

解說

本條第1項規定，於法院依調查結果，確信文書為真正時，得依職權對故意爭執其真正之當事人或代理人施以制裁。

第2項規定，為保障受罰鍰裁定人之程序上權利，明定對於第1項處罰之裁定，得為抗告；於抗告中應停止執行。

受罰鍰裁定之當事人或代理人，如於第二審言詞辯論終結前，承認該文書為真正者，因已履行真實陳述義務，故訴訟繫屬之法院得不待受裁定人之抗告，亦不受抗告不變期間之影響，逕依職權審酌情形以撤銷原裁定。

第358條（私文書真正之推定）
私文書經本人或其代理人簽名、蓋章或按指印或有法院或公證人之認證者，推定為真正。
當事人就其本人之簽名、蓋章或按指印為不知或不記憶之陳述者，應否推定為真正，由法院審酌情形斷定之。

解說

本條所稱的私文書真正，是指私文書實質證據力的推定。因為私文書如果是以某個人的名義作成，則不論私文書內容上的文字是不是由某人親自所為，只要某人親自簽名，或由可代理某人的人簽名，或已經由雙方當事人在法院或公證人認證的話，則在沒有其他的證據（反證）推翻之前，私文書推定為真正。另外，如果不是簽名而是按指印、畫押或蓋章的情形，效果也是一樣的（民§3），例如：甲向乙借錢，因為甲不識字，由乙寫借據的內容，甲以按指印的方式代替簽名，丙及丁在借據上簽名作證，如果甲逾期不還錢，乙可以直接向法院起訴，並且以借據作為證明的私文書，以證明乙確實有借錢給甲的事實。

所以，本條的適用情形，是指簽名、畫押、蓋章或按指印的

事實，由當事人本人或他的代理人所做的，而且在當事人之間並沒有爭執，或有爭執而已經舉證人證明爲眞實的，才有本條第1項的適用（28上字10）。因此，有爭執簽名、畫押、蓋章或按指印的事實，而還沒有解決時，當事人就其本人之簽名、蓋章或指印爲不知或不記憶的陳述時，還必須由舉證人再爲舉證而證明，此時應授權法院得審酌相關情形斷定該簽名、蓋章或指印應否推定爲眞正的法律根源。

第359條（文書真偽之辨別）

文書之真偽，得依核對筆跡或印跡證之。

法院得命當事人或第三人提出可供核對之文書。

核對筆跡或印跡，適用關於勘驗之規定。

解說

文書本身的眞假，牽涉文書內容能否證明所要證明的事實。如果對文書的眞假有疑問或爭議的時候，則必須借重其他調查證據的方法，例如：人證或鑑定等；而印跡文書本身的眞假（28上684），尤其是文書中的文字，不管是內容或簽名部分，或是蓋章的地方，關於筆跡的核對或印跡的對照，當然適用勘驗的相關規定。基於勘驗重要性的考量，所以本條特別明定，以作爲文書本身的眞假判斷時適用的依據，並且不論公文書或私文書都有適用。

以核對筆跡或印跡之方法證明文書的眞僞者，除得由舉證人提出供核對之筆跡或印跡外，如當事人或第三人執有可供核對之另件文書時，法院亦得命其提出該項文書以供核對。

要注意的是，核對筆跡或印跡（除蓋章外，指印也包括在內）是否相符合，適用關於勘驗之規定（民訴§288、359Ⅰ、Ⅲ分別定有明文）外，則由法院依照自由心證加以判斷，如果法院

認為沒有鑑定的必要，不管當事人有沒有鑑定的聲請，法院都可以不進行鑑定的程序，而自行加以判斷（28上1905），所以，法院依自由心證所下的判斷，並不能說是違法的（19上2189）；惟其自行核對印跡，就所得心證判斷文書之真偽時，應將其得心證之理由記明於判決。

> **第360條**（鑑別筆跡之方法與違背書寫命令之效果）
> 無適當之筆跡可供核對者，法院得指定文字，命該文書之作成名義人書寫，以供核對。
> 文書之作成名義人無正當理由不從前項之命者，準用第345條或第349條之規定。
> 因供核對所寫之文字，應附於筆錄；其他供核對之文件不須發還者亦同。

解說

　　文書內的筆跡是否由某人所寫，發生疑問時，通常是直接進行筆跡的鑑定或是勘驗，例如：舉證人提出製作文書的人平時往來書信的筆跡，與有爭執的借據的筆跡核對。如果舉證人無法提出可供核對的筆跡，法院可以指定文字，命令製作文書的人書寫，以方便核對，如簽名的部分，命令製作文書的人再為簽名，然後就這兩個簽名加以核對。例如：債權人甲提出借據，主張借據上的簽名是債務人乙所簽名的，如果乙否認，法院可以命令乙簽自己的名字，以供核對借據內的簽名到底是不是乙所寫的，兩個簽名是不是相同。至於在印跡的情形，也是如此核對。

　　核對後的筆跡或印跡，法院應該將核對筆跡的原本、繕本或節本附於筆錄中，以防止將來對筆跡或印跡的再度爭執。對於文書的原本，法院大都會發還給製作文書的人，但是為避免有湮滅證據的情形發生，可以由法院保管到訴訟終結時再發還給製作文

書的人；如果發還時，可以用繕本、影本或節本附於筆錄中（民訴§361、366）。不須發還的文書，也一樣在核對後，要附在筆錄中。

第361條（文書之發還及保管）
提出之文書原本須發還者，應將其繕本、影本或節本附卷。
提出之文書原本，如疑為偽造或變造者，於訴訟未終結前，應由法院保管之。但應交付其他機關者，不在此限。

解說

　　本條是規定當事人或第三人提出文書的原本後，經由法院閱覽、審查與所附的繕本、影本或節本無誤後，通常原本都會發還給當事人或第三人。所以在實務上的作法，通常在訴狀內所附的文件都不是原本，等到開庭時，再攜帶原本，當庭由法官加以閱覽或審查。除非有其他的必要，才由法院保管原本，例如：需要鑑定、勘驗（核對筆跡）等。

　　文書原本的證據力，關係到當事人間的利益很大，如果法院認為文書原本有變造或偽造的可能時，在沒有終結訴訟以前，由法院（書記官）加以保管，以免有被湮滅的可能。至於，因為刑事訴追而移送檢察官偵查的話，則文書原本的保管責任自然移轉於檢察署；文書原本是不是發還給當事人或第三人，則要看檢察官偵查或刑事庭判決的結果而定，在此不作說明。

　　至於法院留置當事人或第三人所提出的文書，可參照本法第203條第3款的規定。

第362條（刪除）

第363條（準文書）
本目規定，於文書外之物件有與文書相同之效用者準用之。
文書或前項物件，須以科技設備始能呈現其內容或提出原件有
事實上之困難者，得僅提出呈現其內容之書面並證明其內容與
原件相符。
前二項文書、物件或呈現其內容之書面，法院於必要時得命說
明之。

解說

　　「文書」，是以一般人能夠知道與了解的符號與記號，表示或記載意思、思想的有形物體。但是，有些不是文書的記載物體，雖然沒有任何的符號（記號）或文字記載，但仍然可以傳達人的意思、思想的話，則能不能有文書的性質，而適用文書的規定，就產生了疑問。為了使這些「非文書」能夠作為文書使用，學理上給了它一個名稱──「準文書」，例如：紀念碑、界標、圖畫、照片，甚至是商品的價碼等，如果是具備了文書的表示或記載意思、思想的功能時，也能準用本法第341條至第362條有關文書的規定，這就是本條所以制定的目的。

　　隨著科技一日千里，而利用磁片、磁帶、錄音帶、錄影帶、光碟片及縮影片等現代科技設備所作成之文書（記載儲存表意人之意思或思想，藉機器或電腦之處理所顯示之聲音、影像或符號，足以為表示其用意之證明者）或保存之文書資料日漸普及，此點在過去因法條並未加以明定，因此往往無法作為法官認定之依據，因此在訴訟中，舉證之人若仍依第1項條文，而強令持有人提出原件，恐有窒礙難行或花費過鉅，因此本條乃明定提出人得僅提出呈現其內容之書面，並證明其內容與原件相符合，以代原件之提出，實有其時代的意義存在。

第1項及第2項文書、物件或呈現其內容的書面，其作成之人、時、地等相關資料，於法院的心證取捨有重大影響；又持有人僅提出原件而未附具呈現內容的書面，或雖提出書面而記載不完全或利用特殊符號或專業用語，一般法院均難加以解讀其內容，此時即有賴提出人加以說明的必要，此本項所增設之目的。

第五目　勘驗

第364條（勘驗之聲請）
聲請勘驗，應表明勘驗之標的物及應勘驗之事項。

解說

「勘驗」，為調查證據的方法，是指法院針對訴訟有關的現況事件，直接的就人體（例如：人的聲音、動作、身體傷痕）；或事物的形狀、性質（例如：物體的損害程度、土地的標界、測量筆錄等），以五官感覺的作用而為的事實判斷。就勘驗的結果而言，所指的為事實的判斷。所以，勘驗的目的在於事實的判斷或存在與否。

勘驗的進行，可以由法院依職權或由當事人聲請。本條就是規定在當事人聲請勘驗事項時，所要表明於法院的事項，以便利法院的勘驗進行。依本條的規定，至少要表明的事項如下：

一、勘驗之標的物：使法院能清楚明白所要觀察的事物是什麼，如果勘驗物是物品，必須表明物品在何人手中。所以，物品如果不在聲請人手中，要同時聲請法院命令物品的保管人或所有人提出；如果是土地，則須表明土地的地號及範圍。

二、應勘驗之事項：是指當事人聲明勘驗時所要證明的事實，例如：車禍事件中，就被撞毀的車輛認定賠償的金額；或在

買賣交易中，就被撞毀的車輛認定賠償的金額；或在買賣交易中，買賣的物品是否有瑕疵或破損等。

勘驗與鑑定相似，但有不同，勘驗是法院自己觀察的判斷，而鑑定則是法院委託其他人為判斷。但是，如果法院是委託受命法官或受託法官為判斷時，則仍然為勘驗；所以，委託法官以外之人為勘驗的進行時，則得到的勘驗繪圖，不能算是合法的勘驗（民訴§290）。

舉例來說：於原建築而增建之建物，缺乏構造上及使用上之獨立性（如由內部相通之頂樓或廚廁），或僅具構造上之獨立性，而無使用上之獨立性，並常助原建築之效用（如由外部進出之廚廁）等是。此類附屬建物依民法第811條之規定，固應由原建築所有人取得增建建物之所有權，然原建築所有權範圍因而擴張。但於構造上及使用上已具獨立性而依附於原建築之增建建物（如可獨立出入之頂樓加蓋房屋），或未依附於原建築而興建之獨立建物，則均非附屬建物，原建築所有權範圍並不擴張及於該等建物。是以要判斷其是否為獨立建物或附屬建物？當以現場勘驗實際狀況為斷。

第365條（勘驗之實施）
受訴法院、受命法官或受託法官於勘驗時得命鑑定人參與。

解說

本條是規定受理訴訟的法院、受命法官、受託法官在勘驗進行時，為了慎重起見，可以指定鑑定人一同參與勘驗。畢竟，鑑定人是具有專門知識及技術的人，能夠得到正確的勘驗結果，更是當事人所樂見的。所以，受理訴訟的法院、受命法官、受託法官認為有必要時，可以不等當事人的聲請，而自行命鑑定人參與勘驗。

第366條（勘驗筆錄之記載）
勘驗，於必要時，應以圖畫或照片附於筆錄；並得以錄音、錄影或其他有關物件附於卷宗。

解說

　　勘驗是所有證據方法中最為確實的一種，因為勘驗對於事物的現存狀況，可以作直接的觀察。勘驗所得的結果必須要能詳細描述，使任何人看到勘驗筆錄後，都能如同身歷其境；然而再如何生動的筆述，都有掛一漏萬的可能，所以，最好的方法，就是以圖畫或照片、錄音、錄影或其他有關物件附於卷宗之內表示，以防疏漏的可能；此本條之所以明文規定的理由。

第367條（書證程序規定之準用）
第341條、第342條第1項、第343條至第345條、第346條第1項、第347條至第351條及第354條之規定，於勘驗準用之。

解說

　　本條是勘驗準用書證提出的規定。勘驗為法院調查證據的方法之一，法院因當事人的聲明書證而察看或參閱證書，事實上也屬於勘驗的實施，只是本法中另有書證的規定，所以對於書證的察看或參閱不稱作勘驗。但是在書證中的規定，於勘驗中仍有適用，所以明文規定準用的情形。

　　依本條規定，準用的條文如下：聲明書證的方法（民訴§341）、聲請他造提出文書（民訴§342Ⅰ）、法院命他造提出文書（民訴§343），當事人提出文書之義務（民訴§344）、當事人違背提出文書的不利結果（民訴§345）、聲請命第三人提出文書（民訴§346Ⅰ）、法院命第三人提出文書的裁定（民

訴§347）、有關勘驗提出及忍受的義務（民訴§348）、第三人違背提出文書義務的制裁（民訴§349）、書證向國家機關或公務員的調取（民訴§350）、第三人文書費用的請求（民訴§351）、調查文書證據筆錄（民訴§354）。

第五目之一　當事人訊問

第367條之1（當事人訊問）
法院認為必要時，得依職權訊問當事人。
前項情形，審判長得於訊問前或訊問後命當事人具結，並準用第312條第2項、第313條及第314條第1項之規定。
當事人無正當理由拒絕陳述或具結者，法院得審酌情形，判斷應證事實之真偽。
當事人經法院命其本人到場，無正當理由而不到場者，視為拒絕陳述。但命其到場之通知書係寄存送達或公示送達者，不在此限。
法院命當事人本人到場之通知書，應記載前項不到場及第3項拒絕陳述或具結之效果。
前五項規定，於當事人之法定代理人準用之。

解說

　　就事實審理而言，因當事人本人為最知悉紛爭事實之人，因此第1項規定法院於必要時，得依職權訊問當事人。然為貫徹直接審理主義，原則上應由受訴法院訊問當事人；惟如有特殊情形，例如：有本法第270條第3項各款情形之一者，則得由受命法官或受託法官訊問當事人，以避免時程之延滯。
　　第2項則明定，本法中第312條第2項、第313條及第314條第1

項有關證人具結前審判之告知義務、具結之程序及不得命具結等
規定，於命當事人具結之情形，均可準用。

　　第3項規定，於當事人拒絕陳述或具結時，法院仍應查明其
他可供使用之相關證據，並審酌當事人拒絕陳述或具結之理由及
其他相關情形，依自由心證，判斷當事人關於訊問事項所主張之
事實或法院依職權調查之應證事實之眞僞，以求發現事實眞相。

　　當事人經法院命其本人到場，無正當理由而不到場者，即難
以達到訊問當事人之目的，爰於第4項明定，於此情形，視爲當
事人拒絕陳述，而適用第3項之規定，以促其依法院之命到場陳
述。

　　第5項規定，法院如係製作書面裁定，或面告當事人或其代
理人，命當事人本人到場者，亦應於裁定正本附記，或一併告知
上述不到場及拒絕陳述或具結之效果，乃屬當然。

　　當事人如無訴訟能力，其法律行爲係由其法定代理人代爲或
經法定代理人同意，故爲期迅速發現眞實，並發揮當事人訊問制
度之功能，即有訊問其法定代理人之必要，爰於第6項設準用之
規定。

第367條之2（虛僞陳述之處罰）
依前條規定具結而故意爲虛僞陳述，足以影響裁判之結果者，
法院得以裁定處新臺幣三萬元以下之罰鍰。
前項裁定，得爲抗告；抗告中應停止執行。
第1項之當事人或法定代理人於第二審言詞辯論終結前，承認其
陳述爲虛僞者，訴訟繫屬之法院得審酌情形撤銷原裁定。

解說

　　本條第1項規定，當事人依前條規定具結而故意爲虛僞之陳
述，足以影響裁判之結果，經法院於裁判確定前或確定後發現並

查明屬實者，法院得以裁定處新臺幣3萬元以下之罰鍰。又當事人依前條規定所為之陳述，性質上屬於證據資料之範圍，與第195條所稱當事人之陳述，係屬訴訟資料之範圍，有所不同；如果當事人僅單純違背第195條所定之真實陳述義務，尚不得依本條規定課處罰鍰，乃屬當然之理。

為保障受罰鍰裁定之當事人程序上權利，於本條第2項明定對於第1項處罰鍰之裁定得為抗告，於抗告中應停止執行。

第3項規定，受罰鍰裁定之當事人或法定代理人，如於第二審言詞辯論終結前，承認其陳述為虛偽者，因已履行真實陳述義務，故訴訟繫屬之法院得不待受裁定之當事人之抗告，亦不受抗告不變期間之影響，依職權審酌情形撤銷原裁定。

第367條之3（準用證人之規定）
第300條、第301條、第304條、第305條第1項、第5項、第306條、第307條第1項第3款至第5款、第2項、第308條第2項、第309條、第310條、第316條第1項、第318條至第322條之規定，於訊問當事人或其法定代理人時準用之。

解說

關於訊問證人時，對現役軍人、在監所或拘禁處所之人之通知方法（民訴§300、301）、對元首、不能到場證人及公務員之訊問方法（民訴§304；305Ⅰ、Ⅴ；306）、拒絕證言及不得拒絕證言之事由（民訴§307Ⅰ③～⑤、Ⅱ；308Ⅱ）、拒絕證言之釋明（民訴§309）、拒絕證言當否之裁定（民訴§310）、隔別訊問與對質（民訴§316Ⅰ）、命連續陳述（民訴§318）、法院及當事人之發問權（民訴§319、320）、令當事人或特定旁聽人退庭之訊問（民訴§321）及受命、受託法官訊問證人之權限（民訴§322）等規定，於訊問當事人時亦應準用。

第六目　證據保全

> **第368條**（證據保全之要件）
> 證據有滅失或礙難使用之虞，或經他造同意者，得向法院聲請保全；就確定事、物之現狀有法律上利益並有必要時，亦得聲請為鑑定、勘驗或保全書證。
> 前項證據保全，應適用本節有關調查證據方法之規定。

解說

　　本條是關於證據保全的規定。依通常情形，調查證據是在原告起訴後，已進入了訴訟程序，有證據調查的必要，才進行調查證據的程序；但是當事人所要使用的證據方法，如果有滅失或礙難使用的可能情形（按證據有滅失或礙難使用之虞，或經他造同意者，得向法院聲請保全；就確定事、物之現狀有法律上利益並有必要時，亦得聲請為鑑定、勘驗或保全書證。且此項證據保全，應適用民訴第2編第1章第3節有關調查證據方法之規定），例如：證人重病病危或證人計畫出國留學等；一旦證人不能或難以作證，則對當事人的權益必然影響甚大；所以本條之設立，就是在解決這可能發生的情形，然此一保全證據，依其勘驗之結果，可能會因為蒐集不到有利之證據，而放棄提起訴訟，如此一來亦可達到疏減訟源的目的。因此，只要符合本條的要件，不管是起訴前或起訴後，當事人可以依照本條向法院聲請證據保全，預先為證據的調查，而藉此達到保全證據的結果。

　　聲請證據保全時，除了有證據可能滅失或礙難使用的可能情形，本條還規定可以經由他造當事人的同意，而向法院聲請。所以，如果證據沒有行使的困難，但經過雙方的合意時，同樣的，可向法院為證據保全的聲請。

同時爲發揮證據保全制度的功能，應擴大其範圍，包括確定事、物之現狀亦得聲請。然爲防止濫用，而損害他造權益，乃明定限於有法律上利益並有必要時，始得爲之；且其證據方法以鑑定、勘驗及保全書證爲限。而所謂「確定事、物現狀有法律上利益，並有必要者」，例如：醫療糾紛中的病歷資料，爲避免遭篡改，即有聲請保全之必要性存在。

然而法院准許證據保全而命他造提出文書、物件，或有必要進入他造所占有不動產以行勘驗時，他造如拒絕協力（如不提出文書、物件，或不讓鑑定人、法官或聲請人進入其所有房地），因現行法就民事訴訟之證據調查，尚乏直接制裁規定，亦無準用刑事訴訟法或強制執行法之相關直接強制規定，聲請人僅得於嗣後進行本案訴訟時，基於保全證據程序與本案訴訟程序間之連續性、關聯性，且在他造不具備不可期待協力之事由存在時，請求受訴法院本於誠信原則，對於他造拒絕協力之行爲在自由心證之範圍內（民訴§222Ⅰ），爲一定之評價，使本案訴訟之結果對其不利而矣！

實例

張威爲一骨董商，某日，李耀經由友人的介紹，向張威購買一件明朝的瓷花瓶，準備作爲其母壽辰的壽禮。但是，李耀惟恐該明朝瓷花瓶爲仿製，於是與張威約定，如果該瓷花瓶爲贋品的話，則不但買賣契約不成立，並且還要另外交付其他的骨董以作爲賠償。因而李耀即向張威表示，須請專家加以鑑定，不過張威卻表示其出售的瓷花瓶不可能爲贋品，因此一直不爲鑑定。李耀慎重考慮下，於是以與張威所約定的事項，向法院提起確認證據保全的利益，則法院應如何處置？

法院依證據保全程序所保全的證據，其證據力的價值如何，是屬於程序法上的判斷問題，證據保全的效力，並非一種實體法上的法律關係，不得作爲確認訴訟的訴訟標的，因此，法院將駁

回李耀的確認訴訟。

第369條（證據保全之管轄法院）
保全證據之聲請，在起訴後，向受訴法院為之；在起訴前，向受訊問人住居地或證物所在地之地方法院為之。
遇有急迫情形時，於起訴後，亦得向前項地方法院聲請保全證據。

解說

　　本條是關於證據保全管轄法院的規定。當事人向法院聲請證據保全的時機，在起訴前或起訴後都可以聲請，所以本條明定，依是否起訴而作為管轄法院的依據。

　　一、起訴後：也就是尚未進入調查證據的程序前。因為當事人已經起訴，所以原則上由受理訴訟的法院為管轄法院，以便利受理訴訟的法院，對調查證據的程序能夠提前進行，而達到由同一法院為證據的認定。

　　二、起訴前：也就是當事人尚未起訴，而沒有訴訟程序的進行，這時所要考量的是如何取得證據保全的效果，因而，應該以受訊問人住居所地，例如：證人、鑑定人，或證物所在地，例如：證書、勘驗物等的所在地，由人或物所在地的地方法院為管轄法院，而不牽就「以原就被」的原則。

　　上述所作的區分為原則性的規定，本條第2項有一例外的規定：在急迫情形時，起訴後仍然可向受訊問人的住居所或證物所在地的地方法院，為證據保全的聲請。所以會如此的規定，也是基於急迫的必要情形，避免證據滅失及難以及時使用，所以才特別為例外的規定，以方便法院的證據保全程序的進行。

　　在受命法官或受託法官的情形，也應有本條的適用。

第370條（聲請保全證據應表明之事項）
保全證據之聲請，應表明下列各款事項：
一、他造當事人，如不能指定他造當事人者，其不能指定之理
　　由。
二、應保全之證據。
三、依該證據應證之事實。
四、應保全證據之理由。
前項第1款及第4款之理由，應釋明之。

解說

　　本條是規定證據保全時，所必須遵行的程序。

　　聲請證據保全，其實並無一定的程序，以言詞或書狀的方式都可以。當事人以言詞的方式為聲請時，通常是在言詞辯論時，但仍然要由法院書記官製作筆錄（民訴§122），如果以書狀方式聲請證據保全的話，就須依本條的規定表明下面的事項，以防任意濫行聲請的弊端：

　　一、他造當事人，如不能指定他造當事人者，其不能指定的事由：他造當事人所指的是起訴前、起訴後已經明顯而可以認定的人，例如：違約的一方。但是，在起訴前或不知他造當事人的情形，雖然可以不記載指明，但是必須將不能記載的理由說明，例如：車禍意外事件中，當事人當場昏迷，而肇事者逃逸的情形。

　　二、應保全的證據：例如：車禍現場的勘驗，或證人、鑑定人的姓名、住居所等。但是這裡所指定鑑定人的情形，法院就沒有選任的權限，法院必須就當事人所指定的鑑定人為訊問。

　　三、依該證據應證之事實：說明證據與事實的關係，例如：由車禍現場的勘驗得知當事人損害的發生。

四、應保全證據的理由：應依本法列舉第368條的理由，而確定證據有滅失或礙難行使的情形。

對於以上的記載事項，是促使法院能夠爲證據保全的進行。但是對於第1款及第4款的情形，爲避免濫用及避免侵害相對人隱私性或其他權利，因此在當事人提出聲請時，仍要加以釋明（民訴§284）。如果法院不明瞭當事人不能指明他造當事人的理由，或應該保全證據的理由，也可依職權命當事人加以釋明。

例如法院准許保全證據之裁定，性質上並非指揮訴訟之裁定，不在民事訴訟法第238條得依職權予以撤銷之列，且依同法第371條規定，准許保全證據之裁定，不得聲明不服，因而將前開裁定廢棄。惟按聲請保全證據，應表明應保全之證據及依該證據之應證事實，此與訴訟中聲明證據之程式，應表明應證事實無二，比較民事訴訟法第370條第1項第2、3款、第285條第1項規定，可知訴訟前聲請保全證據，不失爲聲明證據之一種。

> **第371條**（聲請保全證據之裁定）
> 保全證據之聲請，由受聲請之法院裁定之。
> 准許保全證據之裁定，應表明該證據及應證之事實。
> 駁回保全證據聲請之裁定，得爲抗告；准許保全證據之裁定，不得聲明不服。

解說

當事人爲保全證據的聲請後，法院就必須要有所表示，而以裁定准否當事人的聲請。因爲保全證據的裁定較爲簡易，所以都不經過言詞辯論。

法院是否核准當事人的聲請，要看當事人在聲請時所記載或釋明的理由，是否確有必要。如果爲准許的裁定，就開始進行調查證據的裁定，所以必須在裁定中，表明應該要調查的證據及要

證明的事實；如果為駁回保全證據的聲請，必須附理由而且送達給聲請的當事人，當事人收到裁定後，如果不服，可以依本條第3項的規定抗告。

至於有關准許保全證據的裁定，因為正是聲請的當事人所請求的，所以聲請的當事人不能聲明不服，即使法院表明於裁定中的事項，與當事人的聲請事項稍有出入，也不能抗告（通常這種情形不會發生，畢竟法院是根據當事人的聲請事項而考量的）。他造當事人因不是聲請人，所以也不能抗告（准許證據保全的裁定）。

第372條（依職權保全證據）
法院認為必要時，得於訴訟繫屬中，依職權為保全證據之裁定。

解說

本條是規定法院依職權可以為保全證據的裁定。本法第288條中明定，法院在必要時，可以依職權調查證據，既然法院能依自己的判斷為證據調查的程序，自然對證據的保全也同樣可以自行決定。所以本條特別規定，使法院能有法律明文的依據可茲遵循。

不過，法院依職權為證據的保全，必須要在起訴之後才能進行。因為當事人在尚未起訴前，法院並不知道證據有無保全的必要，而且法院在訴訟中所扮演的角色是「不告不理」，因此，起訴前法院並沒有本條的權限。至於裁定的內容，則與前條的規定相同。

第373條（調查證據期日之通知）
調查證據期日，應通知聲請人，除有急迫或有礙證據保全情形外，並應於期日前送達聲請書狀或筆錄及裁定於他造當事人而通知之。
當事人於前項期日在場者，得命其陳述意見。

解說

　　法院為准許證據保全的裁定後，應當由審判長、受命法官或受託法官指定調查證據的日期；調查證據的進行，依人證、書證、鑑定、勘驗的種類，而分別適用相關的規定，並且應通知聲請的當事人（聲請人）到場。同時為了使他造當事人有公平的防禦，而適時的抗辯，以維護他造當事人的權益起見，除有急迫或有礙證據保全情形外，也應該在指定期日後，在調查證據日期前，通知他造當事人。

　　假使應該通知他造當事人而沒有通知，經他造當事人責問（提出質疑）後，則證據保全程序中的調查證據結果，聲請人不能作為使用；也就是調查後的證據，並無法律上之效力可言。

　　當事人於保全證據的調查證據期日在場者，除有前開兩項例外，應於調查證據開始前命其陳述意見，如此可避免程序進行不合聲請意旨及侵害相對人權益等情事發生；又保全證據程序進行中或調查證據完畢後，得命當事人陳述意見，以保障訴訟程序上的基本權利。

第374條（選任特別代理人）
他造當事人不明或調查證據期日不及通知他造者，法院因保護該當事人關於調查證據之權利，得為選任特別代理人。
第51條第3項至第5項之規定，於前項特別代理人準用之。

解說

本條是規定證據保全中，他造當事人不明時，法院所應為的處置。

證據保全程序的進行，雖然他造當事人不明時，法院認為必要，仍然可以為證據調查；但為避免有偏頗發生，乃基於當事人間的對等原則，而保護他造當事人的權益，法院可以先行替他造當事人選任特別代理人，以便利訴訟進行。對於特別代理人的規定，明文準用本法第51條第3項至第5項的規定，也就是選任的裁定，必須送達；訴訟行為中權限的範圍（不能為捨棄、認諾、撤回或和解）；選任及代理的費用，由聲請人先行預付。

在不能及時通知他造當事人的情形，本條同樣可以適用。

第375條（調查證據筆錄之保管）
調查證據筆錄，由命保全證據之法院保管。但訴訟繫屬他法院者，應送交該法院。

解說

本條是關於保全證據調查筆錄的保管規定。原則上，由實施證據保全的法院保管筆錄，以便將來在訴訟程序中作為證據使用，乃屬當然。所以，聲請證據保全，如果是在起訴前，可能會發生聲請證據保全的法院與起訴的法院（受理訴訟法院）不相同的情形，這時應以受理訴訟的法院為調查證據筆錄的保管法院，所以須移交卷宗，使訴訟進行中能夠適時加以使用。

至於聲請證據保全的法院與起訴的法院如果相同，或者聲請人是在起訴後提出證據保全的聲請時，則沒有移交卷宗的情形。

本條規定的目的，是使當事人將來在向法院請求閱覽或抄錄調查證據的筆錄時，能夠清楚的知道，向保管的法院提出聲請，免得發生訛誤。

第375條之1（言詞準備程序之證人訊問）
當事人就已於保全證據程序訊問之證人，於言詞辯論程序中聲請再為訊問時，法院應為訊問。但法院認為不必要者，不在此限。

解說

本條規定，當事人就已於保全證據程序訊問之證人，於言詞辯論程序中聲請再為訊問時，法院應為訊問。但法院認為不必要者，例如：於保全證據程序係由本案受訴法院訊問證人，並已經兩造於該程序中表示意見者；或該證人之證言與本案待證事實無關者，法院即無須重複訊問，以達訴訟經濟之目的。

第376條（保全證據程序之費用）
保全證據程序之費用，除別有規定外，應作為訴訟費用之一部定其負擔。

解說

關於保全證據的支出費用，如有本案繫屬於法院時，雖由聲請人聲請時預先墊付，原則上作為訴訟費用的部分，但如有特別規定，例如：依本法第376條之2第2項的規定時，則應依各該特別規定處理。除了聲請保全證據的費用外，調查證據的費用、法院選任特別代理人及特別代理人的代理費用，都包括在內。此項費用原則上也是由將來敗訴的當事人負擔（民訴§78）。

法院關於本條費用的負擔，須由受理訴訟的法院，根據訴訟的結果，一同在判決書內表明，以作為將來強制執行程序的名義。所以，聲請保全證據被法院駁回，關於本條的費用，就不用在駁回的裁定中再予以說明。

第376條之1（保全證據之筆錄）
本案尚未繫屬者，於保全證據程序期日到場之兩造，就訴訟標
的、事實、證據或其他事項成立協議時，法院應將其協議記明
筆錄。
前項協議係就訴訟標的成立者，法院並應將協議之法律關係及
爭議情形記明筆錄。依其協議之內容，當事人應為一定之給付
者，得為執行名義。
協議成立者，應於十日內以筆錄正本送達於當事人。
第212條至第219條之規定，於前項筆錄準用之。

解說

　　本條第1項規定，本案尚未繫屬者，於保全證據程序期日到
場之兩造，就訴訟標的、事實、證據或其他事項成立協議時（民
訴§368），准許保全證據之法院應將其協議記明筆錄；或於訴
訟進行中依同法第326條第2項前段、第270條之1第1項第3款規定
達成指定合意或爭點簡化協議。倘無此證據契約、指定合意或爭
點簡化協議，法院即不受鑑定結果之拘束，仍應踐行調查證據之
程序而後定其取捨。又保全證據程序貴在迅速，故當事人於保全
證據程序當場無法達成協議時，該程序即告終了，當事人事後如
欲再成立協議，可循訴訟程序或訴訟以外方式，例如：訴訟外和
解、調解、調處、仲裁等解決紛爭。

　　至於第2項前段規定，當事人於保全證據程序中就訴訟標的
達成協議時，為特定其協議標的之範圍，法院除將當事人協議之
內容記明筆錄外，應將協議之法律關係及爭議情形一併記明筆
錄。又為貫徹當事人依其承諾而自動履行給付內容之意思，並達
到疏減訟源之目的，當事人依其於保全證據程序中就訴訟標的或
併就訴訟標的外之事項所達成之協議，應為一定之給付者，應賦

予該協議之執行力，爰於第2項後段明定之。

本條第3項之規定，乃當事人於保全證據程序成立協議者，法院應於10日內以筆錄正本送達於當事人。

至於本法第212條至第219條關於筆錄應記載事項、附件、引用文書或附件之效力、朗讀、閱覽、簽名、增刪及證明力等之規定，於保全證據程序中成立協議之筆錄亦得準用，爰於第4項明定之。

第376條之2（保全證據程序尚未繫屬之處置）
保全證據程序終結後逾三十日，本案尚未繫屬者，法院得依利害關係人之聲請，以裁定解除因保全證據所爲文書、物件之留置或爲其他適當之處置。
前項期間內本案尚未繫屬者，法院得依利害關係人之聲請，命保全證據之聲請人負擔程序費用。
前二項裁定得爲抗告。

解說

保全證據程序終結後，如當事人之紛爭久懸不決，則因保全證據所爲文書、物件之留置或其他處置，將無法獲得適當之處理，而致聲請保全證據之當事人或利害關係人（例如：文書、物件之所有人或利用人）遭受損害，故爲保障其權益，爰於第1項明定，保全證據程序終結後逾30日，本案尚未繫屬者，保全證據之法院得依利害關係人之聲請，以裁定解除因保全證據所爲文書、物件之留置，將之發還予所有人、持有人，或爲其他適當之處置，例如：鑑定之資料尚留在鑑定機構，法院得以裁定令該機構將資料彙送法院保存；或訴訟卷宗內關於勘驗或鑑定之結果，部分內容涉及隱私或業務秘密者，利害關係人得聲請法院禁止閱覽。

故本條第2項規定，前項期間內本案尚未繫屬者，法院得依利害關係人之聲請，命保全證據之聲請人負擔程序費用。又法院依本項規定為命負擔程序費用之裁定後，當事人再提起本案訴訟者，此部分保全證據之費用，應不適用本法第376條之規定，即不作為訴訟費用之一部再定其負擔。

為保障受裁定人之權益，爰於第3項明定，對於前二項之裁定得為抗告。

第四節　和解

> **第377條**（試行和解之時期）
> 法院不問訴訟程度如何，得隨時試行和解。受命法官或受託法官亦得為之。
> 第三人經法院之許可，得參加和解。法院認為必要時，亦得通知第三人參加。

解說

「和解」一詞，有兩種意義，分別為訴訟上和解與訴訟外和解。雖然兩種都是指雙方當事人相互讓步的約定，而達到終止或防止爭執的目的，但在效果上卻有顯著的差異。訴訟外和解是民法債編中第二章第二十三節的有名契約，屬於實體法上的性質；訴訟上和解則是在訴訟進行中，在受理訴訟的法院、受命法官或受託法官前所為的訴訟行為，屬於實體法上及訴訟法上同時併存的性質。然和解的目的，原係在止訟息爭，為謀求當事人間之紛爭迅速圓滿解決，法院試行和解，得隨時為之，不以言詞辯論時為限。又為了加強和解制度的功能，應賦予受命法官或受託法官有與受訴法院同一的權限，即不問訴訟程度如何，亦得隨時試行

和解，而列為第1項，但如果法院不試行和解，則在此尚難指為違法而據為上訴第三審理由。

按和解有使當事人所拋棄之權利消滅之效力，為民法第737條前段所明定。和解內容，倘以原來明確之法律關係為基礎而成立和解時，則屬認定性之和解，僅有認定效力，故當事人間之債權及債務關係，仍依原來之法律關係定之，僅應受和解契約之拘束而已。

訴訟上和解的進行，是以當事人的合意，在顧全雙方的利益下，使訴訟全部或某一個爭執點，試著進行和解，且不論訴訟程序進行到何種程度均可。所以，在第二審、第三審程序時，只要有和解的希望，都可進行和解程序，而且法院不必為任何的裁定。在言詞辯論終結的情形，可以因和解程序的進行而再開辯論。

訴訟上當事人間的和解能否成立，時常有涉及第三人之意見者，例如：訴訟標的與第三人之權利或義務有關，或當事人間須有第三人的參與，始願成立和解時，為使當事人間紛爭得以圓滿解決，允許第三人參加當事人間的和解，實有其必要性。爰修正增列本條第2項，明定經法院的許可或通知，得使第三人參加當事人間的和解，俾達促進和解、消弭訟爭的立法目的。至於第三人參加當事人間的和解，如和解不成立時，該第三人當然脫離該程序，自不待贅言。

實例

林英、李正結婚數年，一直過著幸福美滿的日子。但好景不常，因李正長年經商在外，經友人介紹結識一名女子，竟瞞著林英租屋同居。某日，東窗事發，林英心想此一婚姻已無挽回的必要，於是訴請裁判離婚。訴訟進行中李正一再悔恨自己所犯下的錯誤，並要求林英能加以寬恕；林英心軟並念及夫妻一場，往日之情雖已不復存在，但也不想因此而使雙方痛苦，

造成終生之憾，於是請求法院為訴訟上和解離婚，李正雖然無奈也只好允諾。試問法院應如何處理？

　　林英、李正兩人在訴訟上和解離婚，法院應不為允許。依離婚訴訟的性質，屬於形成訴訟，必須由法院的判決宣告，才發生消滅婚姻的效力（形成力）。夫妻雙方於訴訟上的和解離婚，並沒有形成判決的效力（形成力），僅有協議離婚的性質。依現行民法第1050條的規定，基於公益的考量，並防止夫妻間因一時的氣憤而意氣用事，貿然簽名而同意離婚，所以兩願協議離婚，須向戶政機關為離婚的登記，將「登記」作為離婚的生效要件之一。因此，兩願離婚縱然有書面（離婚協議書）及兩個以上的證人，在未為離婚登記前的離婚，仍然不能算是已經離婚了。所以，夫妻於和解筆錄上簽名同意離婚，在雙方尚未共同辦理離婚戶籍登記前，婚姻的效力仍然存在，夫妻中的任何一方不得以和解筆錄，而單獨向戶政機關辦理離婚登記，也不得以起訴的方式，而請求他方依照和解筆錄協同辦理離婚登記。所以，為了符合現行民法第1050條的立法目的，因此認為法院在審理離婚事件時，不得成立和解離婚。

第377條之1（兩造當事人聲請和解及和解方案之訂定）
當事人和解之意思已甚接近者，兩造得聲請法院、受命法官或受託法官於當事人表明之範圍內，定和解方案。
前項聲請，應以書狀表明法院得定和解方案之範圍及願遵守所定之和解方案。
法院、受命法官或受託法官依第1項定和解方案時，應斟酌一切情形，依衡平法理為之；並應將所定和解方案，於期日告知當事人，記明筆錄，或將和解方案送達之。
當事人已受前項告知或送達者，不得撤回第1項之聲請。

兩造當事人於受第3項之告知或送達時，視為和解成立。

依前條第2項規定參加和解之第三人，亦得與兩造為第1項之聲請，並適用前四項之規定。

解說

依照本條第1項規定，係指兩造當事人於試行和解時，雖互相讓步，但無法達成合意時，依現行法規定，因尚未成立和解，法院仍須進行本案審理程序。惟於兩造當事人和解的意思若已甚接近時，如能容許其選擇不以判決的方式，而委由法院基於公正、客觀的第三者立場，依衡平法理擬定和解方案，不僅使當事人的紛爭能獲得圓滿解決，且可減少法院及當事人爲進行本案訴訟審理程序所須耗費之勞力、時間、費用，俾當事人平衡追求其實體與程序利益，爰增訂第1項，明定於當事人和解的意思已甚接近時，兩造得共同或先後聲請法院、受命法官或受託法官於其表明願成立和解的範圍內，擬定本和解方案。

又爲使當事人得利用此制度徹底解決紛爭，因此當事人所表明法院得定和解方案的範圍，不限於訴訟標的範圍，得併就訴訟標的有相關的事項，一併請求定和解方案。法院、受命法官或受託法官於受理當事人的聲請後，除非當事人聲請的事項有違反強制禁止規定、公序良俗或當事人無處分權等情事外，依本法即有定和解方案的義務。

至於第3項則是針對法院、受命法官或受託法官依第1項定和解方案時，應於當事人所表明的範圍內，斟酌一切情形，依衡平法理來決定，惟不限於在期日內爲之。於定和解方案後，如指定期日，應於期日將所定和解方案的內容告知當事人，並記明筆錄，使生法律上的效力，而後爲送達；如未指定期日，即應將和解方案送達於當事人，使當事人得知悉和解方案的內容；否則未

經當事人同意，則所為上開和解的要約則亦失其效力。

其次第4項同時規定本法為尊重當事人的意願，當事人為第1項聲請後，原則上得不經對造的同意而撤回聲請。惟已受告知或送達和解方案者，即不應再許其撤回該聲請。

最後第5項則規定法院、受命法官或受託法官依第1項定和解方案後，於將和解方案告知或送達當事人前，當事人仍得撤回其聲請，所以何時視為和解成立，必須明確規定，同時於兩造均受告知或送達時，視為和解成立。

最後一項則規定，依前條第2項，第三人經法院許可或通知者，得參加當事人間的和解。故為徹底解決當事人間的法律紛爭，如當事人依第1項聲請法院、受命法官或受託法官定和解方案，而參加和解的第三人亦同意於一定範圍內，委由法官、受命法官或受託法官一併定和解方案時，應無不許的道理。

第377條之2（和解方案之提出、送達）
當事人有和解之望，而一造到場有困難時，法院、受命法官或受託法官得依當事人一造之聲請或依職權提出和解方案。
前項聲請，宜表明法院得提出和解方案之範圍。
依第1項提出之和解方案，應送達於兩造，並限期命為是否接受之表示；如兩造於期限內表示接受時，視為已依該方案成立和解。
前項接受之表示，不得撤回。

解說

本法原則上雖採言詞審理主義，故於當事人一造到場有困難時，除符合第385條及第386條之規定，法院得為一造辯論判決外，訴訟程序往往因此不能迅速進行，並影響當事人的權益。於此情形，如法院、受命法官或受託法官能斟酌一切情形，求兩造

利益的平衡提出和解方案，並爲兩造所接受，當事人間之紛爭即可獲得圓滿解決，爰增訂本條，以擴大和解制度解決紛爭的訴訟上功能。又爲避免當事人利用此一制度拖延訴訟，於第1項明定，法院、受命法官或受託法官依當事人一造之聲請或依職權提出和解方案時，須以當事人有和解之希望爲前提要件，而另一造到場有困難者爲限。

第2項則是爲使法院、受命法官或受託法官所提出的和解方案能符合當事人的意思，才易爲當事人所接受，當事人依前項規定聲請時，宜表明法院得提出和解方案的範圍究竟爲何，以供法院、受命法官或受託法官作爲擬定和解方案的參考。

第3項規定，法院、受命法官或受託法官依本條第1項規定提出的和解方案，須當事人均表示接受，始得視爲依該方案成立和解，故應將和解方案送達於兩造，以利當事人了解該方案內容。又爲避免程序延滯，法院於送達和解方案時，應同時限期命當事人爲是否接受該方案的意思表示；如兩造均於期限內以言詞或書面表示接受時，即視爲已依該方案成立和解，否則，法院仍須續行原來的訴訟程序。當然言詞辯論時試行和解未成立者，當事人一造在試行和解時所爲讓步之表示，並非訴訟標的之捨棄或認諾，尚且不得本於認諾而爲被告敗訴之判決。

同時爲促使訴訟程序上的安定性，第4項特規定，如當事人於限期內已表示接受和解方案，即不得再撤回其接受的意思表示。

第378條（試行和解之處置）
因試行和解或定和解方案，得命當事人或法定代理人本人到場。

解說

受理訴訟的法院、受命法官或受託法官因當事人雙方有和解的可能時，或依本法第377條之1及第377條之2規定定和解方案時，如有確定當事人真意或聽取其意見之必要者，亦可以命當事人或當事人的法定代理人，於言詞辯論期日到場親自陳述意見。至於何時到場，仍然要以通知書送達給當事人或法定代理人。而命當事人或法定代理人親自到場的裁定，必須要宣示；如果不宣示，也必須送達（民訴§235、236）。

至於當事人或當事人的法定代理人是否到場，並不影響在訴訟上的任何利益，因為和解不成立，仍然進行原先的訴訟程序。

第379條（和解筆錄）

試行和解而成立者，應作成和解筆錄。

第212條至第219條之規定，於前項筆錄準用之。

和解筆錄，應於和解成立之日起十日內，以正本送達於當事人及參加和解之第三人。

依第377條之1或第377條之2視為和解成立者，應於十日內將和解內容及成立日期以書面通知當事人及參加和解之第三人，該通知視為和解筆錄。

解說

雙方當事人因法院的試行和解而達成共識，各為退讓，則和解成立，而和解程序就告結束；這時法院的書記官須將和解程序進行中，依照本法第212條到第219條關於言詞辯論筆錄的相關規定，針對和解的成立、內容所作的記載，作成和解筆錄。如果由受命法官或受託法官試行的和解，同樣也必須要由法院書記官製作和解筆錄。此一筆錄，實務上均命當事人雙方簽名。

和解筆錄為強制執行法第4條所明定的執行名義之一，關於

強制執行的進行，全須依據和解筆錄的記載內容而定，因此本條明定自和解成立起10天內，須將和解筆錄的正本送達給當事人。對於和解筆錄不能聲明不服（21抗709）。如果和解筆錄有誤算或其他明顯的記載錯誤時，應向法院書記官提出異議，再由書記官所屬的法院裁定（民訴§240）。所以，雖然和解筆錄與確定判決有同一之效力，可類推適用本法第232條的規定，但仍然以書記官的處分（和解筆錄）爲對象，而非向法院爲更正的聲請。

第3項規定，針對本法第377條第2項增列第三人得參加和解的規定，如第三人參加和解而成立者，和解筆錄正本自應送達於該第三人。

同時法院依本法第377條之1或第377條之2規定，將和解方案告知或送達於當事人及參加和解的第三人時，未必均發生視爲和解成立的法律上效力。爲使當事人及該第三人知悉是否已依和解方案發生視爲和解成立的法律上效力起見，爰增訂第4項，明定依上開規定視爲和解成立者，法院書記官應於和解成立之日起10日內，將和解內容及成立日期通知當事人及參加和解的第三人；該通知並視爲和解筆錄，而得爲強制執行法第6條第1項第3款規定執行名義的法律上證明文件。

第380條（和解之效力與繼續審判之請求）
和解成立者，與確定判決有同一之效力。
和解有無效或得撤銷之原因者，當事人得請求繼續審判。
請求繼續審判者，應繳納第84條第2項所定退還之裁判費。
第500條至第502條及第506條之規定，於第2項情形準用之。
第五編之一第三人撤銷訴訟程序之規定，於第1項情形準用之。

解說

和解成立後，訴訟因當事人間紛爭的解決而終結。因此爲避

免再起爭端，故法律特賦予與確定判決有相同的確定力；亦即當事人一方不履行和解約定時，得據此和解筆錄向法院請求強制其履行。

對於有無效或得撤銷的原因，兼指實體法上如詐欺，或程序法上如當事人不適格等情形在內的情況，當事人雖可據此請求繼續審判，但是，在法院尚未撤銷或宣告無效前，當事人還不能主張恢復從前的法律關係。至於和解成立後，兩造當事人同意解除而請求繼續審判，則非法律得許可的範圍；但是如果僅是具有法定解除原因，如到期自動消滅債務或兩造單純解除和解約定，均聽任自便，蓋因和解原有私法行為的性質。

因本條請求繼續審判時，原當事人得於3個月內所退還之三分之二裁判費，自然應該續為繳納補足之。

再審的期間及再審訴訟的裁判，對於和解有無效或得撤銷時，均可準用相關的規定處理之。

第4項明定，和解如果有無效或得撤銷的原因存在時，當事人請求繼續審判者，除準用再審程序關於期間限制（民訴§500）及裁判方式（民訴§502）的規定外，就相關應遵守的程式（民訴§501）及保護善意第三人（民訴§506）的規定，亦應準用第2項之規定。

同時關於第五編之一第三人撤銷訴訟程序之規定，若有第1項情形準用之，亦即同樣發生與確定判決有同一之效力。增訂第三人就訴訟上和解、調解得提起撤銷訴訟、訴訟繫屬中移付調解成立後，有無效或得撤銷之原因，得請求繼續審判及請求繼續審判之當事人應補繳裁判費之相關規定。（民訴§380、416、420-1）

第380條之1（得為執行名義之和解）
當事人就未聲明之事項或第三人參加和解成立者，得為執行名義。

解說

　　訴訟進行中，於實務上時有併就當事人訴訟標的外的事項，或第三人依第377條第2項規定參加而成立和解的情形發生，惟訴訟上成立的和解，依第380條第1項規定，僅於當事人間就已聲明的事項，有與確定判決同一效力。然為謀求當事人間之紛爭得以有效解決，並加強和解功能，俾能切實發揮消弭訟爭的主要目的，所以特別就當事人間未聲明的事項或第三人參加，而以給付為內容所成立的和解，雖無與確定判決同一效力，亦宜賦予執行力，爰引本條之規定來加以確認。

　　至於有關當事人就未聲明的事項，或與參加和解之第三人間所成立的和解，如嗣後發生爭執時，因其非原訴訟範圍，故然當事人不得請求繼續審判，惟得另依適當的訴訟方式處理解決，例如：訴請確認和解所成立的法律關係不存在，或請求返還已依和解內容所為的給付。

第五節　判決

第381條（終局判決）
訴訟達於可為裁判之程度者，法院應為終局判決。
命合併辯論之數宗訴訟，其一達於可為裁判之程度者，應先為終局判決。但應適用第205條第3項之規定者，不在此限。

解說

　　本條是有關使訴訟事件在繫屬的法院於該審級裡終了的規定。所謂「終局判決」，是判決的一種，指當事人兩造或一造以終結訴訟的全部或一部為目的的判決。訴訟的發生，是由當事人（原告）起訴，而判決是法院所為的意思，其作用為斷定當事人

間的權利義務。所以訴訟的進行，足以判斷當事人的權利或義務時，法院就必須爲終局判決。

各自獨立的各宗訴訟，除了須合併裁判外，只要其中有達到可以裁判的程度時，也可以爲終局判決。

第382條（一部終局判決）
訴訟標的之一部或以一訴主張之數項標的，其一達於可爲裁判之程度者，法院得爲一部之終局判決；本訴或反訴達於可爲裁判之程度者亦同。

解說

本條爲法院一部終局判決的規定，可以爲一部終局判決的情形：

一、可劃分的訴訟標的中，有其中一部分達到可爲裁判的程度，例如：原告以一個訴狀而主張數個請求權時，其中一所爲標的達到可以爲判決的程度時，法院就可先爲一部終局判決。

二、被告提出反訴的情形，而本訴或反訴其中之一達到可爲裁判的程度時。不過，目前實務上甚少有一部終局判決，蓋爲避免造成判決衝突的麻煩。

沒有判決的部分仍然於法院中繼續審理。另外特別要注意的是，關於本法第56條的訴訟行爲，不得爲本條的判決，否則將會造成判決結果；在當事人間的權利義務關係無法合一確定，因而造成裁判矛盾之情形發生。

第383條（中間判決）
各種獨立之攻擊或防禦方法，達於可爲裁判之程度者，法院得爲中間判決。請求之原因及數額俱有爭執時，法院以其原因爲

正當者，亦同。

訴訟程序上之中間爭點，達於可為裁判之程度者，法院得先為裁定。

解說

本條為中間判決的規定。可為中間判決的情形有三：

一、各種獨立的攻擊、防禦方法：因獨立的攻擊或防禦方法有一定的法律效果，為防止訴訟上認定的錯誤。

二、原條文的「中間之爭點」，係指訴訟程序上的中間爭點而言，例如：訴是否合法、訴有無變更、應否許為訴之變更、某證據是否必要等爭執，關於此等爭點的裁判，原應以裁定為之，爰將此部分的規定自原條文第1項內容移出，列為本條第2項。

三、請求的原因或數額有爭執，而法院以其原因為正當時：先就原因為裁判。所以沒有訴訟的原因存在時，則訴訟即告終結。

前述一、二兩點與前兩條的終局判決相同，必須達於可為裁判的程度；且法院是否為中間判決，將視實際情況而定，倘被告雖有爭執，但未繼續辯論時，法院則往往會留待終局判決中再作說明。

中間判決經宣示後，當事人可以不等到送達，而繼續為以後的訴訟程序（民訴§225）；而法院所為的中間判決事項，應受其拘束，並不得在以後的終局判決中為相反的裁判。當事人對於中間判決，不得單獨提起上訴，但是可以在終局判決後提起上訴，受上訴法院的審判（民訴§483）。在因為有再審理由而提起再審訴訟時，也同樣的只能對終局判決提起再審，不得單獨就中間判決提出再審訴訟。

實例

廖原與黃儀素有嫌隙，某日因細故發生口角，進而發生互毆，因廖原身體較為魁梧，黃儀因而受傷，經住院醫治，總共花費醫療費1萬5,000元；黃儀心有不甘，一狀告進法院。訴訟進行中，廖原一方面否認有打傷黃儀的事實，另一方面又認為原告黃儀的請求數額太高，此時，法院應如何處理？

此為本條中所明定的第三種類型的中間判決，即「請求之原因及數額俱有爭執時，法院以其原因為正當者」。法院審理的結果，如果認為被告廖原無打傷黃儀的事實時，應為終局判決而駁回原告黃儀之訴；反之，法院審理的結果，如果認為原告黃儀有損害賠償的請求權時，只是賠償的數額高低尚須研究時，應以中間判決認定原告黃儀的請求損害賠償的原因為正當。

第384條（捨棄認諾判決）
當事人於言詞辯論時為訴訟標的之捨棄或認諾者，應本於其捨棄或認諾為該當事人敗訴之判決。

解說

本條是關於捨棄、認諾判決的規定。原告就訴訟標的的請求，於言詞辯論中不為主張，即稱為「捨棄」。被告就訴訟標的放棄，於言詞辯論中予以他造（原告）主張的許可或同意，即稱為「認諾」。而該判決應以該認諾不違背法律之強行規定，且該訴訟標的為當事人所得處分，及該訴訟具備訴訟成立要件者為限。

無論原告捨棄、被告認諾的情形，只要一造有此之表示時，法院就以判決為原、被告敗訴的認定，而使得訴訟程序終結。

一般人乍看本條時，相信必然會對所謂「認諾」與「自認」

究竟有何區別產生疑惑，所以本書將以簡短的對照說明，讓非法律人能夠清楚分辨之：

「認諾」是針對當事人所欲請求的訴訟標的，在法庭言詞辯論時當庭表示承認，且此一行使除經當事人同意外，僅有當事人可得行使，有效之認諾必將遭致必然敗訴的結果。

「自認」則是針對事實的承認，且不限於言詞辯論時，故其可用準備書狀或在受命法官行準備程序、受託法官行調查證據時，沒有時間的限制，也不限於當事人或當事人同意，其結果也不一定會敗訴。

至於「捨棄」與「撤回」的不同點在於：「捨棄」必須有聲明事項的存在，且就訴訟標的之法律關係，自為拋棄其主張，所以會受敗訴的判決；而「撤回」則係不請求法院就已提起的訴訟為判決的意思表示，所以其請求不存在，法院自然不須予以裁判者是。

實例

劉笛以其所有的甲、乙兩筆土地同時為吳彥設定債權額為1,000萬元的抵押權，不久之後，將乙地移轉登記予王彬。後來，劉笛的債權人趙遠依民法第244條的規定對劉笛及吳彥起訴，請求撤銷抵押權設定的行為，並且塗銷抵押權的登記。於是經判決的結果，甲筆土地由趙遠勝訴確定（也就是撤銷了甲筆土地之抵押權設定，及塗銷了甲筆土地的抵押權登記），而乙筆土地則以無保護之必要為理由，駁回了趙遠的訴訟。現在王彬以前面法院的判決為理由，以劉笛、吳彥為被告而主張抵押權的設定行為全部無效，請求塗銷乙筆土地的抵押權設定登記。訴訟進行中，劉笛認諾王彬的請求，法院應如何處理？

應判決原告王彬敗訴。依民法第244條有關詐害行為（例如：以不當方式成立的買賣行為）的規定，是可以撤銷的行為，在未撤銷之前，所成立的詐害行為仍然是有效的。本題中的趙

遠，訴請法院判決撤銷劉笛以其所有甲、乙兩筆土地同時爲吳彥設定抵押權的行爲，判決的結果，只有甲筆土地的抵押權設定行爲撤銷；也就是甲筆土地設定抵押權的行爲，溯及於設定時失其效力，而乙筆土地抵押權的設定行爲，既然沒有被撤銷，所以乙筆土地的設定抵押權，其效力並不發生影響，王彬自然不得以趙遠的勝訴判決爲理由，而主張乙筆土地的抵押權設定行爲也是無效的。

對於塗銷登記的目的，在請求被告爲塗銷登記的意思表示。現在劉笛已經將土地移轉登記於王彬，而劉笛已不是土地所有權人，王彬的訴請劉笛爲塗銷登記的意思表示，就沒有了達到訴訟的目的，而爲有保護的必要及其實益。所以，劉笛雖認諾王彬的請求，當然不發生認諾的效力，不得因爲劉笛的認諾，而爲被告劉笛敗訴的判決。

第384條之1（中間判決或捨棄、認諾判決書之簡化）
中間判決或捨棄、認諾判決之判決書，其事實及理由得合併記載其要領。
法院亦得於宣示捨棄或認諾判決時，命將判決主文所裁判之事項及理由要領，記載於言詞辯論筆錄，不另作判決書。其筆錄正本或節本之送達，與判決正本之送達，有同一之效力。
第230條之規定，於前項筆錄準用之。

解說

此次修法爲簡化裁判書的製作，就中間判決或捨棄、認諾判決的判決書，其製作程式應予簡化，爰增設本條之規定，並於第1項明定此三種判決書，得合併記載其事實及理由要領。至於本法第383條第2項就訴訟程序上的中間爭點所爲的裁定，除依本法第237條規定應附理由外，其製作的程式則應依本法第239條規

定，並不準用本法第226條關於判決書製作程式的規定，即無循
一定程式而加以規定的必要。

　　至於本條第2項則規定，當事人於言詞辯論時爲訴訟標的之
捨棄或認諾者，就本案訴訟已無爭執，故其判決書的製作方式得
再予簡化，故明定法院亦得於宣示此兩種判決時，命將判決主文
所裁判之事項及理由要領，記載於言詞辯論筆錄，以代替判決書
的製作；並規定該筆錄正本或節本的送達，與判決正本之送達，
有同樣的法律上效力。

　　至於本法第230條關於判決正本或節本程式的規定，於本條
第2項的筆錄亦有準用，故一併於本條第3項明定之。

第385條（一造辯論判決）

言詞辯論期日，當事人之一造不到場者，得依到場當事人之聲
請，由其一造辯論而爲判決；不到場之當事人，經再次通知而
仍不到場者，並得依職權由一造辯論而爲判決。

前項規定，於訴訟標的對於共同訴訟之各人必須合一確定者，
言詞辯論期日，共同訴訟人中一人到場時，亦適用之。

如以前已爲辯論或證據調查或未到場人有準備書狀之陳述者，
爲前項判決時，應斟酌之；未到場人以前聲明證據，其必要
者，並應調查之。

解說

　　當事人一造於言詞辯論期日不到場時，原則上法院應就到場
的當事人命令先爲陳述事實，而對於不到場的當事人不一定受敗
訴的判決（27上139），法院仍須就未到場的當事人，先前所提
供的準備書狀、聲明或證據爲斟酌考量有關實體法、程序法及已
蒐集的資料進行審視；然於訴訟標的對於共同訴訟之各人必須合
一確定的事件，如一造當事人全部不到場，而他造的共同訴訟人

未全部到場時，依現行法之規定，法院尚不得依聲請或依職權為一造辯論判決，案件將因此而延滯不決。為解決實務上的困難，爰增列第2項，以資適用。

　　一造辯論判決分為當事人聲請的一造辯論，及法院依職權的一造辯論。前開聲請，法院得行使闡明權，若其不為聲請，法院得延展辯論期日；同時此處之言詞辯論期日，並不包括準備程序期日、調查證據期日等。

　　同時債權人依民訴第519條規定的情形，支付命令的聲請視為起訴時，如果債務人（被告）受合法的通知，而並未在言詞辯論期日到場，債權人向法院聲請一造辯論時，法院如何處理？

　　依本法第511條的規定，聲請支付命令須載明的事項，在法院准許發支付命令時，同時將債權人聲請支付命令的繕本，連同支付命令送達給債務人。所以債務人對債權人的請求事項內容，已經有相當的了解，此支付命令聲請狀的繕本，已經代替了起訴狀的繕本，所以法院不用再命債權人補提起訴狀。但是言詞辯論期日的通知，仍然要依本法第251條第2項的規定預留就審期間，才能為債權人的一造辯論判決。

第386條（駁回聲請一造辯論之裁定）

有下列各款情形之一者，法院應以裁定駁回前條聲請，並延展辯論期日：

一、不到場之當事人未於相當時期受合法之通知者。

二、當事人之不到場，可認為係因天災或其他正當理由者。

三、到場之當事人於法院應依職權調查之事項，不能為必要之證明者。

四、到場之當事人所提出之聲明、事實或證據，未於相當時期通知他造者。

解說

　　言詞辯論時，到場的當事人可依前條的規定，聲請法院為一造辯論判決，但是一造辯論的情形，依本條有下列的限制，也就是到場或不到場的當事人有下列情形之一時，法院須以裁定駁回到場當事人的聲請，並同時延後言詞辯論的期日：

　　一、當事人的不到場是因為其未於相當時期（即通常程序的10日就審期間及簡易程序的5日就審期間）受合法的通知及通知未合法送達的情形。

　　二、當事人係因為颱風、地震、水災等天然災害及戒嚴、在監執行、被拘留等原因。係因當事人有正當理由而未於言詞辯論期日到場者，法院自不宜依前條規定准依到場當事人之聲請由其一造辯論而為判決，以保障有正當理由不到場之當事人在程序上之權利。故應由法院審酌具體情形而為認定，緩和原條文對不到場當事人的嚴格限制，以求周延。例如當事人之法定代理人以其母親身體不適，需當事人之法定代理人照顧為由，不能於第一審言詞辯論期日到場，請求另訂審理期日云云，惟其並無證據可認為有不能委任訴訟代理人或複代理人到場之情形，即非屬不可避免之事故，自非屬民訴第386條第2款所謂因正當理由而不到場的情形。

　　三、有關當事人是否適格、是否有保護的必要性，或無法使受訴法院得到強固的心證事項，而使法院在職權的行使上便有無法推動者而言。

　　四、對於到場當事人所為訴的追加，或證人的重要證言，或影響法院的重要證據的提出，未於相當時期通知他造，而使其未到場無法為辯論者。

實例

　　張義訴請李雲請求因車禍造成的損害賠償，法院指定82年6月5日上午11時為言詞辯論的期日。張義與李雲都在5月26日

收到言詞辯論的通知書。結果辯論期日兩人都沒有到場辯論，可否視為合意停止訴訟程序？如果張義沒有到場，李雲雖然到場，但卻拒絕辯論，是否得認為合意停止訴訟程序？

不得認為是訴訟程序停止的合意。雙方當事人遲誤言詞辯論的期日，此時視為合意停止訴訟程序（民訴§191）。所謂的「遲誤言詞辯論期日」，是指當事人經合法的通知後，於言詞辯論期日不到場或到場而不為辯論情形。如果對於不到場的當事人，法院的通知違背了就審期間的規定時（民訴§251），則該當事人就等於未在相當的時期受合法的通知。

本題的原、被告張義與李雲，雖然曾收到法院言詞辯論的通知書，但是收到的日期距離言詞辯論的期日，未達10天的就審期間規定，屬於沒有受合法的通知情形。所以，張義、李雲沒有在言詞辯論期日到場，或到場後不為辯論，都不能算是合意停止訴訟程序的情形，因此，法院必須再行通知，而另為言詞辯論的進行。

第387條（不到場之擬制）
當事人於辯論期日到場不為辯論者，視同不到場。

解說

當事人於言詞辯論期日不到場，則到場的當事人可向法院聲請為一造辯論判決。但是，當事人到場卻不為陳述意見，則與不到場沒有差別。言詞辯論期日必須當事人要有所陳述，才可稱為「言詞辯論」，所以，當事人即使到場，但是不為辯論，則法院無從判斷。惟言詞辯論期日，當事人之一造不到場，到場之他造意欲如何不明瞭者，審判長應依同法第199條第2項規定，向其發問或曉諭，令其敘明，其願另定期日辯論，不聲請由一造辯論而為判決者，應予延展辯論期日，尚不得因其不聲請一造辯論，認

其係到場不爲辯論，而視同不到場。

此外，當事人在指定的辯論期日已經到場辯論，則不論前次的言詞辯論期日是否到場，法院仍然應進行兩造的言詞辯論。

第388條（訴外裁判禁止原則）
除別有規定外，法院不得就當事人未聲明之事項爲判決。

解說

民事訴訟，以當事人所請求的項目（訴之聲明），爲法院審理的範圍，因此，沒有請求的項目，法院不能爲判決，此稱爲「不告不理」，也就是採行「不干涉主義」。至於別有規定的情形，例如訴訟費用，當事人就算沒有請求，法院仍須於判決主文中記載要負擔的一方。

第389條（應依職權宣告假執行之判決）
下列各款之判決，法院應依職權宣告假執行：
一、本於被告認諾所爲之判決。
二、（刪除）
三、就第427條第1項至第4項訴訟適用簡易程序所爲被告敗訴之判決。
四、（刪除）
五、所命給付之金額或價額未逾新臺幣五十萬元之判決。
計算前項第五款價額，準用關於計算訴訟標的價額之規定。
第1項第5款之金額或價額，準用第427條第7項之規定。

解說

宣告假執行，係對尚未確定的終局判決賦予執行力的裁判，

此一程序係爲防免敗訴當事人利用上訴的方法，隱匿或處分財產，致判決確定後，無從獲得執行效果，所爲保護私權的衡平考量。而本條之所由設，係對較無爭議性的事項，賦予法院得依其職權的自發性去作是否執行考量的依據基礎。

一、被告已於言詞辯論時，依本法第384條規定爲訴訟標的認諾，即應依此爲被告敗訴判決，被告事後翻供或不服上訴者較不可能，且實務上經上訴廢棄者亦向未見，故採之。

二、第2款刪除。

三、假執行制度的目的，乃在防止敗訴當事人提起無益上訴，使權利人能早日實現其權利。簡易訴訟制度的目的，因事實極爲清楚易辨而亦在謀求訴訟迅速終結，儘速實現權利人之權利。故適用簡易程序所爲被告敗訴的判決，應許法院依職權宣告假執行，以發揮假執行制度及簡易訴訟制度的功能，爰修正第1項第3款，明定就第427條第1項至第4項訴訟適用簡易程序所爲被告敗訴的判決，法院應依職權宣告假執行。至於法院依第427條第5項或第435條第1項規定，以裁定改用通常訴訟程序時，因該訴訟的案情往往較爲複雜，性質上不適於由法院逕依職權宣告假執行，故無本款的適用。

四、第4款刪除。

五、爲配合社會經濟的變動，並發揮假執行制度之功能，加強對權利人之保障，本條第1項第5款所定法院應依職權宣告假執行判決之金額或價額之數額宜予提高。爰配合本條第1項第3款之修正，將第5款的金額提高爲未逾新臺幣50萬元。

第390條（應依聲請宣告假執行之判決）

關於財產權之訴訟，原告釋明在判決確定前不爲執行，恐受難於抵償或難於計算之損害者，法院應依其聲請，宣告假執行。

> 原告陳明在執行前可供擔保而聲請宣告假執行者，雖無前項釋明，法院應定相當之擔保額，宣告供擔保後，得為假執行。

解說

　　本條第1項係針對具有財產上價值的訴訟，如金錢或其他有體物的請求，非迅速執行，恐被告浪費或處分，待判決確定後難於抵付償還所欠或難以確定其計算範圍，故由原告提出能即時調查的證據，讓法院相信其為真實。

　　本條第2項則是因為釋明須提出即時調查的證據，當事人往往很難辦到，故特別設立本條項讓原告表明願提供擔保而聲請宣告假執行，此際法院便必須宣告一定的擔保額，而由原告供擔保後，得依法聲請執行，目前實務上均以此為宣告假執行的原則。

第391條（宣告假執行之障礙）
被告釋明因假執行恐受不能回復之損害者，如係第389條情形，法院應依其聲請宣告不准假執行；如係前條情形，應宣告駁回原告假執行之聲請。

解說

　　本條的情形，就好像原告請求被告清償票據上債務，被告抗辯原告居無定所的情形，或原告所請求的是房屋的拆除均是。如果依前條為假執行的宣告，將使其損害很難回復原狀，所以法院應駁回原告的聲請。倘為本法第389條的情形，則應為不准假執行之宣告。

第392條（預供擔保之假執行或免為假執行之宣告）
法院得宣告非經原告預供擔保，不得為假執行。
法院得依聲請或依職權，宣告被告預供擔保，或將請求標的物提存而免為假執行。
依前項規定預供擔保或提存而免為假執行，應於執行標的物拍定、變賣或物之交付前為之。

解說

　　本條是宣告附條件或免為假執行的基礎，賦予法院相當的權限（即除依被告之聲請外，亦包括得依職權為之）。此條原告供擔保部分較無疑義，但是被告得於假執行程序實施前，預供擔保或將請求標的物提存的時間點，便形成一個盲點，蓋因開始強制執行之前，原則上毋庸傳訊當事人，故其究竟何時實施，往往債務人無從得知而預為因應。目前實務上依最高法院89年第1次民事庭決議，認為假執行程序實施前，係指執行法院對於債務人強制其履行之行為而言，其性質應分別就執行事件定之，例如：執行標的物為拍賣、變賣或物之交付前，即屬已執行假執行程序，不得再准免或提存，因此一般較為此保險的作法，被告均主動先為此一預備措施，以避免無法彌補的損失產生。

第393條（假執行之聲請時期及裁判）
關於假執行之聲請，應於言詞辯論終結前為之。
關於假執行之裁判，應記載於裁判主文。

解說

　　本條第1項的聲請，兼指本法中第390條及第391條所規定原告與被告之各項聲請。至於法院依職權宣告或前條的情形則並不

包括在內，蓋因本法第390條及第391條係事項的聲請，必須經言詞辯論，法院始得斟酌；其所謂言詞辯論終結前，尚包括本法第210條的再開辯論或經上級廢棄發回發交，而於該再開或更審的辯論時，均得為之。

當然，對於假執行之裁判，應記載於判決主文項下，因其係依附於判決的宣告而不能獨立存在發生效力；雖然宣告假執行，原則上固以判決為之，但亦有以裁定為之者，故將第2項之「判決」修正為「裁判」，以資概括遵守。

> **第394條**（補充判決規定之準用）
> 法院應依職權宣告假執行而未為宣告，或忽視假執行或免為假執行之聲請者，準用第233條之規定。

解說

本條所指的三種情形，雖與本法第233條規定（按該條第1項規定聲請補充判決者，以訴訟標的之一部，或訴訟費用之裁判有脫漏為限，不包括為裁判所持之理由在內）並不相同，但本條特准原告聲請補充判決以彌補判決上的脫漏，故關於該聲請及其裁判應遵守的20日不變期間仍必須注意。同時本條所謂「忽視假執行的聲請」，依原條文規定，準用本法第233條之規定；至忽視被告免為假執行之聲請者，則不在得聲請補充判決之列（63台抗275），故不包含被告聲請在內。然因原條文於兩造利益的保護有失均衡，爰增訂法院忽視免為假執行的聲請時，亦準用本法第233條的例示規定。即法院就本法第389條、第390條或第392條的裁判有脫漏者，均有本條規定的適用。至於本法第391條乃係有關宣告不准假執行或駁回原告假執行聲請的規定，就有關本法第391條之裁判如許聲請補充判決，則必須變更原判決之假執行宣告，與補充判決的意旨不合，自不在得聲請補充判決之列，應

無疑義。當事人請求之事項，第一審判決有脫漏者，聲請補充判決，應向原第一審法院為之，第二審判決有脫漏者，聲請補充判決，應向原第二審法院為之（21上2214），是聲請補充判決應專屬於原判決有脫漏之法院管轄。

第395條（假執行宣告之失效）
假執行之宣告，因就本案判決或該宣告有廢棄或變更之判決，自該判決宣示時起，於其廢棄或變更之範圍內，失其效力。
法院廢棄或變更宣告假執行之本案判決者，應依被告之聲明，將其因假執行或因免假執行所為給付及所受損害，於判決內命原告返還及賠償，被告未聲明者，應告以得為聲明。
僅廢棄或變更假執行之宣告者，前項規定，於其後廢棄或變更本案判決之判決適用之。

解說

假執行失效情形有四：

一、假執行宣告雖未廢棄，但本案判決遭廢棄或變更，致假執行失其依據。

二、假執行宣告本身的廢棄。

三、在上訴審變更或廢棄的範圍內失其效力，例如：將無條件宣告改為有條件或限制某一部分。

四、本案勝訴判決確定時。

假執行之宣告自廢棄或變更該原判決宣示時起，於其廢棄或變更的範圍內失其效力，毋庸等待判決確定，故此時廢棄部分，尚未開始即不得執行；如已開始，則應撤銷。然事實上廢棄時，多半已執行完畢，是故設置本條以為事後的補救。此項宣告，適用於原告的本訴及被告的反訴，且只要有判決變更的法定事由產生，不論原告有無過失均應依被告聲明，以簡易迅速的程序，於

判決內回復假執行前的原狀，或賠償因此所受的損害，此損害包括以下四類：侵權行為、債務不履行、契約、法律上特別規定（例如：訴訟法上規定、損害賠償之債等均是）。倘被告不知道聲明時，應告以得為聲明，蓋此係基於保護被告，節省勞費，而直接向繫屬之法院聲請即可。至於第3項者，乃係自然之理，毋庸贅述。

實例

　　張祥向李吉請求返還借款，經過第一審法院的判決而勝訴，同時宣告張祥及李吉各得提供擔保金而為假執行或免為假執行，李吉雖然敗訴，但為避免受到假執行，於是提供擔保。後來，張祥的請求經由法院判決敗訴，並且確定在案，此時，李吉可否向張祥訴請賠償擔保金利息的損失？

　　李吉向張祥請求利息的損失為有理由。依本條第2項中的明文，所謂的被告受有損害，例如：支出的費用、喪失可應得的利息等，凡是因避免假執行而為的給付或供擔保，或是因提存擔保金所發生的損害，都包括在內。分析此項損害賠償的請求權，是因為法律明文規定的損害賠償，所以，不論原告張祥有無過失，均應該負責。尤其是有關不動產（土地、房屋）的訴訟時，擔保金的數額往往高得驚人，再加上訴訟的進行相當耗費時日，於是因為提供擔保所損失的利息，更是令人咋舌；因此，對於利息損失被告可以請求，這對其利益的保護，可算是周到。

第396條（定有履行期間之判決）
判決所命之給付，其性質非長期間不能履行，或斟酌被告之境況，兼顧原告之利益，法院得於判決內定相當之履行期間或命分期給付。經原告同意者，亦同。
法院依前項規定，定分次履行之期間者，如被告遲誤一次履

行，其後之期間視為亦已到期。

履行期間，自判決確定或宣告假執行之判決送達於被告時起算。

法院依第1項規定定履行期間或命分期給付者，於裁判前應令當事人有辯論之機會。

解說

　　本條第1項修正配合概括民法第318條第1項但書「法院得斟酌債務人之境況，許其於無甚害於債權人利益之相當期限內，分期給付，或緩期清償」的情形，（此不過認法院有斟酌判決所命給付之性質，得定相當之履行期間之職權，非認當事人有要求定此項履行期間之權利），就像目前一般請求遷讓房屋的案例，倘因被告一時無法找到房屋搬遷，於情理上亦不能強要搬遷而露宿街頭，故由法院依職權酌定期間。然而實務上對非長期不能履行者則尊重原告的意見，俾切實際，而此履行期間的訂立，應記載於判決主文，其型態大致上可分為兩種：

　　一、命被告甲應於某年某月某日將房屋遷讓返還給原告乙。

　　二、被告甲應將坐落某地某區某號房屋於3個月內返還於原告乙。

　　本條第2項有關法院得於判決內定分次履行期間的情形（包括定數次履行之期間及命分期給付），已於第1項有所修正。為督促被告遵期履行，其遲誤履行者，應受不利益的制裁，則係為防止被告利用原告的良善而故意違反約定，特規定分次履行，倘被告一次不履行，則視為全部到期，其所應返還的金額須一次返還，此係一種法律上當然之規定，毋庸在判決內諭示。

　　本條第3項對於履行期間的計算，應依民法第119條以後的規定，而其起算的時點則以判決確定或宣告假執行之判決送達到被告時起算；此在分次履行期間僅係指第一次，其後應依判決而

定。

第4項規定，法院依第1項規定定履行期間或命分期給付者，為兼顧兩造當事人的利益，及保障當事人的程序上權利，應於裁判前令當事人有適當辯論的機會。

實例

鄭健向陳信借款10萬元不還，經陳信向法院起訴，第二審法院判決陳信勝訴，經陳信同意後定履行期2年返還。陳信對法院的定履行期雖表示過同意，但是他認為2年的時間太長，於是向第三審上訴。試問法院應如何處理？

專就履行期部分上訴第三審，無論原、被告都不得提起，因此，不得專就此一履行期的部分為上訴。依本條的規定，法院得以定履行期的判決，是基於職權上，考量給付內容或當事人的同意所為的判決，並非認為當事人有要求法院定履行期間的權利，所以，法院考量的結果所為的定履行期的判決，當事人不得表示不服，認為不妥當而提出上訴。且就對第三審上訴的情形，向且須第二審的判決有違背法令的情形；而第二審法院定履行期的判決，是基於職權的行使，並不發生判決違背法令的情形，因此，不論第二審法院所定的履行期時間長短如何，原告或被告都不得就此定履行期的部分提起第三審上訴。

第397條（情事變更原則）
確定判決之內容如尚未實現，而因言詞辯論終結後之情事變更，依其情形顯失公平者，當事人得更行起訴，請求變更原判決之給付或其他原有效果。但以不得依其他法定程序請求救濟者為限。
前項規定，於和解、調解或其他與確定判決有同一效力者準用之。

解說

本條從法理上係實體法原則，且係依已失效的復員後辦理民事訴訟補充條例所定，原條文適用情形有二：

一、為法律行為成立後或非因法律行為發生的法律關係成立後，事實審最後言詞辯論終結前發生情事變更。

二、為確定判決之事實審最後言詞辯論終結後發生情事變更（院2759、院解3829）。

前者所適用的情事變更原則，乃誠信原則在實體法上內容具體化之個別法則之一，將其規定於本法，體制上有所不合，且民法第227條之2已增訂此項內容，本法無重複規定的必要。至於後者則涉及判決確定後更行起訴的問題，仍宜於本法加以規定。因情事變更而更行起訴，涉及確定判決的法律安定性，適用範圍不宜過於擴大，故如判決內容業已實現者，即不得再以情事變更為由，更行起訴。

同時，確定判決的內容如係有關非因法律行為發生的法律關係者，當然適用第1項的規定，原條文第2項已無規定的必要。又和解、調解或其他與確定判決有同一效力者，亦可能發生情事變更情形，故在第2項設準用的法律規定依據。

第398條（判決確定之時期）

判決，於上訴期間屆滿時確定。但於上訴期間內有合法之上訴者，阻其確定。

不得上訴之判決，於宣示時確定；不宣示者，於公告時確定。

解說

本條第1項係指得上訴之判決，必須等到上訴期間20日屆滿，方始確定，而使為判決的各法院受其羈束；但在上訴期間有合法上訴者，則阻止前開的確定。不過，此一確定尚須考量下列

事項：

一、在途期間（在途期間之規定，係為解決當事人及其訴訟代理人之住居所或事務所均距法院過遠，無法於法定期間內為一定之訴訟行為而設。準此，如當事人及其訴訟代理人，均不住居或設事務所於法院所在地，而法院已依同法第132條規定向有受送達權限之訴訟代理人為送達者，則該訴訟代理人自受送達時起，既可於法定期間內為一定之訴訟行為，其所應扣除之在途期間，即應以該訴訟代理人之受送達處所為計算基準，而非以當事人之住居所為據）。

二、提起上訴而又撤回上訴，則以上訴權是否喪失而論。若未喪失，則於撤回時確定，否則喪失上訴權（即上訴期間屆滿後之上訴），仍於上訴期間屆滿時確定。

三、捨棄上訴權時則於捨棄時確定。

所謂「不得上訴」，就好像本法第551條第1項之除權判決即是指此。此類判決有宣示時則於宣示時生效，未宣示則配合本法第223條第1項的修正，將「送達」修正為「公告」判決時生效，此係有關當事人權利義務的重要事項，必須特別留意。

同時有關本法第56條第1項的共同訴訟，其判決確定，必須等到最後一個人喪失上訴權時，判決方能確定。

另外值得注意的是，上訴程序不合法可以補正的情形下，而法院逕予裁定駁回，經當事人抗告的話，應至該裁定確定時，其原有的判決方始確定。

第399條（判決確定證明書之付與）
當事人得聲請法院，付與判決確定證明書。
判決確定證明書，由第一審法院付與之。但卷宗在上級法院者，由上級法院付與之。

判決確定證明書，應於聲請後七日內付與之。

前三項之規定，於裁定確定證明書準用之。

解說

判決確定後，當事人為在實體上主張其應有的權利，或在程序上聲請強制執行等實際上的需要，得向法院書記官付與判決確定證明書，乃程序上之聲請（原條文規定「請求」，有欠允當，且與第3項「聲請」用語不符，爰將「請求」修正為「聲請」），蓋此乃屬書記官的職權。

受聲請的法院，須按整個訴訟卷宗資料以查證是否確定始能付與，故此原則上由第一審法院付與，例外卷宗在上級法院，則由上級法院付與。

確定證明書，必須在聲請後7日內付與，不過實務上似乎認係訓示規定，均有所拖延。

第400條（既判力之客觀範圍）

除別有規定外，確定之終局判決就經裁判之訴訟標的，有既判力。

主張抵銷之請求，其成立與否經裁判者，以主張抵銷之額為限，有既判力。

解說

本條第1項係針對當事人而言，為訴訟標的之法律關係於確定的終局判決中經裁判後，該確定終局判決中有關訴訟標的的判斷，即成為規範當事人間法律關係的基準，嗣後同一事項於訴訟中再起爭執時，當事人不得為與該確定判決意旨相反的主張，法院亦不得為與該確定判決意旨相反的判斷，此即民事訴訟制度為

達終局強制解決民事紛爭的目的，所賦予確定終局判決的效力，通稱為判決實質上確定力或既判力。其積極作用在於避免先後矛盾或衝突的判斷，消極作用則在於禁止重行起訴。原條文第1項著重於一事不再理之理念，僅就禁止重行起訴而為規定，就作為解釋既判力的範圍及其作用而言，立法上難認充足，爰修正第1項。例如：甲對乙提起確認房屋所有權存在之訴，經法院判決駁回確定後，甲擬再提出請求返還房屋之訴時，甲自不得對於乙所主張所有權不存在，再為相同內容的爭執。

　　本條第2項得主張抵銷的主動債權，不以與受動債權間具有對價關係為限，為避免誤會，故配合將第2項規定「主張抵銷之對待請求」中「對待」二字刪除，並配合原第2項末段「不得更行主張」規定，修正為「有既判力」。因此對經裁判之抵銷數額，既明定有既判力，其因該部分判決所生法律上之效力，而受不利益之當事人，就該部分判決，自有上訴利益，不受原判決主文形式上為准駁宣示之拘束。例如丙主張其對丁有100萬元貨款債權，而丁主張抵銷對丙有50萬元之借款請求權，如法院對此兩項對待請求於判決中經判斷者，則以主張抵銷的50萬元為限，丙與丁均不得再另行起訴主張並爭執。按被告對原告主張為訴訟標的之請求，在訴訟上提出抵銷之對待請求預為抗辯，其成立與否經法院裁判者，依民事訴訟法第400條第2項之規定，固應賦予「以主張之額為限」之既判力，且因該判決理由之判斷，對當事人具有效力，而與當事人權利義務有所影響，該受不利判斷之當事人自得對之提起上訴（18上1885之反面意旨），即應將因此判決所生法律上效力而受之不利益，併算入因上訴所得受之利益數額，始符合公平之原則。惟究其性質，祇是被告對原告主張為訴訟標的之請求提出之防禦方法，而為「依附於訴訟標的之類似反訴而非反訴的抗辯」（或稱「未展成之反訴（unentwickelte Widerklage）」，或曰「隱藏之形成判決

（verdecktes Gestaltungsurteil）」、「隱藏之反訴」）而已，原告本案主張之請求始爲訴訟標的本身，該抵銷抗辯之對待請求與原告主張爲訴訟標的之請求間，互有依存關係，如一體之兩面，須與不可或離，不能予以割裂，分別裁判。

實例

　　羅德向張煌購買土地，因張煌藉故不偕同辦理所有權移轉登記，羅德於是起訴請求張煌應就土地所分割的一部分先行辦理所有權的移轉登記，獲得了勝訴判決確定後，羅德又另外請求張煌應就土地的剩餘部分，也辦理所有權的移轉登記。試問羅德所提起的另一個後訴訟，是否爲前訴訟既判力所及？

　　羅德所提的後一個訴訟仍爲合法。因前訴僅就土地分割的一部爲判決，效力並未及於其他的部分，因此就前訴以外的土地部分所提起的移轉所有權請求，並非前訴的既判力所及，因而羅德所提的後訴訟仍爲合法。

> **第401條**（既判力之主觀範圍）
> 確定判決，除當事人外，對於訴訟繫屬後爲當事人之繼受人者，及爲當事人或其繼受人占有請求之標的物者，亦有效力。
> 對於爲他人而爲原告或被告者之確定判決，對於該他人亦有效力。
> 前二項之規定，於假執行之宣告準用之。

解說

　　確定判決，本即係就當事人間，即原告與被告訟爭的法律關係而爲的判斷，其既判力當然及於當事人，至於其他第三人，則非毫無限制的及之，是故訴訟代理人、參加人及普通共同訴訟人，均非既判力效力所及。

一、訴訟繫屬後，為當事人之繼受人，包括一般自然人死亡或法人消滅時權利的繼受或為訴訟標的法律關係的特定繼受人（如基於買賣或受讓借貸債權等是）。此處所稱「繼受人」，如其訴訟標的為具對世效力之物權關係者，依法律行為受讓該訴訟標的物之人，即應包括在內。故在當事人行使物上請求權之訴訟，於訴訟繫屬後始受讓標的物之第三人，除因信賴不動產登記或善意取得動產（包括交付、簡易交付、占有改定及指示交付在內）之善意受讓人外，即應受確定判決之拘束（61台再186、96台抗47裁判、司法院(85)秘台廳民一字第00598號函意旨參照）。

二、至於所謂「為當事人或其繼受人占有」，係指為前兩者的利益而占有，亦即專為當事人或其繼受人之利益而占有請求之標的物者而言（利益說），此觀民法941條所稱之「間接占有人」，僅規定為「對於他人之物占有者」，此與前者法律明定「『為』當事人或其繼受人占有請求之標的物」之旨趣未盡相同自明。是以基於借貸之法律關係，對於貸與人之物而占有之借用人，貸與人雖為間接占有人，但該借用人占有貸與人之物，乃係為自己之利益而占有，於此情形，自無「確定判決既判力或執行力效力所及」之適用。例如：受僱人依僱用人之指示而占有管領該物，此等人只屬占有機關，其占有人仍然為原當事人或繼受人。

本條第2項所謂「為他人而為原告或被告者」，例如：破產管理人、遺囑執行人、遺產管理人或本法第41條之被選定當事人均是，此種為他人之權利以自己名義為訴訟的實施者，係屬第三人的訴訟擔當行為而已；另外依本法第41條第2項，參加人承受訴訟而脫離訴訟之人亦同。故該判決的效力亦及於該他人，而不因其脫離訴訟而受影響。

本條第3項係假執行效力準用的規定，不另贅述。

實例

　　梁凱、張華、李明、王達共有一筆土地,經訴請法院判決分割,各自分得部分土地,而且張華對梁凱及王達對李明各應補償差價10萬元。在第一審的言詞辯論後,張華將其應有部分賣給了趙信,並完成登記,後來判決確定。梁凱以該判決直接向趙信就原判決張華應補償給梁凱的10萬元,向法院聲請強制執行。試問法院應否准允?

　　法院應准許。依民法第824條第3項的明文規定,法院為共有物的分割時,以原物(本題中的土地)分配,而共有人中有不能按其應有部分受分配時(也就是分配的比例大小不一),可以以金錢補償。所以分割共有物的判決中,有關金錢補償部分,也是分割的方法之一。如果在訴訟進行時,負擔金錢補償的人(本題中的張華及王達),將其應有部分移轉給第三人(趙信),則此第三人自然屬於當事人的繼受人,而為判決效力所及。所以,梁凱得以此確定判決向趙信為10萬元補償金額的強制執行。

第402條(外國法院確定判決之效力)
外國法院之確定判決,有下列各款情形之一者,不認其效力:
一、依中華民國之法律,外國法院無管轄權者。
二、敗訴之被告未應訴者。但開始訴訟之通知或命令已於相當時期在該國合法送達,或依中華民國法律上之協助送達者,不在此限。
三、判決之內容或訴訟程序,有背中華民國之公共秩序或善良風俗者。
四、無相互之承認者。
前項規定,於外國法院之確定裁定準用之。

解說

外國法院的判決係基於外國的司法權所為的判斷，理論上應無法採認其效力，但是因為現代工商業發達，如不予適當的承認以解決私權爭端，勢必影響相互的貿易往來；且依本條之反面解釋，若無下列各款情形，自然承認其效力的存在，惟在強制執行時，須例外經法院以判決宣示方得為之：

一、例如：本法第10條關於不動產物權涉訟者，專屬不動產所在地法院管轄時，外國法院即無管轄權。

二、外國法院宣告我國人民敗訴，而未給予適當的攻擊、防禦方法，或根本未給予此等機會，則顯然有枉法裁判之嫌；惟我國民為被告而未應訴者，為保障其程序權，必以開始訴訟之通知或命令已於相當時期，在該外國域內對該被告為合法送達，或依我國法律上之協助在該外國域外對該被告為送達，給予被告相當期間以準備行使防禦權，始得承認該外國法院確定判決於我國對被告之效力。然為促進國際交流，此程序權的保障不宜以本國人為限，凡遭受敗訴判決的當事人，如在我國有財產或糾紛，而須藉由我國承認外國判決效力以解決紛爭者，均應予以保障。爰將本款「為中華民國人而」等字刪除。又為保障當事人的程序權，開始訴訟的通知或命令不僅應合法送達，並應給予當事人相當期間以準備行使防禦權；至於是否送達當事人本人，則非必要，爰修正第2款規定。

三、現行法規定，係指外國法院確定判決的內容，在實體法上違背我國公序良俗的情形而言。然為保障當事人之程序權，就外國法院判決之訴訟程序違背我國公序良俗之情形，亦應包括在內，爰修正第3款規定，以求周延。所謂訴訟程序違背公序良俗，例如：當事人雖已受送達，但未被賦予聽審或辯論之機會；或法官應迴避而未迴避，其判決明顯違反司法之中立性及獨立性；但倘若一般「借名登記」者，謂當事人約定一方將自己之財

產以他方名義登記，而仍由自己管理、使用、處分，他方允就該財產為出名登記之契約，倘其內容不違反強制禁止規定或公序良俗者，應承認其法律效力。此外，外國法院的訴訟繫屬或確定判決，依第182條之2運用之結果，如與我國法院的訴訟繫屬或確定判決有所牴觸時，是否承認外國法院之訴訟繫屬或確定判決，亦應依個別具體狀況判斷是否違背我國公序良俗而定。至於外國法院之判決有無違背我國的公序良俗，乃係法官應依職權加以斟酌之事項，法官應促使當事人為適當之主張及舉證後加以判斷，例如：阿拉伯國家可以一夫多妻，而該有關夫妾同居之訴的內容，顯然為中國法律所禁止者，即屬之。

　　四、國與國間首重平等互惠，原條文第4款所謂「無國際相互之承認者」，係指司法上的承認而言，並非指國際法上或政治上之承認。為避免誤解，爰將「國際」二字刪除，以杜法律上的爭議。

　　第2項則規定，外國法院所為確定裁定，係採原則上承認其效力，例外有本條之情形，則拒絕承認其效力，因此須經我國法院審查確認並無前開規定各款情形之一者，始可認其效力。同時外國法院之確定給付判決若欲在本國強制執行，仍須踐行特定之程序，始得為之。因此為解決當事人間的紛爭，亦有承認其效力的必要性存在，故特別明定外國法院確定裁定準用第1項的規定；至於取得美國法院所為之判決，如未先經我國法院確認有無前述規定情形，即持該外國判決以代當事人之為意思表示，於法即屬無據。至於基於訴訟指揮所為程序上的裁定，則因隨時得加以變更，故非本項所指的確定裁定，應加以分辨清楚。

第二章
調解程序

第403條（強制調解之事件與除外規定）

下列事件，除有第406條第1項各款所定情形之一者外，於起訴前，應經法院調解：

一、不動產所有人或地上權人或其他利用不動產之人相互間因相鄰關係發生爭執者。

二、因定不動產之界線或設置界標發生爭執者。

三、不動產共有人間因共有物之管理、處分或分割發生爭執者。

四、建築物區分所有人或利用人相互間因建築物或其共同部分之管理發生爭執者。

五、因增加或減免不動產之租金或地租發生爭執者。

六、因定地上權之期間、範圍、地租發生爭執者。

七、因道路交通事故或醫療糾紛發生爭執者。

八、雇用人與受雇人間因僱傭契約發生爭執者。

九、合夥人間或隱名合夥人與出名營業人間因合夥發生爭執者。

十、配偶、直系親屬、四親等內之旁系血親、三親等內之旁系姻親、家長或家屬相互間因財產權發生爭執者。

十一、其他因財產權發生爭執，其標的之金額或價額在新臺幣五十萬元以下者。

> 前項第11款所定數額，司法院得因情勢需要，以命令減至新臺幣二十五萬元或增至七十五萬元。

解說

本條是有關強制調解程序之規定，本條規定的十一種狀況，除有符合第406條第1項各款所規定之情形外，依人事訴訟程序的特別規定與本條的規定，在起訴前，都應適用本調解程序。

「調解」，為起訴前調停排解紛爭的一種方式，最大的作用是可使當事人避免訴訟繁瑣及曠日費時的程序，而達到減少訟源的目的。強制調解的訴訟事件，如未經法院調解而逕行起訴時，則視為聲請調解的開始；因此本條均視為調解之前置作業程序。

其次本條文以列舉方示明列十一種必須先經調解的生活上經常碰到的爭議事件，例如相鄰關係中土地所有人於他人之土地、建築物或其他工作物有瓦斯、蒸氣、臭氣、煙氣、熱氣、灰屑、喧囂、振動及其他與此相類者侵入時，固請求得禁止之，民法第793條前段定有明文；且依同法第800條之1規定，此項規定於承租人準用之。但其侵入輕微，或按土地形狀，地方習慣，認為相當者，不在此限，同法第793條但書復規定甚明。而上述氣響之侵入，按土地形狀，地方習慣可否認為相當，應參酌主管機關依法所頒布之管制標準予以考量，俾與事業之經營獲得衡平，以發揮規範相鄰關係積極調節不動產利用之功能（99台上223裁判參照）。又噪音管制法所稱之噪音，係指超過管制標準之聲音，為該法第3條所明定。

因本條此等內容已臻明確；且參照相關法律條文屬於易懂之內容，故不另贅述；而其期日之通知仍應依本法第156條之相關規定。

另外有關所謂隱名合夥，是指當事人的一方對另一方的生

產、經營出資，而不參加實際的經濟活動，但分享營業利益，並僅以出資額的限度內承擔虧損責任；合夥之財產為合夥人共同共有；隱名合夥則為出名營業人所有；隱名合夥人如參與合夥事務之執行，或為參與執行之表示，或知他人表示其參與執行而不否認者，縱有反對之約定，對於第三人，仍應負出名營業人之責任。

因而本條最後對於小金額的訴訟爭議事件，如仍行使一般訴訟程序，對於當事人、法院所花費之時間、勞力及費用，與標的金額或價額顯不相當，故為貫徹費用相當性原則，以期望可利用此一調解程序解決紛爭，達到迅速息訟止爭之立法修訂目的。

> **第404條**（聲請調解之事件）
> 不合於前條規定之事件，當事人亦得於起訴前，聲請調解。
> 有起訴前應先經法院調解之合意，而當事人逕行起訴者，經他造抗辯後，視其起訴為調解之聲請。但已為本案之言詞辯論者，不得再為抗辯。

解說

所謂的調解，就是發生紛爭的雙方當事人，在調解委員的協調下，互相讓步，尋求一個大家都可以接受的解決方案，現行法上，可分為法院的調解與鄉鎮市調解委員會的調解。

調解的目的，重在消除紛爭，並使法院的訴訟事件獲得減輕，所以雖然未具備前條所規定的事件，當事人亦可根據本條在起訴前，為調解之聲請；如果調解不能成立後，再提起訴訟。

不過，當事人在有合意應先經調解者，若逕向法院自行提起訴訟，經過相對當事人的抗辯後，依本條應當作起訴是調解的聲請；但如果該案件已經開庭審理，並經到庭陳述而為言詞申辯者，當事人就不得再對此一情況提出抗辯責問，因為該程序上的

瑕疵障礙，業經視同無異議而喪失置喙的權利。

> **第405條**（聲請調解之程式）
> 調解，依當事人之聲請行之。
> 前項聲請，應表明為調解標的之法律關係及爭議之情形。有文書為證據者，並應提出其原本或影本。
> 聲請調解之管轄法院，準用第一編第一章第一節之規定。

解說

調解在本質上，是屬於民事訴訟程序的一種，雖然是起訴前的程序，而由法院進行，但是仍然由當事人自行聲請，調解程序才開始進行；所以，法院不採取職權的干涉。

對於調解的聲請，除了要表明當事人的姓名及相關資料外（民訴§116），還必須要將當事人間的爭執情形及權利義務關係一同表明（例如因租期屆滿拒不返還而發生）。倘若以書面（例如借據、票據等）為證明時，依本法明文規定應該提出該文書的原本或影印本為憑據。

在調解不成立的情形，法院依當事人的聲請，而為訴訟程序上的言詞辯論；而在應該調解卻直接起訴的情形，有時也當成是調解的聲請。一般的訴訟程序與調解程序，有相當的牽連關係，因此，以同一個法院管轄為原則，以求其便利，所以本條明定可準用第一編第一章第一節有關管轄的相關規定。

> **第406條**（聲請調解之裁定）
> 法院認調解之聲請有下列各款情形之一者，得逕以裁定駁回之：
> 一、依法律關係之性質，當事人之狀況或其他情事可認為不能

調解或顯無調解必要或調解顯無成立之望者。

二、經其他法定調解機關調解未成立者。

三、因票據發生爭執者。

四、係提起反訴者。

五、送達於他造之通知書，應為公示送達或於外國為送達者。

六、金融機構因消費借貸契約或信用卡契約有所請求者。

前項裁定，不得聲明不服。

解說

法院認為調解的聲請不合法時，除依一般規定以裁定駁回外（民訴§237）；如有本條所規定之情形，亦得逕以裁定駁回：

一、調解無成立的希望或不能調解：此由法院依法律關係的性質、當事人本身的狀況或其他情事而為判斷之依據，例如：雙方為世仇、鑑界測量等。

二、曾經為調解程序：係指曾經由鄉鎮調解委員會的調解而不成立的情況。

三、票據涉訟：因票據重在流通性，適宜儘速解決，包括任何票據上的債務。而票據權利的爭執，通常另有其他程序解決，例如：公示催告或本票裁定。

四、提起反訴：反訴與本訴相反，但是適用同一訴訟程序的訴訟。就反訴本身而言，因與本訴合併在一個程序中進行，所以也不須再經調解程序。

五、送達他造的通知書，須為公示送達或於外國送達：因調解程序進行時須兩造到場，如果對他造的送達為公示送達或於外國送達，則他造當事人顯有不能到場的可能，故以不准許為妥適。

六、實務上金融機構因消費借貸契約或本於信用卡契約有

所請求的事件，被告通常均未到庭，故幾乎由原告聲請一造辯論
判決，此等事件，應無調解的實益，故訂立本款的規定，以資適
用。

第406條之1（調解委員之選任）
調解程序，由簡易庭法官行之。但依第420條之1第1項移付調解
事件，得由原法院、受命法官或受託法官行之。
調解由法官選任調解委員一人至三人先行調解，俟至相當程度
有成立之望或其他必要情形時，再報請法官到場。但兩造當事
人合意或法官認為適當時，亦得逕由法官行之。
當事人對於前項調解委員人選有異議或兩造合意選任其他適當
之人者，法官得另行選任或依其合意選任之。

解說

　　本條是規定調解委員之選任，本條新增之立法目的是希望透
過調解委員，以其具有特別之生活經驗或專門知識，以及社會公
正人士，經由法官之選任，成為調解委員，來確實發揮調解之功
能（至於調解委員的資格，必須符合下列資格：一、品行端正，
著有信譽；二、對調解工作富有熱忱；三、生活安定且有充裕時
間；四、身心健康有說服能力；五、對解決民事或家事紛爭具有
專門經驗；六、具有豐富社會知識經驗；七、其他經認為適當
者）。所以本條第1項雖然規定調解程序由簡易庭法官行之，但
因顧慮到簡易庭法官對相關內容並不比原法官、受命或受任法官
清楚時，則仍應由原法官（受命或受任）來選任較為適宜；同時
依據本條第2項規定，由法官選任調解委員一至三人先行調解，
俟調解至相當程度，而認為調解有成立之望，或其他必要情況時
再請法官到場。當然如果兩造合意或法官認為適當時，法官自得
逕行應無疑義。

本條第3項規定，若當事人對法官所選任之調解委員之人選有異議，或兩造合意選任其他適當之調解委員時，法官得另行選任或尊重當事人之合意選任之，此乃因調解委員調解能否成功，繫乎當事人對調解委員是否有充足之信賴感，若當事人對法官所選任之調解委員已無任何之信賴感時，自不可能預期其有調解成功之望，徒增時程的花費；若當事人對調解委員之人選明顯表示有異議時，法官得另行選任調解委員或依當事人之合意來選任之。

第406條之2（地方法院調解委員之列冊、選任）
地方法院應將其管轄區域內適於為調解委員之人選列冊，以供選任；其人數、資格、任期及其聘任、解任等事項，由司法院定之。
法官於調解事件認有必要時，亦得選任前項名冊以外之人為調解委員。

解說

依據前條之規定，修法後之調解程序不再由法官單獨調解，而是由法官選任相當的一至三人為調解委員先行調解。因此調解委員之列冊選任即為重要之事項，故本條特別規定地方法院必須將其管轄區域內（依區、鄉、鎮、市別及其專長與經歷列冊）適合為調解委員之人選，事先將其列冊以供法院來選任；至於調解委員人數、資格、任期、聘任、解任等細節項目，由司法院另訂辦法來規定。

為了使調解委員的人選更具有彈性來促成調解之成立，因此本條第2項並不限定於事先列冊之人員為調解委員，若法官認其有必要時，亦可選任列冊以外之調解委員。

第407條（調解期日之指定與通知書之送達）
調解期日，由法官依職權定之，其續行之調解期日，得委由主任調解委員定之；無主任調解委員者，得委由調解委員定之。
第156條、第159條之規定，於法官定調解期日準用之。
聲請書狀或言詞聲請之筆錄應與調解期日之通知書，一併送達於他造。
前項通知書，應記載不到場時之法定效果。

解說

　　本條是關於調解期日及通知書的規定。所謂「調解期日」，就是通知雙方到場，以進行調解的日期而言。由於調解著重迅速，而自申請後始有選任調解委員或主任調解委員之情事，如果必須等待前述人員產生才定調解期日，則反而將造成拖延的情形，並不適當。所以本條明定，第一次調解期日，由法官逕行依職權指定，其後續的調解期日，始由主任調解委員或調解委員決定，以收迅速便捷之效。

　　至於期日之告知、期日之變更或延展的規定於此調解期日，亦得準用的規定；因此有關聲請書狀或言詞聲請之筆錄；亦應該與調解期日之通知書，一併送達於他造，應無疑義。

第407條之1（調解程序之指揮）
調解委員行調解時，由調解委員指揮其程序，調解委員有二人以上時，由法官指定其中一人為主任調解委員指揮之。

解說

　　依據本法第406條之1調解委員之人數為一至三人，因此法院所選任之調解委員可以達到三人，故如有多數調解委員進行調解

程序時，必須有一位調解委員來指揮調解程序，故本條規定調解委員為二人以上時，由法官指定其中一人為主任調解委員，負責指揮調解程序之進行。

第408條（命當事人或法定代理人到場）
法官於必要時，得命當事人或法定代理人本人於調解期日到場；調解委員認有必要時，亦得報請法官行之。

解說

　　民事訴訟的當事人，通常情形可以委任訴訟代理人（律師）到場，既然調解程序屬於民事訴訟的一種，因此，在調解期日時，當事人或當事人的法定代理人，自然也可以委任訴訟代理人到場進行調解。不過，法院如果認為有必要時，可以裁定的方式命當事人或法定代理人到場，以便直接為調解程序的進行，因為當事人間的爭執，惟有當事人最了解彼此堅持的所在，是故為促使調解能夠順利達成，命雙方到場進行調解，有其事實上的必要性。

　　而調解係由調解委員處理而其如果認為有必要雙方到場時，亦可報請法官命雙方到場進行調解，以達事半功倍之效。

第409條（違背到場義務之處罰）
當事人無正當理由不於調解期日到場者，法院得以裁定處新臺幣三千元以下之罰鍰；其有代理人到場而本人無正當理由不從前條之命者亦同。
前項裁定得為抗告，抗告中應停止執行。

解說

　　本條是針對當事人違背到場調解的處罰規定。法院指定調解期日後，通知當事人到場，當事人本來應該遵照法院的指示，而準時到場。如果沒有正當的理由，例如：患重病、遇天災或沒有受到合法的通知等，法院可以依職權科處罰鍰，以懲戒當事人可能蓄意拖延訴訟的進行；就算當事人的代理人到場進行調解，而本人（當事人）是沒有正當理由而不到場，違背前條中法院命當事人到場的裁定，也同樣科處罰鍰。

　　對於科處罰鍰的裁定，當事人可以表示不服而抗告；在抗告程序進行中，也就是科處罰鍰的裁定，沒有確定以前，法院不能為罰鍰的執行；但若已經執行時，則依法必須要停止強制執行的程序。

第409條之1（聲請命他造為一定之行為或不行為及提供擔保）

為達成調解目的之必要，法院得依當事人之聲請，禁止他造變更現狀、處分標的物，或命為其他一定行為或不行為；於必要時，得命聲請人供擔保後行之。

關於前項聲請之裁定，不得抗告。

法院為第1項處置前，應使當事人有陳述意見之機會。但法院認為不適當或經通知而不為陳述者，不在此限。

第1項之處置，不得作為執行名義，並於調解事件終結時失其效力。

當事人無正當理由不從第1項處置之命者，法院得以裁定處新臺幣三萬元以下之罰鍰。

前項裁定得為抗告，抗告中應停止執行。

解說

　　本條第1項規定，為了促進調解之成立，法院得依當事人之

聲請，禁止他造變更現況、處分標的物或命爲其他一定之行爲或不行爲（例如債權人依照土地使用同意書，得因債務人之繼承人，而有依同意書內容請求讓其爲土地使用之義務即是），必要時並得命聲請人供擔保後行之。本條第1項之暫時處置乃爲促使調解的成立，圓滿達成調解之目的所作的暫時性之措施，故本條第2項特別明定，關於前項聲請之裁定不得抗告，且第1項之處置不得作爲執行名義，並在調解事件終結後失去效力。

由於第1項處置之範圍包括禁止他造變更現況、處分標的物等等，且不准抗告，故其所定之範圍非常之廣泛，若法院未審慎處理，往往會影響當事人之權利非常的大。因此，法院在作第1項處置之前，必須讓當事人有陳述意見之機會；但若當事人經通知而不爲陳述，或法院認爲不適合由當事人自身來作陳述時，則例外可以不經當事人本人來陳述，而逕爲第1項規定之處置。

由於第1項之處置只是暫時爲了達成調解目的所爲之措施，因此第1項之處置在調解終結時，就失去效力，當事人若無正當理由不遵從法院所爲之第1項處置命令，法院可裁定處新臺幣3萬元以下之罰鍰；裁處罰鍰之裁定得爲抗告，抗告中應停止執行。

第410條（調解處所）

調解程序於法院行之，於必要時，亦得於其他適當處所行之。調解委員於其他適當處所行調解者，應經法官之許可。

前項調解，得不公開。

解說

本條是有關調解處所的規定，原則上調解程序是在法院內所安排的調解室中進行。爲了能達到當事人調解的目的，所以不採開庭的方式，因此也沒有必要公開進行，以使雙方當事人在和緩的氣氛下，更能達到調解的效果。爲了更能促使當事人調解的進

行，甚至可以選擇更適合的場所（例如：當事人的住居所、辦公處所），而不一定非在法院進行調解，因為有些人認為只要是好人就不應該到法院，因此為兼顧一些人情世故採取的一種折衷方式。

倘由調解委員認為在其他適當處所調解時，必須經法官裁示認可後方得為之。

第410條之1（報請法官處理調解之裁定）
調解委員認調解有第406條第1項各款所定情形之一者，報請法官處理之。

解說

調解委員如果認為調解有本法第406條第1項各款之情形時，法院得逕以裁定駁回調解聲請，在此情形下，既然法院可以駁回調解之聲請，則是否有繼續調解之必要，調解委員即必須報請法官處理，以免浪費調解程序。

第411條（調解人之推舉或選任）
調解委員行調解，得支領日費、旅費，並得酌支報酬；其計算方法及數額由司法院定之。
前項日費、旅費及報酬，由國庫負擔。

解說

本條係明定調解委員所為的調解行為，依本法可以領取的費用，包括日費（每次依新臺幣500元支給）、旅費（每日不得超過國內出差旅費報支要點所定薦任人員每日膳雜費及住宿費給與之標準，依實支數計算）及報酬（每人每件以新臺幣800元

為限；其他民事調解事件，每人每件以新臺幣500元為限。但承辦法官得視事件之繁簡，於新臺幣300元至2,000元之範圍內增減之），而其計算的方法及數額多寡則授權司法院另行制定。

而前開費用的給付，則一律由國庫編列預算來負擔。

第412條（參加調解）
就調解事件有利害關係之第三人，經法官之許可，得參加調解程序；法官並得將事件通知之，命其參加。

解說

本條是規定第三人參加調解的情形。調解程序本來是由雙方當事人進行，不過，有時當事人間的爭執牽涉到第三人的權利，因此，對於有利害關係的第三人（包括經濟上之利害關係，及法律上之利害關係），如果能加入調解程序的話，則必然有助於調解程序的進行。

第三人想要參加調解程序的話，必須要先行向承審法官聲請許可，聲請的方式，以言詞或書狀都可以；經承審法官准允第三人加入調解程序後，必須要將調解期日通知此第三人，使他能準時到場。此外，所謂的「利害關係」，是指對現在已經存在的權利或合法的權益有直接的影響而言。

例如：甲向乙購買貨物，而轉賣於丙，因貨物品質上的粗劣，經丙向甲請求損害賠償後，而甲再向乙請求損害賠償時，就甲、乙間所進行的調解事件，使丙一同參加調解，則也有本條規定的適用。

第413條（審究爭議之所在）
行調解時，為審究事件關係及兩造爭議之所在，得聽取當事

人、具有專門知識經驗或知悉事件始末之人或其他關係人之陳述，察看現場或調解標的物之狀況；於必要時，得由法官調查證據。

解說

調解的目的，重在平息雙方當事人的爭端，所以對於關係事件爭執及雙方所爭議的事項，法院必須要詳細審查推敲，等到明白之後，再爲調解的進行；否則，雙方的爭執或爭議就很難化解。因此，在爭議不明或爭執不清時，法官在進行調解時，除聽取當事人、具有專業知識（例如：醫療糾紛之醫師、工程糾紛之技師）或知悉事件來龍去脈或其他與案件有關係人的說明外，更應該察看現場或了解爭議標的物的狀態，並拍照存證，若有必要，則可再由法官根據以上的資料進行實地調查。

第414條（調解之態度）
調解時應本和平懇切之態度，對當事人兩造爲適當之勸導，就調解事件酌擬平允方案，力謀雙方之和諧。

解說

本條是法官進行調解時所應保有的態度。和平懇切，心誠以待，本來就是待人接物的原則，因此法官主持調解時，想要勸導雙方當事人相互讓步，務必要能使得雙方當事人心平氣和，方能達到調解的目的。而不妨嘗試參考國外解決爭議之方式：應該一、有系統地把爭議事項分開處理；二、就這些爭議提出解決方案；以及三、探討這些解決方案在符合調解各方的利益和需要方面是否有用。但不會有以下行爲：一、爲任何一方提供法律或其他專業意見；或二、把某個結果強加於任何一方之上；或三、爲

任何一方作出決定。

第415條（刪除）

第415條之1（調解條款及調解程序筆錄）
關於財產權爭議之調解，經兩造同意，得由調解委員酌定解決
事件之調解條款。
前項調解條款之酌定，除兩造另有約定外，以調解委員過半數
定之。
調解委員不能依前項規定酌定調解條款時，法官得於徵詢兩造
同意後，酌定調解條款，或另定調解期日，或視為調解不成
立。
調解委員酌定之調解條款，應作成書面，記明年月日，或由書
記官記明於調解程序筆錄，由調解委員簽名後，送請法官審
核；其經法官核定者，視為調解成立。
前項經核定之記載調解條款之書面，視為調解程序筆錄。
法官酌定之調解條款，於書記官記明於調解程序筆錄時，視為
調解成立。

解說
　　本條係關於財產權爭議之調解，如因兩造均有成立調解的
意願，惟因為無法立即就有關具體調解的內容獲致一致的結論，
經雙方同意而由調解委員酌定調解條款並作成書面，調解委員自
宜根據本條法律為依據予以酌定，以杜絕訟爭，進而保護當事人
選擇程序的機會，故在此增設調解委員經兩造同意得酌定調解條
款，記名年月日，或由書記官記明於調解程序筆錄，由調解委員

簽名後送交法官核定，並視爲當事人已依該調解條款成立調解規定，並作爲調解程序的筆錄，俾利法律的適用。

同時當調解委員無法擬定調解條款時，則回歸由法官徵詢兩造同意後，再予酌定調解條款，或另外改定調解期日，或者視爲調解不成立之依據。

第416條（調解成立之效力與調解無效或撤銷）

調解經當事人合意而成立；調解成立者，與訴訟上和解有同一之效力。

調解有無效或得撤銷之原因者，當事人得向原法院提起宣告調解無效或撤銷調解之訴。

前項情形，原調解事件之聲請人，得就原調解事件合併起訴或提起反訴，請求法院於宣告調解無效或撤銷調解時合併裁判之。並視爲自聲請調解時，已經起訴。

第500條至第502條及第506條之規定，於第2項情形準用之。

調解不成立者，法院應付與當事人證明書。

第五編之一第三人撤銷訴訟程序之規定，於第1項情形準用之。

解說

調解程序經當事人雙方表示合意後而成立調解，調解一經成立，調解的程序就算終結，雙方當事人之間對於該法律關係的爭執也終於獲得解決，這種結果與訴訟上的和解具有相同的效力，同時也可以爲強制執行的名義。但是，調解如果存在有無效的原因時，因爲調解仍然存在著，所以還必須由當事人向法院提起宣告調解無效或撤銷調解的訴訟。但是，在另一方面，調解是在起訴前的程序，如果是沒有經過起訴程序的調解，法院根本不可能爲原本的調解事件下裁判，因此提起宣告調解無效或提起撤銷調解訴訟的原告，如果是提起調解事件的聲請人時，可以用合併起

訴的方式，一同將兩個訴訟向同一個法院提起；如果是由被告所提起的話，則原來的聲請人可以提出反訴，以便一次解決紛爭。同時本條規定自開始聲請調解之時，視爲已經起訴；亦即若無法調解則立即進入訴訟程序。

調解的成立與訴訟上和解有相同的效力，而和解依本法第380條第1項規定與確定判決有相同的效力。因此提起調解無效或撤銷調解的訴訟，如同對確定判決提起再審之訴，因此有關再審的規定，當然有準用的規定，藉以保護善意第三人的權益。

同時第4項明定：調解有無效或得撤銷的原因，當事人得向原法院提起宣告調解無效或撤銷調解之訴者，就本法第501條再審程序關於應遵守的程式規定，亦應準用。又民法上的無效有絕對無效或相對無效，如認爲成立的調解有民法上無效的原因，即一律不受本法第500條不變期間的限制，而得隨時提起宣告調解無效之訴者，實有礙法的安定性，故將原第4項但書規定予以刪除，委由法官依具體個案情形，就當事人所主張的無效原因，個別判斷其所提起宣告調解無效之訴，是否必須受到本法第500條不變期間的限制。若調解內容以給付金錢或其他代替物或有價證券爲標的者，該調解書內容具有執行名義，可供強制執行。

對於調解不成立時，爲了證明當事人雙方曾經就爭執的法律關係，已依調解程序試圖解決紛爭，當事人可向法院請求給予調解不成立的證明書。此在強制調解的事件中，具有重大的影響，因爲強制調解的事件，必須要經過調解程序不成立後，始可以起訴；否則，未經調解而起訴，將視爲調解的聲請，而仍然要經過調解程序。亦即其後續可分：

一、任意調解（當事人聲請調解）指當事人兩造均於調解期日到場，但無法達成合意而調解不成立時，當事人之一造可聲請法院按該事件應適用之訴訟程序，即爲訴訟之辯論，且視爲調解之聲請人自聲請時視爲已經起訴。

二、擬制調解（起訴或支付命令之異議視爲調解聲請）指調解不成立時，除調解當事人聲請延展期日外，法院應按該事件應適用之訴訟程序爲何？命即爲訴訟之辯論，且自起訴及支付命令之聲請時，發生訴訟繫屬之效力。

同時增訂第五編之一有關第三人撤銷訴訟程序之規定，於本條第1項合意調解之情形準用的法律依據。

第417條（依職權爲解決事件之方案）
關於財產權爭議之調解，當事人不能合意但已甚接近者，法官應斟酌一切情形，其有調解委員者，並應徵詢調解委員之意見，求兩造利益之平衡，於不違反兩造當事人之主要意思範圍內，以職權提出解決事件之方案。
前項方案，應送達於當事人及參加調解之利害關係人。

解說

財產權（例如智慧財產中之專利權、商標權及著作權均屬之）的性質，屬於私權利的一種。就本條中所指的財產權，除了爲私權利外，也是指可以依經濟利益而與他人交易以換取價值的權利。對於財產權之爭執，當事人雙方的意思雖然不相一致，不過已經具有了某些共識的情形時，調解的法官必須考量意思不相一致的差異所在；且尚須徵求調解委員的意見，在不違反雙方當事人的主要意思內，依照法律上的職權，提出解決問題的方案，藉著方案的提出，以發揮調解制度的功能。提出的方案須送達給當事人或參加調解的利害關係人作爲參考，以決定是否接受法官提出的方案，而爲調解的成立或不成立。

第418條（方案之異議與調解成立之擬制）
當事人或參加調解之利害關係人對於前條之方案，得於送達後十日之不變期間內，提出異議。
於前項期間內提出異議者，視為調解不成立；其未於前項期間內提出異議者，視為已依該方案成立調解。
第1項之異議，法院應通知當事人及參加調解之利害關係人。

解說

　　當事人或參加調解的利害關係人，對於調解法官所提出的方案，如果有不同的意見，可以在方案送達後10天的不變期間內提出異議。只要在10天的期限內提出異議，調解就失去效力，而原來的方案，因不具備任何拘束力，所以方案並無所謂的「效力存否」問題，而直接認為調解不成立。反過來說，沒有在10天內提出異議的話，則判定已經依方案的內容成立了調解，稱為「調解的擬制」。本條在政府採購法第85條之4亦有納入採用此一準則。

　　如果當事人或利害關係人有提出異議時，法院應將此一情形通知雙方當事人，以便雙方當事人為其他訴訟行為的準備。

第419條（調解不成立之效果）
當事人兩造於期日到場而調解不成立者，法院得依一造當事人之聲請，按該事件應適用之訴訟程序，命即為訴訟之辯論。但他造聲請延展期日者，應許可之。
前項情形，視為調解之聲請人自聲請時已經起訴。
當事人聲請調解而不成立，如聲請人於調解不成立證明書送達後十日之不變期間內起訴者，視為自聲請調解時，已經起訴；其於送達前起訴者，亦同。

以起訴視為調解之聲請或因債務人對於支付命令提出異議而視為調解之聲請者，如調解不成立，除調解當事人聲請延展期日外，法院應按該事件應適用之訴訟程序，命即為訴訟之辯論，並仍自原起訴或支付命令聲請時，發生訴訟繫屬之效力。

解說

本條是規定調解不成立所產生的效果。

調解的期日，其實並不算是言詞辯論的期日。當雙方當事人於調解期日到場，而調解不成立的情形，當事人的一方可以向法院為聲請一造辯論，法院受理聲請之後，就應按該事件所適用的法律程序即刻為辯論的指示。至於他造當事人可以聲請延後辯論的期日，以便為言詞辯論的準備；所以他造當事人為延後期日的聲請時，法院應該允准聲請。前項調解不成立並不影響程序的進行，因為調解聲請時，即視為起訴之一部分。

調解不成立（雙方當事人經過調解程序，因無法達成協議或無正當理由而不到場）後，為了避免影響當事人的權益，究竟聲請人對所爭執的事件是否依一般起訴程序進行，須有一明確的態度，因此，本條第3項規定，在調解不成立的時候起，如果聲請的當事人在調解不成立證書送達10天內起訴的話，當作是自聲請調解時已經起訴；但是，如果等不及證書的送達，而已經在送達前起訴時，同樣的也發生自聲請時起訴的效果。

在調解當事人起訴當成調解的聲請事件時（民訴§404、424、519），因為原本當事人就是以起訴的方式進行訴訟程序，只是因法律規定的關係而當成是調解程序的進行，所以在調解不成立時，原來起訴的效力應該恢復，也就是仍然由原來起訴時候起，各種訴訟上的效力，都恢復原來的效果，亦即有中斷時效的效果。所以，這時就不必再重複繳納裁判費用，而可確保當事人

的權益。不過在調解期日時，不成立調解，原本法院應該按該事件所應適用之法律程序（簡易、通常或其他小額訴訟之程序）為訴訟上的辯論，因為當事人間的原本意思，本來就認為是到場辯論，只是因法律規定強制調解的關係，而為調解程序的進行。不過，如果當事人基於言詞辯論準備不及，而聲請延後辯論期日的話，法院應該據此規定許可當事人的聲請。

另外在勞資爭議時，勞資爭議當事人對於勞資爭議調解委員會之調解方案不同意，或經調解委員會主席召集會議二次，均不足法定人數，或無法決議作成調解方案時，皆屬調解不成立。

第420條（當事人不到場之效果）
當事人兩造或一造於期日不到場者，法官酌量情形，得視為調解不成立或另定調解期日。

解說

調解期日當事人雙方本來應該要到場，為調解程序的進行；法官甚至可以依職權命令當事人到場，且對當事人沒有正當理由的不到場，予以科處罰鍰的處罰（民訴§408、409）。不過，法院如果考量調解有希望成立，或雙方當事人間根本不可能成立調解的話，則在有當事人雙方或只有一方不到場的情形時，可以自行為認定，而決定另定調解期日，或直接判定調解不成立。此條可與同法第436條之12比對之後，更加明瞭。

第420條之1（移付調解）
第一審訴訟繫屬中，得經兩造合意將事件移付調解。
前項情形，訴訟程序停止進行。調解成立時，訴訟終結。調解不成立時，訴訟程序繼續進行。

依第1項規定移付調解而成立者，原告得於調解成立之日起三個月內聲請退還已繳裁判費三分之二。
第2項調解有無效或得撤銷之原因者，準用第380條第2項規定；請求人並應繳納前項退還之裁判費。

解說

本條規定以法院移付調解之要件及其相關效果。

訴訟事件在第一審繫屬中得經兩造之合意移付調解，移付調解之事件依本條第2項之規定，訴訟程序停止進行，如調解成立時，訴訟終結；如調解不成立時，訴訟程序繼續進行；因此本條明訂可以經由兩造的合意，將案子移付給調解委員進行調解，因此在案件終結以前，不論案件進行到何種程度，當事人雙方都可以合意將案件另外移付調解。可以由原來的承辦法官進行調解，也可以透過法院委任的調解委員進行調解。

為了鼓勵調解之成立，如因本條移付調解成立者，原告可於調解成立之日起3個月內聲請退還已繳納之三分之二裁判費。此項係配合本法第83條第1項及第84條第2項規定撤回起訴或和解成立者，得於3個月內聲請退還已繳裁判費三分之二之規定；同時為避免當事人發生錯誤致損其權利的情況，並求體例上的一致性起見，爰將移付調解成立者，一併加以配合補充之。

另外關於本條第2項調解有無效或得撤銷之原因者，準用第380條第2項規定；請求人得請求繼續審判，當然在此應繳納前項已退還之裁判費，此乃法理之常，無庸贅述。

第421條（調解筆錄）
法院書記官應作調解程序筆錄，記載調解成立或不成立及期日之延展或訴訟之辯論。但調解委員行調解時，得僅由調解委員

自行記錄調解不成立或延展期日情形。

第417條之解決事件之方案，經法官當場宣示者，應一併記載於筆錄。

調解成立者，應於十日內以筆錄正本，送達於當事人及參加調解之利害關係人。

第212條至第219條之規定，於第1項、第2項筆錄準用之。

解說

　　本條是關於調解筆錄的製作規定。調解程序不論是否成立而終結時，法院書記官都必須製作調解筆錄，並且記載調解的成立或不成立，以及程序中有無期日的延後，或因調解不成立而開始訴訟有關的言詞辯論事項。另外，對於法院法官所提出的解決事件的方案，也必須明確記載，使得整個調解程序能夠清楚的由調解筆錄中表示出來。但如果因調解委員踐行上述程序，因無類似書記官之配置，所以均由調解委員自行翔實記載為憑。

　　對於調解成立的情形，法院書記官必須在10天內，以筆錄正本送達給當事人或參加調解的利害關係人，以便能夠使他們知道整個調解的過程，如果有調解無效或得撤銷的情形時，可及時依本法第416條辦理，以便能夠適時確保權利。

　　調解程序仍然是民事訴訟的一種程序，因此關於筆錄記載及必須遵守的事項，於調解筆錄中仍然可以準用。

第422條（調解之陳述或讓步不得為裁判之基礎）
調解程序中，調解委員或法官所為之勸導及當事人所為之陳述或讓步，於調解不成立後之本案訴訟，不得採為裁判之基礎。

解說

　　雙方當事人間，對於爭執的事項，在調解程序進行時，基於調解的目的，必定有所讓步；而法官或調解委員在調解程序中必然會以雙方當事人權益應該互讓而為勸解的行為。不管是當事人的讓步，或法官、調解委員的勸解，或多或少會對當事人的權益造成不利益，因此，在調解不成立後，而為本案的訴訟進行時，這些不利益的讓步或陳述，不能採用為裁判的基礎，亦即雙方當事人不得據此而為任何法律上的主張。例如上訴人就林李○遺產之範圍，曾於原審抗辯：遺產現金部分，尚有第一審依職權調閱之林李○郵局及○農會之定存40萬元明細，雖其於第一審對被上訴人主張之林李○存款，自認為「不爭執」，但係於調解程序中所為之陳述（記載於調解筆錄），依上規定，自不得採為裁判之基礎。

第423條（調解不成立費用之負擔）
調解不成立後起訴者，其調解程序之費用，應作為訴訟費用之一部；不起訴者，由聲請人負擔。
第84條之規定，於調解成立之情形準用之。

解說

　　調解程序因調解的成立或不成立而終結，至於調解費用的負擔，因調解的結果不同，而有所差異。本條是就有關調解不成立後，聲請人有無起訴而決定調解費用由誰負擔的依據。

　　如果聲請人起訴的話，因已進入一般訴訟程序，所以算入訴訟費用的部分；如果是聲請人不起訴的話，由聲請人負擔。但是因本法無命聲請人負擔訴訟費用的裁定，故他造當事人如果因調解而支出費用時，可類推適用本法第90條的規定聲請法院裁定。

　　本法84條為和解的費用及約定，本條援引其在調解成立的情

況下其調解費用及訴訟費用各自負擔，亦得準用的法律依據。

> **第424條**（簡易程序訴狀之表明事項）
> 第403條第1項之事件，如逕向法院起訴者，宜於訴狀內表明其具有第406條第1項所定事由，並添具釋明其事由之證據。其無該項所定事由而逕行起訴者，視為調解之聲請。
> 以一訴主張數項標的，其一部非屬第403條第1項之事件者，不適用前項視為調解聲請之規定。

解說

　　本條第403條第1項所例示的事件，須先經由強制調解的程序，才可向法院起訴，但是依本法第406條第1項所定之事由時，雖然可以不經由調解直接向法院起訴，不過，在起訴狀內應該要表示明白有符合強制調解中的例外規定，並且添入有關符合規定的事實證據或說明，使法院免於事實或證據的調查，此為本條的設計緣由，例如：可附上鄉鎮市調解委員會的調解不成立書。

　　否則，如無該項證據資料或相關釋明而逕行起訴時，法院審查原告的起訴時，如果認為不符合法定要件，也就是不符合本法第406條第1項的情形時，原告的起訴應當成是調解的聲請，而不能以裁定逕行駁回原告的起訴。

　　如果以一個訴訟同時主張數項標的，例如：同時主張借貸、票款、損害賠償的情形時，其中只要有一部分不符合民訴第403條第1項的規定時，依本條規定則不能適用視為調解聲請的規定。

> **第425條**（調解經撤回費用之負擔）
> 調解之聲請經撤回者，視為未聲請調解。
> 第83條第1項之規定，於前項情形準用之。

解說

　　本條規定聲請調解而自請撤回後，視同未調解，此時便必須考量關於調解費用的負擔。調解既然經聲請人撤回後，等於調解程序沒有經過聲請，而調解終結必須是調解有成立或不成立的結果，調解程序才算是終結。

　　因此，在強制調解的事件中，撤回調解後，仍然不能算是經過調解程序。對於撤回調解的聲請人，因為撤回調解而導致調解程序終結時，特在第2項明文規定準用同法第83條第1項之裁判費退還三分之二的相關規定，以示公平及維持法律的整體一貫性。

第426條（調解事件之保密）
法官、書記官及調解委員因經辦調解事件，知悉他人職務上、業務上之秘密或其他涉及個人隱私之事項，應保守秘密。

解說

　　本條是規定調解程序中，知悉他人事項的保密義務。調解程序不像一般的訴訟程序，雙方當事人為了能使調解順利進行，必然將有關的職務上、業務上的秘密或個人隱私事項，毫不保留的陳述，所以調解程序雙方當事人所為的陳述，除不能引用於訴訟程序上，主持調解的法官、書記官和調解委員如果知道雙方當事人的私人事項時，還必須負有保密的義務；如此，才使得調解的功能能夠完全的發揮，雙方當事人也才能安心的進行調解。

　　其實相信不少人知道保密（confidentiality）應該是調解的一條重要基本規則，也一定知道保密是「沒有當事人的授權或法律允許的情況下，不會也不能對任何人透露的關鍵依據」。然而，保密的作用遠遠不限於「只有當事人知情」；保密在此更為調解是否能夠成功的重要關鍵因素。

第三章

簡易訴訟程序

第427條（適用簡易訴訟程序之範圍）

關於財產權之訴訟，其標的之金額或價額在新臺幣五十萬元以下者，適用本章所定之簡易程序。

下列各款訴訟，不問其標的金額或價額一律適用簡易程序：

一、因建築物或其他工作物定期租賃或定期借貸關係所生之爭執涉訟者。

二、僱用人與受僱人間，因僱傭契約涉訟，其僱傭期間在一年以下者。

三、旅客與旅館主人、飲食店主人或運送人間，因食宿、運送費或因寄存行李、財物涉訟者。

四、因請求保護占有涉訟者。

五、因定不動產之界線或設置界標涉訟者。

六、本於票據有所請求而涉訟者。

七、本於合會有所請求而涉訟者。

八、因請求利息、紅利、租金、退職金或其他定期給付涉訟者。

九、因動產租賃或使用借貸關係所生之爭執涉訟者。

十、因第1款至第3款、第6款至第9款所定請求之保證關係涉訟者。

十一、本於道路交通事故有所請求而涉訟者。

十二、適用刑事簡易訴訟程序案件之附帶民事訴訟，經裁定移
　　　送民事庭者。

不合於前二項規定之訴訟，得以當事人之合意，適用簡易程
序，其合意應以文書證之。

不合於第1項及第2項之訴訟，法院適用簡易程序，當事人不抗
辯而為本案之言詞辯論者，視為已有前項之合意。

第2項之訴訟，案情繁雜或其訴訟標的金額或價額逾第1項所定
額數十倍以上者，法院得依當事人聲請，以裁定改用通常訴訟
程序，並由原法官繼續審理。

前項裁定，不得聲明不服。

第1項所定數額，司法院得因情勢需要，以命令減至新臺幣
二十五萬元，或增至七十五萬元。

解說

　　關於訴訟標的價額，係依本法第77條之1的核定為基準；同
時本條第1項是依據訴訟標的之金額或價額而定適用簡易訴訟程
序的案件的規定。所謂「財產權之訴訟」，是指依據訴訟標的之
權利，可否計算其金額或核定其價額而為判斷的依據，例如：請
求給付金錢或交付財產的案件，因均得以金錢加以評定其價值，
當然為「財產權之訴訟」；至於請求交付子女，因無法加以評
價，故為「非財產權之訴訟」；亦即配合家事事件法有關人事訴
訟程序事件為非訟事件，不得以當事人之合意，再援引為訴訟方
式來處理。關於財產權的訴訟，只要其標的之金額或價額在新臺
幣50萬元以下時，即當然適用本簡易訴訟程序。

　　本條第2項是關於依事件的性質而定適用簡易訴訟程序的案
件的規定；換言之，只要是下列各款案件，不論標的金額或價額
的大小，一律適用簡易訴訟程序：

一、因建築物（如房屋）或其他工作物（例如廣告招牌或車庫、攤位、停車位等其他工作物之定期租賃或定期借貸關係所生）定期租賃或定期借貸關係所生的爭執（例如接收、遷讓、使用、修繕及家具物品之留置等爭議事件）而訴訟：這就是一般「租房子或借用房屋」，而於契約內定返還期限的情形，對於因此類契約所生的爭執，例如：未交房租或拒不搬走的情形下而向法院起訴時，即須適用簡易訴訟程序。惟有一點必須注意，如果原為定期租賃，但租期到達後，承租人仍然使用房屋，而出租人不即為反對的表示時，依民法第451條規定即認定以不定期限繼續租賃，此後所生爭執，因係從不定期租約所生，自不能適用簡易訴訟程序。

二、僱用人與受僱人間，因僱傭契約涉訟，其僱傭期間在1年以下的案件：例如：老闆對於僱用期間在1年以下的員工未給付薪資，而由員工起訴的情形。

三、旅客和旅館、餐飲業之間，因為食宿問題或寄存行李而生爭執：例如：客人吃飯未付帳，或者交旅館保存的行李不見了的情形下所生爭執而起訴的案件、或是旅客與運送人（例如：以船或遊覽車送人到目的地的業者）之間因運費（例如：到目的地後，客人卻不付錢）或寄存行李、財物於運送人所生糾紛而起訴的案件。

四、因為請求保護占有而涉訟的案件：這就是指於占有物被侵害或奪取或被妨害之時，依據民法第962條所提起的請求返還占有物，除去妨害或防止妨害的訴訟。

五、因定不動產之界線或設置界標而涉訟的案件：所謂「定不動產界限的訴訟」，是指雙方對於彼此就不動產有所有權並無爭執，僅請求定其界線所在的訴訟而言，如果非僅請求定界線，而係請求確認某不動產到某界線屬於自己所有的案件，即與此處求定不動產界線的訴訟不同。至於因設置界標涉訟的案件，指不

動產的所有權及界線均無爭執，僅請求命被告協同設置界標的訴訟而言。

六、本於票據有所請求而涉訟的案件：所謂「票據」，包含匯票、本票及支票，凡是依據票據請求付款或行使追索權的案件，皆適用簡易訴訟程序。

七、本於合會有所請求而涉訟的案件：所謂「合會」，即一般民間通稱的「標會」，凡是會首向會員請求交付會錢，或者是得標的會員向會首請求交付得標的會款發生爭執而涉訟的案件，皆屬本款的範圍，當然適用簡易訴訟程序。

八、因利息、紅利、租金、（配合給付扶養費、贍養費、家庭生活費用事件非訟化而刪除）退職金及其他定期給付涉訟的案件：以上所謂利息、租金等只是舉例而言，凡是其他定期為給付的契約，例如：按月給付終身定期金的契約等均包括在內。此類定期給付訴訟，因法律性質簡易，消滅時效期間較短，所以列入簡易訴訟程序，以求迅速終結。

九、因動產（指不動產以外之物，舉凡設備、存貨、農產品、不動產附著物、待砍伐的樹木、待開採的礦物、應收賬款、票據、物權憑證、出租的有形動產以及擔保物的收益等均屬之；例如：汽車即是）的租賃或使用借貸關係所生的爭議而必須訴訟解決。

十、因建築或工作物（係指建築物以外其他固定在土地上的定著物，像紀念碑、銅像、橋樑、隧道都屬之）、僱傭關係、旅店、票據、合會、利息、動產等所定請求而涉及保證的規定。

因道路交通事故所衍生的訴訟事件，一般案情較為單純，為使被害人得以利用簡速程序而求償，並兼顧其實體與程序利益，故特新增第2項第11款規定。又本款的訴訟，包含因道路交通事故請求損害賠償，及保險人因此代位向加害人求償而涉訟等的情形在內。又原告倘係於高等法院或其分院之第二審刑事訴訟程序

提起本款之附帶民事訴訟，經法院依刑事訴訟法第504條第1項規定裁定移送該法院民事庭時，民事庭應適用簡易程序之第二審程序為初審裁判，一併在此敘明。

倘刑事簡易訴訟程序案件之附帶民事訴訟，經裁定移送民事庭後，所應適用之程序種類宜予明確化，故增訂第2項第12款規定。至於適用刑事簡易訴訟程序案件之附帶民事訴訟移送至地方法院民事庭後，究竟該以何審級來審理，則應視原告於刑事簡易訴訟程序第一審或第二審提起刑事附帶民事訴訟而定。

本條第3項是規定當事人得以合意而適用簡易訴訟程序。因通常訴訟程序周密的規定，無非為當事人的利益而設，如果當事人雙方均同意適用較簡便的簡易訴訟程序，實無特予限制的必要，所以本法規定不論案件性質或標的大小，當事人均可以雙方的合意來適用簡易訴訟程序，不過必須提出合意的文書證明。

本條第4項規定，凡不符合標的金額或例示規定的訴訟案件，而法院未察覺而適用本章的簡易程序，如果雙方當事人對此未作任何法律上的爭辯，而逕為本案的言詞辯論時，依本項則視為有前項的雙方合意行為，此點當事人必須審慎。同時依本法第77條之2第1項規定，以一訴主張數項標的者，其價額合併計算之。

本條第5項規定，因案件性質或訴訟標的金額或價額顯然過高時，而適用簡易訴訟程序的案件，欲改用通常程序時的要件。因為本條第2項的案件，一般案情均較單純，所以將這類案件適用簡易訴訟程序原則上似無不妥，但是此類案件中亦有案情複雜或金額龐大的案件，如果仍適用簡易訴訟程序，將會造成無法達到簡易訴訟迅速的目的，對當事人的程序保障也稍嫌欠缺。所以規定在此類案情繁雜或金額過於龐大的案件，可以由當事人聲請法院改用通常訴訟程序，經法院認為聲請適當時，即得以裁定改用通常訴訟程序，並用原簡易庭承審法官直接續行審理，以後即

依通常訴訟程序的規定來進行訴訟。

　　本條第6項是對於准許改用通常訴訟程序的裁定不得聲明不服的規定。所謂不得聲明不服，不僅不得抗告，而且於將來本案提起上訴時，亦不得再於上訴程序中對此加以爭執。本項立法理由乃是因為改用通常訴訟程序的裁定，係為求訴訟的妥適進行，為了避免影響訴訟程序的安定及延滯訴訟，所以特別設此不得聲明不服的規定。

　　通常訴訟事件誤分為簡易事件者，法院應依下列方式處理：一、當事人尚未為本案的言詞辯論者，承辦法官應將該簡易事件簽請院長或經院長授權之庭長核准後報結，並函送該管地方法院分為通常訴訟事件，由普通庭法官依通常訴訟程序審理；二、當事人不抗辯而為本案之言詞辯論者，視為合意適用簡易程序，由承辦法官依簡易程序繼續審理；三、當事人已為本案之言詞辯論，惟其於為本案的言詞辯論前曾抗辯不應適用簡易程序，或一造始終未於言詞辯論期日到場者，承辦法官應以裁定改用通常訴訟程序，並將該簡易事件報結後改分為通常訴訟事件，由原法官依通常訴訟程序繼續審理（同一地方法院適用簡易程序審理事件事務分配辦法§2）。另外本條得引用民訴第389條第1項第3款依職權宣告假執行的規定。

實例

　　張蕙把她位於臺北內湖區內湖路一段的房子租給了李圓，月租3萬元，結果李圓1年經營不善欠租半年，且租約已經到期，此時張蕙就對李圓提起民事訴訟，請求其遷讓房屋，以及給付違約金新臺幣53萬元整。請問此種訴訟應該適用本條的簡易訴訟程序，還是要適用通常訴訟程序？

　　這個時候仍然應該適用簡易訴訟程序來進行訴訟。因為房屋的定期租賃所生的爭執，依據本條第2項第1款明文規定因房屋定期租賃所生的爭執涉訟者，不問其標的或價額，均適用簡易訴訟

程序。所以本題違約金的約定，是定期租賃的一部分，張蕙以租賃契約到期爲由請求李圓遷讓房屋以及給付違約金53萬元，屬於因房屋租賃關係所發生的爭執，所以應該適用簡易訴訟程序（80年廳民一字第018號函復台高院）。

　　楊甲將伊所有價值新臺幣100萬元位於桃園中壢之房屋乙棟出租與林乙，租期1年，租金每月1萬元，嗣租期屆滿，林乙拒返還該屋，楊甲爲免變成不定期租賃，乃依民法第455條租賃物返還請求權及同法第767條物上請求權，訴請法院返還該位於桃園中壢之房屋，此時本案訴訟究應適用何種訴訟程序？

　　楊甲本於民法第767條所定物上請求權訴請林乙返還房屋，而該房屋價額已逾50萬元而爲100萬元，故而此訴訟並不在民事訴訟法第427條應適用簡易訴訟程序之範圍，自應適用通常訴訟程序，縱甲合併主張民法第455條租賃物返還請求權（屬於民事訴訟法§427Ⅱ①之規定，應適用簡易訴訟程序），惟其法律關係不同，爲訴之合併，依民事訴訟法435條之規定，除經當事人合意外，應依通常訴訟程序爲之（82廳民四字第06445號）。

第427條之1（同一地方法院之事務分配）
同一地方法院適用簡易程序審理之事件，其事務分配辦法由司法院定之。

解說

　　本條所規定是同一個地方法院各個簡易庭相互之間，以及地方法院與其所屬之簡易庭之間，關於簡易程序事件審理的權限，由於此部分在性質上是屬於同一個地方法院間內部事務分配的問題，且涉及到一些細節部分，不宜在民事訴訟法內再以龐大的條

文來規定，所以授權予司法院另外再訂定辦法規定。

　　至於該向何法院遞狀，則依一、一般情形：向請求的對方即被告住所地的法院簡易庭遞狀起訴。如果被告是公司或行號者，向公司主事務所或主營業所所在地的法院簡易庭遞狀起訴。二、特殊情形：向契約所定債務履行地、侵權行為發生地、票據付款地（如支票付款行庫所在地，本票發票人住所地或擔當付款人所在地）的法院簡易庭遞狀起訴；如果直接向該簡易庭所屬法院之聯合服務中心遞狀，依法並無不許之理。

第428條（得以言詞起訴、聲明或陳述）

第244條第1項第2款所定事項，原告於起訴時得僅表明請求之原因事實。

起訴及其他期日外之聲明或陳述，概得以言詞為之。

解說

　　有關244條規定起訴之程式中訴訟客體（實體法上之權利依據），亦即原告於起訴之時，得僅表明請求之原因及事實狀態，暫時不用引用確切的法律依據來訴求。例如返還借款、請求判決離婚及確認買賣關係不存在均屬之。

　　本條規定起訴等事項，均得使用言詞來簡便行使。因在一般訴訟程序中，起訴必須使用書面（起訴狀）才能發生起訴的效力，但是在簡易訴訟程序裡面，為使當事人能更方便行使其權利，以達到「簡易」之目的，所以規定起訴及其他期日外之聲明或陳述（如提出準備書狀等），都可以言詞為之。但是當事人如果仍然以書狀提出，自然可以而無疑義。然而依原告於起訴時表明請求之原因事實，尚難判斷其主張之法律關係是否適用簡易訴訟程序者，審判長應適時行使闡明權，命其敘明或補充之（「辦理民事訴訟事件應行注意事項」175）。

第429條（言詞起訴之送達與就審期間）
以言詞起訴者，應將筆錄與言詞辯論期日之通知書，一併送達於被告。
就審期間，至少應有五日。但有急迫情形者，不在此限。

解說

第1項是規定言詞起訴時通知被告之特別情形。因為一般起訴時，原告均須提出起訴狀於法院，然後由法院送達被告，使被告能知道「被起訴」之事實；但是，在言詞起訴時，並無起訴狀可以送達，所以在此特別規定將原告以言詞起訴時法院所作之筆錄（載明起訴之事實及理由）來取代起訴狀，並把何時開言詞辯論庭之「期日通知書」一併由法院送達被告，使被告能知道「被起訴」之事實，並早作準備。

第2項是有關於「就審期間」的特別規定。所謂「就審期間」，是指前面所說「期日通知書」送達當事人之日，以及法院開庭之日中間所間隔的最低限度之日期而言。此規定之目的乃在使當事人能有充裕的時間來進行準備，但是為顧慮簡易訴訟之迅速的目的，所以就審期間較短，僅有5天（一般訴訟則為10天）。另外如遇有緊急情況的時候，則不受此就審期間的限制，而得於任何適當的時間通知。

第430條（通知書應為特別之表明）
言詞辯論期日之通知書，應表明適用簡易訴訟程序，並記載當事人務於期日攜帶所用證物及偕同所舉證人到場。

解說

本條是規定通知書的特別載明事項。關於一般訴訟程序，並無須表明適用一般程序的規定，但是簡易程序由於求迅速便捷，

對當事人之程序保障較為不利，故明文規定須載明適用簡易程序，以提醒當事加以注意。至於攜帶證物及帶證人到場，乃是希望事件能一次審理終結，而達訴訟經濟的方法。

第431條（簡易程序之準備書狀）
當事人於其聲明或主張之事實或證據，以認為他造非有準備不能陳述者為限，應於期日前提出準備書狀或答辯狀，並以繕本或影本直接通知他造；其以言詞為陳述者，由法院書記官作成筆錄，送達於他造。

解說

　　本條乃關於準備書狀的特別規定。在通常訴訟程序中，因準備言詞辯論的必要，所以當事人依本法第265條規定，必須在言詞辯論日前提出準備書狀於法院，由法院送達他方當事人；但是在簡易訴訟程序，除非由當事人的聲明或主張中，可以確認他方當事人在沒有準備就沒有辦法陳述的情形下，始須依本條提出準備書狀外，並無提出書狀的義務。而且，即使須提出準備書狀，也不必限於須向法院提出，而可直接通知他方當事人；如果當事人有困難（例如：不會寫準備書狀等），也可以用言詞向法院陳述準備辯論的內容，由法院書記官作成筆錄，然後將筆錄由法院送達他方當事人。

第432條（當事人之自行到庭）
當事人兩造於法院通常開庭之日，得不待通知，自行到場，為訴訟之言詞辯論。
前項情形，其起訴應記載於言詞辯論筆錄，並認當事人已有第427條第3項適用簡易程序之合意。

解說

本條第1項是關於當事人雙方得自行到庭辯論的規定。在一般訴訟程序中，言詞辯論的日期都是由法院所指定，但是在簡易程序之中，為便利當事人雙方，特別規定只要在法院平時預定開庭審理民事訴訟案件之日，由雙方當事人合意自行到庭，即可進行本件訴訟的言詞辯論。

本條第2項是對於當事人自行到庭時之程序上的補充規定。在案件尚未起訴前當事人自行到庭時，為了補正程序，所以規定在此情形，當事人如果僅以言詞起訴，必須將其起訴事項記載於言詞辯論筆錄。另外，如果案件不是屬於本法第427條第1項或第2項之簡易訴訟案件的範圍，為了免生紛擾，本項特明文規定視為當事人已有同法第427條第3項適用簡易訴訟程序之合意。

第433條（證據調查之便宜方法）
通知證人或鑑定人，得不送達通知書，依法院認為便宜之方法行之。但證人或鑑定人如不於期日到場，仍應送達通知書。

解說

本條是關於證人、鑑定人之通知的特別規定。在通常訴訟程序中，係依本法第156條規定，對於證人或鑑定人的通知，應製作通知書送達；但是在簡易訴訟程序，為避免浪費時間，並求訴訟程序進行的便利，所以特別規定可不送達通知書，而以法院認為便宜的方法通知，例如：以電話或轉告的方式通知，或由當事人自行通知即可。不過，用此種方法通知，因為並無任何證據可證明已通知，所以證人或鑑定人如不遵守期日到庭，本項為求慎重，故規定仍須送達通知書。

第433條之1（簡易訴訟程序之原則）
簡易訴訟程序事件，法院應以一次期日辯論終結為原則。

解說

　　本條是關於簡易訴訟程序期日的原則規定。在簡易訴訟程序之中，為免除當事人往返法院的勞累，並求訴訟的迅速終結，所以特別規定以一次開庭的期日即終結訴訟為原則。但此僅是原則規定，實際適用上仍由法院視情況決定開庭次數。但調查證據認定事實仍應慎為之，其未達於可為裁判之程度者，不得遽予終結（「辦理民事訴訟事件應行注意事項」181）。

第433條之2（言詞辯論之筆錄）
言詞辯論筆錄，經法院之許可，得省略應記載之事項。但當事人有異議者，不在此限。
前項規定，於言詞辯論程式之遵守、捨棄、認諾、撤回、和解、自認及裁判之宣示，不適用之。

解說

　　本條第1項是關於言詞辯論筆錄的簡化規定。在通常訴訟程序中，由於筆錄記載詳盡，雖對當事人保障較佳，但是卻增加書記官不小之負擔；為減輕書記官的工作負擔，特別規定在簡易訴訟程序中，於經法院許可後，可省略部分應記載事項。但是如果當事人對該省略部分表示反對（提出異議）後，為保障當事人的權益，該有異議的部分即不得省略。同時法院依民事訴訟法第433條之2規定許可於言詞辯論筆錄省略應記載事項時，應使當事人有知悉之機會，並應記明筆錄。關於證人、鑑定人之陳述、勘驗所得之結果等事項，如足以影響判決者，不宜任意省略，俾免

事件上訴第二審後，第二審法院須重行調查程序（「辦理民事訴訟事件應行注意事項」182）。

　　本條第2項是規定於言詞辯論時程式的遵守、和解、認諾、捨棄、撤回、自認及裁判的宣示，因對於當事人的權益影響頗大，特別於本項規定仍須記載於言詞辯論筆錄，以資明確。

第433條之3（一造辯論判決）
言詞辯論期日，當事人之一造不到場者，法院得依職權由一造辯論而為判決。

解說

　　本條是對於一造辯論判決的特別規定。在通常訴訟程序的言詞辯論期日，依本法第385條規定，當事人一造不到場者，雖得依據到場當事人的聲請，由其一造辯論而為判決，但是如到場當事人不為聲請，則必須不到場的當事人經再傳仍不到場時，法院才可依職權由到場當事人一造辯論而為判決。但在簡易訴訟程序中，為求程序的迅速終結，本條特別規定只要當事人一造不到場，雖僅第一次不到，法院仍可依職權即時命一造辯論而為判決。在此必須注意民訴第385條及第386條有關一造辯論判決之規定，原為貫徹言詞辯論主義以保護缺席之一造而設，若缺席之一造就此訴訟程序規定之違背，已表示無異議或無異議而就該訴訟有所陳述或聲明者，他造之當事人自不得執此指其訴訟程序有任何瑕疵（45台上1394參照）。

第434條（判決書之記載）
判決書內之事實及理由，得合併記載其要領或引用當事人書狀、筆錄或其他文書，必要時得以之作為附件。

法院亦得於宣示判決時，命將判決主文及其事實、理由之要
領，記載於言詞辯論筆錄，不另作判決書；其筆錄正本或節本
之送達，與判決正本之送達，有同一之效力。
第230條之規定，於前項筆錄準用之。

解說

本條第1項是關於簡化判決書製作的規定。在通常訴訟程序
中，依本法第226條規定，判決書應將事實及理由分項記載，但
在實務上常發生事實項下所記載的事實，卻又在理由項下重複記
載，徒增判決書的繁複，所以特別規定在簡易訴訟程序中得將判
決書的事實及理由合併記載其要點，或直接引用當事人所提的書
狀、資料、筆錄，並得直接作為附件，以簡化簡易程序判決書的
製作。

本條第2項是以言詞辯論筆錄代替判決書的規定。因為簡易
訴訟程序設立之目的，即在使輕微之案件能迅速終結，為了避免
因製作判決書而拖延時日，所以特別規定得將判決主文、事實及
理由的要點記載於言詞辯論筆錄，以代判決書，並且使其送達與
一般訴訟程序判決書之送達有同一的效力（例如：上訴期間由送
達開始起算等），以杜糾紛。

本條第3項是規定代替判決書的言詞辯論筆錄製作的程式。
因為既然要以言詞辯論筆錄代替判決書，其製作方式自須嚴謹，
所以特別規定準用本法第230條有關法院書記官的簽名及蓋用法
院的大印，以使該言詞辯論筆錄能具有公信力。

第434條之1（判決書僅記載主文之情形）
有下列各款情形之一者，判決書得僅記載主文：
一、本於當事人對於訴訟標的之捨棄或認諾者。

二、受不利判決之當事人於宣示判決時，捨棄上訴權者。

三、受不利判決之當事人於宣示判決時，履行判決所命之給付者。

解說

本條規定判決書在一定條件下，可僅記載主文，而不用記明理由。因為若是本於訴訟標的捨棄、認諾而為之判決即無庸說明判決之理由；或受不利判決之當事人在宣示判決時就已經自行主張捨棄上訴權，或者對於已履行判決，故已無記載判決理由之必要了。

所謂捨棄或認諾之定義，請參照本法第384條之說明。

第435條（簡易程序之變更、追加或反訴）
因訴之變更、追加或提起反訴，致其訴之全部或一部，不屬本法第427條第1項及第2項之範圍者，除當事人合意繼續適用簡易程序外，法院應以裁定改用通常訴訟程序，並由原法官繼續審理。
前項情形，被告不抗辯而為本案之言詞辯論者，視為已有適用簡易程序之合意。

解說

本條是關於因訴之變更、追加、反訴而不適用本簡易訴訟程序的規定。「訴之變更」，乃是提起新訴以代替原有的訴訟，若變更的新訴與原有的訴訟不得行同種類的訴訟程序時，則「訴之變更」即成為訴訟程序的變更。「訴之追加」，乃是提起新訴合併於原有的訴訟，如果追加的新訴與原有的訴訟不能行同種類的訴訟程序，將造成無從將原有的訴訟與追加的新訴合併辯論的

情形；訴之追加係提起新訴，合併於原有之訴，若原有之訴已符起訴之法定程式，且與追加之訴無必須合一確定之情形，不問追加之新訴合法與否，法院均應就原有之訴為裁判。反訴的提起，原則上也須與本訴合併辯論，不得行同種類的訴訟程序時，即無准許提起的必要。所以本法第257條及第260條第2項對於不得行同種類訴訟程序的訴訟，均限制不能為訴之變更、追加或提起反訴。但是簡易訴訟程序案件，或因標的價額較小，或因案件性質簡易，而有從速終結訴訟的必要，如果此時為訴之變更而成為通常訴訟程序的案件，或因追加、提起反訴而成通常訴訟程序的案件（例如：原為20萬元案件，後又追加35萬元的案件，造成標的金額超過50萬元時），為維護當事人權益，特別明文規定除當事人間合意繼續適用簡易程序外，法官應立即裁示改為用通常訴訟程序，並且排除本法第257條及第260條的不得提起之規定的適用，同時由原法官繼續審理，避免移送造成的延滯。然應適用何種訴訟程序有爭執時，為訴訟程序之中間爭點，宜為中間裁定。依民事訴訟法435條第1項規定應改依通常訴訟程序者，亦同。

前項規定，如果被告遇到應改適用通常訴訟程序的問題時，仍然為本案言詞辯論，則由法律視為合意適用簡易程序。

第436條（簡易程序之實行）
簡易訴訟程序在獨任法官前行之。
簡易訴訟程序，除本章別有規定外，仍適用第一章通常訴訟程序之規定。

解說

本條第1項是關於審判法官人數的規定。在通常訴訟程序中，一審案件係由法官一或三人審判，但是因簡易程序案件較為單純，所以特別規定僅由一位法官單獨審判，毋庸合議為之。

　　本條第2項是關於簡易訴訟程序的程序規定。因簡易訴訟程序只是因案件較為單純，所以特別訂定一些特別規定以加速訴訟程序之實行，但是其仍與一般通常程序並無不同，所以對於未規定之事項，仍然適用一般通常程序之規定；亦即本法第244條第1項第3款之起訴程式，以及第249條第1項第6款訴訟要件之審查及補正之規定。

> **第436條之1**（上訴及抗告程序之準用）
> 對於簡易程序之第一審裁判，得上訴或抗告於管轄之地方法院，其審判以合議行之。
> 當事人於前項上訴程序，為訴之變更、追加或提起反訴，致應適用通常訴訟程序者，不得為之。
> 第1項之上訴及抗告程序，準用第434條第1項、第434條之1及第三編第一章、第四編之規定。
> 對於依第427條第5項規定改用通常訴訟程序所為之裁判，得上訴或抗告於管轄之高等法院。

解說

　　本條第1項是關於簡易程序一審裁判之上訴或抗告的規定。本條的立法目的乃在減輕高等法院的負擔，所以特別規定對於簡易程序獨任法官所為之一審裁判，係向管轄的地方法院合議庭為上訴或抗告，以茲明確其權責。

　　本條第2項是關於二審程序中訴之變更、追加或提起反訴的限制規定。因簡易訴訟之第二審判決如欲上訴第三審，通常須受嚴格的限制（民訴§436-2、436-3），對於當事人的審級利益影響極大，為免影響當事人的審級利益及簡易程序速審速結的性質，所以規定如果因為訴之變更、追加或提起反訴而須適用通常訴訟程序時，在二審程序中均不被許可，仍然僅就原簡易程序

的案件而爲審判；此處應注意所有權之保護—物上請求權（民§767）及共有人請求權之行使（民§821）。

本條第3項是關於簡易程序上訴二審或抗告程序的準用規定。因爲簡易訴訟程序的二審上訴或抗告程序，雖然是由地方法院合議庭審判，但是該訴訟程序仍然是二審程序，所以特別規定準用第三編第一章的一般訴訟的二審上訴程序及第四編的抗告程序之規定。

第436條之2（上訴利益逾法定數額之第二審判決的上訴及抗告）
對於簡易訴訟程序之第二審裁判，其上訴利益逾第466條所定之額數者，當事人僅得以其適用法規顯有錯誤爲理由，逕向最高法院提起上訴或抗告。
前項上訴及抗告，除別有規定外，仍適用第三編第二章第三審程序、第四編抗告程序之規定。

解說

本條第1項是關於簡易訴訟程序的三審上訴之要件規定。依本法第466條規定，金額、價額在150萬元以下的案件，不得上訴三審，所以第427條之訴訟，如依通常程序，則依本條；對於上訴利益超過本法第466條所定的數額以上之案件，只能以適用法規顯有錯誤爲理由，提起第三審上訴或抗告（向最高法院）。至於其他情形，則仍不許向三審提起上訴或抗告。

本條第2項是關於簡易程序三審上訴或抗告程序的準用。因簡易訴訟程序與通常訴訟程序的第三審均爲法律審，所以有關通常訴訟程序的第三審上訴或抗告的規定，除非與簡易訴訟程序性質上不相容的部分外，皆爲簡易訴訟程序的第三審上訴或抗告程序所準用。然如第二審法院認定上訴利益不逾法定數額，以上訴不合法裁定駁回第三審上訴，經上訴人提起抗告時，第三審法院

仍得再行斟酌核定之，亦不應受第二審法院核定之羈束。

第436條之3（上訴利益逾法定數額之第二審判決上訴及抗
　　　　告之限制）

對於簡易訴訟程序之第二審裁判，提起第三審上訴或抗告，須
經原裁判法院之許可。

前項許可，以訴訟事件所涉及之法律見解具有原則上之重要性
者為限。

第1項之上訴或抗告，為裁判之原法院認為應行許可者，應添具
意見書，敘明合於前項規定之理由，逕將卷宗送最高法院；認
為不應許可者，應以裁定駁回其上訴或抗告。

前項裁定得逕向最高法院抗告。

解說

　　本條第1項是對於三審上訴或抗告的限制。依前條規定的案
件，雖然得以適用法規顯有錯誤向最高法院提起第三審上訴或抗
告，但是法律為防止當事人濫行上訴或抗告，所以再規定尚須經
原裁判法院（地方法院）許可，始得向最高法院提起第三審上
訴。

　　本條第2項是關於前項許可的限制規定。因最高法院為法律
審，其目的在求法律解釋的統一，所以原法院是否許可上訴或抗
告，自然應以該案件所涉訟的法律見解是否具法律基本原則上之
重要性為限。所謂「原則上之重要性」，是指該案件所涉及的法
律問題意義重大，而有加以闡述的必要性而言。例如執行法院就
私權爭訟事項，尚無實體認定之權。乃執行法院逕認執行名義中
關於「返還土地」之宣示部分，執行力不及於相對人所有之「現
有地上物」，並依上揭證明書及函文等件，即為相對人已再取得
系爭土地使用權之實體認定，因而裁定駁回再抗告人對司法事務

官駁回強制執行聲請處分之異議，原裁定並予維持，並駁回抗告，即有適用上揭規定及判例、解釋顯有錯誤之情形，且所涉及之法律見解亦具有原則上之重要性的情形發生。

本條第3項是關於原法院許可與否之程式規定。因為原案件的法律見解是否具有原則上之重要性，自然是原為裁判之法院最清楚，如果其認為應許可上訴或抗告時，由其添具意見書，即可減輕最高法院的負擔。所以規定原裁判的法院認為應行許可時，應附具法律見解具原則上重要性的理由意見書，連同卷宗送交最高法院；如果認為不應許可，規定必須以裁定駁回上訴或抗告，以資有遵循的依據。

本條第4項是關於駁回上訴或抗告之裁定的救濟規定。因為法律見解是否具有原則上之重要性，仍應由掌管法律審的最高法院作最終審查，所以本項特別規定對於前項駁回之裁定，得逕向最高法院抗告，使最高法院能審查其妥當與否，以維護當事人的權益。

第436條之4（上訴或抗告理由之表明）
依第436條之2第1項提起上訴或抗告者，應同時表明上訴或抗告理由；其於裁判宣示後送達前提起上訴或抗告者，應於裁判送達後十日內補具之。
未依前項規定表明上訴或抗告理由者，毋庸命其補正，由原法院裁定駁回之。

解說
一、簡易訴訟程序，依法原則上不得提起第三審上訴或抗告，僅於上訴利益逾150萬元以上且經最高法院許可者，始得為第三審上訴或抗告，但上訴或抗告之許可與否，係最高法院的法定職權，所以上訴人或抗告人一經提起上訴或抗告，最高法院應

依職權審核，無另由上訴人或抗告人另爲聲請許可的必要，故當事人僅對原裁判有提起上訴或抗告的行爲即可。

又本節簡易訴訟程序的第三審上訴或抗告，應以原裁判「適用法規顯有錯誤暨訴訟事件所涉及之法律見解具有原則上重要性者」始得爲之。因此，上訴人或抗告人於提起上訴或抗告時，除依前條規定外，尚應表明有關上訴或抗告的法定理由以作爲法院判斷的依據，如果當事人於裁判宣示後，送達前已提起上訴或抗告時，則依本條的規定於裁判送達後10日的期限內，補具上訴或抗告理由即屬合法。

二、爲免當事人利用上訴或抗告作爲拖延訴訟的手段，因而在本條第2項明文規定，對於未依前項規定表明上訴或抗告理由，原法院直接以裁定駁回即可，毋庸再命其補正，以避免訴訟延滯。此部分說明亦可參考同法第492條之規定。

第436條之5（不應許可之裁定駁回）
最高法院認上訴或抗告，不合第436條之2第1項及第436條之3第2項之規定而不應許可者，應以裁定駁回之。
前項裁定，不得聲請再審。

解說

一、本條係針對當事人就簡易訴訟程序的第二審裁判，僅於具有本法第436條之2第1項上訴利益逾法定數額之第二審判決的上訴及抗告及第436條之3第2項上訴利益逾法定數額之第二審判決上訴及抗告限制所規定的情事，始得提起第三審上訴或抗告，則最高法院遇到此類上訴或抗告，自應依職權直接審查是否具備此等要件，如認不合規定而依法不應許可時，應即以裁定駁回之，如認應予許可則不必另爲裁定，僅於終局裁判中予以說明即可。而依本條規定駁回再抗告之裁定，應包括最高法院自行認定

再抗告不應許可而駁回之裁定在內。故如原法院認再抗告應行許可並添具意見書逕將訴訟卷宗送交本院。最高法院審查原法院所添具意見書認再抗告不應准許，並不受該意見書所載許可再抗告理由之拘束自仍得逕以裁定駁回之。

二、為免當事人於前項裁定確定後，一再聲請再審，影響法律權益的安定性，故特別於第2項中明文規定，對於前項裁定，不得再聲請再審，以便作為一個法律程序的完整終結。

第436條之6（提起再審之訴或聲請再審之限制）
對於簡易訴訟程序之裁判，逕向最高法院提起上訴或抗告，經以上訴或抗告無理由為駁回之裁判者，不得更以同一理由提起再審之訴或聲請再審。

解說

本條是關於提起再審之訴或聲請再審的限制。對於簡易訴訟程序的第三審裁判，當事人僅得以原裁判適用法規顯有錯誤為理由而提起上訴或抗告。既然經最高法院認為該上訴或抗告為無理由而為駁回的裁判，則原裁判適用法規是否顯有錯誤，自已經最高法院加以審查，如果仍然允許當事人依本法第496條提起再審之訴或依第507條聲請再審，則不但徒增最高法院之負擔而為重複認定，影響訴訟經濟，而且容易滋生紛擾，影響裁判的安定性，所以特別明文規定不得再以同一理由提起再審之訴或聲請再審，以防止弊端的發生；此處駁回得參閱民訴第502條第1項之相關說明。

第436條之7（確定裁判漏未斟酌之再審提起）
對於簡易訴訟程序之第二審確定終局裁判，如就足影響於裁判之重要證物，漏未斟酌者，亦得提起再審之訴或聲請再審。

解說

本條是得提起再審的特別規定。設此規定，是爲了使原確定裁判能多一救濟的途徑。因爲依據本法第436條之2第1項及第436條之3第2項規定，對於簡易訴訟程序之二審裁判，提起三審上訴或抗告，必須具備「適用法規顯有錯誤」與「法律見解具有原則上之重要性」兩要件始可提起，但是如果原判決漏未斟酌的重要證物，仍有導致判決錯誤的可能，所以本條特別另闢救濟管道，准許當事人得提起再審之訴或聲請再審，以避免因不能上訴而造成錯誤裁判無法救濟之問題，並且維護當事人的權益。至於本法第496條至第498條以及其他再審條文的規定，除本章簡易訴訟程序已經設有特別規定外，仍然可以作爲提起再審之訴或聲請再審的依據；此處駁回得參閱民訴第502條第2項之相關說明。對於簡易訴訟程序之第二審確定終局裁判，如就足影響於裁判之重要證物，漏未斟酌者，不問該事件是否上訴第三審，均得依民事訴訟法436之7之規定，提起再審之訴或聲請再審。其曾上訴第三審，但未經許可者，亦同（「辦理民事訴訟事件應行注意事項」198）。

第四章

小額訴訟程序

第436條之8（適用小額程序之事件或不適用者之處理）
關於請求給付金錢或其他代替物或有價證券之訴訟，其標的金
額或價額在新臺幣十萬元以下者，適用本章所定之小額程序。
法院認適用小額程序為不適當者，得依職權以裁定改用簡易程
序，並由原法官繼續審理。
前項裁定，不得聲明不服。
第1項之訴訟，其標的金額或價額在新臺幣五十萬元以下者，得
以當事人之合意適用小額程序，其合意應以文書證之。

解說

　　為了維持小額事件的單純化以貫徹其簡速之目的，故本條
所規定之小額訴訟程序適用的範圍以標的的金額或價額在新臺幣
10萬元以下之請求給付金額（例如：請求返還借款、票款，請求
各類賠償（例如車禍、商品瑕疵造成損害等），請求給付租金，
請求給付工資等），或其他代替物或有價證券之訴訟為限。依據
本條第1項之規定，訴訟標的的金額或價額若超過新臺幣10萬元
者，則無小額訴訟程序之適用。

　　本條第2項規定的是，新臺幣10萬元以下之小額訴訟有時金
額雖小，但其法律關係卻非常複雜，為了應付此種特殊狀況，因
此特別規定，案情複雜或因其他情事而不適於行小額程序時，法

院可依職權裁定採用簡易訴訟程序，以保障當事人的程序權益。又為了更進一步保障當事人的程序上權益，特別又規定若法院裁定改以簡易程序審理時，仍由原法官繼續審理，以免拖延訴訟之進行。

本條第3項明定，如法院裁定改用簡易程序之時，當事人不能聲明不服，因為裁定改用簡易程序對當事人並無任何不利益，且可使訴訟程序趨向安定。

本條第4項規定，若訴訟標的金額或價額在50萬元以下者，亦即訴訟標的的金額或價額介於10萬元至50萬元間之訴訟事件，它本應適用簡易程序而非小額訴訟程序，但如果有爭執之雙方當事人都已同意適用本章之小額訴訟程序，在法律上，是可尊重當事人之意願以快速解決紛爭，所以本條第4項特別明文規定，准許當事人以合意來進行小額訴訟程序；此時改用小額程序審理時，仍是由原法官繼續審理合代敘明。但必須注意的是，若當事人之訴訟標的的金額或價額超過50萬元以上者，即使當事人有合意，亦不准適用本條之規定來改用小額訴訟程序。

通常訴訟事件誤分為小額事件者，法院應依下列方式處理：一、當事人尚未為本案之言詞辯論者，承辦法官應將該小額事件簽請院長或經院長授權之庭長核准後報結，並函送該管地方法院分為通常訴訟事件，由普通庭法官依通常訴訟程序審理。二、當事人已為本案之言詞辯論者，承辦法官應以裁定改用通常訴訟程序，並將該小額事件報結後改分為通常訴訟事件，由原法官依通常訴訟程序繼續審理（同一地方法院適用簡易程序審理事件事務分配辦法§3）。因此反訴之提起及限制參同法第259、260條；至於其上訴、抗告及再審則請參閱同法第436條之32之相關規定說明。

第436條之9（約定債務履行地或合意管轄）
小額事件當事人之一造為法人或商人者，於其預定用於同類契約之條款，約定債務履行地或以合意定第一審管轄法院時，不適用第12條或第24條之規定。但兩造均為法人或商人者，不在此限。

解說

依據民事訴訟法第12條之規定，因契約涉訟者如當事人訂有債務履行地，則由債務履行地之法院管轄。又本法第24條規定，關於由一定法律關係而生之訴訟，當事人得以合意訂第一審管轄法院；但若為小額事件的當事人之一方為法人或商人時，它通常可以用定型化契約事先擬好，而在定型化之條款內，約定管轄之法院。因此依此定型化契約，訂約之他方當事人就此定型化之約定管轄條款，幾乎沒有任何磋商或變更之餘地，本條規定為保障小額事件之經紀商及弱勢當事人之權利，避免其簽了此種定型化契約後，受到此條款之拘束，而必須遠赴對方商人或法人所預定之法院進行訴訟，對當事人不利，因此，本條特別規定小額事件當事人以附和契約條款約定債務履行地或合意管轄者，可不受本法第12條、第24條之拘束。

本條規定之情形，若雙方當事人皆為商人或法人時，因雙方之地位立於對等地位，故無特別保護之必要，故本條但書規定，兩造均為商人或法人時，就不適用本條前段之規定。

第436條之10（使用表格化訴狀）
依小額程序起訴者，得使用表格化訴狀；其格式由司法院定之。

解說

　　本條規定是為方便小額訴訟且不諳法律之當事人起訴。因小額訴訟標的價額均為小額，通常不大可能為此再花錢聘請較「標的」價額還高之律師來代理訴訟，故本條規定得以製作表格方式，由訴訟當事人依制式表格填空即可完成相關訴狀。

附件一：小額訴訟表格化訴狀

一、當事人

稱謂	姓名或名稱 身分證統一編號 或營利事業統一編號	性別	出生年月日	住居所或營業所 郵遞區號 電話號碼
原告 （說明一） 法定代理人 訴訟代理人				
被告 法定代理人 訴訟代理人				

二、訴之聲明（即請求被告給付的內容）

金額 （國字大寫）	新臺幣 元		連帶給付 （說明二）	□是 □否
利息	□民國　　年　　月　　日 自□起訴狀繕本送達被告之翌日　　　　起 □附表所示利息起算日			
	至清償日止	利率 （說明三）	年息百分之□二十　□五　　□六 □其他：	
違約金	□自民國　　年　　月　　日起至清償日止，按　　息　　分之 　　計算。 □自民國　　年　　月　　日起至清償日止，其逾期在六個月以內 　　者依上開利率百分之十，逾期超過六個月部分依上開利率百分之 　　二十計算。 □其他：			
訴訟費用	□被告負擔。　　　　　　　□被告連帶負擔。			

三、原因事實（請勾選符合您本件請求的事實，如無適當的事實可供勾選，或有其他
　　補充陳述，請在「其他」項下填寫）

□原告執有如附表一所示之票據，屆期經提示未獲付款。（請填寫附表一）
□被告積欠原告借款（契約內容如附表二），屆期尚有如訴之聲明所示之金額未
　付。（請填寫附表二）
□被告因駕車不慎，撞及原告所有之車輛，致原告受有損害（車禍經過及損害內容
　如附表三）。（請填寫附表三）
□其他：

附表一

支票：

	發票人	背書人	付款人	票面金額 （新臺幣／元）	票據 號碼	發票日	提　示 日	利息 起算日
1								
2								
3								

本票：

	發票人	背書人	擔當 付款人	票面金額 （新臺幣／元）	票據 號碼	發票日	到期日	利息 起算日
1								
2								
3								

附表二

借款人	連帶 保證人	借款金額 （新臺幣／元）	借款日	清償日	利息、違約金	其他
					如訴之聲明	

附表三

時間：民國　　年　　月　　日　　時　　分	
地點：	
原告車牌號碼：	被告車牌號碼：

經過：

損害：□車輛修理費：新臺幣　　　　　元
　　　　□營業損失：新臺幣　　　　　元
　　　　　　　（每日營收：新臺幣　　　　元，共　　　　日）
　　　　□其他

四、證據（影本）

□票據　　張。　□退票理由單　　張。□借據　　張。　　□存證信函　　張。
□統一發票　　張。□估領單　　張。　□車損照片　　張。□其他：

　　　　此致
臺灣　　　　地方法院　　　簡易庭

　　　　　　　　　　　　　　　　　具狀人　　　　（蓋章）
　　　　　　　　　　　　　　　　　撰狀人　　　　（蓋章）
中　華　民　國　　　　　年　　　　　月　　　　　日

第436條之11（得於夜間或休息日進行程序）

小額程序，得於夜間或星期日或其他休息日行之。但當事人提出異議者，不在此限。

前項於夜間或星期日或其他休息日之開庭規則，由司法院定之。

解說

　　本條規定小額程序為了方便訴訟之當事人，明定小額程序可於夜間或星期日或休息日，來進行小額訴訟程序，但當事人之一方有提出異議時，就無法在夜間或星期日或休息日，進行訴訟程序。

　　同時因爲目前現行的「民事小額事件彈性日規則」爲法規命令，但卻無法律授權的依據，爲因應及配合行政程序法的規定，增列第2項，前項於夜間或星期日或其他休息日的相關開庭規則，授權由司法院依法定之，藉以補足。

> **第436條之12**（調解期日不到場之效果）
> 第436條之8所定事件，依法應行調解程序者，如當事人一造於調解期日五日前，經合法通知無正當理由而不於調解期日到場，法院得依到場當事人之聲請，命即爲訴訟之辯論，並得依職權由其一造辯論而爲判決。
> 調解期日通知書，並應記載前項不到場之效果。

解說

　　依據本法第419條第1項規定，法院得依當事人一方之聲請命即爲訴訟之辯論者，以兩造均於期日到場而調解不成立之情形爲限，如一造不到場，法院即不得命爲訴訟之辯論。又依據同條第4項之規定，調解不成立之時，法院雖不待當事人之聲請，即亦爲訴訟之辯論，但因其所指定之期日，本爲調解之期日，而非言詞辯論期日，若當事人之一造未到場，即無法認定辯論期日已受合法通知，而被迫必須延展辯論之期日，而不能命一造辯論判決。因此起訴前，應經法院調解的小額事件，如果一造不到場，他造勢必至少要經兩次以上之開庭期日，才能獲得法院之判決，如此與小額程序的簡易迅速目的有所違背，因此，本條規定，法院可依職權命一造辯論而爲判決。

　　本條第2項規定，是爲保障欠缺法律知識之當事人之權益，所以特別規定，不到場之效果，必須在調解期日之通知書上記載，以利當事人注意本身之權益。

第436條之13（刪除）

第436條之14（不調查證據之情形）
有下列各款情形之一者，法院得不調查證據，而審酌一切情況，認定事實，為公平之裁判：
一、經兩造同意者。
二、調查證據所需時間、費用與當事人之請求顯不相當者。

解說

　　由於小額事件之訴訟標的金額（或價額）原則上皆在10萬元以下，費用相當性之要求益顯重要，為了避免法院耗費太多時間、費用來調查證據，導致不符小額事件當事人之訴訟利益，因此規定若兩造同意之情形下，法院得不調查證據而審酌一切情況，認定事實而為公平之裁判。又調查證據所須時間費用，與當事人之請求價額顯不相當者，法院亦得不調查證據而審酌一切情況，依所得心證認定事實為公平之裁判。例如出賣人之移轉財產權及交付標的物之義務（民§348）。

第436條之15（訴之變更、追加或提起反訴之適用）
當事人為訴之變更、追加或提起反訴，除當事人合意繼續適用小額程序並經法院認為適當者外，僅得於第436條之8第1項之範圍內為之。

解說

　　本條所規定的是小額訴訟之訴訟程序中，當事人仍然可以有限度的條件下作訴之變更、追加或提起反訴。但當事人作訴之變

更、追加或提起反訴時，不能超過本法第436條之8，亦即不能使
訴訟標的之金額超過10萬元以上，因爲，若當事人作訴之變更、
追加或提起反訴，而使訴訟標的之金額超過10萬元時，就無法再
適用小額程序，而必須改用其他簡易或通常之訴訟程序時，將使
訴訟簡捷迅速之目的無法達成，因此特別規定作訴之變更、追加
或提起反訴時，必須在本法第436條之8之範圍內，且必須法院認
爲適當始可。

第436條之16（不得爲適用小額程序而爲一部請求）
當事人不得爲適用小額程序而爲一部請求。但已向法院陳明就
其餘額不另起訴請求者，不在此限。

解說

　　本條所規定之目的，是限制當事人不得爲了適用小額程序，
而故意分割而作一部分之請求，例如：甲向乙原有100萬元債
權，爲了適用小額程序而僅先請求其中的5萬元，是不准的；但
如甲向法院陳明其於95萬元都不請求了，則例外可以作一部之請
求。

第436條之17（刪除）

第436條之18（簡化判決書）
判決書得僅記載主文，就當事人有爭執事項，於必要時得加記
理由要領。

前項判決得於訴狀或言詞起訴筆錄上記載之。

前二項判決之記載得表格化，其格式及正本之製作方式，由司法院定之。

解說

本條規定是小額事件程序判決書之簡化，其立法目的是為了提升法院迅速處理小額事件之效果；相關內容請參閱附件二格式。

本條第2項是參考非訟事件法第37條之規定，明定法官得僅將前項判決主文記載於訴狀或言詞起訴之筆錄，不另作判決書。

判決書正本應記載下列各款事項，由書記官簽名並蓋法院印：

一、當事人姓名、住所或居所，當事人為法人或其他團體者，其名稱及事務所、公務所或營業所。

二、有法定代理人、訴訟代理人者，其姓名、住所或居所。

三、主文。

四、理由要領。

五、法院。

六、對於判決得上訴者，其上訴期間、上訴合法要件及提出上訴狀之法院。

附件二：小額訴訟表格化判決

臺灣　　　　　地方法院　　　　簡易庭小額民事判決
　　　　　　　　　　　　　　　　年度小　字第　　　號

一、主文

┌───┐
│ □被告應　　給付原告　□如起訴狀訴之聲明所載。   │
│ 　　　　　　　　　　　□新臺幣　　　　　　元，及自民國　　年　　月 │
│ 　　　　　　　　　　　　日起至清償日止，按年息百分之　　計算之利息。│
│ 　　　　　　　　　　　□   │
│ □原告之訴駁回。   │
│ □原告其餘之訴駁回。   │
│ □訴訟費用新臺幣　　　　　　元由□被告負擔。   │
│ 　　　　　　　　　　　　　　　□原告負擔。   │
│ 　　　　　　　　　　　　　　　□被告負擔　　　　元，餘由原告負擔。 │
│ □本判決　□得假執行。　□於原告勝訴部分得假執行。   │
└───┘

二、爭執事項

┌───┐
│   │
│   │
│   │
│   │
└───┘

三、理由要旨

┌───┐
│   │
│   │
│   │
│   │
│   │
└───┘

　　　　　　　　　　　　　　法官　　　　　　（簽章）
中　華　民　國　　　　　　年　　　　　月　　　　　　日

第436條之19（訴訟費用額之計算及文書）

法院為訴訟費用之裁判時，應確定其費用額。

前項情形，法院得命當事人提出費用計算書及釋明費用額之文書。

解說

依據本法之規定，法院在為訴訟費用之裁判時，本來必須同時確定義務人應賠償他方當事人的數額，但實務上大多並無在裁判時一併確定訴訟費用額，而是必須在判決確定後，再另外聲請確定訴訟費用額。本條之規定為避免小額訴訟程序當事人還必須在判決確定後，另行聲請確定訴訟費用額之勞費，所以參考本法第514條第2款及非訟事件法第24條之規定而訂定本條。

第436條之20（假執行）

法院為被告敗訴之判決時，應依職權宣告假執行。

解說

本條所規定的是小額訴訟程序之假執行。為了便利小額訴訟程序勝訴的當事人早日實現他的權利，因此明文規定法院為被告敗訴判決時，應依職權主動宣告假執行，不必再經由當事人之聲請。倘若未為宣告，準用民訴第233條之規定，以補充判決為假執行的宣告。

第436條之21（按期清償及免除部分給付）

法院命被告為給付時，如經原告同意，得為被告於一定期限內自動清償者，免除部分給付之判決。

解說

　　爲了鼓勵小額訴訟之被告自動履行債務，以免原告以及法院須因強制執行而增添勞費，所以本條授權法院於命被告爲給付時，得徵詢原告同意後，在判決內酌定一定之期限，並諭示被告若於期限內自動給付若干數額者，其剩餘之給付義務即行免除。

第436條之22（逾期不履行分期給付或緩期清償）
法院依被告之意願而爲分期給付或緩期清償之判決者，得於判決內定被告逾期不履行時應加給原告之金額。但其金額不得逾判決所命原給付金額或價額之三分之一。

解說

　　本條規定被告如逾期不履行分期給付或緩期清償時，應有之處罰。由於法院在判決時，也可以依被告意願，命爲分期給付或緩期清償，並且在判決中定出被告逾期不履行時應加付原告的金額。此時被告最好依判決內容按期給付，否則將受到加付金額的處罰。

　　由於小額事件當事人獲勝訴判決後，如果仍須透過法院強制執行程序，始能實現他的權利，可能會使小額訴訟簡速之目的落空，爲了避免小額事件進入強制執行程序，法院於被告陳明其有分期給付或清償之需要時，得依盡可能斟酌被告之狀況及原告之利益，依被告之意願爲分期給付或緩期清償之判決，以促使被告儘快履行債務。但若被告經法院許可分期給付或緩期清償之後，屆期又不爲履行時，依本法第396條第2項之規定，僅分期給付及未到期部分視爲已到期，對原告之權利保護有所欠缺，爲了督促被告在自動情形下，確實遵守期限來履行債務以兼顧原告之權益，因此本條規定，法院依被告之意願命分期給付或緩期清償之時，得於判決內定被告逾期不履行時，加給原告之金額並明定金

額之上限，以防止對被告過於苛刻。又原告於被告逾期未履行其原應給付之金額後，得逕持原判決聲請法院，就被告應加給之金額強制執行，無待另行起訴。

第436條之23（小額程序之準用）
第428條至第431條、第432條第1項、第433條至第434條之1及第436條之規定，於小額程序準用之。

解說

　　本條係有關小額訴訟程序可準用相關之簡易訴訟程序之規定，包括：本法中第428條得以言詞起訴、第429條言詞起訴之送達程序、第430條言詞辯論期日之通知書內容必須表明適用之程序，及第431條準備書狀之規定皆可準用；另外，本法中第432條規定當事人可以自行到庭為訴訟人言詞辯論、第433條調查證據之便宜方法以及第434條判決書內容之簡化都有準用之相關規定。本條立法目的在於小額訴訟程序貴在簡單且迅速，所以如在簡易訴訟程序中得以簡化訴訟程序而性質上又不與小額訴訟程序相違背的規定，就另以本條準用之條文而加以適用。

第436條之24（第一審判決上訴或抗告）
對於小額程序之第一審裁判，得上訴或抗告於管轄之地方法院，其審判以合議行之。
對於前項第一審裁判之上訴或抗告，非以其違背法令為理由，不得為之。

解說

　　本條係指小額訴訟程序之上訴或抗告程序之特別規定。

　　本條規定的上訴或抗告與一般之簡易訴訟程序或通常訴訟程序有非常大的不同。因一般之簡易訴訟程序或通常訴訟程序上訴至第二審法院並不須以違背法令爲理由，只須聲明不服就可上訴至第二審法院，但小額訴訟程序之立法目的即貫徹小額訴訟程序的簡速性，避免因上訴或抗告而使訴訟費時，致不符合簡速之原則，所以小額訴訟之判決，原則上要讓其在第一審即確定。因此本條規定，對於第一審的小額訴訟程序判決不服上訴，一定要以違背法令爲由，才可上訴，若不以違背法令爲理由，就不可以提出上訴。

第436條之25（上訴狀之記載事項）
上訴狀內應記載上訴理由，表明下列各款事項：
一、原判決所違背之法令及其具體內容。
二、依訴訟資料可認為原判決有違背法令之具體事實。

解說

　　依據前條之說明，對於小額訴訟程序上訴第二審，一定要以原判決違背法令爲上訴理由，否則不得上訴，因此，小額訴訟之上訴程序較一般上訴程序較爲困難，因此，爲了讓上訴人知道如何記載上訴理由，本條明定在上訴狀內必須記載原判決所違背之法令以及其具體內容，以及依訴訟資料可認爲原判決有違背法令之具體事實。

第436條之26（發回原法院或自為裁判）
應適用通常訴訟程序或簡易訴訟程序事件，而第一審法院行小額程序者，第二審法院得廢棄原判決，將該事件發回原法院。
但第436條之8第4項之事件，當事人已表示無異議或知其違背或

可得而知其違背，並無異議而為本案辯論者，不在此限。

前項情形，應予當事人陳述意見之機會，如兩造同意由第二審法院繼續適用小額程序者，應自為裁判。

第1項之判決，得不經言詞辯論為之。

解說

　　本條規定小額訴訟程序如上訴第二審，第二審法院認上訴有理由時，原則上第二審法院必須將原判決廢棄，而自為判決，不能將訴訟事件發回第一審法院。但是如具有本條第1項之情形，也就是訴訟程序之誤用，例如：應該是適用通常訴訟程序或簡易訴訟程序之事件，而卻誤以小額訴訟程序而判決；此種情形對於當事人之審級利益以及訴訟程序利益上之保障，就會發生不周到之情形，故本條第1項明定，若是誤用小額訴訟程序時，第二審法院是可以例外的將訴訟發回原法院，而不必自為判決。

　　本條之但書規定，若是屬於本法第436條之8第4項所定得以當事人之合意適用小額訴訟之事件，當事人即使未合意適用小額程序，但若當事人在第一審對於法院誤用小額訴訟程序已無異議或可得而知誤用而不表示異議時，此種情形應可認為當事人已放棄程序上之保障。故依本條第1項但書規定：「當事人明知無異議或可得而知不異議時，第一審訴訟程序之瑕疵即已補正」，法院不可再將事件發回第一審而必須自為判決。此處必須對於本法第436條之8適用小額程序事件或不適用之處理一併考量。

　　本條第2項規定，第二審法院在把訴訟發回第一審法院之前，必須給當事人陳述意見之機會，若訴訟之雙方當事人皆同意第二審法院繼續使用小額訴訟程序，則法院就不可將事件發回原法院，必須依小額事件之第二審程序規定自為裁判。

　　本條第3項規定關於本法第436條之26第1項之判決，得不經

言詞辯論爲之。因本條第1項之判決只是關於訴訟程序之適用問題而已，並無實體之法律關係必須言詞辯論，故明定得不經言詞辯論爲之。

第436條之27（訴之變更、追加或提起反訴）
當事人於第二審程序不得為訴之變更、追加或提起反訴。

解說

本條所謂訴之變更、追加、反訴之定義，請參照本法第255條之說明。

本條規定禁止小額訴訟程序上訴第二審之後爲訴之變更、追加或提起反訴，其立法之目的是因爲小額訴訟程序貴在簡速，若上訴第二審後還可爲訴之變更、追加或提起反訴，一定會就變更、追加或提起反訴部分，必須另外再重新調查相關證據以及辯論，如此一來，便會使整個訴訟程序延宕，因此明定小額訴訟程序的第二審不得作訴之變更、追加或提起反訴。

第436條之28（新攻擊或防禦方法之提出）
當事人於第二審程序不得提出新攻擊或防禦方法。但因原法院違背法令致未能提出者，不在此限。

解說

本條規定當事人在小額訴訟程序中，於第二審不得再提出新的攻擊防禦方法，因爲依據本法第447條之規定，在通常訴訟程序中，當事人在第二審仍可再提出新的攻擊或防禦方法，但在小額訴訟程序，爲了求訴訟之簡速，因此在第二審不得再提出新的攻擊防禦方法。但本條之但書規定，原法院若違背法令以至於當

事人未能即時提出攻擊或防禦方法時,則例外的可在第二審程序中再提出新的攻擊防禦方法。亦即除了因原法院違背法令致未能提出的情形以外,也不可以另外提出新的資料。

第436條之29(言詞辯論之例外)
小額程序之第二審判決,有下列情形之一者,得不經言詞辯論為之:
一、經兩造同意者。
二、依上訴意旨足認上訴為無理由者。

解說

　　本條規定小額訴訟程序不為言詞辯論之例外。因為依據本法之規定,在通常訴訟程序中,除了程序判決外,其餘判決原則上必須經言詞辯論為之,但小額訴訟程序若有本條所列各款之情形者,亦即經兩造之同意,或依上訴意旨足認為上訴為無理由時,第二審法院可不經言詞辯論逕為判決,以求迅速;亦即第二審法院如果經過當事人同意,或者依上訴人的上訴理由,可以認為上訴沒有理由的話,就可以不開庭,直接判決駁回上訴。

第436條之30(第二審裁判不得上訴或抗告)
對於小額程序之第二審裁判,不得上訴或抗告。

解說

　　本條規定小額訴訟程序之第二審確定之原則。小額訴訟程序之訴訟標的雖然原則上皆在新臺幣10萬元以下,但依據本法第436條之2第1項及第466條第1項之意旨,原則上應不准上訴或抗告於第三審法院。但如當事人為訴之變更、追加或提起反訴,致

其訴之全部或一部，不屬於第436條之8第1項之範圍，且兩造又依第436條之8規定合意繼續使用小額訴訟程序時，其上訴利益就有可能超過本法第466條所定150萬元之數額。此種情形上訴利益超過150萬元之小額訴訟程序，是否准許當事人上訴第三審法院如未明文，在實務解釋上就不免發生疑義，因此本條為了使日後免除爭議起見，且為貫徹小額訴訟之迅速性，故一律明定小額訴訟程序第二審判決後，一律不准上訴或抗告。

第436條之31（上訴或抗告駁回，不得以同理由提起再審）
對於小額程序之第一審裁判，提起上訴或抗告，經以上訴或抗告無理由為駁回之裁判者，不得更以同一理由提起再審之訴或聲請再審。

解說

本條係規定上訴或抗告駁回者，不得以相同的理由提起再審。其立法目的是以當事人對於小額訴訟程序之第一審判決提起上訴或抗告，經以上訴或抗告無理由駁回之判決者，依本法第436條之32準用第496條第1項但書之結果，對於該第一審判決不得再以同一個理由提起再審之訴或聲請再審；但對第二審裁判之再審，則無特別之限制。

本條之目的，是避免當事人以同一理由對於第二審裁判再提起再審之訴或聲請再審，致增加法院不必要之拖延，因此明定此時亦不得再以同一理由，對於第二審判決提起再審之訴或聲請再審，以符合訴訟經濟之原則。

> **第436條之32**（上訴、抗告、再審程序之準用）
> 第436條之14、第436條之19、第436條之21及第436條之22之
> 規定，於小額事件之上訴程序準用之。
> 第438條至第445條、第448條至第450條、第454條、第455條、
> 第459條、第462條、第463條、第468條、第469條第1款至第5
> 款、第471條至第473條及第475條第1項之規定，於小額事件之
> 上訴程序準用之。
> 第四編之規定，於小額事件之抗告程序準用之。
> 第五編之規定，於小額事件之再審程序準用之。

解說

　　本條第1項規定，本法中關於第436條之14、第436條之19、
第436條之21、第436條之22，也就是有關第一審訴訟代理人、詢
問當事人、調查證據、確定訴訟費用額、免除部分給付及定加給
金額之規定，在第二審訴訟程序都可以準用。其準用之理由是因
本法第436條之28但書規定，小額訴訟程序若因第一審法院違背
法令，以致令當事人未能提出攻擊防禦方法時，當事人在第二審
仍然可以例外的提出新的攻擊防禦方法，而在提出新的攻擊防禦
方法之時，第二審就有準用相關調查證據認定事實之必要，因此
本條第1項明定加以準用之。

　　本條第2項規定，通常訴訟程序中第二審之相關條文以及有
關違背法令、補提書狀、上訴聲明限制及第三審調查範圍之規
定，在不違背小額事件之第二審程序之立法原則下，都予準用。

　　本條第3項規定，通常訴訟程序的抗告在小額事件之抗告亦
可準用。

　　本條第4項規定，小額事件之再審程序亦準用通常訴訟程序
的再審規定。但必須注意，因本條第2項小額事件之上訴程序，

並未準用本法第469條第6款之規定；換言之，並不以判決不備理由或理由矛盾的違背法令，作為小額訴訟程序之上訴二審理由，則本法第496條第1項第1、2款之適用法規顯有錯誤及判決理由與主文矛盾的再審理由，在小額訴訟程序之再審程序中，自不得予以準用。

第三編

上訴審程序

第一章
第二審程序

解說

上訴，對於通常訴訟程序之第一審終局判決，除了原除權判決、宣告死亡判決不得上訴，及訴訟費用之裁判非對本案之裁判有上訴時，不得聲明不服而單獨提起上訴外，其餘關於第一審之終局判決，皆得向第二審法院（即管轄第二審的高等法院）提起上訴。惟本法增訂當事人對於第一審法院依通常訴訟程序所爲的終局判決，就其確定的事實認爲無誤者，得合意逕向第三審法院上訴之規定，爰於本條修正增加「除別有規定外」等字，以求周延。同時提起上訴，須爲有上訴權之人始可提起上訴，而上訴權人應爲第一審之當事人及承受訴訟之人或承當訴訟之繼承人；因此訴訟代理人並無以自己名義代爲上訴之權利。

例如過去對於提起離婚訴訟之當事人對於第一審之終局判決如僅就附帶請求部分之裁判聲明不服者，依民訴第582之1第3項規定固應適用抗告程序之規定爲裁判。惟因法院對附帶請求之裁判係以判決爲之，依同法第440條規定，對判決聲明不服所應遵守之不變期間爲20日，不因當事人僅對附帶請求部分之裁判聲明不服而異，方足以保護當事人或利害關係人之利益。

第438條（第二審上訴之範圍）
前條判決前之裁判，牽涉該判決者，並受第二審法院之審判。
但依本法不得聲明不服或得以抗告聲明不服者，不在此限。

解說

　　訴訟程序進行中所爲之裁定，原則上不得抗告，但牽涉該判決者，仍得隨同終局判決並受上級審法院之裁判；不得聲明不服者，不許當事人依上訴或抗告程序聲明不服，亦不得隨同終局判決並受上級審法院之裁判（參民訴§438）規定自明。

　　同時第一審終局判決前所爲之裁判，應使其與終局判決一樣得聲明不服，以保護當事人之利益。本條但書，依本法不得聲明不服之事項，如本法中第23條關於指定管轄之裁定、第36條聲請法官迴避之裁定、第258條訴之變更追加之裁判、第371條聲請保全證據之裁定……等，因爲其已有獨立聲明不服之方法，故不許隨同終局判決聲明不服。

第439條（上訴權之捨棄）
當事人於第一審判決宣示、公告或送達後，得捨棄上訴權。
當事人於宣示判決時，以言詞捨棄上訴權者，應記載於言詞辯論筆錄；如他造不在場，應將筆錄送達。

解說

　　當事人對於原審判決之全部或一部，並無表示不服之意思表示者，謂之「捨棄上訴」。捨棄上訴之要件爲必須經當事人明確之意思表示及須於原審判決宣示、公告或送達後爲之。

　　當事人於第一審判決宣示、公告或送達後未表示不服之意思時，於上訴期間過後，即認爲其已捨棄上訴權。

例如上訴人對於被上訴人許○（原告）與蕭○（被告）間請求確認買賣關係存在事件，為輔助蕭○而為從參加，嗣原審為敗訴之判決，上訴人不服，為其所輔助之蕭○提起上訴。惟查蕭○於原審為其敗訴之判決後，業已具狀捨棄上訴權，有民事捨棄上訴狀可稽時，上訴人為蕭○提起上訴之行為，顯與蕭○之行為牴觸而不生效力，其上訴自難謂合法之情形可資參照。

第440條（上訴期間）
提起上訴，應於第一審判決送達後二十日之不變期間內為之。但宣示或公告後送達前之上訴，亦有效力。

解說

提起上訴，以第一審判決送達之次日為開始，對於當事人兩造各別計算。在上訴期間未開始進行前，於第一審判決宣示或公告（係就已成立之判決向外發表，並非判決之成立要件。）後提起上訴，亦有效力。於上訴期間屆滿後提起上訴，則上訴不合法，應駁回，此時第一審判決即因期間屆滿而確定，但雖上訴期間已屆滿，於他造上訴時，此造當事人尚可提附帶上訴，故若他造已提上訴，則第一審判決尚未確定，此係為配合本法第223條第1項的修正而設計。

而依民訴第162條第1項規定，計算上訴第二審之法定期間，應扣除在途之期間時，所稱之「法院所在地」者，係指原第一審法院而言，而非第二審法院。且該條所定在途期間之扣除，必以兼具當事人不在法院所在地住居，以及無訴訟代理人住居法院所在地得為期間內應為之訴訟行為者，始得稱之，如當事人住居法院所在地，不問訴訟代理人住居何處，得否為期間內應為之訴訟行為，均不生扣除在途期間之問題，此觀該條文及本條規定自明，一併在此敘明清楚。

實例

　　劉文向趙玲提起民事訴訟，要求趙玲返還借款新臺幣500萬元，經過臺北地方法院判決劉文勝訴。臺北地方法院在民國82年5月1日宣判，在5月10日將判決書正本送達給趙玲所指定的送達代收人王銘，但是王銘到了5月30日才把判決書轉交給趙玲本人。請問如果趙玲在6月1日提起上訴，是不是合法？

　　不合法。依據本法第440條規定，提起上訴一定要在送達判決書後20天的不變期間內提起才算合法。本題的情形，判決書是於5月10日送達給趙玲所指定的送達代收人王銘，依據本法第133條的規定，向當事人指定的送達代收人送達的話，與跟送達當事人本人具同樣的效力，所以其上訴期間應該從送達給代收人的翌日起算；換句話說，本題的上訴期間應該從趙玲的送達代收人王銘收到判決書的翌日起算上訴期間。而王銘是在民國82年5月10日收受判決書的送達，因此本題趙玲的上訴期間應該從5月11日開始起算，也就是5月30日上訴期間屆滿，而趙玲遲至6月1日才提起上訴，她的上訴已經超過法定期限，所以趙玲的上訴不合法。臺北地方法院應該以上訴不合法，而依據本法第442條第1項裁定駁回趙玲的上訴。

第441條（上訴之程式）

提起上訴，應以上訴狀表明下列各款事項，提出於原第一審法院為之：

一、當事人及法定代理人。
二、第一審判決及對於該判決上訴之陳述。
三、對於第一審判決不服之程度，及應如何廢棄或變更之聲明。
四、上訴理由。

上訴理由應表明下列各款事項：
一、應廢棄或變更原判決之理由。
二、關於前款理由之事實及證據。

解說

本條第1款係指當事人及法定代理人，以使法院知何人為上訴人，何人為被上訴人；又當事人為無訴訟能力時，應表明其法定代理人。

另外第2款係指某人與某人因某項事件由某法院於某年某月某日所宣示之判決，聲明不服。

至於第3款係指對於第一審之判決，係全部不服，或係一部不服，須於上訴狀內表明。所謂「聲明」，係指上訴聲明；所謂「變更」，係指廢棄原裁判，而代之以他裁判而言；惟此項聲明未明白記載者，如依其對於第一審判決不服之本旨，及其在第一審所為應受判決事項之聲明，已可認其上訴聲明之內容如何，自不得以其記載稍欠明確，即謂其上訴之程式有欠缺（30抗417）。

最後第4款則明定上訴狀內應表明的事項，包括應廢棄、變更原判決的理由及關於上訴理由的新事實及新證據。惟為避免上訴人逕行提出，致增加第二審的負擔，故限定新事實及新證據，應以關於廢棄或變更原判決的理由為限。

第442條（原審對不合法上訴之處置）
提起上訴，如逾上訴期間或係對於不得上訴之判決而上訴者，原第一審法院應以裁定駁回之。

上訴不合程式或有其他不合法之情形而可以補正者，原第一審法院應定期間命其補正；如不於期間內補正，應以裁定駁回之。

上訴狀未具上訴理由者，不適用前項之規定。

解說

上訴若已逾上訴期間或對於不得上訴之判決而上訴者，則允許原第一審法院直接以裁定駁回之，以避免曠日費時，浪費訴訟時程。

舉凡上訴不合程式或有其他不合法的情事，例如：未繳訴訟費用或當事人訴訟能力或代理權有欠缺時，則原第一審法院應定期命其補正（審判長應定期間先命補正），若不補正，則以裁定駁回。惟查法院合議庭受命法官之裁定命補繳一、二審裁判費及法院之以言詞辯論期日通知書載明「請於十日內補繳一、二審裁判費」，均難認已踐行上開審判長已定期間先命補正之程序。

上訴狀未具上訴理由，雖屬上訴不合法之情形，惟因另有第444條之1的特別規定，故不適用第2項之規定。另外，因爲當其情形可以補正時，應命其補正，若不補正則可認爲係意圖延滯訴訟者。在此須特別注意，如有律師爲訴訟代理人或依書狀上記載可認訴訟要件有欠缺時，法院得不行本條第2項之程序（釋179）。

第443條（上訴狀之送達）

上訴未經依前條規定駁回者，第一審法院應速將上訴狀送達被上訴人。

各當事人均提起上訴，或其他各當事人之上訴期間已滿後，第一審法院應速將訴訟卷宗連同上訴狀及其他有關文件送交第二

審法院。

前項應送交之卷宗，如為第一審法院所需者，應自備繕本、影本或節本。

解說

提起上訴後，原第一審法院未依第442條規定裁定駁回者，則其上訴係屬合法，原第一審法院應速將上訴狀送達被上訴人；此第1項文字，乃求簡潔扼要之設計。

目前實務上地方法院內部作業，係須等到上訴期間屆滿，且有一造以上提出上訴後，方整理送交上級法院，對於應送交第二審法院之卷宗，如為第一審法院尚有所需要時，例如：尚有一部分訴訟繫屬於第一審，或因當事人聲請補充判決等，應自行作「繕本」、「影本」或「節本」以備用，原來的卷宗仍應送交第二審法院。

第444條（第二審對不合法上訴之處置）

上訴不合法者，第二審法院應以裁定駁回之。但其情形可以補正者，審判長應定期間先命補正。

上訴不合法之情形，已經原第一審法院定期間命其補正而未補正者，得不行前項但書之程序。

第1項及第442條第1項、第2項情形，上訴基於惡意或不當目的者，第二審法院或原第一審法院得各處上訴人、法定代理人、訴訟代理人新臺幣十二萬元以下之罰鍰。

第249條之1第3項、第4項、第6項及第7項之規定，於前項情形準用之。

解說

　　第1項針對上訴不合法，應以裁定駁回，但其情形可補正，則明訂審判長應定期間先予補正此一缺失。上訴不合法情形，已經原第一審法院命其補正而不予補正，則第二審法院即得以不履行本法第444條第1項之補正程序，逕以裁定駁回其上訴。

　　第3項則為防止濫行上訴而造成司法資源浪費，針對第1項及本法第442條第1、2項的情形，倘若上訴人基於惡意或不當目的提起不合法的上訴時，應加以制裁。又上訴人濫行提起上訴，倘實質上係由其法定代理人、訴訟代理人所為，或共同參與者所為；法院便應該斟酌個案情節，應得對其等各自或一併處以罰鍰，故特別在此增訂第3項。至於因為疏忽而逾期提起上訴，或逾期未繳上訴裁判費等單純上訴不合法之情形，因其欠缺主觀上的意圖，即非本項規範的對象，自不待言。

　　關於第3項裁罰方式及其程序的規定，均應準用對於濫行起訴的裁罰相關規定，故增訂第4項。至於濫行提起不合法之抗告、再抗告，則得依第495條之1準用本條規定予以裁罰，自無待言。

第444條之1（上訴理由書）

上訴狀內未表明上訴理由者，審判長得定相當期間命上訴人提出理由書。

上訴人提出理由書後，除應依前條規定駁回者外，第二審法院應速將上訴理由書送達被上訴人。

審判長得定相當期間命被上訴人提出答辯狀，及命上訴人就答辯狀提出書面意見。

當事人逾第1項及前項所定期間提出書狀者，法院得命該當事人以書狀說明其理由。

當事人未依第1項提出上訴理由書或未依前項規定說明者，第二審法院得準用第447條之規定，或於判決時依全辯論意旨斟酌之。

解說

提起第二審上訴，應於上訴狀內表明上訴理由。而上訴人如未於上訴狀內依法表明上訴理由者，法院因不得以上訴不合法為由，駁回其上訴，惟為使法院及他造當事人得於期日前儘早掌握上訴資料，進而整理爭點，以充分準備言詞辯論，第二審法院審判長得定相當期間命上訴人提出理由書。

為促使第二審程序迅速進行，上訴人提出理由書後，除應依前條規定駁回者外，第二審法院應速將上訴理由書送達被上訴人，俾被上訴人得以充分準備言詞辯論。

然而於第二審程序，法院亦得依事件之性質與類型，斟酌採用書狀先行程序。故於上訴人提出理由書後，審判長得定相當期間，命被上訴人提出答辯狀，及命上訴人就答辯狀提出書面意見，以便法院及當事人整理、確定並減少爭點，而達到審理集中化之目標。

為督促當事人確實履行上開提出書狀義務，對於當事人依本法第441條第1項規定，提起第二審上訴，應於上訴狀內表明上訴理由。就上訴狀未表明上訴理由者，第二審法院審判長得依本條第1項定相當期間，命上訴人提出理由書。

第445條（第二審言詞辯論之範圍）
言詞辯論，應於上訴聲明之範圍內為之。
當事人應陳述第一審言詞辯論之要領。但審判長得令書記官朗讀第一審判決、筆錄或其他卷內文書代之。

解說

第二審言詞辯論，應先調查上訴是否合法，上訴合法時，再進而調查上訴有無理由，至於調查上訴有無理由，應於上訴聲明之範圍（若僅就利息或其他孳息、損害賠償、違約金或費用部分

提起上訴者，仍應依其價額，以定上訴利益之價額。）內爲之。
所謂「上訴聲明」，指上訴人或附帶上訴人求將第一審判決如何
廢棄或變更者而言。

　　第一審之訴訟資料爲第二審言詞辯論之基礎，故當事人對於
第一審判決不服的部分，應於第二審言詞辯論時陳述第一審言詞
辯論之要領；因其即爲第二審判決之基礎。但審判長得命書記官
朗讀第一審的判決、筆錄或其他卷內文書者，以代替當事人之陳
述。

第446條（訴之變更、追加或提起反訴）

訴之變更或追加，非經他造同意，不得爲之。但第255條第1項
第2款至第6款情形，不在此限。

提起反訴，非經他造同意，不得爲之。但有下列各款情形之一
者，不在此限：

一、於某法律關係之成立與否有爭執，而本訴裁判應以該法律
　　關係爲據，並請求確定其關係者。

二、就同一訴訟標的有提起反訴之利益者。

三、就主張抵銷之請求尚有餘額部分，有提起反訴之利益者。

解說

　　訴之變更、追加，在第二審因係有違審級制度，原不許爲
之，但若他造同意，則許在第二審爲訴之變更、追加。但若有本
法第255條第1項第2款至第6款之情形，不必經他造同意亦應依法
准許；同時但書規定，既無須他造同意，得追加原非當事人之人
爲當事人，解釋上，其所爲之追加，當然亦無須經該被追加當事
人的同意，亦即不因其所追加者係屬同造之原告或對造之被告而
有差異，否則即失該項准爲當事人的追加，旨在期使當事人的適
格要件無所欠缺及以一訴解決多數人間的糾紛，而契合訴訟經濟

的原意。

　　本條第2項有關得在第二審提起反訴的規定，在其第1款至第3款所列情形，皆指在原審所須審理認定事實範圍內，對於當事人而言，並無須再花費勞力、時間及費用蒐集訴訟資料，對於當事人間紛爭的一次解決及訴訟經濟而言，當有助益。

實例

　　張琴對李元提起民事訴訟，主張李元向她租賃房屋，但是租賃期間已到期，李元仍然不返還房屋，於是請求返還租賃物。結果第一審判決張琴敗訴，張琴不服，上訴到臺灣高等法院，在開庭的時候，張琴心想於第一審時提出租賃契約請求返還租賃物，結果遭到敗訴，於是張琴在高等法院就提出所有權狀，請求依所有人的身分返還所有物。請問張琴可不可以在臺灣高等法院作這樣的主張？

　　不可以。張琴雖然有所有權狀也是所有人，依法她可以主張所有物返還請求權，但是本題的問題並不是出在張琴是否有所有權人的身分，而是張琴在地方法院起訴時只主張租賃物返還請求權，而在高等法院才改主張所有物返還請求權，這樣就會發生訴訟標的的變更，訴訟標的從原來所主張的「租賃物返還請求權」變更為「所有物返還請求權」，就是屬於訴之變更。依據本條的規定，除非有該條第1項但書的五種情形，否則訴訟之變更、追加，一定要得到他造當事人的同意。因此本題的情形，張琴在臺灣高等法院提出所有權狀要求返還所有物，倘若得到李元的同意或許可，那就沒有問題，法院可以就此部分加以審判；但是沒有得到李元的同意，張琴將原訴變更就不合法，法院只能就原來起訴的租賃物返還請求權加以審查。

第447條（更新權及其限制）

當事人不得提出新攻擊或防禦方法。但有下列各款情形之一者，不在此限：

一、因第一審法院違背法令致未能提出者。

二、事實發生於第一審法院言詞辯論終結後者。

三、對於在第一審已提出之攻擊或防禦方法為補充者。

四、事實於法院已顯著或為其職務上所已知或應依職權調查證據者。

五、其他非可歸責於當事人之事由，致未能於第一審提出者。

六、如不許其提出顯失公平者。

前項但書各款事由，當事人應釋明之。

違反前二項之規定者，第二審法院應駁回之。

解說

　　我國民事訴訟第二審程序採續審制，故為防止當事人於第一審延滯提出攻擊或防禦方法，導致審理重心移至第二審，而忽視第一審的功能；然因現行民事訴訟法雖採行修正的續審制實施至今，仍無法避免及改正當事人輕忽第一審程序，遲至第二審程序始提出新攻擊防禦方法的情形，不但耗費司法資源，且造成對造當事人時間、勞力及費用上的浪費，亦無法建構完善的金字塔型訴訟制度。為改正上述之缺點，合理分配司法資源，乃修正本條第1項規定，原則上禁止當事人於第二審提出新攻擊防禦方法。惟若一律不准當事人提出新攻擊或防禦方法，對於當事人權益之保護欠周，因此於但書規定例外得提出新攻擊防禦方法之情形如次：

　　一、當事人因第一審法院違背法令致未能提出的攻擊或防禦方法，例如：審判長違背第199條第2項規定，未盡闡明義務，致當事人未能於第一審提出的訴訟資料，如禁止其提出，對當事人

權益的保障，顯然並不周全，故特設此一規定。

二、事實發生於第一審法院言詞辯論終結後，第一審法院未能及時審究，並非可歸責於當事人，應許其提出，以利當事人之紛爭在同一訴訟程序中解決。又此所謂「事實」，係指攻擊防禦方法而言，此觀第1項本文規定甚明。

三、當事人以在第一審已經主張的爭點，即其攻擊或防禦方法（包含事實、法律及證據上的各項爭點而言），因第一審法院就該事實、法律及證據上評價錯誤為理由，提起上訴，其上訴理由，仍在第一審審理之範圍內，應允許當事人就該上訴理由，再行提出補強的攻擊或防禦方法，或就此一部分提出其他抗辯事由，以推翻第一審法院就該事實上、法律上及證據上的評價。

四、事實於法院已顯著或為其職務上所已知（例如依通常情形，經營炸雞漢堡店者，除須有如計算表所示之可樂機、飲水機、電風扇等設備外，舉凡瓦斯器具、收銀機、抽油煙機、餐桌、餐椅、餐具似亦係應有設備，而肉類、調味料、麵粉等食品亦為常備之物，門扇更屬不可或缺即是）者，當事人毋庸舉證，此項事實，雖非當事人提出者，法院亦得斟酌之，但裁判前應令其就事實有辯論的機會，本法第278條定有明文，例如：債權人就事實的發生是否與有過失，或違約金的約定是否過高，應予酌減等情形，若於卷內資料已經顯著，法院卻漏未斟酌，對債務人的權益保護，影響甚鉅，自得於第二審法院提出。又「舉輕以明重」，法院應依職權調查而未調查的證據（例如否認子女之訴，依家事事件法第10條第1項之規定，法院本得斟酌當事人所未提出之事實，並應依職權調查證據），亦應許當事人於第二審法院提出。

五、第1款至第4款的規定，均屬不可歸責於當事人的事由，致其未能於第一審法院提出攻擊防禦方法的情形；然為期避免掛一漏萬的情形發生，故於第5款特別規定，其他非可歸責於當事

人的事由，致未能於第一審提出者，應許當事人得於第二審法院
提出。

　　六、審判所追求者，為公平正義的徹底實現，如依各個事
件的具體情事，倘若不准許當事人提出新攻擊或防禦方法，顯失
公平者，應例外准許當事人提出之，否則法院的裁判便失去其意
義。至於原規定在第一審整理並協議簡化後已不得主張的爭點、
已經第一審法院依本法第196條第2項裁定駁回者、已經第一審法
院依第268條定期間命提出而未提出者、因當事人故意或重大過
失未於第一審程序提出者等四款情形，均屬可歸責於當事人的事
由，自不得在第二審再行提出，毋庸再予明定。

　　至於第2項針對當事人主張有第1項但書各款得提出新攻擊
防禦方法的事由時，應本法規定應提出即時可供調查的證據來釋
明，以利第二審法院作為直接判斷的參考。

　　最後有關第3項規定，係指倘若當事人違反第1項規定，提出
新攻擊防禦方法或主張有第1項但書各款的情形，而未提出即時
可供調查的相關證據以資釋明者，第二審法院毋庸命其補正，應
予以裁定駁回，或於判決理由中說明，以釋明倘若違反時的法律
上效果。

第448條（第一審訴訟行為之效力）
在第一審所為之訴訟行為，於第二審亦有效力。

解說

　　當事人對於某一事實，在第一審已有訴訟上之自認，在第
二審亦有效力，即亦有自認之效力。惟在第二審有效力的部分，
仍應在上訴聲明範圍之內，且須經當事人於第二審依本法第445
條第2項規定，陳述第一審辯論要領，否則第二審將不得逕予斟
酌。例如在第一審庭期中，兩造均同意限縮爭點為：「兩造間

『○○高爾夫球場委託經營管理協議書』是否因違反政府採購法而無效；或原告於○年○月○日之函文究否為終止合約，又原告得否對被告就『○○高爾夫球場委託經營管理協議書』主張終止契約？」此部分之訴訟行為，在限縮之爭點，既為兩造所同意應受其拘束，依民事訴訟法第270條之1第3項，在二審更審程序亦應依此續行審理之即為適例。

第449條（上訴無理由之判決）
第二審法院認上訴為無理由者，應為駁回之判決。
原判決依其理由雖屬不當，而依其他理由認為正當者，應以上訴為無理由。

解說

上訴有無理由，應於上訴聲明之範圍內為之，從事實上及法律上調查第一審所為判決有無不當之處，若無不利或不當之處，則認上訴無理由（例如事證已臻明確，兩造其餘攻擊防禦方法之陳述，與判決結果並無影響；或所提舉證之資料，經法院斟酌後，認均不生影響法院所為之論斷，自無再予逐一審論之必要；舉例來說當事人縱使依無效或停止之協議書，要求對方履行系爭協議書之約定，依民法第113條之規定，如當事人知其無效或可得而知者，係屬應負回復原狀或損害賠償責任之問題；他造亦非得主張其應當事人之要求，履行系爭協議書約定之義務，即屬有權占有。且他造既係依法主張系爭協議書無效，而以當事人無權占有為由，請求返還不當得利，自無違反誠信原則及權利濫用適用之問題，即為適例），應為駁回之判決。

上訴之目的，旨在保護上訴人之私權，故原一審之判決，若依其他理由可認為判決主文為正當者，則仍應以上訴為無理由而駁回上訴。

第449條之1（不當上訴之處罰）
上訴基於惡意、不當目的或有重大過失，且事實上或法律上之主張欠缺合理依據者，第二審法院得各處上訴人、法定代理人、訴訟代理人新臺幣十二萬元以下之罰鍰。
第249條之1第2項至第7項之規定，於前項情形準用之。

解說

　　本條係為防止當事人濫行上訴，或對於上訴無理由的情形，例如：上訴人基於惡意、不當目的或因重大過失而提起上訴，且事實上或法律上的主張欠缺合理的依據，例如：為騷擾對造、法院，或延滯、阻礙對造行使權利；抑或一般人施以普通注意，即可知其所提上訴根本上毫無依據，或有重大過失等情形，均堪認為係屬濫訴，故有予以制裁的必要性。而如上訴人無訴訟能力，其上訴係由其法定代理人代為提起；或上訴亦有由訴訟代理人慫恿蠱惑代為提起者，或共同參與，法院應斟酌個案情節，得對其等各自或一併加以施罰，並提其高罰鍰數額以為警惕，故修正第1項，應處罰實際為訴訟行為的人。故參酌日本民訴法第303條、法國民訴法第559條規定，對於顯無理由而上訴，或意圖延滯訴訟終結而上訴者，得裁定處上訴人新臺幣12萬元以下的罰鍰。

　　法院為前項裁罰，被上訴人因應訴所生的日費、旅費及委任律師為訴訟代理人的酬金，應納入訴訟費用，裁罰的方式及其程序規定，均準用對於濫行起訴的裁罰相關規定，故修正第2項以臻明確。

> **第450條**（上訴有理由之判決）
> 第二審法院認上訴為有理由者，應於上訴聲明之範圍內，為廢棄或變更原判決之判決。

解說

第二審法院認為原第一審法院所為之判決，確實有不當之處，認為上訴為有理由，應為變更原判決之判決，即廢棄原第一審法院判決而自為判決而言（院1932、29上936）；而第二審法院認上訴為有理由者，於上訴聲明之範圍內廢棄原判決後，未必均須自為判決，以期明確。

惟為變更原審判決時，應於上訴聲明之範圍內為之，但亦有例外不依當事人之聲明而為裁判者，例如：關於訴訟費用負擔之裁判、宣告假執行之裁判，以及因訴訟要件有欠缺而為駁回之判決等是。或者當事人之一方如果在裁判上援用同時履行抗辯權，則法院應為他方提出對待給付時應對之為給付之判決。

此種命被告為本案給付及命原告同時履行，兩者之間在性質上有不可分割之關係，不得單獨確定，無論係對本案給付部分或對同時履行之對待給付部分，其中之一上訴有理由時即應將全部判決廢棄。

實例

陳澤對李邦提起民事訴訟請求分割共有土地，經由第一審臺北地方法院判決陳澤勝訴。陳澤又以第一審判決的分割方法不當為理由，而向臺灣高等法院提起上訴請求另定分割方法。結果高等法院審查的結果發現，陳澤是因為繼承而取得系爭土地的共有持分（共有權應有部分），但是均尚未辦理繼承登記，依據民法第759條，陳澤對系爭土地尚未取得處分權，依法不得對其請求分割，原判決主文沒有先命陳澤辦理繼承登

記，原判決依法應屬無可維持，但是此時被告沒有依此提出攻擊或防禦方法，而且也沒有對之提起上訴或附帶上訴。這種情形第二審法院應該如何處理？

　　臺灣高等法院應判決將原判決廢棄，上訴人在第一審之訴均駁回。依據本條的規定，第二審法院固然只能在上訴聲明的範圍內作出判決，因此如果依據本條的規定，似乎高等法院只能審查分割方法，而對於可否分割的前提問題並無權加以調查與裁判。但是本題的情形，陳澤對於系爭的土地既然經過高等法院審查發現其對系爭土地並無處分權，因此陳澤的當事人適格就有欠缺，而當事人適格的這個要件，依法必須由法院依職權來調查，無待當事人主張，因此並無本條的適用。所以本題陳澤雖然僅就分割方法提起上訴，臺灣高等法院仍應就當事人對系爭土地有無處分權加以調查與裁判，不受當事人上訴聲明的拘束。所以高等法院可以判決原判決廢棄，而駁回上訴人在第一審之訴。

第451條（發回原法院或自為判決）
第一審之訴訟程序有重大之瑕疵者，第二審法院得廢棄原判決，而將該事件發回原法院。但以因維持審級制度認為必要時為限。
前項情形，應予當事人陳述意見之機會，如兩造同意願由第二審法院就該事件為裁判者，應自為判決。
依第1項之規定廢棄原判決者，其第一審訴訟程序有瑕疵之部分，視為亦經廢棄。

解說

　　第一審所進行的訴訟程序有重大瑕疵時，第二審法院得以第一審踐行之程序有影響判決之效力是否有維持審級制度的必要，而決定應否予以發回原法院更審，但是否發回，第二審法院有自

行斟酌權，因為第二審亦兼採事實審，可以補正者，得自行命補正，訴訟程序之瑕疵即行除去，無須再發回更審之餘地。例如言詞辯論期日行爭點整理時，就「原告與被告之父於○年4月9日成立合夥等情表示不爭執」一節，究屬為真正自認之行為，抑或擬制自認？若係自認行為，而抗告人提出說明兩造成立合夥之時間為「○年4月12日」，非同年同月9日，是否有撤銷自認之意？該自認行為能否撤銷？若僅為法律擬制之自認，是否不能追復？若徒以當事人或其訴訟代理人於訴訟上所為之自認，認定於辯論權範圍內，有拘束當事人及法院之效力；而自認除符合民訴第279條第3項規定得為撤銷外，法院應以當事人所自認之事實為裁判之基礎；此維持原裁定而裁定駁回，於法自屬可議；自當依法發回原法院更審。

倘若原審內容已十分明確，例如上訴人為擔保○公司對○商銀之借款債務，除以其所有之系爭不動產設定抵押外，另與被上訴人等三人及黃○共同擔任同一債務之連帶保證人，而系爭不動產之價值多於該抵押物之擔保債權額，且連帶保證人之保證責任亦與主債務同，上訴人並已代為清償主債務○元（即系爭代償款）等情，為原審合法確定之事實。則上訴人所應負之擔保責任，與五位連帶保證人所應負之履行責任，皆為債務人尚未清償債務之全額即該主債務，揆諸上開說明，自應依抵押人及保證人之人數並扣除上訴人兼具二者身分後，平均計算各連帶保證人應分擔部分之金額，上訴人即得請求各被上訴人給付上開分擔額。原審見未及此，以上訴人作為抵押人應分擔主債務二分之一，作為連帶保證人應再分擔另二分之一中之五分之一，並據此計算上訴人得請求被上訴人各應返還之金額為○元（即系爭代償款之十分之一），而駁回其餘各○元本息部分之請求，自有未合。上訴論旨，執以指摘原判決關此部分不當，求予廢棄，不能認為無理由，爰由上訴法院本於原審所確定之事實，將原判決及第一審判

決關此部分廢棄，自爲判決，改判命被上訴人各再給付上訴人○元本息，以資適法；即爲本條第2項之適例。

若第二審法院依第1項規定廢棄原判決，第一審有瑕疵之訴訟程序，視爲亦經廢棄，毋庸於判決中爲廢棄訴訟程序之宣示。

實例

夏安跟郭華之間因爲買賣糾紛，於是夏安就向法院提起民事訴訟，請求郭華給付買賣價金300萬元。臺北地方法院在言詞辯論的期日，因爲郭華沒有到場而且夏安也沒有聲請，因此臺北地方法院的法官就直接命夏安一造辯論，而作出夏安勝訴的判決。郭華不服，向臺灣高等法院提起上訴，他的上訴理由認爲，第一審法院沒有經過到場當事人的聲請，就直接依職權來命一造辯論判決，是訴訟程序有重大瑕疵，請求臺灣高等法院依民事訴訟法第451條第1項將原判決廢棄，發回地方法院更審。請問郭華的這種上訴有無理由？

郭華的主張是有理由的。言詞辯論期日當事人一造不到場的時候，依據本法第385條的規定，只能依當事人的聲請才能爲一造辯論判決，如果當事人沒有聲請，法院不可依職權命一造辯論而爲判決，所以第一審法官在沒有經過夏安聲請的情況下，直接依職權命一造辯論判決，第一審訴訟程序就有重大的瑕疵，是屬於本條第1項所稱的訴訟程序有重大瑕疵者，第二審法院得廢棄原判決，而將該事件發回原法院。因此本題臺灣高等法院可將第一審的判決廢棄，發回臺北地方法院更審。

第451條之1（因程序瑕疵廢棄原判決之例外）
應適用簡易訴訟程序之事件，第二審法院不得以第一審法院行通常訴訟程序而廢棄原判決。
前項情形，應適用簡易訴訟事件第二審程序之規定。

解說

本條第1項規定，第一審法院誤將應適用簡易訴訟程序的事件，依較爲嚴格的通常訴訟程序而爲審判，對於當事人的程序上保障並無欠缺，故受理其上訴的第二審法院（包括地方法院合議庭或高等法院在內）不應廢棄原判決而發回第一審的簡易庭，以保障當事人的程序利益，並達到訴訟經濟的當然要求，應無疑義。

至於第一審雖將簡易訴訟事件誤爲通常訴訟事件，而依通常訴訟程序審理，並不因此改變其爲簡易訴訟事件的法律性質，故受理其上訴的第二審法院仍應適用簡易訴訟事件第二審程序的規定而加以審理。

第452條（將事件移送於管轄法院）
第二審法院不得以第一審法院無管轄權而廢棄原判決。但違背專屬管轄之規定者，不在此限。
因第一審法院無管轄權而廢棄原判決者，應以判決將該事件移送於管轄法院。

解說

本條第1項但書，因爲專屬管轄制度乃爲公益而設，不容當事人以合意方法而變更之，故第二審法院得以第一審法院違背專屬管轄之規定，而廢棄原判決。此時不待當事人聲請，即應將該第一審判決廢棄，另以判決將該事件移送於管轄法院，所以若僅係單純無管轄權，則不能自行廢棄原判決。

例如上訴人○○開發股份有限公司於臺灣臺中地方法院爲第一審起訴，係本於合作經營造林契約，請求其餘上訴人及被上訴人將其向○縣政府承租之○○縣○○鄉○段○○○○○○○號等林地地上國有林產物採取砍伐權及造林權，交伊經營管理，此與

本法第14條所謂因財產管理（指管理人為本人管理財產）有所請求而涉訟之情形有間。依同法第20條前段規定，任何共同被告住所地之法院俱有管轄權，○○開發公司向臺灣臺中地方法院起訴請求，原無不合。退步言之，縱認本件請求交付經營權等，係屬民事訴訟法第14條之財產管理權事件，有同法第20條但書規定之適用，然○○開發公司向臺灣臺中地方法院起訴，既未違背專屬管轄權之規定，依同法第452條第1項前段規定，原審仍不得以臺灣臺中地方法院無管轄權而廢棄其判決，即為適例。

第453條（言詞審理之例外）
第451條第1項及前條第2項之判決，得不經言詞辯論為之。

解說

第二審法院關於第451條第1項因訴訟程序有重大瑕疵而廢棄原判決將該事件發回原法院，及前條因第一審法院無管轄權而將該事件移送於有管轄權法院者外，為免勞費時間，得不經言詞辯論。例如上訴人提起之訴訟，為當事人不適格，第一審法院為其敗訴判決，理由或有不同，但結果並無二致，仍應予以維持，爰不經言詞辯論逕以判決駁回其上訴等詞，為其判斷之基礎，即為適例。

第454條（第一審判決書之引用）
判決書內應記載之事實，得引用第一審判決。當事人提出新攻擊或防禦方法者，應併記載之。
判決書內應記載之理由，如第二審關於攻擊或防禦方法之意見及法律上之意見與第一審判決相同者，得引用之；如有不同者，應另行記載。關於當事人提出新攻擊或防禦方法之意見，應併記載之。

解說

　　第二審兼採事實審，若應記載於判決書內之事實之記載，與第一審判決書內記載之事實相符者，得引用之，以代自為事實之記載；然因第二審程序為第一審程序的續行，如其判決書的製作能避免重複記載與第一審判決相同部分，而僅明確記載與第一審判決相異部分，即可簡化判決書的製作，而減輕法官撰寫判決書的負擔。故第二審判決得引用第一審判決者，應不以事實記載及當事人未提出新攻擊或防禦方法者為限，爰修正本條規定，擴大第二審判決得引用第一審判決的範圍。同時為簡化判決書製作，第二審判決書就事實的記載，原則上得引用第一審判決；惟如當事人於第二審提出新攻擊或防禦方法者，則應併記載，故配合修正原條文，並列為第1項。例如按判決主文乃由判決事實及理由所生之結論，苟判決內容不能自主文見之，於法即有未合。雖民事訴訟遇訟爭標的繁多，或名稱冗長者，得作一目錄附於判決書之後，或須繪圖者，得於主文內載「如附圖」而另作一圖附於判決書之後，作為判決主文之一部分，然不允許引用存於他處之文書，作為判決主文。本件原審部分廢棄第一審判決關於被上訴人應給付上訴人之不當得利，惟於原判決主文內引用第一審判決附表一作為主文之一部分，而無從自主文得悉原審駁回上訴人關於不當得利部分之內容或金額，依上說明，於法即有未合之處。（96台上1719裁判參照）

　　判決書內應記載的理由，如第二審關於攻擊或防禦方法的意見及法律上的意見與第一審判決相同者，應無重複記載的必要性，而得引用第一審的判決記載；如有不同者，即應另行記載。

第455條（假執行上訴先為裁判）
第二審法院應依聲請，就關於假執行之上訴，先為辯論及裁判。

解說

　　上訴人對於第一審判決中所含本案之裁判及關於假執行之裁判，若同時聲明不服時，不論已開始假執行與否，第二審法院應依聲請，就關於假執行部分之上訴，先行辯論及裁判，此項裁判，性質上為一部判決，於判決宣示後即得執行，非一般所謂的中間判決。

第456條（裁定宣告假執行）

第一審判決未宣告假執行或宣告附條件之假執行者，其未經聲明不服之部分，第二審法院應依當事人之聲請，以裁定宣告假執行。

第二審法院認為上訴人係意圖延滯訴訟而提起上訴者，應依被上訴人聲請，以裁定就第一審判決宣告假執行；其逾時始行提出攻擊或防禦方法可認為係意圖延滯訴訟者，亦同。

解說

　　對於第一審判決的一部上訴，阻其判決全部的確定。第一審判決未宣告假執行或宣告附條件的假執行者，為避免勝訴當事人因敗訴當事人就判決的一部提起上訴，而致全部判決未能確定，使其權利不能及早實現，此乃本條第1項所規定的主要目的，因此第二審法院應依當事人的聲請，就未經聲明不服的部分，以裁定宣告假執行。為加強對勝訴當事人權利的保障，上開聲請應不必限於須在言詞辯論時為之，以書狀或於準備程序時為聲請，依法均無不可。

　　同時對於第一審判決未經宣告或附條件宣告的假執行，其未經聲明不服之部分，除有假執行宣告者外，因仍可對之附帶上訴，因其尚未確定，尚不得對之強制執行，但為免敗訴之人利用提起上訴來拖延，並於此期間內藉機脫產，故依被上訴人之聲

請，第二審法院應即依此宣告假執行之裁定。

第457條（財產權訴訟之宣告假執行）
關於財產權之訴訟，第二審法院之判決，維持第一審判決者，
應於其範圍內，依聲請宣告假執行。
前項宣告假執行，如有必要，亦得以職權為之。

解說

　　財產權訴訟，包括債權、物權、準物權（例如確定界址）、
智慧財產權，第二審法院之判決維持第一審判決者，得依聲請或
於必要時依職權宣告假執行，例如對於某人遺產請求確認有繼承
權存在之訴即是；倘若係基於名譽權被侵害之損害賠償方法，或
於報紙登載判決主文則為非因財產權而起訴。

第458條（第二審假執行裁判之效力）
對第二審法院關於假執行之裁判，不得聲明不服。但依第395條
第2項及第3項所為之裁判，不在此限。

解說

　　第二審法院所為關於假執行之裁判，不得聲明不服，於宣
示後即告確定，若未宣示則於公告時確定。原條文規定「關於
假執行之裁判」，係泛指與假執行有關的一切裁判（43台上44參
照），然依本法第395條第2項及第3項所為的裁判，乃法院因廢
棄或變更宣告假執行的本案判決，而依被告聲明命原告返還及賠
償被告因假執行或因免假執行所為給付及所受損害的裁判，如對
該裁判亦不得聲明不服，影響當事人的權益甚鉅，爰增設但書除
外的規定。又本項但書的規定，仍應受本法第466條的限制，乃

屬當然之法理。而就聲請假執行應預供之擔保，第二審法院未依民事訴訟法第106條準用第105條第1項規定，許供擔保人變換而駁回其聲請之裁定，亦包含在內（73台抗127裁判）。

第459條（上訴之撤回）
上訴人於終局判決前，得將上訴撤回。但被上訴人已為附帶上訴者，應得其同意。
訴訟標的對於共同訴訟之各人必須合一確定者，其中一人或數人於提起上訴後撤回上訴時，法院應即通知視為已提起上訴之共同訴訟人，命其於十日內表示是否撤回，逾期未為表示者，視為亦撤回上訴。
撤回上訴者，喪失其上訴權。
第262條第2項至第4項之規定，於撤回上訴準用之。

解說

撤回上訴，指上訴人提起上訴後，向法院表示取消上訴之意思表示。撤回上訴為一方行為，原則上不必經被上訴人之同意，在第二審終局判決前，隨時皆可為之。同時當事人於提起上訴後，以終結訴訟為目的之訴訟上一方法律行為，只須對於法院表示撤回之意思，即生效果（47台聲109參照）。

訴訟標的對於共同訴訟的各人必須合一確定者，其中一人或數人提起合法的上訴時，依第56條第1項第1款前段規定，上訴效力及於全體當事人，故其他未提起上訴的共同訴訟人亦視為上訴人（同時應注意共同訴訟，由共同訴訟人的一方提起上訴者，其上訴利益的計算，依司法院院字1147號解釋意旨，應就提起上訴的各共同訴訟人所得受的上訴利益，合併計算（70台抗479參照）。不過如果嗣後提起上訴之人如欲撤回上訴，依上開條文後段規定，非經其他視為已提起上訴之人的同意，不生撤回的效

力。然該視爲已提起上訴的人或因行蹤不明，或因無意參與上訴程序，欲令其表示同意撤回上訴，不無困難。故爲避免訴訟久懸不決，增加法院的負擔，並保障當事人的程序權利，故增訂第2項，明定於此情形，法院應即通知視爲已提起上訴的共同訴訟人，命其於10日內表示是否撤回，逾期未爲表示者，視爲亦撤回上訴。

上訴人因撤回上訴，而喪失上訴權，若再更行起訴，法院應以其上訴不合法駁回。

第4項則規定，上訴人撤回上訴，如被上訴人已爲附帶上訴者，依本條第1項的規定，應得其同意。惟已爲附帶上訴之被上訴人雖於期日到場，然就上訴的撤回未爲同意與否的意思表示，或被上訴人未於期日到場或上訴人係以書狀撤回，而被上訴人就記載有關上訴撤回事項的筆錄或撤回書狀，收受送達後未提出異議時，究應如何處理，原條文對此並未設任何規定，而本法第262條第4項有關擬制被告同意訴之撤回的規定，對於上訴的撤回情況，應可準用，固有本項的設計。

實例

楊典跟周彬之間因爲借款的糾紛，楊典於是向法院提起民事訴訟，請求周彬返還借款500萬元。第一審臺北地方法院判決楊典勝訴，周彬不服，向臺灣高等法院提起上訴。在臺灣高等法院上訴期間內，楊典與周彬在訴訟外達成了和解，於是周彬就向臺灣高等法院撤回上訴，但是周彬與楊典又因爲私下和解出問題起了爭執，周彬認爲他被騙，於是又具狀向臺灣高等法院將他原來的撤回上訴的意思表示撤回，要求臺灣高等法院繼續加以審判。請問周彬具狀向臺灣高等法院撤回上訴加以撤回，是否可以？

依法不可以。撤回上訴是當事人在提起上訴以後，以終結訴訟爲目的的單方法律行爲，只須對於法院發出撤回的意思即發生

撤回的法律效果。因此，此項撤回的意思表示，在性質上不容許
當事人任意撤回。本題的情形，周彬既然已經向臺灣高等法院表
示撤回上訴，在撤回上訴之表示到達法院時，即已生撤回之法律
效力，自然不能許可周彬又撤回這個「撤回上訴」。所以本題的
情形，周彬既然不能撤回「撤回上訴」的行為，那麼他在第一審
所受的敗訴判決，就因為他先前的撤回上訴而確定，不能再以上
訴的方式來救濟。

第460條（附帶上訴之提起）
被上訴人於言詞辯論終結前，得為附帶上訴。但經第三審法院
發回或發交後，不得為之。
附帶上訴，雖在被上訴人之上訴期間已滿，或曾捨棄上訴權或
撤回上訴後，亦得為之。
第261條之規定，於附帶上訴準用之。

解說

　　所謂「附帶上訴」，乃指上訴人就第一審法院判決提起上訴
時，被上訴人對於同一判決，於已開始之第二審程序亦對之聲明
不服，而求廢棄或變更者而言；而附帶上訴之前提，必須由被上
訴人對於已經上訴人合法上訴之第一審判決提起，倘上訴已經撤
回或因不合法而被駁回，均不得更為附帶上訴。例如上訴人之對
造在原審提出之上訴狀，雖已逾越法定期限，但依其所為論旨可
視為附帶上訴（18上1710參照）；上開規定於簡易程序第一審判
決之上訴程序準用之，同法第436條之1第3項亦有明定。

　　而一般解釋上，附帶上訴必須符合以下四項基本要件：一、
上訴必須合法存在為前題。二、其次由被上訴人對上訴人提起
之。三、則為針對於上訴人所上訴之第一審判決聲明不服的情
形，於第二審言詞辯論終結前提起；但如果經第三審法院發回

或發交後，則不得爲之（民訴§460Ⅰ）乃當然之理：而此處所謂言詞辯論終結前，係指第二審最後之言詞辯論終結前而言（因第三審不得爲附帶上訴，民訴§473Ⅱ）。四、非對於附帶上訴之附帶上訴而言，因此一附帶上訴之目的在使兩造對於上訴之利益能夠衡平，若對於附帶上訴再許其得附帶上訴的話，自然不適宜。

且上訴人於第二審言詞辯論終結前，既然隨時得擴張其應受判決事項之聲明（民訴§473Ⅰ），即不必再用附帶上訴方式行之，自可利用正常法律程序而無任何疑義。

因此附帶上訴，除依一般上訴規定，提出附帶上訴狀或於答辯狀中記載，並得於言詞辯論時爲之，並記明筆錄，如他造不在場，並應將筆錄送達。

然因依原條文第1項的規定，第二審判決經第三審法院發回或發交後，被上訴人就原第一審判決未聲明不服的部分，仍得於言詞辯論終結前爲附帶上訴，致有訴訟的一部分於經第二審法院判決後，因未上訴於第三審法院而告確定，然就原第一審未聲明不服部分的判決，於第二審判決經第三審法院發回或發交後，仍得爲附帶上訴，有致未向第二審上訴部分之訴訟關係久懸不決的不合理現象，爰設但書規定，使第一審判決未經上訴的部分，於第二審判決生效後，即可確定，以避免訴訟關係久懸不決，並減輕當事人的訟累。

同時第2項亦明訂附帶上訴，雖然在被上訴人之上訴期間已滿，或曾捨棄上訴權或撤回上訴後，亦得爲之。

實例

林欣向法院提起民事訴訟，要求陳楓遷讓房屋並給付欠租200萬元。第一審判決的結果，陳楓應該給付欠租200萬元，但是不用遷讓房屋；換句話說，第一審判決是，林欣請求遷讓房屋部分敗訴；但是請求給付欠租200萬元部分勝訴。在法定的

上訴期間，林欣對敗訴的部分（也就是請求遷讓房屋的部分）向臺灣高等法院上訴，但是在上訴期間內，陳楓並沒有就給付欠租部分提起上訴，而使她的上訴期間已經屆滿，到了臺灣高等法院審理中的時候，陳楓才對給付欠租200萬元部分提起附帶上訴。請問陳楓提起附帶上訴可否准許？

可以准許。依據本條規定，被上訴人在言詞辯論終結以前，可以附帶上訴。而且本條第2項也規定，附帶上訴雖然在被上訴人上訴期間已滿，仍然可以為附帶上訴。所以本題的情形，雖然陳楓在第一審關於欠租的部分遭到敗訴判決，而且沒有在法定期間內提起上訴，但是既然林欣已經就遷讓房屋這部分提起上訴，案件就已經繫屬在第二審法院。依據本條的規定，雖然被上訴人（也就是陳楓）上訴期間已滿，仍然可以提起附帶上訴，所以陳楓在臺灣高等法院審理時，就欠租的部分提起附帶上訴是合法的，法院應該准許。

第461條（附帶上訴之效力）
上訴經撤回或因不合法而被駁回者，附帶上訴失其效力。但附帶上訴備上訴之要件者，視為獨立之上訴。

解說

附帶上訴與上訴有從屬關係，必須上訴有合法訴訟繫屬於法院之效力時，附帶上訴始發生效力。若上訴經撤回或因不合法而被駁回者，訴訟繫屬消滅，則附帶上訴亦失其效力；但若附帶上訴本身具備有合法上訴之要件時，如未逾上訴期間且上訴合法等要件，則視為獨立之上訴，而不失其效力。

第462條（訴訟卷宗之送交）

上訴因判決而終結者，第二審法院書記官應於判決確定後，速將判決正本附入卷宗，送交第一審法院。

前項規定，於上訴之非因判決而終結者準用之。

解說

　　第二審判決宣告後，除非當事人上訴至第三審法院，必須將卷宗送交第三審法院以外，若判決未經上訴而確定者，或上訴之非因判決而終結者（如因撤回上訴、和解），則第二審法院書記官應於判決確定後，速將判決正本附入卷宗送交第一審法院。

第463條（第一審程序之準用）

除本章別有規定外，前編第一章、第二章之規定，於第二審程序準用之。

解說

　　第二編第一章關於通常訴訟程序及第二章調解程序之規定，除本章別有規定，應優先適用本章外；若本章無規定部分，第二審程序準用第一章關於通常訴訟程序及第二章關於調解程序之相關條文規定。同時增訂第二審程序準用相關調解程序之規定，並賦與當事人於第二審程序得以合意移付調解之機會。例如本條所指二審程序可準用民事訴訟法第二編第一審程序、第一章通常訴訟程序、第二節言詞辯論之準備中之第270條之1當無疑義。惟更審程序為更審前訴訟程序之繼續，為闡明訴訟關係，當然可依此一條文之規定來整理並協議簡化彼此之爭點，故顯然民訴第270條之1第1、2項之程序並未因此而結束，自無當事人所主張應受同法條第3項規定拘束之問題存在。

第二章

第三審程序

第464條（第三審上訴之對象）
對於第二審之終局判決，除別有規定外，得上訴管轄第三審之
法院。

解說

第三審上訴，乃對於第二審法院未確定之判決，當事人不服
而上訴於最高法院之程序；因而第三審法院之審理範圍，原則上
以第二審所適用之法令是否有錯誤為限。第三審上訴，為當事人
對於所受不利益之第二審終局判決聲明不服之方法，若該當事人
在第二審已受全部勝訴之判決，即無上訴權；同時若僅因說明理
由未能使其滿意，而對之提起上訴自仍屬非法而不得提起的上訴
範疇。

第465條（不得上訴之規定(一)—未於第二審聲明不服）
對於第一審判決，或其一部未經向第二審法院上訴，或附帶上
訴之當事人，對於維持該判決之第二審判決，不得上訴。

解說

對於第一審判決，未經兩造聲明不服的部分，第二審法院不
得判決，因為既未經第二審判決，則當然依法不得向第三審法院

上訴。如第一審原告起訴請求返還甲屋及乙無權占有甲屋期間相當於租金的不當得利，倘若第一審就返還甲屋部分原告勝訴，不當得利部分敗訴，原告對不當得利敗訴部分提上訴，若對於返還甲屋部分第一審被告未提附帶上訴於第二審，則對此部分不得提第三審上訴。

第466條（不得上訴之規定㈡──上訴利益之計算）
對於財產權訴訟之第二審判決，如因上訴所得受之利益，不逾新臺幣一百萬元者，不得上訴。
對於第427條訴訟，如依通常訴訟程序所為之第二審判決，仍得上訴於第三審法院。其因上訴所得之利益不逾新臺幣一百萬元者，適用前項規定。
前二項所定數額，司法院得因情勢需要，以命令減至新臺幣五十萬元，或增至一百五十萬元。
計算上訴利益，準用關於計算訴訟標的價額之規定。

解說

　　非財產權的相關訴訟，無本條之適用。因此所謂「因上訴所得受之利益」，必須依當事人之上訴聲明定之，若上訴聲明其可得之利益逾新臺幣150萬元者，雖其第三審判決所實得之利益不逾150萬元，亦無礙。

　　至於本法第427條訴訟，如果依通常訴訟程序所為的第二審判決，仍得上訴第三審法院，其因上訴所得受利益未達新臺幣150萬元時，則不得上訴三審。同時核定訴訟標的之價額，應以起訴時之交易價額為準。

　　另外民事訴訟法第400條第2項對經裁判之抵銷數額，既明訂有既判力，其因該部分判決所生之法律上之效力，而受不利益之當事人，就該部分判決，自有上訴利益，不受原判決主文形式上

為准駁宣示之拘束（參80台上2917）；舉例來說：分配表異議之訴之訴訟標的價額，以原告主張因變更分配表而得增加之配額為標準定之。

同時司法院已於91年依此第3項規定，在法律授權範圍內，以行政命令調整現行之上訴利益為150萬元，故而解說逕行更改，合代說明之（91院台廳民一字第03075號函）。

實例

郭和與劉珍為夫妻關係，劉珍對郭和起訴請求法院判決離婚，同時請求郭和賠償50萬元。經過第一審判決劉珍全部勝訴，郭和上訴高等法院，仍然維持原第一審判決。請問郭和若不服高等法院的判決，可不可以向最高法院上訴？理由何在？

可以上訴最高法院。財產權上的請求其上訴利益如未超過新臺幣150萬元，依據本條規定本來是不可以上訴最高法院（即經二審判決就確定），但是如果財產權上的訴訟與非財產權上的訴訟有先決問題的關係時，財產權上的請求縱然未達到本條第1項的數額（也就是沒有超過新臺幣150萬元），為了使判決不會發生矛盾與歧異的情形，應該許可小額的財產權訴訟也可以與離婚之訴一併上訴到最高法院。所以本題的情形，郭和應該可以就高等法院所作的判決全部上訴到最高法院（63年第1次民刑庭總會決議）。

第466條之1（訴訟代理人之委任—律師強制代理）
對於第二審判決上訴，上訴人應委任律師為訴訟代理人。但上訴人或其法定代理人具有律師資格者，不在此限。
上訴人之配偶、三親等內之血親、二親等內之姻親，或上訴人為法人、中央或地方機關時，其所屬專任人員具有律師資格並經法院認為適當者，亦得為第三審訴訟代理人。
第1項但書及第2項情形，應於提起上訴或委任時釋明之。

上訴人未依第1項、第2項規定委任訴訟代理人，或雖依第2項委任，法院認為不適當者，第二審法院應定期先命補正。逾期未補正亦未依第466條之2為聲請者，第二審法院應以上訴不合法裁定駁回之。

解說

　　第三審係法律審，所以上訴理由必須具體指摘出第二審判決有何違背法令的情形。此在一般當事人可能會因不明瞭此一程序而未依法表明，致被駁回者，比比皆是，故為保障當事人權益，第三審為訴訟代理人，必須具有相當的法學素養及實務經驗，故以經最高法院認許者為限。但上訴人或其法定代理人本人已具律師資格，雖未經認許，如亦加以強制未免有悖情理而過於矯情，所以有本條第1項的例外規定。

　　本條第2項乃針對有一定親屬關係的人，具律師資格或上訴人為法人、中央或地方機關，其所屬專任人具有律師資格者，且均經法院認為適當，亦得許為第三審的訴訟代理人，以期兼顧；惟是否與上訴人有一定關係並具律師資格，上訴人並應於提起上訴或委任時釋明清楚（必須提出能即時調查之證據使法官能信其為真實者而言）。

　　倘上訴人未依本條第1、2項規定委任時，其上訴為不合法，或雖依第2項委任，法院認為不適當，亦應明定第二審法院的處置方法，此本項設計的目的。

　　同時委任律師為訴訟代理人，應以第二審宣示判決之日或其判決成立之日（即判決書所載日期）為時點，亦即第二審宣示判決之日或其判決成立之日，才有本條的適用情形。

第466條之2（訴訟救助之聲請）

上訴人無資力委任訴訟代理人者，得依訴訟救助之規定，聲請第三審法院為之選任律師為其訴訟代理人。

上訴人依前項規定聲請者，第二審法院應將訴訟卷宗送交第三審法院。

解說

　　本條第1項規定，當事人提起第三審上訴，如無資力委任律師，將無從享受第三審審級之利益，對當事人權益之維護，未免過苛，為使其得依訴訟救助之規定，聲請第三審法院為之選任訴訟代理人，其訴訟代理人之資格，亦以經認許之律師為限。至其聲請應否許可，應由第三審法院決定為宜；相關訴訟救助可參閱本法第109、111條之相關說明。

　　第2項規定，第二審法院於有此情形時，應將訴訟卷宗送交第三審法院處理，不得依前條第4項但書駁回第三審上訴。同時勞工因職業災害而提起民事訴訟，其聲請訴訟救助，並不以無資力支出訴訟費用為必要。

第466條之3（律師酬金之支給）

第三審律師之酬金，為訴訟費用之一部，並應限定其最高額。

第466條之2選任律師為訴訟代理人辦法，由司法院定之。

前項辦法之擬訂，應參酌法務部及中華民國律師公會全國聯合會之意見。

解說

　　第1項規定，上訴第三審既採律師強制代理制度，委任律師所支付之酬金，原則上應屬因訴訟所生之必要費用，而為訴訟費

用（除裁判費外，尚包括民事訴訟法第77條之23至第77條之25所規定之費用在內）之一部；惟經認許為第三審訴訟代理人之律師人數有限，如當事人委任律師所約定之酬金過高，於應由他造負擔訴訟費用時，全數由他造負擔，並不合理，故就律師之酬金得作為訴訟費用之一部者，應限定其最高額，以求公允。

至於第2項規定，按照本法第466條之1第1項有關律師認許辦法，所涉及律師的認許條件、認許程序、認許律師的執業範圍、撤銷認許事項及本法第466條之2選任律師為訴訟代理人辦法等細節事項不宜於本法詳為規定。又當事人於聲請確定訴訟費用額時，法院對於律師酬金標準應按照本法增訂第77條之25第2項規定，就他造應負擔之部分確定其數額。

第3項則要求選任律師為訴訟代理人的辦法擬定時，應參酌法務部及中華民國律師公會全國聯合會的意見，以為妥適。

然而為扶助所支出之律師酬金係比照訴訟救助及第三審情形而將之列為訴訟費用之一部，應同受民訴第110條第1項第3款、466之2、466條之3規定之拘束。故於法律扶助情形，仍須法院或審判長依法律規定為當事人選任律師為特別代理人或訴訟代理人，及第三審之律師酬金始得列為訴訟費用之一部。因此民事訴訟之第一、二審，必係法院或審判長依法律規定為當事人選任律師為特別代理人或訴訟代理人，其酬金始屬訴訟費用之一部。

第466條之4（飛躍上訴制）
當事人對於第一審法院依通常訴訟程序所為之終局判決，就其確定之事實認為無誤者，得合意逕向第三審法院上訴。
前項合意，應以文書證之，並連同上訴狀提出於原第一審法院。

解說

依原民事訴訟法的規定，提起第三審上訴，必以不服第二審終局判決者為限。倘若兩造當事人對於第一審法院依通常訴訟程序所為的終局判決，就其確定的事實倘均認為無誤者，為節省當事人雙方相關勞力、時間、費用，及尊重其程序選擇權，並節省司法資源，減輕第二審的負擔起見，應許其飛躍審級而提起上訴。故特增訂第1項規定，明定於此情形，得許當事人合意逕向第三審法院提起上訴。

而此第2項則為期慎重起見，特別規定兩造合意逕向第三審提起飛躍上訴者，應以文書來證明，並應連同上訴狀提出於原第一審法院。

第467條（不得上訴之規定(三)—非以第二審判決違法為理由）
上訴第三審法院，非以原判決違背法令為理由，不得為之。

解說

因第三審為法律審，故上訴第三審，必須主張第二審判決係因違背法令而有不當為理由提起上訴，例如：主張依法律或裁判應迴避之法官參與裁判，上訴只須有此第二審判決違背法令之主張，即可符合法定要件。例如土地法第34條之1第5項準用第4項：「共有人出賣其應有部分時，他共有人得以同一價格共同或單獨優先承購」，係指他公同共有人於公同共有人出賣公同共有土地或建築改良物潛在之應有部分時，對於該公同共有人有請求以同樣條件訂立買賣契約之權而言。故出賣之公同共有人與他人所訂契約或他人承諾之一切條件，優先承購權人均須接受，始屬合法行使優先承購權。倘有部分不接受或擅自變更買賣條件，即非合法行使優先承購權，尚不生優先承購之效力。上訴人就此優先承購之標的及價金等必要之點，均有爭議，其並未全部接受當

事人與被上訴人所訂契約之一切條件，若此爲原審合法確定之事實，則自不生優先承購之效力。原審本此見解爲上訴人敗訴之判決，自然便無違背法令情形。或者某一大廈之地下層〇號建物部分，起造人及建造人〇建設股份有限公司有分配之協議，並辦理建物所有權第一次登記，且編列門牌，登記爲訴外人〇〇、〇〇及〇〇建設公司共有，爲原審所確定之事實，則被上訴人自〇〇建設公司輾轉買受〇號建物業經分管之系爭停車位，自得就其所買受之停車位單獨行使其使用收益權。故被上訴人本於〇號建物所有權，訴請上訴人將系爭停車位交還其個人，而非交還共有人全體，應爲法之所許即爲適例。

實例

　　趙龍對葉安起訴請求分割共有物，經臺北地方法院宣判准予分割並定出分割方法，兩造對第一審判決都不服，便向臺灣高等法院上訴。經臺灣高等法院作出判決將部分共有物變價分配、部分原物分配的方式來分割趙、葉二人共有的土地，雙方當事人仍然不服高等法院所判決的分割方法，都向最高法院提起上訴，上訴理由都是認爲第二審法院所作分割共有物方法沒有全部依原物分配，造成當事人的損失，請求最高法院把高等法院的判決廢棄，另爲適當的分割。請問上訴是否合法？

　　上訴不合法。依本條規定，對於第二審判決上訴最高法院一定要以原判決違背法令爲理由上訴才算合法，否則上訴不合法。本題所示分割共有物的訴訟，在裁判上分割共有物的方法，法院皆有自由裁量的權利，法院所作的分割方法並不生違背法令與否之問題，當事人不能以分割方法不當作爲上訴第三審的理由，因此本題雙方的上訴都不合法。

第468條（違背法令之意義）
判決不適用法規或適用不當者，為違背法令。

解說

　　判決不適用法規，泛指一切法規，不論為公法或私法，實體法或程序法皆包括在內。其上訴狀或理由書應對此有具體之指摘，並揭示該法規之條項或其內容，若係成文法以外之法則，應揭示該法則之旨趣，倘為司法院解釋或本院之判例，則應揭示該判解之字號或其內容，如依民事訴訟法第469條所列各款事由提起第三審上訴者，其上訴狀或理由書應揭示合於該條款之事實。至於判決適用法規不當，乃指原判決所適用之法規有違誤，或與現行有效之解釋判例有所牴觸而言，如雙方通謀虛偽意思表示，應適用民法第87條，而原判決卻誤用民法第86條即屬之。

第469條（當然違背法令之事由）
有下列各款情形之一者，其判決當然為違背法令：
一、判決法院之組織不合法者。
二、依法律或裁判應迴避之法官參與裁判者。
三、法院於權限之有無辨別不當或違背專屬管轄之規定者。
四、當事人於訴訟未經合法代理者。
五、違背言詞辯論公開之規定者。
六、判決不備理由或理由矛盾者。

解說

　　訴訟程序違背法規，並不一定與判決有因果關係，但本條列舉特殊情形屬於訴訟程序之重大瑕疵，其判決當然違背法令，不論其與判決主文間有無因果關係，皆應以其判決不當而予以廢

棄。

一、指參與判決法官的組織不合法，例如：人數不足法定額數或非法官而參與裁判的情形。

二、依本法第31條及第32條規定應迴避的情形。

三、法院權限有無辨別不當，係指第249條第1項第1款的情形；至於違背專屬管轄則係如第10條的情形。

四、本款包括法定代理及訴訟代理，前者為無訴訟能力為訴訟行為未經合法代理或形式上雖為法定代理，但實質則非的情形；至於後者則指未有訴訟代理權及逾越代理權等情形而言。

五、違反本款情形甚少；而所謂公開言詞辯論，係指開言詞辯論時許公眾到場旁聽而言，法院認為無命證人對質之必要，未命對質本非違法，更無所謂違背言詞辯論公開之規定。

六、判決不備理由係指當事人所主張攻擊或防禦方法均應在判決理由中說明是否採納，而有疏漏或對是否採納未表示意見；至於理由矛盾，是指理由前後相矛盾或判決主文無法和理由連貫起來而符合的意思，例如：本法第222條第2項，法官在綜合全辯論意旨與調查證據的結果之後，必須對於心證所取決的理由於判決中一一記明，否則即屬本項的判決不備理由的情況。

依本條規定，並參酌同法有關條文及其立法精神，例示應注意事項如左：

1.第二審判決有無判決不備理由或理由矛盾之情形，必須當事人於上訴狀或理由書內就此為具體之指摘，第三審法院始得認其上訴為合法。

2.所謂判決不備理由，應以欠缺判決主文所由生不可或缺之理由為限，若其理由並不影響判決主文者，並不包括在內。

3.判決書理由項下記載法律上之意見，祇須依其記載得知所適用者為如何之法規即可，縱未列舉法規之條文，亦不得謂為判決不備理由。

4.法院就當事人提出之各項攻擊或防禦方法及聲明之證據，僅就其中主要者予以調查審認，而就非必要者漏未斟酌，祇須漏未斟酌部分並不影響判決基礎，就不得指為違法而廢棄原判決。

5.第二審判決有誤寫、誤算或其他類此之顯然錯誤而不影響判決結果者第三審法院宜予指明不得以此為發回更審之原因。

6.第二審判決雖有判決理由矛盾之情形，祇須其主要理由與主文相符即可，其次要理由不影響判決基礎，縱與主要理由矛盾，第三審法院亦不得廢棄原判決。

7.第二審判決取捨證據、認定事實縱有違誤，如僅涉及無關緊要之枝節問題，而不影響判決之基礎者，第三審法院就不得廢棄原判決。

8.當事人在事實審提出攻擊或防禦方法，僅記載於準備書狀，而於言詞辯論時未以言詞提出者，除法律另有規定外，不得據為判決之基礎。因此第二審判決理由項下，未記載此項攻擊或防禦方法之意見，不得謂為判決不備理由。

9.法院對於書證之真偽，認為自行核對筆跡或印跡已足判別者，得以核對筆跡或印跡所得心證為認定事實之基礎，縱未依當事人之聲請實施鑑定程序，不得指為違法。

10.聲明人證，未依民訴第298條規定，表明證人及訊問之事項，此項人證之聲明，自非合法；雖第二審法院未予調查，亦不得指為違法。

11.聲明書證，未依民訴第341條規定，提出文書為之，即與未聲明該項證據無異，不得指第二審法院未予調查為違法。

12.聲明書證，係使用他造或第三人所執之文書者，如未依民訴第342條第1項或第346條第1項規定，聲請法院命他造或第三人提出，雖第二審法院就各該證據未予調查及斟酌，均不得指為判決不備理由。

13.聲請鑑定，未依民訴第325條規定，表明鑑定之事項即與

未聲請鑑定無異，不得指第二審法院未予鑑定為違法。

14.左列證據，為欠缺必要性及關聯性之證據，第二審法院未予調查，應認為不影響裁判之結果，即無證據能力之證據：

(1)無從調查之證據，如證人業已死亡或證物不知所在是。

(2)證據所證明之事項，不能動搖原判決所確定之事實。

(3)顯與已調查之證據重複。

(4)待證事項已臻明瞭，無再行調查必要之證據。

(5)意圖延滯訴訟，故為無益之證據聲明（參79年第1次民庭總會決議）。

實例

鄭岳對吳峰提起民事訴訟，請求吳峰將土地辦理移轉登記於鄭岳，而鄭岳在第二審委任王律師為訴訟代理人，但是王律師並沒有在臺灣高等法院登錄（依據律師法規定，律師一定要在法院登錄才可以在該法院執行律師職務），經二審判決鄭岳勝訴。吳峰心有不甘，就向最高法院提出上訴，上訴理由主張鄭岳所委任之訴訟代理人王律師未在法院登錄其訴訟代理權有所欠缺，屬於民事訴訟法第469條第4款之情形，請求最高法院將原判決廢棄，發回更審。請問吳峰的主張有無理由？

無理由。雖然王律師是未經登錄的律師，但是委任尚未登錄的律師為訴訟代理人，如果沒有遭法院裁定禁止，且有提出委任狀在案的話，在不採強制律師代理主義的我國（民訴§68），就不能認為他的訴訟代理權有何欠缺之處。因此，本題所示情形鄭岳雖委任尚未登錄之王律師為訴訟代理人，且臺灣高等法院也沒有以裁定來禁止王律師代理本件訴訟，則王律師的訴訟代理權就是屬於合法代理權，並無代理權欠缺之可言，與本法第469條第4款的情形有所不同。故吳峰以此為由向最高法院上訴要求廢棄原判決是無理由的，最高法院必須駁回吳峰的上訴（民訴§68、43台上470）。

第469條之1（須經第三審法院許可之上訴）
以前條所列各款外之事由提起第三審上訴者，須經第三審法院之許可。
前項許可，以從事法之續造、確保裁判之一致性或其他所涉及之法律見解具有原則上重要性者為限。

解說

本條第1項規定，係為防止當事人動輒藉詞原判決違背法令而濫行上訴，延滯訴訟終結，侵害對造權利，並耗費司法資源，乃採「上訴許可制」，即以同法第469條所列各款的當然違背法令以外的事由為上訴理由者，其上訴則應經第三審法院的許可，方可提出。

同時第三審上訴既在求裁判上法律見解的統一性，則法院的許可上訴理由，自應以該事件所涉及的法律見解具有「原則上重要性者」為限，故仿造德國的規定來設計。所謂「原則上重要性」，指該訴訟事件所涉及法律問題意義重大而有加以闡釋的必要性而言，爰為第2項規定。又第三審法院不准許上訴時，固應以裁定駁回其上訴，惟若其准許上訴時，則參考現行簡易第二審判決許可上訴制度的相關規定，無須另為裁定，直接進行審理程序即可。而該許可，依本條以從事法之續造（法律漏洞的填補，亦為目的性限縮的一種）、確保裁判之一致性或其他所涉及之法律見解具有原則上重要性者為限，故其上訴狀或理由書應表明該判決所違背之法令條項，或有關判例、解釋字號，或成文法以外之習慣或法理等及其具體內容，暨係依何訴訟資料而合於該違背法令之具體事實，並具體敘述為從事法之續造、確保裁判之一致性以避免逾越法律文義之解釋或其他所涉及之法律見解具有原則上重要性之理由。

第470條（上訴狀之提出）

提起上訴，應以上訴狀提出於原判決法院為之。

上訴狀內，應記載上訴理由，表明下列各款事項：

一、原判決所違背之法令及其具體內容。

二、依訴訟資料合於該違背法令之具體事實。

三、依第469條之1規定提起上訴者，具體敘述為從事法之續
　　造、確保裁判之一致性或其他所涉及之法律見解具有原則
　　上重要性之理由。

上訴狀內，宜記載因上訴所得受之利益。

解說

　　提起第三審上訴，上訴之程序依本法第441條第1項之規定，
並以上訴狀向為判決的第二審法院提出。然依本法第466條之4規
定，得上訴第三審法院者，不限於第二審判決，爰將第1項本文
規定之「第二審法院」修正為「原判決法院」。除此之外，上訴
狀內尚須表明上訴理由。此所謂上訴理由，參照本法第467條規
定而例示本條之事項，必須主張原判決因違背法令的具體內容，
例如：判決表示已經裁示補繳裁判費，但卷內並無任何裁示的情
形；依訴訟資料合於該違背法令舉出所違背之法令的具體事實，
例如：判決主張雙方合意停止，但超過4個月未續行而駁回與訴
訟卷內資料不符的情形均屬之。

　　同時本條第2項第3款依本法第469條之1規定，以本法第469
條所列各款外的事由提起上訴者，須經第三審法院許可，其許可
以該訴訟事件所涉及法律見解具有原則上重要性者為限，因此其
上訴理由書，即應具體敘述原判決所涉及之法律見解具有如何原
則上重要性，以供第三審法院憑斷。

　　除具備上述情形事項以符合法定程式外，並宜載上訴所得受

之利益額，以供法院參考。

第471條（補提書狀於第二審法院之處置）
上訴狀內未表明上訴理由者，上訴人應於提起上訴後二十日內，提出理由書於原第二審法院；未提出者，毋庸命其補正，由原第二審法院以裁定駁回之。
被上訴人得於上訴狀或前項理由書送達後十五日內，提出答辯狀於原第二審法院。
第二審法院送交訴訟卷宗於第三審法院，應於收到答辯狀或前項期間已滿後為之。
判決宣示後送達前提起上訴者，第1項之期間自判決送達後起算。

解說

　　上訴狀未表明理由者，本法定有提出於法院期間限制，此均屬法定不變期間，法院不得依本法第163條規定任意伸縮之，如有違反者得逕予駁回。提起第三審上訴，依民事訴訟法第470條第2項規定，應表明上訴理由，此之所謂表明上訴理由，依同法第467條規定，係指表明第二審判決有如何違背法令之情形而言。同法第471條第1項係就同法第440條前段通常情形而為規定，至當事人依同法第481條、第440條但書規定，於判決宣示後送達前，提起第三審上訴時，其表明上訴理由，則須於收受第二審判決後，始能為之。是同法第471條第1項所稱補行提出理由書之20日期間，在同法第440條但書之情形，應解為自當事人收受第三審判決後起算，庶符立法本意（75年度第20次民事庭會議決議(二)）。

　　被上訴人於接到前項書狀後，得於15日內，提出答辯狀，此項期間非法定不變期間。

　　第二審法院書記官於收到答辯狀或期間屆滿後，應將訴訟卷宗送交第三審法院。

　　判決宣示後，送達前所提起的上訴，對於未提出理由者，其期間的計算，應從判決送達後起算，以符合訴訟期間的計算。

第472條（補提書狀於第三審法院之處置）
被上訴人在第三審未判決前，得提出答辯狀及其追加書狀於第三審法院。上訴人亦得提出上訴理由追加書狀。
第三審法院以認為有必要時為限，得將前項書狀送達於他造。

解說

　　上訴理由書、答辯狀應分別於20日之法定不變期間及15日之一般期間內提出於第二審法院，但期間已滿，在第三審尚未判決前，仍有其效力，故本條係針對被上訴人之權利所特別設計。

　　上訴人及被上訴人所分別提出之上訴理由追加狀及答辯狀，由法院審酌是否必要，而將該書狀送達他造。

第473條（上訴聲明之限制）
上訴之聲明，不得變更或擴張之。
被上訴人，不得為附帶上訴。

解說

　　第三審為法律審，不審查事實，上訴人於第三審不得變更或擴張上訴之聲明，亦不得附帶上訴，同時本條並不準用本法中第255條、第256條、第460條之相關規定。

實例

　　原告起訴請求被告給付100萬元，經一審判決被告如數給付後，被告上訴二審，經二審衡量事實狀態後，改判被告應給付60萬元後，被告仍不服而上訴三審，原告對於該40萬元部分，未於法定期間上訴。請問原告可否就40萬元部分向最高法院附帶上訴？

　　不可以。因第三審被上訴人不得為附帶上訴，原告既未對40萬元部分合法上訴，該40萬元部分即告確定。

第474條（言詞審理之例外）
第三審之判決，應經言詞辯論為之。但法院認為不必要時，不在此限。
第三審法院行言詞辯論時，應由兩造委任律師代理為之。
被上訴人委任訴訟代理人時，準用第466條之1第1項至第3項、第466條之2第1項及第466條之3之規定。

解說

　　當事人於所爭執的權利義務在法院受理審判時，應享有在法庭上公開辯論的訴訟上權利，此為人民的基本權利，亦為多數國家立法例所採取。因此為順應上述的基本原則，兼以第三審係法律審，就法律問題辯論，更能發揮法律審的功能，並可提升當事人對裁判品質的信賴，故第三審原則上應行言詞辯論。惟如依上訴意旨足認上訴為無理由，或所涉及法律上爭議若不具重要性者，為節省勞費，應許第三審法院斟酌實際情形，不經言詞辯論而為判決，以免使第三審法院失去彈性。

　　同時第2項規定第三審法院行言詞辯論，係以原判決是否違背法令為其主要內容，非具法學素養及實務經驗者，無從在法庭

上爲適當的言詞辯論，特別規定此時應由兩造委任經第三審法院認許的律師代理爲之。

> **第475條**（第三審調查之範圍）
> 第三審法院應於上訴聲明之範圍內，依上訴理由調查之。但法院應依職權調查之事項，或有統一法令見解之必要者，不在此限。

解說

第三審法院應先調查上訴是否合法，然後再調查上訴有無理由，但均應於上訴聲明之範圍內爲之。

依法提起第三審上訴，應於上訴狀內表明上訴理由。而上訴理由的表明，係根據本法第470條第2項規定，須表明原判決所違背的法令及其具體內容，與依訴訟資料合於該違背法令的具體事實，以爲第三審法院審理的依據。故第三審法院原則上亦應於上訴聲明的法定範圍內，依上訴理由調查原判決有無違背法令的情事發生。例如實務上因颱風天邀約到被告開設之戲院打牌，發生被邀約之原告發生損害提起訴訟時，若二審判決理由若未言及被告○○於颱風當時不通知遷避之事，究竟被告本身係因建築戲院省工減料，於左右兩牆僅用四寸單磚而犯罪，抑係不通知被害人趕快遷避，對此犯罪事實係屬尚欠明瞭。原審對於兩造提出之攻擊及防禦方法根本未依法調查，即以刑事判決所認定之事實爲依據，認被告之抗辯爲空言主張，於法顯有違背。同時如果被告所有之戲院於建造之初並未存有瑕疵，其後又無保管不善致該戲院發生瑕疵情事，各該被告即不負民法第191條第1項之賠償責任。如果損害之發生，係由於戲院管理人不通知遷避所招致者，其應負賠償責任之人，即未必爲戲院之全體所有人。又被告等主張，被害人於颱風強烈之際，在外邀人來戲院打牌，私自開

啓太平門，未加關閉，強風從門吹入，而因無處吹出以致將屋吹垮塌陷，則實非由於建築不堅固所致，此部分是否屬實，若原判理由並未加以說明，自不得謂非違法，從而其所為不利於被告之判決，即屬無可維持，被告之上訴則應視為有理由（50台上1464）。

第476條（第三審判決之基礎）

第三審法院，應以原判決確定之事實為判決基礎。

言詞辯論筆錄記載當事人陳述之事實，第三審法院得斟酌之。

以違背訴訟程序之規定為上訴理由時，所舉違背之事實及以違背法令確定事實、遺漏事實或認作主張事實為上訴理由時，所舉之該事實，第三審法院亦得斟酌之。

解說

因為第三審為法律審，審核其適用法令有無違誤，並不審究事實問題；亦即審查的重點應該以原審事實審查的結果為依據，而不用再為事實的重新認定，所以當事人也不得為新事實、新證據的提起。

至於原判決遺漏的重要事實，或有事實認定上的錯誤時，仍然可以為事實上的考量，只是仍然以影響原判決事實的認定為範圍，例如：事實的確認違反證據法則或上訴進行期間的錯誤認定。

一、違背訴訟程序規定為上訴理由，所舉違背的事實，例如：未經合法通知而為一造辯論判決的情形。

二、以違背法令確定事實，例如：未經自認而記載指為自認。

三、以違背法令遺漏事實，例如：當事人主張某證人的陳述事實，並未在判決理由中加以斟酌的遺漏情形。

　　四、以違背法令認作主張事實，例如：當事人並未提出該項借貸主張而誤以為有提出該項借貸主張的情形。

　　第三審係法律審，依前項規定，固應以事實審判決確定的事實為判決基礎，惟事實審言詞辯論筆錄已記載當事人陳述的事實，而法院於判決中如未予認定，亦與言詞辯論目的不符。為達公平裁判及訴訟經濟目的，第三審法院得斟酌該漏未認定的事實而為判決。

　　因此以違背訴訟程序之規定為上訴理由時，所舉違背之事實，以違背法令確定事實、遺漏事實或認作主張事實為上訴理由時，所舉之該事實，第三審法院仍得斟酌之。因此，實體上事實之確定，屬於第二審法院之職權。第三審法院則以審查第二審法院確定事實有無違背法令為其職責。至於所謂法規，係指本國制頒之法律（包括條約）及與憲法或法律不相牴觸之有效命令及省法規、縣單行規章而言；不問其為實體法、程序法、公法或私法，又民事，法律所未規定者，依習慣，無習慣者，依法理。故判決應適用習慣或法理而不適用，或適用不當時，概屬違背法令。其違背現尚有效之司法院解釋及大法庭判決、有價值之判決者，亦同。

> **第477條**（上訴有理由之判決）
> 第三審法院認上訴為有理由者，就該部分應廢棄原判決。
> 因違背訴訟程序之規定廢棄原判決者，其違背之訴訟程序部分，視為亦經廢棄。

解說

　　第三審審查上訴人上訴聲明部分為限，認為有理由時，僅就上訴聲明不服的部分為限，廢棄此一部分原第二審中的判決，並不及於未經上訴聲明的部分。例如權利之行使，不得違反公

共利益或以損害他人為主要目的，為民法第148條第1項所明定。倘權利之行使，自己所得利益極少而他人及國家社會所受之損失甚大，固非不得視為以損害他人為主要目的。惟行使權利，是否以損害他人為主要目的，應就權利人因權利行使所能取得之利益，與他人及國家社會因其權利行使所受之損失，比較衡量以定之。且主張權利濫用者，依民訴第277條前段規定，應就此有利於己之事實負舉證責任。例如某一案例中原審雖認定：上訴人終止系爭契約收回系爭土地之目的僅為標售土地及設立托兒所之用，其固可獲得一定之利益，但被上訴人因此須拆除所有校舍，返還土地，而損及其三、四千名師生之權益，可見上訴人收回系爭土地所得利益，遠較被上訴人使用系爭土地興辦學校所得之利益為低，況上訴人終止使用借貸契約之通知，又未給予被上訴人緩衝期間，遽令被上訴人拆除校舍返還土地，顯係以損害被上訴人為主要目的，係屬權利濫用等情。然上訴人行使權利之結果，所能獲取之利益究有若干？被上訴人因該權利之行使，所受之損失多少？被上訴人全校師生是否確有三、四千人？其因遷校是否足生公共利益之損害？凡此均攸關兩造間取得利益、所受損失之衡量比較，俾憑以認定上訴人行使權利是否構成權利濫用。於被上訴人未就此有利於己之事實為舉證前，原審疏未詳加調查審認，遽行判決，尤有認定事實未憑證據之違法（96台上2204裁判參照）。

　　廢棄第二審判決中不服的部分，如果是以違背訴訟程序的規定而廢棄原第二審判決，對於訴訟程序中所違背程序的部分，也當作是廢棄。

第477條之1（不得廢棄原判決(一)）
除第469條第1款至第5款之情形外，原判決違背法令而不影響裁判之結果者，不得廢棄原判決。

解說

第三審廢棄原判決的情形，須是符合本法第469條當然違背法令的情形中的第1款至第5款的規定；至於第6款的「判決不備理由或理由矛盾」，還必須是原判決的判決，受此明文的影響，第三審才能廢棄原判決。因此，原判決只是單純違反本法第469條第6款時，第三審法院尚不能依此廢棄原判決。

第477條之2（不得廢棄原判決㈡）
第三審法院就第466條之4所定之上訴，不得以原判決確定事實違背法令為理由廢棄該判決。

解說

依本法第466條之4規定，就不服第一審終局判決，逕向第三審提起上訴者，必須以兩造當事人對原判決所確定的事實均認為無誤為限制。如第三審法院仍得就原判決確定事實是否違背法令為調查斟酌，自有違該條的立法意旨。

所謂違背法令，非以違背成文法為限；即判決違背成文法以外之法則，如論理法則、經驗法則、證據法則，仍應認第二審判決確定之事實違背法令。

而所謂論理法則，係指依立法意旨或法規之社會機能就法律事實所為價值判斷之法則而言。例如依證書之記載確定事實時，必須該證書之記載或由其記載當然推理之結果，與所確定之事實，在客觀上能相符合者，始足當之；若缺此符合，即屬違背論理法則。

至於經驗法則，係指由社會生活累積的經驗歸納所得之法則而言；凡日常生活所得之通常經驗及基於專門知識所得之特別經驗均屬之。第二審法院確定之事實，不得違背經驗法則。例如租賃契約訂定承租人逾期未返還租賃物者，應按租金額十倍給付違

約金，而第二審法院認定此係給付遲延而支付違約金之約定，與出租人每月實際上所受損害相當，因而判命承租人如數給付者，除另有特殊情形外，即與經驗法則有違。若由多項證據之證明力推理之結果，可能發生某項事實者，苟經第二審法院依自由心證判斷，而與情理無違，除有反證外，不得指為與經驗法則有違。例如鑑定人所陳述之鑑定意見，認原告所受傷害為鈍器撞擊所致，經第二審法院參酌其他證據認定為被告持木棍所擊，並說明得心證之理由，應屬事實審法院採證認事職權行使之範圍，不得指為違背法令。

所謂證據法則，係指法院調查證據認定事實所應遵守之法則而言。法院採為認定事實之證據，必須於應證事實有相當之證明力者，始足當之。若一種事實，可以生推定證據之效力者，必須現行法規有所依據，亦即以現行法規所明認者為限，不得以單純論理為臆測之根據，而就應證事實為推定之判斷；因此證據之證明力，應由審理事實之法院依自由心證認定之，並於判決理由項下記載得心證之理由。否則，即為判決不備理由。倘舉證責任分配錯誤、認定事實不憑證據或重要證據漏未斟酌，均屬違背法令之情形。又如其他事件裁判理由項下認定之事實，於本案訴訟並無任何拘束力，乃屬當然。

第478條（廢棄原判決之處置）

第三審法院廢棄原判決，而有下列各款情形之一者，應自為判決：

一、因基於確定之事實或依法得斟酌之事實，不適用法規或適用不當廢棄原判決，而事件已可依該事實為裁判者。

二、原判決就訴或上訴不合法之事件誤為實體裁判者。

三、法院應依職權調查之事項，第三審得自行確定事實而為判斷者。

四、原判決未本於當事人之捨棄或認諾為裁判者。

五、其他無發回或發交使重為辯論之必要者。

除有前項情形外，第三審法院於必要時，得將該事件發回原法院或發交其他同級法院。

前項發回或發交判決，就應調查之事項，應詳予指示。

受發回或發交之法院，應以第三審法院所為廢棄理由之法律上判斷為其判決基礎。

解說

第三審法院廢棄第二審判決後，除有自行判決的情形外，應該將廢棄判決的事件，發回原第二審法院再為審理，或發交其他第二審法院重新辯論及裁判。無論是發回或發交，因第三審法院沒有事實判斷的職權，如果認為事實有認定錯誤或不明時，第三審法院除須說明廢棄的理由外，還必須就原判決的事實，指示應調查的事項。同時第三審發回更審之案件，下級審所應受其拘束者，以關於法律上之見解為限，至第三審所指示應予調查之點，不過為應行調查之例示，並非限制下級審調查證據之職權，下級審於所指示之外，當然可為別種事實證據之調查（20上1407參照），應無疑義。

一、因基於確定之事實或依法得斟酌之事實，不適用法規或適用不當廢棄原判決，而事件已可依該事實為裁判者。例如「依不當得利……其得請求返還之範圍，應以對方所受之利益為度，非以請求人所受損害若干為準……」之意旨，係專指「損害大於利益，以利益為準；利益大於損害，以損害為準」情形而為之闡釋（61台上1695參照）；原審如違反此一原則而為論斷時，方屬構成違背法令之情形。

二、原判決就訴或上訴不合法之事件誤為實體裁判者；例

如抗告人於逾相當期間後，猶未為補正，原法院因認其上訴不合法，遂以判決駁回之情形。

三、法院應依職權調查之事項（例如法院核定訴訟標的之價額、事件管轄權之有無及當事人適格為訴權存在之要件等），第三審得自行確定事實而為判斷者。

四、原判決未本於當事人之捨棄或認諾為裁判者；例如法院未就當事人捨棄或認諾而為敗訴之判決的情形（行訴§202、家事§46Ⅰ前）。

五、其他無發回或發交（所謂發回原第二審法院，指發回曾就該事件為審判之第二審法院而言，且應受發回之原第二審法院，不因其原管轄之第一審法院上訴事件於發回前改隸他法院管轄而變更。所謂發交其他同級法院，指將該事件發交原第二審法院以外之其他第二審法院而言）使重為辯論之必要者；亦即沒有對同一事件再重新辯論的必要性而言，或者依本法第77條之25第2項及第466條之3第1項規定第三審律師之酬金為訴訟費用之一部，而聲請核定第三審律師酬金之目的，乃在於確定應由負擔訴訟費用之一造賠償他造所支出律師酬金中得列為訴訟費用之數額。故法院亦無就該事件重新辯論的情形即是。

第479條（刪除）

第480條（發回或發交所應為之處置）
為發回或發交之判決者，第三審法院應速將判決正本附入卷宗，送交受發回或發交之法院。

解說

　　第三審法院爲發回或發交判決時，第二審法院自然須更爲審理，所以一切卷宗連同第三審的卷宗及判決正本（應已附卷），須移送發回或發交的第二審法院，以利辯論及裁判的順利進行。

第481條（第二審程序之準用）
除本章別有規定外，前章之規定，於第三審程序準用之。

解說

　　第二審及第三審同爲上訴審，除了第三審的程序有特別規定（即非以原判決違背法令爲理由）之外，第二審訴訟的規定，原則上第三審可爲準用，自屬當然之理，故不再此多爲贅述。同時必須注意刑事訴訟諭知無罪、免訴或不受理之第二審判決，如係不得上訴於第三審之案件，依刑事訴訟法第503條第2項規定，對於本件附帶民事訴訟之第二審判決，自亦不得上訴於本院。無適用同法第506條規定，而僅對附帶民事訴訟之第二審判決提起第三審上訴之餘地（69台上1232參照）。

第四編

抗告程序

第482條（裁定得為抗告之原則與限制）

對於裁定，得為抗告。但別有不許抗告之規定者，不在此限。

解說

　　對於一般所謂程序上的事項（亦即非認定事實當否之問題，且與適用法規是否顯有錯誤無涉，同時亦無所涉及之法律見解具有原則上重要性之情事），當事人或其他訴訟關係人對於此未確定的裁定，得依本條尋求救濟而聲明不服的方法。但在本法對於抗告設有特別限制的時候，不得為之。按民事訴訟程序之抗告為受裁定之當事人或其他訴訟關係人，對於裁定聲明不服之方法，若非受裁定之當事人或其他訴訟關係人，即不得為之。申言之，對於裁定必須為受裁定之人始有抗告權，縱屬訴訟關係人，如非受裁定之人，亦不能認其有抗告權之存在。此與非訟事件法第41條所定因裁定而權利侵害者，得為抗告不同（另參民訴§495擬制抗告或異議）。

第483條（訴訟進行中所為之裁定不得抗告）

訴訟程序進行中所為之裁定，除別有規定外，不得抗告。

解說

　　本條指稱訴訟程序進行中的裁定，係指訴訟程序開始後，終結前，亦即每一審級訴訟程序開始後尚未終結以前所為之裁定而言，例如法院命再開已閉之言詞辯論之裁定；係關於指揮言詞辯論的裁定而言。此項裁定原則上不得抗告，乃在簡化程序，避免延滯。但此種裁定，如果牽涉終結本案之裁判者，於對該裁判聲明不服時，參照民訴第438條之規定，應可並受上級法院之裁判，如法院命補繳裁判費之裁定（29抗127參照），或雖認為不

得抗告，但法院如以未繳裁判費，認原告起訴不合法，為駁回其訴之裁定，原告以裁判費數額有爭執為抗告理由時，抗告法院仍須就該項事實及命補繳裁判費之裁定當否一併審究，於人民訴訟權之行使並無影響（釋192）；或者如許其對之聲請再審，顯與立法本旨有違；故當事人如有再審原因，亦僅得對該終局裁判再審，不得對於訴訟程序進行中所為之裁定聲請再審（91台抗34裁判參照）。

然亦有特別規定可抗告者，如駁回迴避聲請的裁定即是例證。值得注意的是於法院訴訟進行中，若遇有法規變更，亦需依該規定，就審理事實予以適用認定。且是否適用已施行新法，應以程序終結與否定之，若程序終結後新法始施行，自無適用新法可言，反之，仍應適用新法。

實例

陳原對劉浩提起民事訴訟請求返還借款，結果第一審、第二審陳原均遭到敗訴判決，於是陳原在法定期間內向最高法院提起上訴。但是因為陳原沒有繳納足夠的裁判費用，於是原第二審高等法院就依民事訴訟法第481條準用第442條的規定，以裁定命陳原補繳第三審不足的裁判費用，但是陳原對於此項高等法院的裁定不服，乃向最高法院提出抗告。請問陳原可否提起抗告？

陳原的抗告沒有理由。當事人對第二審判決提起上訴，第三審的程序因而開始，所以原第二審法院以裁定命陳原補繳第二審裁判費，乃在代行第三審法院的職權，實際上為第三審訴訟進行中所為的裁定，所以仍然需要受到本條所定在訴訟程序進行中所為的裁定不得抗告的限制，因此陳原對於訴訟程序進行中的補繳費用的裁定提起抗告，自然是不可以（74台抗32參照）。

第484條（關於財產權訴訟之抗告限制）

不得上訴於第三審法院之事件，其第二審法院所為裁定，不得抗告。但下列裁定，得向原法院提出異議：

一、命法院書記官、執達員、法定代理人、訴訟代理人負擔訴訟費用之裁定。

二、對證人、鑑定人、通譯或執有文書、勘驗物之第三人處以罰鍰之裁定。

三、駁回拒絕證言、拒絕鑑定、拒絕通譯之裁定。

四、強制提出文書、勘驗物之裁定。

前項異議，準用對於法院同種裁定抗告之規定。

受訴法院就異議所為之裁定，不得聲明不服。

解說

本條第1項係針對本法第466條有關財產權的訴訟，其第二審法院所為的各項程序上裁定，而此所為之裁定係指屬於本訴訟事件之裁定，其事件不得上訴於第三審，及其他裁定，其本案訴訟事件不得上訴於第三審者而言，不得抗告。但第1項所列各款裁定，得向原法院提出異議。按抗告法院之裁定，以抗告不合法而駁回者，不得再為抗告。但得向原法院提出異議。前項異議，準用本法第484條第2項及第3項之規定；受訴法院就異議所為之裁定，不得聲明不服。例如對執行標的價額未逾新臺幣150萬元之抗告法院裁定，依強制執行法第30條之1準用民訴第484條第1項前段、第466條第1、3、4項規定，固不得再為抗告。惟此處所謂執行標的價額，應係指物之交付請求權之強制執行，或拆屋還地請求權之強制執行，其應執行標的物聲請強制執行時之價額而言。

另外例如被上訴人訴請排除侵害（遷讓房屋）事件，原法院參酌系爭房屋於93年4月間申報贈與之價格61萬9,300元，及94

年12月20日買賣之價格60萬3,500元，暨起訴時房屋課稅價值53萬2,300元，核定其訴訟標的價額為61萬9,300元，並裁定命抗告人補繳第二審裁判費，抗告人不服，對該裁定提起抗告，依上說明，其抗告自非合法。

> **第485條**（準抗告）
> 受命法官或受託法官之裁定，不得抗告。但其裁定如係受訴法院所為而依法得為抗告者，得向受訴法院提出異議。
> 前項異議，準用對於法院同種裁定抗告之規定。
> 受訴法院就異議所為之裁定，得依本編之規定抗告。
> 訴訟繫屬於第三審法院者，其受命法官或受託法官所為之裁定，得向第三審法院提出異議。不得上訴於第三審法院之事件，第二審法院受命法官或受託法官所為之裁定，得向受訴法院提出異議。

解說

　　一般抗告係向直接上級法院請求廢棄或變更下級法院裁定的方法。所以，受命法官或受託法官所為的裁定，與受訴法院自為裁定的情形不同，如有不當時，以受訴法院所為而依法得為抗告者為限，得向受訴法院提出異議，例如：受命法官在行準備程序時與法院或審判長有同一權限之準用規定，可參閱本法第272條的有關解說。或者強制執行法第30條之1規定，於強制執行程序準用之。如抗告人對於原法院裁定提起再抗告，未委任律師為訴訟代理人，原法院因以首開裁定命其補正，此項裁定，係訴訟程序進行中所為之裁定，依上開說明，不得抗告。

　　當然對於受訴法院所為的程序上裁定，得依本編向上級法院提出抗告，亦即受命或受託法官所為原係受訴法院依法得抗告之事項，得向受訴法院提出異議。因其屬於同級法院，故以異議

為方法；反之，如係向上級法院則為抗告，合併在此釋明以資分辨。

本條第4項規定則因依本條第1項的規定，繫屬於第三審法院或繫屬於第二審法院而不得上訴第三審法院的事件，將因審級關係，對受命法官、受託法官的裁定將無從提出異議。為貫徹合議審判的精神及保障受裁定人程序上的權利起見，明定就此等之裁定，仍得分別向第三審法院或第二審受訴法院依法提出異議，以資救濟。

第486條（再抗告）

抗告，除別有規定外，由直接上級法院裁定。

抗告法院之裁定，以抗告不合法而駁回者，不得再為抗告。但得向原法院提出異議。

前項異議，準用第484條第2項及第3項之規定。

除前二項之情形外，對於抗告法院之裁定再為抗告，僅得以其適用法規顯有錯誤為理由。

第436條之6之規定，於前項之抗告準用之。

解說

抗告，除別有規定外，係由直接上級法院裁定，例如：地院的裁定應向高院抗告即是；同時依本法中第490條第1項及第495條之1第1項準用第442條第1、2項之規定，原法院或審判長就有理由、不合法的抗告，應分別為撤銷、變更原裁定或駁回抗告的法律上裁定；又適用簡易、小額訴訟程序的抗告，則依本法第436條之1第1項、第436條之24第1項、第436條之2第1項各條的規定，得由同級的地方法院合議庭，或越級由最高法院裁定（例如：對於簡易程序第二審裁判的抗告之越級即是）。

抗告法院如認為抗告不合法則直接駁回，如認為抗告有實質

上的理由，則應廢棄原裁定或更正原裁定。對於前開駁回，係因抗告合法與否，其判斷較不生爭執，故抗告法院的裁定，以抗告不合法而駁回者，不得再為任何抗告。且抗告法院之裁定，以抗告不合法而駁回者，不得再為抗告；但依本條得向原法院提出異議。前項異議，準用本法第484條第2項及第3項之規定；受訴法院就該異議所為之裁定，自然不得再聲明不服，乃屬事理之常。

原來法條規定由抗告法院審查其裁定適用法規是否顯有錯誤，無異要求抗告法院自承其裁定有錯誤，此點實非易事，且對於再抗告人不公平；且增加抗告法院之工作負擔外，亦增加再抗告人之訟累，並造成抗告程序之繁複，爰進行修正並刪除原條文部分內容以臻完備。

亦即針對裁定提起抗告，未據繳納抗告裁判費，經原法院限期命其補正，因其未依期補正，原法院即以其抗告不合法，裁定駁回其抗告。其又對該駁回抗告之裁定提出異議，經原法院認其異議不合法，仍應依法予以駁回。同時民事訴訟法第486條第4項之再為抗告，依同法第495條之1第2項準用第466條之1第1項前段規定，再抗告人應委任律師為訴訟代理人，如未委任律師為訴訟代理人，依同條第4項規定，抗告法院應定期先命補正；於再抗告人逾期未自行委任或聲請法院依訴訟救助之規定為之選任律師為其訴訟代理人之前，尚不得逕以其對於抗告法院之裁定再為抗告，未以適用法規顯有錯誤為理由，認其再抗告為不合法，以裁定予以駁回（98台抗74、97台抗386裁判要旨參照）。

第487條（抗告之期間）
提起抗告，應於裁定送達後十日之不變期間內為之。但送達前之抗告，亦有效力。

解說

抗告應自裁定送達時起算其不變期間（此一期間不得增減），原則上為10天，例外則依條文明定者為5天，本法將抗告期間統一規定為10日（理由如第36條說明）；同時對於裁定送達前的抗告，依本條第1項但書的規定，認為也有抗告的效力。

> **第488條**（抗告之提起）
> 提起抗告，除別有規定外，應向為裁定之原法院或原審判長所屬法院提出抗告狀為之。
> 適用簡易或小額訴訟程序之事件或關於訴訟救助提起抗告及由證人、鑑定人、通譯或執有證物之第三人提起抗告者，得以言詞為之。但依第436條之2第1項規定提起抗告者，不在此限。
> 提起抗告，應表明抗告理由。

解說

抗告原則上應以抗告狀的方式提出之一種法定程式，所以解釋上應具備抗告理由，因為可能沒有言詞辯論的機會，其提出應向原裁定的法院或審判長所屬法院為之，其理由與上訴相同，不再贅述。

又小額訴訟程序制定的目的，在求簡便、迅速、經濟，故於第2項規定適用小額訴訟程序的事件，當事人提起抗告得以言詞為之規定。關於通譯的抗告，依本法第207條第3項規定，係準用鑑定人的規定，本條第2項既規定鑑定人提起抗告得以言詞為之，自宜將通譯一併加以列入。

惟依本法第436條之2第1項規定逕向最高法院提起抗告者，則應依本法第436條之3第1、2項、第436條之4第1項規定，限於事件所涉法律見解具有原則上的重要性，且須經原法院許可，並應同時表明抗告理由，性質上不宜以言詞為之。

　　至於第3項則針對提起抗告，則依本法第495條之1第1項準用第441條之規定，應表明抗告理由，以求明確。例如仲裁事件之相對人以其已就系爭仲裁判斷提起撤銷仲裁判斷之訴，因依仲裁法第42條第1項之規定，向地院聲請裁定停止執行，經該院以○聲○號裁定准予擔保後停止執行，再抗告人不服，向原法院提起抗告。復未於原法院為異議，原法院依一般抗告程序予以裁判，並不影響其程序利益，其責問權已喪失，嗣後亦不得以此為再抗告理由。

第489條（刪除）

第490條（原法院或審判長對抗告之處置）
原法院或審判長認抗告為有理由者，應撤銷或變更原裁定。
原法院或審判長未以抗告不合法駁回抗告，亦未依前項規定為裁定者，應速將抗告事件送交抗告法院；如認為必要時，應送交訴訟卷宗，並得添具意見書。

解說

　　原法院或審判長認為抗告有理由則應予更正，然實際上係將原裁定撤銷或變更，為免與第232條「更正」用語相混淆，而求詞意前後一致。

　　原法院或審判長未以抗告不合法而駁回抗告，亦未依前項規定而作出裁定時，則應將抗告事件送交上級法院裁決，如果有必要，則須附上訴訟卷宗，並依本項添具意見書供上級法院參考斟酌。

第491條（抗告之效力）
抗告，除別有規定外，無停止執行之效力。
原法院或審判長或抗告法院得在抗告事件裁定前，停止原裁定之執行或為其他必要處分。
前項裁定，不得抗告。

解說

本條第1項是規定抗告原則上無停止執行的效力（非訟§46準用此規定）。至於法律上的別有規定，即法律特別規定抗告有停止執行的效力，如命返還提存物或保證書的裁定（民訴§104）、准許變換提存物或保證書的裁定（民訴§105）、科證人罰鍰的裁定（民訴§303、311、315）、科鑑定人罰鍰的裁定（民訴§324）及第三人違背提出文書義務而予以制裁的裁定（民訴§349）等，於提起抗告後，均應停止執行。所謂「停止執行」，就是指裁定的執行力仍然存在，只是於提起抗告後暫停執行而已。依本項規定，除非有以上情形，否則法院仍得依據原裁定而為執行；換言之法院為停止執行之裁定者，並非當然發生停止執行之效力，須其裁定正本，經當事人提出於執行法院時，始生執行法院停止執行之效力（但以提供擔保為停止執行之條件者，在提供擔保以前，仍無停止執行之效力）。

本條第2項是關於原法院得以裁定停止原裁定執行的規定。因原裁定是否不當，原法院了解自較詳盡，如能由其先行發覺而暫停執行，始不致損害當事人權益。至於所謂「其他必要處分」，則指如命提供擔保後准許停止執行等。

本條第3項規定停止原裁定執行的裁定，不得對之提起抗告。但是原抗告經裁判時，此裁定即當然失效，應無疑義。

此規定，依非訟事件法第46條規定，於非訟事件法準用之。

民事訴訟法第491條第2、3項雖規定原法院得在抗告法院裁定前，停止原裁定之執行；抗告法院得在裁定前，停止原裁定之執行或爲其他必要之處分。但此仍須於裁定前由法院依職權審核認定確有停止之必要，始得裁定停止。

第492條（抗告法院之裁定）
抗告法院認抗告爲有理由者，應廢棄或變更原裁定；非有必要，不得命原法院或審判長更爲裁定。

解說

　　本條是抗告法院認爲抗告有理由時的處置規定，除應廢棄原裁定外，亦有應變更原裁定的情形。又爲避免抗告法院認抗告有理由時，動輒將事件發回下級審命更爲裁定，致影響事件之終結，乃明定抗告法院非有必要，不得命原法院或審判長更爲裁定；所謂非有必要，不得命原法院或審判長更爲裁定，民訴第492條定有明文。關於如何情形，始得謂爲「必要」，應從嚴衡量，亦係指就事實及證據之調查，進而判斷法規適用之該當性，裁定法院顯較抗告法院易於進行而言；以省發回之煩。且依本法第451條第1項、第2項關於第二審判決程序之規定，與抗告之性質本未相通，是於抗告程序自無準用之餘地。例如本於民法第455條租賃物返還請求權及民法第767條所有物返還請求權之規定，請求相對人拆除地上物返還土地，並依民法第184條、第179條規定，附帶請求相對人賠償相當於租金之損害或返還相當於租金之不當得利，其訴訟標的之價額，應以拆除地上物返還土地部分起訴時之交易價額爲準，抗告人附帶請求給付相當於租金之損害或相當於租金之不當得利部分，依前揭條文之規定，則不能併算其價額，此時在主張權利時即可參考爲抗告之理由。

第493條（刪除）
第494條（刪除）

第495條（擬制抗告或異議）
依本編規定，應為抗告而誤為異議者，視為已提起抗告；應提出異議而誤為抗告者，視為已提出異議。

解說

本條是關於名稱誤用時的轉換規定。因為一般大眾對於法律並非精通，自無法確切了解「異議」與「抗告」的不同，為避免因使用名稱錯誤而遭致被駁回的結果，本條特別規定應為抗告而誤為異議時，視為已提起抗告，應為異議而誤為抗告時，視為已提出異議，因而讓此種使用名稱錯誤的情形，仍被依此規定而成為合法；換言之應為抗告而誤為異議者，視為已提起抗告；應提出異議而誤為抗告者，視為已提出異議，民訴第495條定有明文。抗告人對上開裁定固提出再抗告，依民訴第495條規定應視為已提出異議，原法院即應依異議程序處理。提起民事再抗告，應依本法第495條之1第2項準用第466條之1第1項前段規定，委任律師為其訴訟代理人，如未委任律師為其訴訟代理人，法院應定期先命補正。於再抗告人自行委任或依訴訟救助之規定經法院為其選任律師為訴訟代理人之前，再抗告人尚不具表明再抗告理由之能力，自不得以其未於上開法定期間提出再抗告理由書，即認其再抗告為不合法，以裁定予以駁回（100台抗478裁判參照）。此項規定依強制執行法第30條之1規定，於強制執行程序準用之。

第495條之1（第二審程序之準用）
抗告，除本編別有規定外，準用第三編第一章之規定。
第436條之2第1項之逕向最高法院抗告、第486條第4項之再為
抗告，準用第三編第二章之規定。

解說

　　本條第1項規定抗告亦屬於裁判程序，故有關第二審程序
的規定，於性質相通，而本編又無特別規定者，如本法第439、
441、442條……等，於一般抗告程序應可準用之。例如丙○○係
再抗告人所屬專任人員具有律師資格，再抗告人委任其為訴訟代
理人，即應予准許。對於第二審法院所為駁回再抗告之裁定提起
抗告，依民事訴訟法第495條之1第1項規定，係準用第二審程序
之規定，並不準用同法第466條之1第1項對於第二審判決上訴，
上訴人應委任律師為訴訟代理人之規定（97台聲136裁判），一
併在此敘明。

　　同時第2項亦規定本法第436條之2第1項，對於簡易訴訟程序
之第二審裁判，其上訴利益逾第466條所定之額數者的情形，得
逕向最高法院抗告；及本法第486條第4項抗告法院之裁定，以抗
告不合法而駁回者，不得再為抗告；或向原法院提出異議之情
形；再為抗告，皆以「適用法規顯有錯誤」為限，性質上均屬法
律審的範圍，故有關第三審程序的規定，其性質相通者，亦應可
以依法加以準用。破產法第5條準用民事訴訟法的依據；同時行
政執行法第17條規定不服法院關於拘提、管收之裁定（因現行裁
定均由地院民庭裁處），得於10日內抗告，其程序準用本法有關
抗告之規定即是。例如按第一審終局判決前之裁判，有就訴訟程
序發生爭執，須先以裁定為解決，或於訴訟進行中，當事人就各
種獨立之攻擊防禦方法或中間爭點為爭執，須以中間判決先行裁

判，就此裁定或中間判決，因與終局判決之判斷有所牽涉，無待當事人聲明不服，即得隨同上訴並受第二審法院之審判。但依法不得聲明不服之裁定，既不得與終局判決同時聲明不服，自不受上訴審之判斷；又既得以抗告聲明不服之裁判，自然不必對終局判決同時聲明不服，故上開兩種終局判決前之裁判不在此限。此觀之民事訴訟法第438條之立法意旨自明；因此如依民訴第77條之1得爲抗告，而就訴訟標的價額之核定而提起時，準用此條第2項即有理由上之依據（94台抗1176裁判參照）。

第五編

再審程序

第496條（再審之事由㈠）

有下列各款情形之一者，得以再審之訴對於確定終局判決聲明不服。但當事人已依上訴主張其事由或知其事由而不為主張者，不在此限：

一、適用法規顯有錯誤者。

二、判決理由與主文顯有矛盾者。

三、判決法院之組織不合法者。

四、依法律或裁判應迴避之法官參與裁判者。

五、當事人於訴訟未經合法代理者。

六、當事人知他造之住居所，指為所在不明而與涉訟者。但他造已承認其訴訟程序者，不在此限。

七、參與裁判之法官關於該訴訟違背職務犯刑事上之罪者，或關於該訴訟違背職務受懲戒處分，足以影響原判決者。

八、當事人之代理人或他造或其代理人關於該訴訟有刑事上應罰之行為，影響於判決者。

九、為判決基礎之證物係偽造或變造者。

十、證人、鑑定人、通譯、當事人或法定代理人經具結後，就為判決基礎之證言、鑑定、通譯或有關事項為虛偽陳述者。

十一、為判決基礎之民事、刑事、行政訴訟判決及其他裁判或行政處分，依其後之確定裁判或行政處分已變更者。

十二、當事人發現就同一訴訟標的在前已有確定判決或和解、調解或得使用該判決或和解、調解者。

十三、當事人發現未經斟酌之證物或得使用該證物者。但以如經斟酌可受較有利益之裁判者為限。

前項第7款至第10款情形，以宣告有罪之判決或處罰鍰之裁定已確定，或因證據不足以外之理由，而不能為有罪之確定判決或

罰鍰之確定裁定者為限，得提起再審之訴。

第二審法院就該事件已為本案判決者，對於第一審法院之判決不得提起再審之訴。

解說

　　本條所指的「再審之訴」，係針對已經法院判決確定後，當事人本不得再行爭議之各列舉事項所進行的一種救濟方法，其形式上是一個新的訴訟，但實質上則是原來確定判決訴訟的繼續。故本條特別在但書中明白指稱：凡是當事人可循上訴主張或者雖知有列舉的事項可為主張，而不為者，則不得再享有此一救濟程序的措施。

　　有關其所列舉的情形，茲說明如下：

　　一、所謂「適用法規顯有錯誤」，係指確定判決違背法律規定或現存判例解釋而言；並不包括認定事實錯誤或判決不備理由之情形在內，事實審法院認定事實縱有不當，亦不生適用法規顯有錯誤問題。至於法律條文之認定及應如何解釋始合乎公平合理，則其所表示的法律見解，自然並無適用法規顯有錯誤可言，且此適用法規顯有錯誤的情形，包括應適用貪污治罪條例而仍適用刑法的積極適用錯誤及消極應適用而未適用兩種情形在內。

　　二、此所謂矛盾如判決主文係針對不當得利，而理由卻記載為基於債務不履行者的事項即為本款之規定，當然有關本法第469條之規定，若在判決確定前皆未發現，亦為此處再審的原因。

　　三、本款規定係依據法院組織法第3條規定，法院為審判時有不合規定者而言。

　　四、依據本法第32條及第33條規定或裁判上應該迴避而不得參與裁判之法官，確違法參與裁判者而言。

五、所謂「未經合法代理」，係指未成年人於訴訟上未由法定代理人代為訴訟，或第一審之訴訟代理人未經當事人再行委任而代為第二審之訴訟行為者而言，但如縱令未經合法代理，而於本案確定判決無關者，當然不能解釋包括在內。

六、此當事人應指原告，明知對造當事人現在的住居所在，卻向法院指為所在不明而為訴訟之情形。而但書則是以對造如果已到庭參與訴訟程序之進行，應即視為承認原告之不法，而排斥前開規定的適用。

七、對於參與審判職務的法官，因為其參與的訴訟有涉及刑事上受賄而違法瀆職者而言；並增列參與裁判的法官關於該訴訟違背職務受懲戒處分，足以影響原判決者，亦得據以提起再審之訴。

八、當事人之代理人（包括特別代理人、訴訟代理人）或者他造或其代理人關於訴訟（即確定判決的訴訟）觸犯了刑法上規定之罪責行為，譬如甲之代理人與乙之訴訟代理人相互勾串來損害甲的權益（亦即訴訟上的詐欺），此一結果必然會造成判決受到不利的影響情形即是，可參閱本法第469條第4款之說明。

九、對於法院採為判決基礎之重要證物係出於偽造或變造的情形，例如：甲告乙欠款，所提出之借款條，經查證後，係甲依據乙所寫的一般文書加以增刪修改製造來的是變造，倘若係模仿乙之筆跡而自己寫出來的便是偽造。

十、證人（參閱第三節第二目說明）、鑑定人（參閱第三節第三目說明）或通譯（參閱第三節第四目說明）、及本法第367條之2第4項規定：「當事人經法院依第1項規定裁定處罰鍰確定，而其陳述為確定判決之基礎者，他造得據以提起再審之訴。」係屬再審事由之一，宜移列於本條，爰修正增列當事人或法定代理人經具結後，就為判決基礎的有關事項為虛偽陳述者，亦得據以提起再審之訴。

十一、係指判決所依據之有關裁判或行政處分，依其後之確定裁判或行政處分已變更其法律見解並廢除以前的裁判適用而言。其中所謂「其他裁判」，是指行政法院之裁判而言；茲因原規定對此為判決基礎的裁判，原僅列舉民事、刑事判決，惟行政訴訟判決亦有為民事判決的基礎者，將之解釋為「其他裁判」，尚非所宜，爰予併列明示。

十二、本款係指前後兩個各自獨立之訴訟，係針對同一個訴訟標的（民訴§244）之法律關係所為的判斷，可能造成一案兩判的情形，此時可能會使前後判決矛盾，而影響到法院對相同訴訟的結論致無法執行的疏失，亦即違反本法第253條之規定，因此特明文加以補救。

十三、本款適用之前提是必須未經斟酌物，且可以因此獲得較原先有利的裁判者而言；或指前訴訟程序事實審之言詞辯論終結前已存在之證物，因當事人不知有此，致未經斟酌現始知之者而言；此兩者缺一不可，譬如：祭祀公業之派下，往往因為族譜的記載有遺漏而致無法獲得承認，因此倘若發現可以證明身分的文件時，即可恢復其應有之身分者，在此情形即可獲得較原先有利的裁判者是。

按前開列舉的第7款至第10款的情形，必須經法院判決有罪並確定，或是其刑事程序的進行因故不能開始或續行，並非因為有關之證據不足以使各該項之人受刑事制裁者，方得依本條的規定而提起；同時當事人或法定代理人經具結，而就為判決基礎的有關事項為虛偽陳述者，原則上，須經法院依第367條之2第1項規定裁定處罰鍰確定後，他造始得據以提起再審之訴。假如因證據不足以外的理由而不能為罰鍰的確定裁定者，例如：於法院為裁定前，或於裁定確定前，該為虛偽陳述之當事人或法定代理人已死亡，致裁定程序無法開始進行或確定時，為保障他造的基本權益，於此情形，應許他造得提起再審之訴，以為救濟。

　　至於第3項則規定，本法就第二審程序的進行採續審制，第二審法院就上訴事件爲本案判決時，對於當事人在第一審所爲關於事實上或法律上的陳述及提出的各項攻擊或防禦方法，均已重新爲審查，故對於第一審判決應無許當事人提起再審之訴的必要，故而配合加以規定。

　　舉例來說聲請人原於民國71年10月22日收受確定判決後，固曾於同年月27日向臺灣高等法院提起再審之訴，而如果其所具再審訴狀載明係依據民事訴訟法第496條第1項第13款規定，迨同年12月17日，聲請人始向該院提出「補充再審理由狀」並載明：另有消極的不適用民法第224條之違法等語；此爲民訴第496條第1項第1款之再審理由，而與聲請人前此所主張同條項第13款之再審理由顯然有所區別。兩者之再審理由既然不相同，則所應遵守之不變期間自應分別計算之，一併在此敘明。

實例

　　林祖向黃義提起民事訴訟，請求黃義返還借款500萬元，後來臺北地方法院判決林祖勝訴，而黃義在法定的上訴期間也沒有提起上訴，判決就因而確定了。半年後，黃義發現林祖在訴訟中所委任的訴訟代理人並未依法提出委任狀，沒有合法的訴訟代理權，因此黃義就以「訴訟未經合法代理」爲由，向臺北地方法院提起「再審之訴」。請問黃義提起再審之訴是否合法？

　　不合法。依據本條第1項第5款之規定，再審之訴的提起，僅限於代理權欠缺的那一方當事人才可以依據該款的規定提起再審之訴。而本題情形，代理權欠缺的一方是原告林祖而不是黃義，因此有權依據本條第1項第5款提再審之訴的人只有原告林祖，被告黃義的代理權並無欠缺，不能提起再審之訴，故黃義所提起的再審之訴並不合法（68年台再字第145號參照）。

第497條（再審之事由㈡）
依第466條不得上訴於第三審法院之事件，除前條規定外，其經第二審確定之判決，如就足影響於判決之重要證物，漏未斟酌，或當事人有正當理由不到場，法院為一造辯論判決者，亦得提起再審之訴。

解說

　　本條規定乍看似乎與前條第1項第13款雷同，但是事實上，本條文之所以另為規定，是因為得上訴第三審的案件如有本條原因（即如就足影響於判決之重要證物，漏未斟酌，或當事人有正當理由不到場，法院為一造辯論判決者），其所為判決當然違背法令，可以用上訴第三審解決，故不得上訴第三審的案件，則改以再審解決，以補缺漏。至於本條所謂「重要證物漏未斟酌」的情形，應該是屬於判決不備理由（民訴§468）的違背法令，其中之證物則是包括證書及有相同效用之物件或勘驗物而言；同時本條依第466條不得上訴於第三審法院的事件，當事人有正當理由不到場，而第二審法院為一造辯論判決確定者，其情形與前條所定再審之訴要件未盡相符，當事人無從提起再審之訴以為救濟，於其權利的保障自嫌欠周，爰於本條增訂此「當事人有正當理由不到場」的適用規定；所謂正當理由如因天災致所搭乘交通工具停駛無法到庭、或有證據證明不能委任訴訟代理人或複代理人到場之情形，即屬不可避免之事故即是有正當理由。

實例

　　趙霖於80年11月2日上午10點駕車撞傷郭雲，經法院判定趙霖有侵權行為，並經確定後，趙霖經商請其所屬機關出具當日全日在公司上班而未曾離開之證明書一紙請求法院再審，有無理由？

　　無理由。此一證物顯係在前開確定判決之後所發生的，這種事後始請求出具之證明，原本在法院判決前即可提出，自不得以此為本條的再審原因。

> **第498條**（再審之事由㈢）
> 為判決基礎之裁判，如有前二條所定之情形者，得據以對於該判決提起再審之訴。

解說

　　所謂為判決基礎之裁判是指確定之終局判決，係以有再審事由之裁判為根據，若無此裁判，其終局判決之結果，即非如此處所言。而本條係針對得再審的判決所作的例外規定；因為本法第496條及第497條之情形，係針對受不利益之確定終局判決，故對於中間判決不得單獨提起再審之訴。然而本條乃例外補充為判決基礎的中間判決，亦得因此為再審之原因，而對終局判決提起再審之訴。

> **第498條之1**（再審之訴更行提起之限制）
> 再審之訴，法院認無再審理由，判決駁回後，不得以同一事由，對於原確定判決或駁回再審之訴之確定判決，更行提起再審之訴。

解說

　　本法所謂再審的目的，原本設計即限於匡正確定終局判決的不當，以保障當事人的法律上權益。因而本條即同時避免當事人以同一事由對於原確定判決或駁回再審之訴的確定判決，一再提起再審之訴，致浪費司法資源，故特立法應予以適當的限制。例

如仲裁庭作成當事人並無逾期完工，確認當事人逾期罰款債權不存在之仲裁判斷，當事人自不得復以同一事由提起債權不存在之訴主張違約罰款債權，與前開無擔保重整債權抵銷之本件訴訟再為抵銷之爭執。

第499條（再審之專屬管轄法院）
再審之訴，專屬為判決之原法院管轄。
對於審級不同之法院就同一事件所為之判決，提起再審之訴者，專屬上級法院合併管轄。但對於第三審法院之判決，係本於第496條第1項第9款至第13款事由，聲明不服者，專屬原第二審法院管轄。

解說

第1項原則上專屬（係指法律規定不得任意變更）為該項確定判決的原法院管轄。

第2項則針對再審之訴得同時對於審級不同的法院就同一事件所為的確定終局判決提起；惟既係同一事件，不宜由各級法院分別審判。原條文後段第1款僅就同時對第一、二審判決不服的情形規定管轄法院，對於同一事件的第一、二、三審判決同時聲明不服者，卻未規定，故修正使其更加周延。而本項所稱第三審法院判決，所涉及本法第496條第1項第9款至第13款事由聲明不服者，係專指涉及有關事實必須表明具體情事。

而對於當事人提起第三審上訴，是否合法，係屬最高法院應依職權調查裁判事項。是當事人對最高法院以其上訴為不合法而駁回之裁定，聲請再審，並對原第一審及第二審確定判決合併提起再審之訴者，揆之民訴第499條第2項前段規定之旨趣，本不在依同法第507條準用上開條項前段規定，專屬上級之最高法院合併管轄之列。於此情形，就最高法院以上訴不合法而駁回之裁

定，聲請再審部分，依同法第507條準用第499條第1項規定，固專屬最高法院管轄（71台聲132），但對原第一審及第二審確定判決，合併提起再審之訴部分，自仍應適用同法第499條第2項前段規定，專屬上級之第二審法院管轄。

實例

　　李珍提起第三審上訴，經最高法院以其上訴不合法而以裁定駁回後，李珍發現未經斟酌之證物爲理由聲請再審時，應向何法院聲請再審？

　　依本法第507條準用第499條第1項之規定，專屬於判決的原最高法院管轄，因爲該駁回將導致原判決的確定。

第500條（提起再審之期間）

再審之訴，應於三十日之不變期間內提起。

前項期間，自判決確定時起算，判決於送達前確定者，自送達時起算；其再審之理由發生或知悉在後者，均自知悉時起算。但自判決確定後已逾五年者，不得提起。

以第496條第1項第5款、第6款或第12款情形為再審之理由者，不適用前項但書之規定。

解說

　　再審之訴，其不變期間（即不得增長或減短的時間），自判決確定時起算，在30日內必須提起再審；其第2項規定，不得上訴之判決，於宣示或公告後，不待送達，即已確定；得上訴的判決，如得提起上訴之人，均於送達前捨棄上訴權或撤回上訴，其判決亦即於送達前確定。又再審理由發生於判決確定前，而當事人於判決確定後始知悉者，依現行法規定應自知悉時起算再審的不變期間；惟再審理由發生於判決確定後者，再審不變期間亦

應自當事人知悉再審理由時起算，始為合理。當然本項在一般適用上並無疑義，但是適用在原告上訴，法院因其訴不合法裁定駁回，原告抗告，則此所謂「30日之不變期間」由何時起算，依目前實務見解認為，應從駁回上訴裁定確定起算。

再審之訴，係對於確定終局判決聲明不服的方法，以除去確定判決的效力為目的，故其提起，應有最長期間的限制來約束，以維持確定判決的安定性。依原條文第3項前段固規定，再審理由發生於判決確定後者，自發生時起逾5年不得提起再審之訴；惟再審理由何時發生，並不確定，故確定判決仍有隨時被變更的可能性，而有害其安定性。故修正明定自判決確定後逾5年者，除有修正後第3項的情形（因於戰事、天災）外，概不得再提起再審之訴。

同時本條整理後的第3項係單獨規定針對本法第496條第1項第5、6、12款採排除前開5年除斥期間限制之規定，卻並不排除同條第1項所定30日不變期間的適用，此點必須特別注意。

所謂：「確定終局裁判適用法律或命令所持見解，經本院解釋認為違背法令本旨時，當事人如據以為民事訴訟再審之理由者，其提起再審之訴或聲請再審之法定不變期間，參照民訴第500條第2項但書規定，應自該解釋公布當日起算」云者，係指確定終局裁判適用法律或命令所持見解，經司法院大法官會議解釋為違背法令本旨後，其當事人據以對該確定終局裁判提起再審之訴或聲請再審時，關於法定不變期間之起算，應自該解釋公布當日起算而言（參釋209、99台聲327）。

實例

蘇悌對高清提起民事訴訟，請求高清返還借款500萬元，經過臺灣高等法院判決後，雙方都沒有上訴，於是蘇悌得到勝訴確定。而高清在判決確定後第15天提起再審之訴，請求將原確定判決廢棄，但是高清所提起的再審狀卻沒有表明再審理

由，不過高清在臺灣高等法院評決以前已經補提再審理由，但是其補提再審理由時已超過30天的不變期間。請問高清所提再審之訴還算不算是合法？

　　高清所提還是算合法的。因為提起再審之訴固應依據第501條第1項第4款表明再審理由，但是如果原告在30天的不變期間內提起再審之訴，其提出再審之訴未表明再審理由，而在法院評決前已經提起再審理由補正者，其補提時雖然超過30天的不變期間，但是參照本法第505條「再審之訴程序，準用關於各該審級訴訟程序之規定」，所以他在補提理由時，雖然已超過30日的不變期間，但是法院還未作出評決，所以他的再審之訴仍然應該認為合法（最高法院67年6月6日民庭庭推總會決議）。

第501條（提起再審之程式）
再審之訴，應以訴狀表明下列各款事項，提出於管轄法院為之：
一、當事人及法定代理人。
二、聲明不服之判決及提起再審之訴之陳述。
三、應於如何程度廢棄原判決及就本案如何判決之聲明。
四、再審理由及關於再審理由並遵守不變期間之證據。
再審訴狀內，宜記載準備本案言詞辯論之事項，並添具確定終局判決繕本或影本。

解說

　　一般訴訟均定有一定應該具備的程式：

　　一、當事人（即原、被告）及法定代理人（未成年人時適用）。

　　二、本款係表示對確定判決不服，例如：「為不服某年度某字第某號之確定判決，依法提起再審事。」

　　三、所謂「如何廢棄及如何判決之聲明」，茲舉例說明如次：1.請求將原確定判決廢棄，並駁回再審被告前訴訟程序之訴；2.有關再審及前審之訴訟費用均由再審被告負擔。

　　四、須具備本法第496條或第497條的具體理由，同時必須證明未逾30日不變期間的證據，一般均釋明即可。本款所謂提起再審之訴應於訴狀內表明其遵守不變期間之證據，僅於主張其再審之理由知悉在判決或裁定確定後而應自知悉時起算其不變期間之情形，始有其適用，如其不變期間係自判決或裁定確定時起算者，因其宣示或送達判決或裁定之證據，均有訴訟卷宗可稽，當事人自無須表明。至於所謂表明再審理由，必須指明確定判決有如何合於法定再審事由之具體情事，始為相當，倘僅泛言有何條款之再審事由，無具體情事者，仍難謂已合法表明再審事由（60台再170、57台上1091、64台聲76參照）

　　另訴狀內宜記載有關本法第265條之事項，另外須注意再審之訴之起訴程序不合法可否補正的問題，例如：未簽名、未繳裁判費等，原則上可以補正，但如已委任律師為訴訟代理人而未繳裁判費者，一律不命補正，逕以裁定駁回。但需注意耕地三七五減租條例所定之租佃爭議事件有其特殊性，與一般民事財產爭議事件不同，此觀該法對於耕地租佃關係之種種規定，充滿強制、限制及禁止性即知，該項事件自不受民事訴訟法關於財產權訴訟上訴利益額數之限制，此亦為同條例第26條第1項規定耕地租佃爭議事件之處理程序異於普通民事事件之處理程序及特別規定「並免收裁判費用」之原因。

第502條（再審之訴駁回(一)）
再審之訴不合法者，法院應以裁定駁回之。
再審之訴顯無再審理由者，得不經言詞辯論，以判決駁回之。

解說

所謂「不合法者」，係指不合程式、已逾法定不變期間或法律上不應准許的程序上事項，法院從程序上予以駁回，故依法使用裁定。

至於顯無理由則係從實體上之事實加以衡量有無理由的存在，而所謂顯無理由，必須再審原告所主張之再審事由，在法律上顯不得據為對於確定判決聲明不服之理由者，始足當之；或者消極的不適用法規，對於裁判顯無影響者亦屬之。倘法院顯已踐行調查證據、認定事實之程序；或依再審原告主張之原因事實，僅據訴狀之記載，尚不明瞭或有其他情形，必須調查證據後，方能認定再審之訴為無理由者，即與法律上顯不得據為再審理由之情形有間，自仍應為必要之言詞辯論，不得遽指再審之訴顯無理由，不經言詞辯論，逕以判決駁回之。例如：尚須調查有關證據始能認定，則仍應踐行必要之言詞辯論者是。故如無此須加以調查的事項，法院即得從實體上逕予判決加以駁回。但若當事人主張之原因事實，徒據訴狀之記載，尚不明瞭或有其他情形，必須依法調查證據後始能斷定再審之訴為無再審理由者，即不得遽指再審之訴顯無再審理由。

實例

陳福主張高等法院應以法官三人合議行之，而竟以二人合議行之；或主張高院判決僅有一人行之情形，法院應如何處理？

陳福所主張的前者係判決法院組織不合法者，其再審之訴即應從程序上予以駁回，故用裁定駁回。而後者倘陳福主張高院判決僅有一人行之，然如依據言詞辯論筆錄及判決書均係三人合議者，其所述顯與實情不符，應屬顯然無理由，而應以判決予以駁回，此兩者之不同之處。

第503條（本案審理之範圍）
本案之辯論及裁判，以聲明不服之部分為限。

解說

　　再審之訴所進行的言詞辯論及裁判的依據，均係針對當事人對於法院、審判長、受命法官或受託法官所為裁判或列舉的訴訟行為表示不服的意思表示範圍內為基準。

　　亦即再審之訴，其範圍只限於本法第501條第1項第3款的範圍，不能再為訴之變更、追加，亦不能擴張應受判決事項的聲明。此一問題在對原判決全部聲明不服時，固無疑問，但是如當事人僅對一部聲明不服時，則發生疑義。不過依實務之推理，如仍在法定期間內，應許擴張；反之，若法定期間屆滿，則禁止之。

第504條（再審之訴駁回(二)）
再審之訴，雖有再審理由，法院如認原判決為正當者，應以判決駁回之。

解說

　　再審之訴，雖然具備本法第496條或第497條之再審理由者，而再審法院經審閱原法院的判決並無法廢棄或變更原判決者，即屬原判決為正當，而應以判決從實體上予以駁回。

　　例如再審原告原判決以無權占有敗訴確定；復又提出如該訴訟程序第一審判決附表編號二號之土地租賃契約書所載，再審被告○○以此人之被繼承人○○固為該租約之連帶保證人，惟該連帶保證之範圍應僅以與租賃契約有關者為限，再審原告於該訴訟程序，既係依不當得利之法則，請求給付相當於租金之不當得

利，該部分即非此租賃契約之連帶保證範圍，再審被告○○對之尤不負連帶給付責任。故再審原告據以提起本件再審之訴，雖以上述再審理由為據，但前訴訟程序法院判決再審原告敗訴（所持之理由容未盡相同），於其結果並無二致，仍應認原確定判決為正當，其提起再審之訴，求予廢棄原確定判決，即不能認為有理由（94台再39參照）。或例如丙、丁係於88年6月7日經登記取得系爭土地之所有權，應受土地法第43條規定之保護，而上訴人若無法舉證證明丙、丁非善意取得，此時如經原審確定該事實存在，且有土地登記簿謄本為憑。原審即可判定第三人之善意取得而為此部分上訴人敗訴之判決，便無違背法律；故而上訴人仍就原審取捨證據、認定事實之職權行使，暨其他與判決結果不生影響之理由，指摘原判決關此部分不當，求予廢棄，即不能認為有理由，而上訴審法院即得以判決駁回之。

第505條（各審程序之準用）
除本編別有規定外，再審之訴訟程序，準用關於各該審級訴訟程序之規定。

解說

　　再審之訴，除依照本編有關規定處理外，其實質上為前訴訟程序的再開與續行，故如向原第一審或第二審提起者，即應按前程序在言詞辯論終結前之程序，於再開範圍內續行，故當事人自得提出新的攻擊防禦方法，亦得為自認、捨棄、認諾、和解等一切訴訟上之行為，且當事人兩造在前程序所為訴訟行為的效力，亦不因為再審之訴為形式上的新訴而受到任何影響，故原已存在的捨棄、認諾等訴訟上的行為仍繼續有效的存在。

實例

黃修對李雄提起民事訴訟，請求李雄拆屋還地，經過臺北地方法院判決黃修敗訴，黃修因當時沒有錢所以沒有上訴，該敗訴判決因而確定。後來黃修向人請教後發現，原確定判決有多處「適用法規顯然有錯誤」的地方，因此他就依照民訴第496第1項第1款的理由向最高法院提起再審之訴，請求將原不利於他的敗訴判決加以廢棄，另行改判。請問黃修所提起的再審之訴未向原第一審確定判決的法院提起，而向最高法院提起，會不會影響到黃修再審之訴的權益呢？

不會影響。黃修誤向最高法院（也就是沒有管轄權的法院）提起再審之訴，但是依據本條準用第28條的規定：訴訟之一部或全部法院認為無管轄權者，依原告的聲請或依職權以裁定移送於有管轄權的法院。所以本題的情形，以最高法院在收到再審狀的時候，如果認為沒有管轄權，則可依職權以裁定移送到原第一審確定判決的法院。因此黃修直接向最高法院提起再審之訴，並不會影響到其再審之訴的權益。

第505條之1（再審之訴準用之規定）
第395條第2項之規定，於再審之訴準用之。

解說

再審之訴，原則上並無停止原確定判決執行的效力，故再審判決廢棄原判決時，如再審原告已依原判決履行，或依原判決所為的假執行或本案執行的訴訟程序業經終結，此際為保護再審原告的利益，並達訴訟經濟目的起見，俾得利用再審程序請求他造返還給付及賠償損害，而免另行起訴。

第506條（再審判決之效力）
再審之訴之判決，於第三人以善意取得之權利無影響。

解說

提起再審之訴，並不影響原確定判決的效力，必須等到再審之訴廢棄原確定判決時，原判決方受到影響而失其效力。是故在給付之訴時，法院得視必要情形或依當事人的聲請提出相當並確實的擔保，而得准為停止強制執行。

因為判決結果可能牽涉第三人之權益，雖然再審制度，固在保護當事人正當利益，惟對善意第三人權益，亦應加以兼顧。若依原規定，第三人於再審起訴前善意取得的權利始受保護的話，顯然並不妥適，因第三人未必知悉再審之訴的提起，其於起訴後因信賴原確定判決所取得的權利，如受再審判決的影響，難謂公允；且原確定判決的執行，原則上不因再審之訴的提起而停止，第三人信賴執行法院的拍賣而買受再審有關的標的物，如未受保護，亦滋紛擾。為貫徹交易安全的維護，本條特規定如第三人因善意取得權利，並不會受到任何影響，但致原權利人無法回復其權利而受損害者，則僅得依法請求損害賠償或為不當得利之返還，以資救濟。

實例

張文與劉英於民國75年結婚，但是婚後因為張文生意失敗而造成婚姻危機，於是張文向臺北地方法院請求法院判決離婚，結果法院判決准許張文與劉英離婚並且確定。之後，張文在離婚之訴勝訴後就再跟何美結婚並生有小孩，但是後來劉英對原來的判決提起再審之訴，經法院判決劉英勝訴確定，於是張文與劉英又恢復了夫妻關係。請問如果在這個時候，劉英向法院請求撤銷張文與何美之間的婚姻，法院應否准許？

　　法院應該不能准許劉英的請求。再審之訴的判決對於第三人以善意取得的權利並無影響，本條規定甚明。本題的情形，何美與張文結婚是在劉英與張文判決離婚確定之後才結婚的，所以是在劉英提起再審之訴以前，應該是屬於合法取得的婚姻關係。既然是合法取得的婚姻關係，自然不能由劉英任意聲請撤銷該婚姻，因此本題法院不應該准許劉英的撤銷請求。

　　同時依據大法官會議釋字第242號以國家遭遇重大變故，例外不得適用民法第993條（現已刪除）撤銷後婚及同法第362號民法重婚無效規定，依信賴保護原則，應有例外規定，即足以說明前開實例之疑惑（因本法原第九編人事訴訟程序，為配合家事事件法而刪除；但應有原則上的適用可參考，故仍予保留此例）。

第507條（準再審）
裁定已經確定，而有第496條第1項或第497條之情形者，得準用本編之規定，聲請再審。

解說

　　本條係針對確定的裁定，為彌補其無法補救而準用本編再審之規定，過去實務上最明顯的例子，即是支付命令未於法定期間提出異議。依本法修正前第521條規定，與確定判決有同一之效力時，該支付命令如具有本編再審的理由時，因其係屬裁定的性質，故依本條準用再審的程序來解決，所以一般又稱為「準再審」。

　　而此所謂有民訴第496條第1項各款之再審事由者，固得對之聲請再審，惟依本法第507條準用第496條第1項但書規定結果，當事人已依抗告主張其事由，或知其事由而不為主張者，均在不得聲請再審之列。在對於第二審抗告法院確定裁定聲請再審之情形，所謂當事人已依抗告主張其事由，或知其事由而不為主張，

係指該確定裁定雖有再審事由，惟當事人已於前程序依再抗告主張其事由，或知其事由而不為主張者而言。並非指當事人於前程序不服第一審法院之裁定，已依抗告主張其事由，或知其事由而不為主張，蓋抗告法院裁定之再審事由，不可能由當事人以對於下級審法院裁定抗告主張之。至於有民訴第497條之情形，係指就不得上訴於第三審法院之事件所為之規定，故得抗告於第三審法院之事件，自無準用該法條之規定聲請再審之餘地，依上說明，抗告人如仍依民訴第497條規定，對之聲請再審，自亦屬不應准許之範圍。

趙龍對傅雲提起民事訴訟，請求傅雲返還借款500萬元，經過第一審、第二審判決趙龍都敗訴，於是趙龍在法定的上訴期間內向最高法院提出上訴。趙龍在上訴後3個月的82年11月10日收到最高法院書記廳以明信片寄來的通知，其上記載趙龍上訴最高法院的事件業已駁回的字樣，其他均無記載。趙龍收到這明信片之後，認為這是最高法院所作的裁定，遂依民事訴訟法第507條規定聲請再審。請問趙龍以此方式救濟對不對？

應屬錯誤之救濟方式。即趙龍不能以此方式救濟。最高法院書記廳就訴訟事件的主文所為的明信片通知，只不過是為了使當事人提早得知判決結果的便民措施，其通知性質並不是屬於法院的裁定，而趙龍誤認該通知是裁定，不服而聲請再審於法不合（69台聲76裁判）。

第三人撤銷訴訟程序

第507條之1（第三人撤銷之訴）

有法律上利害關係之第三人，非因可歸責於己之事由而未參加訴訟，致不能提出足以影響判決結果之攻擊或防禦方法者，得以兩造為共同被告對於確定終局判決提起撤銷之訴，請求撤銷對其不利部分之判決。但應循其他法定程序請求救濟者，不在此限。

解說

　　為貫徹訴訟經濟的要求，發揮訴訟制度解決紛爭的功能，就特定類型的相關事件，固有擴張判決效力及於訴訟外第三人的必要性；惟為保障該第三人的程序權，亦應許其於一定條件下得否定該判決的效力。爰明定就兩造訴訟有法律上利害關係（而非經濟上的利害關係）的第三人，非因可歸責於己的事由而未參與訴訟，致不能提出足以影響判決結果的攻擊或防禦方法，且其權益因該確定判決而受到影響時，即得根據本條以原確定判決的兩造為共同被告，對於該確定終局判決提起撤銷之訴，請求撤銷對其不利部分的判決。惟實際上第三人未必恆受參與訴訟程序之機會，倘其係非因可歸責於己之事由致未獲得該機會，而未參與訴訟程序，則強令其忍受不利判決效力之拘束，即無異剝奪其訴訟權、財產權。故為貫徹程序權保障之要求，應使該第三人於保護其權益之必要範圍內，得請求撤銷原確定判決。此外，第三人撤銷之訴，係對於利害關係第三人的法律上所設的特別救濟程序，如該第三人依法應循其他法定程序請求救濟者，即不應再許其利用此制度請求撤銷原確定判決。

　　另外形成之訴訴訟標的之形成權，有為財產上者，有為身分上者。其以身分上之形成權為訴訟標的者，為非財產權之訴訟；其以財產上之形成權為訴訟標的者，為財產權之訴訟。民訴第

507條之1規定之第三人撤銷訴訟，其訴訟標的之法律關係為撤銷
確定終局判決對第三人不利部分之形成權，該部分所涉及者倘為
財產權，即屬財產權訴訟。

倘該第三人尚非無從循其他程序請求救濟，是否仍可依此特
別救濟程序，提起第三人撤銷訴訟，自仍有探求之餘地。

第507條之2（第三人撤銷之訴管轄法院）
第三人撤銷之訴，專屬為判決之原法院管轄。
對於審級不同之法院就同一事件所為之判決合併提起第三人撤
銷之訴，或僅對上級法院所為之判決提起第三人撤銷之訴者，
專屬原第二審法院管轄。其未經第二審法院判決者，專屬原第
一審法院管轄。

解說

本條第1項係規定關於第三人撤銷之訴，係有法律上利害關
係的第三人對於確定終局判決聲明不服的特別救濟程序，原則上
應專屬為判決的原法院管轄。

本條第2項則規定第三人撤銷之訴，就該第三人有無法律上
利害關係，是否非因可歸責於己的事由而未參加訴訟、所提出的
相關攻擊或防禦方法是否足以影響原確定判決的結果，及原確定
判決對該第三人不利的範圍等事項，往往涉及事實認定及證據調
查。故對於審級不同的法院就同一事件所為的判決合併提起第三
人撤銷之訴，或僅對上級法院所為的判決提起第三人撤銷之訴
時，宜專屬原最後事實審的法院管轄，即原則上專屬原第二審法
院管轄；其未經第二審法院判決者，則專屬原第一審法院管轄。

第507條之3（第三人撤銷之訴之效力㈠）
第三人撤銷之訴無停止原確定判決執行之效力。但法院因必要
情形或依聲請定相當並確實之擔保，得於撤銷之訴聲明之範圍
內對第三人不利部分以裁定停止原確定判決之效力。
關於前項裁定，得為抗告。

解說

　　本條第1項規定，關於第三人撤銷之訴乃係為賦予非因可歸
責於己的事由而未參與訴訟的利害關係人救濟機會的一種特別程
序，原則上並不影響該確定判決在原當事人間的效力，故原判決
當事人依該確定判決聲請執行時，並不因第三人提起撤銷之訴而
受影響。惟為考慮到避免執行程序於第三人撤銷之訴判決確定前
即已終結，致第三人的權益受到損害，故增訂但書規定以為補
充，明定受理第三人撤銷之訴的法院因必要情形，或依聲請定相
當並確實的擔保，得於撤銷之訴聲明的範圍內，以裁定停止原
確定判決對第三人不利部分的效力；但是否會造成與原判決的衝
突，仍待時間來證明。

　　第2項則針對法院依第1項規定裁定停止原確定判決效力或駁
回第三人的聲請時，因涉及原判決當事人及該第三人的權益，故
應許其對該裁定提起抗告，要無疑義。

第507條之4（第三人撤銷之訴之效力㈡）
法院認第三人撤銷之訴為有理由者，應撤銷原確定終局判決對
該第三人不利之部分，並依第三人之聲明，於必要時，在撤銷
之範圍內為變更原判決之判決。
前項情形，原判決於原當事人間仍不失其效力。但訴訟標的對

於原判決當事人及提起撤銷之訴之第三人必須合一確定者，不在此限。

解說

本條第1項規定就第三人提起撤銷之訴，法院認為有理由者，應以判決撤銷原確定終局判決對該第三人不利的部分。如第三人除請求撤銷原確定判決對其不利部分外，並為變更原判決的聲明，而法院認有保護的必要性，自應依第三人的聲明，於撤銷的範圍內作出變更原來判決的判決。

至於第三人撤銷之訴，旨在除去原確定判決對該第三人不利部分的效力，而非全面否定原確定判決的效力，此點應加以釐清分際。故為維持原確定判決安定性，原則上法院就第三人撤銷之訴所為撤銷、變更原判決的判決，僅具相對效力，故原判決縱經撤銷或變更，於原當事人間仍不失其效力；然而此一規定第三人撤銷之訴，若判決勝訴，所造成的結果，不僅保護到第三人之正當權利，但亦保護原判決敗訴之當事人；此時對於原確定判決似乎構成不正確的認定，形成相對矛盾的情形，必須加以留意未來法院的判決處理方式。但於訴訟標的對於原判決當事人及提起撤銷之訴的第三人必須合一確定的情形，如仍維持原確定判決在原當事人間的效力，該第三人因原確定判決所生的不利益，法律上即難以獲得充分救濟，自應使原確定判決在原當事人間亦失其效力。

第507條之5（再審規定之準用）

第500條第1項、第2項、第501條至第503條、第505條、第506條之規定，於第三人撤銷之訴準用之。

解說

關於第三人撤銷之訴與再審之訴，均係以除去已確定的終局判決爲其目的，關於提起訴訟之期間限制、提起的程式、對不合法或顯無理由訴訟的裁判、審理範圍、訴訟程序及善意第三人利益的保護……等等，自宜爲相同的法律規定，故明定準用再審之訴的相關規定，以爲準據上的適用。

按第三人撤銷之訴與再審之訴均係以除去確定之終局判決爲目的，依民事訴訟法第507條之5準用同法第505條之規定，第三人撤銷之訴之訴訟程序因準用再審之訴訟程序，自應準用關於各該審級訴訟程序之規定。故關於第三人撤銷之訴訴訟標的價額之核定，即應準用同法第77條之1第2項規定，以前訴訟程序之起訴時爲準，而非以第三人撤銷之訴起訴時爲準，亦即其訴訟標的之價額仍應以原確定判決訴訟程序所核定者爲準，不容任意變更。從而在原確定判決訴訟程序就標的價額計算，因上訴所得受之利益不逾新臺幣150萬元而不得提起第三審上訴者，在第三人撤銷之訴之訴訟程序自亦不得上訴於第三審法院（95台上60裁判）。

依民訴第507條之5準用同法第505條之規定，第三人撤銷之訴應準用關於各該審級訴訟程序之規定，其訴訟標的之價額之核定應以前訴訟程序起訴時，原告獲勝訴判決所得之客觀上利益，爲其訴訟標的之價額而核徵裁判費。又對於確認祭祀公業派下權存在與否事件，係因財產權而起訴，其訴訟標的價額之核定，應依該祭祀公業之總財產價額中訟爭派下權所占之比例，計算其訴訟標的之價額（72台抗371參照）。

第六編

督促程序

第508條（聲請支付命令之要件）
債權人之請求，以給付金錢或其他代替物或有價證券之一定數量為標的者，得聲請法院依督促程序發支付命令。
支付命令之聲請與處理，得視電腦或其他科技設備發展狀況，使用其設備為之。其辦法，由司法院定之。

解說

　　督促程序的目的，在於積極促使債務人履行義務，而使得債權人可以迅速獲得債權清償的一種法定程序，並能使得法院審理的訴訟事件數量減少。惟債權人向法院聲請時，須注意請求的標的限於一定數量（債權是如何發生及數量是多少對債權人的聲請並不影響），且屬於給付訴訟的型態，其得請求的範圍如下：

　　一、金錢：除禁止流通的貨幣外，並不以法定貨幣為限，例如：目前通用的新臺幣、美金、人民幣。

　　二、代替物：指得為交易的物品，且有其他同種類的品質或數量，例如：米、麥、油等。

　　三、有價證券：表彰財產權的書面；於行使財產權時，須占有並提出作為證明的證券，例如：匯票、本票、支票、公司股票及短期債券。

　　債權人對於其私法上權利的保護，除可依一般訴訟程序向法院起訴以取得確定判決，而為執行名義者外，如果當事人間的權利義務關係簡單易明且並無任何爭執，則得依簡便的督促程序以取得執行名義。所以，此一制度係專為債權人的便利所設，債權人是否依督促程序聲請法院發支付命令，完全任由債權人自行決定，法院並沒有職權加以干涉或限制。

　　另外，如果債權人以本條以外的標的為請求時，則為本條所不允許的範圍，即不得據以聲請法院依督促程序發支付命令。

關於前述督促程序事件，性質上宜迅速處理，有關支付命令的聲請及法院的處理方式，如能使用電腦或其他科技設備，不僅有利於當事人行使權利，亦可減省法院人力的相關勞費，並因應督促程序事件日益增多的趨勢，故增列第2項，俾為依據。又電腦等現代化科技設備日新月異一日千里的時代，其使用細節實難預為詳細的規定，宜另以辦法定之，故一併規定其辦法交由司法院視狀況定之。

實例

孫樸跟趙元因為業務上有所往來，因為進貨的關係，趙元簽發了一張300萬元的支票給孫樸，結果孫樸向銀行提示，卻被以存款不足的理由遭到退票，孫樸於是就向法院請求發支付命令，督促趙元應該給付票款300萬元。結果法院在支付命令裡誤寫成300元，而趙元收到支付命令時認為只有區區300元，所以沒有在法院的不變期間20天內提出異議，而使該支付命令因而確定。後來孫樸發現支付命令有所錯誤，向法院聲請更正，結果法院裁定更正為300萬元。趙元在收受法院裁定正本後，是不是可以提出抗告並且提出異議？

趙元可以提出抗告，但不得提出異議。支付命令的性質是裁定，因此如果有誤寫或誤算其他類此之錯誤，依據本法第239條準用第232條的規定，是可以用裁定來加以更正。但支付命令比較特殊，它沒有經過言詞辯論，也沒有詢問債務人，就直接發支付命令，因此債務人對於債權人的請求未必都很清楚，他只能以支付命令的內容記載來提出異議。因此對支付命令的裁定更正，應該以從支付命令本身來看有顯然錯誤時，才可以裁定來更正，否則就不能任意以裁定來加以更正。所以本題的情形，法院把300萬元寫成300元，就支付命令本身的記載來看，無從得知其為誤寫，所以法院不得以裁定更正為300萬元。所以本題法院直接用裁定將300元更正為300萬元的時候，趙元可以對該裁定提起抗

告，但不得對該裁定提出異議。

> **第509條**（聲請支付命令之限制）
> 督促程序，如聲請人應為對待給付尚未履行，或支付命令之送達應於外國為之，或依公示送達為之者，不得行之。

解說

　　本條是關於債權人聲請支付命令時的限制規定。依督促程序功能來看，是屬於特種訴訟程序的一種，重在便利、迅速。債務人只要在法定的20天內，可以不附任何的理由提出異議。基於支付命令功能上的考量，對於原條文規定「如聲請人應為對待給付」，係指如聲請人有對待給付的義務而尚未履行的情形而言，以使詞意明確。如果債權人有民法第264條須對待給付的情形，例如：賣方向買方請求貨款，但自己卻沒有交付貨物；債務人必然在收到法院的支付命令後，提出異議，而使得支付命令的功能喪失，所以債權人的聲請法院發支付命令，則顯然多此一舉。

　　在送達的情形，債務人的住居所明確，法院自然可輕易的送達給債務人，但是，如果有需要公示送達的情形，甚至向外國送達，則因為須費時日，也無法達到督促程序的目的，所以本條明文加以限制。

實例

　　李貞因王瑜借款100萬元不還，而向法院聲請發支付命令，結果李貞因疏失寫錯自己的住址，法院應如何處理？

　　法院可依公示送達的方式，將准許發支付命令的裁定送達給李貞。本條的限制，不能公示送達的情形，是針對債務人（王瑜）而規定的，對於債權人（李貞），除了沒有寫自己的地址外，與公示送達給債權人的情形並不相同。所以對於債權人寫錯

自己住址的情形，仍然可以公示送達，並不受本條的限制。

> **第510條**（支付命令之專屬管轄法院）
> 支付命令之聲請，專屬債務人為被告時，依第1條、第2條、第6條或第20條規定有管轄權之法院管轄。

解說

　　本條是有關督促程序管轄法院的規定。依本條明定是由債務人（不管是自然人，亦無普通、特別之分，或只限個人或法人團體）的住居所、公務所、主事務所及營業所的所在法院，為督促程序的管轄法院。除了上述的法院外，其他法院並沒有管轄的權限，因為條文中有明定「專屬」兩字，因此，當事人之間不能以合意的方式，指定沒有管轄權限的法院，為合意管轄的法院。

實例

　　債權人郭文請求法院向債務人蘇吉發支付命令後，結果法院發出的支付命令債權人郭文雖然有收到，但是債務人蘇吉屢次送達不到，於是法院依法命債權人郭文查報債務人的現在住址。郭文查出來債務人的現址，卻發現並沒有在發支付命令法院的管轄區域內，這個時候法院應該如何處理？

　　法院仍然應該按照債務人現在最新的住址送達。因為支付命令既然已經送達給債權人，法院就應該受它的羈束（民訴§238），不能自行撤銷該支付命令，所以法院送達該支付命令給債務人被退回，經債權人查報債務人的新住址已不在該發支付命令法院的管轄區域時，既然不是無法送達，那麼就仍應依債務人的現在住址為送達（72年廳民三字第71號函復台高院）。

> **第511條**（聲請支付命令應表明之事項）
> 支付命令之聲請，應表明下列各款事項：
> 一、當事人及法定代理人。
> 二、請求之標的及其數量。
> 三、請求之原因事實。其有對待給付者，已履行之情形。
> 四、應發支付命令之陳述。
> 五、法院。
> 債權人之請求，應釋明之。

解說

本條是規定聲請支付命令時，所應記載程式的內容。支付命令的聲請，可以言詞的方式，由法院書記官作成筆錄；也可依本條的規定程式，以書狀向有管轄權的法院聲請。依本條規定為聲請時，須表明下列事項：

一、當事人及法定代理人：也就是債權人及債務人，如果有需要法定代理人的情形，則法定代理人也必須記載。

二、請求之標的及其數量：究竟是多少金錢，還是貨物、股票等。

三、請求之原因事實；其有對待給付者，已履行之情形：期與第509條規定相配合。就債權人為何能向債務人請求的事實，及此事實發生的原因，為詳實的說明，例如：債權人是依據消費借貸（借款）契約，還是侵權行為等等法律的原因，即事實內容為何。

四、應發支付命令之陳述：就是向法院明白表示，請求法院向債務人發支付命令；同時債權人須指明，債權人的聲請是符合法律規定（督促程序）而為聲請的。

五、法院：指請求發支付命令的管轄法院，以使法院了解有

無發支付命令的權限。

除了以上須載明的事項外，還必須將相關事項一併記載清楚，例如：債務人的住居所或並無對待給付的情形，及履行期已經到期等，使法院更能便利的發支付命令給債務人。同時聲請時應按債務人人數附具聲請狀繕本。

為免支付命令淪為製造假債權及詐騙集團犯罪工具，嚴重影響債務人權益，為兼顧督促程序在使數量明確且無訟爭性之債權得以迅速、簡易確定，節省當事人勞費，以收訴訟經濟之效果，並保障債權人、債務人正當權益，避免支付命令遭不當利用，爰增列第2項，強化債權人之釋明義務。

實例

債權人史東對債務人孫華請求返還借款被拒絕，史東於是向臺北地方法院請求發支付命令來督促孫華返還借款，而孫華對該支付命令也沒有提出異議，因而使該支付命令20天後確定了。後來，孫華以史東聲請支付命令的證物係偽造為理由，想要提出救濟。請問此時孫華應如何救濟呢？

支付命令的聲請債權人只要表明聲請標的和數量、請求的原因事實以及應發支付命令的陳述；而債務人可以不附任何理由對支付命令提出異議，債權人在支付命令所主張的事實毋庸舉證，所以他所提證物的有無偽造與應否許可發支付命令沒有關係。本題孫華以史東聲請支付命令的證物有偽造為由而向法院提出異議，這種情形除非在法院的20天內提出，否則超過該期間後，就不可以證物係偽造為理由，而來聲請再審或提起再審之訴。

第512條（法院之裁定）
法院應不訊問債務人，就支付命令之聲請為裁定。

解說

　　法院對於支付命令的核發，並不是毫無理由的准許，還是要按照前開法條所示進行審酌債權人所提出的理由以及相關的證據，所附上常見的證物，例如：借據、支票及退票理由單、契約書、送貨簽收單、會單等等。換言之，支付命令的形式是屬於裁定的一種。法院在債權人聲請發給支付命令後，只是就債權人的聲請是否合法；以及有無具備法律上的理由而為審查，以決定可否發支付命令。所以，對於債務人不可以加以訊問，就算債務人以書狀陳述，法院也可置之不理，因為債務人可直接在20天內，不附任何理由提出異議，而使支付命令失去效力。

　　本條的規定，是基於支付命令的功能在於簡便，所以才例外的不開言詞辯論，否則，支付命令就與一般的訴訟程序沒有差異了。同時必須注意債務人對於支付命令，如未在法定期間提出異議，在當事人間雖與確定判決有同一效力（民訴§521修法後已無既判力），但對於第三人並無拘束力（包括反射效）。

第513條（支付命令之駁回）
支付命令之聲請，不合於第508條至第511條之規定，或依聲請之意旨認債權人之請求為無理由者，法院應以裁定駁回之；就請求之一部不得發支付命令者，應僅就該部分之聲請駁回之。
前項裁定，不得聲明不服。

解說

　　本條是有關法院駁回債權人（聲請人）聲請發支付命令的規定。支付命令的聲請（督促程序）實際上仍為訴訟程序的一種，所以在一般的訴訟程序中，應該注意而具備的要件，在聲請法院發支付命令時，與一般訴訟程序的要件相同。如果不符合，仍然是屬於訴訟要件的欠缺。

　　除了須具備一般的訴訟要件外，關於督促程序的特別規定，例如：督促程序的要件（民訴§508）、限制（民訴§509）、管轄法院（民訴§510）及應表明的事項與請求之釋明（民訴§511），法院都必須依職權加以審查。

　　所以審查的結果，對於不符合規定的，或是雖然符合規定但卻是沒有請求的理由，法院的處理方式是以裁定駁回聲請；裁定書的內容須載明理由，並送達給債權人。雖然聲請發支付命令被駁回，而且須負擔督促程序的費用，同時對裁定不得聲明不服而抗告，但債權人可依一般的起訴程序主張自己的權利，不過要注意一般起訴（訴訟）程序須具備的要件。

　　法院審查的結果，如果只是認為一部分不能發支付命令，例如：超過法定利息部分所產生的利息，則就不能發支付命令的部分予以駁回；或者已罹於時效而消滅。因此本條規定不得聲明不服起見，在民訴第240條之3規定，司法事務官處理事件所為之處分，與法院所為者有同一之效力。因此司法事務官處理支付命令聲請事件，認債權人請求之一部不得發支付命令，而駁回該部分之聲請者，債權人就該駁回處分，應亦不得聲明不服（包括依民訴§240-4 I 本文提出異議在內）。

實例

　　李娟以丁浩所簽發的支票屆期未兌現為理由，在臺北地方法院對丁浩聲請發支付命令。經查證票載內容的結果，李娟所提出的證件及其影印本，它的發票人是甲公司，丁浩並非發票人而僅是甲公司的法定代理人。請問李娟聲請法院發支付命令，有無可能獲得准許？

　　無法獲得准許，法院應以裁定駁回李娟的聲請。支付命令的聲請雖合於一般訴訟要件及本法第508條至第511條的規定，但是依聲請的意旨認為債權人的請求無理由時，法院仍可以裁定加以駁回。所以本題的情形，債權人李娟聲請法院對丁浩發支付命

令，既然以丁浩所簽發的支票未獲兌現爲原因事實，而依其提出的支票影本來看，丁浩並非支票的發票人，法院就可認定李娟的請求爲無理由，依據本條第1項前段規定，必須以裁定駁回其聲請。

第514條（支付命令應記載之事項）

支付命令，應記載下列各款事項：

一、第511條第1項第1款至第3款及第5款所定事項。

二、債務人應向債權人清償其請求並賠償程序費用，否則應於支付命令送達後二十日之不變期間內，向發命令之法院提出異議。

三、債務人未於不變期間內提出異議時，債權人得依法院核發之支付命令及確定證明書聲請強制執行。

第511條第1項第3款所定事項之記載，得以聲請書狀作爲附件代之。

解說

　　法院如果認爲聲請發支付命令，是合乎法律規定的要件，且具有法律上的理由（當事人雙方的法律關係存在，例如：買賣或借貸關係），就可以對債務人發支付命令。支付命令中所要記載的內容，依本條的規定爲：

　　一、當事人雙方及法定代理人、債權人對債務人的請求標的、原因及事實；其有對待給付者，已履行的情形，及發支付命令的管轄法院。

　　二、債務人應該在收到支付命令後向債權人清償其請求並賠償程序費用，或20天之內，可以任意以言詞或書狀提出異議的說明。

　　要注意的是，20天爲不變期間，所以不能任意的延長或縮

短。至於程序費用部分，法院應考量債權人的陳述，如果債權人沒有陳述，法院可以不記載於支付命令中；然因債務人向債權人清償其請求及賠償程序費用的時期，非訴訟法上的不變期間，而向法院提出異議期間，始為訴訟法上的不變期間。

三、修法後支付命令確定後得為執行名義，已無既判力而僅有執行力。為使支付命令之債權人與債務人知悉支付命令之效力已有變更；且逾期提出異議之失權效果，影響當事人權益甚大。故支付命令應載明「債務人未於不變期間內提出異議時，債權人得依法院核發之支付命令及確定證明書聲請強制執行」作為教示之用。

第2項明訂當事人聲請支付命令所表明本法第511條第1項第3款所定請求之原因及事實的事項，如其聲請書狀的記載十分完整，應許法院以之作為附件代替該項記載，以利迅速處理，並減輕法院的負擔。

第515條（支付命令之送達）

發支付命令後，三個月內不能送達於債務人者，其命令失其效力。

前項情形，法院誤發確定證明書者，自確定證明書所載確定日期起五年內，經撤銷確定證明書時，法院應通知債權人。如債權人於通知送達後二十日之不變期間起訴，視為自支付命令聲請時，已經起訴；其於通知送達前起訴者，亦同。

前項情形，督促程序費用，應作為訴訟費用或調解程序費用之一部。

解說

因為支付命令重在迅速，發支付命令後，如果在3個月的法定期間內，不問什麼原因，都不能送達給債務人的話，支付命令

就失去效力，也就是督促程序因此而終結了。

至於關於期間的計算，依民法第119條以下的相關規定，請自行參閱。

因債權人聲請發支付命令時，即有行使權利之意思，時效應予中斷，但目前實務上常有法院以支付命令已合法送達而核發確定證明書，嗣後因債務人抗辯未合法送達，經查明屬實，而將確定證明書撤銷，致發生支付命令不能於核發後3個月內送達債務人，而逕依本條第1項規定支付命令失其效力，影響債權人聲請發支付命令之意願。

因此法律條文修正在兼顧債權人權益之保障與債務人時效利益之前提下，規定如有未經合法送達，而法院誤發確定證明書者，自確定證明書所載確定日期起5年內，經撤銷確定證明書時，法院應通知債權人，且債權人如於通知送達後20日之不變期間起訴者，視為自支付命令聲請時，已經起訴，其於通知送達前起訴者亦同。此時督促程序所繳納之費用，自然作為訴訟或調解費用的一部分，以杜爭議。

實例

陳信對黃杉聲請發支付命令，請求黃杉給付新臺幣500萬元的貨款，黃杉收到法院寄來的支付命令後，在規定的20天以內向法院提出異議。後來陳信跟黃杉經過協調，黃杉同意把異議撤回，而讓支付命令確定。請問黃杉如果向法院撤回異議，是否發生撤回異議的效力，而使支付命令因而確定？

黃杉縱使撤回異議，他的異議也已經生效，依法不准再加以撤回，所以該支付命令已經確定失效。當事人的訴訟行為不待法院裁判，就能獨立發生訴訟法上的效果時，性質上就不許任意撤回。因此，債務人對支付命令一經提出異議，無待法院的裁判，在提出異議的同時該支付命令就失去效力了，而在這個同時，就以債權人支付命令的聲請視為起訴或聲請調解。因此如果准許債

務人任意撤回異議，則已失效力的支付命令又恢復效力，顯然不合訴訟經濟以及安定的原則，故支付命令的異議一經向發支付命令的法院提出後，就不能再加以撤回。本題的情形，黃杉既然已在法定的20天內提出異議，那麼縱使事後其與陳信協調再向法院撤回異議，也不發生撤回異議的效力。

第516條（異議之程式及效力）
債務人對於支付命令之全部或一部，得於送達後二十日之不變期間內，不附理由向發命令之法院提出異議。
債務人得在調解成立或第一審言詞辯論終結前，撤回其異議。但應負擔調解程序費用或訴訟費用。

解說

本條是債務人對支付命令提出異議的規定。因此在債務人收到債權人向法院聲請所發的支付命令時，如果認為債權人的請求沒有理由，或不願遵照支付命令的記載，而為清償的話；可以直接向發支付命令的法院提出異議；而其異議的方式，一般均以書狀表示，且不必附任何理由。但是，必須要在法定的20天之內為異議的表示，才會產生異議的效果（督促程序終結）。

因此在同一個支付命令的聲請中，就清償部分或程序上的費用，分開提出異議的情形，原則上是等同於對整個債權人的請求都表示異議，也就是對程序費用異議，同樣的，對清償部分也等於是已經發生了異議的效果；而此一有爭執的部分，則等到將來的起訴程序或調解程序時再解決。但是，如果在同一支付命令中有幾個獨立的給付請求存在，例如：同一個支付命令中，債權人以借貸契約、買賣契約同時向法院聲請，債務人如果只對其中之一為異議，對其他部分不發生異議的效果。同上面的例子中，對借貸契約異議，對買賣契約並不發生影響，這是兩個不同

的地方，請自行留意分辨其分際；同時法院就債權人聲請的數個請求，或債權人、債務人之一造或兩造為複數，而核發支付命令者，該數請求或多數債權人、債務人相互間非必有牽連，參酌本法第513條規定得就請求的一部發支付命令的立法意旨觀之，自應允債務人得就支付命令的一部提出異議。又本法第514條第1項第2款僅係規定支付命令應記載事項，對支付命令如何提出異議的方式及異議期間仍應另為明確的規定，俾資遵循。且實務上以支付命令為執行名義聲請強制執行時，亦須提出確定證明書，應無疑義。

支付命令一經異議，即視為聲請調解或起訴，為求程序的安定及訴訟上的經濟起見，宜限於調解成立或第一審言詞辯論終結前始得為之。又債務人異議後復撤回異議，其異議視為聲請調解或起訴的程序費用，乃係可歸責於異議人的事由，自應由其負擔，因此債權人即得依本法第90條規定聲請法院為費用負擔的裁定。

同時債務人不論以書狀或言詞提出合法的異議後，就已發生訴訟上的法律效果，為了能更確定異議的形式效力，可向法院的書記官聲請異議證明書，作為異議的證明。原則上書記官不問債務人的聲請原因，都應該准許債務人的聲請；但是，書記官如果拒絕發給債務人證明書，債務人可向拒絕發給的書記官所屬法院提出異議（民訴§240）。但是支付命令之雙方當事人自債務人提出異議時起，即進入訴訟或調解程序，而成為訴訟或調解程序之當事人，苟該異議得由債務人之其他債權人代位行使，該代位行使異議權之債權人亦不因此而成為該訴訟程序之當事人，該訴訟程序仍應以債務人本人為當事人，該債權人即無從以自己之名義行使債務人之權利，此與前揭行使代位權之規定顯然不合，必須加以釐清。

實例

葉宏跟劉培騎車出去逛街,而共同將路邊的王群撞傷,王群因為被葉宏與劉培撞傷而受到了新臺幣10萬元的損害,於是王群就向臺北地方法院士林分院聲請對葉宏、劉培發支付命令。而葉宏跟劉培收到支付命令之後,葉宏提出異議,劉培未提出異議。請問葉宏提出異議的效力是否及於劉培呢?

葉宏提出異議的效力不及於劉培。二人共同騎車撞傷了王群,依據民法第185條,二人對王群應該負連帶賠償責任,所以葉宏與劉培是屬於連帶債務人。而依據民法第273條的規定,連帶債務的債權人可同時或先後對連帶債務人之一人或數人或全體請求全部或一部的給付,因此求償連帶債務並非必要共同訴訟,所以沒有民事訴訟法第56條的適用。本題葉宏雖然提出異議,可是他提出異議的效力只及於自己;而劉培沒有提出異議,對於王群的債務就因其未提出異議而確定了(76年廳民一字第2903號函復台高院)。

第517條(刪除)

第518條(逾期異議之駁回)
債務人於支付命令送達後,逾二十日之不變期間,始提出異議者,法院應以裁定駁回之。

解說

督促程序的進行,法院並不開庭審理。所以,債務人收到支付命令後,除非願意遵照支付命令向債權人清償,否則就必須在20天之內提出異議。如果超過了20天,才向法院(發支付命令的

法院）提出異議，法院必須以裁定駁回。但是，債務人仍然可以對法院駁回的裁定，提出抗告（民訴§482）。

第519條（異議之效力）
債務人對於支付命令於法定期間合法提出異議者，支付命令於異議範圍內失其效力，以債權人支付命令之聲請，視為起訴或聲請調解。
前項情形，督促程序費用，應作為訴訟費用或調解程序費用之一部。

解說

支付命令經債務人於法定的20天期限內具備了合法的條件，而提出異議的話，支付命令就因而失去效力，督促程序也就因此終結；然依修正後第516條第1項規定，債務人得就支付命令的全部或一部提出異議，則支付命令因異議而失其效力的範圍，亦應以債務人合法提出異議的範圍為限，應加以釐清。這時的支付命令就當成是債權人對債務人起訴的表示，而適用一般的訴訟程序，或調解的聲請，而適用調解程序。究竟適用一般程序或適用調解程序，依是否為簡易訴訟程序而為判斷（民訴§427）。但是，應否要經調解程序的過程，仍然要依相關的規定（民訴§403 I），所以，如果有本法第419條調解不成立、當事人一造聲請辯論的情形，則支付命令就適用普通訴訟程序，此時仍應依法繳納裁判費用，方得開始訴訟行為。

因為督促程序的終結，督促程序的費用就與一般訴訟程序合併計算，成為訴訟費用的一部分。所以，債權人如果不在合法的期間內起訴，費用就由債權人負擔。在調解成立時，督促程序與調解程序的費用，依本法第84條規定計算；如果調解不成立，則督促程序與調解程序的費用，則依本法第423條的規定作為訴訟

費用的一部分。

　　一般而言債權人聲請法院依督促程序對債務人發支付命令，債務人得不附理由向法院提出「異議」之行為，係屬訴訟行為之一種。如該支付命令所載之「請求」確屬存在，債務人固得選擇不行使異議權，以達節省勞費，並使雙方之權利義務關係儘早確定之督促程序立法目的。惟債務人倘明知債權人之「請求」為無理由，或債務人與債權人通謀，使債權人取得虛偽之「請求」，或有類此之情形者，既無從期待債務人為「異議」而進行後續之訴訟程序，苟必待該支付命令因債務人未異議而生與確定判決同一效力後，其他債權人始得提起第三人撤銷之訴或其他訴訟，以求救濟，即形成訴訟程序之延滯，抑且因其他債權人無資力繳納另行起訴所須支付之鉅額裁判費，致任由該原不得核發之支付命令確定，顯不足以保障其他真正債權人之權利，並造成司法資源之浪費（69台抗240、92台上1886），所以應准許其他債權人代位行使該屬於訴訟行為範疇之異議權，使支付命令失其效力，而其「代位異議」之權限，亦僅於支付命令失其效力，方無悖於督促程序規定之原意。至於督促程序終結，視為起訴應進行通常訴訟程序後（其間或因債權人撤回，或因其明知債權不實，未補繳裁判費而不備程式）原「代位異議」之債權人如何行使其權利（參加訴訟或提起主參加訴訟等），係屬另一個問題（參97台抗490裁判）。

第520條（刪除）

第521條（支付命令之效力）

債務人對於支付命令未於法定期間合法提出異議者，支付命令得為執行名義。

前項情形，為裁定之法院應付與裁定確定證明書。

債務人主張支付命令上所載債權不存在而提起確認之訴者，法院依債務人聲請，得許其提供相當並確實之擔保，停止強制執行。

解說

　　本條於104年7月1日修正公布，此次修定系參酌德、日相關之督促程序制度，凡未於法定期間內提出異議之支付命令，僅為得據以聲請假執行之裁定，而不具有既判力。而此修定導因於原法賦予確定之支付命令與確定判決具有同一效力，雖然便利債權人行使權利，但是對於債務人之訴訟權保障仍有不足之處，並讓心懷不軌之人有機可乘；為求平衡督促程序、節省勞費與儘早確定權利義務關係之立法目的，以及債務人必要訴訟權利保障之需求，因而確定之支付命令雖不宜逕行賦予既判力之效果，惟仍得為執行名義，故而修正原條文第1項。

　　關於因實務對支付命令適用第496條第1項各款再審事由時，採取相對嚴謹之限縮解釋，導致債務人實質上根本無從循再審制度以為救濟，民事訴訟法第521條第2項淪為具文，故刪除原條文第2項之規定。另債權人依假扣押、假處分、假執行之裁判及其他依民事訴訟法得為強制執行之裁判而聲請強制執行時，均應提出裁判正本以觀（強執§4Ⅰ②、同法§61Ⅰ②規定可資參照）。同時，有鑑於我國強制執行之實務，原裁定法院均會依職權核發裁定確定證明書，俾利執行法院能夠具體審查債務人是否未於法定期間內對支付命令合法提出異議。所以為配合強制執行實務之

需求與現況著想，故而增訂第2項規定以爲補充。

　　雖然此次修法後，支付命令僅存有執行力，因而債務人對於已確定之支付命令不服者，除於債務人已聲請強制執行時，可以提起債務人異議之訴外，尚可對此提起確認之訴以資救濟。同時爲兼顧債權人與債務人之權益及督促程序原有之經濟效益，參酌非訟事件法第195條第3項之規定，債務人若主張支付命令上所載債權不存在而提起確認之訴時，法院依債務人聲請，得許其提供相當並確實之擔保後，停止強制執行之執行，故而配合增訂本條第3項，以補不足之處。

第七編

保全程序

第522條（假扣押之要件）
債權人就金錢請求或得易為金錢請求之請求，欲保全強制執行者，得聲請假扣押。
前項聲請，就附條件或期限之請求，亦得為之。

解說

根據本條以下至第531條是本法有關假扣押程序的規定，與本法第532條至第538條之4所規定的假處分程序，構成本法的保全程序。所謂「假」，係指暫時的意思，其於訴訟繫屬中固得為之，即在訴訟尚未繫屬或尚未到履行期的請求，或於當事人所爭執的法律關係有定暫時狀態之需要者，均得實施此一保全程序；以防止債務人隱匿或處分其財產而達脫產目的。因此依本條文義，假扣押係以保全金錢請求之強制執行為目的，故假扣押之債權人對債務人所提起之本案訴訟，以請求金錢給付或得易為金錢給付之給付之訴為限，至於確認之訴、形成之訴及非以金錢給付或得易為金錢給付為內容之給付之訴，均非假扣押所欲保全之本案訴訟；換言之，必須以該訴訟得以確定其私權之存在，而取得給付之確定判決為前提。

同時本條係全面針對債權人聲請法院就到期或未到期的金錢上請求或得變更為金錢的請求（例如：不動產），限制債務人擅自處分其個人財產，以利將來確定判決後方便強制執行。按假扣押係債權人為保全金錢請求或得易為金錢請求之強制執行，聲請法院以裁定禁止債務人處分其財產之制度。故假扣押之債權人對債務人所提起之本案訴訟，如以請求金錢給付或得易為金錢給付之給付之訴者，即得於本案訴訟繫屬前或繫屬後，向管轄法院聲請假扣押，此觀民訴第522條第1項、第524條第1項規定自明。

至於第2項原僅規定就未到履行期的請求得聲請假扣押；惟

本法第246條規定已經擴大得提起將來給付之訴的適用範圍，明定於有預為請求的必要者，方得提起的規定，且並不限於未到履行期的請求，所以就此部分，亦有聲請假扣押的必要性，以資配合。至於附條件的請求因繫於將來不確定的事實，是否准予假扣押，應由法院斟酌個案具體情形而為裁量。

第523條（假扣押之理由）
假扣押，非有日後不能強制執行或甚難執行之虞者，不得為之。
應在外國為強制執行者，視為有日後甚難執行之虞。

解說

　　本條規定係指債務人有故意浪費財產、增加負擔或將其財產為移轉或不利債權人的處分，而使得其達於無資力狀態時，即屬不能強制之虞。至於甚難執行之虞，則指債務人有逃匿國外或隱匿在國內而使債權人將來無法獲得執行的情形，此一部分在現行實務上必須自行舉證，例如人去樓空等情形，方得為假扣押聲請，此外不得任意為之。

　　對於債務人有保證人為擔保時，是否即不可對之假扣押，實務上採否定說可供參考。同時倘債務人對債權人應給付之金錢或得易為金錢請求之債權，經催告後仍斷然堅決拒絕給付，且債務人現存之既有財產，已瀕臨成為無資力之情形，或與債權人之債權相差懸殊，將無法或不足清償滿足該債權，在一般社會之通念上，可認其將來有不能強制執行或甚難執行之虞之情事時，亦應涵攝在內。

　　依假扣押程序之規定，係為債權人保全強制執行而設，若債權人之請求已有確定終局判決可為執行名義，即得逕行聲請強制執行，固無聲請假扣押之必要（31聲151參照）。惟如確定終局

判決之執行名義係分期（定期）給付之判決，對未到期之部分，仍不得持該執行名義請求強制執行，對該部分若有日後不能強制執行或甚難強制執行之虞者，自非不得聲請假扣押。

> **第524條**（假扣押之管轄法院）
> 假扣押之聲請，由本案管轄法院或假扣押標的所在地之地方法院管轄。
> 本案管轄法院，為訴訟已繫屬或應繫屬之第一審法院。但訴訟現繫屬於第二審者，得以第二審法院為本案管轄法院。
> 假扣押之標的如係債權或須經登記之財產權，以債務人住所或擔保之標的所在地或登記地，為假扣押標的所在地。

解說

本聲請係向訴訟已經繫屬或應繫屬的本案管轄或例外向假扣押標的所在地管轄法院提出，此一聲請選擇權由債權人自由選擇。不過，此兩者由債權人向法院表明的事項及法院裁定內容事項均有明顯的不同，茲分別說明如次：

一、向本案管轄法院聲請，無須向法院表明應扣押什麼財產。

二、向假扣押標的物所在法院聲請，則須具體指明扣押什麼特定之物或權利，而不及於債務人的一切財產。

假扣押標的如係債權，則因債務附隨人而存在，故一方面以債務人的住所為主，其次則是以擔保標的之所在為輔助。倘債務人對此假扣押裁定欲抗告，雖提出證據證明，抗告法院亦僅能審究該假扣押裁定之當否，無權涉及實體爭執，必須另案就實體事項提出訴訟以資救濟。

依原第2項但書規定，如訴訟現繫屬於第二審法院者，假扣押聲請應由第二審法院管轄，此就假扣押的請求及其原因的調查

固較為便利，然准許假扣押之裁定須由原第一審法院執行，如能由原第一審法院管轄，則較利於迅速執行。故為加強保障債權人的權益，於此情形，宜賦予債權人選擇權，由債權人於聲請時自行斟酌向何法院為之；因此方有本條之設計。至於訴訟現繫屬於第三審法院者，自仍應由原第一審法院管轄。

至於第3項則規定，假扣押的標的物如為權利的得喪變更須經登記始生效力，或始得對抗第三人的財產權者，其執行須通知主管機關登記，始能限制債務人處分該權利，故為爭取時效，其登記地的法院，亦以有管轄權為宜。

第525條（假扣押之聲請程式）
假扣押之聲請，應表明下列各款事項：
一、當事人及法定代理人。
二、請求及其原因事實。
三、假扣押之原因。
四、法院。
請求非關於一定金額者，應記載其價額。
依假扣押之標的所在地定法院管轄者，應記載假扣押之標的及其所在地。

解說

假扣押聲請書狀應表明：

一、當事人（即債權人、債務人）及法定代理人（即未成年人或受監護宣告之人，由法律規定有代為處理權限之人）。

二、請求及其原因事實：請求的事項，例如：請准債權人供擔保對債務人所有的財產，在新臺幣某萬元之範圍內予以假扣押。程序費用由債務人負擔，即第522條情形。同時為期一假扣押請求的內容能夠明確，以便於法院審酌，假扣押的聲請除應表

明其請求外，尚應表明其請求保全的金額、權利及其請求權發生的原因事實等事項，以資明確。而此所稱「請求」，係指債權人已在或欲在本案請求之標的而言；所謂「原因事實」，即本案請求所由生之原因事實，並包括得易為金錢請求之原由及聲請保全債務人財產之範圍在內。

　　三、假扣押之原因：例如：本法第523條的情形；即非有日後不能強制執行或甚難執行之虞者，或應在外國為強制執行者。

　　四、法院：指管轄法院民事庭。

　　對於依假扣押標的所在地法院管轄者，應詳細記明假扣押標的及其所在地所應特別表明的事項，由此足知如係向本案管轄法院聲明，即毋庸為此一表明。

　　本項聲請應購司法狀紙，依本法第116條規定辦理之。

第526條（假扣押原因之釋明）
請求及假扣押之原因，應釋明之。
前項釋明如有不足，而債權人陳明願供擔保或法院認為適當者，法院得定相當之擔保，命供擔保後為假扣押。
請求及假扣押之原因雖經釋明，法院亦得命債權人供擔保後為假扣押。
夫或妻基於剩餘財產差額分配請求權聲請假扣押者，前項法院所命供擔保之金額不得高於請求金額之十分之一。

解說

　　請求原因（民訴§523），應於書狀表明可即時調查的證據；而此所謂請求之原因，係指債權人金錢請求或得易為金錢請求之發生緣由（民訴§522Ⅰ）；而假扣押之原因，則指有日後不能強制執行或甚難執行之虞（同法§523Ⅰ）；至所稱釋明，乃謂當事人提出能即時調查之證據，使法院就其主張之事實，得

生薄弱之心證，信其大概如此而言。

　　債權人雖未為第1項釋明，可供相當擔保而為聲請，其情形為未提出證據或雖提出證據而預慮不足使法院得薄弱心證的預備陳明。故債權人聲請假扣押應就其請求及假扣押之原因加以釋明，兩者缺一不可。

　　本條第3項與第2項不同在於前者係法院依職權，後者係依據債權人的陳明以代釋明，不可不加以區別；依原第2、3項規定，法院得為附供擔保條件之假扣押裁定，或先為命債權人供擔保之裁定，俟供擔保後，再為准予假扣押裁定。因後者須為二次裁定，繁瑣費時，難符保全程序應求簡捷以確保債權人權利的目的，且實務上至今甚少採用，為省勞費，故將其修正為附供擔保與准許假扣押的裁定，於同一裁定中為之，不再適用二次裁定的過去制度。

　　增列第4項規定，以規範過去實務上按法院於假扣押命供擔保時，幾乎一律要求所請求金額三分之一的擔保金的慣例，故特規定夫或妻基於剩餘財產差額分配之訴時，法院應降低所命供擔保金額的門檻，不得高於請求金額的十分之一，以免因程序規定而損及當事人實體利益，爰增列第4項規定，以保障其請求權的行使。

　　債權人所供擔保應記載於假扣押裁定內，是為供債務人判斷是否提供擔保的方法或數額不當，而提出抗告的依據。

第527條（免除或撤銷假扣押之記載）
假扣押裁定內，應記載債務人供所定金額之擔保或將請求之金額提存，得免為或撤銷假扣押。

解說

　　本條記載係因假扣押的目的原在保全將來強制執行，自然不

可不予以自行補救的措施或機會，故本條的記載如有遺漏，債務人得聲請補充裁定；然因假扣押制度在於保全債權人金錢債權將來的可以執行，故債務人如將請求的金額提存，亦足以達保全目的，而無假扣押的必要，爰將增列為假扣押裁定內應記載得免為或撤銷假扣押的事由，以釐清分際。

實例

　　李洋向張復借款新臺幣500萬元，到了清償期屆滿時李洋仍然沒有還錢，張復就向法院聲請，對李洋位於內湖區內湖路一段的房子實施假扣押。而李洋在假扣押之前就已經把房子賣給了王照，只不過還尚未移轉登記到王照名下而已。請問此時王照可不可以向法院提供擔保而免為假扣押或撤銷假扣押？

　　因債務人怠於行使權利時，債權人為了保全債權可以以自己名義來代位行使債務人的權利，民法第242條前段設有明文，且此項代位權行使的範圍就民法第243條但書規定來看，並不以保存行為為限，凡是以權利的保存或實行為目的的一切審判上或審判外行為都包括在內（69台抗240）。本題王照是債務人李洋的債權人（按王照對李洋有移轉登記請求權），如李洋怠於行使其權利而不提供擔保撤銷假扣押時，王照就可以代位李洋向法院提供擔保來聲請免為假扣押或撤銷假扣押，以免李洋位於內湖的房子遭張復假扣押之後而受到損失。

第528條（假扣押之裁定）

關於假扣押聲請之裁定，得為抗告。

抗告法院為裁定前，應使債權人及債務人有陳述意見之機會。

抗告法院認抗告有理由者，應自為裁定。

准許假扣押之裁定，如經抗告者，在駁回假扣押聲請裁定確定前，已實施之假扣押執行程序，不受影響。

解說

　　本條係依據假扣押設立之目的而來，其旨本在預防債務人先行處分其財產，是故爲有預行通知的道理，故採不送達原則，例外在附條件的裁定則應於假扣押裁定送達同時或送達前爲之。

　　關於本編有關假扣押的法院裁定，得以抗告方式聲明不服，請求上級法院審究假扣押是否妥適。

　　第2項規定，爲保障債權人及債務人之程序權，並使法院能正確判斷原裁定之當否，應賦予債權人及債務人於抗告法院裁定前有陳述意見之機會。是債權人對於駁回其假扣押聲請之裁定，提起抗告，抗告法院若依民訴第528條第2項規定，通知債務人陳述意見，無異使債務人事先知悉債權人對其聲請假扣押情事，此與上開強制執行法保護債權人之立法意旨有違。準此，相對人不服臺灣臺北地方法院所爲駁回之裁定，提起抗告，原法院未使再抗告人有陳述意見之機會，尚無違誤（100台抗851裁判參照）。

　　第3項則針對抗告法院就關於假扣押聲請裁定的抗告，認爲有理由者，於廢棄原裁定時，應自爲裁定，不得發回原法院更爲裁定，以避免程序稽延，而達到保全程序應迅速加以處理的要求。

　　第4項准許假扣押的裁定，如經抗告法院廢棄後，即得撤銷已實施的假扣押執行程序，則倘嗣後經再抗告又廢棄抗告法院的裁定，而爲准許假扣押的裁定者，於債權人再聲請假扣押時，原來已經撤銷假扣押執行的財產，可能已爲債務人所隱匿或處分，而有不能再回復執行之虞。故爲保障債權人的權益，明定於此情形，在駁回假扣押聲請裁定確定前，已實施的假扣押執行程序，不受任何影響。

第529條（未依期起訴假扣押之撤銷）

本案尚未繫屬者，命假扣押之法院應依債務人聲請，命債權人於一定期間內起訴。

下列事項與前項起訴有同一效力：

一、依督促程序，聲請發支付命令者。

二、依本法聲請調解者。

三、依第395條第2項為聲明者。

四、依法開始仲裁程序者。

五、其他經依法開始起訴前應踐行之程序者。

六、基於夫妻剩餘財產差額分配請求權而聲請假扣押，已依民法第1010條請求宣告改用分別財產制者。

前項第6款情形，債權人應於宣告改用分別財產制裁定確定之日起十日內，起訴請求夫妻剩餘財產差額分配。

債權人不於第1項期間內起訴或未遵守前項規定者，債務人得聲請命假扣押之法院撤銷假扣押裁定。

解說

假扣押的目的本在預防債務人脫產並儘早確立彼此間法律關係，照理說應該及早起訴，否則便失去保護的必要性，對於債權人利用此一程序以達損害債務人之目的，亦未免有失持平之道，故法律特設限期起訴，以兼顧雙方利益。

按夫妻剩餘財產分配請求權之發動，除離婚、死亡外，尚包括改定夫妻財產制，為免夫妻之一方依民法第1010條規定，請求宣告改用分別財產制，在該裁定尚未確定前，剩餘財產分配請求權尚未產生，請求者事實上尚不能遵行法院之旨於限期內就剩餘財產請求部分起訴，致假扣押裁定可能遭撤銷而無法為保全程序，造成日後實現實體上權利的執行困難，基此，故增列第2項

第6款及第3項的規定補充。而所謂命假扣押法院所定之期間，雖非不變期間，惟債權人至遲應於命假扣押之法院，為撤銷假扣押之裁定前起訴，否則，命假扣押之法院應依債務人之聲請撤銷假扣押裁定。

依原規定，債權人應於法院所定期間內起訴，以確定其請求是否存在。惟債權人依督促程序聲請發支付命令、依本法聲請調解、依第395條第2項為聲明及依法開始仲裁程序者，如有結果，均足生與確定判決同一的效力；又如耕地租佃爭議、終止耕地租約及國家賠償等事件，債權人於起訴前，依法應踐行調解、調處、協調、協議等程序，則債權人依各該程序行使權利，亦宜賦予與第1項起訴同一的法律上效力。至於開始上開程序後，若該程序依法有失其效力的情事發生，例如：支付命令於3個月內未能送達，調解不成立未即為言詞辯論的聲請、撤回，或因程序不合法被駁回等情事，自不發生與起訴一樣的效力。

另外第4項特賦予債務人撤銷假扣押裁定之權利。不過，實務上認為起訴，係專指確定其私權的存在，而取得給付之確定判決而言；且對於債權人有如下情形時，亦不得撤銷：

一、於所定期間起訴，因不合法被駁回，即與未起訴同。但債務人若於期間屆滿以後不為撤銷，或債權人於期間屆滿後起訴，而債務人始撤銷者。

二、在撤銷假扣押裁定之裁判前債權人已起訴者。

第530條（原因消滅或情事變更假扣押之撤銷）
假扣押之原因消滅、債權人受本案敗訴判決確定或其他命假扣押之情事變更者，債務人得聲請撤銷假扣押裁定。
第528條第3項、第4項之規定，於前項撤銷假扣押裁定準用之。
假扣押之裁定，債權人得聲請撤銷之。

> 第1項及前項聲請，向命假扣押之法院為之；如本案已繫屬者，
> 向本案法院為之。

解說

第1項所謂「原因消滅」，即已無本法第523條的情形，例如：原應在外國執行而為假扣押原因，而現已得在國內強制執行者；至於其他情事變更，則如債務人已經清償，自然得由債務人撤銷原假扣押的裁定。然因債權人於請准假扣押裁定後，如已提起本案訴訟，則其請求權是否存在，應待本案判決確定，始得判斷有無情事變更，爰增列「債權人受本案敗訴判決確定」的例示規定（而所謂受本案敗訴判決確定，係指債權人依假扣押所欲保全強制執行之請求，經本案之實體確定判決確認其不存在或不得行使者而言；苟該請求未經實體確定判決確認為不存在或不得行使，即無容債務人據此為由，聲請撤銷假扣押裁定之餘地），以杜疑義。至起訴後，有因清償、抵銷、拋棄權利等原因而終結訴訟者，仍應就具體情形斟酌其是否為其他的情事變更（所謂情事變更，不僅僅是指命假扣押的情事於裁定後變更而已，即於裁定前原屬存在，為當時所不知，於裁定後始為知悉者，亦屬所謂情事變更的情形。以故，於債權人聲請假扣押裁定時，倘無假扣押的原因或無假扣押的必要，於當時不知而於假扣押裁定後始知時，債務人即得依本條的規定，聲請撤銷假扣押裁定）的狀況。例如相對人雖僅就其假扣押請求之1億元中之1,000萬元部分提起上訴，但現行民事訴訟法第二審程序並無禁止上訴人擴張上訴聲明之規定，故上訴人在第三審法院為發回或發交後之第二審程序，仍得擴張上訴聲明（93年第3次民事庭會議決議），可見相對人雖僅就1,000萬元提起第三審上訴，如經最高法院發回更審，相對人於第二審程序中並非不得擴張上訴聲明，難認相對人尚未

上訴部分，已經敗訴確定，再抗告人聲請撤銷假扣押裁定，不符合首揭說明民事訴訟法第530條第1項之要件（101台抗396裁判參照）。

第2項撤銷假扣押裁定的性質及所生的影響，與對假扣押裁定抗告者相同，爰增設本項準用規定，俾利適用。

第3項則係假扣押裁定後，債權人自願撤銷所特別規定的措施。因為供擔保數額有時會造成債權人財務上的嚴重負擔，且訴訟過程曠日費時，是否合乎經濟效益，亦必須加以自行衡量。

第4項則指第529條第2項的情形外，如本案已繫屬，此本案法院則應與第524條作同一解釋而適用。

第531條（撤銷假扣押債權人之損害賠償責任）
假扣押裁定因自始不當而撤銷，或因第529條第4項及第530條第3項之規定而撤銷者，債權人應賠償債務人因假扣押或供擔保所受之損害。
假扣押所保全之請求已起訴者，法院於第一審言詞辯論終結前，應依債務人之聲明，於本案判決內命債權人為前項之賠償。債務人未聲明者，應告以得為聲明。

解說

本條的情形可區分為三：

一、自始不當，即依命假扣押時客觀存在的情事，認為不應為此裁定的情形。

二、因債權人不於法定期間內起訴者。

三、因債權人聲請撤銷時，則不問債權人有無故意、過失，均應賠償債務人因假扣押或供擔保所受的實際損害。原依民法請求損害賠償須負舉證責任，在此則不必負舉證責任，且本條請求應以訴為之；如無前開情形而撤銷，債務人自無請求本條賠償規

定的適用。

第1項債權人的賠償責任，係基於法律的規定，並不以債權人有故意或過失為要件，故法院僅須審究債務人是否因假扣押或供擔保而受有損害，及所受損害與假扣押間有無因果關係。為求訴訟經濟，如假扣押所保全的請求已起訴者，應使債務人得利用本案訴訟程序一併請求賠償。所以假扣押裁定依前述法定事由而撤銷者，其因假扣押受有損害之債務人，即得依本條第1項之規定請求損害賠償。

實例

王浩、陳昇兩人提供擔保後對周平之財產實施假扣押，經周平聲請法院命王浩、陳昇限期起訴，惟只有王浩一人遵限起訴，最後遭致敗訴判決確定時，周平應向何人請求賠償？

在此周平即可分別對王浩依本法第529條第2項及第530條來撤銷該假扣押，對陳昇則依第531條來撤銷假扣押。故王浩、陳昇二人均須對周平負連帶賠償責任。

第532條（假處分之要件）
債權人就金錢請求以外之請求，欲保全強制執行者，得聲請假處分。
假處分，非因請求標的之現狀變更，有日後不能強制執行，或甚難執行之虞者，不得為之。

解說

本條係相對於假扣押而設。乃對金錢以外的請求，例如：骨董、名畫，為某種強制處分或就爭執之法律關係，定暫時狀態的特別訴訟程序。所謂請求即已存在或欲在本案訴訟請求之標的，倘債權人所表明之本案請求為確認之訴，即非以金錢請求以外請

求之給付之訴，自不得遽為聲請假處分。

至於請求標的物現狀變更（例如土地原狀之回復），非僅指從前存在的狀態，其並包含現在的狀態在內，而甚難執行之虞（請參閱本法第523條的相關說明）。例如共有物之分割，法院即應就聲請人因假處分所得利益、不許假處分可能受有之損害暨相對人因假處分所受損害等情衡量之，尚不得僅因共有人提起分割共有物之訴，即謂為避免土地現狀變更，其得依民訴第532條規定聲請假處分，禁止其他共有人依上開土地法規定處分共有物。

實例

陳鈞向李華購買位於臺北東區的房屋一間，而李華先移轉占有給陳鈞時，倘陳鈞拒絕付款，或陳鈞付款後李華拒絕過戶時，分別該如何處理？

陳鈞拒付房款時，李華應為假扣押；如陳鈞付款後，李華拒絕辦理過戶手續者，則陳鈞自得為假處分，禁止李華移轉登記給任何第三人；李華若已移轉給第三人，陳鈞為保全損害賠償則得聲請假扣押，因此端看各該實際案例分別加以適用。

第533條（假扣押規定之準用）
關於假扣押之規定，於假處分準用之。但因第535條及第536條之規定而不同者，不在此限。

解說

假扣押與假處分同為保全程序的一種，其聲請方式大致相同，故除假處分的管轄、方法及撤銷，法律另有規定外，均準用假扣押的規定；但撤銷假處分裁定所為之裁定，係宣示消滅原假處分裁定之效力，性質上屬形成裁定，而形成裁定僅具形成力，

並無執行力，且其形成力須於裁定確定時始發生。因此表明並記載「請求〔包括假處分之對象（即將來聲請強制執行之標的）與所由生之法律關係（即本案請求之訴訟標的）〕及其原因事實」等合法必備之程式事項外，如具有「就金錢請求以外之請求，欲保全強制執行」及「非因請求標的之現狀變更，有日後不能強制執行或甚難執行之虞」之事由，並就此有效要件爲釋明者，即應依本條予以准許。又將來給付之訴，有預爲請求之必要者，依同法第246條規定，應得爲之，故附期限之法律行爲或未到履行期等未到期之請求，債權人就金錢以外之請求權，現在雖尚不能行使，但有預爲請求而有保全之必要，並合乎上揭聲請假處分之合法程式及有效要件者，依同法第533條準用第522條第2項規定，法院亦非不得准許之（100台抗575裁判參照）。

第534條（刪除）

第535條（假處分之方法）
假處分所必要之方法，由法院以裁定酌定之。
前項裁定，得選任管理人及命令或禁止債務人爲一定行爲。

解說

假扣押的方法僅有唯一的查封；而假處分的方法，視其所要保全給付的種類而不同。故條文無法涵蓋全部，特別授權法院依具體個案酌訂其方法，並應記載於假處分的裁定中以利執行，此係法院的職權，非當事人所得支配，例如：智慧財產權的侵害、通行權、占有狀態等等均屬之。

至於本條第2項所列舉的方法，前者係執行時，爲達防止債

務人變更系爭物的現狀而歸管理人占有，並解除債務人之占有；後者則係形成一種壓力，俾使債務人知悉裁定內容自動履行所為的一種技巧。例如專利相關之假處分之方法，係由法院依職權酌定，不可逾越定暫時狀態所需要之程度，惟不受債權人聲請假處分所表明方法之拘束。本件兩造係因是否侵害專利權之爭執而聲請定暫時狀態假處分，惟按物品專利權人，除本法另有規定者外，專有排除他人未經其同意而製造、為販賣之要約、販賣、使用或為上述目的而進口該物品之權，專利法第58條第1項定有明文，逾此所列行為以外之設計、陳列等行為，既非專利法所規範專利權之效力範圍，似與是否成立侵害專利權無涉，即難謂係定暫時狀態所必要之方法。

第536條（假處分撤銷之原因）

假處分所保全之請求，得以金錢之給付達其目的，或債務人將因假處分而受難以補償之重大損害，或有其他特別情事者，法院始得於假處分裁定內，記載債務人供所定金額之擔保後免為或撤銷假處分。

假處分裁定未依前項規定為記載者，債務人亦得聲請法院許其供擔保後撤銷假處分。

法院為前二項裁定前，應使債權人有陳述意見之機會。

解說

　　假處分係就金錢請求以外的請求保全其執行而設的程序。此種金錢請求以外的請求，如代以金錢的給付亦可滿足債權人的要求，或債務人將因假處分而受難以補償的重大損害，或有其他特別情事者，應許債務人得供擔保免為假處分或撤銷假處分，此為第1項規定。同時依此規定，債務人如聲請法院許其供擔保後撤銷假處分，且法院裁定准許債務人得供擔保而撤銷假處分時，應

認僅須債務人已經為債權人提供擔保後，即得聲請撤銷原來假處分之執行，無須等待至法院所諭知之裁定確定後，債務人始得聲請撤銷假處分之執行。蓋債權人可無待於准供擔保而為假處分之裁定確定，得於裁定確定前，即依照該裁定內容提供擔保而聲請對債務人執行假處分，如要求債務人方面必須要等待裁定確定以後，始可依裁定內容提出擔保而聲請撤銷假處分，於該裁定確定以前，債務人不得依該裁定內容提供擔保而聲請撤銷假處分之執行，不符法律之衡平原則，對債務人有失公平。

所謂「特別情事」，係指債權人所保全對債務人交付的買賣標的物為可替代物者屬之，對此一特別情事是否准許撤銷，仍屬法院職權，非當事人所能置喙，且假處分的事務往往不像假扣押物有可代替性，兩種保全程序所要保全的事項目的又截然不同，因此在處理上有著不同的認定標準，例如：禁止當事人處分其占有的唐朝瓷器，因其難以估算價值且無法取代者即是。

第2項則針對前項情形，如法院為假處分裁定時，未記載債務人得供擔保免為或撤銷假處分者，為維護債務人的權益，亦應許債務人得為聲請。

第3項則因准債務人供擔保免為或撤銷假處分，攸關債權人的權益甚鉅，故法院依前二項規定為裁定前，應賦予債權人陳述意見的訴訟上機會，以保障其基本的法律上權益。

第537條（刪除）

第537條之1（自助行為之處理程序㈠）
債權人依民法第151條規定押收債務人之財產或拘束其自由者，應即時聲請法院為假扣押或假處分之裁定。

前項聲請，專屬押收債務人財產或拘束其自由之行為地地方法院管轄。

解說

　　本條第1項係因債權人依民法第151條規定（配合民法規定而納入此一程序以資適用），押收債務人的財產或拘束其自由者，依同法第152條第1項規定應即時向法院聲請處理。為配合該規定所設計，同時明定於此一情形下，債權人應即時聲請法院為假扣押或假處分的裁定。惟如債權人已取得執行名義者，即應依強制執行程序聲請執行，自不得再依本項規定聲請法院為假扣押或假處分裁定，此點應無疑義。

　　第2項則針對債權人押收債務人財產或拘束其自由後，既應即時聲請法院處理，為免延誤，應專屬為上開行為地的地方法院來管轄，以掌握時效，而此項「專屬」自助的「行為地」，聲請人是無自由選擇的空間。

第537條之2（自助行為之處理程序(二)）
前條第1項之聲請，法院應即調查裁定之；其不合於民法第151條之規定，或有其他不應准許之情形者，法院應即以裁定駁回之。
因拘束債務人自由而為假扣押或假處分之聲請者，法院為准許之裁定，非命債權人及債務人以言詞為陳述，不得為之。

解說

　　本條第1項規定，債權人押收債務人的財產或拘束其自由，僅係暫時自助的權宜措施，因事涉債務人的基本人權，法院於受理聲請後，自應從速調查並加以裁定；如認債權人的聲請不合民

法第151條（該條規定係為保護自己權利，對於他人的自由或財產施以拘束、押收或毀損者，不負損害賠償的責任。但以不及受法院或其他有關機關援助，若非於當時為之，則請求權不得實行或其實行顯有困難者為限）的規定，或有其他程序不合法或不符假扣押、假處分規定的法律要件，而有不應准許的情形者，應即以裁定駁回之，以確保債務人的權益。

第2項係法院就債權人因拘束債務人自由而為假扣押或假處分的聲請者，對於此涉及人身自由的情形，應該審慎處理而為特別規定。於為准許裁定前，應命債權人及債務人以言詞為陳述，如債務人不在場時，亦應依本法第157條但書規定，就債務人的所在地令其陳述，以求事實明晰，以便為正確的判斷。

第537條之3（自助行為之處理程序㈢）
債權人依第537條之1為聲請時，應將所押收之財產或被拘束自由之債務人送交法院處理。但有正當理由不能送交者，不在此限。
法院為裁定及開始執行前，應就前項財產或債務人為適當之處置。但拘束債務人之自由，自送交法院時起，不得逾二十四小時。
債權人依第1項規定將所押收之財產或拘束自由之債務人送交法院者，如其聲請被駁回時，應將該財產發還於債務人或回復其自由。

解說

本條第1項明定，自助行為係不及受公權力援助的不得已方法，債權人於行為後即時向法院聲請處理時，既已置於得依公權力支配的狀態下，除有正當理由不能送交外，自應將所押收的債務人財產或拘束自由的債務人送交法院。至如債權人不為送交

者，法院為裁定時，自得斟酌有無正當理由，作為是否准許假扣押或假處分的參考依據。

第2項法院於債權人依本法第537條之1聲請而為假扣押或假處分裁定前，以及於裁定准許後開始執行前，應就債權人依前項規定已送交法院之財產或債務人為適當的處置，以維護債權人的利益，並兼顧債務人的權益。又拘束債務人自由的時間不宜過長，應以自送交法院時起24小時為限，以符憲法保障人身自由的意旨。

第3項則規定，債權人如已將押收的債務人財產或拘束自由的債務人送交法院者，法院於駁回其假扣押或假處分的聲請時，應即終止對該財產及債務人所為的處置，將該財產發還於債務人或回復債務人自由。至於未送交者，債權人於聲請被駁回時，應迴將押收的財產立即返還於債務人或回復債務人的自由，此乃屬當然的法理。

第537條之4（自助行為之處理程序(四)）
因拘束債務人自由而為假扣押或假處分裁定之本案尚未繫屬者，債權人應於裁定送達後五日內起訴，逾期未起訴時，命假扣押或假處分之法院得依聲請或依職權撤銷假扣押或假處分裁定。

解說

因拘束債務人自由而為的假扣押或假處分，攸關債務人的身體上自由權，故債權人的請求是否存在，宜從速依法定程序加以確定其分際，故特別在此明定債權人應於裁定送達後5日內一定要起訴。如債權人未遵期起訴時，則命假扣押或假處分的法院，即得依聲請或依職權撤銷假扣押或假處分裁定，以相對的加以保障債務人的權益。

第538條（定暫時狀態之處分）

於爭執之法律關係，為防止發生重大之損害或避免急迫之危險或有其他相類之情形而有必要時，得聲請為定暫時狀態之處分。

前項裁定，以其本案訴訟能確定該爭執之法律關係者為限。

第1項處分，得命先為一定之給付。

法院為第1項及前項裁定前，應使兩造當事人有陳述之機會。但法院認為不適當者，不在此限。

解說

　　本條第1項係於爭執的法律關係（所謂有爭執之法律關係，無論財產上或身分上之法律關係均屬之，其為財產上之法律關係者，亦不以金錢請求以外之法律關係為限；又繼續性之法律關係固無論，即令非屬繼續性之法律關係，祇要為防止發生重大之損害，或避免急迫之危險或有其他相類之情形而有必要，且得以本案訴訟確定時，即得聲請為該項處分）。定暫時狀態，係為防止發生重大的損害，或避免急迫的危險，或有其他相類似的情形而有必要者（所謂有必要，則應依利益衡量原則，就債權人因未假處分就本案判決勝訴確定前所生損害，與債務人因假處分所生損害衡量比較以為決定），與純為保全將來執行的假處分有所不同，為求明確，有明定其聲請要件的必要。又此項聲請不限於起訴前或起訴後，亦不論是本案的原告或被告，均得為之。例如票據關係之當事人間對於有爭執之法律關係，為防止發生重大之損害或避免急迫之危險或有其他相類之情形而有必要時，仍得依民事訴訟法第538條第1項之規定為定暫時狀態處分之聲請，無須以具備票據法施行細則第4條所定聲請要件為限。

　　第2項於法院裁定准為定暫時狀態，僅係就當事人間爭執的

法律關係暫時所爲的處分，其所保全之權利，須經訴訟程序來加以確定，故爲裁定後，如該事件的本案尙未繫屬法院者，仍有本法第529條限期起訴的適用。惟此際的起訴並不限於給付之訴，其訴訟種類端視爭執的法律關係內容而定；至已繫屬或應繫屬的本案訴訟，其起訴的事項應限於能確定該爭執的法律關係爲準據。

第3項則針對第1項定暫時狀態，如有暫時實現本案請求的必要情形，須命先爲一定的給付始能達其目的者，依本規定亦得爲之。

至於定暫時狀態的處分，往往係預爲實現本案請求的內容，對當事人的權益影響甚鉅，爲期法院能正確判斷有無處分的必要，爰明定法院爲裁定前，應使兩造當事人有陳述意見的機會。惟法院如認先使當事人陳述意見，有難達定暫時狀態的目的而不適當者，即得逕爲裁定。至法院如認有行言詞辯論的必要時，依本法第234條規定，自得行任意的言詞辯論，乃屬當然的道理。

因此對於債權人就爭執之法律關係，已聲請爲定暫時狀態之處分，不論係單純之不作爲處分，或容忍不作爲處分，一經其向法院爲聲請後，債務人亦僅得對倘獲裁准之裁定循抗告程序或聲請撤銷假處分裁定之途徑以謀救濟，不得於法院未爲准駁之裁定前，再聲請內容相牴觸之處分，以阻卻債權人之聲請。

第538條之1（緊急處置）
法院為前條第1項裁定前，於認有必要時，得依聲請以裁定先為一定之緊急處置，其處置之有效期間不得逾七日。期滿前得聲請延長之，但延長期間不得逾三日。
前項期間屆滿前，法院以裁定駁回定暫時狀態處分之聲請者，其先為之處置當然失其效力；其經裁定許為定暫時狀態，而其內容與先為之處置相異時，其相異之處置失其效力。
第1項之裁定，不得聲明不服。

解說

本條第1項規定聲請定暫時狀態的處分，其必要性如何，因恐一時不易為正確的判斷；又依前條第4項規定，法院為定暫時狀態的裁定前，應使兩造當事人有充分陳述意見的機會，因而審理上可能須費時日。為避免緩不濟急，導致危害發生或擴大，明定於法院認有必要時，得依聲請以裁定先為一定的緊急處置。然而該處置僅係暫時的權宜措施，故其有效期間不宜過長，故明定以7天為限期，當事人於期滿前得聲請延長，但延長期間不得逾3日。

第2項則係對於前項的緊急處置，屬中間處分性質，故於處置的有效期間屆滿前，如法院已就聲請事件為裁定，自應以該終局裁定的內容為準；又法院雖裁定准許定暫時狀態，惟其內容與先為的處置內容相異時，其先為的處置於相異的範圍內亦應失其效力。

同時第3項針對第1項緊急處置的裁定，既於有效期間屆滿時或期間屆滿前因法院另為裁定而失其效力，當事人自無再向上級法院請求救濟的必要性，本項並明定對於第1項的裁定，不得聲明不服。

第538條之2 （命返還給付之裁定）

抗告法院廢棄或變更第538條第3項之裁定時，應依抗告人之聲請，在廢棄或變更範圍內，同時命聲請人返還其所受領之給付。其給付為金錢者，並應依聲請附加自受領時起之利息。

前項命返還給付之裁定，非對於抗告法院廢棄或變更定暫時狀態之裁定再為抗告時，不得聲明不服；抗告中應停止執行。

前二項規定，於第538條之1第2項之情形準用之。

解說

　　本條第1項規定法院依第538條第3項規定爲命先爲一定給付的裁定後，如抗告法院廢棄或變更該裁定時，於廢棄或變更的範圍內，抗告人依照原裁定所爲的給付，即失其法律上的依據。爲保障抗告人的權益，並使程序簡化，明定抗告法院應依抗告人的聲請，在廢棄或變更的範圍內，於裁定中同時命聲請人返還其所受領的給付，其給付爲金錢者，並應依聲請附加自受領時起的利息一併合計。

　　第2項則係針對前項抗告法院命返還給付的裁定，係附隨於廢棄或變更定暫時狀態的裁定內，兩者之間的關係密切，不宜准許單獨對其聲明不服，以免發生裁判歧異的情形；且裁定命返還所受領的給付並加給利息，內容明確，少有實體上的爭議，亦無對該部分裁定單獨聲明不服的必要。又抗告法院爲前項裁定後，如聲請人即應將所受領的給付返還者，倘再抗告法院廢棄抗告法院所爲的裁定，並爲准許定暫時狀態命先爲給付的裁定確定，則聲請人須重新聲請執行，不僅程序繁複，且有不能回復執行之虞時，特在本項後段明定抗告中應停止執行的法條依據，以資遵守。

　　第3項規定法院依聲請就定暫時狀態的處分先爲緊急處置後，如以裁定駁回定暫時狀態處分的聲請，或雖以裁定許爲定暫時狀態，而其內容與先爲的處置相異時，依第538條之1第2項的規定，其先爲或相異的處置當然失其效力，則依該處置所爲的給付，亦失其依據，性質上與前二項規定類似。至法院爲緊急處置後，如以裁定准許定暫時狀態的處分，經抗告法院廢棄原裁定，駁回定暫時狀態的聲請，或變更原裁定，而爲內容相異的處分時，則得直接適用本條第1項法條的規定。

第538條之3（損害賠償責任之減輕或免除）
定暫時狀態之裁定因第531條之事由被撤銷，而應負損害賠償責任者，如聲請人證明其無過失時，法院得視情形減輕或免除其賠償責任。

解說

關於假扣押及一般假處分，係純為保全債權人個人的利益而設計，故經釋明而為裁定後，如果因為本法第531條規定的事由而撤銷，債權人固應負無過失賠償的責任；惟定暫時狀態的處分，係法院為防止發生重大損害或避免急迫危險認有必要時，於經兩造陳述後，為平衡兩造間的權利義務或利益而為裁定，以維持法律秩序，並兼顧公益。故該裁定如因上開規定的事由而撤銷，原則上，雖聲請人亦應負無過失賠償責任，然為求公平起見，如聲請人能證明其本身在處理上無過失（一般受到損害時，就算他人不是出於故意或過失皆要負賠償責任的意思）時，法院亦得視其情形減輕或免除其賠償責任，故特別增訂本條衡平原則的規定。

第538條之4（假處分規定之準用）
除別有規定外，關於假處分之規定，於定暫時狀態之處分準用之。

解說

本條並非在保全債權人強制執行的方法，只是與假處分性質相近，而針對當事人的權利範圍加以暫時的保護而已，且此暫時狀態，必須具有必要性，以免重大的損失，例如：婚姻事件，得聲請命撫養義務人暫時供給扶養費用的假處分即是。但因定暫時

狀態的處分，雖非以保全執行爲主要目的，惟亦屬保全權利的方法，故其聲請及裁定的程序，除別有規定外，於性質相通部分，自仍應準用一般假處分的規定。同時本法第二編第三章簡易訴訟程序之各相關規定，於第七編保全程序，並無任何準用之明文。是以當事人提起之本案訴訟，倘已繫屬於第一審法院民事庭依通常訴訟程序審理時，其假處分之聲請，自應由該第一審法院管轄，並以民事庭名義裁定，不得逕依簡易訴訟程序調查，並以簡易庭名義裁定之，否則，其訴訟程序即屬有重大之瑕疵。

第八編

公示催告程序

第539條（一般公示催告之要件及效果）
申報權利之公示催告，以得依背書轉讓之證券或法律有規定者
為限。
公示催告，對於不申報權利人，生失權之效果。

解說

　　此程序既無特定之相對人，對於法律關係之存否，非可為確
認之裁判，設有爭執，仍應循通常訴訟程序以求解決，其本質屬
非訟事件，而所謂「公示催告」，乃針對遺失或被竊的票據欲找
出並詳細確定現在的持有人，並經由法院透過其以命令的方法公
告周知，使各個相對人就其手中所有得主張的權利憑據，依照限
定的期限向地方法院申報。換言之，就是當一般人在向金融機構
辦妥掛失止付的手續後，必須且必然要立刻實行的一種過程，以
阻止並防免他人藉機領取該遺失或被竊的票券款項，或申報自己
應有債權的權利者而言。

　　一、公示催告以得依背書轉讓之證券；或法律另有規定者為
限。而所謂得依背書轉讓之證券，應係指凡性質上得依背書轉讓
之有價證券，例如：指示證券、提單、載貨證券、匯票、本票、
支票等能夠以背書方式轉讓給別人外；或法律另有規定得行公示
催告程序者，例如：限定繼承、死亡宣告、本法第558條的無記
名證券或空白背書的指示證券，和民法第1157條對於遺產申報債
權等情形而言。倘系爭存單存款人經指名為○○，並約定為不可
轉讓（存單雖記載「非經銀行同意不得質押轉讓」），是其非屬
無記名可轉讓定期存單之有價證券，其遺失無須適用有價證券公
示催告法定程序之規定。

　　二、公示催告之聲請，應由喪失證券之發票人或執票人（民
訴§558）依以下方式辦理：

　　1.如係票據，應先到付款銀行、合作社或農會辦理掛失止付手續。票據喪失時，票據權利人得為止付之通知，但應於提出止付通知後5日內，向付款人提出已為聲請公示催告之證明，未依前項但書規定辦理者，止付通知失其效力。

　　2.如為股票，應先到發行公司辦理掛失手續。當事人已證明其為系爭股票之所有人，而推翻法律之規定，他造就其主張對系爭股票有占有之合法正當權源，即應負舉證責任。

　　三、公告之聲請，應向證券所載履行地的地方法院辦理；未載履行地者，向證券發行人住所地或其主營業所所在地的地方法院辦理。

　　如果逾越法院公告的最後期限而未為申報者，則其手中所擁有的證券，便將會因此而喪失其原來所表彰的權利，此點不可不慎。

實例

　　甲公司跟乙公司都是經營食品業，彼此之間互有交易往來，如果甲公司向乙公司進貨之後，積欠乙公司新臺幣500萬元，於是甲公司就簽發支票一張，上載支票受款人為乙公司，而將該張支票交給乙公司的收款員林亨帶回乙公司。結果林亨在返回公司的路上，不慎將甲公司開的支票遺失了。請問林亨是不是可以以自己的名義向法院聲請公示催告？

　　林亨不能以自己的名義向法院聲請公示催告。因為本題所遺失的支票雖然是在林亨持有之中所遺失，但該張支票是以乙公司為受款人之記名支票，而且林亨是乙公司的受僱人；依據民法第942條的規定，只有乙公司才是該支票的最後持有人；而林亨並不是票據的權利人，所以依據票據法第19條第1項的規定，票據喪失時，票據權利人得為公示催告的聲請。再依本法第558條第2項的規定，記名證券得有能據證券主張權利之人為公示催告之聲請的規定。本題的情形只有乙公司才有權利向法院聲請公示催

告，而林亨不能用自己的名義來聲請公示催告（73年廳民一字第
672號函復台高院）。

第540條（對於公示催告聲請之裁定）
法院應就公示催告之聲請為裁定。
法院准許聲請者，應為公示催告。

解說

　　聲請公示催告，在公示催告程序中並沒有一定的格式，在公
示催告程序中，程序的開始是由當事人先為公示催告的聲請，當
事人的聲請可以以書狀（民訴§116以下）或以言詞在法院書記
官前陳述，由法院書記官作成筆錄（民訴§122）的方式，向法
院聲請；至於聲請的內容，則依有關可以聲請公示催告的法律規
定辦理。因此，在其他法律上明文可以公示催告的規定，例如：
繼承人為限定繼承時的公示催告（民§1157）等，都是以本法中
所規定的公示催告程序來進行權利之保障。

　　當事人聲請公示催告時，雖然沒有固定格式的規定，但依
一般訴訟程序的規定，在聲請時對於聲請人及請求法院為公示催
告的陳述或記載之外，最好能表明所聲請的公示催告及所依據的
法律事項，使法院能夠明瞭當事人聲請公示催告的意思。法院在
審查當事人所要聲請的公示催告時，仍然必須依職權調查關於一
般訴訟程序中的訴訟要件是否有所欠缺（民訴§244），再就其
他法律所規定的公示催告要件是否具備，然後為准許或駁回的裁
定。對於駁回的裁定，可以依照一般的抗告程序提起抗告。如果
是准許公示催告的聲請，除了要作出准許的裁定外，法院應該為
公示催告。

第541條（公示催告應記載之事項）
公示催告，應記載下列各款事項：
一、聲請人。
二、申報權利之期間及在期間內應為申報之催告。
三、因不申報權利而生之失權效果。
四、法院。

解說

　　本條是法院為公示催告時所應記載的事項。除了有特別的其他規定外，例如：有關證券無效的公示催告程序（民訴§560），一般公示催告的記載，都依據本條的程式。

　　一、聲請人：也就是聲請公示催告的人。在自然人的情形，應記載姓名、住居所項目；在法人或一般團體，則應記載名稱及事務所或營業所。

　　二、申報權利之期間及在期間內應為申報之催告：也就是權利人預計申報權利的期間。期間的長短由法院依聲請公示催告的內容或種類而自行決定，但最短2個月以上（民訴§543）；如果其他法律另外有期間的規定時，則依照其他法律的規定。此外，還須有促使利害關係人注意申報權利的記載，以保障利害關係人的權益。

　　三、因不申報權利而生之失權效果：不在法院所預定期間內申報權利，產生失權的效果，此為當然，但是仍須記載，以督促利害關係人注意，使利害關係人知道不申報的效果。

　　四、法院：也就是聲請公示催告的法院，使得權利人或利害關係人明白向哪一個法院為權利的申報。

　　本次修法刪除本法第九篇及其各章，因其在「家事事件法」當中都有規定為非訟事件，一併在此補充說明。

第542條（公告之方法）

公示催告之公告，應黏貼於法院之公告處，並公告於法院網站；法院認為必要時，得命登載於公報或新聞紙。

前項公告於法院網站、登載公報、新聞紙之日期或期間，由法院定之。

聲請人未依前項規定聲請公告於法院網站，或登載公報、新聞紙者，視為撤回公示催告之聲請。

解說

　　本條是有關公示催告確定法院公告的方法。法院在審查公示催告的聲請後，認為符合公示催告的要件時，依法就必須依職權為公告，以促使權利人或其他利害關係人注意，而知道有公示催告這麼一回事。

　　首先一般公告的方法是將公示催告的正本黏貼於法院的公告處，並且將公示催告的全文內容登載於公報或新聞紙類上。過往一般實務上法院的處理方法，除了在公告處黏貼公示催告外，均會以裁定命聲請人自行刊登在新聞紙類上。但隨著科技日益進步，公開資訊的方式也已經產生多樣化的形式，故為因應公示催告的時代效果；特增設公告在法院之網站來取代公告於新聞紙的例示規定。

　　第2項是為避免聲請人遲延登載公示催告的公告，或以重複登載的方式使申報權利的期間重行起算，致使公示催告程序延宕不結，而影響利害關係人的權益，特明定就公示催告的公告，應由法院指定登載的日期或期間，俾聲請人有所遵循；同時明定公告於法院網站外；法院若認為必要時，亦得命登載於公報或新聞紙。

　　第3項則針對聲請人未依法院所定的期日或期間登載公示催告的公告者，應賦予一定的效果，並明定於此情形，視為撤回公

示催告的聲請，以資區分清楚；公告方式亦如前所訂，故不再贅言。例如法院依民法第1157條爲命被繼承人之債權人報明債權之公示催告程式，乃法院依職權所行者，並非限定繼承人所聲請，性質上自無準用民訴第542條第3項規定，視爲限定繼承人撤回公示催告聲請或其限定繼承表示之餘地。至於民法第1162條所謂被繼承人之債權人僅得就賸餘遺產，行使其權利云者，係指被繼承人之債權人，不於法院依第1157條規定，所爲公示催告程序公告之一定期間內，報明其債權，且該債權又爲繼承人所不知者。僅得就繼承人依第1159條規定，清償有於該一定期限內報明或繼承人所已知之債權後，所賸餘之遺產，行使其權利而言。非謂債權人未於公示催告程序規定公告之一定期間內，申報其債權，即不得再依訴訟程序爲裁判上之請求；本法雖已將第九篇刪除，但因繼承適用之規定仍屬重要，故仍在此一併帶入加以說明。

第543條（申報權利之期間）
申報權利之期間，除法律別有規定外，自公示催告之公告開始公告於法院網站之日起、最後登載公報、新聞紙之日起，應有二個月以上。

解說

　　權利人或其他利害關係人申報權利的期間，由法院依職權決定時間的長短（民訴§160）。本條爲規定在公示催告程序中至少所需的期間，期間屆滿後則產生喪失權利的效果。本條所定的最低期間爲2個月，計算方式則依民法第119條的規定。受公示催告之利害關係人，在申報權利期間內，得隨時向爲公示催告之法院申報其權利，申報方式法雖無明文規定，但解釋上無論以書狀或言詞、有無附理由，於申報應無任何影響。

　　至於本條僅係規定申報權利的一般期間，而法律別有規定期

間者，例如：民法第1157條第2項、第1178條第1項、第1179條第
1項第3款、本法第562條，自應從其規定辦理；同時為配合第542
條的條文修正，特別明定如公示催告的公告係登載於其他相類的
傳播工具時，申報權利的期間，自開始公告於法院網站之日起、
最後登載公報、新聞紙之日起，至少應有2個月以上的期間較為
妥適。

第544條（期間已滿後之申報）
申報權利在期間已滿後，而在未為除權判決前者，與在期間內
申報者，有同一之效力。

解說

　　申報權利的期間，在性質上並非不變期間；換句話說，如果
有重大且正當的理由，可以將申報權利的期間延長或縮短。在考
量利害關係人因為公示催告的結果，而導致權益的受損，所以可
向法院申報權利，申報的方法以書狀或言詞都可以。利害關係人
申報權利的目的，是使法院決定是否為除權判決，而不是在確定
申報人的權利，所以可以不附理由向法院申報，也可以隨時向法
院補呈理由；但是，如果是向聲請人通知自己的權利，則並不發
生申報的效果。

　　對於申報期間已經屆滿時，原則上應該產生喪失權利的效
果，但是經前面的說明中可以知道，申報期間並非不變期間，且
在保護申報人的利益下，本條明定，只要在法院未為除權判決以
前，即使申報期間已經屆滿，仍然等於是在期間內申報而具有同
樣的申報效力。所謂「未為除權判決前」，是指法院的除權判決
尚未宣示以前，故利害關係人在除權判決前的言詞辯論期日中，
或者是辯論已經結束而法院未為宣示判決前，仍然可以申報權
利。

第545條（除權判決之聲請）
公示催告，聲請人得於申報權利之期間已滿後三個月內，聲請
為除權判決。但在期間未滿前之聲請，亦有效力。
除權判決前之言詞辯論期日，應並通知已申報權利之人。

解說

　　公示催告的聲請人，如果想要使權利人或利害關係人產生權
利喪失的效果，還必須聲請法院另外為一個除權判決，所以，公
示催告是除權判決的一個必經程序。依本條的明文，除權判決的
聲請，是在利害關係人申報期間屆滿後3個月內，向法院聲請。
如果當事人（聲請公示催告之人）不為此項之聲請，法院即不能
以職權而為除權判決。因此3個月超過後，就不能再為除權判決
的聲請，當事人所聲請的公示催告程序也因而終結，不過當事人
可以再重新為公示催告的聲請。對於提早為除權判決的聲請，依
本條的規定，並不加以禁止；換句話說，利害關係人的申報權利
期間即使沒有屆滿，聲請公示催告的當事人也可聲請法院為除權
判決。因此，通常情形，當事人在一開始聲請公示催告的同時，
都會一併的聲請法院為除權判決。

　　公示催告的聲請人在聲請法院為除權判決後，法院須指定言
詞辯論期日，除了通知聲請人外，對於已經在申報期限內申報權
利的利害關係人，也要通知他到場對於權利的存在進行辯論。如
果沒有利害關係人時，就由聲請人為一造辯論。對於在申報期間
內沒有申報權利的利害關係人，在指定的言詞辯論期日內，仍然
可以到場申報權利而進行相關的言詞辯論。

第546條（除權判決前之職權調查）
法院就除權判決之聲請為裁判前，得依職權為必要之調查。

解說

　　法院對聲請公示催告的當事人，雖然已經為准許公示催告的裁定，但就除權判決前有關除權判決的聲請要件，因屬於權利的內容部分，仍然要依職權為必要的調查。所以，對於聲請除權判決聲請人的權限，或甚至作為除權判決基礎的公示催告要件，都應該予以調查，以保障利害關係人的權利；尤其在沒有利害關係人申報權利的情形時，法院的調查更顯得格外重要。不過，法院只是就除權判決的聲請要件為調查，對於涉及權利的有無，則不是調查的內容。調查所進行的程序，則依一般的規定進行，在此並無特別的規定。

　　許欽因遺失支票，向法院聲請公示催告。在申報期間內，吳松向銀行提示付款，經銀行的通知後，許欽與法院已知道支票在吳松手中，但在公示催告期間屆滿前，吳松並沒有申報權利。此時許欽聲請除權判決，法院如何處理？

　　法院應為准予除權判決。因為公示催告程序並不就權利內容作審查，也就是並不判定權利究竟屬於何人，只是對於不申報權利的利害關係人或權利人，公告法律上的不利益（不申報權利，則產生喪失權利的效果）；且依本條意旨，調查的目的為審查除權判決的聲請要件是否合法，及對利害關係人的申報加以調查；因此在無人申報權利的情形下，法院應當仍然准許欽之除權判決。

第547條（駁回聲請之裁定）
駁回除權判決之聲請，以裁定為之。

解說

　　公示催告的聲請人，在法定的3個月期間內聲請法院爲除權判決，經法院爲一切必要的調查後，對於除權判決的聲請，必須以判決爲准許或以裁定爲駁回。

　　對於駁回的裁定，依照本法第234條以下的規定爲文；並且對此裁定可爲抗告，如果此裁定確定的話，公示催告程序就完全終結。舉例來說：

> 判決主文：
> ○○證券無效。
> 申報權利人○○○之權利保留。

　　除權判決之程序費用由聲請人負擔，因申報權利所生之費用由申報權利人負擔。此附保留而爲除權判決，該保留部分無異爲除權判決聲請之駁回（民訴547），故聲請人得對此判決提起抗告（民訴554）。

　　法院以判決的方式爲准許（民訴§221以下），而宣告利害關係人或權利人喪失權利（也就是公示催告程序最後的目的），此一判決就是「除權判決」。除權判決必須送達給申報權利的利害關係人或權利人，以便在法定的30天不變期間內，使不服除權判決的利害關係人或權利人，提起撤銷除權判決之訴（民訴§551、552）。

第548條（對申報權利爭執之處置）

申報權利人，如對於公示催告聲請人所主張之權利有爭執者，法院應酌量情形，在就所報權利有確定裁判前，裁定停止公示催告程序，或於除權判決保留其權利。

解說

公示催告程序中，如果利害關係人或權利人已經申報權利，經公示催告聲請人向法院聲請爲除權判決，由法院辯論調查的審理；因公示催告程序與權利的確定是否存在並無關聯，除了申報是不合法，而法院准許爲除權判決並駁回申報權利人的申報人，倘若申報權利人對公示催告聲請人主張的權利有所爭執，法院並不能就申報權利人與聲請公示催告的當事人間所發生爭執的權利作任何的判斷。例如：申報權利人認爲公示催告程序中所公告的證券是自己所有的，遇到這種情形，法院僅能就具體的情形，就發生爭執的權利，在沒有確定裁判前，裁定停止公示催告程序。例如前面所提到的例子，申報權利人主張證券是自己所有，或在除權判決中保留申報權利人的權利，如申報的證券有其他權利的存在，這時，對於申報權利人申報權利的妥當與否，就由申報權利人或聲請公示催告的當事人，依本法第247條提起確認訴訟，以認定所爭執的權利究竟爲何人所享有。確認訴訟的判決結果，如果認爲申報權利人享有權利，則應駁回除權判決的聲請；反之，如果認爲申報權利人沒有申報的權利，則法院仍然爲除權判決。

第549條（聲請人不到場新期日之指定）
公示催告聲請人，不於言詞辯論期日到場者，法院應依其聲請，另定新期日。
前項聲請，自有遲誤時起，逾二個月後不得爲之。
聲請人遲誤新期日者，不得聲請更定新期日。

解說

本條是關於公示催告的聲請人，經向法院爲除權判決的聲請，於法院指定言詞辯論期日後，因故不能到場，而得以向法院

聲請另外指定新的辯論期日的規定。對於公示催告的聲請，不於
法定聲請除權判決日期前為除權判決的聲請，或不於言詞辯論期
日到場，原則上法院不得為除權判決，公示催告程序就告終結。
但是，如此一來，對公示催告的聲請人略嫌過嚴，所以，本條明
定給予聲請人有聲請另外重新指定言詞辯論期日的權利，以免公
示催告程序因此而終結，而使得公示催告聲請人再重新為公示催
告的聲請，避免聲請人的重覆聲請而過於煩累的情形。不過新訂
的言詞辯論期日，仍然要通知已經申請權利的利害關係人或權利
人。

　　對於公示催告聲請人另定新言詞辯論期日的權利，本條同時
設有限制，那就是必須自因故遲誤最初法院所指定的期日起，2
個月內聲請，如果超過2個月，公示催告程序就告終結；且如果
再度遲誤法院所定新的言詞辯論期日，就不能再指定新期日公示
催告程序於遲誤新期日時即行終結。至於法院依本法第546條為
職權調查，認為有應駁回除權判決的聲請時，應直接為駁回除權
判決的裁定，就此情形而言，即無本條的適用。

第549條之1（除權判決之費用負擔）
法院為除權判決者，程序費用由聲請人負擔。但因申報權利所
生之費用，由申報權利人負擔。

解說
　　本法關於公示催告程序的裁判有駁回公示催告聲請的裁定、
許為公示催告的裁定、駁回除權判決聲請的裁定、許為除權判
決、駁回撤銷除權判決之訴的裁定、駁回撤銷除權判決之訴的判
決及撤銷除權判決之判決等。其中終結本案或與本案無涉的爭點
裁定，得依第95條準用第78條規定命聲請人負擔程序費用，雖然
有依本法許為公示催告而為裁定負擔程序費用的情形，但實務上

亦有並不就程序費用的負擔加以裁判的情形，例如：一般申報權利的除權判決，得依第78條規定命敗訴的當事人負擔訴訟費用；但有因申報權利所生的費用的除權判決時，其程序費用往往不能依第78條規定命聲請人負擔時，故增訂本條，俾資適用。

第550條（除權判決之公告）
法院應以相當之方法，將除權判決之要旨公告之。

解說

　　除權判決的聲請，法院認為符合法律規定且有聲請的理由時，就必須為除權判決的宣示，並送達給聲請人及申報權利人。但是，對於沒有申報權利的利害關係人，則因無法知道除權判決的內容，所以根本沒有表示不服的機會；有鑑於此，本條明定法院認為必要時，可以藉著相當的方法公告除權判決的要旨。至於採用何種公告方法或是否要公告要旨，全憑法院自行決定；但是，對於宣告證券無效的除權判決，法院有公告的義務（民訴§564）。

第551條（除權判決之救濟）
對於除權判決，不得上訴。
有下列各款情形之一者，得以公示催告聲請人為被告，向原法院提起撤銷除權判決之訴：
一、法律不許行公示催告程序者。
二、未為公示催告之公告，或不依法定方式為公告者。
三、不遵守公示催告之公告期間者。
四、為除權判決之法官，應自行迴避者。
五、已經申報權利而不依法律於判決中斟酌之者。
六、有第496條第1項第7款至第10款之再審理由者。

解說

本條是規定不服除權判決的救濟方法。除權判決的聲請人，因法院已經准許爲除權判決，並沒有表示不服的權利，所以本條可說是專爲利害關係人所設立的條文。

因爲本條明文除權判決不得上訴，所以屬於一審終結，並不適用一般關於上訴的規定；同時除權判決一經宣示，就已經發生確定的效力，除非有第548條中於除權判決保留申報權利人權利的情形，此時還必須當事人或申報權利人另外提起確認訴訟，才能確定。

雖然利害關係人不能上訴，但是卻可以向原法院提起撤銷除權判決的訴訟，以護權益，不過須受到限制，也就是撤銷除權判決的訴訟，須有本條明文的各款情形，才可向原准許除權判決的法院提起，分別敘述如下：

一、法律不許行公示催告程序者：公示催告必須是法律上有明文規定者，才可以准許公示催告，無法律上的依據，或除權判決宣告的不利益，不符合法律的規定時，都可以造成撤銷除權判決的理由。但是，法院如果認定事實不妥當或甚至違法時，則仍然不能作爲不服除權判決的理由。

二、未爲公示催告之公告，或不依法定方式爲公告者：公示催告沒有公告，與公示催告的意義嚴重違背；或雖然已經公告，但是沒有將重要內容表示（例如：失權的效果、申報權利的期間等），等於沒有公示催告。至於公示催告的公告沒有黏貼在法院的公告處，並刊載於公報或新聞紙類的情形，則是屬於未依照法定方式公告。

三、不遵守公示催告之公告期間者：也就是沒有遵守本法第543條的2個月以上的申報權利期間。

四、爲除權判決之法官，應自行迴避者：也就是參與除權判決的法官，有本法第32條所規定的當然不得執行職務的原因。

　　五、已經申報權利而不依法律於判決中斟酌之者：申報權利人既然已經為權利的申報，法院自然必須要加以考量，而顧及申報權利人的權益（民訴§548）。

　　六、有第496條第1項第7款至第10款之再審理由者：對於再審理由中的法官違背職務犯刑事上罪名；當事人（申報權利人）的代理人或他造（聲請人）或他造的代理人在除權判決的審理時，有刑事上應罰的行為而影響除權判決；除權判決基礎的證物是偽造或變造的；以及證人的證言，或鑑定人或通譯的陳述是虛偽不實的，有這些的情形時，自然可以構成撤銷除權判決的理由。

　　換言之，無記名證券所表彰之權利與該證券本體有不可分離之關係，故非經提出證券，不得行使其權利，如該證券遺失、被盜或滅失者，為使真正之權利人，得以保障其權利，民事訴訟法乃有宣告證券無效之公示催告程序之規定。公示催告程序中，如無人申報權利，法院得依聲請人之聲請，以除權判決宣告證券無效；如有人申報權利，而與聲請人發生證券權利之爭執，法律為解決爭端，公示催告程序即因而終結，由聲請人或申報權利人另行提起民事訴訟請求確定其權利，是公示催告及除權判決之利害關係人，係指對於聲請公示催告及除權判決之證券主張有權利存在之相對人而言。至於證券之發行人或義務人，僅對證券之持有人或因除權判確定之真正權利人負給付義務而已，自難認係公示催告及除權利決之利害關係人。民事訴訟法第551條對於得提起撤銷除權判決之訴之人，固未設明文之規定，惟依上開說明，應係指對於除權利決所宣告無效之證券上執有權利之人（76台上1213裁判參照）。

第552條（撤銷除權判決之期間）

撤銷除權判決之訴，應於三十日之不變期間內提起之。

前項期間，自原告知悉除權判決時起算。但依前條第4款或第6
款所定事由提起撤銷除權判決之訴，如原告於知有除權判決時
不知其事由者，自知悉其事由時起算。

除權判決宣示後已逾五年者，不得提起撤銷之訴。

解說

　　本條是關於提起撤銷除權判決期間的規定。原則上提起撤
銷除權判決訴訟的期限為30天，與再審訴訟的提出期間相同。此
一期間屬於不變期間，並且在原告（申報權利人）依前條第2項
第1、2、3款或第5款情形起訴時，由原告已經確實知道除權判決
內容的時候開始計算。如依前條第4款或第6款起訴時，除了原告
知道在除權判決以前，已經知道撤銷理由的情形（由除權判決時
起算）外，期間的計算，自原告確實知道撤銷理由時起算；也就
是在除權判決後，原告才知道有可以撤銷的理由，由知道撤銷理
由時起，30天內可以提起撤銷除權判決的訴訟。不過，除權判決
宣示後，已經超過5年的時間，就不能再以任何理由提起撤銷訴
訟，而唯一僅有因戰事而例外（民訴施行法§11）；此與再審訴
訟的情況，是基於同一個理由，都是為避免對長期安定的法律關
係，形成動盪不安的危險，造成法律關係的複雜。

第553條（提起再審程式及程序之準用）

第501條、第502條及第506條之規定，於撤銷除權判決之訴準
用之。

解說

本條是規定提起撤銷除權判決訴訟，準用關於提起再審的程式，及再審訴訟裁判的依據。因此，對於原告提起撤銷除權判決的程序，必須以訴狀表明下列事項：

一、當事人及法定代理人。

二、聲明不服的除權判決及提起撤銷訴訟的陳述。

三、應撤銷或變更除權判決的聲明。

四、撤銷的理由及關於撤銷理由並遵守不變期間的證據。

同時將上面所提出的事項，向管轄的法院提出。而對於法院受理撤銷除權判決訴訟後，認為提出不合法的話，以裁定駁回；如果是顯然可以直接判定沒有提出撤銷除權判決的理由時，可以不經過言詞辯論的程序，以判決駁回及對善意第三人之權益亦應兼顧（民訴§501、502、506）；蓋因撤銷除權判決的目的，固在保護因除權判決而喪失權利者的正當利益，惟為維護交易安全，仍應嚴謹地加以規範保護。所謂宣告證券無效，非因宣告無效而溯及的於公示催告聲請時之無效，而係自宣告時向將來的失其效力，且解釋上，有阻止第三人善意取得之效力（民訴§565 II）。惟應注意新民訴法第553條將撤銷除權判決之訴；準用範圍增列第506條，乃為維護交易安全，對善意第三人之權益亦應兼顧。

第554條（除權判決得抗告之特別規定）
對於除權判決所附之限制或保留，得為抗告。

解說

公示催告程序的設立目的，是使權利狀態不明的狀況能夠藉以獲得明確。所以在聲請公示催告的聲請人，與申請權利人之間所生的爭執，法院僅能依本法第548條的規定，在除權判決中保

留聲請權利人的權利，或裁定停止公示催告程序。如果法院對爭執發生的情形，如是採行在除權判決中附帶有限制權利行使，或對權利的享有有所保留，則對此被限制或保留權利的部分，等於是除權判決的駁回。因此，本條明定聲請人可以提起抗告，以表示不服。而抗告法院僅能就應否保留或附該限制為審查，但依法不得就實體上之爭執為判斷。

第555條（公示催告程序之合併）
數宗公示催告程序，法院得命合併之。

解說

　　本條是關於法院可以依職權對於數個公示催告程序合併辦理的規定。通常公示催告程序的聲請人，都以單獨一人聲請較多；但是在考量公示催告的意旨，及基於省時省費的前提下，對於不同聲請人的數個不同的公示催告聲請，不管公示催告的權利是否相同，或在法律上有無牽連關係，法院都可以將數個不同的公示催告程序依職權加以合併。在有訴訟合併的情形，聲請人可以合併數個不同的公示催告程序，以求在同一個聲請，一起獲得解決，避免聲請人之往返勞累。

第556條（宣告證券無效之公示催告）
宣告證券無效之公示催告程序，適用第557條至第567條之規定。

解說

　　本條是規定聲請宣告證券無效的公示催告時所適用的條文。本條所指的「證券」，為廣義的民事法律中所稱的證券（例如：

民法第718條的指示證券、第725條的無記名證券、票據法第19條的票據：匯票、本票、支票），還包括債權證書。如果上述「證券」有遺失、被盜或滅失損害的情形發生時，則除適用一般的公示催告程序之外，應適用本法第557條至第567條的特別規定辦理。例如依民事訴訟法第556條規定，依同法第562條規定申報權利之期間，自公示催告，最後登載公報或新聞紙之日起，應有6個月以上。準此以觀，在民法第807條所定遺失物拾得後6個月內，系爭本票不能由法院以除權判決宣告無效，若上訴人於遺失物拾得後6個月內未為遺失物之認領，則被上訴人於依民法第807條規定取得系爭本票之所有權後，即得合法行使票據上之權利。

　　因此，宣告證券無效的公示催告程序，是由證券的原來持有人聲請。因為證券有遺失、被盜或滅失損害的情形時，向法院聲請以公示的方法，催告現在可能持有證券的不明確持有人（例如：撿取遺失證券的人）於一定期間內向法院申報；如果不申報，則發生喪失權利的結果。如果此不明確的證券持有人，在一定期間內想要向法院為申報的表示，只須將證券向法院提出，再由法院通知公示催告的聲請人，經過聲請人閱覽查看證券（民訴§563），確定是所聲請公示的證券後，公示催告的程序就告終結。

第557條（管轄法院）
公示催告，由證券所載履行地之法院管轄；如未載履行地者，由證券發行人為被告時，依第1條或第2條規定有管轄權之法院管轄；如無此法院者，由發行人於發行之日為被告時，依各該規定有管轄權之法院管轄。

解說
　　本條是關於宣告證券無效的公示催告程序中管轄法院的規

定。依條文規定，原則上由證券上所記載履行地的地方法院受理，也就是由證券上所指定付款人的付款地管轄法院受理。在沒有載明履行地的情形，除了依照其他證券上所載明的事項，可以判斷履行地的情形外，則由聲請公示催告時，證券的發行人依本法第1條或第2條，關於普通審判籍所在地的地方法院管轄；證券的發行人為自然人時，依自然人的住居所決定，如果為法人或其他團體時，則由公務所或主事務所或主營業所的法院管轄。至於在證券上無法依照記載而判定履行地的有無時，則由發行人在發行證券日期的同時，如果發行人為被告時，依相關規定的管轄法院決定。

本條在性質上，應該屬於「專屬管轄」的規定；雖然條文中並無「專屬」兩個字的明文，但是基於公示催告的聲請時，並沒有相對人的情形，不可能有「合意管轄」的適用；因此，聲請人在聲請公示催告時，務必要遵行本條管轄法院的規定。

第558條（公示催告之聲請人）
無記名證券或空白背書之指示證券，得由最後之持有人為公示催告之聲請。
前項以外之證券，得由能據證券主張權利之人為公示催告之聲請。

解說

本條是規定何人有權利聲請公示催告。第1項規定無記名證券或空白背書的指示證券，最後持有人可以為公示催告的聲請。無記名證券（民§719）、空白背書的指示證券（民§710），因為可以直接以交付（轉交）的方式，將證券上所表明的權利移轉給第三人，因此於此類證券有遺失、被盜的情形時，最後持有人（證券喪失前執有該證券者）就有權利喪失的危險，因此有必要

為公示催告的聲請。

　　第2項中所謂「能據證券主張權利」，是指如果證券仍然存在，證券上表明權利的人，就可以依證券上所記載的事項而主張權利，無論是主張何種權利都可以。因此，在這種情形時，主張權利的人可以為公示催告的聲請；至於何人有主張證券的權利，須由民法或相關的特別法加以認定。在有多數人聲請公示催告時，能否共同一起聲請，則依有無共同訴訟情形而定。

第559條（聲請之程序）
聲請人應提出證券繕本、影本，或開示證券要旨及足以辨認證券之事項，並釋明證券被盜、遺失或滅失及有聲請權之原因、事實。

解說

　　聲請公示催告時，聲請人應該要提出憑證（包括證券的「繕本」及「影本」等）；而依本條規定的程序，尚須開示證券的要旨，也就是要表示證券的重要內容，及能夠充分辨認證券的事項，以使法院能夠知道聲請人所要聲請公示催告的內容。

　　另外，在證券被盜、遺失或滅失損害的情形，關於事實及原因，須依本法第284條的規定釋明。

第560條（公示催告之記載）
公示催告，應記載持有證券人應於期間內申報權利及提出證券，並曉示以如不申報及提出者，即宣告證券無效。

解說

　　宣告證券無效的公示催告程序之目的，在於促使有利害關係

的人爲權利的申報，所以，除了在法定期間必須申報權利之外，並應提出證券作爲申請權利的證明，如果沒有申報權利或提出證券，就會產生證券宣告無效的結果。對於以上的結果，法院必須在公示催告的公告中表明這些事項，以使利害關係人能夠明白權利可能喪失的後果。

第561條（公示催告之公告）
公示催告之公告，除依第542條之規定外，如法院所在地有交易所者，並應黏貼於該交易所。

解說

在宣告證券無效的公示催告程序中，法院公示催告的公告方法，除了依照本法第542條的規定，黏貼在法院的公告處，並刊登於公報或新聞紙類外，還必須將公示催告的正本，黏貼於法院所在地證券公開交易的場所，使利害關係人有比較多的注意機會，得知是否執有的證券有受公示催告的情形。

第562條（申報權利之期間）
申報權利之期間，自公示催告之公告開始公告於法院網站之日起、最後登載公報、新聞紙之日起，應有三個月以上，九個月以下。

解說

本條於110年1月20日修正公布，立法理由爲：一、以法院網站之電子公告取代刊登新聞紙。二、原條文中段「最後登載公報、新聞紙或其他相類之傳播工具之日起」修正爲「開始公告於法院網站之日起、最後登載公報、新聞紙之日起」。

　　本條是申報權利期間的特別規定。又由於今日交通資訊較過往為發達，利害關係人獲悉公示催告事由的機會亦隨之增多，所以特別規定以法院網站之電子公告來取代刊登新聞紙。且證券在市場具有流通性，應使其權利狀態早日確定，爰將申報權利期間依本法第543條的規定，原則上至少須有2個月以上；但是為了保護證券持有人的利益起見，且基於證券特性的現實考量，法律特別給予明定本條的最短期間為3個月，以及最長期間得為9個月的限制，故特別增設開始公告於法院網站之日起、最後登載公報、新聞紙之日起，除使得利害關係人更能有知道公示催告的機會，而把握申報權利的期間，以確保權益外，亦同時兼顧避免程序拖延過久的弊端產生。

> **第563條**（申報權利後之處置）
> 持有證券人經申報權利並提出證券者，法院應通知聲請人，並酌定期間使其閱覽證券。
> 聲請人閱覽證券認其為真正時，其公示催告程序終結，由法院書記官通知聲請人及申報權利人。

解說

　　對於申報權利的利害關係人，在依本法第560條提出證券後，法院必判定證券的真假，此時，應通知公示催告的聲請人，在指定的日期查看證券是否為真。

　　如果申報人在申報權利時沒有提出證券，法院必須命令申報人在指定期間內，提出證券讓聲請人查看。查看結果確為遺失、被盜的證券時，公示催告程序就算是終結了，聲請人就可以向法院聲請除權判決。至於對申報人提出的證物有爭執的情形，則依本法第548條的規定處理。

　　第2項則規定公示催告聲請人閱覽證券認其為真正時，公示

催告程序究應如何處理，現行法並未規定；惟依實務見解認爲於此情形，該程序即當然終結（參照69台抗86、70台抗110），以求明確；同時又爲便於證券持有人行使權利，乃特別規定法院書記官應將程序終結情形通知聲請人及申報權利人。

第564條（除權判決之公告）

除權判決，應宣告證券無效。

除權判決之要旨，法院應以職權依第561條之方法公告之。

證券無效之宣告，因撤銷除權判決之訴而撤銷者，爲公示催告之法院於撤銷除權判決之判決確定後，應以職權依前項方法公告之。

解說

　　法院若認爲除權判決的聲請符合法定的程序和要件，且有聲請除權判決的理由，則應在除權判決中宣告該公告的證券無效。

　　第2項規定係爲了使利害關係人知道證券無效的效果，法院應依職權將除權判決的內容公告於大眾，以免利害關係人再以此無效的證券行使證券上的權利；然因過去法律規定公告除權判決要旨的方法尚欠明確，因而將其修正爲應依第561條的方法公告周知，俾有所遵循。

　　同樣的，對證券無效的宣告，申報人如果不服，可以提起撤銷除權判決的訴訟，而將除權判決撤銷，因此撤銷除權判決的判決，具有使原失效的證券恢復流通性的效力，爲保護權利人於判決確定後行使權利時免受阻礙，且爲確保利害關係人較有周知的機會，故特別將第3項依聲請公告修正爲以職權公告，並明定依前項的方法來公告。

第565條（除權判決之效力）

有除權判決後，聲請人對於依證券負義務之人，得主張證券上之權利。

因除權判決而為清償者，於除權判決撤銷後，仍得以其清償對抗債權人或第三人。但清償時已知除權判決撤銷者，不在此限。

解說

　　法院為除權判決的宣示確定後，聲請人的地位等於與持有證券的權利人相同，因此對於存在於證券上的權利，可以根據除權判決的效力，向證券上應該負義務的人主張證券上的權利。

　　為保護證券上應負義務人避免重複履行義務起見，如果證券上的義務已經向除權判決的聲請人履行義務的話，就算由第三人撤銷除權判決，也不因此而又回到原來義務人的地位；也就是證券義務人只要為義務的履行之後，義務人的責任就算是完成了。例如本票為完全而絕對之有價證券，具無因性、提示性及繳回性，該權利之行使與本票之占有，有不可分離之關係，如依本條第1項規定，有除權判決後，聲請人對於依證券負義務之人，得主張證券上之權利，是宣告證券無效之除權判決，可使聲請人取得持有證券人之同一地位，並有足代聲請人持有證券之效力，該聲請人即與持有證券相同，於此情形，該聲請人自得以除權判決據以聲請強制執行，以替代該本票。

第566條（禁止支付之命令）

因宣告無記名證券之無效聲請公示催告，法院准許其聲請者，應依聲請不經言詞辯論，對於發行人為禁止支付之命令。

前項命令，應附記已為公示催告之事由。

第1項命令，應準用第561條之規定公告之。

解說

　　對於宣告無記名證券無效的公示催告聲請，經由法院准許後，因為聲請人對於發行證券人還不能主張證券上的權利，所以不能依保全程序而為假扣押及假處分的執行。但是為了保護聲請人的利益，可以由聲請人在不經言詞辯論的情況下，聲請法院對於證券的發行人為禁止支付的命令，並依一般的原則，附記已經為公示催告的理由，而送達給證券發行人，同時公告。公告的方法依第561條的規定辦理。例如信用狀之禁止支付命令會通知押匯銀行、或保付支票（如法院無禁止支付之命令，而當事人於公示催告程序開始後，提供擔保請求支付該票據之金額時，付款人應通知當事人先向法院為禁止支付命令之聲請，否則銀行將不予受理。）等均屬之。

實例

　　王茂因為業務的關係取得甲公司簽發的無記名支票一張，卻不慎支票遺失，他向付款地的臺北地方法院聲請公示催告，經過臺北地方法院准許其聲請公示催告後，又依民事訴訟法第566條的規定，聲請臺北地方法院對於發票人甲公司為禁止支付的命令，也經過臺北地方法院的准許。請問如果有第三人林金持上開遺失的支票向付款人為付款的提示而被退票，轉向甲公司的營業地新北地方法院提起民事訴訟，請求甲公司給付票款，板橋地方法院應否准許？

　　依據司法院73年8月28日廳民一字第672號函，支票乃係發票人簽發一定的金額，委託他人付款的證券，依其性質為指示證券（民§710）。而本條禁止支付命令係專適用於無記名證券。所謂「無記名證券」，依民法第719條及第720條規定，乃係由發行人自為給付，與支票係委託他人給付者不同。支票遺失的止付，票據法第18條、第19條另有規定，不適用上述無記名證券的規定，所以法院誤依無記名證券的規定而發禁止支付命令，縱使因

爲發票人無抗告而確定，但是此項程序上的裁定，並不影響林金在實體法上權利的行使。所以新北地方法院仍然必須依照通常程序，對林金的請求作出裁判；亦即林金仍可依法請求甲公司給付票據，新北地方法院仍應就各方資料證據詳加調查，以爲適法之裁判。

第567條（禁止支付命令之撤銷）

公示催告程序，因提出證券或其他原因未爲除權判決而終結者，法院應依職權以裁定撤銷禁止支付之命令。

禁止支付命令之撤銷，應準用第561條之規定公告之。

解說

　　聲請公示催告後，而沒有爲除權判決，如果是基於申報人提出證券或其他原因（例如：撤銷聲請除權判決或在法定期間內沒有申報），以致公示催告程序終結時，法院應該要在公示催告程序的聲請人查看證券後，以裁定的方式撤銷禁止支付的命令。撤銷後，還必須依第561條的規定公告。查公示催告期間，持有證券人提出證券，經公示催告聲請人閱覽後，認爲該證券即係其遺失者，公示催告程序即因而終結（參§563、69台抗86、70台抗110），兩造對於證券上權利如有爭執，應循通常訴訟程序以求解決。

國家圖書館出版品預行編目資料

民事訴訟法／林家祺，劉俊麟著. --
十一版. -- 臺北市：書泉出版
社,2021.06
　面；　公分
　ISBN 978-986-451-208-9（平裝）

1.民事訴訟法

586.1　　　　　　　　　109022167

3TF5　新白話六法系列003

民事訴訟法

作　　者 ― 林家祺（121.9）、劉俊麟（351）

發 行 人 ― 楊榮川

總 經 理 ― 楊士清

總 編 輯 ― 楊秀麗

副總編輯 ― 劉靜芬

責任編輯 ― 黃郁婷

封面設計 ― 姚孝慈

出 版 者 ― 書泉出版社

地　　址：106台北市大安區和平東路二段339號4樓

電　　話：(02)2705-5066　　傳　真：(02)2706-6100

網　　址：https://www.wunan.com.tw

電子郵件：shuchuan@shuchuan.com.tw

劃撥帳號：01303853

戶　　名：書泉出版社

總 經 銷　貿騰發賣股份有限公司

地　　址：23586新北市中和區中正路880號14樓

電　　話：(02)8227-5988　　傳　真：(02)8227-5989

網　　址：http://www.namode.com

法律顧問　林勝安律師事務所　林勝安律師

出版日期　1995年4月初版一刷
　　　　　2021年6月十一版一刷

定　　價　新臺幣600元

經典永恆・名著常在

五十週年的獻禮——經典名著文庫

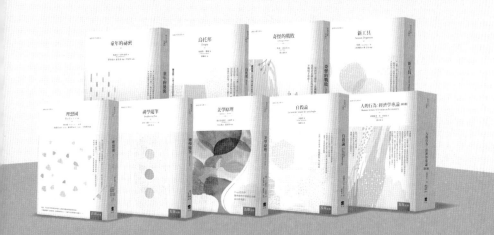

五南，五十年了，半個世紀，人生旅程的一大半，走過來了。

思索著，邁向百年的未來歷程，能為知識界、文化學術界作些什麼？

在速食文化的生態下，有什麼值得讓人雋永品味的？

歷代經典・當今名著，經過時間的洗禮，千錘百鍊，流傳至今，光芒耀人；

不僅使我們能領悟前人的智慧，同時也增深加廣我們思考的深度與視野。

我們決心投入巨資，有計畫的系統梳選，成立「經典名著文庫」，

希望收入古今中外思想性的、充滿睿智與獨見的經典、名著。

這是一項理想性的、永續性的巨大出版工程。

不在意讀者的眾寡，只考慮它的學術價值，力求完整展現先哲思想的軌跡；

為知識界開啟一片智慧之窗，營造一座百花綻放的世界文明公園，

任君遨遊、取菁吸蜜、嘉惠學子！